中国语言资源保护工程项目支持

中国语言资源有声数据库山东库建设工程项目支持

山东省教育厅语言文字科研项目"烟台方言总揽"支持

国家语委汉语辞书研究中心、鲁东大学国家语言文字推广基地支持

烟台方言总揽

姜岚 著

中国社会科学出版社

图书在版编目(CIP)数据

烟台方言总揽/姜岚著．—北京：中国社会科学出版社，2024.1
ISBN 978-7-5227-2856-8

Ⅰ.①烟…　Ⅱ.①姜…　Ⅲ.①北方方言—汇编—烟台　Ⅳ.①H172.1

中国国家版本馆 CIP 数据核字(2023)第 244674 号

出　版　人	赵剑英
责任编辑	刘志兵
责任校对	赵雪姣
责任印制	李寡寡

出　　版	中国社会科学出版社
社　　址	北京鼓楼西大街甲 158 号
邮　　编	100720
网　　址	http://www.csspw.cn
发 行 部	010-84083685
门 市 部	010-84029450
经　　销	新华书店及其他书店
印　　刷	北京明恒达印务有限公司
装　　订	廊坊市广阳区广增装订厂
版　　次	2024 年 1 月第 1 版
印　　次	2024 年 1 月第 1 次印刷
开　　本	710×1000　1/16
印　　张	34.25
插　　页	2
字　　数	550 千字
定　　价	189.00 元

凡购买中国社会科学出版社图书，如有质量问题请与本社营销中心联系调换
电话：010-84083683
版权所有　侵权必究

中国语言资源保护工程·山东编委会

主　任　荆　戈
副主任　管恩文　侯典明
主　编　张树铮
副主编　岳立静
顾　问　钱曾怡
委　员　王淑霞　盛玉麒　亢世勇　姜　岚
　　　　　王红娟　刘　娟　张燕芬　邢　军
　　　　　邵艳梅　刘　倩　李宪武　赵俊霞
秘　书　李　冰

目 录

第一章 语音 ...1
  第一节 音系 ...1
  第二节 单字 ...54
  第三节 变调与儿化 ...121

第二章 词汇 ...140
  第一节 天文地理 ...141
  第二节 时间方位 ...149
  第三节 植物 ...160
  第四节 动物 ...169
  第五节 房舍器具 ...178
  第六节 服饰饮食 ...188
  第七节 身体医疗 ...200
  第八节 婚丧信仰 ...212
  第九节 人品称谓 ...220
  第十节 农工商文 ...232
  第十一节 动作行为 ...245
  第十二节 性质状态 ...266
  第十三节 数量 ...278
  第十四节 代副介连词 ...284

第三章　语法 ·· 295

第四章　语料 ·· 350
 第一节　故事 ···································· 350
 第二节　话题 ···································· 372
 第三节　多人对话 ································ 404

附录　发音合作人简介 ······························ 527

主要参考文献 ······································ 535

后　　记 ·· 540

第一章　语音

第一节　音系

一　芝罘话

芝罘区位于东经 121°16′—121°26′，北纬 37°24′—37°38′之间。东、东南与烟台市莱山区接壤，西、西南与烟台市福山区相连，西北与烟台经济技术开发区毗邻，北、东北濒临黄海，与大连市隔海相望。

唐尧、虞舜和夏代，为莱夷嵎夷地。商和西周时期，地处莱国之东，称东夷。春秋时称"转附"，属东莱地。战国时齐灭东莱后属齐地。秦为芝罘，以芝罘山为名，地属胶东郡腄县。汉高祖四年（前 203），置东莱郡；至东汉，先后属青州东莱郡之腄县地和牟平县地（县治在今福山区古现一带）。三国时因之。西晋改东莱郡为东莱国，仍属牟平县地。东晋十六国时期先后为后赵、前燕、前秦、后燕、南燕之东牟郡牟平县地。南北朝时期先后属青州东莱郡、光州东牟郡之牟平县地。北齐废东牟郡入光州长广郡，地属文登县。隋大业三年（607），并省诸州，复置东莱郡，地属东莱郡文登县。唐武德六年（621），属登州清阳；贞观元年（627），并省州县，废登州、清阳，地入莱州文登县；麟德二年（665），析文登西境，于莱州东牟（今牟平区）复置牟平县，地属牟平县；武则天如意元年（692），牟平县改属登州；至唐末，上述州县均隶属河南道。五代梁、唐、晋、汉、周时均为登州牟平地。宋至道三年（997），设京东路；熙宁七年（1074），分京东路为东西两路，地属京东东路登州牟平县。金改宋之京东东路为山东东路。1182 年，将伪齐以登州之文登、牟平两县所立宁海军升为宁海州，地属山东东路宁海州牟平县。元初，登州隶属益都路；1287年改属般阳路，地属山东东西道般阳路登州福山县。明初属莱州府登州福山县；明洪武九年（1376），升登州为府。清代先后属登莱青道和登莱青胶道登州府福山县地。1913年，废府置道。至1925年，先后属山东胶东道、山东东海道福山县地。1934年春，山东省政府建烟台特别行政区，直属山东省政府管辖。至此，烟台脱离福山县，独立建置。1938年2月，日伪改烟台特别行政区为烟台市，隶属伪鲁东道。1940年7月，改属伪登州道。1945年8月，烟台解放后，划属胶东行政区。1947年10月，国民党军队占据烟台市。1948年10月，烟台第二次解放后，烟台市仍隶属胶东行政区。1950年5月，胶东行政区撤销，隶属文登专区，9月改为省辖市。1958年6月，由省辖市改为莱阳专区辖市。10月，莱阳专区改为烟台专区，烟台市遂归烟台专区管辖。1983年8月，省政府批准撤销烟台地区，组建地级烟台市，原烟台市改为烟台市芝罘区。1984年4月，撤销人民公社，改设镇或街道。2000年12月，调整街道和镇的行政区划，取消镇的建制。

芝罘区现辖12个街道以及只楚、卧龙2个省级园区。12个街道是只楚、黄务、世回尧、奇山、东山、向阳、毓璜顶、通伸、白石、凤凰台、幸福、芝罘岛。[①]

芝罘话有声母19个（含零声母），韵母37个，声调3个，同时有轻声、儿化等音变。

（一）芝罘话声调

芝罘话有三个声调：平声、上声和去声，调值分别是53、214、33。中古平声字在芝罘话里一分为二，清平全部归平声，全浊平声字全部归去声，次浊平声字大部分归入平声，少部分归入去声。全浊上声归去声。清声母入声字全部归上声，浊声母入声字归上声和去声。各声调例字如下：

平声 53　东该灯风通开天春门牛油

上声 214　懂古鬼九统苦讨草买老五有谷百搭节急哭拍塔切刻麦叶月

[①] 以上概况信息根据中共烟台市芝罘区委党史研究中心、烟台市芝罘区地方史志研究中心编《芝罘年鉴2020》（黄海数字出版社2020年第1版）整理。

去声33 龙铜皮糖红动罪近后冻怪半四痛快寸去卖路硬乱洞地饭树六毒白盒罚

表1-1　　　　　　　　芝罘话声调表

古调	古声	例字	描写	调类调值
平	1.全清	东该灯风	高降调	平声53
	2.次清	通开天春		
	3.次浊	门龙牛油	高降调（另：龙33调）	平声53
	4.全浊	铜皮糖红	中平调	去声33
上	5.全清	懂古鬼九	低降升调	上声214
	6.次清	统苦讨草		
	7.次浊	买老五有	低降升调	上声214
	8.全浊	动罪近后前~	中平调	去声33
去	9.全清	冻怪半四	中平调	去声33
	10.次清	痛快寸去		
	11.次浊	卖路硬乱	中平调	去声33
	12.全浊	洞地饭树		
入	13.全清	谷稻~百搭节急	低降升调	上声214
	14.次清	哭拍塔切刻		
	15.次浊	六麦叶树~月	低降升调	上声214
			另：六33调 中平调	去声33
	16.全浊	毒白盒罚	中平调	去声33

（二）芝罘话声母

芝罘话有19个声母，包括零声母在内。

1. [帮]八 p　　　　　兵 p　　　　　21. [澄]茶 tsh　　柱 tɕ
2. [滂]派 ph　　　　片 ph　　　　　22. [庄]争 ts　　装 ts
3. [並]爬 ph　　　　病 p　　　　　　23. [初]抄 tsh　　初 tsh
4. [明]麦 m　　　　明 m　　　　　　24. [崇]事 s　　　床 tsh
5. [非]飞 f　　　　　风 f　　　　　　25. [生]山 s　　　双 s

· 3 ·

6. [敷]副 f　　　　　峰 f　　　　　26. [章]纸 ts　　　主 ts
7. [奉]肥 f　　　　　饭 f　　　　　27. [昌]车汽~tɕh　春 tsh
8. [微]味 ∅　　　　　问 ∅　　　　　28. [船]船 tsh　　　顺 s
9. [端]多 t　　　　　东 t　　　　　29. [书]手 ɕ　　　　书 ɕ
10. [透]讨 th　　　　天 th　　　　30. [禅]十 ɕ　　　　城 tɕh
11. [定]甜 th　　　　毒 t　　　　　31. [日]热 ∅　　　　软 ∅
12. [泥]脑 n　　南 n　　年 n̠　　泥 m/n̠　32. [见]高 k　　　　九 tɕ
13. [来]老 l　　蓝 l　　连 l　　路 l　33. [溪]开 kh　　　轻 tɕh
14. [精]资 ts　　早 ts　　租 ts　　酒 ts　34. [群]共 k　　　　权 tɕh
15. [清]刺 tsh　草 tsh　寸 tsh　清 tɕh　35. [疑]熬 ∅　　　　月 ∅
16. [从]字 ts　　贼 ts　　坐 ts　　全 tɕh　36. [晓]好~坏 x　灰 x　响 ɕ
17. [心]丝 s　　三 s　　酸 s　　想 ɕ　　37. [匣]活 x　　　　县 ɕ
18. [邪]祠 tsh　　　　谢 ɕ　　　　38. [影]安 ∅　　　　温 ∅
19. [知]张量tɕ　　　　竹 ts　　　　39. [云]王 ∅　　　　云 ∅
20. [彻]抽 tɕh　　　　拆 tsh　　　　40. [以]用 ∅　　　　药 ∅

表 1-2　　　　　　　　芝罘话声母表

p 八兵病	ph 派片爬	m 麦明泥(又)	f 飞凤副蜂肥饭
t 多东毒	th 讨天甜	n 脑南	l 老蓝连路
ts 资早租字贼坐竹争装纸	tsh 刺草寸祠拆茶抄初床春船	s 丝三酸事山双顺	
tɕ 酒张柱主九	tɕh 清全抽车城轻权	n̠ 年泥(又)	ɕ 想谢手书十响县
k 高共	kh 开		x 好灰活
∅ 味问热软熬月安温王云用药			

（三）芝罘话韵母

芝罘话有 37 个韵母。

1. [果]歌 ɤ　　　坐 uo　　过来uo　　靴 yɛ
2. [假]茶 a　　　牙 ia　　写 ie　　　瓦名ua
3. [遇]苦 u　　　五 u　　　猪 y　　　雨 y
4. [蟹]开 aɛ　　 排 aɛ　　鞋 iaɛ　　米 i　　赔 ei　　对 ei　　快 uaɛ

5. [止]师 ɿ 丝 ɿ 试 ɿ 戏 i 二 ər 飞 ei 鬼 uei

6. [效]宝 au 饱 au 笑 iau 桥 iau

7. [流]豆 au 走 au 油 iou

8. [咸阳]南 an 盐 ian

9. [深阳]心 in 深 in

10. [山阳]山 an 年 ian 半 an 短 an 官 uan 权 yan

11. [臻阳]根 ən 新 in 寸 ən 滚 uən 春 uən 云~彩 yn

12. [宕阳]糖 aŋ 响 iaŋ 床 uaŋ 王 uaŋ

13. [江阳]双 uaŋ 讲 iaŋ

14. [曾阳]灯 əŋ 升 iŋ

15. [梗阳]硬 iŋ 争 əŋ 病 iŋ 星 iŋ 横 əŋ 兄 yŋ

16. [通阳]东 uŋ 用 yŋ

17. [咸入]盒 ɤ 塔 a 鸭 ia 接 ie 贴 ie 法 a

18. [深入]十 i 急 i

19. [山入]辣 a 八 a 热 ie 节 ie 活 uo 刮 ua 月 yɛ

20. [臻入]七 i 一 i 骨 u 出 y 橘 y

21. [宕入]托 uo 药 yɛ 郭 uo

22. [江入]壳 ɤ 学 yɛ

23. [曾入]北 o 直 i 色 ɤ 国 uo

24. [梗入]白 o 尺 i 锡 i

25. [通入]谷稻~u 六 iou 绿 u (又)/y (又) 局 y

表 1-3 芝罘话韵母表

ɿ 师丝试	i 米戏十急七一直尺锡	u 苦五骨谷绿(又)	y 猪雨出橘绿(又) 局
ər 二			
a 茶塔法辣八	ia 牙鸭	ua 瓦刮	
o 北白		uo 坐过活托郭国	
ɤ 歌 盒壳色	ie 写接贴热节		
aɛ 开排	iaɛ 鞋	uaɛ 快	yɛ 靴月药学

续表

ei 赔对飞	uei 鬼		
au 宝饱	iau 笑桥		
ou 豆走	iou 油六		
an 南山半短	ian 盐年	uan 官	yan 权
ən 根寸	in 心深	uən 滚春	yn 云
aŋ 糖	iaŋ 响讲	uaŋ 床王双	
əŋ 灯争横	iŋ 升硬病星	uŋ 东	yŋ 兄用

二 福山话

福山区地处东经 121°02'—121°22'，北纬 37°14'—37°38'之间。北临黄海，东与芝罘区接壤，东南与牟平县相连，南、西南与栖霞县为邻，西、西北与蓬莱县毗连。

据《史记》《尚书·禹贡》载，福山为莱夷之地。春秋时期（前567），齐灭莱后，牟国（今莱芜市）徙今烟台福山三十里堡村南，筑城建国为牟子国地。战国时期，齐国田和夺吕姜王位，迁康王"于海上，食一城"，为齐国东莱地。秦始皇统一中国后，实行郡县制，置腄县，属齐郡。西汉时期，沿秦制，境为二县地：东南为腄县，西北为牟平县，属青州东莱郡。东汉时期，按《齐乘》释："腄城"曰"秦、汉负海县，后并入牟平"（即今古现）。属青州东莱郡。三国时期，魏沿东汉制，仍为牟平县地（即今古现）属青州长广郡。西晋时期，仍置牟平县地（即今古现）属东莱国。东晋、十六国时期，境内先后为后赵、前燕、前秦、后燕、南燕辖地。后赵将牟平东部析出，置东牟郡和东牟县，县治自今古现迁至今牟平县城（宁海）。南北朝时期，北魏时属光州东牟郡牟平县地，北齐又将县治迁至今蓬莱。旋又析牟平、观阳，置文登县，治所又移今文登城。属青州东莱郡。据《隋书·地理志》载，隋代改光州为莱州，置东莱郡，仍为文登、牟平两县地。据《续山东考古录》载，唐代析文登地置清阳县，属登州（今蓬莱）。麟德二年（665）又复牟平县地。神龙二年（706）并为登州地，置两水镇，属河南道登州。五代时期，先后有后梁、后唐、后晋、后汉、后周王朝，与唐朝同。北宋时期，沿唐制。置登州、莱州，属京东路。分为蓬莱、牟平、莱阳三县地。靖康二年

（1127），伪齐帝刘豫登此山，称两水镇一带为"福地"，因名此山为福山。金朝天会九年（1131），属齐地，析蓬莱、牟平、置福山县，始得名，治所两水镇，属登州。元朝，沿金制，仍称福山县，属般阳路登州。明朝，沿元制，洪武六年（1373）属山东行省隶州。洪武八年属山东省布政司登州府。清朝，沿明制，属山东省登蓬青胶道登州府。民国时期，沿清制，属胶东道。1925年改属东海道，属烟台。1928年省道，直隶山东省。1947年更名为烟台市。1949年，属胶东行政公署北海专署。1950年，属文登专署。1956年，属莱阳专署。1958年，属烟台专区，后并入烟台市。1962年，复县。1983年11月，改为烟台市辖区。2002年9月，蓬莱市大季家镇划归福山区管辖。2020年9月，栖霞市臧家庄镇划归福山区，山东栖霞经济开发区更名为山东烟台福山经济开发区。

福山区现辖清洋、福新、东厅、门楼4个街道，回里、臧家庄、高疃、张格庄4个镇，1个高新技术产业区，1个经济开发区。[①]

福山话有声母22个（含零声母），韵母37个，声调3个，同时有轻声、儿化等音变。

（一）福山话声调

福山话有三个声调：平声、上声和去声，调值分别是53、214、33。中古平声字在福山话里一分为二，清平全部归平声，全浊平声字全部归平声，次浊平声字大部分归入平声，少部分归入去声。全浊上声归去声。清声母入声字全部归上声，浊声母入声字归上声和去声。各声调例字如下：

平声53　东该灯风通开天春门牛油

上声214　懂古鬼九统苦讨草买老五有谷百搭节急哭拍塔切刻麦叶月

去声33　龙铜皮糖红动罪近后冻怪半四痛快寸去卖路硬乱洞地饭树六毒白盒罚

[①] 以上概况信息根据齐鲁书社1990年版《福山区志》和福山区政府网站资料整理。

表 1-4　　　　　　　　　　福山话声调表

古调	古声	例字	描写	调类调值
平	1.全清	东该灯风	（无）	平声 53
	2.次清	通开天春		
	3.次浊	门龙牛油	33 调尾音有升高，调值接近 335	平声 53 去声 33（龙）
	4.全浊	铜皮糖红		
上	5.全清	懂古鬼九	上声 21 低降调不明显，114 或 14 明显，听感上接近升调	上声 214
	6.次清	统苦讨草		
	7.次浊	买老五有	上声 21 低降调不明显，114 或 14 明显，听感上接近升调	上声 214
	8.全浊	动罪近后前~	33 调尾音有升高，调值接近 335	去声 33
去	9.全清	冻怪半四	33 调尾音有升高，调值接近 335	去声 33
	10.次清	痛快寸去		
	11.次浊	卖路硬乱	33 调尾音有升高，调值接近 335	去声 33
	12.全浊	洞地饭树		
入	13.全清	谷稻~百搭节急	上声 21 低降调不明显，114 或 14 明显，听感上接近升调	上声 214
	14.次清	哭拍塔切刻		
	15.次浊	六麦叶树~月	33 调尾音有升高，调值接近 335；上声 21 低降调不明显，114 或 14 明显，听感上接近升调	去声 33（六） 上声 214
	16.全浊	毒白盒罚	33 调尾音有升高，调值接近 335	去声 33

（二）福山话声母

福山话有 22 个声母，包括零声母在内。

1. [帮]八 p　　　　兵 p　　　　21. [澄]茶 tsh　　柱 tɕ
2. [滂]派 ph　　　片 ph　　　 22. [庄]争 ts　　装 ts
3. [並]爬 ph　　　病 p　　　　23. [初]抄 tsh　　初 tsh
4. [明]麦 m　　　 明 m　　　　24. [崇]事 s　　 床 tsh
5. [非]飞 f　　　 风 f　　　　 25. [生]山 s　　 双 s
6. [敷]副 f　　　 峰 f　　　　 26. [章]纸 ts　　主 tɕ
7. [奉]肥 f　　　 饭 f　　　　 27. [昌]车汽~tɕh　春 tsh

8. [微]味 ∅		问 ∅		28. [船]船 tsh	顺 s	
9. [端]多 t		东 t		29. [书]手 ɕ	书 ɕ	
10. [透]讨 th		天 th		30. [禅]十 ɕ	城 tɕh	
11. [定]甜 th		毒 t		31. [日]热 ∅	软 ∅	
12. [泥]脑 n	南 n	年 ȵ	泥 m	32. [见]高 k	九 tɕ	
13. [来]老 l	蓝 l	连 l	路 l	33. [溪]开 kh	轻 tɕh	
14. [精]资 ts	早 ts	租 ts	酒 tɕ	34. [群]共 k	权 tɕh	
15. [清]刺 tsh	草 tsh	寸 tsh	清 tɕh	35. [疑]熬 ∅	月 ∅	
16. [从]字 ts	贼 ts	坐 ts	全 tɕh	36. [晓]好~坏 x	灰 x	响 ɕ
17. [心]丝 s	三 s	酸 s	想 ɕ	37. [匣]活 x	县 ɕ	
18. [邪]祠 tsh		谢 ɕ		38. [影]安 ∅	温 ∅	
19. [知]张量 tɕ		竹 ts		39. [云]王 ∅	云 ∅	
20. [彻]抽 tɕh		拆 tsh		40. [以]用 ∅	药 ∅	

表 1-5　　　　　　　　福山话声母表

p 八兵病	ph 派片爬	m 麦明泥	f 飞风副蜂肥饭
t 多东毒	th 讨天甜	n 脑南	l 老蓝连路
ts 资早租字贼坐竹字争装纸	tsh 刺草寸祠拆茶抄初床船		s 丝三酸事山双顺
tɕ 酒张柱主	tɕh 清全抽车城	ȵ 年	ɕ 想谢手书十
c 九	ch 轻权		ɕ 响县
k 高共	kh 开		x 好灰活
∅ 味问热软熬月安温王云用药			

（三）福山话韵母

福山话有37个韵母。

1. [果]歌 uo　　　坐 uo　　　过~来 uo　　　靴 yɛ
2. [假]茶 a　　　牙 ia　　　写 ie　　　瓦名 ua
3. [遇]苦 u　　　五 u　　　猪 y　　　雨 y
4. [蟹]开 ai　　　排 ai　　　鞋 iei　　　米 i　　　赔 ei　　　对 ei　　　快 uai
5. [止]师 ɿ　　　丝 ɿ　　　试 ɿ　　　戏 i　　　二 ər　　　飞 ei　　　鬼 uei
6. [效]宝 au　　　饱 au　　　笑 iau　　　桥 iau

· 9 ·

7. [流]豆əu　　　　走əu　　　油iəu

8. [咸阳]南an　　　盐ian

9. [深阳]心in　　　深in

10. [山阳]山an　　　年ian　　　半an　　　短an　　　官uan　　　权yan

11. [臻阳]根ən　　　新in　　　寸ən　　　滚uən　　　春uən　　　云~彩yn

12. [宕阳]糖ɑŋ　　　响iɑŋ　　　床uɑŋ　　　王uɑŋ

13. [江阳]双uɑŋ　　　讲iɑŋ

14. [曾阳]灯əŋ　　　升iŋ

15. [梗阳]硬iŋ　　　争əŋ　　　病iŋ　　　星iŋ　　　横əŋ　　　兄yŋ

16. [通阳]东uŋ　　　用yŋ

17. [咸入]盒uo　　　塔a　　　鸭ia　　　接ie　　　贴ie　　　法a

18. [深入]十i　　　急i

19. [山入]辣a　　　八a　　　热ie　　　节ie　　　活uo　　　刮ua　　　月yɛ

20. [臻入]七i　　　一i　　　骨u　　　出y　　　橘y

21. [宕入]托uo　　　药yɛ　　　郭uo

22. [江入]壳ɤ　　　学yɛ

23. [曾入]北o　　　直i　　　色ɤ　　　国uo

24. [梗入]白o　　　尺i　　　锡i

25. [通入]谷稻_u　　　六iəu　　　绿u　　　局y

表1-6　　　　　　　　　　　福山话韵母表

ŋ师丝试	i米戏十急七一直尺锡	u苦五骨谷绿	y猪雨出橘局
ər二			
a茶塔法辣八	ia牙鸭	ua瓦刮	
o北白		uo歌坐过盒活托郭国	
ɤ壳色			
ai开排	iei鞋	uai快	
	ie写接贴热节		yɛ靴月药学
ei赔对飞		uei鬼	

续表

ɑu宝饱	iɑu笑桥		
əu豆走	iəu油六		
an南山半短	ian盐年	uan官	yan权
ən根寸	in心深新	uən滚春	yn云
ɑŋ糖	iɑŋ响讲	uɑŋ床王双	
əŋ灯争横	iŋ升硬病星	uŋ东	yŋ兄用

三　栖霞话

栖霞市位于山东省胶东半岛腹地，介于北纬 37°05′—37°32′、东经 120°33′—121°15′之间。东临牟平区、海阳市，西襟招远、龙口市，南与莱阳市毗邻，北与福山区、蓬莱市接壤，是烟台市唯一不靠海的内陆市。

1995 年 11 月 30 日，经国务院批准，撤销栖霞县设立栖霞市（县级市）。据杨家圈出土文物考证，远在 6000 年前即有人类在栖霞聚居。春秋以前，县境属牟子国地。战国时期，为齐国东莱地。秦并六国，分天下为三十六郡，县境属齐郡东境。西汉为腄县（治所在今福山城）地，属东莱郡，隶青州。东汉末，腄县废，改属黄县（治所在今蓬莱城）属东莱郡，隶青州。三国时期，栖霞为魏国青州东莱郡黄县地。南北朝时属宋（刘）国，后属北魏国地。隋朝时复为黄县地，属东莱郡，隶青州。唐代废州部，置道，神龙三年（707）始置蓬莱县，栖霞为蓬莱县之阳疃镇，属登州东牟郡，隶河南道。五代十国时，同于唐代后期。宋代改道为路，栖霞属蓬莱县之阳疃镇，隶京东东路登州（时登州辖蓬莱、文登、黄县、牟平四县）。南宋绍兴元年（1131）、金天会七年（1129），置栖霞县，属登州，隶山东东路。元代改路为道，栖霞属山东东西道般阳路总管府登州（时登州辖蓬莱、黄县、福山、栖霞四县），后改淄莱路，至元二十四年（1287）又改属般阳路。明代，京师以外，分为十三布政使司，改山东东西道为山东布政使司，栖霞属登州，隶山东布政使司。洪武元年（1368），徐达等下益都招抚登、莱，废般阳路置莱州府辖登州。洪武九年升登州为府，隶山东布政使司，栖霞属登州。清代，栖霞属登州府，隶山东布政使司（时登州府领宁海州和蓬莱、黄县、福山、栖霞、招远、莱阳、文登、荣成、海阳九县）。

1912年，废府为道，初属胶东道，1925年改胶东道为东海道。1928年废道直隶于山东省。1934—1936年，隶属山东省鲁东区。1950年8月至1958年10月，栖霞属山东省莱阳专员公署。1958年11月至1983年10月，先后隶属于山东省烟台专区和烟台地区。1983年11月起，隶属烟台市。

栖霞现辖3个街道、11个镇。3个街道是翠屏街道、庄园街道、松山街道；11个镇是桃村镇、唐家泊镇、庙后镇、亭口镇、苏家店镇、寺口镇、官道镇、观里镇、杨础镇、蛇窝泊镇、西城镇。[①]

栖霞话有声母22个（含零声母），韵母38个，声调4个，同时有轻声、儿化等音变。

（一）栖霞话声调

栖霞话有四个声调：阴平、阳平、上声和去声，调值分别是312、342、214、52。中古平声字在栖霞话里一分为二，清平全部归阴平，全浊平声字全部归阳平，次浊平声字全部归阴平。全浊上声归去声和阳平。清声母入声字全部归上声，浊声母入声字归阳平和去声。各声调例字如下：

阴平 312　东该灯风通开天春门牛油

阳平 342　龙铜皮糖红动近寸卖路硬洞地饭树毒白盒罚

上声 214　懂古鬼九统苦讨草买老五有谷百搭节急哭拍塔切刻

去声 52　罪后冻怪半四痛快去乱六麦叶月

表1-7　　　　　　　　栖霞话声调表

古调	古声	例字	描写	调类调值
平	1. 全清	东该灯风	（无）	阴平312
	2. 次清	通开天春		
	3. 次浊	门龙牛油	（无）	阴平312
	4. 全浊	铜皮糖红	（无）	阳平342
上	5. 全清	懂古鬼九	（无）	上声214
	6. 次清	统苦讨草		
	7. 次浊	买老五有	（无）	上声214

---

① 以上概况信息根据齐鲁书社2001年版《栖霞市志》和栖霞市政府网站资料整理。

续表

古调	古声	例字	描写	调类调值
上	8. 全浊	动罪近后_{前~}	（无）	阳平 342 去声 52（罪、后）
去	9. 全清	冻怪半四	（无）	去声 52 阳平 342（寸）
	10. 次清	痛快寸去		
	11. 次浊	卖路硬乱	（无）	阳平 342 去声 52（乱）
	12. 全浊	洞地饭树		
入	13. 全清	谷_耜~百搭节急	（无）	上声 214
	14. 次清	哭拍塔切刻		
	15. 次浊	六麦叶_树~月	（无）	去声 52
	16. 全浊	毒白盒罚	（无）	阳平 342

（二）栖霞话声母

栖霞话有 22 个声母，包括零声母在内。

1. [帮]八 p　　　　　兵 p　　　　　21. [澄]茶 tsh　　　柱 tʃ
2. [滂]派 ph　　　　片 ph　　　　22. [庄]争 ts　　　　装 ts
3. [並]爬 ph　　　　病 p　　　　　23. [初]抄 tsh　　　初 tsh
4. [明]麦 m　　　　明 m　　　　　24. [崇]事 s　　　　床 tsh
5. [非]飞 f　　　　　风 f　　　　　25. [生]山 s　　　　双 s
6. [敷]副 f　　　　　峰 f　　　　　26. [章]纸 ts　　　　主 tʃ
7. [奉]肥 f　　　　　饭 f　　　　　27. [昌]车_{汽~}tʃh　　春 tʃh
8. [微]味 ∅　　　　问 ∅　　　　28. [船]船 tʃh　　　顺 ʃ
9. [端]多 t　　　　　东 t　　　　　29. [书]手 ʃ　　　　书 ʃ
10. [透]讨 th　　　　天 th　　　　30. [禅]十 ʃ　　　　城 tʃh
11. [定]甜 th　　　　毒 t　　　　　31. [日]热 ∅　　　　软 ∅

12. [泥]脑 n　　　南 n　　　年 n,　　　泥 m　　32. [见]高 k　　　九 c
13. [来]老 l　　　蓝 l　　　连 l　　　　路 l　　33. [溪]开 kh　　　轻 ch
14. [精]资 ts　　　早 ts　　　租 ts　　　酒 tʃ　　34. [群]共 k　　　权 ch
15. [清]刺 tsh　　草 tsh　　寸 tsh　　清 tʃh　　35. [疑]熬 ∅　　　月 ∅
16. [从]字 ts　　　贼 ts　　坐 ts　　　全 tʃh　　36. [晓]好~坏 x　灰 x　响 ç
17. [心]丝 s　　　三 s　　　酸 s　　　想 ʃ　　37. [匣]活 x　　　县 ç
18. [邪]祠 tsh　　　　　　　谢 tʃ　　　　　　　38. [影]安 ∅　　　温 ∅
19. [知]张量 tʃ　　　　　　　竹 ts　　　　　　39. [云]王 ∅　　　云 ∅
20. [彻]抽 tʃh　　　　　　　拆 tsh　　　　　　40. [以]用 ∅　　　药 ∅

表 1-8　　　　　　　　　栖霞话声母表

p 八兵病	ph 派片爬	m 麦明泥	f 飞凤副蜂肥饭
t 多东毒	th 讨天甜	n 脑南	l 老蓝连路
ts 资早租字贼坐竹装纸	tsh 刺草寸祠拆茶抄初床		s 丝三酸事山双
tʃ 酒张柱主	tʃh 清全抽车春船城	n, 年	ʃ 想谢顺手书十
c 九权	ch 轻权		ç 响县
k 高共	kh 开		x 好灰活
∅ 味问热软熬月安温王云用药			

（三）栖霞话韵母

栖霞话有 38 个韵母。

1. [果]歌 uo/ə　　坐 uo　　过来 uo　　靴 yɛ
2. [假]茶 a　　　牙 ia　　写 iɛ　　　瓦名 ua
3. [遇]苦 u　　　五 u　　　猪 y　　　雨 y
4. [蟹]开 ɛi　　　排 ɛi　　鞋 iɛi　　米 i　　　赔 ei　　对 ei　　快 uei
5. [止]师 ɿ　　　丝 ɿ　　　试 i　　　戏 i　　　二 ər　　飞 ei　　鬼 uei

6. [效]宝 ɔc　　　饱 ɔc　　　笑 iɔc　　　桥 iɔc

7. [流]豆 əu　　　走 əu　　　油 iəu

8. [咸阳]南 ãn　　　盐 iãn

9. [深阳]心 ĩn　　　深 ĩn

10. [山阳]山 ãn　　　年 iãn　　　半 ãn　　　短 ãn　　　官 uãn　　　权 yãn

11. [臻阳]根 ə̃n　　　新 ĩn　　　寸 ə̃n　　　滚 uə̃n　　　春 uə̃n　　　云~彩 ỹn

12. [宕阳]糖 ɑŋ　　　响 iɑŋ　　　床 uɑŋ　　　王 uɑŋ

13. [江阳]双 uɑŋ　　　讲 iɑŋ

14. [曾阳]灯 əŋ　　　升 iŋ

15. [梗阳]硬 iŋ　　　争 əŋ　　　病 iŋ　　　星 iŋ　　　横 ɿŋ　　　兄 yŋ

16. [通阳]东 uŋ　　　用 yŋ

17. [咸入]盒 ə/uo　　　塔 a　　　鸭 ia　　　接 iɛ　　　贴 iɛ　　　法 a

18. [深入]十 ɿ　　　急 i

19. [山入]辣 a　　　八 a　　　热 iɛ　　　节 iɛ　　　活 uo　　　刮 ua　　　月 yɛ

20. [臻入]七 ɿ　　　一 i　　　骨 u　　　出 y　　　橘 y

21. [宕入]托 uo　　　药 yɛ　　　郭 uo

22. [江入]壳 ə　　　学 yɛ

23. [曾入]北 ə　　　直 ɿ　　　色 ə　　　国 uo

24. [梗入]白 ə　　　尺 ɿ　　　锡 ɿ

25. [通入]谷 稻_u　　　六 iəu　　　绿 y　　　局 y

表 1-9　　　　　　　　　　栖霞话韵母表

ɿ 师丝试	i 米戏急一	u 苦五骨 谷	y 猪雨出橘绿局
ʅ 十七直尺锡			
ə 歌(又)盒(又)壳北色白			
ɚ 二			
a 茶塔法辣八	ia 牙鸭	ua 瓦刮	
		uo 歌(又)坐过盒(又)活托郭国	
ei 开排	iei 鞋	uei 快	
	iɛ 写 接贴热节		yɛ 靴月药学

续表

ei 赔对飞		uei 鬼	
ɔ 宝饱	iɔ 笑桥		
əu 豆走	iəu 油六		
ãn 南山半短	iãn 盐年	uãn 官	yãn 权
ə̃n 根寸	ĩn 心深新	uə̃n 滚春	ỹn 云
ɑŋ 糖	iɑŋ 响讲	uɑŋ 床王双	yɑŋ 院
əŋ 灯升争横	iŋ 硬病星	uŋ 东	yŋ 兄用

四 龙口话

龙口市位于东经 120°13′—120°44′，北纬 37°27′—37°47′之间。地处胶东半岛西北部、渤海湾南岸，东与蓬莱区毗邻，南与栖霞市、招远市接壤，西、北濒渤海，隔海与天津、大连相望。

龙口的历史可追溯到夏朝，禹划天下为九州，境域属青州。商代初期，隶属营州。商末周初，属莱国。周朝，莱国民殷国强，后由侯爵国降为子爵国，称莱子国，与齐国以胶莱河为界。齐灵公十五年（前567），莱国被齐国兼并。齐国在此设立黄县，县治在今石良镇黄城集村。秦始皇二十六年（前221），黄县隶属齐郡，县治仍在今黄城集村。后改属胶东郡。汉高祖四年（前203），置东莱郡，治掖县，黄县为其辖属。高祖六年，于县境置县，县治在今北马镇古现村。成帝时，又置徐乡侯国于黄县境内。新朝时期，将黄县更名为意母县，徐乡侯国改为徐乡县，皆隶于东莱郡。东汉时，意母县复改为黄县，县改为侯国。东汉光武帝建武六年（30），废腄县和徐乡县，并入黄县。黄县和侯国仍隶于东莱郡，郡治由掖县迁至黄县。三国时属魏，郡县如故。晋初，废牟平县并入黄县。东莱郡改为东莱国，复迁治于掖县，黄县和侯国属于东莱国。东晋十六国时期，先后为后赵、前燕、前秦、后燕、南燕属地，侯国改为县。东魏武定元年（543），置东牟郡，郡治设在中郎城（黄城集村东），黄县改隶东牟郡。北齐天保七年（556），废东牟郡，移长广郡于黄县，郡治中郎城，并废县入黄县，黄县属长广郡。隋朝开皇三年（583），改长广郡为牟州，黄县隶牟州。大业二年（606），废州复郡，黄县改隶东莱郡。唐朝贞观元年（627），废

第一章 语音

牟平、清阳两县，划清阳河以西之地归黄县。黄县隶东莱郡，后改属登州（治所牟平）。贞观八年，于黄县东部置蓬莱镇。神龙三年（707），设立蓬莱县，治所在今蓬莱城，黄县并入蓬莱县，属登州。同时，登州州治迁蓬莱。先天元年（712），分蓬莱重置黄县，迁还原治，仍属登州。开元十一年（723），徙东黄城治所于今黄城。天宝元年（742），改登州为东牟郡，黄县属之。乾元元年（758），复称登州，黄县改属登州。宋代，黄县隶属于京东路莱州，后改隶山东东路登州。金朝天会年间（1123—1137），伪齐刘豫划蓬莱县南境之杨疃镇及莱阳县东北境旌旗山以北之地，置栖霞县，与黄县东南一角接壤。同时又划出掖县和黄县部分属地，置招远县。其时，黄县隶属山东路登州。元世祖中统五年（1264），登州及黄县改隶于淄莱路。至正二十四年（1364），登州及黄县改隶般阳路总管府。明洪武元年（1368），置莱州府，辖登州。明朝洪武九年（1376）登州升为登州府，黄县属之。清朝，黄县仍隶登州府。中华民国初期，黄县隶胶东道（道治烟台）。后数次更迭，历属东海道、山东省、山东省鲁东区、山东省第七区行政督察专员公署以及山东省鲁东行辕第九行政区督察专员公署。1938年5月，黄县人民抗日政府成立（不久改称黄县抗日民主政府），受中共胶东特委领导。至中华人民共和国成立前，基本都隶属北海专署。中华人民共和国成立后，1950年6月，龙口市、城厢特区同时撤销，并入黄县，隶属山东省莱阳专区。1958年10月，莱阳专区改为烟台专区，黄县属之。同年11月，蓬莱、黄县、长岛3县合并称蓬莱县，隶属烟台专区。1962年1月，黄县复还原治，仍属烟台专区。1967年属烟台地区。1983年11月属烟台市。1986年9月23日，国务院批准撤销黄县，设立龙口市，为山东省下辖县级市，由烟台市代管。

龙口市现辖5个街道、8个镇、1个省级经济开发区、1个省级农业高新技术产业开发区、1个滨海旅游度假区。5个街道是东莱街道、龙港街道、新嘉街道、徐福街道、东江街道；8个镇是黄山馆镇、北马镇、芦头镇、下丁家镇、七甲镇、石良镇、兰高镇、诸由观镇。市政府驻新嘉街道。[①]

龙口话有声母22个（含零声母），韵母36个，声调4个，同时有轻

---

① 以上概况信息根据齐鲁书社1995年版《龙口市志》和龙口市政府提供资料整理。

声、儿化等音变。

（一）龙口话声调

龙口话有四个声调：阴平、阳平、上声和去声，调值分别是35、53、55、214。中古平声字在龙口话里一分为二，清平全部归阴平，浊平全部归阳平。全浊上声归去声。清声母入声字全部归上声，全浊入声归阳平，次浊入声分为去声和上声。各声调例字如下：

阴平35　东该灯风通开天春门油

阳平53　龙牛铜皮糖红动卖路硬洞地饭树毒白盒罚

上声55　懂古鬼九统苦讨草买老五有谷百搭节急哭拍塔切刻

去声214　罪近后冻怪半四痛快寸去乱六麦叶月

表1-10　　　　　　　　龙口话声调表

古调	古声	例字	描写	调类调值
平	1.全清	东该灯风	和214听感差异明显，313的曲折程度较大，拐点靠后	阴平313
	2.次清	通开天春		
	3.次浊	门龙牛油	（无）	阳平55
	4.全浊	铜皮糖红		
上	5.全清	懂古鬼九	和313听感差异明显，214的曲折程度偏小，拐点靠前，且多偏上扬调24	上声214
	6.次清	统苦讨草		
	7.次浊	买老五有	和313听感差异明显，214的曲折程度偏小，拐点靠前，且多偏上扬调24	上声214
	8.全浊	动罪近后前~	（无）	去声52
去	9.全清	冻怪半四	（无）	去声52
	10.次清	痛快寸去		
	11.次浊	卖路硬乱	（无）	去声52
	12.全浊	洞地饭树		
入	13.全清	谷糙~百搭节急	和313听感差异明显，214的曲折程度偏小，拐点靠前，且多偏上扬调24	上声214
	14.次清	哭拍塔切刻		
	15.次浊	六麦叶树~月	和313听感差异明显，214的曲折程度偏小，拐点靠前，且多偏上扬调24	上声52 上声214
	16.全浊	毒白盒罚	（无）	阳平55

（二）龙口话声母

龙口话有22个声母，包括零声母在内。

1. [帮]八 p	兵 p			21. [澄]茶 tsh	柱 tʃ		
2. [滂]派 ph	片 ph			22. [庄]争 ts	装 ts		
3. [並]爬 ph	病 p			23. [初]抄 tsh	初 tsh		
4. [明]麦 m	明 m			24. [崇]事 s	床 tsh		
5. [非]飞 f	风 f			25. [生]山 s	双 s		
6. [敷]副 f	峰 f			26. [章]纸 tʃ	主 tʃ		
7. [奉]肥 f	饭 f			27. [昌]车汽~tʃh	春 tʃh		
8. [微]味 Ø	问 Ø			28. [船]船 tʃh	顺 ʃ		
9. [端]多 t	东 t			29. [书]手 ʃ	书 ʃ		
10. [透]讨 th	天 th			30. [禅]十 ʃ	城 tʃh		
11. [定]甜 th	毒 t			31. [日]热 Ø	软 Ø		
12. [泥]脑 n	南 n	年 n	泥 m	32. [见]高 k	九 c		
13. [来]老 l	蓝 l	连 l	路 l	33. [溪]开 kh	轻 ch		
14. [精]资 ts	早 ts	租 ts	酒 tʃ	34. [群]共 k	权 ch		
15. [清]刺 tsh	草 tsh	寸 tsh	清 tʃh	35. [疑]熬 Ø	月 Ø		
16. [从]字 ts	贼 ts	坐 ts	全 tʃh	36. [晓]好~坏 x	灰 x	响 ç	
17. [心]丝 s	三 s	酸 s	想 ʃ	37. [匣]活 x	县 ç		
18. [邪]祠 tsh	谢 ʃ			38. [影]安 Ø	温 Ø		
19. [知]张量 tʃ	竹 ts			39. [云]王 Ø	云 Ø		
20. [彻]抽 tʃh	拆 tsh			40. [以]用 Ø	药 Ø		

表 1-11　　　　　　　　　龙口话声母表

p 八兵病	ph 派片爬	m 麦明泥	f 飞风副蜂肥饭	
t 多东毒	th 讨天甜	n 脑南		l 老蓝连路
ts 资早租字贼坐竹争装纸	tsh 刺草寸祠拆茶抄初床		s 丝三酸事山双	
tʃ 酒张柱主	tʃh 清全(tsh)抽车春船城		ʃ 顺(s)想谢手书十	
		nʑ 年		
c 九	ch 轻权		ç 响县	
k 高共	kh 开		x 好灰活	
∅ 味问热软熬月安温王云用药				

（三）龙口话韵母

龙口话有 36 个韵母。

1. [果]歌 uə　　　坐 uə　　　过~米 uə　　　靴 yɛ
2. [假]茶 a　　　牙 ia　　　写 iɛ　　　瓦名 ua
3. [遇]苦 u　　　五 u　　　猪 y　　　雨 y
4. [蟹]开 ai　　　排 ai　　　鞋 i　　　米 i　　　赔 ei　　　对 ei　　　快 uai
5. [止]师 ɿ　　　丝 ɿ　　　试 ɿ　　　戏 i　　　二 ər　　　飞 ei　　　鬼 uei
6. [效]宝 au　　　饱 au　　　笑 iau　　　桥 iau
7. [流]豆 əu　　　走 əu　　　油 iəu
8. [咸阳]南 an　　　盐 ian
9. [深阳]心 ən　　　深 ən
10. [山阳]山 an　　　年 ian　　　半 an　　　短 an　　　官 uan　　　权 yan
11. [臻阳]根 ən　　　新 in　　　寸 ən　　　滚 uən　　　春 uən　　　云~彩 yn
12. [宕阳]糖 ɑŋ　　　响 iɑŋ　　　床 uɑŋ　　　王 uɑŋ
13. [江阳]双 uɑŋ　　　讲 iɑŋ
14. [曾阳]灯 əŋ　　　升 əŋ
15. [梗阳]硬 iŋ　　　争 iŋ　　　病 iŋ　　　星 əŋ　　　横 uŋ(老)/əŋ(新)　　　兄 yŋ
16. [通阳]东 uŋ　　　用 yŋ

17. [咸入]盒 uə　　塔 a　　　鸭 ia　　接 iɛ　　贴 iɛ　　法 a
18. [深入]十 i　　　急 i
19. [山入]辣 a　　　八 a　　　热 iɛ　　节 iɛ　　活 uə　　刮 ua　　月 yɛ
20. [臻入]七 i　　　一 i　　　骨 u　　　出 y　　　橘 y
21. [宕入]托 uə　　药 yə　　　郭 uə
22. [江入]壳 ə　　　学 yə
23. [曾入]北 ə　　　直 i　　　色 ə　　　国 uə
24. [梗入]白 ə　　　尺 i　　　锡 i
25. [通入]谷稻 u　　六 iəu　　绿 y　　　局 y

表 1-12　　　　　　龙口话韵母表

ŋ师丝试	i米戏十急七一直尺锡	u苦五骨谷	y猪雨出橘绿局
ər 二			
a 茶塔法辣八	ia 牙鸭	ua 瓦刮	
ə 壳北色白		uə 歌坐过盒活托郭国	
	iɛ 写　接贴热节		yɛ 靴月药学
ai 开排	iai 街矮	uai 快	
ei 赔对飞		uei 鬼	
au 宝饱笑	iau 桥		
əu 豆走	iəu 油六		
an 南山半短	ian 盐年	uan 官	yan 权
ən 心深根新寸	in 人音林	uən 滚春	yn 云
ɑŋ 糖	iɑŋ 响讲	uɑŋ 床王双	
əŋ 灯争横(新)	iŋ 升硬病星	uŋ 横(老)	yŋ 兄用

五　蓬莱话

蓬莱区位于胶东半岛北端，濒临黄海、渤海。公元前 133 年，汉武帝刘彻东巡"于此望海中蓬莱山，因筑城以为名"，始为蓬莱。蓬莱是一座延续千年的历史文化名城，既是古代海上丝绸之路的起点，也是抗倭英雄戚继光的故里，历史遗存丰富，名胜古迹众多，被联合国地名专家组认定为"千年古县",被国务院列为国家历史文化名城。

据考证,蓬莱境内 5000 年前即有人类聚居。春秋时期属莱子国地,战国时期并于齐,秦属齐郡黄县地,汉属东莱郡黄县、牟平二县地,晋属东莱国黄县地。南北朝时期,先后属刘宋东莱郡、北魏东牟郡、北齐长广郡,俱为黄县、牟平二县地。隋朝先后属牟州、东莱郡黄县、牟平二县地。唐武德四年(621)于文登置登州、于黄县置牟州,属牟州牟平、黄县二县地。贞观元年(627)撤登州、牟州,入莱州,属莱州牟平、黄县二县地。贞观八年,始置蓬莱镇,蓬莱镇属莱州黄县。如意元年(692)于牟平重置登州,蓬莱镇改属登州。神龙三年(707),撤镇设县,登州治所迁至蓬莱,府县同在。天宝初,改登州为东牟郡,乾元初,复称登州。宋、元沿袭之。明洪武元年(1368),废蓬莱县入登州,属莱州府;洪武六年,登州改属山东行省直辖;洪武九年,登州升府设卫,领 1 州 7 县,复置蓬莱县。明天启元年(1621),专设登莱巡抚,驻登州,掌胶东、辽东二府五州军政及外事口岸。清沿袭之。民国初,撤府留县,蓬莱县直属山东省。1913 年废府存县。1914 年,省下设道,蓬莱县属山东省胶东道。1925 年,改属东海道。1928 年撤道,蓬莱县复直属省。1934 年,属山东省鲁东区。1937 年,属山东省第七行政区。1938 年,蓬莱县抗日民主政府属北海专区。1950 年 5 月,属莱阳专区。1958 年 10 月,属烟台专区。1967 年 2 月,属烟台地区。1983 年 11 月,属烟台市。1992 年撤县改市。2020 年,蓬莱市和长岛县合并撤市划区并入烟台市为蓬莱区。

蓬莱区现辖 5 个街道、6 个镇、1 个国家级旅游度假区、1 个国家农业科技园区、1 个省级经济开发区。5 个街道是登州街道、紫荆山街道、新港街道、蓬莱阁街道、南王街道;6 个镇是刘家沟镇、大柳行镇、小门家镇、大辛店镇、村里集镇、北沟镇。[①]

蓬莱话有声母 22 个(含零声母),韵母 37 个,声调 4 个,同时有轻声、儿化等音变。

[①] 以上概况信息根据方志出版社 2013 年版《蓬莱市志》和蓬莱市政府网站资料整理。

（一）蓬莱话声调

蓬莱话有四个声调：阴平、阳平、上声和去声，调值分别是 313、55、214、52。中古平声字在蓬莱话里一分为二，清平全部归阴平，全浊平声字全部归阳平。全浊上声归去声。清声母入声字全部归上声，浊声母入声字归上声、去声和阳平。各声调例字如下：

阴平 313　东该灯风通开天春
阳平 55　　门龙牛油铜皮糖红毒白盒罚
上声 214　懂古鬼九统苦讨草买老五有谷百搭节急哭拍塔切刻麦叶月
去声 52　　动罪近后冻怪半四痛快寸去卖路硬乱洞地饭树六

表 1-13　蓬莱话声调表

古调	古声	例字	描写	调类调值
平	1. 全清	东该灯风	（无）	阴平 313
	2. 次清	通开天春		
	3. 次浊	门龙牛油	（无）	阳平 55
	4. 全浊	铜皮糖红		
上	5. 全清	懂古鬼九	（无）	上声 214
	6. 次清	统苦讨草		
	7. 次浊	买老五有	（无）	上声 214
	8. 全浊	动罪近后前~	（无）	去声 52
去	9. 全清	冻怪半四	（无）	去声 52
	10. 次清	痛快寸去		
	11. 次浊	卖路硬乱	（无）	去声 52
	12. 全浊	洞地饭树		
入	13. 全清	谷稻~百搭节急	（无）	上声 214
	14. 次清	哭拍塔切刻		
	15. 次浊	六麦叶树~月	（无）	上声 214 去声 52（六）
	16. 全浊	毒白盒罚	（无）	阳平 55

（二）蓬莱话声母

蓬莱话有22个声母，包括零声母在内。

1. [帮]八 p　　　兵 p　　　　21. [澄]茶 tsh　　柱 tʃ
2. [滂]派 ph　　片 ph　　　　22. [庄]争 ts　　装 tʃ
3. [並]爬 ph　　病 p　　　　　23. [初]抄 tsh　　初 tʃh
4. [明]麦 m　　　明 m　　　　24. [崇]事 s　　　床 tʃh
5. [非]飞 f　　　风 f　　　　　25. [生]山 s　　　双 ʃ
6. [敷]副 f　　　峰 f　　　　　26. [章]纸 ts　　　主 tʃ
7. [奉]肥 f　　　饭 f　　　　　27. [昌]车汽~tʃh　春 tʃh
8. [微]味 ∅　　　问 ∅　　　　28. [船]船 tsh　　顺 ʃ
9. [端]多 t　　　东 t　　　　　29. [书]手 ʃ　　　书 ʃ
10. [透]讨 th　　天 th　　　　30. [禅]十 ʃ　　　城 tʃh
11. [定]甜 th　　毒 t　　　　　31. [日]热 ∅　　　软 ∅
12. [泥]脑 n　　南 n　　年 n　泥 m　32. [见]高 k　　九 c
13. [来]老 l　　蓝 l　　连 l　路 l　33. [溪]开 kh　　轻 ch
14. [精]资 ts　　早 ts　　租 ts　酒 tʃ　34. [群]共 k　　权 ch
15. [清]刺 tsh　草 tsh　寸 tsh　清 tʃh　35. [疑]熬 ∅　　月 ∅
16. [从]字 ts　　贼 ts　　坐 ts　全 tʃh　36. [晓]好~坏 x　灰 x　响 ç
17. [心]丝 s　　三 s　　酸 s　想 ʃ　37. [匣]活 x　　县 ç
18. [邪]祠 tsh　谢 ʃ　　　　　38. [影]安 ∅　　温 ∅
19. [知]张量tʃ　竹 ts　　　　　39. [云]王 ∅　　云 ∅
20. [彻]抽 tʃh　拆 tsh　　　　40. [以]用 ∅　　药 ∅

表 1-14　　　　　　　　　蓬莱话声母表

p 八兵病	ph 派片爬	m 麦明泥	f 飞风副蜂肥饭	
t 多东毒	th 讨天甜	n 脑南		l 老蓝连路
ts 资早租字贼坐竹争纸	tsh 刺草寸祠拆茶抄船		s 丝三酸事山	
tʃ 酒张柱装主	tʃh 清全抽初床车春城		ʃ 想谢双顺手书十	
		n 年		
c 九	ch 轻权		ç 响县	

续表

k 高共	kh 开		x 好灰活	
∅ 味问热软熬月安温王云用药				

（三）蓬莱话韵母

蓬莱话有37个韵母。

1. [果]歌 uə   坐 uə   过_※uə   靴 yɛ
2. [假]茶 a   牙 ia   写 iɛ   瓦_名ua
3. [遇]苦 u   五 u   猪 y   雨 y
4. [蟹]开 ai   排 ai   鞋 i   米 i   赔 ei   对 ei   快 uai
5. [止]师 ɿ   丝 ɿ   试 ɿ   戏 i   二 ər   飞 ei   鬼 uei
6. [效]宝 au   饱 au   笑 iau   桥 iau
7. [流]豆 əu   走 əu   油 iəu
8. [咸阳]南 an   盐 ian
9. [深阳]心 ən   深 ən
10. [山阳]山 an   年 ian   半 an   短 an   官 uan   权 yan
11. [臻阳]根 ən   新 ən   寸 ən   滚 uən   春 uən   云~彩 yən
12. [宕阳]糖 aŋ   响 iaŋ   床 uaŋ   王 uaŋ
13. [江阳]双 uaŋ   讲 iaŋ
14. [曾阳]灯 əŋ   升 əŋ
15. [梗阳]硬 iŋ   争 iŋ   病 iŋ   星 əŋ   横 əŋ   兄 yŋ
16. [通阳]东 uŋ   用 yŋ
17. [咸入]盒 uə   塔 a   鸭 ia   接 iɛ   贴 iɛ   法 a
18. [深入]十 i   急 i
19. [山入]辣 a   八 a   热 iɛ   节 iɛ   活 uə   刮 ua   月 yɛ
20. [臻入]七 i   一 i   骨 u   出 y   橘 y
21. [宕入]托 uə   药 yə   郭 uə
22. [江入]壳 ə   学 yə
23. [曾入]北 ə   直 i   色 ə   国 uə
24. [梗入]白 ə   尺 i   锡 i

25. [通入]谷稻_u　　六 iəu　　　　绿 y　　　　局 y

表 1-15　　　　　　　　　蓬莱话韵母表

ɿ 师丝试	i 鞋米戏十急七一直尺锡	u 苦五骨谷	y 猪雨出橘绿局
ər 二			
a 茶塔法辣八	ia 牙鸭	ua 瓦刮	
ə 壳北色白		əu 歌坐过盒活托郭国	yə 药学
	iɛ 写接贴热节		ye 靴月
ai 开排	iai 街矮	uai 快	
ei 赔对飞		uei 鬼	
au 宝饱笑	iau 桥		
əu 豆走	iəu 油六		
an 南山半短	ian 盐年	uan 官	yan 权
ən 心深根新寸	iən 音林人	uən 滚春	yən 云
aŋ 糖	iaŋ 响讲	uaŋ 床王双	
əŋ 灯升争星横	iŋ 硬病	uŋ 东	yŋ 兄用

六　招远话

招远市地处山东半岛西北部，位于东经 120°08′—120°38′，北纬 37°05′—37°33′之间。东接栖霞市，西靠莱州市，南与莱阳、莱西两市接壤，北以龙口市为邻，西北濒临渤海。

夏、商、周属莱国地。齐灵公十五年（前 567），齐侯灭莱，始属齐。西汉高祖六年（前 201），设曲成县和惤县，属东莱郡，今招远大部为该两县地域。北魏皇兴四年（470），析曲成为曲成、东曲成两县。北齐天宝七年（556），曲成、东曲成并入掖县，惤县并入黄县。唐武德六年（623），在今城区置罗峰镇，属莱州掖县。1131 年（南宋绍兴元年，金天会九年），升罗峰镇为县，属莱州，取名"招远"，为"招携怀远"之义。1941 年 1 月，招远县析为招远县（俗称南招）、招北县（俗称北招）。1950 年 1 月，招远、招北两县合并，称招远县，属北海区。1950 年 5 月，属山东省莱阳专区。1958 年 11 月，属烟台专区。1983 年 11 月，改为烟台市辖县。1991

年12月，经国务院批准，撤销招远县，设立招远市（县级），以原招远县行政区域为招远市行政区域，由省直辖，烟台市代管。

招远市现辖温泉、罗峰、泉山、梦芝、大秦家5个街道办事处，以及蚕庄、辛庄、张星、金岭、玲珑、阜山、毕郭、夏甸、齐山9个镇，1个经济开发区。①

招远话有声母22个（含零声母），韵母36个，声调4个，同时有轻声、儿化等音变。

（一）招远话声调

招远话有四个声调：阴平、阳平、上声和去声，调值分别是35、53、55、214。中古平声字在招远话里一分为二，清平全部归阴平，全浊平声字全部归阳平，次浊平声字归入阴平和阳平。全浊上声大部分归去声，小部分归阳平。清声母入声字全部归上声，浊声母入声字归阳平和去声。各声调例字如下：

阴平35　东该灯风通开天春门油

阳平53　龙牛铜皮糖红动卖路硬洞地饭树毒白盒罚

上声55　懂古鬼九统苦讨草买老五有谷百搭节急哭拍塔切刻

去声214　罪近后冻怪半四痛快寸去乱六麦叶月

表1-16　　　　　　　　招远话声调表

古调	古声	例字	描写	调类调值
平	1.全清	东该灯风	（无）	阴平53
	2.次清	通开天春		
	3.次浊	门龙牛油	（无）	阳平53
	4.全浊	铜皮糖红		阴平35（门油）
上	5.全清	懂古鬼九	（无）	上声55
	6.次清	统苦讨草		
	7.次浊	买老五有	（无）	上声55

---

① 以上概况信息根据中国国际广播出版社2008年版《招远县志》和招远市政府网站资料整理。

续表

上	8. 全浊	动罪近后动~	（无）	去声 214 阳平 53（动）
去	9. 全清	冻怪半四	（无）	去声 214
	10. 次清	痛快寸去		
	11. 次浊	卖路硬乱	（无）	阳平 53
	12. 全浊	洞地饭树		去声 214（乱）
入	13. 全清	谷帮~百搭节急	（无）	上声 55
	14. 次清	哭拍塔切刻		
	15. 次浊	六麦叶树~月	（无）	去声 214
	16. 全浊	毒白盒罚	（无）	阳平 53

（二）招远话声母

招远话有22个声母，包括零声母在内。

1. [帮]八 p	兵 p	21. [澄]茶 tsh	柱 tʃ
2. [滂]派 ph	片 ph	22. [庄]争 ts	装 ts
3. [並]爬 ph	病 p	23. [初]抄 tsh	初 tsh
4. [明]麦 m	明 m	24. [崇]事 s	床 tsh
5. [非]飞 f	风 f	25. [生]山 s	双 s
6. [敷]副 f	峰 f	26. [章]纸 ts	主 tʃ
7. [奉]肥 f	饭 f	27. [昌]车汽~tʃh	春 tsh
8. [微]味 ∅	问 ∅	28. [船]船 tsh	顺 s
9. [端]多 t	东 t	29. [书]手 ʃ	书 ʃ
10. [透]讨 th	天 th	30. [禅]十 ʃ	城 tʃh
11. [定]甜 th	毒 t	31. [日]热 ∅	软 ∅
12. [泥]脑 n	南 n	年 ȵ	泥 m	32. [见]高 k	九 c
13. [来]老 l	蓝 l	连 l	路 l	33. [溪]开 kh	轻 ch
14. [精]资 ts	早 ts	租 ts	酒 ts	34. [群]共 k	权 ch
15. [清]刺 tsh	草 tsh	寸 tsh	清 tsh	35. [疑]熬 ∅	月 ∅
16. [从]字 ts	贼 ts	坐 ts	全 tsh	36. [晓]好~坏 x	灰 x	响 ç

第一章　语音

17. [心]丝 s　　　三 s　　　酸 s　　　想 ʃ　　　37. [匣]活 x　　　县 ç
18. [邪]祠 tsh　　　　　　　　谢 ʃ　　　　　　　38. [影]安 ∅　　　温 ∅
19. [知]张 tʃ 量　　　　　　　竹 ts　　　　　　 39. [云]王 ∅　　　云 ∅
20. [彻]抽 tʃh　　　　　　　　拆 tsh　　　　　　40. [以]用 ∅　　　药 ∅

表 1-17　　　　　　　　　　　招远话声母表

p 八兵病	ph 派片爬	m 麦明泥	f 飞风副蜂肥饭
t 多东毒	th 讨天甜	n 脑南	l 老蓝连路
ts 资早租字贼坐竹争装纸	tsh 刺草寸清全祠拆茶抄初	s 丝三酸事山双顺	
tʃ 张柱主	tʃh 抽车城	ʃ 想谢手书十	
		nʲ 年	
c 九	ch 轻权	ç 响县	
k 高共	kh 开	x 好灰活	
∅ 味问热软熬月安温王云用药			

（三）招远话韵母

招远话有 36 个韵母。

1. [果]歌 uə　　　坐 uə　　　过 ʷuə　　　靴 yɛ
2. [假]茶 a　　　 牙 ia　　　 写 iɛ　　　 瓦 名 ua
3. [遇]苦 u　　　 五 u　　　　猪 y　　　　雨 y
4. [蟹]开 ɛ　　　 排 ɛ　　　　鞋 iai　　　米 i　　　赔 ei　　　对 ei　　　快 au
5. [止]师 ɿ　　　 丝 ɿ　　　　试 ɿ　　　　戏 i　　　二 ər　　　飞 ei　　　鬼 uei
6. [效]宝 ɔ　　　 饱 ɔ　　　　笑 ɔ　　　　桥 iɔ
7. [流]豆 uɛ　　　走 uɛ　　　 油 iəu
8. [咸阳]南 an　　盐 ian
9. [深阳]心 in　　深 in
10. [山阳]山 an　　年 ian　　　半 an　　　短 an　　　官 uan　　　权 yan
11. [臻阳]根 ən　　新 in　　　 寸 nɛ　　　滚 uən　　　春 uən　　　云~彩 yn
12. [宕阳]糖 aŋ　　响 iaŋ　　　床 uaŋ　　　王 uaŋ
13. [江阳]双 uaŋ　　讲 iaŋ

· 29 ·

14. [曾阳]灯 əŋ　　　升 iŋ

15. [梗阳]硬 iŋ　　　争 ɛŋ　　　病 iŋ　　　星 iŋ　　　横 əŋ(老)/uŋ(新)　　　兄 yŋ

16. [通阳]东 yŋ　　　用 yŋ

17. [咸入]盒 uə　　　塔 a　　　鸭 ia　　　接 iɛ　　　贴 iɛ　　　法 a

18. [深入]十 i　　　急 i

19. [山入]辣 a　　　八 a　　　热 iɛ　　　节 iɛ　　　活 uə　　　刮 ua　　　月 yɛ

20. [臻入]七 i　　　一 i　　　骨 u　　　出 y　　　橘 y

21. [宕入]托 uə　　　药 yɛ　　　郭 uə

22. [江入]壳 ə　　　学 yɛ

23. [曾入]北 ə　　　直 i　　　色 ə　　　国 uə

24. [梗入]白 ə　　　尺 i　　　锡 i

25. [通入]谷 _u　　　六 iəu　　　绿 y　　　局 y

表 1-18　　　　　　　　招远话韵母表

ŋ 师丝试	i 米戏十急七一直尺锡	u 苦五骨谷	y 猪雨出橘绿局
ər 二			
a 茶塔法辣八	ia 牙鸭	ua 瓦刮	
ə 壳北色白	iɛ 写 接贴热节	uə 歌坐过盒活托郭国	
ɛ 开排	iai 鞋	uɛ 快	yɛ 靴月药学
ɔ 宝饱笑	iɔ 桥		
ei 赔对飞		uei 鬼	
əu 豆走	iəu 油六		
an 南山半短	ian 盐年	uan 官	yan 权
ən 根寸	in 心深新	uən 滚春	yn 云
ɑŋ 糖	iɑŋ 响讲	uɑŋ 床王双	
əŋ 灯争横(老)	iŋ 升硬病星	uŋ 横(新)	yŋ 兄用

七　莱州话

莱州市位于山东半岛西北部，烟台市西部，东临招远市，东南与莱西市接壤，南连平度市，西南与昌邑市相望，西、北濒临渤海湾。地理坐标

第一章 语音 ◆◇◆

为东经 119°33′—120°18′，北纬 36°59′—37°28′之间。地处烟台、青岛、潍坊三市交界处。

据古遗址考证，约 6000 年前新石器时期，境内就有人类繁衍生息。唐尧、虞舜时，为莱夷地。夏朝，东夷族在此建立了胶东半岛最早的封国过国，治所过城在今城区以北过西村东，后被夏后所灭，仍归夏朝，属青州。商朝，为莱侯国，莱都在今城区西南胶莱河附近，属营州。周春秋时，为莱子国。周灵王五年（前 567），齐侯灭莱，迁莱子于齐国之东，始称东莱，属齐国。战国时，置夜，治所为夜邑，在今城区附近，属齐国。秦朝，为齐郡东境。刘项相争时，为胶东郡地。西汉，高祖四年（前 203），隶青州东莱郡，郡治掖县城。掖县，以掖水命名，县城在今市城区。东汉，光武帝建武二年（26），复西汉时县名。南北朝，隶青州东莱郡，郡治迁曲成县城。隋朝，境域为掖县。文帝开皇五年（585）废东莱郡，改光州为莱州，仍治掖城。炀帝大业三年（607），改莱州为东莱郡。唐朝，高祖武德四年（621），改东莱郡为莱州，州治掖城。玄宗天宝元年（742），改莱州为东莱郡。肃宗乾元元年（758），复为莱州。五代时，均为掖县，隶莱州。北宋沿之。金代仍为掖县，隶莱州。元朝沿之。明朝仍为掖县，隶莱州府。府治掖城。清朝沿明制。民国时期，1913 年裁撤莱州府，1914 年掖县属胶东道（治烟台）。1925 年改属莱胶道（治胶县）。1928 年废道，以县为自治单位，掖县直属山东省。1940 年 11 月，胶东区党委在掖县成立西海地区行政专员公署。中华人民共和国成立之初，仍为掖县、掖南县，县政府分别驻掖城和湾头村。1950 年 5 月，改属莱阳专区。1956 年 3 月，掖南县全境并入掖县，恢复掖县境域。1958 年 11 月，改属烟台专区。1983 年 11 月，属烟台市。1988 年 4 月，撤销掖县，建立莱州市（因古莱州府驻地得名），为山东省辖县级市，烟台市代管。

莱州市现辖 6 个街道、11 个镇、2 个省级园区。6 个街道是文昌路、永安路、三山岛、城港路、文峰路、金仓；11 个镇是沙河、朱桥、郭家店、金城、平里店、驿道、程郭、虎头崖、柞村、夏邱、土山。①

---

① 以上概况信息根据齐鲁书社 1996 年版《莱州市志》和莱州市政府网站资料整理。

莱州话有声母 22 个（含零声母），韵母 37 个，声调 3 个，同时有轻声、儿化等音变。

（一）莱州话声调

莱州话有三个声调：阴平、阳平和上声，调值分别是 213、53、55。中古平声字在莱州话里一分为二，清平全部归阴平，全浊平声字全部归阳平。全浊上声归阴平和阳平。清声母入声字全部归上声，浊声母入声字归阴平和阳平。各声调例字如下：

阴平 213　东该灯风通开天春罪冻怪半四快寸去乱六麦叶月
阳平 53　门龙牛油铜皮糖红动近后痛卖路硬洞地饭树毒白盒罚
上声 55　懂古鬼九统苦讨草谷百搭节急哭拍塔切刻

表 1-19　　　　　　　　　莱州话声调表

古调	古声	例字	描写	调类调值
平	1. 全清	东该灯风	（无）	阴平 213
	2. 次清	通开天春		
	3. 次浊	门龙牛油	（无）	阳平 53
	4. 全浊	铜皮糖红		
上	5. 全清	懂古鬼九	（无）	上声 55 阳平 53（讨）
	6. 次清	统苦讨草		
	7. 次浊	买老五有	（无）	上声 55
	8. 全浊	动罪近后~	（无）	阳平 53 阴平 213（罪）
去	9. 全清	冻怪半四	（无）	阴平 213 阳平 53（痛）
	10. 次清	痛快寸去		
	11. 次浊	卖路硬乱	（无）	阳平 53 阴平 213（乱）
	12. 全浊	洞地饭树		
入	13. 全清	谷~百搭节急	（无）	上声 55
	14. 次清	哭拍塔切刻		
	15. 次浊	六麦叶~月	（无）	阴平 213
	16. 全浊	毒白盒罚	（无）	阳平 53

（二）莱州话声母

莱州话有22个声母，包括零声母在内。

1. [帮]八 p		兵 p		21. [澄]茶 tṣh		柱 tṣ	
2. [滂]派 ph		片 ph		22. [庄]争 tṣ		装 tṣ	
3. [並]爬 ph		病 p		23. [初]抄 tṣh		初 tṣh	
4. [明]麦 m		明 m		24. [崇]事 ṣ		床 tṣh	
5. [非]飞 f		风 f		25. [生]山 ṣ		双 ṣ	
6. [敷]副 f		峰 f		26. [章]纸 tṣ		主 tṣ	
7. [奉]肥 f		饭 f		27. [昌]车汽~ tṣh		春 tṣh	
8. [微]味 ∅		问 ∅		28. [船]船 tṣh		顺 ṣ	
9. [端]多 t		东 t		29. [书]手 ṣ		书 ṣ	
10. [透]讨 th		天 th		30. [禅]十 ṣ		城 tṣh	
11. [定]甜 th		毒 t		31. [日]热 ∅		软 ∅	
12. [泥]脑 n	南 n	年 n	泥 m	32. [见]高 k		九 tɕ	
13. [来]老 l	蓝 l	连 l	路 l	33. [溪]开 kh		轻 tɕh	
14. [精]资 ts	早 ts	租 ts	酒 ts	34. [群]共 k		权 tɕh	
15. [清]刺 tsh	草 tsh	寸 tsh	清 tsh	35. [疑]熬 ∅		月 ∅	
16. [从]字 ts	贼 ts	坐 ts	全 tsh	36. [晓]好~坏 x		灰 x	响 ɕ
17. [心]丝 s	三 s	酸 s	想 s	37. [匣]活 x		县 ɕ	
18. [邪]祠 tsh		谢 s		38. [影]安 ∅		温 ∅	
19. [知]张量 tṣ		竹 tṣ		39. [云]王 ∅		云 ∅	
20. [彻]抽 tṣh		拆 tṣh		40. [以]用 ∅		药 ∅	

表 1-20　　　　　　　　莱州话声母表

p 八兵病	ph 派片爬	m 麦明泥	f 飞凤副蜂肥饭	
t 多东毒	th 讨天甜	n 脑南		l 老蓝连路
ts 资早租酒字贼坐竹争装纸	tsh 刺草寸清全祠拆茶抄初床		s 丝三酸想谢事山双	
tṣ 张主柱	tṣh 抽车春船城		ṣ 顺手书十	
tɕ 九	tɕh 轻权	nʲ 年	ɕ 响县	
k 高共	kh 开		x 好灰活	
∅ 味问热软熬月安温王云用药				

（三）莱州话韵母

莱州话有 37 个韵母。

1. [果]歌ə　　坐 uə　　过ᵡuə　　靴 yə
2. [假]茶 a　　牙 ia　　写 iə　　瓦ᵤua
3. [遇]苦 u　　五 u　　猪 u　　雨 y
4. [蟹]开ɛ　　排ɛ　　鞋 iɛ　　米 i　　赔 ei　　对 ei　　快 uɛ
5. [止]师ʅ　　丝ʅ　　试ʅ　　戏 i　　二 ɚ　　飞 ei　　鬼 uei
6. [效]宝ɔ　　饱ɔ　　笑 iɔ　　桥 iɔ
7. [流]豆 əu　　走 əu　　油 iəu
8. [咸阳]南 ãn　　盐 iãn
9. [深阳]心 ĩn　　深 ĩn
10. [山阳]山 ã　　年 iã　　半 ã　　短 ã　　官 uã　　权 yã
11. [臻阳]根 ə̃　　新 iə̃　　寸 ə̃　　滚 uə̃　　春 uə̃　　云~彩 yə̃
12. [宕阳]糖 ɑŋ　　响 iaŋ　　床 uaŋ　　王 uaŋ
13. [江阳]双 uaŋ　　讲 iaŋ
14. [曾阳]灯 əŋ　　升 əŋ
15. [梗阳]硬 iŋ　　争 əŋ 病 iŋ　　星 iŋ　　横 əŋ　　兄 yŋ
16. [通阳]东 uŋ　　用 yŋ
17. [咸入]盒 ə　　塔 a　　鸭 ia　　接 iə　　贴 iə　　法 a
18. [深入]十 ʅ　　急 i

19. [山入]辣 a　　八 a　　热 iə　　节 iə　　活 uə　　刮 ua　　月 yə
20. [臻入]七 i　　一 i　　骨 u　　出 u　　橘 y
21. [宕入]托 uə　　药 yə　　郭 ə
22. [江入]壳 ə　　学 yə
23. [曾入]北 ei　　直 ʅ　　色 ei　　国 uə
24. [梗入]白 ei　　尺 ʅ　　锡 i
25. [通入]谷稻 u　　六 iəu　　绿 y　　局 y

表 1-21　　　　　　　莱州话韵母表

ɿ 师丝试	i 米戏急七一锡	u 苦五猪骨出谷	y 雨橘绿局
ʅ 十直尺			
ər 二			
a 茶瓦塔法辣八	ia 牙　鸭	ua 刮	
ə 歌盒郭壳	iə 写　接贴热节	uə 坐过活托国	yə 靴月药学
ɔ 宝饱	iɔ 笑桥		
ei 赔对飞　北色白		uei 鬼	
ɛ 开排	iɛ 鞋	uɛ 快	
əu 豆走	iəu 油六		
ã 南山半短	iã 盐年	uã 官	yã 权
ẽ 深根寸	iẽ 心新	uẽ 滚春	yẽ 云
aŋ 糖	iaŋ 响讲	uaŋ 床王双	
əŋ 灯升争横	iŋ 硬病星	uŋ 东	yŋ 兄用

八　海阳话

海阳市位于山东半岛南部，南濒黄海，因地处黄海之阳而得名，东与乳山市为邻，西南与即墨市隔丁字湾相望，西与莱阳市接壤，北与栖霞市相连，东北与牟平毗邻。地理坐标为北纬 36°16′—37°10′，东经 120°50′—121°29′之间。

海阳在西周属莱国，东周属齐国。秦代属齐郡腄县。西汉属青州琅琊郡长广县、东莱郡昌阳县，长广县治设于今发城，昌阳县治设于今庶村。东汉属青州长广郡长广县、东莱郡昌阳县。建安五年（200），置长广郡，郡治设于今发城。魏、晋属青州长广郡长广县、东莱郡昌阳县。南北朝时期，东魏属光州东牟郡观阳县、东莱郡昌阳县，兴和年间（539—542），置观阳，治所设于今发城；北齐属光州长广郡文登县、东莱郡昌阳县。隋代属青州牟州观阳县、东莱郡文登县和昌阳县。唐代属河南道东牟郡牟平县、莱州昌阳县，武德六年（623），于今郭城设廓定县治，不久即废。贞观元年（627），废观阳不复设，故名废城，后演变为发城。后唐庄宗年间（923—925），改昌阳为莱阳。宋代属京东东路东牟郡牟平县、莱州莱阳县。金代属山东东路宁海州牟平县、莱州莱阳县。元代属山东东西道宁海州牟平县、益都路总管府莱阳县。明代属山东布政使司登州府宁海州、莱阳县。明洪武三十一年（1398），于张家庄（今凤城）设大嵩卫，并先后于境内设海阳守御所、大山备御千户所、乳山寨巡检司、行村寨巡检司。清代属登州府。雍正十三年（1735），设海阳县，隶属登州府。民国三年（1914），废府设道，属胶东道。1925年，属东海道。1928年，道废，直属山东省政府。1937年前后，隶属山东省第七督察专员公署和鲁东行署。1941年4月9日，海阳县抗日民主政府成立，隶属胶东区东海专署。1945年5月，隶属中海专署，9月，裁中海专署，复属东海专署。1950年，隶属文登专署。1956年，隶属莱阳专署。1958年，隶属烟台专署（后改称烟台地区行政公署）。1996年，撤销海阳县，设立省辖县级海阳市，由烟台市代管。

海阳现辖4个街道、10个镇、1个国家级旅游度假区、1个省级经济开发区、1个省级核电装备制造工业园区、1个碧城工业区。4个街道是东村、方圆、凤城、龙山；10个镇是二十里店、小纪、行村、辛安、留格庄、盘石店、朱吴、发城、郭城、徐家店。①

海阳话有声母28个（含零声母），韵母37个，声调3个，同时有轻声、儿化等音变。

（一）海阳话声调

海阳话有三个声调：阴平、上声和去声，调值分别是52、214、341。中古平声字在海阳话里一分为二，清平全部归阴平，全浊平声字全部归去

---

① 以上概况信息根据中共海阳市委党史研究中心、海阳市地方史志研究中心编《海阳年鉴2021》（黄海数字出版社2021年第1版）和海阳市政府网站资料整理。

声，次浊平声字大部分归入阴平，少部分归入去声。全浊上声归去声。清声母入声字全部归上声，浊声母入声字归去声。各声调例字如下：

阴平 52　东该灯风通开天春龙铜皮糖红

上声 214　懂古鬼九统苦讨草买老五有谷百搭节急哭拍塔切刻

去声 341　门牛油动罪近后冻怪半四痛快寸去卖路硬乱洞地饭树六麦叶月毒白盒罚

表 1-22　　　　　　　　　　海阳话声调表

古调	古声	例字	描写	调类调值
平	1. 全清	东该灯风	（无）	阴平 52
	2. 次清	通开天春		
	3. 次浊	门龙牛油	（无）	阴平 52（门牛油）去声 341（龙铜皮糖红）
	4. 全浊	铜皮糖红		
上	5. 全清	懂古鬼九	（无）	上声 214
	6. 次清	统苦讨草		上声 214
	7. 次浊	买老五有	（无）	上声 214
	8. 全浊	动罪近后前~	（无）	去声 341
去	9. 全清	冻怪半四	（无）	去声 341
	10. 次清	痛快寸去		去声 341
	11. 次浊	卖路硬乱	（无）	去声 341
	12. 全浊	洞地饭树		去声 341
入	13. 全清	谷稻~百搭节急	（无）	上声 214
	14. 次清	哭拍塔切刻		上声 214
	15. 次浊	六麦叶树~月	（无）	去声 341
	16. 全浊	毒白盒罚		去声 341

（二）海阳话声母

海阳话有 28 个声母，包括零声母在内。

1. [帮] 八 p　　　　兵 p　　　　21. [澄] 茶 tʂh　　柱 tʃ　　tʃh 除
2. [滂] 派 ph　　　片 ph　　　 22. [庄] 争 tʂ　　　装 tʂ

3. [並]爬 pʰ　　　　病 p　　　　　23. [初]抄 tʂʰ　　初 tʂʰ
4. [明]麦 m　　　　明 m　　　　　24. [崇]事 ʂ　　　床 tʂʰ
5. [非]飞 f　　　　风 f　　　　　25. [生]山 ʂ　　　双 ʂ
6. [敷]副 f　　　　峰 f　　　　　26. [章]纸 tʂ　　主 tʃ
7. [奉]肥 f　　　　饭 f　　　　　27. [昌]车ᵪ~tsʰ　春 tʃʰ
8. [微]味 ∅　　　　问 ∅　　　　　28. [船]船 tʂʰ　　顺 ʂ
9. [端]多 t　　　　东 t　　　　　29. [书]手 s　　　书 ʃ
10. [透]讨 tʰ　　　天 tʰ　　　　　30. [禅]十 s　　　城 tʂʰ
11. [定]甜 tʰ　　　毒 t　　　　　31. [日]热 ∅　　　软 ∅
12. [泥]脑 n　　南 n　年 ȵ　泥 m(老)/ȵ(新)　32. [见]高 k　　九 c
13. [来]老 l　　蓝 l　连 l　路 l　　　33. [溪]开 kʰ　　轻 cʰ
14. [精]资 tɵ　早 tɵ　租 tɵ　酒 ts　　34. [群]共 k　　　权 cʰ
15. [清]刺 tɵʰ　草 tɵʰ　寸 tɵʰ　清 tsʰ　35. [疑]熬 ∅　　　月 ∅
16. [从]字 tɵ　贼 tɵ　坐 tɵ　全 tsʰ　　36. [晓]好~坏 x　灰 x　响 ç
17. [心]丝 ɵ　三 ɵ　酸 ɵ　想 s　　　37. [匣]活 x　　　县 ç
18. [邪]祠 tɵʰ　謝 s　　　　　　　38. [影]安 ∅　　　温 ∅
19. [知]张ᵪts　竹 tʂ　　　　　　　39. [云]王 ∅　　　云 ∅
20. [彻]抽 tʂʰ　　拆 tʂʰ　　　　　　40. [以]用 ∅　　　药 ∅

表1-23　　　　　　　　海阳话声母表

p 八兵病	pʰ 派片爬	m 麦明泥(老)	f 飞风副蜂肥饭
t 多东毒	tʰ 讨天甜	n 脑南	l 老蓝连路
tɵ 资早租字贼坐	tɵʰ 刺草寸祠		ɵ 丝三酸
ts 酒张	tsʰ 清全抽车城		s 想謝手十
tʂ 竹争装纸	tʂʰ 拆茶抄初床春船		ʂ 事山双顺
tʃ 柱主	tʃʰ 除	ȵ 年泥(新)	ʃ 书
c 九	cʰ 轻权		ç 响县
k 共	kʰ 开	x 好灰活	
∅ 味问热软熬月安温王云用药			

（三）海阳话韵母

海阳话有37个韵母。

1. [果]歌 uo　　　坐 uo　　　过_米_uo　　　靴 yə
2. [假]茶 a　　　牙 ia　　　写 iə　　　瓦_名_ua
3. [遇]苦 u　　　五 u　　　猪 y　　　雨 y
4. [蟹]开 ɛ　　　排 ɛ　　　鞋 iɛi　　　米 i　　　赔 ei　　　对 ei　　　快 uɛ
5. [止]师 ɿ　　　丝 ɿ　　　试 ɿ　　　戏 i　　　二 ər　　　飞 ei　　　鬼 uei
6. [效]宝 ɔ　　　饱 ɔ　　　笑 iɔ　　　桥 iɔ
7. [流]豆 əu　　　走 əu　　　油 iəu
8. [咸阳]南 ãn　　　盐 iãn
9. [深阳]心 ĩn　　　深 ə̃n
10. [山阳]山 ãn　　　年 iãn　　　半 ãn　　　短 ãn　　　官 uãn　　　权 yãn
11. [臻阳]根 ə̃n　　　新 ĩn　　　寸 ə̃n　　　滚 uə̃n　　　春 uə̃n　　　云_彩_ỹn
12. [宕阳]糖 ɑŋ　　　响 iɑŋ　　　床 uɑŋ　　　王 uɑŋ
13. [江阳]双 uɑŋ　　　讲 iɑŋ
14. [曾阳]灯 əŋ　　　升 əŋ
15. [梗阳]硬 iŋ　　　争 əŋ　　　病 iŋ　　　星 iŋ　　　横 əŋ　　　兄 yŋ
16. [通阳]东 uŋ　　　用 yŋ
17. [咸入]盒 uo　　　塔 a　　　鸭 ia　　　接 iə　　　贴 iə　　　法 a
18. [深入]十 ɿ　　　急 i
19. [山入]辣 a　　　八 a　　　热 iə　　　节 iə　　　活 uo　　　刮 ua　　　月 yə
20. [臻入]七 i　　　一 i　　　骨 u　　　出 y　　　橘 y
21. [宕入]托 uo　　　药 yə　　　郭 uo
22. [江入]壳 ə　　　学 yə
23. [曾入]北 ə　　　直 ɿ　　　色 ə　　　国 uo
24. [梗入]白 ə　　　尺 ɿ　　　锡 i
25. [通入]谷_稻_u　　　六 iəu　　　绿 y　　　局 y

表1-24　　　　　　　　　　海阳话韵母表

ɿ 丝十直尺	i 米戏急七一锡	u 苦五骨谷	y 猪雨出橘绿局
ɿ 师试			

续表

ər 二			
a 茶塔法辣八	ia 牙鸭	ua 瓦刮	
		uo 歌坐过盒活托郭国	
ɔ 壳北色白	iə 写接贴热节		yə 靴月药学
ɛ 开排		uɛ 快	
	iei 鞋		
ei 赔对飞		uei 鬼	
ɔ 宝饱	iɔ 笑桥		
əu 豆走	iəu 油六		
ān 南山半短	iān 盐年	uān 官	yān 权
ən 深根寸	in 心新	uən 滚春	yn 云
ɑŋ 糖	iɑŋ 响讲	uɑŋ 床王双	
əŋ 灯升争横	iŋ 硬病星	uŋ 东	yŋ 兄用

九　牟平话

牟平区位于胶东半岛东北部，因处于牟山之阳平川地而得名。北滨黄海，东邻威海市环翠区、文登市，西接烟台市莱山区、福山区，南与西南分别与乳山、海阳、栖霞三市交界。境域跨北纬 37°04′—37°30′，东经 121°09′—121°56′。

牟平古为嵎夷地，夏代属青州地。商代属莱侯国地。西周属莱子国地。齐灵公十五年（前 567），齐国灭莱子国，为齐国东莱地。秦代属腄县地。西汉初，设东牟县，隶属青州东莱郡，县治在今牟平城区。王莽代汉，东牟县改名弘德县。东汉建武五年（29），复名东牟县。永平二年（59），割东莱郡东牟等县入琅琊国，后还属东莱郡。西汉时区境西南部为胶东国观阳县地（县治在今观水镇），东汉时改属北海国。三国时魏沿设东牟县，隶属青州东莱郡（另据《三国志·何夔传》属长广郡）。西晋初，东牟县并入治所在今福山区的牟平县。东晋到北魏期间，区境先属治所在今福山区的牟平县，继属治所在今蓬莱市的牟平县。北齐天统四年（568），区境属光州长广郡文登县地。隋代，仍属文登县地，文登县初属牟州，后改属莱州。大业三年（607），莱州改为东莱郡。唐初，仍属文登县地。武德四年（621）于文登县置登州治所，贞观元年（627）州废县存。贞观二年，省设治在今龙口市境内的牟平县。麟德二年（665）分文登县地置牟平县，治所在汉代东牟故城，即今牟平城区。如意元年（692）于牟平县设登州治所，辖牟平、文登、黄三县。神龙三年（707）州治移至蓬莱县，牟平县隶属不变。天宝元年（742）登州改名东牟郡，乾元元年（758）复称登州。五代至北宋，均沿设登州牟平县。宋时登州又别称东牟郡，属京东东路。"靖康之变"后，京东东路地为金扶立的齐政权所辖。金天会九年（1131），于牟平县治置宁海军。天会十五年，金废齐，牟平县、宁海军为金直接统治。大定二十二年（1182），升宁海军为宁海州，隶属山东东路，治所仍在牟平城，辖牟平、文登二县。元沿设宁海州，州治仍在牟平城，辖牟平、文登二县。初属益都路，中统五年（1264）改属淄莱路。至元九年（1272）直属中书省。明洪武元年（1368），牟平县并入宁海州，州治不变，属山东行中书省莱州府，辖文登县。洪武九年改属山东承宣布政使司登州府。清代，沿设登州府宁海州，不辖县。1913年，宁海州改为宁海县。因与浙江省宁海县重名，次年改名牟平县，属胶东道。1925年改属东海道，1928年直属山东省。1936—1945年，先后属山东省第七行政区、鲁东道和登州道。1941年1月，中国共产党领导的牟平县抗日民主政府成立，牟平县隶属胶东行政区东海专区。1947年10月，以辛安河为界分为牟平、牟东二县，牟平县隶属烟台市，牟东县隶属东海专区；1948年6月，又合并为牟平县，隶属胶东区东海专区。1950年5月，牟平县属山东省文登专区。1956年3月，改属莱阳专区。1958年11月，牟平县撤销，并入烟台市（今芝罘区）。1959年11月，恢复牟平县，隶属烟台地区。1983年11月，烟台地区改为地级市，牟平县隶属烟台市。1995年1月，撤牟平县，设烟台市牟平区。

牟平区现辖5个街道、8个镇、1个旅游度假区、1个省级开发区。5个街道是宁海街道、文化街道、武宁街道、大窑街道、姜格庄街道；8个镇是观水镇、龙泉镇、玉林店镇、水道镇、莒格庄镇、高陵镇、王格庄镇、昆嵛镇。[1]

---

[1] 以上概况信息根据江苏教育出版社1997年版罗福腾著《牟平方言词典》和牟平区政府网站资料整理。

牟平话有声母22个（含零声母），韵母38个，声调4个，同时有轻声、儿化等音变。

（一）牟平话声调

牟平话有四个声调：阴平、阳平、上声和去声，调值分别是51、553、214、131。去声中古平声字在牟平话里一分为二，清平全部归平声，全浊平声字全部归去声，次浊平声字大部分归入平声，少部分归入去声。全浊上声归去声。清声母入声字全部归上声，浊声母入声字归上声和去声。各声调例字如下：

阴平51　东该灯风通开天春门牛油
阳平553　龙铜皮糖红毒白盒罚
上声214　懂古鬼酒统苦讨草买老五有谷百搭节急哭拍塔切刻麦叶月
去声131　动罪近后冻怪半四痛快寸去卖路硬乱洞地饭树六

表1-25　　　　　　　　牟平话声调表

古调	古声	例字	描写	调类调值
平	1. 全清	东该灯风	（无）	阴平51
	2. 次清	通开天春		
	3. 次浊	门龙牛油	（无）	阴平51 阳平553（龙）
	4. 全浊	铜皮糖红	（无）	阴平553
上	5. 全清	懂古鬼九	（无）	上声214
	6. 次清	统苦讨草		
	7. 次浊	买老五有		上声214
	8. 全浊	动罪近后前~	（无）	去声131
去	9. 全清	冻怪半四	（无）	去声131
	10. 次清	痛快寸去		
	11. 次浊	卖路硬乱		去声131
	12. 全浊	洞地饭树	（无）	去声131
入	13. 全清	谷精~百搭节急	（无）	上声214
	14. 次清	哭拍塔切刻		

续表

古调	古声	例字	描写	调类调值
入	15. 次浊	六麦叶树~月	（无）	上声 214 去声 131（六）
	16. 全浊	毒白盒罚	（无）	阳平 553

（二）牟平话声母

牟平话有22个声母，包括零声母在内。

1. [帮]八 p　　　兵 p
2. [滂]派 ph　　　片 ph
3. [並]爬 ph　　　病 p
4. [明]麦 m　　　明 m
5. [非]飞 f　　　风 f
6. [敷]副 f　　　峰 f
7. [奉]肥 f　　　饭 f
8. [微]味 Ø　　　问 Ø
9. [端]多 t　　　东 t
10. [透]讨 th　　　天 th
11. [定]甜 th　　　毒 t
12. [泥]脑 n　　南 n　年 ȵ　泥 m(文)/ȵ(文)
13. [来]老 l　　蓝 l　连 l　路 l
14. [精]资 ts　　早 ts　租 ts　酒 tɕ
15. [清]刺 tsh　　草 tsh　寸 tsh　清 tɕh
16. [从]字 ts　　贼 ts　坐 ts　全 tɕh
17. [心]丝 s　　三 s　酸 s　想 ɕ
18. [邪]祠 tsh　　谢 ɕ
19. [知]张量tɕ　　竹 ts
20. [彻]抽 tɕh　　拆 tsh
21. [澄]茶 tsh　　柱 tɕ
22. [庄]争 ts　　装 ts
23. [初]抄 tsh　　初 tsh
24. [崇]事 s　　床 tsh
25. [生]山 s　　双 s
26. [章]纸 ts　　主 ts
27. [昌]车汽~tɕh　春 tsh
28. [船]船 tsh　　顺 s
29. [书]手 ɕ　　书 ɕ
30. [禅]十 ɕ　　城 tɕh
31. [日]热 Ø　　软 Ø
32. [见]高 k　　九 c
33. [溪]开 kh　　轻 ch
34. [群]共 k　　权 ch
35. [疑]熬 Ø　　月 Ø
36. [晓]好~坏x　　灰 x　　响 ɕ
37. [匣]活 x　　县 ɕ
38. [影]安 Ø　　温 Ø
39. [云]王 Ø　　云 Ø
40. [以]用 Ø　　药 Ø

表 1-26　　牟平话声母表

p八兵病	ph派片爬	m麦明泥(文)	f飞风副蜂肥饭
t多东毒	th讨天甜	n脑南	l老蓝连路

续表

ts 资早租字贼坐竹争装纸	tsʰ 刺草寸祠拆茶抄初床春船		s 丝三酸事山双顺
tɕ 酒张柱主	tɕʰ 清全抽车城	ȵ 年泥(又)	ɕ 想谢手书十
c 九	cʰ 轻权		ç 响县
k 高共	kʰ 开		x 好灰活
∅ 味问热软熬月安温王云用药			

（三）牟平话韵母

牟平话有38个韵母。

1. [果]歌 uo　　　坐 uo　　　过~来 uo　　　靴 yɛ
2. [假]茶 a　　　牙 ia　　　写 ie　　　瓦名 ua
3. [遇]苦 u　　　五 u　　　猪 y　　　雨 y
4. [蟹]开 ai　　　排 ai　　　鞋 iɛi　　　米 i　　　赔 ei　　　对 ei　　　快 uai
5. [止]师 ɿ　　　丝 ɿ　　　试 ɿ　　　戏 i　　　二 ər　　　飞 ei　　　鬼 uei
6. [效]宝 ɑu　　　饱 ɑu　　　笑 iɑu　　　桥 iɑu
7. [流]豆 ou　　　走 ou　　　油 iou
8. [咸阳]南 an　　　盐 ian
9. [深阳]心 in　　　深 in
10. [山阳]山 an　　　年 ian　　　半 an　　　短 an　　　官 uan　　　权 yan
11. [臻阳]根 ən　　　新 in　　　寸 ən　　　滚 uən　　　春 uən　　　云~彩 yn
12. [宕阳]糖 ɑŋ　　　响 iɑŋ　　　床 uɑŋ　　　王 uɑŋ
13. [江阳]双 uɑŋ　　　讲 iɑŋ
14. [曾阳]灯 əŋ　　　升 iŋ
15. [梗阳]硬 iŋ　　　争 əŋ　　　病 iŋ　　　星 iŋ　　　横 əŋ　　　兄 yŋ
16. [通阳]东 uŋ　　　用 yŋ
17. [咸入]盒 uo　　　塔 a　　　鸭 ia　　　接 ie　　　贴 ie　　　法 a
18. [深入]十 i　　　急 i
19. [山入]辣 a　　　八 a　　　热 ie　　　节 ie　　　活 uo　　　刮 ua　　　月 yɛ
20. [臻入]七 i　　　一 i　　　骨 u　　　出 y　　　橘 y
21. [宕入]托 uo　　　药 yo　　　郭 uo

22. [江入]壳ɤ　　学 yo
23. [曾入]北 o　　直 i　　色ɤ　　国 uo
24. [梗入]白 o　　尺 i　　锡 i
25. [通入]谷稻_u　　六 iou　　绿 u　　局 y

表 1-27　　　　　　　　牟平话韵母表

ɿ 师丝试	i 米戏十急七一直尺锡	u 苦五骨谷绿	y 猪雨出橘局
ər 二			
a 茶塔法辣八	ia 牙鸭	ua 瓦刮	
			ye 靴月
o 北白		uo 歌坐过盒活托郭国	yo 药学
ɤ 壳色			
	ie 写接贴热节		
	iei 鞋		
ai 开排		uai 快	
ei 赔对飞		uei 鬼	
ɑu 宝饱	iɑu 笑桥		
ou 豆走	iou 油六		
an 南山半短	ian 盐年	uan 官	yan 权
ən 根寸	in 心深新	uən 滚春	yn 云
ɑŋ 糖	iɑŋ 响讲	uɑŋ 床王双	
əŋ 灯争横	iŋ 升硬病星	uŋ 东	yŋ 兄用

十　莱阳话

莱阳市位于胶东半岛中部，因地处莱山（今旌旗山）之阳而得名。地理坐标为东经 120°31′—120°58′，北纬 36°34′—37°10′。东临海阳市，西接莱西市，北界栖霞、招远两市，南邻即墨市，东南隅濒黄海丁字湾。

西汉时，因位于昌水之阳，境域设为昌阳县。唐代改称莱阳县。明代，莱阳县城划为忠正坊、宣化坊、杏坛坊、迎仙坊、贤古坊、东北关坊 6 个坊；乡村划为 14 个乡，辖 135 个村。清初，全县区划与明代相同。雍正十三年（1735）将莱阳东部3个乡划归海阳县，将5个社划归宁海州（牟平），时县城仍为6个坊，11个乡，辖100个社。民国初期，全县区划与清末同。1930年全县划为9个区，辖30个镇、176个乡、1620个村。1940年5月莱阳县抗日民主政府成立。1941年2月，莱阳县析出莱东行署。行署将莱东划为12个区。1945年分置莱东、五龙两县，1950年合为莱阳县。1950—1958年为莱阳专署机关所在地，是当时的胶东半岛政治、经济、文化中心，1987年撤县设市。

莱阳市现辖5个街道、13个镇、1个省级经济开发区、1个省级滨海旅游度假区。5个街道是城厢街道、古柳街道、龙旺庄街道、冯格庄街道、柏林庄街道，市政府驻城厢街道；13个镇是沐浴店镇、团旺镇、穴坊镇、羊郡镇、姜疃镇、万第镇、照旺庄镇、谭格庄镇、河洛镇、吕格庄镇、高格庄镇、大夼镇、山前店镇。①

莱阳话有声母22个（含零声母），韵母36个，声调4个，同时有轻声、儿化等音变。

（一）莱阳话声调

莱阳话有四个声调：阴平、阳平、上声和去声，调值分别是214、442、34、51。中古平声字在莱阳话里一分为二，清平全部归阴平，全浊平声字全部归阳平，次浊平声字大部分归入阴平，少部分归入阳平。全浊上声归去声。清声母入声字全部归上声，浊声母入声字归阳平和去声。各声调例字如下：

阴平 214　东该灯风通开天春门牛油

阳平 442　龙铜皮糖红毒白盒罚

上声 34　懂鬼酒统苦草买老五有谷百搭节急哭拍塔切刻

去声 51　古讨动罪近后冻怪半四痛快寸去卖路硬乱洞地饭树六麦叶月

表1-28　　　　　　　　　莱阳话声调表

古调	古声	例字	描写	调类调值
平	1.全清	东该灯风	前低后高	阴平214
	2.次清	通开天春		

---

① 以上概况信息根据齐鲁书社2012年版《莱阳市志》和莱阳市政府网站资料整理。

续表

古调	古声	例字	描写	调类调值
平	3.次浊	门龙牛油	调程略短促	阴平 214 阳平 442（龙）
	4.全浊	铜皮糖红	（无）	阳平 442
上	5.全清	懂古鬼九	（无）	上声 34 去声 51（古、讨）
	6.次清	统苦讨草		
	7.次浊	买老五有	（无）	上声 34
	8.全浊	动罪近后前~	（无）	去声 51
去	9.全清	冻怪半四	（无）	去声 51
	10.次清	痛快寸去		
	11.次浊	卖路硬乱	（无）	去声 51
	12.全浊	洞地饭树		
入	13.全清	谷帮~百搭节急	（无）	上声 34
	14.次清	哭拍塔切刻		
	15.次浊	六麦叶树~月	（无）	去声 51
	16.全浊	毒白盒罚	（无）	阳平 442

（二）莱阳话声母

莱阳话有 22 个声母，包括零声母在内。

1. [帮]八 p   兵 p   21. [澄]茶 tsh   柱 tʃ
2. [滂]派 ph   片 ph   22. [庄]争 ts   装 ts
3. [并]爬 ph   病 p   23. [初]抄 tsh   初 tsh
4. [明]麦 m   明 m   24. [崇]事 s   床 tsh
5. [非]飞 f   风 f   25. [生]山 s   双 s
6. [敷]副 f   峰 f   26. [章]纸 ts   主 tʃ
7. [奉]肥 f   饭 f   27. [昌]车汽~tʃh   春 tsh
8. [微]味 ∅   问 ∅   28. [船]船 tsh   顺 s
9. [端]多 t   东 t   29. [书]手 ʃ   书 ɕ
10. [透]讨 th   天 th   30. [禅]十 ɕ   城 tʃh

11. [定]甜 tʰ　　　　　　毒 t　　　　　　31. [日]热 ∅　　　　软 ∅

12. [泥]脑 n　　　　南 n　　年 n̠　　泥 m/n̠　32. [见]高 k　　　　九 c

13. [来]老 l　　　　蓝 l　　连 l　　路 l　　33. [溪]开 kʰ　　　　轻 cʰ

14. [精]资 ts　　　　早 ts　租 ts　酒 tʃ　　34. [群]共 k　　　　权 cʰ

15. [清]刺 tsʰ　　　草 tsʰ　寸 tsʰ　清 tʃʰ　35. [疑]熬 ∅　　　　月 ∅

16. [从]字 ts　　　贼 ts　坐 ts　全 tʃʰ　　36. [晓]好~坏 x　　　灰 x　响 ç

17. [心]丝 s　　　　三 s　　酸 s　想 ʃ　　37. [匣]活 x　　　　县 ç

18. [邪]祠 tsʰ　　　　　　　　谢 ʃ　　　　38. [影]安 ∅　　　　温 ∅

19. [知]张量tʃ　　　　　　　竹 ts　　　　39. [云]王 ∅　　　　云 ∅

20. [彻]抽 tʃʰ　　　　　　　 拆 tsʰ　　　40. [以]用 ∅　　　　药 ∅

表 1-29　　　　　　　　莱阳话声母表

p 八兵病	ph 派片爬	m 麦明泥(又)	f 飞风副蜂肥饭
t 多东毒	th 讨天甜	n 脑南	l 老蓝连路
ts 资早租字贼坐竹争装纸	tsh 刺草寸祠拆茶抄初床春船		s 丝三酸事山双顺
		n̠ 年泥(又)	
tʃ 酒张柱主	tʃh 清全抽车城		ʃ 想谢手书十
c 九	ch 轻权		ç 响县
k 高共	kh 开		x 好灰活
∅ 味问热软熬月安温王云用药			

（三）莱阳话韵母

莱阳话有 36 个韵母。

1. [果]歌 uo/ə　　　坐 uo　　过米 uo　　靴 yɛ

2. [假]茶 a　　　　牙 ia　　写 iɛ　　瓦名 ua

3. [遇]苦 u　　　　五 u　　猪 u　　雨 y

4. [蟹]开 ɛ　　　　排 ɛ　　鞋 iɛ　　米 i　　赔 ei　　对 ei　　快 uɛi

5. [止]师 ɿ　　　　丝 ɿ　　试 ɿ　　戏 i　　二 ɚ　　飞 ei　　鬼 uei

6. [效]宝 ɔ　　　　饱 ɔ　　笑 iɔ　　桥 iɔ

第一章　语音

7. [流]豆 ou　　　走 ou　　油 iou
8. [咸阳]南 ɛ̃　　盐 iɛ̃
9. [深阳]心 iə̃　　深 iə̃
10. [山阳]山 ɛ̃　　年 iɛ̃　　半 ɛ̃　　短 ɛ̃　　官 uɛ̃　　权 yɛ̃
11. [臻阳]根 ə̃　　新 iə̃ 寸 ə̃　　滚 uə̃　　春 uə̃　　云~彩 yə̃
12. [宕阳]糖 ɑŋ　　响 iɑŋ　　床 uɑŋ　　王 uɑŋ
13. [江阳]双 uɑŋ　　讲 iɑŋ
14. [曾阳]灯 əŋ　　升 əŋ
15. [梗阳]硬 iŋ　　争 əŋ　　病 iŋ　　星 iŋ　　横 əŋ　　兄 yŋ
16. [通阳]东 uŋ　　用 yŋ　　翁 uŋ
17. [咸入]盒 ə　　塔 a　　鸭 ia　　接 iɛ　　贴 iɛ　　法 a
18. [深入]十 ɿ　　急 i
19. [山入]辣 a　　八 a　　热 iɛ　　节 iɛ　　活 uo　　刮 ua　　月 yɛ
20. [臻入]七 ɿ　　一 i　　骨 u　　出 u　　橘 y
21. [宕入]托 uo　　药 yɛ　　郭 uo
22. [江入]壳 ə　　学 yɛ
23. [曾入]北 ə　　直 ɿ　　色 ə　　国 uo
24. [梗入]白 ə　　尺 ɿ　　锡 ɿ
25. [通入]谷 稻 u　　六 iou　　绿 y　　局 y

表 1-30　　　　　　　莱阳话韵母表

ɿ 师丝试十七直尺锡	i 米戏急一	u 苦五猪　骨出谷	y 雨橘绿局
ə 歌(又) 盒壳北色白			
ɚ 二			
a 茶塔法辣八	ia 牙鸭	ua 瓦刮	
		uo 歌(又) 坐过活托郭国	
ɛ 开排	iɛ 写　接贴热节	uɛ 快	yɛ 靴月药学
	iɛi 鞋		
ei 赔对飞		uei 鬼	
ɔ 宝饱	iɔ 笑桥		

49

续表

ou 豆走	iou 油六		
ɛ̃ 南山半短	iɛ̃ 盐年	uɛ̃ 官	yɛ̃ 权
ɔ̃ 根寸	iɔ̃ 心深	uɔ̃ 滚春	yɔ̃ 云
aŋ 糖	iaŋ 响讲	uaŋ 床王双	
əŋ 灯升争横	iŋ 硬病星	uŋ 东	yŋ 兄用翁喁

十一 长岛话

长岛又称庙岛群岛，是一个独立运转的省级海洋生态文明建设功能区，位于胶东、辽东半岛之间，黄渤海交汇处，地处环渤海经济圈的连接带，东临韩国、日本。由151个岛屿组成，南北纵列于渤海海峡。

长岛古为莱夷之地，秦代属黄县。唐神龙三年（707）隶属蓬莱县。宋代为流放犯人之地。元代成为海运枢纽。明、清因战事，岛民两次外迁而空岛。1929年设长山岛行政区，隶属山东省府。1945年8月，成立长山岛特区，隶属北海专属。1949年8月长岛解放后，仍设长山岛特区。1956年5月，长岛县隶属莱阳专区，后隶属烟台专区。1963年10月恢复长岛县，隶属烟台专区。1983年11月隶属烟台市。2018年6月，省政府批复设立长岛海洋生态文明综合试验区。2020年6月，国务院批复撤销蓬莱市、长岛县，设立蓬莱区，以原蓬莱市、长岛县的行政区域为蓬莱区行政区域；9月1日，蓬莱区正式挂牌，长岛按照省级海洋生态文明建设功能区体制独立运转。

长岛现辖1个南长山街道、1个砣矶镇、6个乡：北长山乡、黑山乡、大钦岛乡、小钦岛乡、南隍城乡、北隍城乡，以及1个庙岛保护发展服务中心、1个小黑山保护发展服务中心。[①]

长岛话有声母22个（含零声母），韵母37个，声调4个，同时有轻声、儿化等音变。

（一）长岛话声调

长岛话有四个声调：阴平、阳平、上声和去声，调值分别是313、55、213、52。中古平声字在长岛话里一分为二，清平全部归阴平，全浊平声字全部归

---

① 以上概况信息根据山东人民出版社1990年版《长岛县志》和长岛县政府网站资料整理。

去声。全浊上声归去声。清声母入声字归上声和去声。各声调例字如下：

阴平 313　东该灯风通开天春

阳平 55　门龙牛油铜皮糖红急毒白盒罚

上声 213　懂古鬼九统苦讨草买老五有谷百搭节哭拍塔切刻麦

去声 52　动罪近后冻怪半四痛快寸去卖路硬广洞地饭树六叶月

表 1-31　　　　　　　　　长岛话声调表

古调	古声	例字	描写	调类调值
平	1. 全清	东该灯风	（无）	阴平 313
	2. 次清	通开天春		
	3. 次浊	门龙牛油	（无）	阳平 55
	4. 全浊	铜皮糖红		
上	5. 全清	懂古鬼九	（无）	上声 213
	6. 次清	统苦讨草		
	7. 次浊	买老五有	（无）	上声 213
	8. 全浊	动罪近后~	（无）	去声 52
去	9. 全清	冻怪半四	（无）	去声 52
	10. 次清	痛快寸去		
	11. 次浊	卖路硬乱	（无）	去声 52
	12. 全浊	洞地饭树		
入	13. 全清	谷稻~百搭节急	（无）	上声 213 阳平 55（急）
	14. 次清	哭拍塔切刻		
	15. 次浊	六麦叶树~月	（无）	去声 52 上声 213（麦）
	16. 全浊	毒白盒罚	（无）	阳平 55

（二）长岛话声母

长岛话有 22 个声母，包括零声母在内。

1. [帮]八 p　　　　　兵 p　　　　　21.[澄]茶 tsh　　　柱 tʃ

2. [滂]派 ph　　　　片 ph　　　　22.[庄]争 ts　　　　装 ts

3. [並]爬 pʰ　　　　　病 p　　　　　23. [初]抄 tsʰ　　　初 tʃ
4. [明]麦 m　　　　　明 m　　　　　24. [崇]事 s　　　　床 tsʰ
5. [非]飞 f　　　　　风 f　　　　　25. [生]山 s　　　　双 s
6. [敷]副 f　　　　　峰 f　　　　　26. [章]纸 ts　　　　主 tʃ
7. [奉]肥 f　　　　　饭 f　　　　　27. [昌]车汽~tʃʰ　　春 tʃʰ
8. [微]味 ∅　　　　　问 ∅　　　　　28. [船]船 tsʰ　　　顺 s
9. [端]多 t　　　　　东 t　　　　　29. [书]手 ʃ　　　　书 ʃ
10. [透]讨 tʰ　　　　天 tʰ　　　　30. [禅]十 ʃ　　　　城 tʃʰ
11. [定]甜 tʰ　　　　毒 t　　　　　31. [日]热 ∅　　　　软 ∅
12. [泥]脑 n　　南 n　　年 ȵ　　　泥 m/n　　32. [见]高 k　　　九 c
13. [来]老 l　　蓝 l　　连 l　　　路 l　　　33. [溪]开 kʰ　　　轻 cʰ
14. [精]资 ts　　早 ts　　租 ts　　酒 tʃ　　　34. [群]共 k　　　权 cʰ
15. [清]刺 tsʰ　　草 tsʰ　　寸 tsʰ　　清 tʃʰ　　35. [疑]熬 ∅　　　月 ∅
16. [从]字 ts　　贼 ts　　坐 ts　　全 tʃʰ　　　36. [晓]好~坏 x　　灰 x　响 ç
17. [心]丝 s　　三 s　　酸 s　　想 ʃ　　　　37. [匣]活 x　　　县 ç
18. [邪]祠 tsʰ　　　　谢 ʃ　　　　38. [影]安 ∅　　　温 ∅
19. [知]张量 tʃ　　　　竹 ts　　　　39. [云]王 ∅　　　云 ∅
20. [彻]抽 tʃʰ　　　　拆 tsʰ　　　40. [以]用 ∅　　　药 ∅

表1-32　　　　　　　　长岛话声母表

p 八兵病	pʰ 派片爬	m 麦明泥(又)	f 飞风副蜂肥饭
t 多东毒	tʰ 讨天甜	n 脑南	l 老蓝连路
ts 资早租字贼坐竹装纸	tsʰ 刺草寸祠拆抄初床茶春船		s 丝三酸事山双顺
tʃ 酒张柱主	tʃʰ 清全抽车城		ʃ 想谢手书十

续表

		nᵢ年泥₍又₎	
c 九	ch 轻权		ç 响县
k 高共	kh 开		x 好灰活
∅ 味问热软熬月安温王云用药			

（三）长岛话韵母

长岛话有37个韵母。

1. [果]歌ə　　　坐 uə　　　过₍米₎uə　　靴 yɛ
2. [假]茶 a　　　牙 ia　　　写 iɛ　　　　瓦₍名₎ua
3. [遇]苦 u　　　五 u　　　　猪 y　　　　雨 y
4. [蟹]开 ai　　 排 ai　　　 鞋 i　　　　 米 i　　　　赔 ei　　　对 ei　　　快 uai
5. [止]师ɿ　　　 丝ɿ　　　　 试ɿ　　　　 戏 i　　　　二 ər　　　飞 ei　　　鬼 uei
6. [效]宝 au　　 饱 au　　　 笑 iau　　　 桥 iau
7. [流]豆 ou　　 走 ou　　　 油 iou
8. [咸阳]南 an　 盐 ian
9. [深阳]心 ən　 深 ən
10. [山阳]山 an　年 ian　　　半 an　　　　短 an　　　 官 uan　　 权 yan
11. [臻阳]根 ən　新 ən　　　 寸 ən　　　　滚 uən　　　春 uən　　 云₍~彩₎yn
12. [宕阳]糖 aŋ　响 iaŋ　　　床 uaŋ　　　王 uaŋ
13. [江阳]双 uaŋ　讲 iaŋ
14. [曾阳]灯 əŋ　升 əŋ
15. [梗阳]硬 iŋ　争 əŋ　　　 病 iŋ　　　　星 əŋ　　　 横 əŋ　　　兄 yŋ
16. [通阳]东 uŋ　用 yŋ
17. [咸入]盒 uə　塔 a　　　　鸭 ia　　　　接 iɛ　　　 贴 iɛ　　　法 a
18. [深入]十 i　 急 i
19. [山入]辣 a　 八 a　　　　热 iɛ　　　　节 iɛ　　　 活 uə　　　刮 ua　　　月 yɛ
20. [臻入]七 i　 一 i　　　　 骨 u　　　　 出 y　　　　橘 y
21. [宕入]托 uə　药 yə　　　 郭 uə
22. [江入]壳 ə　 学 yə

23. [曾入]北ə　　直 i　　色ə　　国 uə

24. [梗入]白ə　　尺ɿ　　锡ɿ

25. [通入]谷稻_u　六 iou　绿 y　局 y

表 1–33　　　　　　长岛话韵母表

ɿ师丝试十七直尺锡	i 鞋(又)米戏急一	u 苦五骨谷	y 猪雨出橘绿局
ər 二			
a 茶塔法辣八	ia 牙鸭	ua 瓦刮	
ə 歌盒壳色白		uə 坐过活托郭国	yə 药
	iɛ 写接贴热节		ye 靴月
ai 开排	iai 鞋(又)	uai 快	
ei 对飞		uei 鬼	
au 宝饱笑	iau 桥		
ou 豆走	iou 油六		
an 南山半短	ian 盐年	uan 官	yan 权
ən 心深根新寸	in 音林人	uən 滚春	yn 云
aŋ 糖	iaŋ 响讲	uaŋ 床王双	
əŋ 灯升争星横	iŋ 硬病	uŋ 东龙翁嗡	yŋ 兄用

第二节　单字

说明：

1. 以下 1000 个单字选自教育部语言文字信息管理司和中国语言资源保护研究中心《中国语言资源调查手册汉语方言》调查表全部单字，序号亦同。

2. 读音根据各地发音采用国际音标标注。送气符号[h]皆不上标，与正常音标大小一致；每个字音只标注原调，不标注轻声、儿化与变调；多音字标注多个读音；表中的"老、新、文、白、又"表示"老读、新读、文读、白读、又音"，按照常用情况排列，常用在前，不常用在后。

第一章　语音

表 2-1　烟台方言千字读音对照表

编号	汉字	芝罘读音	福山读音	栖霞读音	龙口读音	蓬莱读音	招远读音	莱州读音	海阳读音	牟平读音	莱阳读音	长岛读音
0001	多	tuo53	tuo53	tuo312	tua35	tua313	tua35	tua213	tuo52	tuo51	tuo214	tua313
0002	拖	thuo53	thuo53	thuo312	thua35	thua313	thua35	thua213	thuo52	thuo51	thuo214	thua313
0003	大	ta33	ta33	ta52	ta214	ta52	ta214	ta53	ta341	ta131	ta51	ta52
0004	锣	luo33	luo33	luo312	lua35	lua55	lua35	lua53	luo52	luo553	luo214	lua55
0005	左	tsuo214	tsuo33	tsuo52	tsua214	tsua214	tsua214	tsua213	tθuo214	tsuo214	tsuo51	tsua213
0006	歌	kɤ53	kuo53	kuo312 又 ka312 又	kua35	kua313	kua35	ka213	kuo52	kuo51	ka214 又 kuo214 又	ka313
0007	个	kɤ33	kɤ33	ka52	kua214	ka52	kua214	ka213	kuo341 又 ka341 又	kɤ131	ka51	ka52
0008	可	khɤ214	khuo214	khuo52 又 khɤ214 又	khua55 又 khɤ55 又	khua214	khua55 又 khɤ55 又	khɤ55	khuo214	khɤ214 又 khuo214 又	khɤ51	khɤ213
0009	鹅	Øuo33	Øuo33	Øuo312	Øua35	pa214	Øua35	Øa53	Øuo52	Øuo51	Øuo214	Øua55
0010	饿	Øuo33	Øuo33	Øuo342	Øua53	Øua52	Øua53	Øua53	Øuo341	Øuo131	Øuo51	Øua52
0011	河	xuo33 白 xɤ33 文	xuo33	xuo342	xua53	xua55	xua53	xa53	xuo341	xuo553	xuo442 又 xə442 又	xa55
0012	茄	tchie33	chie33	chie342	chie53	chie55	chie53	tchia53	chia341	chie553	chie442	chye55 老 chiai55 新
0013	破	pho33	pho33	pha52	pha214	pha52	pha214	pha213	pha341	pho131	pha51	pha52

· 55 ·

烟台方言总揽

续表

编号	汉字	芝罘读音	福山读音	栖霞读音	龙口读音	蓬莱读音	招远读音	莱州读音	海阳读音	牟平读音	莱阳读音	长岛读音
0014	婆	phə33	phɔ33	phə342	phə53	phə55	phə53	phə53	phə341	phɔ553	phə442	phə55
0015	磨动	mo53	mo53	ma342	ma35	ma55	ma35	ma53	ma52	mo51	ma214	ma55
0016	磨名	mo33	mo33	ma52	ma53	ma52	ma53	ma53	ma341	mo131	ma51	ma52
0017	躲	tuo214	tuo214	tuo214	tuo55	tuo214	tuo55	tuə55	tuo214	tuo214	tuo34	tuə213
0018	螺	luo33	luo33	luo342	luə53	luə55	luə53	luə53	luo52	luo553	luo442	luə55
0019	坐	tsuo33	tsuo33	tsuo342	tsuə53	tsuə52	tsuə53	tsuə55	tθuo341	tsuo131	tsuə51	tsuə52
0020	锁	suo214	suo214	suo214	suə55	suə214	suə55	suə55	θuo214	suo214	suo34	suə213
0021	果	kuo33	kuo33	kuo214	kua55	kua52	kua55	ka55	kuo341	kuo214	kuo51	kuə213
0022	过	khɤ33	khuo33	khuo52	khua214	khua52	kua214	khə213	khuo341	khɤ131	khə51	khə52
0023	火	xuo214	xuo214	xuo214	xua55	xua52	xua55	xua55	xuo214	xuo214	xuo34	xuə213
0024	货	xuo33	xuo33	xuo52	xua214	xua52	xua214	xua213	xuo341	xuo131	xuo51	xuə52
0025	祸	xuo33	xuo33	xuo52	xua214	xua52	xua214	xua213	xuo341	xuo131	xuo51	xuə52
0026	靴	çye53	çye53	çye312	çye35	çye214	çye35	çye213	çye52	çye51	çye214	çye313
0027	把量	pa214	pa214	pa214	pa55	pa214	pa55	pa53	pa214	pa214	pa34	pa213
0028	爬	pha33	pha33	pha342	pha53	pha55	pha53	pha53	pha341	pha553	pha442	pha55
0029												

· 56 ·

续表

编号	汉字	芝罘读音	福山读音	栖霞读音	龙口读音	蓬莱读音	招远读音	莱州读音	海阳读音	牟平读音	莱阳读音	长岛读音
0030	马	ma214	ma214	ma214	ma55	ma214	ma55	ma55	ma214	ma214	ma34	ma213
0031	骂	ma33	ma33	ma342	ma53	ma52	ma53	ma53	ma341	ma131	ma51	ma52
0032	茶	tsha33	tsha33	tsha342	tsha53	tsha55	tsha53	tsha53	tsha341	tsha553	tsha442	tsha55
0033	沙	sa53	sa53	sa312	sa35	sa313	sa35	sa213	ʂa52	sa51	sa214	sa313
0034	假	tɕia214	ɕia214	ɕia214	ɕia55	ɕia214	ɕia55	tɕia55	ɕia214	ɕia214	ɕia34	ɕia213
0035	嫁	tɕia33	ɕia33	ɕia52	ɕia214	ɕia52	ɕia214	tɕia213	ɕia341	ɕia131	ɕia51	ɕia52
0036	牙	ʘia53	ʘia53	ʘia312	ʘia35	ʘia55	ʘia35	ʘia53	ʘia52	ʘia51	ʘia214	ʘia55
0037	虾	ɕia53	ɕia53	ɕia312	ɕia35	ɕia313	ɕia35	ɕia213	ɕia341	ɕia51	ɕia214	ɕia313
0038	下	ɕia33	ɕia33	ɕia52	ɕia214	ɕia52	ɕia214	ɕia53	ɕia341	ɕia131	ɕia51	ɕia52
0039	夏	ɕia33	ɕia33	ɕia52	ɕia214	ɕia52	ɕia214	ɕia53	ɕia341	ɕia131	ɕia51	ɕia52
0040	哑	ʘia214	ʘia214	ʘia214	ʘia55	ʘia214	ʘia55	ʘia55	ʘia214	ʘia214	ʘia34	ʘia213
0041	姐	tɕie214	tɕie214	tʃie214	ʃie55	tʃie214	ʃie55	tsie55	tsie214	tɕie214	tʃie34	tʃiai213
0042	借	tɕie214	tɕie33	tʃie52	ʃie214	tʃie52	ʃie214	tsie213	tsie341	tie131	tʃie34	tʃiai52
0043	写	ɕie33	ɕie214	ʃie52	ʃə55	ʃie55	ʃə55	sie55	sie214	ɕie214	ʃie51	ʃiai55
0044	斜	ɕie33	ɕie33	ʃie342	ʃə53	ʃie52	ʃə53	sia53	sia341	ɕie553	ʃie442	ʃiai55
0045	谢	ɕie33	ɕie33	ʃie52	ʃə214	ʃie52	ʃə214	sia213	sia341	ɕie131	ʃie51	ʃiai52

续表

编号	汉字	芝罘读音	福山读音	栖霞读音	龙口读音	蓬莱读音	招远读音	莱州读音	海阳读音	牟平读音	莱阳读音	长岛读音
0046	车	tɕhie53	tɕhie53	tɕhie312	tɕhie35	tɕhie313	tɕhɑ35	tʂhɑ213	tʂhɑ52	tɕhie51	tɕhie214	tɕhiɑi313
0047	蛇	ɕie33	ɕie33	ʃie342	ʃə53	ʃie55	ʃə53	ʂə53	ʂə341	ɕie553	ʃie442	ʃiɑi55
0048	射	ɕie33	ɕie33	ʃie52	ʃə214	ʃie52	ʃə214	ʂə53	ʂə341	ɕie131	ʃie51	ʃiɑi52
0049	爷	Øie33	Øie53	Øie342	Øie53	Øie55	Øie53	Øie55	Øie52	Øie51	Øie442	Øiɑi55
0050	野	Øie214	Øie214	Øie214	Øie55	Øie214	Øie55	Øie55	Øie214	Øie214	Øie34	Øiɑi213
0051	夜	Øie33	Øie33	Øie52	Øie53	Øie52	Øie53	Øie53	Øie341	Øie51	Øie51	Øiɑi52
0052	瓜	kuɑ53	kuɑ53	kuɑ312	kuɑ35	kuɑ313	kuɑ35	kuɑ213	kuɑ52	kuɑ51	kuɑ214	kuɑ313
0053	瓦	Øuɑ214	Øuɑ214	Øuɑ214	Øuɑ55	Øuɑ214	Øuɑ55	Øuɑ55	Øuɑ214	Øuɑ214	Øuɑ34	Øuɑ213
0054	花	（无）要儿化，xuɑr53	xuɑ53	xuɑ312	xuɑ35	xuɑ313	xuɑ35	xuɑ213	xuɑ52	xuɑ51	xuɑ214	xuɑ313
0055	化	xuɑ33	xuɑ33	xuɑ52	xuɑ214	xuɑ52	xuɑ214	xuɑ213又xuɑ53	xuɑ341	xuɑ131	xuɑ51	xuɑ52
0056	华中~ 谱家~	xuɑ33	xuɑ33	xuɑ52	xuɑ214	xuɑ55	xuɑ214	xuɑ213	xuɑ341	xuɑ131	xuɑ442	xuɑ55
0057	布	phu214	phu214	phu214	phu55	phu214	phu55	phu55	phu214	phu214	phu34	phu213
0058	铺动	pu33	pu33	pu52	pu214	pu52	pu214	pu213	pu341	pu131	pu51	pu52
0059	铺	phu53	phu53	phu312	phu35	phu313	phu35	phu213	phu52	phu51	phu214	phu313
0060	簿	pu33	pu33	pu342	pu53	pu52	pu53	pu53	pu341	pu131	pu51	pu52

第一章 语音

续表

编号	汉字	芝罘读音	福山读音	栖霞读音	龙口读音	蓬莱读音	招远读音	莱州读音	海阳读音	牟平读音	莱阳读音	长岛读音
0061	步	pu33	pu33	pu342	pu53	pu52	pu53	pu53	pu341	pu131	pu51	pu52
0062	赌	tu214	tu214	tu214	tu55	tu214	tu55	tu55	tu214	tu214	tu34	tu213
0063	土	thu214	thu214	thu214	thu55	thu214	thu55	thu55	thu341	thu214	thu34	thu213
0064	图	thu33	thu33	thu342	thu53	thu55	thu53	thu53	thu341	thu553	thu442	thu55
0065	杜	tu33	tu33	tu342	tu53	tu52	tu53	tu53	tu341	tu131	tu51	tu52
0066	奴	nu33	nu33	nuŋ342	nu53	nu55	nu53	nu53	nuŋ341	nu553	nuŋ442	nu55
0067	路	lu33	lu33	lu342	lu53	lu52	lu53	lu53	lu341	lu131	lu51	lu52
0068	租	tsu53	tsu53	tsu312	tsu35	tsu313	tsu35	tsu213	tɕu52	tsu51	tsu214	tsu313
0069	做	tsou53 白, ~饭 tsou33 文, ~作业	tsou33	tsuo52 又 tsəu52 又	tsou214	tsəu52	tsou214	tsou213 又 tsus53 又	tɕuo341 老 tɕuo341 新	tsuo131 又, ~作业 souo553 又, ~饭	tsou51 又 sou51 又	tsou52
0070	错对~	tshuo33	tshuo33	tshuo52	tshue52	tshue52	tshou214	tshue213	tɕhu341	tshuo131	tshuo51	tshu52
0071	箍箍桶	ku53	ku33	ku312	ku35	ku313	ku35	ku213	ku52	ku51	ku214	ku313
0072	古	ku214	ku214	ku214	ku55	ku214	ku55	ku55	ku214	ku214	ku51	ku213
0073	苦	khu214	khu214	khu214	khu55	khu214	khu55	khu55	khu341	khu214	khu34	khu213
0074	裤	khu33	khu33	khu52	khu53	khu52	khu53	khu213	khu341	khu131	khu51	khu52
0075	吴	Øu33	Øu33	Øu312	Øu53	Øu55	Øu53	Øu53	Øu341	Øu553	Øu442	Øu55

烟台方言总揽

续表

编号	汉字	芝罘读音	福山读音	栖霞读音	龙口读音	蓬莱读音	招远读音	莱州读音	海阳读音	牟平读音	莱阳读音	长岛读音
0076	五	ɦu214	ɦu214	ɦu214	ɦu55	ɦu214	ɦu55	ɦu55	ɦu214	ɦu214	ɦu34	ɦu213
0077	虎	xu214	xu214	xu214	xu55	xu214	xu55	xu55	xu214	xu214	xu34	xu213
0078	壶	xu33	xu33	xu342	xu53	xu55	xu53	xu53	xu341	xu553	xu442	xu55
0079	户	xu33	xu33	xu342	xu53	xu52	xu53	xu53	xu341	xu131	xu51	xu55
0080	乌	ɦu53	ɦu53	ɦu312	ɦu35	ɦu313	ɦu35	ɦu213	ɦu52	ɦu553	ɦu214	ɦu313
0081	女	ny214	ny214	ny214	ny55	ny214	ny55	ny55	ny214	ny214	ny34	ny213
0082	吕	ly214	ly214	ly214	ly55	ly214	ly55	ly55	ly214	ly214	ly34	ly213
0083	徐	cy33	cy33	ʃy342	ʃy53	ʃy55	ʃy53	sy55	sy341	cy553	ʃu442	ʃy55
0084	猪	tcy53	tcy53	tʃy312	tʃy35	tʃy313	tʃy35	tʂu213	tʃy52	tcy51	tʃu214	tʃy313
0085	除	tchy33	tchy33	tʃhy342	tʃhy53	tʃhy55	tʃhy53	tʃhu213	tʃhy341	theʏ553	tʃhu442	tʃhy55
0086	锄	tshu53	tshu53	tshu312	tshu35	tshu313	tshu35	tshu213	tshu52	tshu51	tshu214	tshu313
0087	所	suo214	suo214	suo214	sue55	sue214	sue55	sue55	suo214	suo214	suo34	sue213
0088	书	cy53	cy53	ʃy312	ʃy35	ʃy313	ʃy35	ʃu213	ʃy52	cy51	ʃy214	ʃy313
0089	鼠	cy214	cy214	ʃy214	ʃy55	ʃy214	ʃy55	su55	ʃy214	cy214	ʃy51	ʃy213
0090	如	ɦy33	ɦy33	ɦy52	ɦy53	ɦy55	ɦy53	ɦy213	ɦy341	ɦy131	ɦy51	ɦy55

· 60 ·

续表

编号	汉字	芝罘读音	福山读音	栖霞读音	龙口读音	蓬莱读音	招远读音	莱州读音	海阳读音	牟平读音	莱阳读音	长岛读音
0092	举	tɕy214	cy214	cy214	cy55	cy214	cy55	tɕy55	cy214	cy214	cy34	cy213
0093	锯	tɕy33	cy33	cy52	cy214	cy52	cy214	tɕy213	cy341	cy131	cy51	cy52
0094	去	tɕhy33	chy33	chy52	chy214	chy52	chy214	tɕhy55	chy341	chy553	chy51	chy55
0095	溟	tɕhy33	chy33	chy312	chy53	chy55	chy53	ɕy53	ɕy52	ɕy51	chy442	ɕy55
0096	鱼	ɵy53	ɵy53	ɵy312	ɵy35	ɵy55	ɵy35	ɵy55	ɵy214	ɵy214	ɵy214	ɵy213
0097	许	ɕy214	ɕy214	ɕy214	ɕy55	ɕy214	ɕy55	ɕy53	ɕy341	ɕy553	ɕy34	ɕy55
0098	余	ɵy33	ɵy33	ɵy342	ɵy53	ɵy55	ɵy53	ɵy53	ɵy214	ɵy131	ɵy442	ɵy55
0099	府	fu214	fu214	fu214	fu55	fu214	fu55	fu55	fu214	fu214	fu34	fu213
0100	付	fu33	fu33	fu52	fu35	fu52	fu35	fu213	fu341	fu131	fu51	fu52
0101	父	fu33	fu33	fu52	fu214	fu52	fu214	fu213	fu341	fu131	fu51	fu52
0102	武	ɵu214	ɵu214	ɵu214	ɵu55	ɵu214	ɵu55	ɵu55	ɵu214	ɵu214	ɵu34	ɵu213
0103	雾	ɵu33	ɵu33	ɵu342	ɵu53	ɵu52	ɵu53	ɵu53	ɵu341	ɵu131	ɵu51	ɵu213
0104	取	tɕhy214	tɕhy214	tɕhy214	tɕhy55	tshau214 又 tɕhy214 又	tɕhy55	tshy55	tshy214	tɕhy214	tɕhu34	tɕhy213
0105	住	tɕy33	tɕy33	tɕy342	tɕy53	tɕy55	tɕy53	tsu53	tɕy341	tɕy131	tɕy51	tɕy55
0106	住	tɕy33	tɕy33	tɕy342	tɕy53	tɕy52	tɕy53	tsu53	tɕy341	tɕy131	tɕy51	tɕy52
0107	数动	su214	su214	su214	su55	ʃu214	su55	su55	su214	su214	su214	su213

烟台方言总揽

续表

编号	汉字	芝罘读音	福山读音	栖霞读音	龙口读音	蓬莱读音	招远读音	莱州读音	海阳读音	牟平读音	莱阳读音	长岛读音
0108	数名	su33	su53	su52	su53	ʃu52	su53	su53	su341	su131	su51	su52
0109	主	tcy214	tcy214	tʃy214	tʃy55	tʃy214	tʃy55	tsu55	tʃy214	tcy214	tʃy34	tʃy213
0110	输	cy53	cy33	ʃy312	ʃy35	ʃy313	ʃy35	su213	ʃy52	cy51	ʃy214	ʃy313
0111	坚	cy33	cy33	ʃy342	ʃy53	ʃy52	ʃy53	su53	ʃy341	cy131	ʃy51	ʃy52
0112	树	cy33	c y33	ʃy342	ʃy53	ʃy52	ʃy53	su53	ʃy341	cy131	ʃy51	ʃy52
0113	句	tcy33	chy53	cy342	cy53	cy52	cy53	tcy213	cy341	cy131	cy51	cy52
0114	区地~	tchy53	chy53	chy312	chy35	chy313	chy35	tchy55	chy52	tchy51	chy214	chy313
0115	遇	∅y53	∅y33	∅y342	∅y53	∅y52	∅y53	∅y213	∅y341	∅y214	∅y34	∅y213
0116	雨	∅y214	∅y214	∅y214	∅y55	∅y214	∅y55	∅y55	∅y214	∅y131	∅y51	∅y52
0117	芋	∅y33	∅y33	∅y342	∅y53	∅y52	∅y53	∅y53	∅y341	∅y131	∅y51	∅y52
0118	裕	∅y33	∅y33	∅y52	∅y53	∅y52	∅y53	∅y53	∅y341	∅y131	∅y51	∅y52
0119	胎	thae53	thai53	thei312	the53	thai313	the35	the213	the52	thai51	the214	thai313
0120	台戏~	thae33	thai33	thei342	the53	thai55	the53	the53	the341	thai553	the442	thai55
0121	袋	tae33	tai33	tei342	te53	tai52	te53	te53	te341	tai131	te51	tai55
0122	来	lae53	lai53	lei312	le35	lai55	le35	le53	le52	lai51	le214	lai55
0123	菜	tshae33	tshai33	tshei52	tshe214	tshai52	tshe214	tshe213	tɕhe341	tshai131	tshe51	tshai52

· 62 ·

第一章 语音

续表

编号	汉字	芝罘读音	福山读音	栖霞读音	龙口读音	蓬莱读音	招远读音	莱州读音	海阳读音	牟平读音	莱阳读音	长岛读音
0124	财	tshae33	tshai33	tshei342	tshe53	tshai55	tshe53	tshe53	tɵhe341	tshai553	tshe442	tshai55
0125	该	kae53	kai53	kei312	ke35	kai313	ke35	ke213	ke52	kai51	ke214	kai313
0126	改	kae214	kai214	kei214	ke55	kai214	ke55	ke55	ke214	kai214	ke34	kai213
0127	开	khae53	khai53	khei312	khe35	khai313	khe35	khe213	khe52	khai51	khe214	khai313
0128	海	xae214	xai214	xei214	xe55	xai214	xe55	xe55	xe214	xai214	xε34	xai213
0129	爱	ɵae33	ɵai33	ɵei52	ɵe214	ɵai52	ɵe214	ɵe213	ɵe341	ɵai131	ɵε51	ɵai52
0130	贝	pei33	pei33	pei52	pei214	pei52	pei214	pei53	pei341	pei131	pei51	pei52
0131	带	tae33	tai33	tei52	te214	tai52	te214	te213	te341	tai131	tε51	tai52
0132	盖	kae33	kai33	kei52	ke214	kai52	ke214	ke213	kε341	kai131	kε51	kai52
0133	害	xae33	xai33	xei52	xe214	xai52	xe214	xe213	xε341	xai131	xε51	xai52
0134	拜	pae33	pai33	pei52	pe214	pai52	pe214	pe213	pε341	pai131	pε51	pai52
0135	排	phae33	phai33	phei342	phe53	phai55	phe53	phe53	phε341	phai553	phε442	phai55
0136	埋	mae53	mai53	mei312	me35	mei55	me35	me213	me52	mai51	me214	mai55
0137	戒	tɕiae33	cie33	ciei52	ciai214	cie52	ciai214	tɕie55	ciei341	ciei131	ciei51	ciai52
0138	摆	pae214	pai214	pei214	pe55	pai214	pe55	pe55	pe214	pai214	pε34	pai213
0139	派	phae33	phai33	phei342	phe214	phai52	phe214	phe213	phε341	phai553	phε442	phai52

· 63 ·

◆◇◆ 烟台方言总揽

续表

编号	汉字	芝罘读音	福山读音	栖霞读音	龙口读音	蓬莱读音	招远读音	莱州读音	海阳读音	牟平读音	莱阳读音	长岛读音
0140	牌	phae33	phai33	phei342	phe53	phai55	phe53	phe53	phe341	phai553	phe442	phai55
0141	买	mae214	mai214	mei214	me55	mai214	me55	me55	me214	mai214	me34	mai213
0142	卖	mae33	mai33	mei342	me53	mai52	me53	me53	me341	mai131	me51	mai52
0143	柴	tshae33	tshai33	tshei342	tshe53	tshai55	tshe53	tshe53	tshe341	tshai553	tshe442	tshai55
0144	晒	sae33	sai33	sei342	se214	sai52	se214	sɛ213	sɛ341	sai131	se51	sai55
0145	街	tɕiae53	ɕiei53	ɕiei312	ɕiai35	ɕiai313	ɕiai35	ɕie213	ɕiei52	ɕiei51	ɕiei214	ɕiai313
0146	解开	tɕiae214	ɕie214	ɕiei214	ɕie55	ɕiai214	ɕie55	ɕie55	ɕiei214	ɕie214	ɕiei34	ɕiai213
0147	鞋	ɕiae33	ɕiei33	ɕiei342	ɕiai53	ɕi55	ɕiai53	ɕie53	ɕiei341	ɕiei553	ɕiei442	ɕi55 老 ɕiai55 新
0148	蟹	ɕiae33	ɕiei33	ɕiei342	ɕiai53	ɕiai52	ɕiai53	ɕie53	ɕiei341	ɕiei553	ɕiei442	ɕiai52
0149	矮	ɵae214	ɵiei214	ɵiei214	ɵiai55	ɵiai214	ɵiai55	ɵie55	ɵiei214	ɵiei214	ɵiei34	ɵiai213
0150	败	pae33	pai33	pei342	pe53	pai52	pe53	pe213	pe341	pai131	pe442	pai52
0151	币	pi33	pi33	pi52	pi214	pi52	pi214	pi53	pi341	pi131	pi51	pi52
0152	制	tɕi33	tɕi33	tʃi52	tʃi214	tʃi52	tʃi214	tʂi55	tʂi214	tɕi131	tʃi51	tʃi52
0153	世	ɕi33	ɕi33	ʃi52	ʃi214	ʃi52	ʃi214	ʃi53	ʃi341	ɕi131	ʃi51	ʃi52
0154	艺	ɵi33	ɵi33	ɵi52	ɵi53	ɵi52	ɵi53	ɵi53	ɵi341	ɵi131	ɵi51	ɵi52
0155	米	mi214	mi214	mi214	mi55	mi214	mi55	mi55	mi214	mi214	mi34	mi213

第一章 语音

续表

编号	汉字	芝罘读音	福山读音	栖霞读音	龙口读音	蓬莱读音	招远读音	莱州读音	海阳读音	牟平读音	莱阳读音	长岛读音
0156	低	ti53	ti53	ti312	ti35	ti313	ti35	ti213	ti52	ti51	ti214	ti313
0157	梯	thi53	thi53	thi312	thi35	thi313	thi35	thi213	thi52	thi51	thi214	thi313
0158	剃	thi53	thi53	thi312	thi35	thi313	thi35	thi213	thi52	thi51	thi214	thi313
0159	弟	ti33	ti33	ti52	ti214	ti52	ti214	ti213	ti341	ti131	ti51	ti52
0160	递	ti33	ti33	ti52	ti53	ti52	ti53	ti53	ti341	ti131	ti51	ti52
0161	泥	mi53 白 ni53 文	mi53	mi312	mi35	mi55	mi35	mi53	mi52 又, ni52 又, 水~	mi51 又 ni51 又	ni214 又, 水~ mi214 又	mi55 又 ni55 又 水~
0162	梨	li53	li53	li312	li55	li55	li55	li53	li52	li51	li214	li55
0163	西	ɕi53	ɕi53	ʃi312	ʃi35	ʃi313	ʃi35	si213	si52	ɕi51	ʃi214	ʃi313
0164	洗	ɕi214	ɕi214	ʃi214	ʃi55	ʃi214	ʃi55	si55	si214	ɕi214	ʃi34	ʃi213
0165	鸡	tɕi53	ci53	ci312	ci35	ci313	ci35	tɕi213	ci52	ci51	ci214	ci313
0166	溪	ɕi53	ɕi33	ʃi214	ci35	ci313	ci35	ci213	ci341	ci51	ʃi214	ci313
0167	契	tɕhi33	chi33	chi52	chi35	chi52	chi35	tchi53	chi341	chi131	chi51	chi52
0168	系 系联~	ɕi33	ɕi33	ɕi52	ɕi214	ɕi52	ɕi214	ɕi213	ɕi341	ɕi131	ɕi51	ɕi52
0169	杯	pei53	pei53	pei312	pei55	pei313	pei55	pei213	pei52	pei51	pei214	pei313
0170	配	phei33	phei33	phei52	phei214	phei52	phei214	phei213	phei341	phei131	phei51	phei52

烟台方言总揽

续表

编号	汉字	芝罘读音	福山读音	栖霞读音	龙口读音	蓬莱读音	招远读音	莱州读音	海阳读音	牟平读音	莱阳读音	长岛读音
0171	赔	phei33	phei33	phei342	phei53	phei55	phei53	phei53	phei341	phei553	phei442	phei55
0172	背~涌	pei33	pei33	pei342	pei53	pei52	pei53	pei53	pei341	pei131	pei214	pei52
0173	煤	mei33	mei33	mei342	mei53	mei55	mei53	mei53	mei341	mei131	me442	mei55
0174	妹	mei33	mei33	mei52	mei53	mei52	mei53	mei53	mei341	mei131	me51	mei52
0175	对	tei33	tei33	tei52	tei214	tei52	tei214	tei213	tei341	tei131	tei51	tei52
0176	雷	lei33	lei53	lei312	lei53	lei55	lei53	lei53	lei52	lei51	lei214	lei55
0177	罪	tsei33	tsei33	tsei52	tsei214	tsei52	tsei214	tsuei213	tθei341	tsei131	tsei51	tsei52
0178	碎	sei33	sei33	sei52	sei214	sei52	sei214	suei53	θei341	sei131	sei51	sei52
0179	灰	xuei53	xuei53	xuei312	xuei35	xuei313	xuei35	xuei213	xuei52	xuei51	xuei214	xuei313
0180	回	xuei33	xuei33	xuei342	xuei53	xuei55	xuei53	xuei53	xuei341	xuei553	xuei442	xuei55
0181	外	ɸuae33	ɸuai33	ɸuei52	ɸue214	ɸuei52	ɸue214	ɸuei53	ɸuei341	ɸuai131	ɸue51	ɸuai52
0182	会	xuei33	xuei33	xuei52	xuei214	xuei52	xuei214	xuei213	xuei341	xuei131	xuei51	xuei52
0183	怪	kuae33	kuai33	kuei52	kue214	kuai52	kue214	kue213 又 khue53 又	kue341	kuai131	kue51	kuai52
0184	块	khuae33	khuai33	khuei52	khue214	khuai52	khue214	khue213	khue341	khuai131	khue51	khuai52
0185	怀	xuae33	xuai33	xuei342	xue53	xuai55	xue53	xue53	xue341	xuai553	xue442	xuai55
0186	坏	xuae33	xuai33	xuei342	xue53	xuai52	xue53	xue53	xue341	xuai131	xue51	xuai52

续表

编号	汉字	芝罘读音	福山读音	栖霞读音	龙口读音	蓬莱读音	招远读音	莱州读音	海阳读音	牟平读音	莱阳读音	长岛读音
0187	拐	kuae214	kuai214	kuei214	kue55	kuai214	kue55	kue55	kue214	kuai214	kue34	kuai213
0188	挂	kua33	kua33	kua52	kua214	kua52	kua214	kua213	kua341	kua131	kua51	kua52
0189	歪	Øuae53	Øuai53	Øuei312	Øue55	Øuai313	Øue55	Øue213	Øue52	Øuai51	Øue214	Øuai313
0190	画	xua33	xua33	xua52	xua53	xua52	xua53	xua53	xua341	xua131	xua51	xua52
0191	快	khuae33	khuai33	khuei52	khuei214	khuai52	khue214	khue213	khue341	khuai131	khue51	khuai52
0192	话	xua33	xua33	xua342	xua53	xua52	xua53	xua53	xua341	xua131	xua51	xua52
0193	岁	sei33	sei33	sei52	sei214	sei52	sei214	suei213	Өei341	sei131	sei51	sei52
0194	卫	Øuei33	Øuei33	Øuei52	Øuei35	Øuei55	Øuei35	Øuei53	Øuei341	Øuai131	Øuei442	Øuei55
0195	肺	fei33	fei33	fei52	fei214	fei52	fei214	fei213	fei341	fei131	fei51	fei52
0196	桂	kuei33	kuei53	kuei52	kuei214	kuei52	kuei214	kuei213	kuei341	kuei131	kuei51	kuei52
0197	碑	pei53	pei53	pei312	pei35	pei313	pei35	pei213	pei52	pei51	pei214	pei313
0198	皮	phi33	phi33	phi342	phi53	phi55	phi53	phi53	phi341	phi553	phi442	phi55
0199	被子	pei33	pei33	pei342	pei53	pei52	pei53	pei53	pei341	pei131	pei51	pei52
0200	紫	tsʅ214	tsʅ214	tsʅ214	tsʅ55	tsʅ214	tsʅ55	tsʅ55	tɕʅ214	tsʅ214	tsʅ214	tsʅ213
0201	刺	tshʅ33	tshʅ33	tshʅ52	tshʅ214	tshʅ52	tshʅ214	tshʅ213	tɕhʅ341	tshʅ131	tshʅ51	tshʅ52
0202	知	tɕi53	tɕi53	tʃi312	tʃi35	tʃi313	tʃi35	tsʅ213	tsʅ52	tɕi51	tʃi214	tʃi313

◆◇◆ 烟台方言总揽

续表

编号	汉字	芝罘读音	福山读音	栖霞读音	龙口读音	蓬莱读音	招远读音	莱州读音	海阳读音	牟平读音	莱阳读音	长岛读音
0203	池	tɕhi33	tɕhi33	tʃhŋ342	tʃhi35	tʃhi55	tʃhi35	tʃhŋ53	tʃhŋ341	tɕhi553	tʃhŋ442	tʃhŋ55
0204	纸	tsŋ214	tsŋ214	tsŋ214	tsŋ55	tsŋ214	tsŋ55	tsŋ55	tsŋ214	tsŋ214	tsŋ34	tsŋ213
0205	儿	ɵɑr53	ɵɑr53	ɵɑr312	ɵɑr35	ɵɑr55	ɵɑr35	ɵɑr53	ɵɑr52	ɵɑr51	ɵɑr214	ɵɑr55
0206	寄	tɕi33	ci33	ci52	ci55	ci52	ci55	ci55	ci341	ci131	ci51	ci52
0207	骑	tɕhi33	chi33	chi342	chi53	chi55	chi53	tɕhi53	chi341	chi553	chi442	chi55
0208	蚁	ɵi33	ɵi33	ɵi52	ɵi53	ɵi52	ɵi53	ɵi53	ɵi341	ɵi214	ɵi51	ɵi52
0209	义	ɵi33	ɵi33	ɵi52	ɵi53	ɵi52	ɵi53	ɵi53	ɵi341	ɵi131	ɵi51	ɵi52
0210	戏	çi53	çi33	çi52	çi214	çi52	çi214	çi213	çi341	çi131	çi51	çi52
0211	移	ɵi53	ɵi53	ɵi312	ɵi35	ɵi55	ɵi35	ɵi53	ɵi52	ɵi51	ɵi214	ɵi55
0212	比	pi214	pi214	pi214	pi55	pi214	pi55	pi55	pi214	pi214	pi34	pi213
0213	屁	phi33	phi33	phi52	phi214	phi52	phi214	phi213	phi341	phi131	phi51	phi52
0214	鼻	pi33	pi33	pi342	pi53	pi55	pi53	pi53	pi341	pi131	phi442	pi55
0215	眉	mei33	mei33	mei312	mei35	mei55	mei35	mei53	mei52	mei553	mɛ214	mei55
0216	地	ti33	ti33	ti342	ti53	ti52	ti53	ti53	ti341	ti131	ti51	ti52
0217	梨	li53	li53	li312	li55	li55	li55	li53	lei52	li51	li214	li55
0218	资	tsŋ53	tsŋ53	tsŋ312	tsŋ35	tsŋ313	tsŋ35	tsŋ213	tɵŋ52	tsŋ51	tsŋ214	tsŋ313

· 68 ·

第一章 语音

续表

编号	汉字	芝罘读音	福山读音	栖霞读音	龙口读音	蓬莱读音	招远读音	莱州读音	海阳读音	牟平读音	莱阳读音	长岛读音
0219	死	sʅ33	sʅ214	sʅ214	sʅ55	sʅ214	sʅ55	sʅ55	ɵɿ214	sʅ214	sʅ34	sʅ213
0220	四	sʅ33	sʅ33	sʅ52	sʅ214	sʅ52	sʅ214	sʅ213	ɵɿ341	sʅ131	sʅ51	sʅ52
0221	迟	tɕhi33	tɕhi33	tʃhŋ342	tʃhi53	tʃhi55	tʃhi53	tʃhʅ53	tʃhŋ341	tɕhi553	tʃhŋ442	tʃhŋ55
0222	指	tsʅ53	tsʅ214	tsʅ312	tsʅ55	tsʅ214	tsʅ55	tsʅ55	tsʅ52	tsʅ214	tsʅ214	tsʅ213
0223	师	sʅ214	sʅ53	sʅ312	sʅ35	sʅ313	sʅ35	sʅ213	sʅ214	sʅ51	sʅ34	sʅ313
0224	二	ɵɚ33	ɵɚ33	ɵɚ342	ɵɚ53	ɵɚ52	ɵɚ53	ɵɚ213	ɵɚ341	ɵɿ131	ɵɚ51	ɵɚ52
0225	饥_语	tɕi53	ci53	ci312	ci35	ci313	ci35	tɕi213	ci52	ci51	ci214	ci313
0226	器	tɕhi33	tɕhi33	tɕhi52	tɕhi214	tɕhi52	tɕhi214	tɕhi213	tɕhi341	tɕhi131	tɕhi51	tɕhi52
0227	姨	ɵi214	ɵi214	ɵi312	ɵi35	ɵi55	ɵi35	ɵi213	ɵi52	ɵi214	ɵi214	ɵi55
0228	李	li214	li214	li214	li55	li214	li55	li55	li214	li214	li34	li213
0229	于	tsʅ214	tsʅ214	tsʅ342	tsʅ55	tsʅ214	tsʅ55	tsʅ55	tɕhŋ214	tsʅ214	tsʅ34	tsʅ213
0230	字	sʅ33	sʅ33	sʅ312	sʅ35	sʅ313	sʅ35	sʅ53	tɕhŋ341	sʅ131	sʅ51	sʅ52
0231	丝	sʅ53	sʅ53	sʅ312	sʅ35	sʅ313	sʅ35	sʅ213	sʅ52	sʅ51	sʅ214	sʅ313
0232	祠	tshŋ33	tshŋ33	tshŋ342 又	tshŋ53	tshŋ55	tshŋ53	tshŋ53	tɕhŋ341	tshŋ553	tshŋ442	tshŋ55
0233	寺	tshŋ33	tshŋ33	sʅ342 又 tshŋ342 又	tshŋ53	sʅ52	tshŋ53	tsʅ213	tɕhŋ341 ~少林	sʅ131	sʅ51	tshŋ52
0234	治	tɕi33	tɕi33	tʃi52	tʃi214	tʃi52	tʃi214	tsʅ213	tsʅ341	tɕi 131	tʃi51	tʃi52

续表

编号	汉字	芝罘读音	福山读音	栖霞读音	龙口读音	蓬莱读音	招远读音	莱州读音	海阳读音	牟平读音	莱阳读音	长岛读音
0235	柿	sʅ33	sʅ33	sʅ342	sʅ214	sʅ52	sʅ214	sʅ53	sʅ341	sʅ131	sʅ51	sʅ52
0236	事	sʅ33	sʅ33	sʅ342	sʅ53	sʅ52	sʅ53	sʅ53	sʅ341	sʅ131	sʅ51	sʅ52
0237	使	sʅ214	sʅ214	sʅ214	sʅ55	sʅ214	sʅ55	sʅ55	sʅ214	sʅ214	sʅ34	sʅ213
0238	试	sʅ33	sʅ33	sʅ52	sʅ214	sʅ52	sʅ214	sʅ213	sʅ341	sʅ131	sʅ51	sʅ52
0239	时	sʅ33	sʅ33	sʅ342	sʅ53	sʅ55	sʅ53	sʅ53	sʅ341	sʅ553	sʅ442	sʅ55
0240	市	sʅ33	sʅ33	sʅ342	sʅ53	sʅ52	sʅ53	sʅ53	sʅ341	sʅ131	sʅ51	sʅ52
0241	耳	ɵɑr214	ɵɑr214	ɵɑr214	ɵɑr55	ɵɑr214	ɵɑr55	ɵɑr55	ɵɑr214	ɵɑr214	ɵɑr34	ɵɑr213
0242	记	tɕi33	ci33	ci52	ci214	ci52	ci214	tɕi213	ci341	ci131	ci51	ci52
0243	棋	tɕhi33	chi33	chi342	chi53	chi55	chi53	tchi53	chi341	chi553	chi442	chi55
0244	喜	çi214	çi214	çi214	çi55	çi214	çi55	çi55	çi214	çi214	çi34	çi213
0245	意	ɵi33	ɵi33	ɵi52	ɵi214	ɵi52	ɵi214	ɵi213	ɵi341	ɵi131	ɵi51	ɵi52
0246	几个	tçi214	ci214	ci214	ci55	ci214	ci55	tçi55	ci214	ci214	ci34	ci213
0247	气	tçh i33	chi33	chi52	chi214	chi52	chi214	tchi213	chi341	chi131	chi51	chi52
0248	希	çi53	çi53	çi312	çi35	çi313	çi35	çi55	çi52	çi51	çi214	çi313
0249	衣	ɵi53	ɵi53	ɵi312	ɵi35	ɵi313	ɵi35	ɵi213	ɵi52	ɵi51	ɵi214	ɵi313
0250	嘴	tsei214	tsei214	tsei214	tsei55	tsei214	tsei55	tsuei55	tθei214	tsei214	tsei34	tsei213

烟台方言总揽

续表

编号	汉字	芝罘读音	福山读音	栖霞读音	龙口读音	蓬莱读音	招远读音	莱州读音	海阳读音	牟平读音	莱阳读音	长岛读音
0251	随	sei33	sei33	sei342	sei53	sei55	sei53	sei53	θei341	sei553	sei442	sei55
0252	吹	tʂhuei53	tʂhuei53	tʂhuei312	tʂhuei53	tʂhuei313	tʂhuei35	tʂhuei213	tʂhuei52	tʂhuei51	tʂhuei214	tʂhuei313
0253	垂	tʂhuei33	tʂhuei33	tʂhuei342	tʂhuei53	tʂhuei55	tʂhuei53	tʂhuei53	tʂhuei341	tʂhuei553	tʂhuei442	tʂhuei55
0254	规	kuei53	kuei53	kuei312	kuei35	kuei313	kuei35	kuei213	kuei52	kuei51	kuei214	kuei313
0255	亏	khuei53	khuei53	khuei312	khuei35	khuei313	khuei35	khuei213	khuei52	khuei51	khuei214	khuei313
0256	跪	kuei33	kuei33	kuei342	kuei53	kuei52	kuei53	kuei53	kuei52	kuei131	kuei51	kuei52
0257	危	ɵuei53	ɵuei33	ɵuei312	ɵuei35	ɵuei313	ɵuei35	ɵuei55	ɵuei52	ɵuei51	ɵuei214	ɵuei313
0258	类	lei33	lei53	lei52	lei214	lei52	lei214	lei213	lei341	lei131	lei51	lei52
0259	醉	tsei33	tsei33	tsei52	tsei214	tsei52	tsei214	tsei213	tθei341	tsei131	tsei51	tsei52
0260	追	tsuei53	tsuei53	tsuei52	tsuei35	tsuei313	tsuei35	tsuei213	tsuei52	tsuei51	tsuei214	tsuei313
0261	锤	tʂhuei33	tʂhuei33	tʂhuei342	tʂhuei53	tʂhuei55	tʂhuei53	tʂhuei53	tʂhuei341	tʂhuei553	tʂhuei442	tʂhuei55
0262	水	suei214	suei214	suei214	suei55	suei214	suei55	suei55	ʂuei214	suei214	suei34	suei213
0263	龟	kuei53	kuei53	kuei312	kuei35	kuei313	kuei35	kuei213	kuei52	kuei51	kuei214	kuei313
0264	季	tɕi33	ci33	ci52	ci214	ci52	ci214	tɕi213	ci341	ci131	ci51	ci52
0265	柜	kuei33	kuei33	kuei342	kuei53	kuei52	kuei53	kuei53	kuei341	kuei131	kuei51	kuei52
0266	位	ɵuei33	ɵuei33	ɵuei52	ɵuei214	ɵuei52	ɵuei214	ɵuei213	ɵuei341	ɵuei131	ɵuei51	ɵuei52

◆◇◆ 烟台方言总揽

续表

编号	汉字	芝罘读音	福山读音	栖霞读音	龙口读音	蓬莱读音	招远读音	莱州读音	海阳读音	牟平读音	莱阳读音	长岛读音
0267	飞	fei53	fei53	fei312	fei35	fei313	fei35	fei213	fei52	fei51	fei214	fei313
0268	费	fei33	fei33	fei52	fei214	fei52	fei214	fei213	fei341	fei131	fei51	fei52
0269	肥	fei33	fei33	fei342	fei53	fei55	fei53	fei53	fei341	fei553	fei442	fei55
0270	尾	ɵi214	ɵuei214	ɵuei214	ɵuei55	ɵuei214	ɵuei55	ɵuei55	ɵuei214	ɵuei214	ɵuei34	ɵuei213 又 ɵi213 又
0271	味	ɵuei33	ɵuei33	ɵuei342	ɵuei53	ɵuei52	ɵuei53	ɵuei53	ɵuei341	ɵuei131	ɵuei51	ɵuei52
0272	鬼	kuei214	kuei214	kuei214	kuei55	kuei214	kuei55	kuei55	k uei214	kuei214	k uei34	kuei213
0273	贵	kuei33	kuei33	kuei52	kuei214	kuei52	kuei214	kuei213	kuei341	kuei131	kuei51	kuei52
0274	围	ɵuei53	ɵuei53	ɵuei312	ɵuei35	ɵuei55	ɵuei35	ɵuei53	ɵuei52	ɵuei553	ɵuei442	ɵuei55
0275	胃	ɵuei33	ɵuei33	ɵuei52	ɵuei214	ɵuei52	ɵuei214	ɵuei213	ɵuei341	ɵuei131	ɵuei51	ɵuei52
0276	宝	pau214	pau214	pɔɔ214	pɔ55	pau214	pɔ55	pɔ55	pɔ214	pau214	pɔ34	pau213
0277	抱	pau33	pau33	pɔɔ52	pu214	pau52	pu214	pu53 又 pɔ53 又	pɔ341	pau131	pɔ51	pau52
0278	毛	mau53	mau53	mɔɔ312	mɔ35	mau55	mɔ35	mɔ53	mɔ52	mau51	mɔ214	mau55
0279	帽	mau33	mau33	mɔɔ342	mɔ53	mau52	mɔ53	mɔ53	mɔ341	mau131	mɔ51	mau52
0280	刀	tau53	tau53	tɔɔ312	tɔ35	tau313	tɔ35	tɔ213	tɔ52	tau51	tɔ214	tau313
0281	讨	thau214	thau214	thɔɔ214	thɔ55	thau214	thɔ55	thɔ53 又 thɔ55 又	thɔ214	thau214	thɔ51	thau213

· 72 ·

续表

编号	汉字	芝罘读音	福山读音	栖霞读音	龙口读音	蓬莱读音	招远读音	莱州读音	海阳读音	牟平读音	莱阳读音	长岛读音
0282	桃	thau33	thau33	thɔo342	thɔ53	thau55	thɔ53	thɔ53	thɔ341	thau553	thɔ442	thau55
0283	道	tau33	tau33	tɔo342	tɔ53	tau52	tɔ53	tɔ53	tɔ341	tau131	tɔ51	tau52
0284	脑	nau214	nau214	nɔo214	nɔ55	nau214	nɔ55	nɔ55	nɔ214	nau214	nɔ34	nau213
0285	老	lau214	lau214	lɔo214	lɔ55	lau214	lɔ55	lɔ55	lɔ214	lau214	lɔ34	lau213
0286	早	tsau214	tsau214	tsɔo214	tsɔ55	tsau214	tsɔ55	tsɔ55	tθɔ214	tsau214	tsɔ34	tsau213
0287	灶	tsau33	tsau33	tsɔo52	tsɔ214	tsau214	tsɔ214	tsɔ213	tθɔ341	tsau131	tsɔ51	tsau52
0288	草	tshau214	tshau214	tshɔo214	tshɔ55	tshau214	tshɔ55	tshɔ55	tθhɔ214	tshau214	tshɔ34	tshau313
0289	糙	tshau53	tshau33	tshɔo312	tshɔ35	tshau55	tshɔ35	tshɔ53	tθhɔ341	tshau131	tshɔ51	tshau52
0290	造	tsau33	tsau33	tsɔo52	tsɔ214	tsau52	tsɔ214	tsɔ213	tθɔ341	tsau131	tsɔ51	tsau213
0291	艘	sau214	sau214	sɔo214	sɔ55	sau214	sɔ55	sɔ55	sɔ214	sau214	sɔ34	sau213
0292	高	kau53	kau53	kɔo312	kɔ35	kau313	kɔ35	kɔ213	kɔ52	kau51	kɔ214	kau313
0293	靠	khau33	khau33	khɔo52	khɔ214	khau52	khɔ214	khɔ213	khɔ341	khau131	khɔ51	khau52
0294	熬	Øau53	Øau53	Øɔo312	Øɔ35	Øau55	Øɔ35	Øɔ53	Øɔ52	Øau51	Øɔ214	Øau55
0295	好~坏	xau214	xau214	xɔo214	xɔ55	xau214	xɔ55	xɔ55	xɔ214	xau214	xɔ34	xau213
0296	号名	xau33	xau33	xɔo52	xɔ53	xau52	xɔ53	xɔ213	xɔ341	xau131	xɔ51	xau52
0297	包	pau53	pau53	pɔo312	pɔ35	pau313	pɔ35	pɔ213	pɔ52	pau51	pɔ214	pau313

烟台方言总揽

续表

编号	汉字	芝罘读音	福山读音	栖霞读音	龙口读音	蓬莱读音	招远读音	莱州读音	海阳读音	牟平读音	莱阳读音	长岛读音
0298	饱	pau214	pau214	pɔɔ214	pɔ55	pau214	pɔ55	pɔ55	pɔ214	pau214	pɔ34	pau213
0299	炮	phau33	phau33	phɔɔ52	phɔ214	phau52	phɔ214	phɔ213	phɔ341	phau131	phɔ51	phau52
0300	猫	mau53	mau53	mɔɔ312	mɔ35	mau55	mɔ35	mɔ53	mɔ52	mau51	mɔ214	mau55
0301	闹	nau33	nau33	nɔɔ52	nɔ214	nau52	nɔ214	nɔ213	nɔ341	nau131	nɔ51	nau52
0302	罩	tsau33	tsau33	tsɔɔ52	tsɔ214	tsau52	tsɔ214	tsɔ213	tʂɔ341	tsau131	tsɔ51	tsau52
0303	抓 用手一抓	tsua53	tsua214	tsua214	tsua35	tsua313	tsua35	tsua213	tʂua52	tsua51	tsua214	tsua313
0304	找	tsau214	tsau214	tsɔɔ214	tsɔ55	tsau214	tsɔ55	tsɔ55	tʂɔ214	tsau214	tsɔ34	tsau213
0305	抄	tshau53	tshau53	tshɔɔ312	tshɔ35	tshau313	tshɔ35	tshɔ213	tʂhɔ52	tshau51	tshɔ214	tshau313
0306	交	tɕiau53	ɕiau53	ɕiɔɔ312	ɕiɔ35	ɕiau313	ɕiɔ35	ɕiɔ213	ɕiɔ52	ɕiau51	ɕiɔ214	ɕiau313
0307	敲	tɕhiau53	ɕhiau53	ɕhiɔɔ312	ɕhiɔ35	ɕhiau313	ɕhiɔ35	tɕhiɔ213	ɕhiɔ52	ɕhiau51	ɕhiɔ214	ɕhiau313
0308	孝	ɕiau33	ɕiau33	ɕiɔɔ52	ɕiɔ214	ɕiau52	ɕiɔ214	ɕiɔ213	ɕiɔ341	ɕiau131	ɕiɔ51	ɕiau52
0309	校	ɕiau33	ɕiau33	ɕiɔɔ52	ɕiɔ214	ɕiau52	ɕiɔ214	ɕiɔ53	ɕiɔ341	ɕiau131	ɕiɔ51	ɕiau52
0310	表	piau214	piau24	piɔɔ214	piɔ55	piau214	piɔ55	piɔ55	piɔ214	piau214	piɔ34	piau213
0311	票	phiau33	phiau33	phiɔɔ52	phiɔ214	phiau52	phiɔ214	phiɔ213又 thi53又	phiɔ341	phiau131	phiɔ51	phiau52
0312	庙	miau33	miau33	miɔɔ342	miɔ53	miau52	miɔ53	miɔ53	miɔ341	miau131	miɔ51	miau52

第一章 语音

续表

编号	汉字	芝罘读音	福山读音	栖霞读音	龙口读音	蓬莱读音	招远读音	莱州读音	海阳读音	牟平读音	莱阳读音	长岛读音
0313	焦	tɕiau53	tɕiau53	tʃiɔɔ312	tʃiɔ35	tʃiau313	tsiɔ35	tsiɔ213	tsiɔ52	tɕiau51	tʃiɔ214	tʃau313
0314	小	ɕiau214	ɕiau214	ʃiɔɔ214	ʃɔ55	ʃau214	ʃɔ55	siɔ55	siɔ214	ɕiau214	tʃiɔ34	ʃau213
0315	笑	ɕiau33	ɕiau33	ʃiɔɔ52	ʃɔ214	ʃau52	ʃɔ214	siɔ213	siɔ341	ɕiau131	ʃiɔ51	ʃau52
0316	朝~代	tɕhiau33	tɕhiau33	tʃhɔɔ342	tʃhɔ53	tʃhau55	tʃhɔ53	tʃhɔ213	tshɔ341	tɕhiau553	tʃhɔ442	tʃhau55
0317	照	tɕiau33	tɕiau33	tʃɔɔ52	tʃɔ214	tʃau52	ʃɔ35	tʃɔ213	tsɔ341	tɕiau131	tʃɔ51	tʃau52
0318	烧	ɕiau53	ɕiau53	ʃiɔɔ312	ʃɔ35	ʃau313	ʃɔ35	ʃɔ213	sɔ52	ɕiau51	ʃiɔ214	ʃau313
0319	绕	ʐiau33	ʐiau33	ʐiɔɔ52	ʐiɔ53	ʐiau55	ʐiɔ53	ʐiɔ53	ʐiɔ52	ʐiau51	ʐiɔ214	ʐiau55
0320	桥	tɕhiau33	tɕhiau33	tɕhiɔɔ342	tɕhiɔ53	tɕhiau55	tɕhiɔ53	tɕhiɔ53	tɕhiɔ341	tɕhiau553	tɕhiɔ34	tɕhiau55
0321	轿	tɕiau33	tɕiau33	tɕiɔɔ52	tɕiɔ53	tɕiau52	tɕiɔ53	tɕiɔ53	tɕiɔ341	tɕiau131	tɕiɔ51	tɕiau52
0322	腰	ʐiau53	ʐiau53	ʐiɔɔ312	ʐiɔ35	ʐiau313	ʐiɔ35	ʐiɔ213	ʐiɔ52	ʐiau51	ʐiɔ214	ʐiau313
0323	要	ʐiau33	ʐiau33	ʐiɔɔ312	ʐiɔ214	ʐiau52	ʐiɔ214	ʐiɔ213	ʐiɔ341	ʐiau131	ʐiɔ51	ʐiau52
0324	摇	ʐiau53	ʐiau53	ʐiɔɔ312	ʐiɔ35	ʐiau55	ʐiɔ35	ʐiɔ53	ʐiɔ52	ʐiau51	ʐiɔ214	ʐiau55
0325	鸟	（无）婴儿化, niaur214	niau214	niɔɔ214	niɔ55	niau214	niɔ55	niɔ55	niɔ214	niau214	niɔ34	niau213
0326	钓	tiau53	tiau53	tiɔɔ312	tiɔ214	tiau52	tiɔ214	tiɔ213	tiɔ341	tiau51	tiɔ51	tiau52
0327	条	thiau33	thiau33	thiɔɔ342	thiɔ53	thiau55	thiɔ53	thiɔ53	thiɔ341	thiau553	thiɔ442	thiau55

烟台方言总揽

续表

编号	汉字	芝罘读音	福山读音	栖霞读音	龙口读音	蓬莱读音	招远读音	莱州读音	海阳读音	牟平读音	莱阳读音	长岛读音
0328	料	liɑu33	liɑu33	liɔo52	liɔ53	liɑu52	liɔ53	liɔ213	liɔ341	liɑu131	liɔ51	ʃɑu52
0329	箫	ɕiɑu53	ɕiɑu33	ʃiɔo312	ʃɔ35	ʃɑu52	ʃɔ35	sio213	sio52	ɕiɑu51	ʃio214	ʃɑu313
0330	叫	tɕiɑu33	ɕiɑu33	ɕio52	ɕio214	ɕiɑu52	ɕio214	tɕio213	ɕio341	ɕiɑu131	ɕio51	ɕiɑu52
0331	母男~	mu214	mu214	mu214	mu55	mu214	mu55	mu55	mu214	mu214	mu34	mu213
0332	抖	tou214	tɑu214	tɑu214	tɑu55	tɑu214	tɑu55	tɑu53	tɑu214	tɑu214	tou34	tou213
0333	偷	thou53	thɑu53	thɑu312	thɑu35	thɑu313	thɑu35	thɑu213	thɑu52	thɑu51	thou214	thou313
0334	头	thou33	thɑu33	thɑu342	thɑu53	thɑu55	thɑu53	thɑu53	thɑu341	thɑu553	thou442	thou55
0335	豆	tou33	tɑu33	tɑu342	tɑu53	tɑu52	tɑu53	tɑu53	tɑu341	tou131	tou51	tou52
0336	楼	lou33	lɑu33	lɑu342	lɑu53	lɑu55	lɑu53	lɑu53	lɑu341	lou553	liou442	lou55
0337	走	tsou214	tsou214	tsou214	tsou55	tsou214	tsou55	tsou55	tθou214	tsou214	tsou34	tsou213
0338	凑	tshou33	tshɑu33	tshou52	tshɑu214	tshɑu52	tshɑu214	tshɑu213	tθhou341	tshou131	tshou51	tshou52
0339	钩	kou53	kou53	kɑu312	kɑu35	kɑu214	kɑu35	kɑu213	kɑu52	kou51	kou214	kou313
0340	狗	kou214	kou214	kɑu214	kɑu55	kɑu214	kɑu55	kɑu55	kɑu214	kou214	kou34	kou213
0341	够	kou33	kɑu33	kɑu52	kɑu55	kɑu52	kɑu55	kɑu213	kɑu341	kou131	kou51	kou52
0342	口	khou214	khou214	khɑu214	khɑu55	khɑu214	khɑu55	khɑu55	khou214	khou214	khou34	khou213
0343	藕	Øou214	Øou214	Øou214	Øɑu55	Øou214	Øou55	Øɑu55	Øou214	Øou214	Øou34	Øou213

· 76 ·

第一章　语音

续表

编号	汉字	芝罘读音	福山读音	栖霞读音	龙口读音	蓬莱读音	招远读音	莱州读音	海阳读音	牟平读音	莱阳读音	长岛读音
0344	后后一	xou33	xou33	xəu52	xəu214	xəu52	xəu214	xəu53	xəu341	xou131	xou51	xou52
0345	厚	xou33	xou33	xəu342	xəu53	xəu52	xəu53	xəu53	xəu341	xou131	xou51	xou52
0346	富	fu33	fu33	fu52	fu214	fu52	fu214	fu213	fu341	fu553	fu51	fu52
0347	副	fu33	fu33	fu52	fu53	fu55 又 fu52 又	fu53	fu213 又 fu53 又	fu341	fu131	fu51	fu52
0348	浮	fu33	fu33	fu342	fu53	fu55	fu53	fu53	fu341	fu553	fu442	fu55
0349	妇	fu53	fu33	fu52	fu214	fu52	fu214	fu213	fu341	fu131	fu51	fu52
0350	流	liou33	liau33	liəu342	liəu53	liəu55 又 名词 liəu52 又 动词	liəu53	liəu53	liəu341	liou553	liou442	liou55
0351	酒	tɕiou214	tɕiau214	tɕiəu214	tsiəu55	tɕiəu214	tsiau55	tsiəu55	tsiəu214	tɕiou214	tɕiou34	tɕou213
0352	修	ɕiou53	ɕiau53	ɕiau312	ʃiau35	ʃou313	ʃiau35	siau213	siau52	ɕiou51	ʃiou214	ʃou313
0353	袖	ɕiou53	ɕiau33	ʃiau312	ʃiau35	ʃou52	ʃiau53	siau53	siau341	ɕiou131	ʃiou51	ʃou52
0354	抽	tɕhiou53	tɕhiau53	tʃhau312	tʃhau35	tʃhau313	tʃhau35	tʃhau213	tʃhiau52	tɕhiou553	tʃhiou214	tʃhou313
0355	绸	tɕhiou33	tʃhou33	tʃhau342	tʃhau53	tʃhou55	tʃhau53	tʃhau53	tʃhiau341	tʃhou553	tʃhiou442	tʃhou55
0356	愁	tshou33	tshou33	tshau342	tshou214	tshou55	tshou53	tshau53	tshau341	tshou553	tshou442	tshou55
0357	瘦	sou33	sou33	səu52	sou214	səu52	səu214	sou213	ʂəu341	sou131	sou51	sou52

· 77 ·

续表

编号	汉字	芝罘读音	福山读音	栖霞读音	龙口读音	蓬莱读音	招远读音	莱州读音	海阳读音	牟平读音	莱阳读音	长岛读音
0358	州	tɕiou53	tɕiou33	tʃəu312	tʃəu35	tʃəu313	tʃəu35	tʂəu213	tsəu52	tɕiou51	tʃou214	tʃou313
0359	臭香~	tchiou33	tchiou33	tʃhəu52	tʃhəu214	tʃhəu52	tʃhəu214	tʂhəu213	tshəu341	tɕhiou131	tʃhou51	tʃhou52
0360	手	ciou214	ciou214	ʃəu214	ʃəu55	ʃəu214	ʃəu55	ʂəu55	səu214	ciou214	ʃou34	ʃou213
0361	寿	ciou33	ciou33	ʃəu52	ʃəu214	ʃəu52	ʃəu214	səu213	səu341	ciou131	ʃou51	ʃou52
0362	九	tɕiou214	ciau214	ciəu214	ciau214	ciau214	ciau55	tɕiau55	ciau214	ciau214	ciou34	ciou213
0363	球	tɕhiou33	chiau33	chiəu342	chiau53	chiau55	chiau53	chiau53	chiau341	chiou553	chiou442	ciou55
0364	舅	ciou33	ciau33	ciəu52	ciau53	ciau52	ciau53	ciau53	ciau341	ciou131	ciou51	ciou52
0365	旧	ciou33	ciau33	nyŋ342	niau53	niau55	niau53	niau53	nyŋ52	niou51	niou442	ciou52
0366	牛	niou53	niau53	nyŋ312	niau35	ciau313	niau35	niau213	niau52	niou51	niou214	niou55
0367	休	ciou53	ciau53	ciau312	ciau35	ciau313	ciau35	ciau213	ciau52	ciou51	ciou214	ciou313
0368	优	Øiou53	Øiau53	Øiau312	Øiau35	Øiau313	Øiau35	Øiau213	Øiau52	Øiou51	Øiou214	Øiou313
0369	有	Øiou214	Øiau214	Øiau214	Øiau55	Øiau214	Øiau55	Øiau55	Øiau214	Øiou214	Øiou34	Øiou213
0370	右	Øiou33	Øiau33	Øiau312	Øiau35	Øiau55	Øiau35	Øiau213	Øiau341	Øiou131	Øiou51	Øiou55
0371	油	Øiou53	Øiau53	Øiau312	Øiau35	Øiau55	Øiau35	Øiau53	Øiau52	Øiou51	Øiou214	Øiou55
0372	丢	tiou53	tiau53	tiau312	tiau35	tiau313	tiau35	tiau213	tiau52	tiou51	tiou214	tiou313
0373	幼	Øiou33	Øiau33	Øiau52	Øiau35	Øiau52	Øiau35	Øiau213	Øiau341	Øiou131	Øiou51	Øiou52

· 78 ·

续表

编号	汉字	芝罘读音	福山读音	栖霞读音	龙口读音	蓬莱读音	招远读音	莱州读音	海阳读音	牟平读音	莱阳读音	长岛读音
0374	贪	thãn53	thãn53	thãn52	thãn35	thãn313	thãn35	thã213	thãn52	thãn51	thɛ̃214	thãn313
0375	潭	thãn33	thãn33	thãn342	thãn53	thãn55	thãn53	thã53	thãn341	thãn553	thɛ̃442	thãn55
0376	南	nan53	nan53	nãn312	nan35	nan55	nan35	nã53	nãn52	nan51	nɛ̃214	nan55
0377	蚕	tshan33	tshan33	tshãn342	tshan53	tshãn55	tshan53	tshã53	tθãn341	tshãn553	tshɛ̃442	tshãn55
0378	感	kan214	kan214	kãn214	kan55	kan214	kan55	kã55	kãn214	kan214	kɛ̃34	kan213
0379	合~口水	xan33	xan33	xãn342	xan53	xan55	xan53	xã53	xãn341	xan553	xɛ̃442	xan55
0380	暗	Øan33	Øan33	Øãn52	Øan214	Øan52	Øan214	Øã213	Øãn341	Øan131	Øɛ̃51	Øã52
0381	搭	ta214	ta214	ta214	ta55	ta313	ta55	ta55	ta214	ta214	ta34	ta313
0382	踏	tha214	tha214	tha214	tsa35	tha214	tsa35	tha213 又 tsa55 又	tha214	tha214	tha34	tha213
0383	拉	la214	la214	la214	la55	la214	la55	la55	la214	la214	la34	la213
0384	杂	tsa33	tsa33	tsa342	tsa53	tsa55	tsa53	tsa53	tθa341	tsa553	tsa51	tsa55
0385	鸽	kɤ33	kɤ53	ka312	ka53 又 ka55 又	ka313	ka53 又 ka55 又	ka55	ka52	kɤ51	ka214	ka213
0386	盒	xɤ33	xuo33	xa342 又 xuo342 又	xuo53	xuo55	xuo53	xa55	xuo341	xuo553	xa442	xa55
0387	胆	tan214	tan214	tãn214	tan55	tan214	tan55	tã55	tãn214	tan214	tɛ̃34	tan213
0388	毯	thãn214	thãn214	thãn214	thãn55	thãn214	thãn55	thã55	thãn214	thãn214	thɛ̃34	thãn213

◆◇◆ **烟台方言总揽**

续表

编号	汉字	芝罘读音	福山读音	栖霞读音	龙口读音	蓬莱读音	招远读音	莱州读音	海阳读音	牟平读音	莱阳读音	长岛读音
0389	淡	tan33	tan33	tãn342	tan53	tan52	tan53	tã53	tãn341	tan131	tẽ51	tan52
0390	蓝	lan53	lan53	lãn312	lan53	lan55	lan53	lã53	lãn52	lan51	lẽ214	lan55
0391	三	san53	san53	sãn312	san35	san313	san35	sã213	θãn52	san51	sẽ214	san313
0392	甘	kan53	kan53	kãn312	kan35	kan313	kan35	kã213	kãn52	kan51	kẽ214	kan313
0393	敢	kan214	kan214	kãn214	kan55	kan214	kan55	kã55	kãn214	kan214	kẽ34	kan213
0394	喊	xan214	xan214	xãn214	xan55	xan214	xan55	xã55	xãn214	xan214	xẽ34	xan213
0395	塔	tha214	tha214	tha214	tha55	tha214	tha55	tha55	tha214	tha214	tha34	tha213
0396	蜡	la214	la33	la52	la214	la214 又,~烛 la52 又	la214	la213	la341	la214	la51	la213
0397	赚	tsuan33	tsuan33	tʃuãn342	tsuan53	tsuan52	tsuan53	tʂuã53	tʂuãn341	tsuan131	tsuẽ51	tsuan52
0398	杉~木	sa53	sa53	sãn312	san35	san313	san35	sã213	ʂãn52	sa51	sẽ214	san313
0399	减	tɕian214	cian214	cian214	cian55	cian214	cian55	tɕiã55	cian214	cian214	ciẽ34	cian213
0400	咸~淡	ɕian33	ɕian33	sian342	ɕian53	ɕian55	ɕian53	ɕiã53	ɕian341	ɕian553	ɕiẽ442	ɕian55
0401	掐	tsha214	tsha214	tsha214	tsha55	tsha214	tsha55	tsha55	tʂha214	tsha214	tsha34	tsha213
0402	闸	tsa214	tsa214	tsa214	tsa55	tsa214	tsa55	tsa55	tsa214	tsa214	tsa442	tsa55
0403	夹~子	tɕia214	cia214	cia214	cia55	cia55	cia55	tɕia55	cia214	cia214	cia34	cia55

· 80 ·

第一章 语音

续表

编号	汉字	芝罘读音	福山读音	栖霞读音	龙口读音	蓬莱读音	招远读音	莱州读音	海阳读音	牟平读音	莱阳读音	长岛读音
0404	杉	san53	san53	sãn312	san35	san313	san35	sã213	sãn52	san51	sɛ̃214	san313
0405	监	tɕian53	ɕian53	ɕiãn312	ɕian35	ɕian313	ɕian35	tɕiã213	ɕiãn52	ɕian51	ɕiɛ̃214	ɕian313
0406	岩	Øian33	Øian33	Øiãn52	Øian53	Øian55	Øian53	Øiã53	Øiãn52	ɕia51	Øiɛ̃214	Øian55
0407	甲	tɕia214	ɕia214	ɕia214	ɕia55	ɕia214	ɕia55	tɕiã55	ɕia214	ɕia214	ɕia34	ɕia213
0408	鸭	Øia214	Øia214	Øia214	Øia214	Øia214	Øia214	Øiã55	Øiãn341	Øiãn214	Øia214	Øia213
0409	薪～颜	nian53	nian53	niãn312	nian35	nian55	nian35	niã213	niãn52	nian51	niɛ̃214	nian55
0410	尖	tɕian53	tɕian53	tɕiãn312	tsian35	tɕan313	tsian35	tsiã213	tsiãn52	tɕian51	tɕiɛ̃214	tɕan313
0411	签	tɕhian53	tɕhian53	tɕhiãn312	tshian35	tɕhan313	tshian35	tshiã213	tshiãn52	tɕhian51	tɕhiɛ̃214	tɕhan313
0412	占～领	tɕian33	tɕian33	tɕiãn52	tɕan214	tɕan52	tɕan214	tɕã213	tsãn341	tɕian131	tɕiɛ51	tɕan52
0413	粱	Øian214	Øian214	Øian214	Øian55	Øian214	Øian55	Øiã55	Øiãn214	Øian214	Øiɛ̃51	Øian213
0414	钳	tɕhian33	ɕhian33	ɕhiaŋ342 又 ɕhiãn342 又	ɕhian53	ɕhian55	ɕhian53	tɕhiã53	ɕhiãn341	ɕhian553	ɕhiɛ̃442	ɕhian55
0415	验	Øian33	Øian33	Øiãn52	Øian214	Øian52	Øian214	Øiã213	Øiãn214	Øian131	Øiɛ34	Øian52
0416	险	ɕian214	ɕian214	ɕiãn214	ɕian55	ɕian214	ɕian55	ɕiã55	ɕiãn214	ɕian214	ɕiɛ51	ɕian213
0417	厌	Øian33	Øian33	Øiãn52	Øian214	Øian52	Øian214	Øiã213	Øiãn341	Øian131	ɕiɛ34	Øian52
0418	炎	Øian33	Øian33	Øiãn342	Øian53	Øian55	Øian53	Øiã53	Øiãn52	Øian553	Øiɛ̃214	Øian55
0419	盐	Øian53	Øian53	Øiãn312	Øian35	Øian55	Øian35	Øiã53	Øiãn52	Øian51	Øiɛ̃214	Øian55

◆◇◆ 烟台方言总揽

续表

编号	汉字	芝罘读音	福山读音	栖霞读音	龙口读音	蓬莱读音	招远读音	莱州读音	海阳读音	牟平读音	莱阳读音	长岛读音
0420	接	tɕie214	tɕie214	tʃie214	tʃɔ55	tʃie313	tʃɔ55	tsia55	tsia214	tɕie214	tʃie34	tʃie313
0421	折~叠	tɕie214	tɕie33	tʃie342	tʃɔ55	tʃie55	tʃɔ55	tsɔ55	tsɔ214	tɕie214	tʃie34	tʃie55
0422	叶~儿	ɸie214	ɸie214	ɸie52	ɸie214	ɸie214	ɸie214	ɸia213	ɸia341	ɸie214	ɸie51	ɸie213
0423	剑	tɕian33	cian33	ciān52	cian214	cian52	cian214	tɕiā55	ciān214	cian131	ciē51	cian52
0424	久	tɕhian33	chian33	chiān342	chian214	chian52	chian53	tɕiā213	chiān341	chian131	chiē51	chian52
0425	严	ɸian33	ɸian33	ɸiān342	ɸian53	ɸian55	ɸian53	ɸia53	ɸiān52	ɸian553	ɸiē442	ɸie52
0426	业	ɸie33	ɸie214	ɸie52	ɸie214	ɸie52	ɸie214	ɸia213	ɸia341	ɸie131	ɸie51	ɸie52
0427	点	tian214	tian214	tiān214	tian55	tian214	tian55	tiā55	tian214	tian214	tie34	tian213
0428	店	tian33	tian33	tiān52	tian214	tian52	tian214	tiā213	tian341	tian131	tie51	tian52
0429	添	thian53	thian53	thiān312	thian35	thian313	thian35	thiā213	thiān52	thian51	thiē214	thian313
0430	甜	thian33	thian33	thiān342	thian53	thian55	thian53	thiā53	thiān341	thian553	thiē442	thian55
0431	念	nian33	nian53	niān342	mian53	nian52	nian53	niā53	nian341	nian131	niē51	nian52
0432	嫌	cian33	ciaŋ33 又，~平; cian33 又，~弃	ciān342	cian53	cian55	cian53	ciā53	ciān341	cian553	ciē442	cian55
0433	跌	tie214	tie214	tie214	tie55	tie214	tie55	tiā55	tie214	tie214	tie442	tie213
0434	贴	thie214	thie214	thie214	thie55	thie313	thie55	thiā55	thia214	thie214	thie34	thie213

· 82 ·

续表

编号	汉字	芝罘读音	福山读音	栖霞读音	龙口读音	蓬莱读音	招远读音	莱州读音	海阳读音	牟平读音	莱阳读音	长岛读音
0435	碟	tie33	tie33	tie342	tie53	tie55	tie53	tie53	tia341	tie553	tie442	tie55
0436	协	ɕie33	ɕie214	ɕie342	ɕie55	ɕie55	ɕie55	ɕie55	ɕia341	ɕie553	ɕie442	ɕie55
0437	犯	fan33	fan33	fan342	fan53	fan52	fan53	fã53	fan341	fan131	fɛ̃51	fan52
0438	法	fa214	fa214	fa214	fa55	fa214	fa55	fa55	fa214	fa214	fa34	fa213
0439	品	phin214	phin214	phin214	phin55	phian214	phin55	phiẽ55	phin214	phin214	phiɛ̃34	phin213
0440	林	lin33	lin33	lin342	lin53	lian55	lin53	liẽ53	lin341	lin553	liɛ̃442	lin55
0441	浸	tɕin33	tɕin33	tɕim52	tsin214	tʃan52 又 tʃhan52	tsin214	tsiẽ213	tsĩn341	tɕin131	tɕiɛ̃51	tʃan52
0442	心	ɕin53	ɕin53	ʃim312	ʃin35	ʃan313	ʃin35	siẽ213	sĩn52	ɕin51	ʃiɛ̃214	ʃan313
0443	寻	ɕyn33	ɕyn33	ʃyn342	ʃyn53	ʃan55	ʃyn53	suẽ53	sỹn341	ɕyn553	ʃyɛ̃442	ʃyn55
0444	沉	tɕhin33	tɕhin33	tʃhan342	tʃhan214	tʃhan55 又 tʃhan52	tʃhan214	tʃhẽ53	tshãn341	tɕhin553 又 tɕhin131 又	tʃhɛ̃442	tʃhan52 又 动词 tʃhan55 又 形容词
0445	参	san53	san53	sɛ̃n312	san35	san313	san35	sɛ̃213	ʂɛ̃n52	san51	sɛ̃442	san313
0446	针	tɕin53	tɕin53	tʃɛ̃n312	tʃan35	tʃan313	tʃan35	tʂɛ̃213	tsɛ̃n52	tɕin51	tʃiɛ̃214	tʃan313
0447	深	ɕin53	ɕin53	ʃin312	ʃan35	ʃan313	ʃan35	sɛ̃213	sɛ̃n52	ɕin51	ʃiɛ̃214	ʃan313
0448	任	Øin33	Øin33	Øin342	Øin214	Øian52	Øin214	Øiẽ53	Øin214	Øin131	Øiɛ̃442	Øin52

烟台方言总揽

续表

编号	汉字	芝罘读音	福山读音	栖霞读音	龙口读音	蓬莱读音	招远读音	莱州读音	海阳读音	牟平读音	莱阳读音	长岛读音
0449	金	tɕin53	cin53	cĩn312	cin35	ciən313	cin35	tɕiẽ213	cin52	cin51	ciã214	cin313
0450	琴	tɕhin33	chin33	chin342	chin35	chiən313	chin35	tɕhiẽ53	chin341	chin553	chiã442	chin55
0451	音	ɵin53	ɵin53	ɵin312	ɵin35	ɵiən313	ɵin35	ɵiẽ213	ɵin52	ɵin51	ɵiã214	ɵin313
0452	立	li33	li33	li52	li214	li52	li214	li213	li341	li131	li51	li52
0453	集	tɕi33	tɕi33	tʃɿ342	tʃɿ53	tʃɿ55	tʃɿ53	tsi53	tsi341	tɕi553	tʃɿ442	tʃ55
0454	习	ɕi214	ɕi214	ʃɿ342	ʃɿ55	ʃɿ214	ʃɿ55	si53	si214	ɕi214	ʃɿ442	ʃɿ213
0455	汁	tɕi214	tɕi214	tʃɿ214	tʃɿ55	tʃɿ313	tʃɿ55	tsɿ55	tsɿ214	tɕi214	tʃɿ34	tʃɿ313
0456	十	ɕi33	ɕi33	ʃɿ342	ʃɿ53	ʃɿ55	ʃɿ53	sɿ53	sɿ341	ɕi553	ʃɿ442	ʃɿ55
0457	入	ɵy214	ɵy214	ɵy214	ɵy214	ɵy214	ɵy214	ɵy213	ɵy341	ɵy214	ɵy51	ɵy213
0458	急	tɕi214	tɕi214	ci214	ci53	ci55	ci53	tɕi55	ci214	ci553	ci34	ci55
0459	及	tɕi214	ci33	ci214	ci55	ci55	ci55	tɕi213	ci341	ci553	ci34	ci55
0460	吸	ɕi214	ɕi53	ɕi214	ɕi55	ɕi214 又 ɕy214 又	ɕi55	ɕi213	ɕi214	ɕi214	ɕi34	ɕi213
0461	单~	tan53	tan53	tãn312	tan35	tan313	tan35	tã213	tãn52	tan51	tẽ214	tan313
0462	炭	than33	than33	thãn52	than214	than52	than214	thã213	thãn341	than131	thẽ51	than52
0463	弹~	than33	than33	thãn342	than53	than55	than53	thã53	thãn341	than553	thẽ442	than55
0464	难~	nan33	nan33	nãn342	nan53	nan55	nan53	nã53	nãn52	nan51	nẽ442	nan55

第一章　语音

续表

编号	汉字	芝罘读音	福山读音	栖霞读音	龙口读音	蓬莱读音	招远读音	莱州读音	海阳读音	牟平读音	莱阳读音	长岛读音
0465	兰	lan33	lan53	lãn342	lan53	lan55	lan53	lã53	lãn341	lan553	lɛ̃442	lan55
0466	懒	lan214	lan214	lãn214	lan55	lan214	lan55	lã55	lãn214	lan214	lɛ̃34	lan213
0467	烂	lan33	lan33	lãn342	lan53	lan52	lan53	lã53	lãn341	lan131	lɛ̃51	lan52
0468	伞	san214	san214	sãn214	san55	san214	san55	sã55	sãn214	san214	sɛ̃34	san213
0469	肝	kan53	kan53	kãn312	kan35	kan313	kan35	kã213	kãn52	kan51	kɛ214	san213
0470	看~见	khan33	khan33	khaŋ52又 khãn52又	khan214	khan52	khan214	khã213	khãn341	khan131	khɛ̃51	khan52
0471	岸	ɵan33	ɵan33	ɵãn52	ɵan214	ɵan52	ɵan214	ɵã213	ɵãn52	ɵan131	ɵɛ̃51	ɵan52
0472	汉	xan33	xan33	xãn52	xan214	xan52	xan214	xã213	xãn341	xan131	xɛ̃51	xan52
0473	汗	ɵan33	ɵan33	ɵãn342	ɵan35	ɵan313	ɵan35	ɵã213	ɵãn52	ɵan51	ɵɛ̃214	ɵan313
0474	安	ɵan53	ta214	ta342	ta53	ta55	ta53	ta53	ta214	ta214	ta442	ta55
0475	达	ta214	la214	la52	la214	la214	la214	la213	la341	la214	la51	la213
0476	辣	la214	tsha214	tsha214	tsha55	tsha313	tsha55	tsha55	tθha52	tsha214	tsha34	tsha213
0477	擦	tsha214	ka214	ka214	ka55	ka313	ka55	ka55	ka214	ka214	ka34老 ka34新	ka213
0478	割	ka214	kha214	kha214	kha55	kha214	kha55	kha55	kha214	kha214	khə34老 khə新	kha213
0479	渴	kha214										

烟台方言总揽

续表

编号	汉字	芝罘读音	福山读音	栖霞读音	龙口读音	蓬莱读音	招远读音	莱州读音	海阳读音	牟平读音	莱阳读音	长岛读音
0480	扮	pan33	pan33	pãn52	pan53	pan52	pan53	pã53	pãn341	pan131	pɛ̃51	pan52
0481	办	pan33	pan33	pãn342	pan53	pan52	pan53	pã53	pãn341	pan131	pɛ̃51	pan52
0482	铲	tshan214	tshan214	tshãn214	tshan55	tshan214	tshan55	tshã55	tʂhãn214	tshan214	tshɛ̃34	tshan213
0483	山	san53	san53	sãn312	san35	san313	san35	sã213	ʂãn52	san51	sɛ̃214	san313
0484	产产~	tshan214	tshan214	tshãn214	san55	tshan214	san55	sã55	tʂhãn214	tshan214	tshɛ̃34	tshan213
0485	同房~	tɕian53	cian53	ciãn312	cian35	cian313	cian35	tɕiã213	ciãn52	cian51	ciɛ̃214	cian313
0486	眼	Øian214	Øian214	Øiãn214	Øian55	Øian214	Øian55	Øiã55	Øiãn214	Øian214	Øiɛ̃34	Øian213
0487	限	cian33	cian33	ciãn52	cian214	cian52	cian214	ciã53	ciãn341	cian131	ciɛ̃51	cian52
0488	八	pa214	pa214	pa214	pa55	pa313	pa55	pa55	pa214	pa214	pɛ214	pa213
0489	扎	tsa214	tsa214	tsa214	tsa55	tsa313	tsa55	tsa55	tsa214	tsa214	tsa214	tsa213
0490	杀	sa214	sa214	sa214	sa55	sa313	sa55	sa55	ʂa214	sa214	sa214	sa213
0491	班	pan53	pan53	pãn312	pan35	pan313	pan35	pã213	pãn52	pan51	pɛ̃214	pan313
0492	板	pan214	pan214	pãn214	pan55	pan214	pan55	pã213	pãn214	pan214	pɛ̃34	pan213
0493	慢	man33	man33	mãn342	man53	man52	man53	mã53	mãn341	man131	mɛ̃34	man52
0494	奸	tɕian53	cian53	ciãn312	cian35	cian313	cian35	tɕiã213	ciãn52	cian51	ciɛ̃214	cian313
0495	颜	Øian33	Øian53	Øiãn52	Øian53	Øian55	Øian53	Øiã53	Øiãn52	Øian51	Øiɛ̃51	Øian55

续表

编号	汉字	芝罘读音	福山读音	栖霞读音	龙口读音	蓬莱读音	招远读音	莱州读音	海阳读音	牟平读音	莱阳读音	长岛读音
0496	瞎	çian214	çian214	çia214	çia55	çia313	çia55	çia55	çia214	çia214	çia214	çia213
0497	变	pian33	pian33	piãn52	pian214	pian52	pian214	piã213	piãn341	pian131	piɛ51	pian52
0498	骗	phian33	phian33	phiãn52	phian214	phian52	phian214	phiã213	phiãn341	phian131	phiɛ51	phian52
0499	便	pian33	pian33	piãn52	pian55	pian52	pian55	piã53	piãn341	pian131	piɛ51	pian52
0500	棉	mian53	mian53	miãn312	mian214	mian55	mian214	miã53	miãn52	mian51	miɛ214	mian55
0501	面 ~儿	mian33	mian33	miãn342	mian214	mian52	mian214	miã213	miãn341	mian131	miɛ51	mian52
0502	连	lian33	lian33	liãn342	lian53	lian55	lian53	liã53	liãn341	lian553	liɛ442	lian55
0503	剪	tçian214	tçian214	tɕŋ214 又 tɕiãn214 又	tɕʃan55	tɕʃan214	tɕʃan55	tsiã55	tsiãn214	tɕian214	tɕʃiɛ34	tɕʃan213
0504	浅	tçhian214	tçhian214	tɕʃhiãn214	tɕʃhan55	tɕʃhan214	tɕʃhan55	tshiã55	tshiãn214	tɕhian214	tɕʃhiɛ34	tɕʃhan213
0505	钱	tçhian33	tçhian33	tɕʃhiãn342	tɕʃhan53	tɕʃhan55	tɕʃhan53	tshiã53	tshiãn341	tɕhian553	tɕʃhiɛ442	tɕʃhan55
0506	鲜	çian53	çian53	ʃyãn312 又 ʃiãn312 又	syan35	ʃan313	syan35	syã213	syãn52 又 siãn52 又，新~	çian51	ʃyɛ214	ʃan313
0507	线	çian33	çian33	ʃiãn52	ʃan214	ʃan52	ʃan214	siã213	siãn341	çian131	ʃiɛ51	ʃan52
0508	缠	tçhian33	tçhian33	tçhiãn342	tɕʃhan53	tɕʃhan55	tɕʃhan53	tshã53	tshãn341	tçhian553	tɕʃhiɛ442	tɕʃhan55
0509	战	tçian33	tçian33	tʃan52	tsan214 又 tɕʃan214 又	tɕʃan52	tsan214 又 tɕʃan214 又	tʃã213	tsãn341	tçian131	tɕʃiɛ51	tɕʃan52

续表

编号	汉字	芝罘读音	福山读音	栖霞读音	龙口读音	蓬莱读音	招远读音	莱州读音	海阳读音	牟平读音	莱阳读音	长岛读音
0510	扇名	ɕian33	ɕian33	ʃan52	ʃan214	ʃan52	ʃan214	ʂã53	sãn341	ɕian131	ʃie51	ʃan52
0511	善	ɕian33	ɕian33	ʃan52	ʃan214	ʃan52	ʃan214	ʂã213	sãn341	ɕian131	ʃiẽ51	ʃan52
0512	件	tɕian33	cian33	ciãn342	cian53	cian52	cian53	tɕiã53	ciãn341	cian131	ciẽ51	cian52
0513	延	Øian53 又，～长 Øian33 又，～安	Øian53	Øiãn342	Øian53	Øian52	Øian53	Øiã55	Øiãn52	Øian51	Øiɛ̃442	Øian52
0514	别人	pie33	pie33	pie342	pie53	pie55	pie53	pia53	pia341	pie553	pie442	pie55
0515	灭	mie33	mie33	mie52	mie214	mie52	mie214	mia213	mia341	mie131	mie51	mie52
0516	列	lie33	lie33	lie52	lie214	lie52	lie214	lia213	lia341	lie131	lie51	lie52
0517	撤	tɕhie33	tɕhie33	tʃhie52	tʃhə214	tʃhie52	tʃhə214	tʂhə213	tshə341	tɕhie553	tʃhie51	tʃhie52
0518	舌	cie33	cie33	ʃie342	ʃə53	ʃie55	ʃə53	ʂə53	sə341	cie553	ʃie442	ʃie55
0519	设	cie33	cie33	ʃie52	ʃə55	ʃie52	ʃə55	ʂə53	sə214	cie214 又，～备 cie131 又，～计	ʃie51	ʃie52
0520	热	Øie214	Øie214	Øie52	Øie214	Øie214	Øie214	Øiə213	Øiə341	Øie214	Øie51	Øie213
0521	杰	tɕie33	cie33	ciə342	cie53	cie55	cie53	tɕiə53	ciə341	cie553	ciɛ442	cie55
0522	孽	nie33	nie33	nie52	nie214	nie52	nie214	nia213	nia341	nie214	nie51	nie52

· 88 ·

续表

编号	汉字	芝罘读音	福山读音	栖霞读音	龙口读音	蓬莱读音	招远读音	莱州读音	海阳读音	牟平读音	莱阳读音	长岛读音
0523	建	tɕian33	ɕian33	ɕiãn52	ɕian214	ɕian52	ɕian214	tɕiã213	ɕiãn52	ɕian131	ɕiɛ51	ɕian52
0524	健	tɕian33	ɕian33	ɕiãn52	ɕian214	ɕian52	ɕian214	tɕiã213	ɕiãn341	ɕian131	ɕiɛ51	ɕian52
0525	言	Øian33	Øian33	Øiãn342	Øian53	Øian55	Øian53	Øiã53	Øiãn341	Øian553	Øiɛ442	Øian55
0526	歇	ɕie214	ɕie214	ɕie214	ɕie55	ɕie313	ɕie55	ɕie55	ɕiã214	ɕie214	ɕiɛ214	ɕie213
0527	扁	pian214	pian214	piãn214	pian55	pian214	pian55	piã55	piãn214	pian214	piɛ34	pian213
0528	片	phian33	phian33	phiãn52	phian214	phian52	phian214	phiã213	phiãn341	phian131	phiɛ51	phian52
0529	面*	mian33	mian33	miãn342	mian53	mian52	mian53	miã53	miãn341	mian131	miɛ51	mian52
0530	典	tian214	tian214	tiãn214	tian55	tian214	tian55	tiã55	tiãn214	tian214	tiɛ34	tian213
0531	天	thian53	thian53	thiãn312	thian35	thian313	thian35	thiã213	thiãn52	thian51	thiɛ214	thian313
0532	田	thian33	thian33	thiãn342	thian53	thian55	thian53	thiã53	thiãn341	thian553	thiɛ442	thian55
0533	垫	tian33	tian33	tiãn342	tian53	tian52	tian53	tiã53	tiãn341	tian131	tiɛ51	tian52
0534	年	nian53	nian53	niãn312	nian35	nian55	nian35	niã53	niãn52	nian51	niɛ214	nian55
0535	莲	lian33	lian33	liãn342	lian53	lian55	lian53	liã53	liãn341	lian553	liɛ442	lian55
0536	前	tɕhian33	tɕhian33	tɕhiãn342	tɕhian35	tɕhian55	tɕhian35	tshiã53	tshiãn341	tɕhian553	tɕhiɛ442	tɕhan55
0537	先	ɕian53	ɕian53	ʃiãn312	ʃan35	ʃan313	ʃan35	siã213	siãn52	ɕian51	ʃiɛ214	tʃhan55
0538	肩	tɕian53	ɕian53	tʃiãn312	ɕian35	ɕian313	ɕian35	tɕiã213	ɕiãn52	ɕian51	tʃiɛ214	ɕian313

烟台方言总揽

续表

编号	汉字	芝罘读音	福山读音	栖霞读音	龙口读音	蓬莱读音	招远读音	莱州读音	海阳读音	牟平读音	莱阳读音	长岛读音
0539	见	tɕian33	cian33	ciãn52	cian214	cian52	cian214	tɕiã213	ciãn341	cian131	ciɛ51	cian52
0540	牵	tɕhian53	chian53	chiãn312	chian35	chian313	chian35	tɕhiã213	chiãn52	chian51	chiɛ214	chian313
0541	显	cian214	çian214	çiãn214	çian55	çian214	çian55	çiã55	çiãn214	çian214	çiɛ34	çian213
0542	现	çian53 又,～在 cian33 又,出～	çian214 又,出～ çian53 又,～在	çiãn52	çian214	çian52	çian214	çiã213	çiãn341	çian131	çiɛ51	çian52
0543	烟	Øian53	Øian53	Øiãn312	Øian35	Øian313	Øian35	Øiã213	Øiãn52	Øian51	Øiɛ214	Øian313
0544	憋	pie214	pie214	pie214	pie55	pie313	pie55	pia55	pie214	pie214	pie214	pie213
0545	篾	nie214	mie33	mie52	mie214	mie313	mie214	mi53	mie341	mie51	mie51	mie213
0546	铁	thie214	thie214	thie214	thie55	thie214	thie55	thie55	thie214	thie214	thie34	thie213
0547	捏	nie53	nie214	nie52	nie214	nie214 又 nei55 又	nie214	nie213	nie341	nie214	nie51	nie213
0548	节	tɕie214	tɕie214	tʃie214	tʃe55	tʃie214	tʃe55	tsia55	tsia214	tɕie214	tʃie34	tʃie213
0549	切 动	tɕhie214	tɕhie214	tʃhie214	tʃhe55	tʃhie313	tʃhe55	tshia55	tshia214	tɕhie214	tʃhie34	tʃhie213
0550	截	tɕie33	tɕie33	tʃie342	tʃe53	tʃie55	tʃa53	tsia53	tsia341	tɕie553	tʃie442	tʃie55
0551	结	tɕie214	cie214	cie214	cie55	cie55	cie55	tɕie55	cie214	tɕie214	ciɛ442	ciɛ55
0552	搬	pan53	pan53	pãn312	pan35	pan313	pan35	pã213	pãn52	pan51	pɛ̃214	pan313

第一章　语音

续表

编号	汉字	芝罘读音	福山读音	栖霞读音	龙口读音	蓬莱读音	招远读音	莱州读音	海阳读音	牟平读音	莱阳读音	长岛读音
0553	半	pan33	pan33	pãn52	pan214	pan52	pan214	pã53	pãn341	pan131	pẽ51	pan52
0554	判	phan33	phan33	phãn52	phan214	phan52	phan214	phã53	phãn341	phan131	phẽ51	phan52
0555	盘	phan33	phan33	phãn342	phan53	phan55	phan53	phã53	phãn341	phan553	phẽ442	phan55
0556	满	man214	man214	mãn214	man55	man214	man55	mã55	mãn214	man214	mẽ34	man213
0557	端	taŋ53又 tan53又	taŋ53	taŋ312	taŋ55又， ～午 tan35又	taŋ313	taŋ55又， ～午 tan35又	taŋ213	taŋ52 老 tãn52 新	taŋ51又 tan51又	taŋ51	taŋ313 又，～ tan313 又，～盘子
0558	短	tan214	tan214	tãn214	tan55	tan214	tan55	tã55	tãn214	tan214	tẽ34	tan213
0559	断	tan33	tan33	tãn342	tan53	tan52	tan53	tã53	tãn341	tan131	tẽ51	tan52
0560	暖	nan214	nan214	nãn214	nan55	nan214	nan55	no55又 nã55又	nãn214	nan214	nẽ34	nan213
0561	乱	lan33	lan33	lãn52	lan214	lan52	lan214	la213又 lã53又	lãn341	lan131	lẽ51	lan52
0562	酸	san53	san53	sãn312	san35	san313	san35	sã213又 suã213又	θãn52	san51	sẽ214	san313
0563	算	san33	san33	sãn52	san214	san52	san214	suã213	θãn341	san131	sẽ51	san52
0564	官	kuan53	kuan53	kuãn312	kuan35	kuan313	kuan35	kuã213	kuãn52	kuan51	kuẽ214	kuan313
0565	宽	khuan53	khuan53	khuãn312	khuan35	khuan313	khuan35	khuã213	khuãn52	khuan51	khuẽ214	khuan313

· 91 ·

续表

编号	汉字	芝罘读音	福山读音	栖霞读音	龙口读音	蓬莱读音	招远读音	莱州读音	海阳读音	牟平读音	莱阳读音	长岛读音
0566	欢	xuan53	xuan53	xuãn312	xuan35	xuan313	xuan35	xuã213	xuãn52	xuan51	xuɛ214	xuan313
0567	完	Øuan33	Øuan33	Øuãn342	Øuan53	Øuan55	Øuan53	Øuã53	Øuãn341	Øuan553	Øuɛ442	Øuan55
0568	换	xuan33	xuan33	Øuãn342	Øuan53	xuan52	Øuan53	Øuã53	Øuãn341	Øuan131	xuɛ51	xuan52
0569	豌	Øuan214	Øuan214	Øuãn214	Øuan55	Øuan214	Øuan55	Øuã55	Øuãn214	Øuan214	Øuɛ34	Øuan213
0570	拨	po53	po53	pə214	pə55	pə313	pə55	pə55	pə214	po51	pə214	pə55
0571	泼	pho214	pho214	pha214	pha55	pha214	pha55	pha213	pha214	pho214	pha214	pha313
0572	末	mo33	mo33	mə52	mə214	mə52	mə214	mə213	mə341	mo214	mə51	mə52
0573	脱	thɤ214	thuo214	thə214	thuə55	thua313	thuə55	thuə53	thə214	thɤ214	thuo442	thua213
0574	夺	tuo33	tuo33	ta342	tuə53	tuə55	tuə53	tuə53	ta341又tuo341又	tɤ553	tuo442	tuə55
0575	阔	khuo33	khuo33	khuo52	khuə214	khua52	khua214	khə55	khuən214	khuo131	khuə51	khua52
0576	活	xuo33	xuo33	xuo342	xuə53	Øuə55	xuə53	xuə53	xuə341	xuo553	xuo442	xuə55
0577	顶 皮	Øuan33	Øuan33	Øuãn342	Øuan53	Øuan55	Øuan53	Øuã53	Øuãn341	Øuan553	Øuɛ442	Øuan55
0578	滑	xua33	xua33	xua342	xua55	xua55	xua55	xua53	xua341	xua553	xua442	xua55
0579	挖	Øua53	Øua214	Øua214	Øua55	Øua313	Øua55	Øua213	Øua214	Øua214	Øua214	Øua313
0580	闩	suan53	suan53	suãn312	suan35	suan313	suan35	suã213	ʂuãn52	suan51	suɛ214	suan313
0581	关	kuan53	kuan53	kuãn312	kuan35	kuan313	kuan35	kuã213	kuãn52	kuan51	kuɛ214	kuan313

第一章 语音 ◆◇◆

续表

编号	汉字	芝罘读音	福山读音	栖霞读音	龙口读音	蓬莱读音	招远读音	莱州读音	海阳读音	牟平读音	莱阳读音	长岛读音
0582	惯	kuan33	kuan33	kuãn52	kuan214	kuan52	kuan214	kuã213	kuãn341	kuan131	kuɛ51	kuan52
0583	还~动	xuan33	xuan33	xuãn342	xuan53	xuan55	xuan53	xuã53	xuãn341	xuan553	xuɛ442	xuan55
0584	还~刚	xan33	xai53 又 xan33 又	xãn342	xan53	xai55	xan53	xe53	xãn341	xan553	xɛ442	xan55
0585	弯	Øuan53	Øuan53	Øuãn312	Øuan35	Øuan313	Øuan35	Øuã213	Øuãn52	Øuan51	Øuɛ214	Øuan313
0586	刷	sua214	sua214	ʃua214	suan55	sua313	sua55	sua55	sua214	sua214	sua214	sua213
0587	刮	khua214 又，~一 又，~kua214 又，~风	khua214 又 kua214 又	khua214 又 kua214 又	kua55	khua313	kua55	kua55	khua214 又，~皮 kua214 又，~风	kua214 又 khua214 又，~墙	kua214 又，~脸 khua214 又，~墙	kua213 又 khua213 又
0588	全	tɕhyan33	tɕhyan33	tʃhyãn342	tʃhyan53	tʃhyan55	tʃhyan53	tʃhyã53	tʃhyãn341	tɕhyan553	tʃhyɛ442	tʃhyan55
0589	选	ɕyan214	ɕyan214	ʃyãn214	ʃyan55	ʃan214	ʃyan55	syã55	syãn214	ɕyan214	ʃyɛ34	ʃyan213
0590	转~圈	tsuan33	tsuan33	tʃuãn342	tsuan214	tsuan52	tsuan214	tʂuã55	tʂuãn214	tsuan214	tʃuɛ34	tsuan52
0591	传~下来	tshuan33	tshuan33	tʃhuãn342	tshuan53	tshuan55	tshuan53	tʂhuã53	tʂhuãn341	tshuan553	tʃhuɛ442	tshuan55
0592	传~记	tsuan33 木书 ~	tsuan33	tʃuãn52	tsuan214	tsuan313	tsuan35	tʂuã213	tʂuãn341	tsuan131	tʃuɛ51	tsuan52
0593	砖	tsuan53	tsuan53	tʃuãn312	tsuan35	tsuan55	tsuan35	tʂuã213	tʂuãn52	tsuan51	tʃuɛ214	tsuan313
0594	船	tshuan33	tshuan33	tʃhuãn342	tshuan53	tshuan55	tshuan53	tʂhuã53	tʂhuãn341	tshuan553	tʃhuɛ442	tshuan55
0595	软	Øyan214	Øyan214	Øyãn214	Øyan55	Øyan214	Øyan55	Øyã55	Øyãn214	Øyan214	Øyɛ34	Øyan213

93

烟台方言总揽

续表

编号	汉字	芝罘读音	福山读音	栖霞读音	龙口读音	蓬莱读音	招远读音	莱州读音	海阳读音	牟平读音	莱阳读音	长岛读音
0596	卷₄	tɕyan214	cyan214	cyã214	cyan55	cyan214	cyan55	tɕyã55	cyã214	cyan214	cyɛ̃34	cyan213
0597	圈鼎~	tɕhyan53	chyan53	chyã312	chyan35	chyan313	chyan35	tɕhyã213	chyã52	chyan51	chyɛ̃214	chyan313
0598	权	tɕhyan33	chyan33	chyã342	chyan53	chyan35	chyan53	tɕhyã55	chyã341	chyan553	chyɛ̃442	chyan55
0599	圆	Øyan33	Øyan33	Øyã342	Øyan53	Øyan55	Øyan53	ɕyã53	Øyã341	Øyan553	Øyɛ̃442	Øyan55
0600	院	Øyan33	Øyan33	Øyaŋ342 又 Øyã342 又、~子	Øyan53	Øyan52	Øyan53	ɕyã53	Øyã341	Øyan131	Øyɛ̃51	Øyan52
0601	铅~笔	tɕhian53	chian53	chiã312	chian35	chian313	chian35	tɕhiã213	chiã52	chian51	chiɛ̃214	chian313
0602	绝	tɕye33	tɕye33	tʃye342	cye53	tʃie55	cye53	tsyo53	tsyɑ341	cye553	tʃye442	cye55
0603	雪	cie214 又 cye241 又	cie214	ʃye214	ʃye55	ʃie214	ʃye55	syo55	syɑ214	cie214	ʃye34	ʃie213
0604	反	fan214	fan214	fan214	fan55	fan214	fan55	fã55	fan214	fan214	fɛ̃34	fan213
0605	翻	fan53	fan53	fan313	fan35	fan313	fan35	fã213	fan52	fan51	fɛ̃214	fan313
0606	饭	fan33	fan33	fan342	fan53	fan52	fan53	fã53	fan341	fan131	fɛ̃51	fan52
0607	晚	Øuan214	Øuan214	Øuãn52	Øuan55	Øuan214	Øuan55	Øuã55	Øuan214	Øuan214	Øuɛ̃34	Øuan213
0608	万	Øuan33	Øuan33	Øuãn52	Øuan214	Øuan52	Øuan214	Øuã213	Øuan341	Øuan131	Øuɛ̃51	Øuan52
0609	劝	tɕhyan33	chyan33	chyãn52	chyan214	chyan52	chyan214	tɕyã213	chyãn341	chyan131	chyɛ̃51	chyan52
0610	原	Øyan33	Øyan33	Øyãn342	Øyan53	Øyan55	Øyan53	ɕyã53	Øyãn341	Øyan553	Øyɛ̃442	Øyan55

· 94 ·

续表

编号	汉字	芝罘读音	福山读音	栖霞读音	龙口读音	蓬莱读音	招远读音	莱州读音	海阳读音	牟平读音	莱阳读音	长岛读音
0611	冤	∅yan53	∅yan53	∅yãn312	∅yan35	∅yan313	∅yan35	∅yã213	∅yãn52	∅yan51	∅yɛ̃214	∅yan313
0612	园	∅yan33	∅yan33	∅yãn342	∅yan53	∅yan55	∅yan53	∅yã53	∅yãn341	∅yan553	∅yɛ̃214	∅yan55
0613	远	∅yan214	∅yan214	∅yãn214	∅yan55	∅yan214	∅yan55	∅yã55	∅yãn214	∅yan214	∅yɛ̃34	∅yan213
0614	发—	fa214	fa214	fa214	fa55	fa214	fa55	fa53	fa214	fa214	fa51	fa213
0615	罚	fa33	fa33	fa342	fa53	fa55	fa53	fa53	fa341	fa553	fa442	fa55
0616	袜	∅ua214	∅ua214	∅ua52	∅ua214	∅ua214	∅ua214	∅ua53	∅ua 341	∅ua214	∅ua 51	∅ua213
0617	月	∅ye214	∅ye214	∅ye52	∅ye214	∅ye214	∅ye214	∅yã213	∅ye341	∅ye214	∅ye51	∅ye213
0618	越	∅ye33	∅ye33	∅ye52	∅ye214	∅ye52	∅ye214	∅ya213	∅ye341	∅ye131	∅ye51	∅ye52
0619	县	ɕian33	ɕian33	ɕyãn52	ɕian214	ɕian52	ɕian214	ɕiã213	ɕyɛ̃341	ɕyɛ553	ɕiɛ51	ɕian52
0620	决	tɕye33	ɕye33	ɕye342	ɕye53	ɕye55	ɕye53	tɕye53	ɕye341	ɕye553	ɕye34	ɕye55
0621	缺	tɕhye214	ɕhye214	ɕhye214	ɕhye55	ɕhye214	ɕhye55	tɕhyɛ55	ɕhye214	ɕhye214	ɕhye34	ɕhye213
0622	血	ɕie214	ɕie214	ɕie214	ɕie55	ɕie214	ɕie55	ɕie55	ɕia214	ɕie214	ɕye34	ɕie213
0623	吞	thən53	thən53	thən312	thən35	thən313	thən35	thə̃213	thən52	thən51	thə̃214	thən313
0624	根	kən53	kən53	kən312	kən35	kən313	kən35	kə̃213	kən52	kən51	kə̃214	kən313
0625	恨	xən33	xən33	xən342	xən53	xən52	xən53	xə̃53	xən341	xən131	xə̃51	xən52
0626	恩	∅ən53	∅ən53	∅ən312	∅ən35	∅ən313	∅ən35	∅ə213	∅ən52	∅ən51	∅ə̃214	∅ən313

烟台方言总揽

续表

编号	汉字	芝罘读音	福山读音	栖霞读音	龙口读音	蓬莱读音	招远读音	莱州读音	海阳读音	牟平读音	莱阳读音	长岛读音
0627	贫	phin33	phin33	phin342	phin53	phian55	phin53	phiẽ53	phin341	phin553	phiã442	phin55
0628	民	min214	min214	min214	min53	mian313	min53	miẽ53	min214	min214	miã442	min213
0629	邻	lin33	lin33	lin342	lin53	lian55	lin53	liẽ53	lin341	lin553	liã442	lin55
0630	进	tɕin33	tɕin33	tʃĩn52	tsin214	tʃən52	tsin214	tsiẽ213	tsin341	tɕin131	tʃiã51	tʃən52
0631	亲~人	tɕhin53	tɕhin53	tʃhĩn312	tshin35	tʃhan313	tshin35	tshiẽ213	tshin52	tɕhin51	tʃhiã214	tʃhən313
0632	新	ɕin53	ɕin53	ʃĩn312	sin35	ʃan313	sin35	siẽ213	sin52	ɕin51	ʃiã214	ʃən52
0633	镇	tɕin33	tɕin33	tʃən52	tʃən214	tʃən52	tʃən214	tʃẽ53	tshən341	tɕin131	tʃhiã442	tʃən55
0634	陈	tɕhin33	tɕhin33	tʃhən342	tʃhən53	tʃhan55	tʃhən53	tʃhẽ53	tshən341	tɕhin553	tʃhiã442	tʃhən55
0635	震	tɕin33	tɕin33	tʃən342	tʃən214	tʃən52	tʃən214	ʂẽ53	sən341	tɕin131	tʃiã51	tʃən52
0636	神	ɕin33	ɕin33	ʃən342	ʃən53	ʃan55	ʃən53	ʂẽ53	ʂən52	ɕin553	ʃiã442	ʃən55
0637	身	ɕin53	ɕin53	ʃən312	ʃən35	ʃan313	ʃən35	ʂẽ213	ʂən341	ɕin51	ʃiã214	ʃən313
0638	辰	tɕhin33	tɕhin33	tʃhən342	tʃhən53	tʃhan55	tʃhən53	tʃhẽ53	tshən341	tɕhin553	tʃhiã442	tʃhən55
0639	人	Øin53	Øin53	Øin312	Øin35	Øian55	Øin35	Øiẽ53	Øin52	Øin51	Øiã214	Øin55
0640	认	Øin33	Øin33	Øin342	Øin53	Øian52	Øin53	Øiẽ53	Øin341	Øin131	Øiã51	Øin52
0641	紧	tɕin214	cin214	cin214	cin55	cian214	cin55	tɕiẽ55	cin214	cin214	ciã34	cin213
0642	银	Øin33	Øin33	Øin342	Øin53	Øian55	Øin53	Øiẽ53	Øin341	Øin553	Øiã51	Øin55

· 96 ·

第一章　语音

续表

编号	汉字	芝罘读音	福山读音	栖霞读音	龙口读音	蓬莱读音	招远读音	莱州读音	海阳读音	牟平读音	莱阳读音	长岛读音
0643	印	ɤin33	ɤin33	ɤin52	ɤin214	ɤian52	ɤin214	ɤiɛ213	ɤin341	ɤin131	ɤiɛ51	ɤin52
0644	引	ɤin214	ɤin214	ɤin214	ɤin55	ɤian214	ɤin55	ɤiɛ55	ɤin214	ɤin214	ɤiɛ34	ɤin213
0645	笔	pi214	pi214	pi214	pi55	pi214	pi55	pi55	pi214	pi214	pi34	pi213
0646	匹	phi53	phi53	phi214	phi55	phi214	phi55	phi213	phi52	phi51又，一马 phi214 又，~配	phi34	phi313
0647	密	mi214	mi214	mi52	mi214	mi214	mi214	mi213	mi341	mi214	mi51	mi52
0648	栗	li33	li33	li52	li214	li52	li214	li53	li341	li131	li51	li52
0649	七	tɕhi214	tɕhi214	tɕhɿ214	tɕhi55	tɕhi214	tɕhi55	tshi55	tshi214	tɕhi214	tɕhɿ34	tɕhɿ213
0650	侄	tɕi33	tɕi33	tʃɿ342	tʃi53	tʃhi55	tʃi53	tsɿ53	tsɿ341	tɕi553	tʃɿ442	tʃɿ55
0651	虱	sɿ214	sɿ214	sɿ214	sɿ55	sɿ313	sɿ55	sɿ55	sɿ214	sɿ214	sɿ214	sɿ213
0652	实	ɕi33	ɕi33	ʃɿ342	ʃi55	ʃi55	ʃi53	sɿ53	sɿ341	ɕi553	ʃɿ442	ʃi55
0653	失	ɕi214	ɕi214	ʃɿ214	ʃi55	ʃi214	ʃi55	sɿ53	sɿ214	ɕi214	ʃɿ34	ʃi55
0654	日	ɤi214	ɤi214	ɤi52	ɤi214	ɤi214	ɤi214	ɤi213	ɤi341	ɤi214	ɤi51	ɤi213
0655	吉	tɕi214	ci214	ci214	ci55	ci55	ci55	tɕi55	ci214	ci214	ci34	ci55
0656	一	ɤi214	ɤi214	ɤi214	ɤi55	ɤi214	ɤi55	ɤi55	ɤi214	ɤi214	ɤi34	ɤi213
0657	筋	tɕin53	cin53	cĩn312	cin35	cian313	cin35	tɕiɛ213	cĩn52	cin51	ciɛ214	cin313

· 97 ·

烟台方言总揽

续表

编号	汉字	芝罘读音	福山读音	栖霞读音	龙口读音	蓬莱读音	招远读音	莱州读音	海阳读音	牟平读音	莱阳读音	长岛读音
0658	劲(有~)	tɕin33	cin33	cĩn52	cin214	cian52	cin214	tɕiẽ53	cĩn341	cin131	ciẽ51	cin52
0659	勤	tɕhin33	chin33	chĩn342	chin214	chian55	chin53	tɕhiẽ55	chĩn341	chin553	chiã442	chin55
0660	近	tɕin33	cin33	cĩn342	cin214	chian52	cin214	tɕiẽ55	cĩn341	cin131	ciẽ51	cin52
0661	隐	Øin214	Øin214	Øin214	Øin55	Øian214	Øin55	ɕiẽ55	Øin214	Øin214	Øiã34	Øin213
0662	本	pən214	pən214	pẽn214	pən55	pən214	pən55	pẽ55	pẽn214	pən214	pẽ34	pən213
0663	盆	phən33	phən33	phẽn342	phən53	phən55	phən53	phẽ53	phõn341	phən553	phẽ442	phən55
0664	门	mən53	mən53	mẽn312	mən35	mən55	mən35	mẽ53	mãn52	mən51	mã214	mən55
0665	墩	tən53	tən53	tẽn312	tən35	tən313	tən35	tẽ213	tən52	tən51	tã51	tən313
0666	嫩	lən33	lən33	lẽn342	lən53	lən52	lən53	lẽ53	lẽn341	lən131	lã51	lən52
0667	村	tshən53	tshən53	tshən312	tshən35	tshən313	tshən35	tshẽ213	tθhən52	tshən51	tshã214	tshən313
0668	寸	tshən33	tshən33	tshən342	tshən214	tshən52	tshən214	tshẽ213	tθhən341	tshən131	tshã51	tshən52
0669	蹲	tən53	tən53	tən312 又 tẽn312 又	tən35	tən313	tən35	tẽ213	tən52	tən51	tã214	tən313
0670	孙(~子)	sən53	sən53	səŋ312	sən35	sən313	sən35	sẽ213	θẽn52	sən51	sã214	sən313
0671	滚	kuən214	kuən214	kuẽn214	kuən55	kuən214	kuən55	kuẽ55	kuẽn214	kuən214	kuã34	kuən213
0672	困	khuən33	khuən53	khuẽn52	khuən214	khuən52	khuən214	khuẽ213	khuẽn341	khuən131	khuã51	khuən52
0673	婚	xuən53	xuən53	xuẽn312	xuən35	xuən313	xuən35	xuẽ213	xuẽn52	xuən51	xuã214	xuən313

第一章　语音

续表

编号	汉字	芝罘读音	福山读音	栖霞读音	龙口读音	蓬莱读音	招远读音	莱州读音	海阳读音	牟平读音	莱阳读音	长岛读音
0674	魂	xuan33	xuan33	xuɑ̃n342	xuan53	xuan55	xuan53	xuē53	xuɑ̃n341	xuan553	xuɑ̃442	xuan55
0675	温	ɵuan53	ɵuan53	ɵuɑ̃n312	ɵuan35	ɵuan313	ɵuan35	ɵuē213	ɵuɑ̃n52	ɵuan51	ɵuɑ̃214	ɵuan313
0676	竽(捥子)	tsu33	tsu33	tsu52	tsu53	tsu55	tsu53	tsu53	tɵu341	tsu51	tsu51	tsu55
0677	骨	ku214	ku214	ku214	ku55	ku214	ku55	ku55	ku341	ku214	ku34	ku213
0678	轮	lan33	lan33	lɑ̃n342	lan53	lan55	lan53	lē53	lɑ̃n341	lan553	lɑ̃442	lan55
0679	俊	tɕin33	tɕin33	tʃɵn52	tsyn214	tʃɵn52	tsyn214	tsuē213	tʃyn341	tɕin131	tʃyɑ̃51	tʃɵn52
0680	笋	san214	san214	sɑ̃n214	tsyn55	tsuan214	tsyn55	syē55	sɵ̃yn214	san214	ʃyɑ̃34	san213
0681	准	tshuan214	tsuan214	tʃhuɑ̃n312	tshuan35	tsuan313	tsuan35	tsuē213	tʂhuan52	tsuan214	tsuɑ̃214	tsuan213
0682	春	tshuan53	tshuan33	tʃhuɑ̃n312	tshuan53	tshuan55	tshuan53	tshuē53	tʂhuan341	tshuan51	tshuɑ̃214	tshuan313
0683	唇	tshuan33	tshuan33	ʃuɑ̃n342	suan53	suan52	suan53	ʃuē213	ʂuɑ̃n341	suan131	suɑ̃51	suan55
0684	顺	suan33	suan33	tshuɑ̃n342	tshuan53	tshuan55	tshuan53	tshuē53	tʂhuɑ̃n341	tshuan553	tshuɑ̃442	tshuan52
0685	纯	tshuan33	tshuan33	ɵỹn52	ɵyn214	ɵyan52	ɵyn214	ɵyē53	ɵyn52	ɵyn131	ɵyɑ̃51	ɵyan52
0686	囷	ɵyn33	ɵyn33	cỹn312	cyn35	cyan313	cyn35	tɕyē213	cyn52	cyn51	cyɑ̃214	cyn313
0687	均	tcyn53	cyn53	ɵỹn312	ɵyn35	ɵyan55	ɵyn35	ɵyē53	ɵyn52	ɵyn51	ɵyɑ̃214	ɵyn55
0688	匀	ɵyn53	ɵyn33	ly52	ly214	ly52	ly214	ly213	ly341	ly131	ly51	ly52
0689	律	ly33	ly33	ly52	ly214	ly52	ly214	ly213	ly341	ly131	ly51	ly52

· 99 ·

续表

编号	汉字	芝罘读音	福山读音	栖霞读音	龙口读音	蓬莱读音	招远读音	莱州读音	海阳读音	牟平读音	莱阳读音	长岛读音
0690	出	tɕhy214	tɕhy214	tʃhy214	tʃhy55	tʃhy214	tʃhy55	tʂhu55	tʃhy214	tɕhy214	tʃhu34	tʃhy213
0691	橘	tɕy214	ɕy33	ɕy214	ɕy55	ɕy52 又 ɕy214 又	ɕy55	tɕy55	ɕy341	ɕy214	ɕy34	ɕy52
0692	分动	fən53	fən53	fən312	fən35	fən313	fən35	fə213	fən52	fən51	fə214	fən313
0693	粉	fən214	fən214	fən214	fən55	fən214	fən55	fə55	fən214	fən214	fə34	fən213
0694	粪	fən33	fən33	fən52	fən53	fən52	fən53	fə53	fən341	fən131	fə51	fən52
0695	坟	fən33	fən33	fən342	fən35	fən55	fən35	fə53	fən341	fən553	fə442	fən55
0696	蚊	Øuən53	Øuən53	Øuãn312	Øuən35	Øuən55	Øuən214	Øuɛ̃213	Øuãn52	Øuən51	Øuɛ̃214	Øuən52
0697	问	Øuən33	Øuən33	Øuãn52	Øuən214	Øuən52	Øuən35	Øuɛ̃213	Øuãn341	Øuən131	Øuɛ̃51	Øuən52
0698	军	tɕyn53	tɕyn53	ɕỹn312	ɕyn35	ɕyn313	ɕyn35	tɕyɛ̃213	ɕỹn52	ɕyn51	ɕyɛ̃214	ɕyn313
0699	裙	tɕhyn33	tɕhyn33	tʃhỹn342	tʃhyn53	tʃhyn55	tʃhyn53	tʃhyɛ̃53	tʃhỹn341	tʃhyn553	tʃhyɛ̃442	tʃhyn55
0700	熏	ɕyn53	ɕyn53	ɕỹn312	ɕyn53	ɕyn313	ɕyn35	ɕyɛ̃213	ɕỹn52	ɕyn51	ɕyɛ̃214	ɕyn313
0701	云~参	Øyn33	Øyn33	Øyn312	Øyn53	Øyan55	Øyn53	Øyɛ̃53	Øyn52	Øyn51	Øyɛ̃214	Øyn55
0702	运	Øyn33	Øyn33	Øyn52	Øyn214	Øyan52	Øyn214	Øyɛ̃53	Øyn341	Øyn131	Øyɛ̃51	Øyn52
0703	佛~像	fu33	fo33	fə342	fu53	fə55	fu53	fu53	fə341	fo553	fə51	fu55
0704	物	Øu33	Øu33	Øu52	Øu214	Øu52	Øu214	Øu213	Øu341	Øu131	fu442	Øu52
0705	帮	paŋ53	paŋ53	paŋ312	paŋ35	paŋ313	paŋ35	paŋ213	paŋ52	paŋ51	paŋ214	paŋ313

第一章 语音

续表

编号	汉字	芝罘读音	福山读音	栖霞读音	龙口读音	蓬莱读音	招远读音	莱州读音	海阳读音	牟平读音	莱阳读音	长岛读音
0706	忙	maŋ53	maŋ53	maŋ312	maŋ35	maŋ55	maŋ35	maŋ53	maŋ52	maŋ51	maŋ214	maŋ55
0707	党	taŋ214	taŋ214	taŋ214	taŋ55	taŋ214	taŋ55	taŋ55	taŋ214	taŋ214	taŋ34	taŋ213
0708	汤	thaŋ53	thaŋ53	thaŋ312	thaŋ35	thaŋ313	thaŋ35	thaŋ213	thaŋ52	thaŋ51	thaŋ214	thaŋ313
0709	糖	thaŋ33	thaŋ33	thaŋ342	thaŋ53	thaŋ55	thaŋ53	thaŋ53	thaŋ341	thaŋ553	thaŋ442	thaŋ55
0710	浪	laŋ33	laŋ33	laŋ342	laŋ53	laŋ52	laŋ53	laŋ53	laŋ341	laŋ131	laŋ51	laŋ52
0711	仓	tshaŋ53	tshaŋ53	tshaŋ312	tshaŋ35	tshaŋ313	tshaŋ35	tshaŋ213	tɵhaŋ52	tshaŋ51	tshaŋ214	tshaŋ313
0712	钢名	kaŋ53	kaŋ53	kaŋ312	kaŋ35	kaŋ313	kaŋ35	kaŋ213	kaŋ52	kaŋ51	kaŋ214	kaŋ313
0713	糠	khaŋ53	khaŋ53	khaŋ312	khaŋ35	khaŋ313	khaŋ35	khaŋ213	khaŋ52	khaŋ51	khaŋ214	khaŋ313
0714	薄	po33	po33	pa342	pa53	pa55	pa53	pa53	pa341	po553	pa442	pa55
0715	摸	mo214	mo33	ma52	ma214	ma313	ma214	ma213	ma341	mo51	ma51	ma313
0716	托	thuo214	thuo214	thuo214	thua55	thua313	thua55	thua55	thuo52	thuo214	thuo214	thua213
0717	落	luo214	luo214	luo52	lua214	lua214	lua214	lua213	luo341	luo214	luo51	lua213
0718	作	tsuo33	tsuo33	tsuo52	tsue53	tsue52	tsue53	tsue53	tɵuo341	tsuo553	tsuo51	tsue52
0719	索	suo214	suo33	suo214	sue55	sue214	sue55	sue55	θuo214	suo214	suo34	sue213
0720	各	kɤ214	kuo214	ka214	kua55	ka214	kua55	ka55	kuo214	kɤ214	ka34	ka213
0721	鹤	xɤ33	xuo33	xɤ52	xua214	xua52	xua214	xɤ53	xuo341	xɤ553 又 xuo553 又	xɤ51	xɤ52

101

烟台方言总揽

续表

编号	汉字	芝罘读音	福山读音	栖霞读音	龙口读音	蓬莱读音	招远读音	莱州读音	海阳读音	牟平读音	莱阳读音	长岛读音
0722	恶彤	∅ɤ214	∅uo214	∅ɤ52	∅uɑ214	∅uɑ55	∅uɑ214	∅ɤ55	∅uo341	∅uo214	∅ɤ51	∅uɑ55
0723	娘	niɑŋ33	niɑŋ33	niɑŋ342	niɑŋ53	niɑŋ55	niɑŋ53	niɑŋ53	niɑŋ341	niɑŋ553	niɑŋ442	niɑŋ55
0724	两斤	liɑŋ214	liɑŋ214	liɑŋ214	liɑŋ55	liɑŋ214	liɑŋ55	liɑŋ55	liɑŋ214	liɑŋ214	liɑŋ34	liɑŋ213
0725	亮	liɑŋ33	liɑŋ33	liɑŋ52	liɑŋ214	liɑŋ52	liɑŋ214	liɑŋ213	liɑŋ341	liɑŋ131	liɑŋ51	liɑŋ52
0726	浆	tɕiɑŋ53	tɕiɑŋ53	tɕiɑŋ312	tɕiɑŋ35	tɕiɑŋ313	tɕiɑŋ35	tsiɑŋ213	tsiɑŋ52	tɕiɑŋ51	tʃɑŋ51	tʃɑŋ313
0727	抢	tɕʰiɑŋ214	tɕʰiɑŋ214	tʃʰuɑŋ214	tʃʰuɑŋ55	tʃʰuɑŋ214	tʃʰuɑŋ55	tʃʰuɑŋ55	tsʰiɑŋ214	tɕʰiɑŋ214	tʃʰɑŋ34	tʃʰɑŋ213
0728	匠	ɕiɑŋ33	ɕiɑŋ33	ʃɑŋ52	ʃɑŋ53	ʃɑŋ52	ʃɑŋ53	ɕiɑŋ53	ɕiɑŋ341	ɕiɑŋ131	ʃɑŋ51	ʃɑŋ52
0729	想	ɕiɑŋ33	ɕiɑŋ33	ʃɑŋ52	ʃɑŋ55	ʃɑŋ52	ʃɑŋ55	ʃɑŋ55	siɑŋ214	ɕiɑŋ131	ʃɑŋ34	ʃɑŋ213
0730	像	ɕiɑŋ33	ɕiɑŋ33	ʃɑŋ52	ʃɑŋ214	ʃɑŋ52	ʃɑŋ214	ʃɑŋ213	siɑŋ341	tɕiɑŋ51	tʃɑŋ51	ʃɑŋ52
0731	张量	tɕiɑŋ53	tɕiɑŋ53	tʃɑŋ312	tʃɑŋ35	tʃɑŋ313	tʃɑŋ35	tʃɑŋ53	tʃɑŋ52	tʃɑŋ51	tʃɑŋ214	tʃɑŋ313
0732	长短	tɕʰiɑŋ33	tɕʰiɑŋ33	tʃʰuɑŋ342	tʃʰuɑŋ53	tʃʰuɑŋ55	tʃʰuɑŋ53	tʃʰuɑŋ53	tʃʰɑŋ341	tʃʰiɑŋ553	tʃʰɑŋ442	tʃʰɑŋ55
0733	装	tsuɑŋ53	tsuɑŋ53	tsuɑŋ312	tsuɑŋ35	tsuɑŋ313	tsuɑŋ35	tsuɑŋ53	tsuɑŋ52	tsuɑŋ51	tsuɑŋ214	tsuɑŋ313
0734	壮	tsuɑŋ33	tsuɑŋ33	tsuɑŋ52	tsuɑŋ214	tsuɑŋ52 又 tsuɑŋ214 又	tsuɑŋ214	tsuɑŋ53	tsuɑŋ341	tsuɑŋ131	tsuɑŋ51	tsuɑŋ52
0735	拖	tʃʰuɑŋ53	tʃʰuɑŋ53	tʃʰuɑŋ312	tʃʰuɑŋ35	tʃʰuɑŋ313	tʃʰuɑŋ35	tʃʰuɑŋ213	tʃʰɑŋ313	tʃʰɑŋ52	tʃʰɑŋ51	tʃʰɑŋ313
0736	床	tsʰuɑŋ33	tsʰuɑŋ33	tsʰuɑŋ342	tsʰuɑŋ53	tsʰuɑŋ55	tsʰuɑŋ53	tsʰuɑŋ53	tsʰuɑŋ341	tsʰuɑŋ553	tsʰuɑŋ442	tsʰuɑŋ55
0737	霜	suɑŋ53	suɑŋ53	suɑŋ312	suɑŋ35	suɑŋ313	suɑŋ35	suɑŋ213	ʃuɑŋ52	suɑŋ51	suɑŋ214	suɑŋ313

· 102 ·

续表

编号	汉字	芝罘读音	福山读音	栖霞读音	龙口读音	蓬莱读音	招远读音	莱州读音	海阳读音	牟平读音	莱阳读音	长岛读音
0738	章	tɕiaŋ53	tɕiaŋ53	tʃaŋ312	tʃaŋ35	tʃaŋ313	tʃaŋ35	tsaŋ213	tsaŋ52	tɕiaŋ51	tʃaŋ214	tʃaŋ313
0739	厂	tɕhiaŋ214	tɕhiaŋ214	tʃhaŋ214	tʃhaŋ55	tʃhaŋ52	tʃhaŋ55	tshaŋ55	tshaŋ214	tɕhiaŋ214	tʃhaŋ214	tʃhuaŋ213
0740	唱	tɕhiaŋ33	tɕhiaŋ33	tʃhaŋ52	tʃhaŋ214	tʃhaŋ52	tʃhaŋ214	tshaŋ213	tshaŋ341	tɕhiaŋ131	tʃhaŋ51	tʃhaŋ52
0741	伤	ɕiaŋ53	ɕiaŋ53	ʃaŋ312	ʃaŋ35	ʃaŋ313	ʃaŋ35	saŋ213	saŋ52	ɕiaŋ51	ʃaŋ214	ʃaŋ313
0742	尝	tɕhiaŋ33	tɕhiaŋ33	tʃhaŋ52	tʃhaŋ214	tʃhaŋ55	tʃhaŋ214	tshaŋ53	tshaŋ341	tɕhiaŋ553	tʃhaŋ51	tʃhaŋ55
0743	上~来	ɕiaŋ33	ɕiaŋ33	ʃaŋ52	ʃaŋ214	ʃaŋ52	ʃaŋ214	saŋ53	saŋ341	ɕiaŋ51	ʃaŋ51	ʃaŋ52
0744	让	ɵiaŋ33	ɵiaŋ33	ɵiaŋ52	ɵiaŋ214	ɵiaŋ52	ɵiaŋ214	ɵiaŋ213	ɵiaŋ341	ɵiaŋ131	ɵiaŋ51	ɵiaŋ52
0745	姜~生	tɕiaŋ53	tɕiaŋ53	ɕiaŋ214	ɕiaŋ35	ɕiaŋ313	ɕiaŋ35	tɕiaŋ55	ɕiaŋ52	ɕiaŋ51	ɕiaŋ214	ɕiaŋ313
0746	响	ɕiaŋ33	ɕiaŋ33	ɕiaŋ52	ɕiaŋ55	ɕiaŋ52	ɕiaŋ55	ɕiaŋ55	ɕiaŋ214	ɕiaŋ214	ɕiaŋ34	ɕiaŋ213
0747	向	ɵiaŋ33	ɵiaŋ33	ɵiaŋ312	ɵiaŋ214	ɵiaŋ313	ɵiaŋ35	ɵiaŋ213	ɵiaŋ52	ɵiaŋ131	ɵiaŋ214	ɵiaŋ52
0748	秧	ɵiaŋ53	ɵiaŋ53	ɵiaŋ312	ɵiaŋ35	ɵiaŋ313	ɵiaŋ35	ɵiaŋ55	ɵiaŋ52	ɵiaŋ51	ɵiaŋ214	ɵiaŋ313
0749	痒	ɵiaŋ214	ɵiaŋ214	ɵiaŋ214	ɵiaŋ55	ɵiaŋ52	ɵiaŋ55	ɵiaŋ213	ɵiaŋ214	ɵiaŋ214	ɵiaŋ34	ɵiaŋ213
0750	样	ɵiaŋ33	ɵiaŋ33	ɵiaŋ342	ɵiaŋ53	ɵiaŋ52	ɵiaŋ53	ɵiaŋ53	ɵiaŋ341	ɵiaŋ131	ɵiaŋ34	ɵiaŋ52
0751	雀	tʃhye214	（无）耍儿化，tshyɣr214	tʃhye214	tshyɣr214	tʃhuɣr214	tshyɣr214	tshyə55	（无）耍儿化，tshyar214	tʃhyo214	tʃhye34	tʃhua213
0752	削	ɕye214	ɕye214	ʃye214	sye35	ʃuə214	sye35	sye55	sye214	ɕyo214	ʃye34	ʃau313

续表

编号	汉字	芝罘读音	福山读音	栖霞读音	龙口读音	蓬莱读音	招远读音	莱州读音	海阳读音	牟平读音	莱阳读音	长岛读音
0753	着水~了	tsuo33	tsuo33	tʃyɛ342	tʃye53	tʃuɛ55	tʃye53	tsuɛ53	tsuo341	tsuo553	tʃuo34	tʃuɛ55
0754	勺	suo33	suo33	ʃyɛ342	ʃye53	ʃuɛ55	ʃye53	suɛ53	suo341	suo553	ʃye442	ʃau55
0755	弱	∅ye33	∅ye33	∅ye52	∅ye55	∅ye55	∅ye55	∅ye55	∅ye214	∅yo131	∅ye34	∅ye55
0756	脚	tcye214	cye214	cye214	cye55	cye214	cye55	tcye55	cye214	cyo214	cye34	cye213
0757	约	∅yɛ214	∅ye33	∅ye52	∅ye55	∅ye55	∅ye55	∅ye55	∅ye214	∅yo214	∅ye34	∅ye55
0758	药	∅yɛ214	∅ye214	∅ye52	∅ye214	∅ye214	∅ye214	∅ya213	∅ye341	∅yo214	∅ye51	∅ye213
0759	光~线	kuaŋ53	kuaŋ53	kuaŋ312	kuaŋ35	kuaŋ313	kuaŋ35	kuaŋ213	kuaŋ52	kuaŋ51	kuaŋ214	kuaŋ313
0760	慌	xuaŋ53	xuaŋ53	xuaŋ312	xuaŋ35	xuaŋ313	xuaŋ35	xuaŋ213	xuaŋ52	xuaŋ51	xuaŋ214	xuaŋ313
0761	黄	xuaŋ33	xuaŋ33	xuaŋ342	xuaŋ53	xuaŋ55	xuaŋ53	xuaŋ53	xuaŋ341	xuaŋ553	xuaŋ442	xuaŋ55
0762	郭	kuo214	kuo214	kuo214	kuɛ55	kuɛ214	kuɛ55	kɛ55	kuo214	kuo213	kuo34	kuɛ213
0763	霍	xuo33	xuo33	xuo52	xuɛ55	xuɛ52	xuɛ55	xɛ213 又 xuɛ53 又, 姓	xuo341	xuo553	xuo34	xuɛ52
0764	方	faŋ53	faŋ53	faŋ312	faŋ35	faŋ313	faŋ35	faŋ213	faŋ52	faŋ51	faŋ214	faŋ313
0765	放	faŋ33	faŋ33	faŋ52	faŋ214	faŋ52	faŋ214	faŋ213	faŋ341	faŋ131	faŋ51	faŋ52
0766	纺	faŋ214	faŋ214	faŋ214	faŋ55	faŋ214	faŋ55	faŋ55	faŋ214	faŋ214	faŋ34	faŋ213
0767	房	faŋ33	faŋ33	faŋ342	faŋ53	faŋ55	faŋ53	faŋ53	faŋ341	faŋ553	faŋ442	faŋ55

第一章　语音

续表

编号	汉字	芝罘读音	福山读音	栖霞读音	龙口读音	蓬莱读音	招远读音	莱州读音	海阳读音	牟平读音	莱阳读音	长岛读音
0768	防	faŋ33	faŋ33	faŋ342	faŋ55	faŋ55	faŋ55	faŋ55	faŋ341	faŋ553	faŋ34	faŋ55
0769	网	Øuaŋ214	Øuaŋ214	Øuaŋ214	Øuaŋ55	Øuaŋ214	Øuaŋ55	Øuaŋ55	Øuaŋ214	Øuaŋ214	Øuaŋ34	Øuaŋ213
0770	筐	khuaŋ53	khuaŋ33	khuaŋ312	khuaŋ35	khuaŋ313	khuaŋ35	khuaŋ213	khuaŋ52	khuaŋ51	khuaŋ214	khuaŋ313
0771	狂	khuaŋ33	khuaŋ33	khuaŋ342	khuaŋ53	khuaŋ55	khuaŋ53	khuaŋ53	khuaŋ341	khuaŋ553	khuaŋ442	khuaŋ55
0772	王	Øuaŋ33	Øuaŋ33	Øuaŋ342	Øuaŋ53	Øuaŋ55	Øuaŋ53	Øuaŋ53	Øuaŋ341	Øuaŋ553	Øuaŋ442	Øuaŋ55
0773	旺	Øuaŋ33	Øuaŋ33	Øuaŋ52	Øuaŋ53	Øuaŋ52	Øuaŋ53	Øuaŋ53	Øuaŋ341	Øuaŋ131	Øuaŋ51	Øuaŋ52
0774	绸	fu214	fu33	fu214	fu53	fu55	fu53	fu53	fu341	fu214	fu442	fu55
0775	绑	paŋ214	paŋ214	paŋ214	paŋ55	paŋ214	paŋ55	paŋ55	paŋ214	paŋ214	paŋ34	paŋ213
0776	胖	phaŋ33	phaŋ33	phaŋ52	phaŋ214	phaŋ52	phaŋ214	phaŋ213	phaŋ341	phaŋ131	phaŋ51	phaŋ52
0777	棒	paŋ33	paŋ33	paŋ342	paŋ53	paŋ52	paŋ53	paŋ53	paŋ341	paŋ131	paŋ51	paŋ52
0778	桩	tsuaŋ53	tsuaŋ53	tsuaŋ312	tsuaŋ35	tsuaŋ313	tsuaŋ35	tsuaŋ213	tsuaŋ52	tsuaŋ51	tsuaŋ214	tsuaŋ313
0779	撞	tshuaŋ33	tshuaŋ33	tshuaŋ52	tshuaŋ214	tshuaŋ52	tshuaŋ214	tshuaŋ53 又 tshuaŋ53	tshuaŋ341	tshuaŋ131	tshuaŋ214	tshuaŋ52
0780	窗	tshuaŋ53	tshuaŋ53	tshuaŋ312	tshuaŋ35	tshuaŋ313	tshuaŋ35	tshuaŋ213	tshuaŋ52	tshuaŋ51	tshuaŋ214	tshuaŋ313
0781	双	suaŋ53	suaŋ53	suaŋ312	suaŋ35	suaŋ313	suaŋ35	suaŋ213	suaŋ52	suaŋ51	suaŋ214	suaŋ313
0782	江	tɕiaŋ53	ciaŋ53	ciaŋ312	ciaŋ35	ciaŋ313	ciaŋ35	tɕiaŋ213	ciaŋ52	ciaŋ51	ciaŋ214	ciaŋ313
0783	讲	tɕiaŋ214	ciaŋ214	ciaŋ214	ciaŋ55	ciaŋ214	ciaŋ55	tɕiaŋ55	ciaŋ214	ciaŋ214	ciaŋ34	ciaŋ213

续表

编号	汉字	芝罘读音	福山读音	栖霞读音	龙口读音	蓬莱读音	招远读音	莱州读音	海阳读音	牟平读音	莱阳读音	长岛读音
0784	降投~	çiaŋ33	çiaŋ33	çiaŋ52	çiaŋ214	çiaŋ55	çiaŋ214	çiaŋ53	çiaŋ341	çiaŋ553	çiaŋ442	çiaŋ55
0785	项	çiaŋ33	çiaŋ33	çiaŋ52	çiaŋ214	çiaŋ52	çiaŋ214	çiaŋ55	çiaŋ341	çiaŋ131	çiaŋ51	çiaŋ52
0786	剥	pa214 又，~皮；po214 又，~削	pa214 又，~皮；po33 又，~削	pə214	pə55	pə214	pə55	pə55	pə214	pa214 又，~皮儿；po214 又，~削	pə34	pa213
0787	桌	tsuo214	tsuo214	tsuo214	tsuo55	tsuo214	tsuo55	tsuə55	tsuo214	tsuo214	tsuo34	tsuə213
0788	镯	tsuo33	tsuo33	tʃuo342	tsuo53	tsuo55	tsuo53	tsuə53	tsuo341	tsuo553	tsuo442	tsuə213
0789	角	tçia214 又，墙~，牛~；tçye214 又，一钱	cye214 又，cia214 又	cye214 又，cia214 又	cye55	cia214 又，cye214 又	cye55	tçye55 又，tçia55 又	tsia214 又，墙~，cye214 又，豆~	cia214 又，墙~，cyo214 又，一钱	cye34 又，一钱；cia34 又，墙~	cia213 又，cye213 又
0790	壳	khɤ33	khɤ33	kha342	kha214	kha55 又，khua55 又	kha214	khə55	kha341	khɤ553	kha442	khɤ55
0791	学	çye33	çye33	çye342	çye53	çye55	çye53	çye53	çye341	çyo553	çye442	çye55
0792	握	Øuo53	Øuo214	Øuo52	Øuo53	Øuo214	Øuo53	Øə53 又，~手；Øuo53 又，~把	Øuo341	Øuo214	Øə51 又，Øuo51 又	Øuo213
0793	朋	phaŋ33	phaŋ33	phaŋ342	phaŋ53	phaŋ55	phaŋ53	phaŋ53	phaŋ341	phaŋ553	phaŋ442	phaŋ55
0794	灯	taŋ53	taŋ53	taŋ312	taŋ35	taŋ313	taŋ35	taŋ213	taŋ52	taŋ51	taŋ214	taŋ313

续表

编号	汉字	芝罘读音	福山读音	栖霞读音	龙口读音	蓬莱读音	招远读音	莱州读音	海阳读音	牟平读音	莱阳读音	长岛读音
0795	等	taŋ214	taŋ214	taŋ214	taŋ55	taŋ214	taŋ55	taŋ55	taŋ214	taŋ214	taŋ34	taŋ213
0796	凳	taŋ33	taŋ33	taŋ52	taŋ214	taŋ52	taŋ214	taŋ53	taŋ341	taŋ131	taŋ51	taŋ52
0797	藤	thaŋ33	thaŋ33	thaŋ342	thaŋ53	thaŋ55	thaŋ53	thaŋ53	thaŋ341	thaŋ553	thaŋ442	thaŋ55
0798	能	naŋ33	naŋ33	naŋ342	naŋ53	naŋ55	naŋ53	naŋ53	naŋ341	naŋ553	naŋ442	naŋ55
0799	层	tshaŋ33	tshaŋ33	tshaŋ342	tshaŋ53	tshaŋ55	tshaŋ53	tshaŋ213	tθhaŋ341	tshaŋ553	tshaŋ442	tshaŋ313
0800	僧	saŋ53	saŋ53	saŋ312	saŋ35	saŋ313	saŋ35	saŋ213	θaŋ52	saŋ51	saŋ214	saŋ313
0801	背	khən214	khən214	khən214	khən55	khən214	khən55	kə55	khən214	khən214	khən34	khən213
0802	北	po214	po214	po214	pə55	po214	po55	pei55	po214	po214	pa34	pa213
0803	墨	mo214	mo214	mə52	ma214	ma214	ma214	mei213	ma341	mo214	ma51	mə52
0804	得	tɤ214	ta214	ta214	ta55	ta214 又 tei214 又	ta55	tei55	ta214	tɤ214	ta34	ta213
0805	特	thɤ33	tha33	tha342	tha53	tha55	tha53	tha55	tha341	thɤ553	tha442	tha55
0806	贼	tsɤ33	tsa33 又 tsei33 又	tsa342	tsə53	tsə55	tsə53	tsei53	tθa341	tsɤ553	tsa442	tsə55
0807	塞	sɤ214	sa214	sa214	sə55	sə214	sə55	sei55	θa214	sɤ214 又 sɤ53 又	sa214	sa213
0808	刻	khɤ214	khɤ214	kha214	khə55	kha214	khə55	khei55	kha214	khɤ214	kha34	kha213
0809	黑	xɤ214	xɤ214	xa214	xə55	xa214	xə55	xei55	xa214	xɤ214	xa34	xa213

续表

编号	汉字	芝罘读音	福山读音	栖霞读音	龙口读音	蓬莱读音	招远读音	莱州读音	海阳读音	牟平读音	莱阳读音	长岛读音
0810	冰	piŋ53	piŋ53	piŋ312	piŋ35	piŋ313	piŋ35	piŋ213	piŋ52	piŋ51	piŋ214	piŋ313
0811	证	tɕiŋ33	tɕiŋ33	tʃəŋ52	tʃəŋ214	tʃəŋ52	tʃəŋ214	tṣəŋ213	tsəŋ341	tɕiŋ131	tʃəŋ51	tʃəŋ52
0812	秤	tɕhiŋ33	tɕhiŋ33	tʃhəŋ52	tʃhəŋ214	tʃhəŋ52	tʃhəŋ214	tʃhəŋ213	tshəŋ341	tɕhiŋ131	tʃhəŋ51	tʃhəŋ52
0813	绳	ɕiŋ33	ɕiŋ33	ʃəŋ342	ʃəŋ53	ʃəŋ55	ʃəŋ53	ʂəŋ53	ʂəŋ341	ɕiŋ553	ʃəŋ442	ʃəŋ55
0814	剩	ɕiŋ53	ɕiŋ53	ʃəŋ342	ʃəŋ53	ʃəŋ52	ʃəŋ53	ʂəŋ53	ʂəŋ341	ɕiŋ131	ʃəŋ51	ʃəŋ52
0815	升	ɕiŋ33	ɕiŋ33	ʃiŋ312	ʃəŋ35	ʃəŋ313	ʃəŋ35	ʂəŋ213	ʂəŋ52	ɕiŋ51	ʃəŋ214	ʃəŋ313
0816	兴兴奋	ɕiŋ33	ɕiŋ53	ɕiŋ52	ɕiŋ53	ɕiŋ52	ɕiŋ53	ɕiŋ213	ɕiŋ52	ɕiŋ131	ɕiŋ51	ɕiŋ52
0817	蝇	Øiŋ53	Øiŋ53	Øiŋ312	Øiŋ35	Øiŋ55	Øiŋ35	Øiŋ213 又 Øiɑŋ53 又	Øiŋ52	Øiŋ51	Øiŋ442	Øiŋ55
0818	逼	pi214	pi214	pi52	pi53	pi55	pi53	pi53	pi341	pi214	pi51	pi55
0819	力	li33	li33	li52	li214	li52	li214	li213	li341	li131	li51	li52
0820	息	ɕi214	ɕi214	ʃɿ214	ʃi55	ʃi214	ʃi55	si55	si214	tɕi214	ʃi34	ʃi213
0821	直	tɕi33	tɕi33	tʃi342	tʃi53	tʃi55	tʃi53	tʂɿ53	tsɿ341	tɕi553	tʃi442	tʃi55
0822	侧	tshɤ33	tsha33	tsha214	tsha55	tsha52	tsha55	tsha55	tsha214	tshɤ214	tsha34	tsha52
0823	测	tshɤ33	tsha33	tsha214	tsha55	tsha52	tsha55	tsha55	tsha214	tshɤ553	tsha34	tsha52
0824	色	sɤ214	sə214	sə214	sə55	sə214	sə55	sei55	sə214	sɤ214	sə34	sə213
0825	织	tɕi214	tɕi214	tʃi214	tʃi55	tʃi313	tʃi55	tʂɿ55	tsɿ214	tɕi214	tʃi34	tʃi213

· 108 ·

第一章 语音

续表

编号	汉字	芝罘读音	福山读音	栖霞读音	龙口读音	蓬莱读音	招远读音	莱州读音	海阳读音	牟平读音	莱阳读音	长岛读音
0826	食	ɕi33	ɕi33	ʃi342	ʃi53	ʃi55	ʃi53	sʅ53	sʅ341	ɕi553	ʃi442	ʃi55
0827	式	ɕi33	ɕi33	ʃi214	ʃi214	ʃi52	ʃi214	sʅ213	sʅ341	ɕi553	ʃi34	ʃi52
0828	极	tɕi214	ci33	ci214	ci53	ci55	ci53	tɕi53	ci52	ɕi553	ci442	ci55
0829	国	kuo214	kuo214	kuo214	kua55	kua55	kua55	kua55	kuo214	kuo214	kuo442	kua55
0830	或	xuo214	xʏ33 又，~者; xuo33 又，~者	xuo52	xua53	xa52 又 xuo52 又	xua53	xua53	xuo341	xuo553	xa51	xua52
0831	猛	maŋ214	maŋ214	maŋ214	maŋ55	maŋ214	maŋ55	maŋ55	maŋ214	maŋ214	maŋ34	maŋ213
0832	打	ta214	ta214	ta214	ta55	ta214	ta55	ta55	ta214	ta214	ta34	ta213
0833	冷	laŋ214	laŋ214	laŋ214	laŋ55	laŋ214	laŋ55	laŋ55	laŋ214	laŋ214	laŋ34	laŋ213
0834	生	saŋ53	saŋ53	saŋ312	saŋ35	saŋ313	saŋ35	saŋ213	saŋ52	saŋ51	saŋ214	saŋ313
0835	省~米	saŋ214	saŋ214	saŋ214	saŋ55	saŋ214	saŋ55	saŋ55	saŋ214	saŋ214	saŋ34	saŋ213
0836	更三	tɕiŋ53	kaŋ53	kaŋ312	ciŋ35	kaŋ313 又 ciŋ313 又	ciŋ35	tɕiŋ213	kaŋ52	ciŋ53 又 kaŋ53 又	kaŋ214	kaŋ313
0837	便	kaŋ214	kaŋ214	kaŋ214	kaŋ55	kaŋ214	kaŋ55	kaŋ55	kaŋ214	kaŋ214	kaŋ214	kaŋ213
0838	坑	khaŋ53	khaŋ53	khaŋ312	khaŋ35	khaŋ313	khaŋ35	khaŋ213	khaŋ52	khaŋ51	khaŋ214	khaŋ313
0839	硬	Ø iŋ33	Øiŋ33	Øiŋ342	Øiŋ53	Øiŋ52	Øiŋ53	Øiŋ53	Øiŋ341	Øiŋ131	Øiŋ51	Øiŋ52
0840	行~走	ɕiŋ33	ɕiŋ33	ɕiŋ342	ɕiŋ53	ɕiŋ55	ɕiŋ53	ɕiŋ53	ɕiŋ341	ɕiŋ553	ɕiŋ442	ɕiŋ55

续表

编号	汉字	芝罘读音	福山读音	栖霞读音	龙口读音	蓬莱读音	招远读音	莱州读音	海阳读音	牟平读音	莱阳读音	长岛读音
0841	百	po214	po214	po214	po55	po214	po55	pei55	po214	po214	po34	po213
0842	拍	pho214	pho214	pha214	pha55	pha214	pha55	phei55	pha214	pho214	pha214	pha213
0843	白	po33	po33	po342	po53	po55	po53	pei53	po341	po553	po442	po55 又 pai55 又
0844	拆	tshɤ53	tsha53	tsha214	tsha55	tsha214	tsha55	tsha53	tsha214	tshɤ51	tsha34	tsha213
0845	择	tsɤ33	tsa33	tsa342	tsa53	tsa55	tsa53	tsei53	tsa341	tsɤ553	tsa442	tsa55
0846	窄	tsɤ214	tsa214	tsa214	tsa55	tsa214	tsa55	tsa55	tsa214	tsɤ214	tsa34	tsa213
0847	格	kɤ214	kɤ214	ka214	ka55	ka214	ka55	ka55	ka214	kɤ214	ka34	ka213
0848	客	khɤ214	khɤ214	kha214	kha55	kha214	kha55	khei55	kha214	khɤ214	kha34	kha213
0849	额	∅ɤ214	∅ɤ214	∅a214	∅a53	∅a55	∅a53	∅a55	∅a341	∅ɤ214	∅a51	∅a55
0850	棚	phaŋ33	phaŋ33	phaŋ342	phaŋ53	phaŋ55	phaŋ53	phaŋ53	phaŋ341	phaŋ553	phaŋ442	phaŋ55
0851	争	tsəŋ53	tsəŋ53	tsəŋ312	tsəŋ35	tsəŋ313	tsəŋ35	tsəŋ213	tsəŋ52	tsəŋ51	tsəŋ214	tsəŋ313
0852	耕	kəŋ53	kəŋ53	ciŋ312	ciŋ35	ciŋ313	ciŋ35	tɕiŋ213	ciŋ52	ciŋ51	kəŋ214	ciŋ313
0853	麦	mo214	mo214	ma52	ma214	ma214	ma214	mei213	ma341	miŋ214	ma51	ma213
0854	摘	tsɤ214	tsa214	tsa214	tsa55	tsa214	tsa55	tsei55	tsa214	tsɤ214	tsa34	tsa55
0855	策	tshɤ214	tsha214	tsha214	tsha55	tsha52	tsha55	tsha55	tsha214	tshɤ214	tsha34	tsha52
0856	隔	kɤ214	kɤ214	ka214	ka55	ka214	ka55	kei55	ka214	kɤ214	ka34	ka213

· 110 ·

第一章 语音

续表

编号	汉字	芝罘读音	福山读音	栖霞读音	龙口读音	蓬莱读音	招远读音	莱州读音	海阳读音	牟平读音	莱阳读音	长岛读音
0857	兵	piŋ53	piŋ53	piŋ312	piŋ35	piŋ313	piŋ35	piŋ213	piŋ52	piŋ51	piŋ214	piŋ313
0858	柄	piŋ214	piŋ214	piŋ214	peŋ35	piŋ214 又 peŋ52 又	peŋ35	peŋ213 又 piŋ55 又	piŋ214	peŋ131 又 铋~ piŋ214 又	piŋ34	piŋ213
0859	平	phiŋ33	phiŋ33	phiŋ342	phiŋ53	phiŋ55	phiŋ53	phiŋ53	phiŋ341	phiŋ553	phiŋ442	phiŋ55
0860	病	piŋ33	piŋ33	piŋ342	piŋ53	piŋ52	piŋ53	piŋ53	piŋ341	piŋ131	piŋ51	piŋ52
0861	明	miŋ33	miŋ33	miŋ342	miŋ53	miŋ55	miŋ53	miŋ213	miŋ341	miŋ553	miŋ442	miŋ55
0862	命	miŋ33	miŋ33	miŋ52	miŋ214	miŋ52	miŋ214	miŋ213	miŋ341	miŋ131	miŋ51	miŋ52
0863	镜	tɕiŋ33	ɕiŋ33	ɕiŋ52	ɕiŋ214	ɕiŋ52	ɕiŋ214	tɕiŋ213	ɕiŋ341	ɕiŋ131	ɕiŋ51	ɕiŋ52
0864	庆	tɕhiŋ33	ɕhiŋ33	ɕhiŋ52	ɕhiŋ214	ɕhiŋ52	ɕhiŋ214	tɕhiŋ213	ɕhiŋ341	ɕhiŋ131	ɕhiŋ51	ɕhiŋ52
0865	迎	Øiŋ53	Øiŋ53	Øiŋ312	Øiŋ35	Øiŋ55	Øiŋ35	Øiŋ53	Øiŋ52	Øiŋ51	piŋ214	Øiŋ55
0866	影	Øiŋ214	Øiŋ214	Øiŋ214	Øiŋ55	Øiŋ214	Øiŋ55	Øiŋ55	Øiŋ214	Øiŋ214	Øiŋ214	Øiŋ213
0867	剧	tɕy33	ɕy33	ɕy52	ɕy214	ɕy52	ɕy214	tɕy53	ɕy52	ɕy553	ɕy51	ɕy52
0868	饼	piŋ214	piŋ214	piŋ214	piŋ55	piŋ214	piŋ55	piŋ55	piŋ214	piŋ214	piŋ34	piŋ213
0869	名	miŋ33	miŋ33	miŋ312	miŋ35	miŋ55	miŋ35	miŋ53	miŋ52	miŋ51	miŋ214	miŋ55
0870	领	liŋ214	liŋ214	liŋ214	liŋ55	liŋ214	liŋ55	liŋ55	liŋ214	liŋ214	liŋ34	liŋ213
0871	井	tɕiŋ214	tɕiŋ214	tɕiŋ214	tsiŋ55	tɕəŋ214	tsiŋ55	tsiŋ55	tsiŋ214	tɕiŋ214	tɕəŋ34	tɕiŋ213

续表

编号	汉字	芝罘读音	福山读音	栖霞读音	龙口读音	蓬莱读音	招远读音	莱州读音	海阳读音	牟平读音	莱阳读音	长岛读音
0872	清	tɕhiŋ53	tɕhiŋ53	tʃhiŋ312	tshiŋ35	tʃhaŋ313	tshiŋ35	tshiŋ213	tshiŋ52	tɕhiŋ51	tʃhaŋ214	tʃhaŋ313
0873	静	tɕiŋ33	tɕiŋ33	tʃiŋ52	tsiŋ214	tʃaŋ52	tsiŋ214	tsiŋ53	tsiŋ341	tɕiŋ131	tʃaŋ51	tʃaŋ52
0874	姓	ɕiŋ33	ɕiŋ33	ʃiŋ52	ʃaŋ214	ʃaŋ52	ʃaŋ214	siŋ213	siŋ341	ɕiŋ131	ʃaŋ51	ʃaŋ52
0875	贞	tɕiŋ53	tɕiŋ53	tʃən312	tʃaŋ35	tʃiŋ313	tʃi55	tʂẽ213	tsəŋ52	tɕin51	tʃẽ214	tʃən313
0876	程	tɕiŋ33	tɕiŋ33	tʃhəŋ342	tʃhəŋ53	tʃhəŋ55	tʃhəŋ53	tʃhaŋ53	tshaŋ341	tɕhiŋ553	tʃhəŋ34	tʃhəŋ55
0877	整	tɕiŋ214	tɕiŋ214	tʃaŋ214	tʃaŋ55	tʃaŋ214	tʃaŋ55	tsəŋ55	tsaŋ214	tɕiŋ214	tʃaŋ34	tʃaŋ213
0878	正反	tɕiŋ33	tɕiŋ33	tʃaŋ52	tʃaŋ214	tʃaŋ52	tʃaŋ35	tsəŋ213	saŋ52	ɕiŋ131	ʃaŋ51	tʃaŋ52
0879	声	ɕiŋ53	ɕiŋ53	ʃiŋ312	ʃaŋ35	ʃaŋ313	ʃaŋ35	ʃaŋ53	tshaŋ341	ɕiŋ553	ʃaŋ214	ʃaŋ313
0880	城	tɕhiŋ33	tɕhiŋ33	tʃhəŋ342	tʃhəŋ53	tʃhəŋ55	tʃhəŋ53	tʃhiŋ213	tshəŋ341	tɕhiŋ51	tʃhəŋ442	tʃhəŋ55
0881	轻	tɕhiŋ53	tɕhiŋ53	tʃhiŋ312	tʃhiŋ35	tʃhiŋ313	tʃhiŋ35	tʃhiŋ213	tshiŋ52	tɕhiŋ51	tʃhiŋ214	tʃhiŋ313
0882	赢	Øiŋŋŋŋŋŋŋŋ53	Øiŋ53	Øiŋ312	Øiŋ35	ʃiŋ55	Øiŋ35	Øiŋ53	Øiŋ52	Øiŋ51	Øiŋ214	Øiŋ55
0883	积	tɕi214	tɕi214	tʃi214	tʃi55	tʃi214	tʃi55	tsi53	tsi214	tɕi214	tʃi34	tʃi213
0884	借	ɕi33	ɕi33	ʃi342	ʃi53	ʃi55	ʃi53	si55	si341	ɕi214	ʃi34	ʃi55
0885	席	ɕi33	ɕi33	ʃi342	ʃi53	ʃi55	ʃi53	si53	si341	ɕi553	ʃi442	ʃi213
0886	尺	tɕhi214	tɕhi214	tʃhiŋ214	tʃhi55	tʃhi214	tʃhi55	tshiŋ55	tshiŋ214	tɕhi214	tʃhi34	tʃhi213
0887	石	ɕi33	ɕi33	ʃɪ342	ʃi53	ʃi55	ʃi53	sɪ53	sɪ341	ɕi553	ʃi442	ʃi55

续表

编号	汉字	芝罘读音	福山读音	栖霞读音	龙口读音	蓬莱读音	招远读音	莱州读音	海阳读音	牟平读音	莱阳读音	长岛读音
0888	益	ɵi33	ɵi33	ɵi52	ɵi53	ɵi55	ɵi53	ɵi53	ɵi341	ɵi553	ɵi51	ɵi52
0889	瓶	phiŋ33	phiŋ33	phiŋ342	phiŋ53	phiŋ55	phiŋ53	phiŋ53	phiŋ341	phiŋ553	phiŋ442	phiŋ55
0890	钉	tiŋ53	tiŋ53	tiŋ312	tiŋ35	tiŋ313	tiŋ35	tiŋ213	tiŋ52	tiŋ51	tiŋ214	tiŋ313
0891	顶	tiŋ214	tiŋ214	tiŋ214	tiŋ55	tiŋ214	tiŋ55	tiŋ55	tiŋ214	tiŋ214	tiŋ34	tiŋ213
0892	厅	thiŋ53	thiŋ53	thiŋ312	thiŋ35	thiŋ313	thiŋ35	thiŋ213	thiŋ52	thiŋ51	thiŋ214	thiŋ313
0893	听₋ₑ	thiŋ53	thiŋ53	thiŋ312	thiŋ35	thiŋ313	thiŋ35	thiŋ213	thiŋ52	thiŋ51	thiŋ214	thiŋ313
0894	停	thiŋ214	thiŋ214	thiŋ214	thiŋ55	thiŋ214	thiŋ55	thiŋ55	thiŋ214	thiŋ214	thiŋ34	thiŋ213
0895	挺	thiŋ214	thiŋ214	thiŋ214	thiŋ55	thiŋ214	thiŋ55	thiŋ55	thiŋ214	thiŋ214	thiŋ34	thiŋ213
0896	定	tiŋ33	tiŋ33	tiŋ52	tiŋ214	tiŋ52	tiŋ214	tiŋ213	tiŋ341	tiŋ131	tiŋ51	tiŋ52
0897	零	liŋ53	liŋ53	liŋ312	liŋ35	liŋ55	liŋ35	liŋ53	liŋ52	liŋ51	liŋ214	liŋ55
0898	青	tchiŋ53	tchiŋ53	tʃhiŋ312	tshiŋ35	tʃhaŋ313	tshiŋ35	tshiŋ213	tshiŋ52	tchiŋ51	tʃhiŋ214	tʃaŋ313
0899	星	ɕiŋ53	ɕiŋ53	ʃiŋ312	ʃiŋ35	ʃaŋ313	ʃiŋ35	siŋ213	siŋ52	ɕiŋ51	ʃiŋ214	ɕiŋ313
0900	经	tɕiŋ53	tɕiŋ53	tɕiŋ312	tɕiŋ35	tɕiŋ313	tɕiŋ35	tɕiŋ213	tɕiŋ52	tɕiŋ51	tɕiŋ214	tɕiŋ313
0901	形	ɕiŋ33	ɕiŋ33	ɕiŋ342	ɕiŋ53	ɕiŋ55	ɕiŋ53	ɕiŋ53	ɕiŋ341	ɕiŋ553	ɕiŋ442	ɕiŋ55
0902	壁	pi214	pi214	pi214	pi55	pi214	pi55	pi55	pi214	pi214	pi51	pi52
0903	劈	phi214	phi214	phi214	phi55	phi214	phi55	phi55	phi214	phi214	phi34	phi213

烟台方言总揽

续表

编号	汉字	芝罘读音	福山读音	栖霞读音	龙口读音	蓬莱读音	招远读音	莱州读音	海阳读音	牟平读音	莱阳读音	长岛读音
0904	踢	tɕhi214	tɕhi214	tɕhi214	tɕhi55	tɕhi214	tɕhi55	tɕhi53	tɕhi214	tɕhi553	tɕhi34	tɕhi213
0905	笛	ti33	ti33	ti342	ti53	ti55	ti53	ti53	ti341	ti553	ti442	ti55
0906	历~来	li33	li33	li52	li214	li52	li214	li213	li341	li131	li51	li52
0907	锡	ɕi214	ɕi214	ʃi214	ʃi55	ʃi214	ʃi55	si55	si214	ɕi214	ʃi442	ʃi213
0908	击	tɕi53	ɕi53	ɕi312	ɕi55	ɕi313	ɕi55	tɕi213	ɕi52	ɕi51	ɕi214	ɕi313
0909	吃	tɕhi214	tɕhi214	tɕhi214	tʃhi55	tʃhi214	tʃhi55	tʃhɿ55	tʃhɿ214	tɕhi214又	tʃhɿ34	tʃhɿ213
0910	横~章	xəŋ33	xəŋ33	xəŋ342	xəŋ53又 xuŋ53又	xəŋ52	xəŋ53又 xuŋ53又	xəŋ53	xəŋ341	xəŋ131	xəŋ442	xəŋ52
0911	划~来	xua33	xua33	xua342	xua53	xua52	xua53	xua53	xua341	xua553	xua442	xua52
0912	兄	ɕyŋ53	ɕyŋ53	ɕyŋ312	ɕyŋ35	ɕyŋ313	ɕyŋ35	ɕyŋ213	ɕyŋ52	ɕyŋ51	ɕyŋ214	ɕyŋ313
0913	荣	ŋyŋ33	ŋyŋ214	ŋyŋ342	ŋyŋ55	ŋyŋ55	ŋyŋ55	ŋyŋ55	ŋyŋ214	ŋyŋ553	ŋyŋ34	ŋyŋ55
0914	永	ŋyŋ214	ŋyŋ214	ŋyŋ214	ŋyŋ55	ŋyŋ214	ŋyŋ55	ŋyŋ55	ŋyŋ214	ŋyŋ214	ŋyŋ34	ŋyŋ213
0915	营	ŋiŋ33	ŋiŋ33	ŋiŋ342	ŋiŋ53	ŋiŋ55	ŋiŋ53	ŋiŋ53	ŋiŋ341	ŋiŋ553	ŋiŋ442	ŋiŋ55
0916	蓬~松	phəŋ33	phəŋ33	phəŋ342	phəŋ53	phəŋ52	phəŋ53	phəŋ213	phəŋ341	phəŋ553	phəŋ442	phəŋ55
0917	东	tuŋ53	tuŋ53	tuŋ312	tuŋ35	tuŋ313	tuŋ35	tuŋ213	tuŋ52	tuŋ51	tuŋ214	tuŋ313
0918	懂	tuŋ214	tuŋ214	tuŋ214	tuŋ55	tuŋ214	tuŋ214	tuŋ55	tuŋ341	tuŋ214	tuŋ34	tuŋ213
0919	冻	tuŋ33	tuŋ33	tuŋ52	tuŋ214	tuŋ52	tuŋ214	tuŋ213	tuŋ52	tuŋ131	tuŋ51	tuŋ52

第一章 语音

续表

编号	汉字	芝罘读音	福山读音	栖霞读音	龙口读音	蓬莱读音	招远读音	莱州读音	海阳读音	牟平读音	莱阳读音	长岛读音
0920	通	thuŋ53	thuŋ53	thuŋ312	thuŋ35	thuŋ313	thuŋ35	thuŋ213	thuŋ52	thuŋ51	thuŋ214	thuŋ313
0921	桶	thuŋ214	thuŋ214	thuŋ214	thuŋ55	thuŋ214	thuŋ55	thuŋ55	thuŋ214	thuŋ214	thuŋ34	thuŋ213
0922	痛	thuŋ33	thəŋ33 "痛""疼"同音	thəŋ52	thuŋ214	thəŋ52	thuŋ214	thuŋ53	thuŋ341	thuŋ131	thəŋ51	thuŋ52
0923	铜	thuŋ33	thuŋ33	thuŋ342	thuŋ53	thuŋ55	thuŋ53	thuŋ53	thuŋ341	thuŋ553	thuŋ442	thuŋ55
0924	动	tuŋ33	tuŋ33	tuŋ342	tuŋ53	tuŋ52	tuŋ53	tuŋ53	tuŋ341	tuŋ131	tuŋ51	tuŋ52
0925	洞	tuŋ33	tuŋ33	tuŋ342	tuŋ53	tuŋ52	tuŋ53	tuŋ53	tuŋ341	tuŋ131	tuŋ51	tuŋ52
0926	聋	luŋ53	luŋ53	luŋ312	luŋ35	luŋ55	luŋ35	luŋ53	luŋ52	luŋ51	luŋ214	luŋ55
0927	弄	nuŋ33	nuŋ33	nuŋ342	nuŋ53	nuŋ52又,动词;luŋ52又,名词	nuŋ53	luŋ53	nuŋ341	nuŋ131	nuŋ51	nuŋ52
0928	粽	tsəŋ33	tsəŋ33	tsəŋ52	tsəŋ214	tsəŋ52	tsəŋ214	tsəŋ53	tθəŋ341	tsəŋ131	tɕʰiɛŋ51	tsəŋ52
0929	葱	tsʰuŋ53	tsʰuŋ53	tsʰuŋ312	tsʰuŋ35	tsʰuŋ313	tsʰuŋ35	tsʰuŋ213	tθʰuŋ52	tsʰuŋ51	tsʰuŋ214	tsʰuŋ313
0930	送	suŋ33	suŋ33	suŋ52	suŋ214	suŋ52	suŋ214	suŋ213	θuŋ341	suŋ131	suŋ51	suŋ52
0931	公	kuŋ53	kuŋ53	kuŋ312	kuŋ35	kuŋ313	kuŋ35	kuŋ213	kuŋ52	kuŋ51	kuŋ214	kuŋ313
0932	孔	kʰuŋ214	kʰuŋ214	kʰuŋ214	kʰuŋ55	kʰuŋ214	kʰuŋ55	kʰuŋ55	kʰuŋ214	kʰuŋ214	kʰuŋ34	kʰuŋ213
0933	烘~干	xuŋ53	xuŋ53	xuŋ312	xuŋ35	xuŋ313	xuŋ35	xuŋ213	xuŋ52	xuŋ51	xuŋ214	xuŋ313
0934	红	xuŋ33	xuŋ33	xuŋ342	xuŋ53	xuŋ55	xuŋ53	xuŋ53	xuŋ341	xuŋ553	xuŋ442	xuŋ55

115

烟台方言总揽

续表

编号	汉字	芝罘读音	福山读音	栖霞读音	龙口读音	蓬莱读音	招远读音	莱州读音	海阳读音	牟平读音	莱阳读音	长岛读音
0935	翁	Øuŋ53	Øuŋ53	Øuŋ312	Øuŋ35	Øuŋ313	Øuŋ35	Øuŋ213	Øuŋ52	Øuŋ51	Øuŋ214	Øuŋ313
0936	木	mu214	mu214	mu52	mu214	mu52	mu214	mu213	mu341	mu214	mu51	mu213
0937	读	tu214	tu33	tu342	tu53	tu55	tu53	tu53	tu341	tu553	tu442	tu55
0938	鹿	lu214	lu214	lu52	lu214	lu214	lu214	lu213	lu341	lu214	lu51	lu213
0939	族	tshu214	tshu214	tsu214	tsu53	tɕhu214	tsu53	tsu53	tɵhu214	tshu214	tsu51	tsu213
0940	合~酯	ku214	ku214	ku214	ku55	ku214	ku55	ku55	ku214	ku214	ku34	ku213
0941	哭	khu214	khu214	khu214	khu55	khu214	khu55	khu55	khu214	khu214	khu34	khu213
0942	屋	Øu53	Øu53	Øu312	Øu214	Øu214	Øu214	Øu55	Øu52	Øu51	Øu51	Øu213
0943	冬~至	tuŋ53	tuŋ53	tuŋ312	tuŋ35	tuŋ313	tuŋ35	tuŋ213	tuŋ52	tuŋ51	tuŋ214	tuŋ313
0944	统	thuŋ214	thuŋ214	thuŋ214	thuŋ55	thuŋ214	thuŋ55	thuŋ213	thuŋ214	thuŋ214	thuŋ34	thuŋ213
0945	脓	nuŋ53	luŋ53	nuŋ312	nuŋ35	nuŋ55	nuŋ35	nuŋ53	naŋ52	nuŋ51	nuŋ214	nuŋ55
0946	松	suŋ53	suŋ53	suŋ312	suŋ35	ʃuŋ313	suŋ214	suŋ213	θuŋ52	suŋ51	suŋ214	suŋ313
0947	宋	suŋ33	suŋ33	suŋ52	suŋ214	ʃuŋ52	suŋ53	suŋ213	θuŋ341	suŋ131	suŋ51	suŋ52
0948	毒	tu33	tu33	tu342	tu53	tu55	tu53	tu53	tu341	tu553	tu442	tu55
0949	风	faŋ53	faŋ53	faŋ312	faŋ35	faŋ313	faŋ35	faŋ213	faŋ52	faŋ51	faŋ214	faŋ313
0950	丰	faŋ53	faŋ53	faŋ312	faŋ35	faŋ313	faŋ35	faŋ213	faŋ52	faŋ51	faŋ214	faŋ313

第一章　语音

续表

编号	汉字	芝罘读音	福山读音	栖霞读音	龙口读音	蓬莱读音	招远读音	莱州读音	海阳读音	牟平读音	莱阳读音	长岛读音
0951	风	faŋ33	faŋ33	faŋ52	faŋ214	faŋ52	faŋ214	faŋ53	faŋ341	faŋ131	faŋ51	faŋ52
0952	梦	maŋ33	maŋ33	maŋ342	maŋ53	maŋ52	maŋ53	maŋ53	maŋ341	maŋ131	maŋ51	maŋ52
0953	中当~	tsuŋ53	tsuŋ53	tsuŋ312	tsuŋ35	tsuŋ313	tsuŋ35	tsuŋ213	tsuŋ52	tsuŋ51	tsuŋ214	tsuŋ313
0954	虫	tshuŋ33	tshuŋ33	tshuŋ342	tshuŋ53	tshuŋ55	tshuŋ53	tshuŋ53	tshuŋ341	tshuŋ553	tshuŋ442	tshuŋ55
0955	终	tsuŋ53	tsuŋ214	tsuŋ312	tsuŋ35	tsuŋ313	tsuŋ35	tsuŋ213	tsuŋ52	tsuŋ51	tsuŋ214	tsuŋ313
0956	充	tshuŋ53	tshuŋ53	tshuŋ312	tshuŋ35	tshuŋ313	tshuŋ35	tshuŋ213	tshuŋ52	tshuŋ51	tshuŋ214	tshuŋ313
0957	宫	kuŋ53	kuŋ53	kuŋ312	kuŋ35	kuŋ313	kuŋ35	kuŋ213	kuŋ52	kuŋ51	kuŋ214	kuŋ313
0958	穷	tchyŋ33	chyŋ33	chyŋ342	chyŋ53	chyŋ55	chyŋ53	tchyŋ53	chyŋ341	chyŋ553	chyŋ442	chyŋ55
0959	熊	cyŋ33	cyŋ33	cyŋ342	cyŋ53	cyŋ55	cyŋ53	cyŋ53	cyŋ341	cyŋ553	cyŋ442	cyŋ55
0960	雄	cyŋ33	cyŋ33	cyŋ312	cyŋ35	cyŋ55	cyŋ35	cyŋ53	cyŋ341	cyŋ553	cyŋ214	cyŋ55
0961	福	fu214	fu214	fu214	fu55	fu214	fu55	fu55	fu214	fu214	fu34	fu213
0962	服	fu33	fu33	fu342	fu53	fu55	fu53	fu53	fu341	fu553	fu442	fu55
0963	目	mu33	mu214	mu52	mu214	mu52	mu214	mu213	mu341	mu553	mu51	mu52
0964	六	liou33	liou33	liou52	liou214	liou52	liou214	liou213	liou341	liou131	liou51	liou52
0965	宿住~	cy214	cy214	ʃy214	ʃy55	ʃy214	ʃy55	sy55	sy214	cy214	ʃy34	ʃy213
0966	竹	tsu214	tsu214	tsu214	tsu55	tsu214	tsu55	tsu55	tsu214	tsu214	tsu34	tsu213

烟台方言总揽

续表

编号	汉字	芝罘读音	福山读音	栖霞读音	龙口读音	蓬莱读音	招远读音	莱州读音	海阳读音	牟平读音	莱阳读音	长岛读音
0967	畜~生	tʂhu33	tʂhu33	tʂhu52	tʂhu214	tʂhu 52	tʂhu214	tʂhu53	tʂhu341	tʂhu553	tʂhu51	tʂhu 52
0968	缩	suo33	suo33	suo52	sue55	ʃue55	sue55	sue55	ʂuo341	suo553	suo34	sue55
0969	粥	tɕiou53	tɕieu53	tʃəu312	tʃəu35	tsəu313	tʃəu35	tʂəu213	tʂəu341	tɕiou51	tʃəu214	tʃou313
0970	叔	cy214	su214	ʃy214	ʃy55	ʃy214	ʃy55	ʃu55	su214	cy214	ʃy214	ʃy213
0971	熟	su33	cy33	ʃy342	ʃy53	su55	ʃy53	su53	su341	cy553	ʃy442白~了; su442文, ~悉	su55
0972	肉	∅iou33	∅iau33	∅iau52	∅iau214	∅iau52	∅iau214	∅iau213	∅iau341	∅iou131	∅iou51	∅iou52
0973	菊	tcy214	cy214	cy214	cy55	cy214	cy55	tcy55	cy214	cy214	cy34	cy213
0974	育	∅y33	∅y33	∅y52	∅y53	∅y52	∅y53	∅y53	∅y341	∅y131	∅y51	∅y52
0975	封	fəŋ53	fəŋ53	fəŋ312	fəŋ35	fəŋ313	fəŋ35	fəŋ213	fəŋ52	fəŋ51	fəŋ214	fəŋ313
0976	蜂	fəŋ53	fəŋ53	fəŋ312	fəŋ35	fəŋ313	fəŋ35	fəŋ213	fəŋ52	fəŋ51	fəŋ214	fəŋ313
0977	缝	fəŋ33	fəŋ33	fəŋ342	fəŋ53	fəŋ52	fəŋ53	fəŋ53	fəŋ341	fəŋ131	fəŋ442	fəŋ52
0978	浓	nuŋ33	nuŋ33	nuŋ342	nuŋ53	nuŋ55	nuŋ53	nuŋ53	nuŋ341	nuŋ51	nuŋ442	nuŋ55
0979	龙	luŋ33	luŋ33	luŋ342	luŋ53	luŋ55	luŋ53	luŋ53	luŋ341	luŋ553	luŋ442	luŋ55
0980	松~树	cyŋ53	cyŋ53	ʃuŋ312	ʃyŋ35	ʃuŋ313	ʃyŋ35	syŋ213	syŋ52	cyŋ51	ʃuŋ214	ʃuŋ313
0981	重~	tsuŋ33	tsuŋ33	tsuŋ312	tsuŋ53	tsuŋ52	tsuŋ53	tsuŋ53	tʂuŋ341	tsuŋ131	tsuŋ51	tsuŋ52

续表

编号	汉字	芝罘读音	福山读音	栖霞读音	龙口读音	蓬莱读音	招远读音	莱州读音	海阳读音	牟平读音	莱阳读音	长岛读音
0982	肿	tsuŋ214	tsuŋ214	tsuŋ214	tsuŋ55	tsuŋ214	tsuŋ55	tsuŋ55	tsuŋ214	tsuŋ214	tsuŋ34	tsuŋ213
0983	种⁻植	tsuŋ33	tsuŋ33	tsuŋ52	tsuŋ214	tsuŋ52	tsuŋ214	tsuŋ213	tsuŋ341	tsuŋ131	tsuŋ51	tsuŋ52
0984	冲	tshuŋ53	tshuŋ53	tshuŋ312	tshuŋ35	tshuŋ313	tshuŋ35	tshuŋ213	tshuŋ52	tshuŋ51	tshuŋ214	tshuŋ313
0985	恭	kuŋ53	kuŋ33	kuŋ312	kuŋ214	kuŋ313	kuŋ214	kuŋ213	kuŋ52	kuŋ51	kuŋ214	kuŋ313
0986	共	kuŋ33	kuŋ33	kuŋ52	kuŋ214	kuŋ52	kuŋ214	kuŋ213	kuŋ52	kuŋ131	kuŋ51	kuŋ52
0987	凶	çyŋ53	çyŋ53	çyŋ312	çyŋ35	çyŋ313	çyŋ35	çyŋ213	çyŋ52	çyŋ51	çyŋ214	çyŋ313
0988	拥	0yŋ33	0yŋ214	0yŋ214	0yŋ55	0yŋ55	0yŋ55	0yŋ55	0yŋ52	0yŋ214	0yŋ34	0yŋ55
0989	容	0yŋ33	0yŋ33	0yŋ342	0yŋ55	0yŋ55	0yŋ55	0yŋ55	0yŋ341	0yŋ553	0yŋ34	0yŋ55
0990	用	0yŋ33	0yŋ33	0yŋ52	0yŋ214	0yŋ52	0yŋ214	0yŋ213	0yŋ341	0yŋ131	0yŋ51	0yŋ52
0991	绿	lu214 又 ly214 又	lu214	ly52	ly214	ly214	ly214	ly213	ly341	lu214	ly51	ly213
0992	足	tsu214	tsu214	tsu214	tsu55	tsu55	tsu55	tsu55	tθu214	tsu214	tsu34	tsu55
0993	烛	tsu214	tsu214	tsu214	tsu55	tsu55	tsu55	tsu55	tsu214	tsu214	tsu34	tsu55
0994	臁	çy33 又 su33 又	su33	su52	ʃy53	su55	ʃy53	su55	su341	çy553	ʃy51	su55

续表

编号	汉字	芝罘读音	福山读音	栖霞读音	龙口读音	蓬莱读音	招远读音	莱州读音	海阳读音	牟平读音	莱阳读音	长岛读音
0995	属	su214 又,家~ cy214 又,~相	su214 又,~于 cy214 又,~相	ʃy52 又 su214 又	ʃy214 又,动词 su214 又,名词	su214	ʃy214 又,动词 su214 又,名词	su55 又,家~ su213 又,~相	su214 又,~于 su214 又,~狗	cy214 又 su214 又	su34 又 ʃu51 又	su213
0996	䅟	ɵy33	ɵy33	ɵy52	ɵy214	ɵy52	ɵy214	ɵy213	ɵy341	ɵy131	ɵy51	ɵy52
0997	曲~折	tɕhy214	chy214	chy214	chy55	chy214	chy55	tɕhy55	chy214	chy214	chy34	chy213
0998	局	tcy33	cy33	cy342	cy53	cy55	cy53	cy53	cy341	cy553	cy442	cy55
0999	玉	ɵy33	ɵy33	ɵy52	ɵy214	ɵy52	ɵy214	ɵy213	ɵy341	ɵy131	ɵy51	ɵy52
1000	浴	ɵy33	ɵy33	ɵy214	ɵy53	ɵy52	ɵy53	ɵy55	ɵy341	ɵy131	ɵy51	ɵy52

第三节 变调与儿化

一 变调

（一）芝罘话

表 3-1　　　　　　　　芝罘话两字组变调及后字轻声表

后字＼前字	平声 53	上声 214	去声 33
平声 53	53＋53→33＋53 东风　中心	①214＋53→21＋53 小葱　耳科 ②214＋53→21＋33 眼皮　老年	①33＋53（不变） 大车　证书 ②33＋53→53＋33 透明　树皮
上声 214	53＋214（不变） 冬泳　星体	214＋214→33＋214 小暑　起码	33＋214（不变） 大雨　妇女
去声 33	53＋33（不变） 东南　天平	214＋33→21＋33 小豆　土地	33＋33→53＋33 大红　地头
轻声	53＋轻→53＋2 公公　今年	①214＋轻→21＋3 早晨　起来 ②214＋轻→33＋4 膈痒	33＋轻→33＋1 婆婆　台风

说明：1."上声+平声""去声+平声""上声+轻声"各有变或不变两种形式，基本上是两可的，皆按发音人的习惯记录。2.有五对组合合并："平声+平声"和"去声+平声①"、"上声+平声②"和"上声+去声"、"平声+去声"和"去声+去声"及"去声+平声②"、"上声+上声"和"去声+上声"、"上声+轻声②"和"去声+轻声"。

（二）福山话

表 3-2　　　　　　　　福山话两字组变调及后字轻声表

后字＼前字	平声 53	上声 214	去声 33
平声 53	①53＋53（不变） 东风　毛巾 ②53＋53→35＋53 香菇　地瓜	①214＋53→35＋53 小葱　耳科 ②214＋53→21＋53 辣椒　鲤鱼 ③214＋53→21＋33 纸钱　眼皮	33＋53→33＋53 大车　证书

续表

后字＼前字	平声 53	上声 214	去声 33
上声 214	①53+214→53+53 　冬泳　星体 ②53+214→53+33 　烧纸　毛纺 ③53+214→33+33 　菜锅　豆浆	214+214→55+214 小暑　起码	33+214（不变） 大雨　妇女
去声 33	53+33（不变） 冬至　荒地	214+33→21+33 土地　主任	33+33→53+33 大豆　气象
轻声	53+轻→53+2 云彩　今年	214+轻→21+4 怎么　小心	33+轻→33+3 台风　石头

说明：1. "平声+平声""上声+平声""平声+上声"各有变或不变两种形式，基本上是两可的，皆按发音人的习惯记录。2. 有四对组合合并："平声+平声①"和"平声+上声①"、"平声+平声②"和"上声+平声①"、"上声+平声③"和"上声+去声"、"平声+上声②""平声+去声"和"去声+去声"。

（三）栖霞话

表 3-3　　　　　栖霞话两字组变调及后字轻声表

后字＼前字	阴平 312	阳平 342	上声 214	去声 52
阴平 312	①312+312→34+312 　年轻　花胎 ②312+312→52+312 　牙猫　干净	342+312→34+312 面汤　圆葱	214+312→34+312 眼眉　刷牙	52+312→34+312 看牛　弟兄
阳平 342	①312+342→52+342 　松树　围裙 ②312+342→55+342 　剃头　油条	342+342→34+342 地震　皮锤	①214+342→21+342 　小河　纸钱 ②214+342→55+342 　暖壶　嘴皮	①52+342（不变） 　下棋　日食 ②52+342→55+342 　大河　放学
上声 214	①312+214→52+214 　中指　钢笔 ②312+214→55+214 　烧草　铅笔	①342+214→34+214 　白果　食指 ②342+214→55+214 　白酒　二两	①214+214→21+214 　老虎　洗澡 ②214+214→55+214 　鬼节　马桶	①52+214（不变） 　热水 ②52+214→55+214 　大水　木耳
去声 52	①312+52→52+52 　油菜 ②312+52→55+52 　山药　生气	①342+52→34+52 　近便　时气 ②342+52→52+52 　庙会	214+52→21+52 往后　草药	52+52→55+52 上算　唱戏

· 122 ·

续表

前字 后字	阴平 312	阳平 342	上声 214	去声 52
轻声	312+轻→52+4 聋子　孙子	①342+轻→34+3 石头　爷爷 ②342+轻→52+1 瓦匠	①214+轻→21+4 竹子　姐姐 ②214+轻→55+2 歇歇	①52+轻→34+3 后日　大麦 ②52+轻→52+1 凳子　舅舅 ③52+轻→55+2 热闹　记得

说明：1. "去声+阳平"和"去声+上声"各有变或不变两种形式，基本上是两可的，皆按发音人的实际读音记录。2. 有九对组合合并："阴平+阴平①"、"阳平+阴平"、"上声+阴平"和"去声+阴平"；"阴平+阳平①"和"去声+阳平①"；"阴平+阳平②"和"上声+阳平②"和"去声+阳平②"；"阴平+上声①"和"去声+上声①"；"阴平+上声②"、"阳平+上声②"、"上声+上声②"和"去声+上声②"；"阴平+去声①"和"阳平+去声②"；"阴平+去声②"和"去声+去声"；"阳平+轻声①"和"去声+轻声①"；"阳平+轻声②"和"去声+轻声②"。

（四）龙口话

表 3-4　　　　　　　　龙口话两字组变调及后字轻声表

前字 后字	阴平 313	阳平 55	上声 214	去声 52
阴平 313	313+313→55+313 东风　中心	55+313（不变） 毛巾　晴天	214+313→55+313 小葱　耳科	52+313（不变） 大车　证书
阳平 55	313+55→31+55 东南　天平	55+55→31+55 年龄　毛桃	214+55→21+55 小寒　老人	52+55（不变） 大红　上门
上声 214	313+214→31+214 冬泳　星体	55+214→31+214 毛纺　骑马	214+214→55+214 小暑　起码	52+214（不变） 大雨　妇女
去声 52	313+52→31+52 冬至　荒地	55+52（不变） 皇帝　油菜	214+52→21+52 小豆　土地	52+52（不变） 大豆　气象
轻声	313+轻→31+1 天气　端午	55+轻→55+3 明年　前天	214+轻→21+4 李子　绿豆	52+轻→52+2 后年　去年

说明：1. 两个曲折调[313]和[214]听感差异明显。[313]的曲折程度较大，拐点靠后。[214]的曲折程度偏小，拐点靠前，且多偏上扬调[24]。2. 有三对组合合并："阴平+阴平"和"阳平+阴平"及"上声+阴平"、"阴平+阳平"和"阳平+阳平"、"阴平+上声"和"阳平+上声"。

（五）蓬莱话

表 3-5　　　　　　　　蓬莱话两字组变调及后字轻声表

后字＼前字	阴平 313	阳平 55	上声 214	去声 52
阴平 313	313＋313→55＋313 东风　中心	55＋313（不变） 毛巾　晴天	214＋313→35＋313 养鸡　小葱	52＋313（不变） 大车　货车
阳平 55	313＋55→31＋55 东南　花茶	55＋55→31＋55 毛桃　值钱	214＋55→21＋55 老人　小寒	52＋55（不变） 地头　上门
上声 214	313＋214→31＋214 花脸　冬泳	55＋214（不变） 骑马　财礼	214＋214→21＋214 起码　彩礼	52＋214（不变） 妇女　大雨
去声 52	313＋52→31＋52 公共　冬至	55＋52（不变） 毛重　油菜	214＋52→35＋52 统治　主任	52＋52（不变） 大豆　气象
轻声	313＋轻→31＋2 星星　天气	55＋轻→55＋4 石头　前年	214＋轻→35＋1 黑日　竹子	52＋轻→52＋3 后日　过年

说明：有一对组合合并："阴平+阳平"和"阳平+阳平"。

（六）招远话

表 3-6　　　　　　　　招远话两字组变调及后字轻声表

后字＼前字	阴平 313	阳平 55	上声 214	去声 52
阴平 313	313＋313→55＋313 东风　中心	55＋313（不变） 毛巾　晴天	214＋313→55＋313 小葱　耳科	52＋313（不变） 大车　证书
阳平 55	313＋55→31＋55 东南　天平	55＋55→31＋55 年龄　毛桃	214＋55→21＋55 小寒　老人	52＋55（不变） 大红　上门
上声 214	313＋214→31＋214 冬泳　星体	55＋214→31＋214 毛纺　骑马	214＋214→55＋214 小暑　起码	52＋214（不变） 大雨　妇女
去声 52	313＋52→31＋52 冬至　荒地	55＋52（不变） 皇帝　油菜	214＋52→21＋52 小豆　土地	52＋52（不变） 大豆　气象
轻声	313＋轻→31＋1 天气　端午	55＋轻→55＋3 明年　前天	214＋轻→21＋4 李子　绿豆	52＋轻→52＋2 后年　去年

说明：1. 两个曲折调[313]和[214]听感差异明显。[313]的曲折程度较大，拐点靠后。[214]的曲折程度偏小，拐点靠前，且多偏上扬调[24]。2. 有三对组合合并："阴平+阴平"和"阳平+阴平"及"上声+阴平"、"阴平+阳平"和"阳平+阳平"、"阴平＋上声"和"阳平+上声"。

（七）莱州话

表 3-7　　　　　　　莱州话两字组变调及后字轻声表

后字＼前字	阴平 213	阳平 53	上声 55
阴平 213	213＋213→55＋213 过冬　中间	53＋213→55＋213 大街　长气	55＋213（不变） 一定　反正
阳平 53	213＋53（不变） 日食　天明	①53＋53（不变） 毛桃　年龄 ②53＋53→213＋53 值钱　大门	55＋53→213＋53 锅台
上声 55	213＋55（不变） 冬泳　星体	①53＋55（不变） 毛纺　骑马 ②53＋55→213＋55 半宿　洋火	①55＋55→53＋55 彩礼　土纸 ②55＋55→213＋55 起码
轻声	①213＋轻→213＋4 正月　干净 ②213＋轻→53＋1 月亮　记着	①53＋轻→53＋1 时候　后年 ②53＋轻→55＋2 大方　认得	①55＋轻→35＋3 姐夫　女婿 ②55＋轻→53＋1 水果

说明：1."阳平+阳平""阳平+上声""上声+上声""阴平+轻声""阳平+轻声""上声+轻声"各有变或不变两种形式，基本上是两可的，皆按发音人的习惯记录。2. 有四对组合合并："阴平+阴平""阳平+阴平"和"上声+阴平"、"阴平+阳平""阳平+阳平②"和"上声+阳平"、"阴平+上声""阳平+上声②"和"上声+上声②"、"阳平+上声①"和"上声+上声①"。

（八）海阳话

表 3-8　　　　　　　海阳话两字组变调及后字轻声表

后字＼前字	阴平 52	上声 214	去声 341
阴平 52	52＋52→34＋52 书包　丢人	214＋52→21＋52 打针　眼眉	341＋52→34＋52 地瓜　咸盐
上声 214	①52＋214（不变） 开水　毛笔 ②52＋214→55＋214 猪血　亲嘴	214＋214→21＋214 老虎　打折	341＋214→55＋214 木耳　白酒
去声 341	52＋341（不变） 油菜　生气	214＋341→21＋341 本钱　可能	341＋341→52＋341 庆寿　饭店

续表

后字＼前字	阴平 52	上声 214	去声 341
轻声	①52+轻→52+1 山药　公猪 ②52+214→34+3 石头　围裙	①214+轻→21+4 黑日　出来 ②214+轻→34+3 指头　瓦匠	341+轻→34+3 木头　前年

说明：1."阴平+上声""阴平+轻声""上声+轻声"均有变或不变两种形式，基本上是两可的，皆按发音人的习惯记录。2.有四对组合合并："阴平+阴平"和"去声+阴平"、"阴平+上声②"和"去声+上声"、"阴平+去声"和"去声+去声"、"阴平+轻声②""上声+轻声②"和"去声+轻声"。

（九）牟平话

表 3-9　　　　　　　　牟平话两字组变调及后字轻声表

后字＼前字	阴平 51	阳平 553	上声 214	去声 131
阴平 51	51+51→55+51 东风　青天	①553+51（不变） 毛巾　儿科 ②553+51→55+51 咸盐	214+51→21+51 小葱　耳科	131+51（不变） 大车　证书
阳平 553	51+553（不变） 东南　天平	553+553（不变） 毛桃　填平	214+553→21+553 小寒　老人	①131+553→21+553 大红　上门 ②131+553→131+51 大门 ③131+553→51+553 大集
上声 214	①51+214（不变） 凉水 ②51+214→55+214 冬泳　星体	①553+214→55+214 毛纺　骑马 ②553+214→55+51 咸盐	214+214→55+214 小暑　起码	131+214→55+214 大雨　妇女
去声 131	51+131（不变） 冬至　荒地	553+131（不变） 皇帝　油菜	214+131→21+131 土地　主任	①131+131→51+131 大豆　气象 ②131+131→553+131 地面
轻声	51+轻→51+2 云彩　今年	553+轻→553+2 娘家　爷爷	214+轻→21+4 李家　椅子	131+轻→131+3 画家　辫子

说明：1."阳平+阳平""阴平+上声""去声+去声"三组，各有两种形式，基本上是两可的，皆按发音人的习惯记录。2. 有七对组合合并："阴平+阳平""阳平+阳平②"和"阳平+上声②"、"上声+阳平"和"去声+阳平①"、"阴平+上声②""阳平+上声①""上声+上声"和"去声+上声"、"阴平+去声"和"去声+去声①"、"阳平+去声"和"去声+去声②"、"去声+阴平"和"去声+阳平②"、"阴平+阳平"和"去声+阳平③"。

（十）莱阳话

表 3-10　　　　　　　　　　　　**莱阳话两字组变调及后字轻声表**

前字＼后字	阴平 214	阳平 442	上声 34	去声 51
阴平 214	214＋214→34＋214 刷牙　毛衣	①442＋214→51＋214 台风　坝基 ②442＋214→55＋214 咸盐　时间	①34＋214→55＋214 水泥　眼眉 ②34＋214→21＋214 老头　小葱	51＋214→55＋214 发烧　过年
阳平 442	①214＋442→21＋442 油条　零钱 ②214＋442→51＋442 三十　烧柴	442＋442→51＋442 台球　白糖	34＋442→21＋442 水壶　眼皮	①51＋442（不变） 大河　下棋 ②51＋442→21＋442 可能　剃头
上声 34	①214＋34→21＋34 开水　铅笔 ②214＋34→51＋34 云彩　棉袄	442＋34→51＋34 图纸　骑马	①34＋34→51＋34 老虎　马桶 ②34＋34→21＋34 打折　拉屎 ③34＋34→55＋34 鬼节	51＋34（不变） 左手　热水
去声 51	①214＋51→34＋51 油菜 ②214＋51→21＋51 松树　天亮	①442＋51→34＋51 学校　煤炭 ②442＋51→51＋51 怀抱　田地	34＋51→21＋51 草药　吃饭	①51＋51（不变） 地震　过去 ②51＋51→21＋51 下货　地堰
轻声	①214＋轻→51＋轻 刀子　梯子 ②214＋轻→21＋轻 心里　我们 ③214＋轻→34＋轻 棉花　欺负	442＋轻→34＋轻 头发　娘家	34＋轻→21＋轻 竹子　暖和	①51＋轻（不变） 木头　亮堂 ②51＋轻→34＋轻 上去　后日

说明：1."阳平+阴平""上声+阴平""阴平+阳平""去声+阳平""阴平+上声""阴平+去声""阳平+去声""去声+去声""去声+轻声"九组，各有两种形式。基本上是两可的，皆按发音人的习惯记录。"上声+上声""阴平+轻声"两组，各有三种形式。2. 有 11 对组合合并："阳平+阴平②""上声+阴平①"和"去声+阳平"、"阴平+阳平①""上声+阳平"和"去声+阳平②"、"阴平+阳平②""阳平+阳平"和"去声+阳平①"、"阴平+上声①"和"上声+上声②"、"阴平+上声②""阳平+上声""上声+上声①"和"去声+上声"、"阴平+去声①"和"阳平+去声①"、"阴平+去声②""上声+去声"和"去声+去声②"、"阳平+去声"和"去声+去声①"、"阴平+轻声①"和"去声+轻声①"、"阴平+轻声②"和"上声+轻声"、"阴平+轻声③""阳平+轻声"和"去声+轻声②"。

（十一）长岛话

表 3-11　　　　　　　　长岛话两字组变调及后字轻声表

前字 \ 后字	阴平 313	阳平 55	上声 213	去声 52
阴平 313	313+313→55+31 书包　东风	55+313→55+31 棉花　还书	①213+313→55+31 发烧　打针 ②213+313→35+31 种猪　母猪	52+313→55+31 地瓜　菜刀
阳平 55	313+55→31+55 剃头　丢人	①55+55→31+55 油条　食堂 ②55+55→不变 轮胎	①213+55→35+55 月食　母牛 ②213+55→21+55 水泥　刷牙（音长变短）	52+55→31+55 下棋　大门
上声 213	313+213→52+213 山药　中指	①55+213→不变 年轻　毛笔 ②55+213→52+213 食指	213+213→52+213 发热　热水	52+213→不变 右手　电影
去声 52	313+52→31+52 天亮　生气	55+52→不变 种菜　船票	①213+52→21+52 早饭　左右 ②213+52→35+52 里家	52+52→不变 看病　算命
轻声	313+轻→31+3 星星　东西	55+轻→55+2 锤子　爷爷	①213+轻→55+2 月亮 ②213+轻→35+2 奶奶　尾巴 ③213+轻→21+2 娘子	①52+轻→35+2 日头 ②52+轻→52+2 谢谢　夜里

说明：1."上声+阴平""阳平+阳平""上声+阳平""阳平+上声""上声+去声""去声+轻声"六组，各有两种形式。基本上是两可的，皆按发音人的习惯记录。"上声+轻声"一组，有三种形式。2. 有六对组合合并："阴平+阴平""阳平+阴平""上声+阴平①"和"去声+阴平"、"阴平+阳平""阳平+阳平①"和"去声+阳平"、"阴平+上声""阳平+上声②""上声+上声"和"去声+上声"、"阴平+上声""阳平+上声②""上声+上声"和"去声+上声"、"阳平+轻声"和"上声+轻声①"、"上声+轻声②"和"去声+轻声①"。

二 儿化

（一）芝罘话

表 3-12　　　　　　　　　　　芝罘话儿化韵表

儿化韵	原韵母	例词	儿化韵	原韵母	例词
ar	a	刀把儿　号码儿	iər	i	皮儿　差不离儿
iar	ia	豆芽儿　小虾儿		in	今儿　使劲儿
uar	ua	小褂儿　花儿	uər	uei	一会儿　墨水儿
or	o	老婆儿　山坡儿		uən	冰棍儿　没准儿
ɤr	ɤ	哥儿　盒儿	yər	yn	小军儿　合群儿
uor	uo	干活儿　大伙儿	y	找主儿　小树儿
aur	au	应个卯儿　刀儿	ur		驴儿　句儿
			u	牛犊儿
ər	aɛ	牌儿　带儿	iɐr	iaɛ	小鞋儿　台阶儿
	an	盘儿　摊儿		ie	打折儿　小车儿
uər	uaɛ	块儿　乖儿		ian	边儿　药面儿
	uan	罐儿　逦弯儿	iour	iou	妞儿　袖儿
yər	yan	花卷儿　圈儿	ā̃r	aŋ	鞋帮儿　帮忙儿
	yɛ	旦角儿　小雀儿	iā̃r	iaŋ	撒腔儿　样儿
iaur	iau	苗儿　调儿	uā̃r	uaŋ	小床儿　小筐儿
ɚ	ɿ	瓜子儿　刺儿	ə̃r	əŋ	门缝儿　小板凳儿
	ən	赔本儿　没门儿	iə̃r	iŋ	名儿　小命儿
	ei	宝贝儿　辈儿	ũr	uŋ	小东儿　小洞儿
our	ou	小豆儿　老头儿	yə̃r	yŋ	小熊儿　蚕蛹儿

说明：1. 芝罘基本韵母 37 个，除本身是卷舌韵母 ɚ 外，其余 36 个韵母均可儿化。有的基本韵母儿化后合并，还有的基本韵母出现多个儿化韵母，合并后共有 26 个儿化韵母。2. 小称一般都会儿化。

例如：

大道[ta53tau33]　　　　小道儿[ɕiau21taur33]
大河[ta53xuo33]　　　　小河儿[ɕiau21xuor33]
猴子[xəu33ɻə0]　　　　猴儿[xour33]
老闺女[lau21kuei53ȵ.iŋ0]　小闺女儿[ɕiau21kuei53nyər0]

(二) 福山话

表 3-13　　　　　　　　福山话儿化韵表

儿化韵	原韵母	例词	儿化韵	原韵母	例词
ar	a	刀把儿　号码儿	iɔ̃r	iŋ	小命儿　山顶儿
iar	ia	豆芽儿　小虾儿	yɔ̃r	yŋ	小熊儿　蚕蛹儿
uar	ua	牙刷儿　小褂儿	uə̃r	uŋ	小东儿　小洞儿
or	o	老婆儿　山坡儿	ũr		老翁儿　小翁儿
uor	uo	干活儿　大伙儿	ɔ̃r	əŋ	门缝儿　小板凳儿
ɐr	ai	牌儿　孩儿	uɐr	uai	块儿　乖儿
	an	门槛儿　盘儿		uan	遛弯儿　手腕儿
yɐr	yɛ	旦角儿　小雀儿	iɐr	i	豆汁儿　针鼻儿
	yan	花卷儿　小院儿		in	使劲儿　今儿
uər	uei	墨水儿　一会儿	yɐr	y	有趣儿　小雨儿
				yn	小军儿　合群儿
ɑ̃r	ɑŋ	鞋帮儿　帮忙儿	ɤr	ɤ	打折儿　小车儿
				ei	宝贝儿　一对儿
				ən	赔本儿　村儿
			iɤr	ie	姐儿　叶儿
iɑ̃r	iɑŋ	撒腔儿　羊儿样儿		iei	小鞋儿　台阶儿
				ian	药面儿　一点儿
uɑ̃r	uɑŋ	小床儿　小筐儿	aur	au	趁早儿　棉袄儿
ur	u	牛犊儿　找主儿	əur	əu	小豆儿　老头儿
uər	uən	冰棍儿　掉魂儿	iaur	iau	苗儿　调儿
iəur	iəu	抓阄儿　加油儿			

说明：福山基本韵母 37 个，除本身是卷舌韵母的 ər 和 ŋ 之外，其余 35 个韵母均可儿化。有的基本韵母儿化后合并，还有的基本韵母出现多个儿化韵母，合并后共有 27 个儿化韵母。

（三）栖霞话

表 3-14　　　　　　　　　栖霞话儿化韵表

儿化韵	原韵母	例词	儿化韵	原韵母	例词
aɚ	a	刀把儿　号码儿	uɐɚ	uɛi	块儿　拐儿
iaɚ	ia	豆芽儿　小虾儿		uan	遛弯儿　手腕儿
uaɚ	ua	小褂儿　花儿	yɐɚ	yɛ	旦角儿　补缺儿
uoɚ	uo	干活儿　盒儿		yan	花卷儿　小院儿
ɤɚ	ə	老婆儿　哥儿	ɔɤɚ	ɔ	趁早儿　棉袄儿
	ɿ	鸡子儿　瓜子儿	iɔɤɚ	iɔ	苗儿　调儿
	ei	辈儿　跑腿儿	əuɤ	əu	老头儿　小楼儿
	ʅ	没事儿　侄儿	iəuɚ	uəi	妞儿　袖儿
	ə̃n	赔本儿　车轮儿	ãɚ	aŋ	鞋帮儿　药方儿
iɤɚ	i	针鼻儿　皮儿	iãɚ	iaŋ	撒腔儿　羊儿样儿
	ĩn	使劲儿　心儿	uãɚ	uaŋ	小床儿　小筐儿
uɤɚ	uei	墨水儿　小鬼儿	ə̃ɚ	əŋ	门缝儿　坑儿
	u	牛犊儿	iə̃ɚ	iŋ	名儿　山顶儿
	uə̃n	掉魂儿　作文儿	uə̃ɚ	uŋ	小洞儿　小葱儿
yɤɚ	y	小树儿　有趣儿	yə̃ɚ	yŋ	小熊儿　蚕蛹儿
	ỹn	小军儿　合群儿			
ɐɚ	ãn	盘儿　扇儿			
	ɛi	牌儿　孩儿			
iɐɚ	iɛ	打折儿　蝶儿			
	iɛi	小鞋儿　台阶儿			
	iãn	边儿　药面儿			

说明：栖霞基本韵母 37 个，除本身是卷舌韵母的 ɤɚ 之外，其余 36 个韵母均可儿化。有的基本韵母儿化后合并，合并后共有 24 个儿化韵母。

（四）龙口话

表 3-15　　　　　　　　　　龙口话儿化韵表

儿化韵	原韵母	例词	儿化韵	原韵母	例词
ar	a	刀把儿　号码儿	əur	əu	小豆儿　老头儿
iar	ia	豆芽儿　架儿	aur	au	应个卯儿　刀儿
uar	ua	小褂儿　花儿	iaur	iau	苗儿　调儿
uɤr	uə	错儿　干活儿	ə̃r	əŋ	门缝儿　小板凳儿
uər	uə	哥儿　盒儿	iə̃r	iŋ	名儿　影儿
	uei	墨水儿　小鬼儿			
	uən	冰棍儿　掉魂儿			
ur	u	牛犊儿　兔儿	ũr	uŋ	老翁儿　小瓮儿
iɛr	ian	边儿　药面儿	uə̃r		小东儿　小葱儿
	iɛ	蝶儿　姐儿	ɚ	an	盘儿　扇儿
yər	yə	旦角儿　月儿		ai	牌儿　带儿
	y	找主儿　小雨儿			
	yn	小军儿　云儿			
yɛr	yɛ	小雀儿　补缺儿	uɚ	uai	块儿　乖儿
	yan	花圈儿　小院儿		uan	罐儿　遛弯儿
ɚ	ei	宝贝儿　跑腿儿	iəur	iəu	妞儿　袖儿
	ə	老婆儿　葱白儿	yə̃r	yŋ	小熊儿　蚕蛹儿
	ɿ	鸡子儿　没事儿		in	今儿　脚印儿
	ən	赔本儿　车轮儿	iɚ		
ãr	aŋ	鞋帮儿　帮忙儿		i	小鞋儿　侄儿
uãr	uaŋ	小床儿　网儿			
iãr	iaŋ	爷儿俩儿　撒腔儿			

说明：龙口基本韵母 37 个，除本身是卷舌韵母的 ər 和 iai 外，其余 35 个韵母均可儿化。有的基本韵母儿化后合并，还有的基本韵母出现多个儿化韵母，儿化后共有 25 个儿化韵母。

（五）蓬莱话

表 3-16　　　　　　　　　蓬莱话儿化韵表

儿化韵	原韵母	例词	儿化韵	原韵母	例词
ar	a	刀把儿　号码儿	ɑ̃r	ɑŋ	鞋帮儿　药方儿
iar	ia	豆芽儿　小虾儿	iɑ̃r	iɑŋ	爷儿俩儿　撇腔儿
uar	ua	小褂儿　花儿	uɑ̃r	uɑŋ	小床儿　小筐儿
ɤr	ə	老婆儿　哥儿	ɐr	ai	牌儿　带儿
iɛr	iɛ	打折儿　小车儿		an	盘儿　摊儿
		姐儿　小鞋儿	uɐr	uai	块儿　乖儿
	ian	边儿　药面儿		uan	遛弯儿　手腕儿
uɤr	uə	错儿　盒儿	əur	əu	小豆儿　老头儿
yɤr	yə	旦角儿　月儿	iəur	iəu	妞儿　抓阄儿
yɐr	yɛ	补缺儿　雪儿	uə̃r	uŋ	小洞儿　没空儿
	yan	花卷儿　小院儿			
ɤr	ei	葱白儿　色儿	yər	y	驴儿　小树儿
		一对儿　宝贝儿			
ər	ən	赔本儿　车轮儿		yən	小军儿　合群儿
	ɿ	鸡子儿　没事儿	yə̃r	yŋ	小熊儿　蚕蛹儿
iər	i	侄儿　豆汁儿			
		针鼻儿　小米儿	iaur	iau	苗儿　到了儿
	iən	使劲儿　脚印儿			
ur	u	牛犊儿　屋儿	ɔ̃r	əŋ	门缝儿　小板凳儿
uər	uei	墨水儿　小鬼儿			
	uən	冰棍儿　掉魂儿			
aur	au	应个卯儿　趁早儿	iɔ̃r	iŋ	小命儿　定盘星儿

说明：蓬莱基本韵母37个，除本身是卷舌韵母的ər和iai之外，其余35个韵母均可儿化。有的基本韵母儿化后合并，还有的基本韵母出现多个儿化韵母，儿化后共有26个儿化韵母。

（六）招远话

表 3-17　　　　　　　　　　招远话儿化韵表

儿化韵	原韵母	例词	儿化韵	原韵母	例词
ar	a	刀把儿　号码儿	əur	əu	小豆儿　老头儿
iar	ia	豆芽儿　架儿	aur	au	应个卯儿　刀儿
uar	ua	小褂儿　花儿	iaur	iau	苗儿　调儿
uɤr	uə	错儿　干活儿	ə̃r	əŋ	门缝儿　小板凳儿
uər		哥儿　盒儿	iə̃r	iŋ	名儿　影儿
	uei	墨水儿　小鬼儿			
	uən	冰棍儿　掉魂儿			
ur	u	牛犊儿　兔儿	ũr	uŋ	老翁儿　小瓮儿
iər	ian	边儿　药面儿	uə̃r		小东儿　小葱儿
	iɛ	蝶儿　姐儿	uɐr	an	盘儿　扇儿
yər	yə	旦角儿　月儿		ai	牌儿　带儿
	y	找主儿　小雨儿		uai	块儿　乖儿
	yn	小军儿　云儿		uan	罐儿　遛弯儿
yɐr	yɛ	小雀儿　补缺儿	iəur	iəu	妞儿　袖儿
	yan	花圈儿　小院儿	yə̃r	yŋ	小熊儿　蚕蛹儿
ər	ei	宝贝儿　跑腿儿	iər	in	今儿　脚印儿
	ə	老婆儿　葱白儿		i	小鞋儿　侄儿
	ɿ	鸡子儿　没事儿			
	ən	赔本儿　车轮儿			
ãr	aŋ	鞋帮儿　帮忙儿			
uãr	uaŋ	小床儿　网儿			
iãr	iaŋ	爷儿俩儿　撒腔儿			

说明：龙口基本韵母 37 个，除本身是卷舌韵母的 ər 和 iai 外，其余 35 个韵母均可儿化。有的基本韵母儿化后合并，还有的基本韵母出现多个儿化韵母，儿化后共有 25 个儿化韵母。

（七）莱州话

表 3-18　　　　　　　　　　莱州话儿化韵表

儿化韵	原韵母	例词	儿化韵	原韵母	例词
ar	a	刀把儿　号码儿	ɤr	ə	打折儿　老婆儿
iar	ia	豆芽儿　小虾儿	ɤr		小车儿
uar	ua	牙刷儿　小褂儿		ɛ	牌儿　孩儿
uɤr	uə	干活儿　大伙儿		ã	门槛儿　盘儿
yɤr	yə	旦角儿　小雀儿	iã	下边儿　一点儿
ãr	aŋ	鞋帮儿　帮忙儿	iã		河沿儿　药面儿
iãr	iaŋ	撇腔儿　羊儿样儿	iɐr	ei	姐儿　叶儿
uãr	uaŋ	小床儿　小筐儿		iɛ	小鞋儿　台阶儿
yɤr	yã	花卷儿　小院儿	ur	u	老鼠儿　短裤儿
uɤ̃r	uŋ	小东儿　老翁儿	uər		找主儿　小树儿
uɤr	uɛ	块儿　乖儿		uei	一对儿　跑腿儿
uɤr	uã	遛弯儿　手腕儿		uẽ	冰棍儿
yər	y	有趣儿　小雨儿			车轮儿
yər	yẽ	小军儿　合群儿		ei	宝贝儿　辈儿
ə̃r	əŋ	门缝儿　小板凳儿	ɿr		瓜子儿　鸡子儿
ə̃r	iŋ	小命儿　山顶儿	ʅ		豆汁儿　没事儿
iə̃r		名儿　定盘星儿		ẽ	赔本儿　没门儿
yə̃r	yŋ	小熊儿　蚕蛹儿		i	底儿　差不离儿
ɤr	ɔ	趁早儿　棉袄儿		iẽ	使劲儿　今儿
ɤr	ɔi	老鼠儿　短裤儿	iəur		小六儿　加油儿
			iəur		袖儿　妞儿
			iɤi	i	针鼻儿　小米儿
				iẽ	心儿　脚印儿

说明：莱州基本韵母 37 个，除本身是卷舌韵母 ər 和 əu，其余 35 个韵母均可儿化。有的基本韵母儿化后合并，还有的基本韵母出现多个儿化韵母，合并后共有 24 个儿化韵母。

（八）海阳话

表 3-19　　　　　　　　海阳话儿化韵表

儿化韵	原韵母	例词	儿化韵	原韵母	例词
ar	a	刀把儿　号码儿	iɐr	iə	蝶儿　姐儿
iar	ia	豆芽儿　小虾儿		iɛi	小鞋儿　台阶儿
uar	ua	小褂儿　花儿		iãn	边儿　药面儿
uor	uo	盒儿　大伙儿	uɐr	uɛ	块儿　拐儿
ɚ	ə	老婆儿　打折儿		uãn	遛弯儿　手腕儿
	ʅ	鸡子儿　侄儿	yɐr	yə	旦角儿　补缺儿
	ei	辈儿　跑腿儿		yãn	花卷儿　小院儿
	ɿ	没事儿　年三十儿	ɔr	ɔ	趁早儿　棉袄儿
	õn	赔本儿　车轮儿	iɔr	iɔ	苗儿　调儿
iər	i	针鼻儿　皮儿	əur	əu	老头儿　小楼儿
	ĩn	使劲儿　心儿	iəur	iəu	妞儿　袖儿
uər	uei	墨水儿　小鬼儿	ãr	aŋ	鞋帮儿　药方儿
	u	牛犊儿　小树儿	iãr	iaŋ	撒腔儿　羊儿样儿
	uɐ̃n	掉魂儿　作文儿	uãr	uaŋ	小床儿　小筐儿
yər	y	驴儿　有趣儿	ɔ̃r	əŋ	门缝儿　坑儿
	ỹn	小军儿　合群儿	iɔ̃r	iŋ	名儿　山顶儿
ɐr	ãn	盘儿　扇儿	yɔ̃r	yŋ	小熊儿　蚕蛹儿
	ɛ	牌儿　孩儿	ũr	uŋ	老翁儿　小葱儿

说明：海阳基本韵母 37 个，除本身是卷舌韵母的ər 之外，其余 36 个韵母均可儿化。有的基本韵母儿化后合并，合并后共有 23 个儿化韵母。

（九）牟平话

表3-20　　　　　　　　　牟平话儿化韵表

儿化韵	原韵母	例词	儿化韵	原韵母	例词
ar	a	刀把儿 号码儿	uɐr	uai	块儿 乖儿
iar	ia	豆芽儿 小虾儿		uan	遛弯儿 手腕儿
uar	ua	牙刷儿 小褂儿	yɐr	yɛ	补缺儿 月儿
or	o	老婆儿 山坡儿		yan	花卷儿 小院儿
uor	uo	干活儿 盒儿	ɤr	ɤ	小车儿 色儿
yor	yo	旦角儿 小雀儿	ur	u	牛犊儿
ɚ	ei	宝贝儿 一对儿	our	ou	小豆儿 老头儿
	ən	赔本儿 村儿	iour	iou	抓阄儿 加油儿
	i	豆汁儿 针鼻儿	aur	au	趁早儿 棉袄儿
	ɿ	鸡子儿 瓜子儿	iaur	iau	苗儿 调儿
iɚ	in	使劲儿 今儿	ãr	aŋ	鞋帮儿 帮忙儿
	iɛi	小鞋儿 台阶儿	iãr	iaŋ	撒腔儿 羊儿样儿
uɚ	uei	墨水儿 一会儿	uãr	uaŋ	小床儿 小筐儿
	uən	冰棍儿 掉魂儿	ə̃r	əŋ	门缝儿 小板凳儿
yɚ	y	有趣儿 找主儿	iə̃r	iŋ	小命儿 山顶儿
	yn	小军儿 合群儿	yə̃r	yŋ	小熊儿 蚕蛹儿
ɐr	ai	牌儿 孩儿	ũr	uŋ	小东儿 小洞儿
	an	篮儿 盘儿			
iɐr	ian	药面儿 一点儿			
	ie	打折儿 叶儿			

说明：牟平话基本韵母38个，除本身是卷舌韵母的ər之外，其余37个韵母均可儿化。有的基本韵母儿化后合并，还有的基本韵母出现多个儿化韵母，合并后共有27个儿化韵母。

（十）莱阳话

表 3-21　　莱阳话儿化韵表

儿化韵	原韵母	例词	儿化韵	原韵母	例词
ar	a	刀把儿 号码儿	iɘr	iɛ	姐儿 叶儿
iar	ia	豆芽儿 小虾儿		iɛi	小鞋儿 台阶儿
uar	ua	牙刷儿 小褂儿		iɛ̃	边儿 药面儿
ɘr	ɿ	豆汁儿 瓜子儿	uɘr	uɛ	块儿 乖儿
	ə	老婆儿 山坡儿		uɛ̃	罐儿 手腕儿
	ɛ	妹儿	yɘr	yɛ	补缺儿 月儿
	iɛ	打折儿 小车儿		yɛ̃	花卷儿 小院儿
	ei	宝贝儿 辈儿	ur	u	牛犊儿
	ɔ̃	赔本儿 没门儿	our	ou	小豆儿 老头儿
iɘr	i	针鼻儿 皮儿	iour	iou	小楼儿 花生油儿
	iɔ̃	虾仁儿 山根儿	ɑ̃r	ɑŋ	鞋帮儿 帮忙儿
uɘr	uei	墨水儿 一会儿	iɑ̃r	iɑŋ	撒腔儿 羊儿样儿
	uɔ̃	冰棍儿 掉魂儿	uɑ̃r	uɑŋ	小床儿 小筐儿
yɘr	y	小树儿 有趣儿	ɘ̃r	əŋ	门缝儿 小板凳儿
	yɔ̃	小军儿 云儿	iɘ̃r	iŋ	小命儿 山顶儿
ɔr	ɔ	刀儿 趁早儿	uɘ̃r	yŋ	小翁儿 老翁儿
iɔr	iɔ	苗儿 腰儿		uŋ	小葱儿 没空儿
ɛr	ɛ	孩儿 带儿	yɘ̃r	uŋ	小熊儿 蚕蛹儿
	ɛ̃	盘儿 摊儿			

说明：莱阳话基本韵母36个，除本身是卷舌韵母的ɘr之外，其余35个韵母均可儿化。有的基本韵母儿化后合并，还有的基本韵母出现多个儿化韵母，合并后共有23个儿化韵母。

（十一）长岛话

表 3-22　　　　　　　　　长岛话儿化韵表

儿化韵	原韵母	例词	儿化韵	原韵母	例词
ɑr	a	刀把儿 号码儿	uɐr	uai	块儿 乖儿
iɑr	ia	豆芽儿 小虾儿		uan	罐儿 手腕儿
uɑr	ua	牙刷儿 小褂儿	yɐr	yɛ	补缺儿 月儿
ɚ	ə	老婆儿 打折儿		yan	花卷儿 小院儿
	ən	赔本儿 没门儿	ur	u	牛犊儿
	ei/ə	宝贝儿 辈儿		y	找主儿 小树儿
ɚ	ɿ	豆汁儿 瓜子儿	aur	au	趁早儿 棉袄儿
	ei	一对儿 跑腿儿	iaur	iau	到了儿 条儿
iɚ	iai	小鞋儿 台阶儿	our	ou	小豆儿 袖儿
	i	针鼻儿 小米儿	iour	iou	加油儿 妞儿
	in	使劲儿 今儿	ɑ̃r	ɑŋ	鞋帮儿 帮忙儿
uɚ	uə	错儿 干活儿	iɑ̃r	iɑŋ	撒腔儿 羊儿样儿
	uei	墨水儿 一会儿	uɑ̃r	uɑŋ	小床儿 小筐儿
	uən	冰棍儿 掉魂儿	ə̃r	əŋ	门缝儿 小板凳儿
yɚ	y	有趣儿 小雨儿	iə̃r	iŋ	小命儿 山顶儿
	yn	小军儿 云儿	uə̃r	uŋ	老翁儿 小洞儿
ɐr	ai	牌儿 盖儿	yə̃r	yŋ	小熊儿 蚕蛹儿
	an	扇儿 盘儿			
iɐr	iɛ	打折儿 小车儿			
	ian	边儿 一点儿			

说明：长岛话基本韵母 37 个，除本身是卷舌韵母的 ɚ 之外，其余 36 个韵母均可儿化。有的基本韵母儿化后合并，还有的基本韵母出现多个儿化韵母，合并后共有 23 个儿化韵母。

第二章　词汇

说明：

1. 以下 1200 个词语选自教育部语言文字信息管理司和中国语言资源保护研究中心《中国语言资源调查手册汉语方言》调查表全部词汇，序号亦同。

2. 读音根据各地发音采用国际音标标注。送气符号[h]皆不上标，与正常音标大小一致；表中标注轻声、儿化与变调读音；不同说法标注多个词语读音和写法，按照常用情况排列，常用在前，不常用在后；"无"表示当地没有该说法，"♯"表示方言本字无考。

第一节 天文地理

一 天文

编号	词汇	芝罘读音	福山读音	栖霞读音	龙口读音	蓬莱读音	招远读音	莱州读音	海阳读音	牟平读音	莱阳读音	长岛读音
0001	太阳 一下山了	日头儿 ∅i21thour0	日头儿 ∅i21thou33 太阳 thai330ian0	日头儿 ∅i34thaur0	日头 ∅i53thou0	日头 ∅i35thou0	日头 ∅i53thau0	日头儿 ∅i53thaur0	日头 ∅i34thau0	日头 ∅i21thou0	日头 ∅i51thou0	日头 ∅i21thou0
0002	月亮 一出来了	月亮儿 ∅ye21liãr33	月蒙儿 ∅ye21mãr0	月蒙儿 ∅ye34mãr0	月么 ∅ye53mə0	月亮 ∅ye55liŋ0	月么 ∅ye53mə0	月亮 ∅ye53liaŋ0	月儿蒙儿 ∅yar34mãr0	月亮儿 ∅ye21liãr0	月蒙 ∅ye51mãr0	月亮 ∅ye55liaŋ0
0003	星星	星星儿 ɕiŋ53ɕiãr0	星星儿 ɕiŋ53ɕiãr0	星星儿 ʃiŋ52ɕiãr312	星儿 ʃãr35	星星 ʃaŋ31faŋ0	星儿 ʃãr35	星儿星儿 ɕiãr213ɕiãr0	星儿 ʃiãr52	星儿 ɕiãr51	星儿 ʃiãr214	星星 ʃaŋ31faŋ0
0004	云	云彩 ∅yn33shae0	云彩 ∅yn53tshai0	云彩 ∅yn52tshei0	云彩 ∅yn53she55	云∅yn55 云彩 ∅yan55tshei0	云彩 ∅yn53tshe55	云彩 ∅yn55tshe0	云彩 ∅yn52t0he0	云彩 ∅yn553tshai0	云彩 ∅yə551tshe34	云彩 ∅yn55tshai0
0005	风	风 faŋ53	风 faŋ53	风 faŋ312	风 faŋ35	风 faŋ313	风 faŋ35	风 faŋ213	风 faŋ52	风 faŋ51	风 faŋ214	风 faŋ313
0006	台风	台风 thae33faŋ0	台风 thai33faŋ0	台风 thei34faŋ0	台风 the53faŋ35	台风 thai55faŋ313	台风 the53faŋ35	台风 the53faŋ213	台风 the34faŋ52	台风 thai553faŋ51	台风 the51faŋ214	台风 thai55faŋ0
0007	闪电 名词	闪 ʃan214	闪 ʃan214	闪 ʃan214	闪 ʃan55	闪 ʃan214	闪 ʃan55	火闪 xue55ʂão0	闪 ʃan214	闪 ɕian214	闪 ʃɛ34	闪 ʃan213

141

烟台方言总揽

续表

编号	词汇	芝罘读音	福山读音	栖霞读音	龙口读音	蓬莱读音	招远读音	莱州读音	海阳读音	牟平读音	莱阳读音	长岛读音
0008	雷	雷lei33	雷lei53	雷lei312 忽雷 xu52lei0	忽雷 xu35li55	雷lei55	忽雷 xu35li55	忽雷 xu213lei0	雷lei52	雷lei553	雷lei214	雷lei55
0009	雨	雨0y214	雨0y214	雨0y214	雨0y55	雨0y214	雨0y55	雨0y55	雨0y214	雨0y214	雨0y34	雨0y213
0010	下雨	下雨 çia33 0y214	下雨 çia214 0y214	下雨 çia550y214	下雨 çia530y55	下雨 çia520y214	下雨 çia530y55	下雨 çia530y55	下雨 çia550y214	下雨 çia1310y214	下雨 çia510y34	下雨 çia520y213
0011	淋淋雨一身了	淋lin53	淋lin53	淋lin312	淋lin53	淋lian313	淋lin53	淋lie53	淋lin52	淋lin51	淋lie214	淋lin55
0012	晒，暴食	晒sae33	晒sai33	晒sei52	晒se214	晒sai52	晒se214	晒se213	晒se341	晒sai131	晒se51	晒sai52
0013	雪	雪çye214	雪çie214	雪ʃye214	雪ʃye55	雪ʃie214	雪ʃye55	雪sya55	雪sya214	雪çie214	雪ʃye34	雪ʃie214
0014	冰	冰piŋ53	冰piŋ53	冰piŋ312	冰溜 piŋ35liou0	冰piŋ313	冰溜 piŋ35liou0	冻冻 tuŋ213tuŋ0	冰piŋ52	冰piŋ51	冰piŋ214	冰piŋ313
0015	冰雹	雹子 pa33ra0	雹儿 par33	雹子 pa34la0	雹子 pa35tsŋ0	雹子 pa55tsŋ0	雹子 pa35tsŋ0	雹子 pa55tsŋ0	雹子 pa340 0	雹子 pa553 0	雹子 pa34tsŋ0	雹子 pa55tsŋ0
0016	霜	霜suaŋ53	霜suaŋ53	霜suaŋ312	霜suaŋ35	霜luaŋ313	霜suaŋ35	霜suaŋ213	霜suaŋ52	霜suaŋ51	霜suaŋ214	霜suaŋ313
0017	雾	雾露 0u33lu0	雾露 0u33lu0	雾露 0u34lu0	雾露 0u35lu0	雾朦 0u52luŋ0 雾0u52	雾露 0u35lu0	雾露 0u55lu0	雾露 0u34lau0	雾露 0u553lu0	雾 0u51	雾 0u52
0018	露	露水 lu33suei0	露水 lu33suei0	露水 lu34suei0	露水 lu35suei0	露 lu52	露水 lu35suei0	露水 lu55suei0	露水 lu34suei0	露水 lu553suei0	露水 lu34suei0	露 lu52
0019	虹，俗称	彩虹 tshae21xuŋ33	彩虹 tshai21xuŋ33	烧虹 ʃiao52xuŋ342	虹 tʃaŋ214	虹 tʃuaŋ52	虹 tʃaŋ214	虹 tsiaŋ213	虹 tsiaŋ341	虹 tçiaŋ131	虹 xuŋ442	虹 tʃaŋ52

· 142 ·

第二章　词汇

续表

编号	词汇	芝罘读音	福山读音	栖霞读音	龙口读音	蓬莱读音	招远读音	莱州读音	海阳读音	牟平读音	莱阳读音	长岛读音
0020	日食	日食 ʮi21ɕi33	日食 ʮi21ɕi33	日食 ʮi52ʂ342	日时食 ʮi35ʂ35ʂ53	日食 ʮi52ʂ55	日时食 ʮi35ʂ35ʂ53	日食 ʮi213ʂ53	日食 ʮi52ʂ341	日食 ʮi21ɕi131	日食 ʮi51ʂ442	日食 ʮi52ʂ55
0021	月食	月食 ʮyɛ21ɕi33 天狗吃月亮儿 thian53kou21 tɕhi33ʮyɛ21 liɑr33	月食 ʮyɛ21ɕi33	月食 ʮyɛ52ʂ342	月时食 ʮyɛ53ʂ35ʂ53	月食 ʮyɛ21ʂ55	月时食 ʮyɛ53ʂ35ʂ53	月食 ʮya213ʂ53	月食 ʮyɛ52ʂ341	月食 ʮyɛ21ɕi131	月食 ʮyɛ51ʂ442	月食 ʮyɛ35ʂ55
0022	天气	天儿 thiɑr53	天儿 thiɑr53	天气 thiɑn52chi342	天儿 thiɑr35	天气 thian31chi0	天儿 thiɑr35	天气 thiɑ213chi51	天儿 thiɑr52	天儿 thiɑr51	天气儿 thiɑ21chiɑr51	天气 thian52chi0
0023	晴	晴 tɕhiŋ53	晴 tɕhiŋ53	晴 tɕhiŋ312	好 xɔ55	晴 tɕhaŋ313	好 xɔ55	晴 tshiŋ53	晴 tshiŋ341	晴 tɕhiŋ553	晴 tɕhaŋ214	晴 tɕhaŋ313
0024	阴	阴 ʮin53	阴 ʮin53	阴 ʮyn312	云 ʮyn35	阴 ʮin313	云 ʮyn35	阴 ʮiɛ213	阴 ʮin52	阴 ʮin51	阴 ʮyɛ214	阴 ʮin313
0025	旱	旱 xan53	旱 kan53	干 kɑn312	旱 xan53	旱 xan52	旱 xan53	旱 xɑ53	干 kan52	干 kan51	干 kɛ214	旱 xan52
0026	涝	涝 lau33	涝 lau33	涝 loo342	涝 lo53	涝 lau52	涝 lo53	涝 lo53	涝 lo341	涝 lau131	涝 lo442	涝 lau52
0027	天亮	天亮 thian53liɑŋ33	亮儿天 liɑr33thian53 天亮 thian53liɑŋ33	傍蒙儿 paŋ34mər52	天亮 thian35liɑŋ214	天亮 thian31liɑŋ52	天亮 thian35liɑŋ214	天明 thiɑ213miŋ53	亮天 liɑr34thian52 天亮 thian52liɑŋ341	天亮 thian51liɑŋ131	亮天 liɑr51thiɛ214	天亮 thian31liɑŋ52

143

烟台方言总揽

二 地貌

编号	词汇	芝罘读音	福山读音	栖霞读音	龙口读音	蓬莱读音	招远读音	莱州读音	海阳读音	牟平读音	莱阳读音	长岛读音
0028	水田	水田 suei21 thian33	(无)	泊地 pha21 ti342	(无)	水田 suei21thian55 坡地 pha35ti52	(无)	水田 suei55 thiã53	水稻田 ʂuei21 tɕ52thiãn341	稻田 tau51 thian553	水田 suei21 thiɛ442	稻田 tau52 thian55
0029	旱地（上不能耕地）	旱地 xan53ti33	旱地 xan53ti33	山耩地 ʂãn52ciɑŋ 21ti342	旱陇道 xan53luŋ 35tɔ53	薄地 pɔ55ti52 耩地 ciɑŋ35ti52	旱陇道 xan53luŋ 35tɔ53	旱地 xã53ti53	山地 ʂãn52ti0	垧地 tɕiɑŋ21ti131	旱地 xɛ51ti51	干地 kan31ti52
0030	田埂	地堰子 ti53 Ɵian33ʐə0	背儿 pər33	地堰儿 ti34 Ɵiər52	背儿 pər53	地格 ti52ka214	背儿 pər53	堰子 Ɵiɛ53tsɿ0	地堰 ti52 Ɵiãn341	坝堰儿 pa55kə̃r214 垄lyə̃r21	地堰 ti21 Ɵiɛ51	地格子 ka35tsɿ0
0031	路（野外的）	大道ta53tau33 小道 ciau21taur33	道儿 tɔur33	道 tɔo342	道儿 tɔr55	道 tau52	道儿 tɔr55	道儿 tɔr53	道 tɔ341	道儿 taur131	道 tɔ442	道儿 taur52
0032	山	山san53	山san53	山 ʂãn312	山 san35	山 san313	山 san35	山 sɛ213	山 ʂãn52	山 san51	山 sɛ214	山 san313
0033	山谷	山沟儿 san33kour53	山沟儿 san35kour0	山沟儿 ʂãn34kaur312	山沟儿 san35kaur35	山沟儿 san55kour31	山沟儿 san35kaur35	山沟儿 sã55kour213	山沟儿 ʂãn34kour52	山岙子 san51khuɑŋ 21tɔ0	山沟儿 sɛ34kour214	山沟儿 san55kour313
0034	江（大的河）	大河 ta53xuo53	江 ciɑŋ53 大河 ta53xuo33 比江浅	大河 ta55xuo342	大河 ta53xuɛ53	江 ciɑŋ313	大河 ta53xuɛ53	大河 ta213xɛ53	大河 ta52xuo341	大河 ta55xuo131	大河 ta51xɛ442	江 ciɑŋ313

· 144 ·

第二章 词汇

续表

编号	词汇	芝罘读音	福山读音	栖霞读音	龙口读音	蓬莱读音	招远读音	莱州读音	海阳读音	牟平读音	莱阳读音	长岛读音
0035	溪 小的河	小水流儿 ɕiau33suei21liour33 小河儿 ɕiau21xuor33	小河儿 ɕiau21 xuor33	小河 ʃiɔɔ21 xuor342	小河 ʃɔ55 xuor0	小河儿 ʃau21 xuor55	小河 ʃɔ55 xuer0	小河 ʃiɔ55 xər53	小河儿 ʃiɔ21 xuor341	小河 ɕiau21 xuɔ131	小河儿 ʃiɔ21xour442 小河儿 ʃiɔ21xər442	小河儿 ʃau21 xər55
0036	水沟儿 较小的水道	水沟儿 suei21kour53	水沟儿 suei21kour0	小水沟儿 ʃiɔɔ21suei 34kəur312	水沟儿 suei55kəur35	水沟儿 suei35kour313	水沟儿 suei55kour35	水道沟儿 suei55tɔ53 kəur213	水流沟儿 suei21liou0 kəur52	水沟 suei21kou51	小水沟儿 ʃiɔ21suei 55kour214	水沟儿 suei35kour313
0037	湖	湖 xu33	湖 xu33	湖 xu342	(无)	湖 xu55	(无)	(无)	湖 xu341	湖 xu553	湖 θuɛ214	湖 xu55
0038	池塘	小水湾儿 ɕiau33suei 210uer0	坑塘 khaŋ53thaŋ33 平塘 phiŋ53thaŋ0	湾 θuãn312	大湾 ta53θuan35	大湾 ta52θuan313	大湾 ta53θuan35	湾 θuã213	大湾 ta340uãn52	湾 θuan51 平塘 phiŋ553 thaŋ553	湾 θuɛ214	大湾 ta52θuan313
0039	水坑儿 小坑儿	水坑儿 suei35 khər53	水坑儿 suei35 khər53	小水湾儿 ʃiɔɔ21suei 340uer312	水坑儿 suei55 khər35	水坑儿 suei35 khər313	水坑儿 suei55 khər35	水湾儿 suei55 θuer213	小湾儿 ʃiɔ21 θuer52	水坑 suei21 khər51	小水湾儿 ʃiɔ55suei55 θuer214	水湾儿 suei35 θuer313
0040	洪水	大水 ta33suei214 洪水 xuŋ33suei214	大水 ta33 suei214	大水 ta55 suei214	大水 ta53 suei55	洪水 xuə55 suei214	大水 ta53 suei55	大水 ta53 suei55	洪水 xuŋ34 ʂuei214	大水 ta55 suei214	大水 ta51 suei34	洪水 xuŋ55 suei213
0041	淹 淹没水一丁	淹 θian53	淹 θian53	淹 θian312	淹 θian35	淹 θian313	淹 θian35	淹 θiã213	灌死 kuãn34sʅ0	淹 θian51	淹 θiɛ214	淹 θian313

145

续表

编号	词汇	芝罘读音	福山读音	栖霞读音	龙口读音	蓬莱读音	招远读音	莱州读音	海阳读音	牟平读音	莱阳读音	长岛读音
0042	河岸	河涯儿 xx53ɦier33	河涯 xuo53ɦiɛi33	河沿儿 xuo34ɦier312	河沿儿 xua53ɦier55	河沿儿 xuo55ɦier55	河沿儿 xua53ɦier55	河沿儿 xa53ɦier55	河沿儿 xuo34ɦier52	河涯儿 xuo553ɦier51	河边儿 xuo51pier214	河边儿 xa55ɦier313
0043	坝(拦河修筑的栏水坝)	坝 pa33	坝 pa33	坝基 pa34ci312	大堰 ta53ɦian35	坝 pa52	大堰 ta53ɦian35	坝 pa213	坝埂 pa34kəŋ214	坝 pa131	坝塞 pa51ci214	坝 pa52
0044	地震	地动 ti53tuŋ33 地震 ti53tɕin33	地震 ti53tɕin33	地震 ti34tʃən342	地震 ti53tʃən214 地动 ti53tuŋ53	地动 ti52tuŋ52 地震 ti52tʃən52	地震 ti53tʃən214 地动 ti53tuŋ53	地动 ti53tuŋ53 地震 ti53tʃən53	地震 ti52tsən341	地震 ti51tɕin131	地震 ti51tʃən51	地震 ti52tʃən52
0045	窟窿(小物)	窟窿 khu53luŋ33	窟窿 khu53luŋ33	窟窿 khu52luŋ342	窟窿 khu35luŋ0	窟窿 khu35luŋ0	窟窿 khu35luŋ0	窝子 Øua213tsɿ0	窟窿 khu52luŋ0	窟窿 khu51luŋ0	窟窿 khu21luar51	窟窿 khu52luŋ0
0046	缝儿	缝儿 fɚr33	缝儿 fɚr33	纹儿 0uər342	缝儿 fɚr55	缝儿 fɚr52	缝儿 fɚr55	缝儿 fɚr53	豁 xuo52	缝儿 fɚr131	缝儿 fɚr442	缝儿 fɚr52

三 物象

编号	词汇	芝罘读音	福山读音	栖霞读音	龙口读音	蓬莱读音	招远读音	莱州读音	海阳读音	牟平读音	莱阳读音	长岛读音
0047	石头(统称)	石头 ci33thou0	石头 ci33thou0	石头 ʃi34thou0	石头 ʃi53thou0	石头 ʃi55thou0	石头 ʃi53thou0	石头 sʅ55thou0	石头 sʅ34thou0	石头 ci131thou0	石头 ʃi34thou0	石头 ʃi55thou0
0048	土(统称)	土 thu214	土 thu214	土 thu312	土 thu55	土 thu214	土 thu55	土 thu55	土 thu52	土 thu214	土 thu34	土 thu55
0049	泥(通称)	泥 mi53	泥 mi53	泥 mi312	泥 mi55 #泥 tshua53mi55	泥 mi55	泥 mi55 #泥 tshua53mi55	泥 mi53	泥 mi52	泥 mi51	泥 mi214	泥 mi55

第二章 词汇

续表

编号	词汇	芝罘读音	福山读音	栖霞读音	龙口读音	蓬莱读音	招远读音	莱州读音	海阳读音	牟平读音	莱阳读音	长岛读音
0050	水泥{旧称}	洋灰 ɵiaŋ33xuei53 水泥 suei21ni53	洋灰 ɵiaŋ33xuei53 水泥 suei21ni53	洋灰 ɵiaŋ34xuei312 水泥 suei34mi312	洋灰 ɵiaŋ53xuei35	洋灰 ɵiaŋ55xuei0	洋灰 ɵiaŋ53xuei35	洋灰 ɵiaŋ53xuei53	洋灰 ɵiaŋ34xuei52 水泥 ʂuei21mi52	洋灰 ɵiaŋ553xuei51 水泥 suei21ni51	水泥 suei55ni214	洋灰 ɵiaŋ55xuei313
0051	沙子	沙 sa53	沙 sa53	沙 sa312	沙 sa35	沙 sa313	沙 sa35	沙子 sa213	沙 ʂa52	沙 sa51	沙 sa214	沙 sa313
0052	砖{整块的}	砖 tsuan53	砖 tsuan53	砖 tʃuan312	砖 tsuan35	砖 tʃuan313	砖 tsuan35	砖 tʂuã213	砖 tʂuãn52	砖 tsuan51	砖 tʃue214	砖 tʃuan313
0053	瓦{破块的}	瓦 ɵua214	瓦 ɵua214	瓦 ɵua214	瓦 ɵua55	瓦 ɵua214	瓦 ɵua55	瓦 ɵua55	瓦 ɵua214	瓦 ɵua214	瓦 ɵua34	瓦 ɵua213
0054	煤	煤 mei33	煤 mei33	煤 mei342	煤 mei53	煤 mei55	煤 mei53	煤 mei53	煤 mei341	煤 mei553	煤 me-442	煤 mei55
0055	煤油	火油 xuo210iou53	火油 xuo210iou53	火油 xuo340iau312	洋油 ɵiaŋ530iau55 火油 xua550iau55	火油 xua210iau55	洋油 ɵiaŋ530iau55 火油 xua550iau55	洋油 ɵiaŋ550iau53	洋油 ɵiaŋ340iau52	火油 ɵiaŋ210iou51	火油 xuo550iou214	火油 xua210iou55
0056	炭{木炭}	炭 than33	炭 than33	炭 thãn52	炭 than214	炭 than52	炭 than214	炭 thã213	炭 thãn341	炭 than131	炭 thɛ51	炭 than52
0057	灰{烧成的}	灰 xuei53	灰 xuei53	灰 xuei312	灰 xuei35	灰 xuei313	灰 xuei35	灰 xuei213	灰 xuei52	灰 xuei51	灰 xuei214	灰 xuei313
0058	灰尘{桌面上的}	灰 xuei53	灰 xuei53	灰 xuei312	灰 xuei35 煤土 po55thu0	灰 xuei313	灰 xuei35 爆土 po55thu0	布土 pu55thu0	灰 xuei52	灰 xuei51	灰 xuei214	灰 xuei313
0059	火	火 xuo214	火 xuo214	火 xuo214	火 xua55	火 xua214	火 xua55	火 xua55	火 xuo214	火 xuo214	火 xuo34	火 xua213
0060	烟{烟火,柴火的}	烟 ɵian53	烟 ɵian53	烟 ɵian312	烟 ɵian35	烟 ɵian313	烟 烟 ɵian35	烟 ɵiã213	烟 ɵian52	烟 ɵian51	烟 ɵiɛ214	烟 ɵian313

147

续表

编号	词汇	芝罘读音	福山读音	栖霞读音	龙口读音	蓬莱读音	招远读音	莱州读音	海阳读音	牟平读音	莱阳读音	长岛读音
0061	失火	起火 tɕhi33 xuo214	着火 tsuo33 xuo214	着儿火 tʃyɐr34xuo214 起儿火 chiɐr34xuo214	着火 tʃua53 xua55	着火 tʃua55 xua214 起火 chi35xua214	着火 tʃua53 xua55	失火 ʂʅ53 ʂʅ55	起儿火 chiɐr21xuo214 着火 tʂuo55xuo214	起儿火 tɕhiɐr55 xuo214	起儿火 chiɐr55 xuo214	着火 tʃua55 xua213
0062	水	水 suei214	水 suei214	水 suei214	水 suei55	水 suei214	水 suei55	水 suei55	水 suei214	水 suei214	水 suei34	水 suei213
0063	凉水	凉水 liaŋ53suei214	凉水 liaŋ53suei214	凉水 liaŋ52suei214	凉水 liaŋ55suei55	凉水 liinaŋ55suei214	凉水 liaŋ55suei55	凉水 liaŋ53suei55	凉水 liaŋ52suei214	凉水 liaŋ51suei214	凉水 liaŋ21suei34	凉水 liaŋ55suei213
0064	热水 不喝 指喝的开水	热水 ɵie33suei214	热水 ɵie33suei214	热水 ɵie52suei214	温和水 ɵuan35 xua0suei55	热水 ɵie35suei214	温和水 ɵuan35 xua0suei55	热水 ɵia213suei55	热水 ɵia55suei214	热水 ɵie131suei214	热水 ɵie51suei34	热水 ɵie52suei213
0065	开水 喻指	开水 khɐe53 suei214	开水 khai53 suei214	开水 khei52 suei214	开水 khɛ35suei55 熟水 ʃy53suei55	开水 khai31 suei214	开水 khɛ35suei55 熟水 ʃy53suei55	开水 khɛ213 suei55	开水 khɛ52 suei214	开水 khai51 suei214	开水 khɛ21 suei34	开水 khai31 suei213
0066	磁铁	吸铁石 cy53thie21 ci33	吸磁铁 cy33thie21 ci33	吸铁石 cy34thie0 ʃʅ342	吸铁石 cy55thie21 ʃi53	吸铁石 cy35thie21 ʃi55	吸铁石 cy55thie21 ʃi53	吸铁石 ci213thie55 ʂʅ0	吸铁石 cy34thie21 ʂʅ341	吸铁石 cy55thie21 ci131	吸铁石 cy51thie21 ʃʅ442	吸铁石 cy55thie21 ʃi55

第二节 时间方位

一 时间

编号	词汇	芝罘读音	福山读音	栖霞读音	龙口读音	蓬莱读音	招远读音	莱州读音	海阳读音	牟平读音	莱阳读音	长岛读音
0067	时候 吃饭的~	时候儿 sʅ33xour0	时候儿 sʅ33xour0	时候儿 sʅ34xour0	时候儿 sʅ35xour0	功夫儿 kuŋ31fur0	时候儿 sʅ35xour0	时候儿 sʅ53xour0	时候儿 sʅ34xour0	时候儿 sʅ553xour0	时候儿 sʅ34xour0	时候儿 sʅ55xour0
0068	什么时候	什么时候儿 ɕin33 moʅ33 xour0	什么时候儿 ɕin33 moʅ33 xour0	什么时候儿 ʃən34 moʅ34 xour0	什么时候儿 ʃən53məʅ35 xour0 什么时候儿 ʃi53məʅ35 xour0	什么时候儿 ʃən21mə0 sʅ55xour0	什么时候儿 ʃən53mə0 sʅ35xour0 什么时候儿 ʃi53mə0sʅ35 xour0	什么时候儿 ʂə55mə0 sʅ53xour0	什么时候 saŋ34mə0 sʅ34xour0	什么时候儿 ɕin131mə0 sʅ553xour0 多时候儿 tuo21sʅ553 xour0	什么时候儿 ʃə55mə0 sʅ34xour0	什么时候 ʃən55mə0sʅ 55xour0
0069	现在	现在 ɕian53tsae33	现在 ɕian53tsai33	这阵儿 tʃə52tʃər342 现在 ɕian52tsei52	现在 ɕian35tsɛ214	现在 ɕian52tsai52	现在 ɕian35tsɛ214	如今 θy53ɕiẽ0	这儿 tsa34kar214	现在 ɕian51tsai131	现在 ɕie21tse51	现在 ɕian52xour0
0070	以前 十年~	以前 Øi21tɕhian33	以前 Øi21tɕhian33	在早 tsei52tso214	前 tʃhan35	在早 tsai52tsau214	前 tʃhan35	早来 tso55lɛ0 不加"十年" 前 tshia53	头#儿 thəu34kar214	从前 tshuŋ553 tɕhian553	过去 kuo51ɕhy51	在早 tsai52tsau213

◆◇◆ **烟台方言总揽**

续表

编号	词汇	芝罘读音	福山读音	栖霞读音	龙口读音	蓬莱读音	招远读音	莱州读音	海阳读音	牟平读音	莱阳读音	长岛读音
0071	以后十年	ʔi21 xou33	ʔi21 xau33	ʔuaŋ21 xəu52	xəu214	ʔuaŋ21 xəu52	xəu214	往后ʔuaŋ213xau53 不加"十年"后xau53	ʔi21xau341	往后ʔuaŋ21 xou131	往后ʔuaŋ21 xou51	往后ʔuaŋ52 xou52
0072	一辈子	ʔi21pei33 rə0	ʔi21pei0 tsʅ0	ʔi21pei52 la0	ʔi55pei53 tsʅ0	ʔi35pei53 ʔə0	ʔi55pei53 tsʅ0	ʔi55pei53 tsʅ0	ʔi21pei341 ʔə0	ʔi21pei131 ta0	ʔi21pei51 tsʅ0	ʔi55pei52 tsʅ0
0073	今年	tɕin53nian0	cin53nian0	cin52niãn0	ci35nian0	cin31nian55	ci35nian0	tɕi213niã0	ci52nian0	cin51nian0	ci21niɛ̃0	cin31nian55
0074	明年	倒过年儿 tau21kuo0 nier53 明niŋ33nian53	明niŋ33	过儿年 kuor34 nian0	过儿年儿 kuɤr53 nier35	过年 kuə52 nian0	过儿年儿 kuɤr53 nier35	赶过年 kɐ55kua213niã0	明年 maŋ52 nian0	过年 kuo13 1nian51	明年 miŋ34n iɛ̃0	明年 miŋ55 nian0
0075	后年	倒后年 tau21xou33 nian53后年 xou33nian53	后年 xou33nian0	后年 xəu55nian0	后年 xəu55nian0	后年 xuə52nian0	后年 xəu55nian0	后年 xəu53nian0	后年 xəu34niã0	后年 xou131nian51	后年 xou51niɛ̃0	后年 xou52nian0
0076	去年	去年 tɕhy33nian53	去年 cʰy33nian0	去年 cʰy34niãn0	头年 tʰəu53nian0	去年 cʰy52nian0	头年 tʰəu53nian0	头年 tʰəu53nian55	去年 cʰy34niã0	去年 cʰy131nian51	去年 cʰy51niɛ̃0	去年 cʰy52nian55
0077	前年	前年 tɕhian33 nian53	前年 tɕhian33 nian0	前年 tɕhian34 niãn0	前年 tɕhan35 nian0	前年 tɕhan55 nian0	前年 tɕhan35 nian0	前年 tɕhia55 niã0	前年 tsʰian34 niãn0	前年 tsʰian553 nian51	前年 tɕhiɛ34 niã0	前年 tɕhan55 nian0

第二章　词汇

续表

编号	词汇	芝罘读音	福山读音	栖霞读音	龙口读音	蓬莱读音	招远读音	莱州读音	海阳读音	牟平读音	莱阳读音	长岛读音
0078	往年_{过去的年份}	往年 ∅uaŋ21 nian53	往年 ∅uaŋ35 nian53	头儿年儿 than34ci0 nier52	前儿年 tʃhan53ci0 nian35	头儿年 thau55ci21 nian55	前儿年 tʃhan53ci0 nian35	早来 tso55le0	那儿年 nia34ci0 nian52	往年 ∅uaŋ21 nian51	头儿年儿 tou34ci0 nier0	头儿年 thou55ci0 nian55
0079	年初	年初 nian33 tshu53	年初 nian33 tshu53	年初儿 niãn34 tshur312	开春儿 khe35 tshuar35	年初 nian55 tʃhu313	开春儿 khe35 tshuar35	刚过了年儿了 kaŋ213kua531 ∅mer531e0	年头儿 nian52 thour341	年初儿 nian55 tshur51	年初儿 niɛ34 tshu214	年初 nian55 tshu313
0080	年底	年底儿 niãn33 tiar214	年底儿 niãn33 tiar214	年底 nãan34 ti214	年终 nian53 tsuŋ35	年底 nian55 ti214	年终 nian53 tsuŋ35	年底儿 niã53 tar55	年尾儿 nian52 ∅uar214	年底儿 nian55 tier214	年底儿 niɛ51 tier34	年底 nian55 ti213
0081	今天	今儿 tɕiar53 今天 tɕin33thian53	今儿 ciar53	今儿 ciar312	今日 ci350i55	今儿 ciar313	今日 ci350i55	今日 tci21300	今日 ci52∅i0 今 ci52	今日 ciar51	今日 ci510i0	今儿 ciar313 今天 cin55thian0
0082	明天	明儿 miar53 明天 miŋ33 thian53	明儿 mar53	明日 maŋ52∅i0	明日 maŋ350i55	明日 maŋ55∅i0	明日 maŋ350i55	明日 mi55∅i0	明日 maŋ52∅i0	明日 mar51	明日 maŋ510i0	明日 miŋ55∅i0
0083	后天	后儿 xour33 后儿 xou thian53	后日 xau330i0	后日 xau340i0	后日 xau550i0	后日 xau52∅i0	后日 xau550i0	后日 xau55∅i0	后日 xau340i0	后日 xou1310i0	后日 xou340i0	后日 xou52∅i0
0084	大后天	大后天 ta53xou33 thian53	到外后日 tau330uai53 xau330i0	大后日 ta52xou34 ∅i0	大后日 ta35xou55 ∅i0	大后日 ta52xou52 ∅i0	大后日 ta35xou55 ∅i0	大后日 ta213xou55 ∅i0	大后日 ta34xou34 ∅i0	大后日 ta51xuo13 ∅i0	大后日 ta51xou34 ∅i0	大后日 ta52xou52 ∅i0

· 151 ·

续表

编号	词汇	芝罘读音	福山读音	栖霞读音	龙口读音	蓬莱读音	招远读音	莱州读音	海阳读音	牟平读音	莱阳读音	长岛读音
0085	昨天	夜来 øie331ae0	夜来 øie331lai0	夜来 øie34lei0	夜来 øie551e0	夜里 øie52lei0	夜来 øie551e0	夜来 øia55le0	夜来 øie34le0	夜来 øie131la0	夜来 øie34le0	夜里 øie52lio
0086	前天	前天 tɕhian33 thian53	前日 tɕhian33øi0	前日 tʃhian340i0	前夜 tʃhe550ie0	前日 tʃhan550i214	前夜 tʃhe550ie0	前夜 tshia550ie0	前日 tshian340i0	前日 tɕhian553øi0	前日 tʃhie340i0	前日 tʃhan550i0
0087	大前天	大前天 ta53tɕhian33 thian53	大前日 ta53tɕhian33 øi0	大前日 ta52tʃhian34 øi0	大前夜 ta35tʃhe55 øia0	大前日 ta52tʃhan55 øi214	大前夜 ta35tʃhe55 øia0	大前夜 ta213tshia55 øia0	大前日 ta34tshian34 øi0	大前日 ta51tɕhian553 øi0	大前日 ta51tʃhiɛ34 øi0	大前日 ta52tʃhan55 øi0
0088	整天	一天 øi21thian53 从早到黑儿 tshunj33tsau21 tau33xɤr214	一天价 øi21thian53 cia0	成天儿 tʃhan34 thier312	成天儿 tʃhanj53 thier0	整日 tʃhanj35 øi214	成天儿 tʃhanj53 thier35	成 tshanj53 thia0	成天 tshanj21 thier52	整天 tɕinj21 thian51	成天儿 tʃhanj51 thier214	整 tʃhenj350io
0089	每天	每天 mei21 thian53	天天儿 thian35 thier53	天天儿 thian34 thier312	见天儿 cian35 thier0	天天儿 thian31 thier0	见天儿 cian35 thier35	天儿天儿 ther213 ther0	天天儿 thiãn52 thier0	天天儿 thian553 thier51	天儿天儿 thier21 thier214	天天 thian55 thian0
0090	早晨	早晨 tsauɤ21tɕhin0	早起 tsau21chi0	早起 tsoo21chi0	早起 tss35chi0	清早 tʃhinj31 tsaur214	早起 tss35chi0	早晨 tss35tɕhiɛ0 早上 tss35sanj0	早起 t0021chi0	早起 tsau21chi0	早起 tss21chi0	朝来 tʃau52lai0
0091	上午	头晌儿 thou33ciɑr0	头晌儿 thou33sãr214	头晌儿 thou34jãr0	头晌儿 thou53jãr55	头晌儿 thou55jãr214	头晌儿 thau53jãr55	头晌 thau53sanj0	头晌 thau34sanj0	头晌儿 thou553ciɑr0	头晌儿 thou51jãr34	头晌儿 thou52jãr213

· 152 ·

第二章　词汇

续表

编号	词汇	芝罘读音	福山读音	栖霞读音	龙口读音	蓬莱读音	招远读音	莱州读音	海阳读音	牟平读音	莱阳读音	长岛读音
0092	中午	晌午 ɕiaŋ210u0	晌午头儿 ɕiaŋ350u21 thəur33	晌午头儿 ʃaŋ210uãn0 thəur342	晌午 ʃaŋ350u0	晌儿午 ʃãr350u214	晌午 ʃaŋ350u0	晌午 ʂaŋ350uẽ0	晌午头儿 saŋ210u0 thəur341	晌午 ɕiaŋ210u0	晌午儿 ʃaŋ210ur0	晌午 ʃaŋ210u0
0093	下午	下晌儿 ɕia33ɕiãr0	过晌儿 kuo33ʂãr0	过晌儿 kuo52ʃãr0	过晌儿 kuo53ʃãr55 下晌儿 ɕia53ʃãr	下晌儿 ɕia52ʃãr214	过晌儿 kuo53ʃãr55	过晌 kua213ʂaŋ0	吃晌儿 tʂhar21sãr214	下晌儿 ɕia131ɕiãr0	过晌儿 kuo51ʃãr34	下晌儿 ɕia52ʃãr213
0094	傍晚	傍黑儿 paŋ33xər214	傍黑 paŋ33xər214	傍黑儿 paŋ55xər214	傍黑儿 paŋ35xər35	傍儿黑儿 pãr52xər214	傍黑儿 paŋ35xər35	傍黑天儿 paŋ213xei55 thiər213	傍黑儿 paŋ34xər214	傍黑 paŋ131xər214	傍黑儿 paŋ21xər34	傍黑儿 paŋ52xər213
0095	白天	白天 po33thian53	白天 po33thier53	白日儿 pa340iar0	白日儿 pa350iar0	白日 pa550i0	白日儿 pa350iar0	白价 pei55tɕia0	白日 pa340i0	白日儿 po1310iar0	白日儿 pa340iar0	白 pai55oi0
0096	夜晚_{与白} 天相对、傍晚	下黑儿 ɕia33xər214	黑白 xx21po33	黑日儿 xa210iar0	黑日儿 xa350iar0 下黑儿 ɕia53xər35	黑日 xa350i0	黑日儿 xa350iar0 下黑儿 ɕia53xər35	下晚儿 ɕia2130u r55 黑价 xei55tɕia0	黑日 xa210i0	黑日 xɤ210iar0	下黑儿 ɕia51xər34	下黑儿 ɕia52xər213
0097	半夜	更宿半夜 tɕiŋ33ɕy0 pan530ie214	半宿 pan33ɕy214	半宿 pãn52sy214	半宿儿 pan35ʃyɤr35	半宿 pan52ʃy214	半宿 pan35ʃyɤr35	半宿 pan213sy55	半宿 pãn55sy214	半夜 pan510ie131	半宿儿 pẽ51ʃyɤr0	半宿 pan52ʃy213
0098	正月_{农历}	正月儿 tɕiŋ530yər0	正月儿 tɕiŋ530yər0	正月儿 tʃiəŋ520yər0	正月儿 tʃiəŋ350yɤr35	正月儿 tʃiəŋ310yər0	正月儿 tʃiəŋ350yɤr35	正月 tʂaŋ2130yɤ0	正月儿 tsaŋ520yə0	正月儿 tɕiŋ510yɤr0	正月儿 tʃiəŋ510yɤr0	正月儿 tʃiəŋ310yər0

烟台方言总揽

续表

编号	词汇	芝罘读音	福山读音	栖霞读音	龙口读音	蓬莱读音	招远读音	莱州读音	海阳读音	牟平读音	莱阳读音	长岛读音
0099	大年初一 老历节日名	大年初一 ta33nian53 tshu530i214	大年初一 ta33nian53 tshu330i214	大年初一 ta34niãn312 tshu520i214	月一 0ye530i55	大年初一 ta52nian0 tɕhu31Өi214	月一 0ye530i55	大年初一 ta213niã53 tshu213Өi55	大年初一 ta34niãn52 tshu55Өi214	大年初一 ta131nian51 tshu51Өi214	大年初一 ta51niɛ̃0 tshu21Өi214	大年初一 ta52nian0 tɕhu31Өi213
0100	元宵节	正月儿十五 tɕiŋ530yɐr0 ɕi33Өu0	十五 ɕi33Өu0	十五 ʃi34Өu0	十五 ʃi53Өu55	正月儿十五 tʃəŋ31Өyɐr0 ʃi55Өu214	十五 ʃi53Өu55	十五 sʂ350u0	正月儿十五 tʂəŋ520yɐr0 sʂ34Өu0	正月儿十五 tɕiŋ510yɐr0 ɕi131Өu0	十五 ʃi34Өu0	正月十五 tʃəŋ31Өye0 ʃi550u213
0101	清明	清明 tɕhiŋ53miŋ0	清明 tɕhiŋ53miŋ0	寒食 xãn34ʂʅ0	清明 tʃhaŋ35miŋ0	清明 tʃhaŋ31miŋ55	清明 tʃhaŋ35miŋ0	寒食 xã35ʂʅ0	清明 tshiŋ52miŋ0	清明 tɕhiŋ51miŋ0	清明 tʃhaŋ51miɛ̃0	清明 tʃhaŋ31miŋ55
0102	端午	端午 taŋ530u0 端午 tan530u0	端午 taŋ530u0	端午 taŋ520u214	端午 taŋ530u55	端午 tnaŋ31Өu0	端午 taŋ530u55	端午 taŋ213Өu0	端午 taŋ520u0	端午 taŋ510u0	端午 taŋ510u0	端午 taŋ31Өu0
0103	七月十五 老历节日名	七月十五 tɕhi210yɐr0 ɕi33Өu0	七月十五 tɕhi210ye0 ɕi33Өu214	鬼节 kuei55tʃiɛ214	七月十五 tʃhi550ye0 ʃi53Өu55	七月十五 tʃhi350ye0 ʃi55Өu214	七月十五 tʃhi550ye0 ʃi53Өu55	会巧 xuei53 tɕhi55	七月十五 tshi210yɐr0 sʂ34Өu0	七月儿十五 tɕhi210yɐr0 ɕi131Өu0	鬼节 kuei55tʃiɛ442	七月十五 tʃhŋ210ye0 ʃi55Өu213
0104	中秋	八月十五 pa210yɐr0 ɕi33Өu0	八月十五 pa210ye0 ɕi33Өu0	八月儿十五 pa210yɐr0 ʃi34Өu214	八月十五 pa350ye0 ʃi53Өu55	八月十五 pa350ye0 ʃi55Өu214	八月十五 pa350ye0 ʃi53Өu55	八月十五 pa550ye0 sʂ350u0	八月十五 pa210yɐr0 sʂ34Өu0	八月儿十五 pa210yɐr0 ɕi131Өu0	八月十五 pa21ye0 ʃi34Өu0	八月十五 pa210ye0 ʃi550u213
0105	冬至	过冬 kuo33tuŋ53	过冬 kuo53tuŋ53	过冬 kuo34tuŋ312	过冬 kuo53tuŋ35	过冬 kuo52tuŋ313	过冬 kuo53tuŋ35	过冬 kuo55tuŋ213	过冬 kuo34tuŋ52	过冬 kuo131tuŋ51	过冬 kuo55tuŋ214	过冬 kuo55tuŋ313

第二章 词汇

续表

编号	词汇	芝罘读音	福山读音	栖霞读音	龙口读音	蓬莱读音	招远读音	莱州读音	海阳读音	牟平读音	莱阳读音	长岛读音
0106	腊月农历十二月	腊月儿 la210yer33	腊月儿 la330yer0	腊月儿 la520yer0	腊月 la530ye0	腊月 la350ye0	腊月 la530ye0	腊月 la530ye0	腊月儿 la340yer0	腊月儿 la210yer0	腊月儿 la510yer0	腊月 la350ye0
0107	除夕农历	大年三十 ta33nian53 san53ɕi33	大年三十 ta33nian53 san53ɕi33	大年三十儿 ta34nian312 sãn52ʂɻ342	大年三十儿 ta35nian55 san35ʂɻ0	大年三十儿 ta52nian55 san31ʂɻ0	大年三十儿 ta35nian55 san35ʂɻ0	五更黑价 ou55ŋ ciŋ0 xei55tɕia0	过年 kuo34nian52	大年三十 ta131nian51 san51ɕi131	大年三十 ta51niɛ0sɛ21 ʂɻ442	大年三十 ta52nian0 san31ʂɻ0
0108	历书	老黄历 lau21xuɑŋ33 li0 黄历 xuɑŋ33li0	老黄历 lau21xuɑŋ33 li0	月份牌儿 ɵye21ʂɻfən0 pher342	黄历 xuɑŋ55li0	黄历 xuɑŋ55li0	黄历 xuɑŋ55li0	黄历 xuɑŋ55li0	月份牌儿 ɵye21fən0 pher341	黄历 xuɑŋ553li0	月份牌儿 ɵye51fə0 pher442	阴历牌儿 ɵiɑŋ55fən0 pher55 月份牌儿 ɵye52fən0 pher55
0109	阴历	阴历 ɵin53li0	阴历 ɵin53li0	阴历 ɵin521li342	农历 nu53li0 古历 ku55li0	阴历 ɵin31li0	农历 nu53li0 古历 ku55li0	古历 ku55li213	阴历 ɵin52li0	阴历 ɵin51li0	阴历 ɵi21li51	阴历 ɵin31li0
0110	阳历	阳历 ɵiɑŋ31li0	阳历 ɵiɑŋ53li0	阳历 ɵiɑŋ34li0	公历 kuŋ35li0	阳历 ɵiɑŋ55li0	公历 kuŋ35li0	阳历 ɵiɑŋ53li213	阳历 ɵiɑŋ34li0	阳历 ɵiɑŋ553li0	阳历 ɵiɑŋ51li51	阳历 ɵiɑŋ55li0
0111	星期天	礼拜天 li21pai33 thian53	礼拜天 li21pai33 thier53	礼拜天儿 li21pei34 thier312	礼拜 li55pe214	礼拜 li35pai52	礼拜 li55pe214	星期 siŋ55tɕhi213	星期天儿 siŋ52chi0 thian52	礼拜天儿 li21pai131 thier51	礼拜天 li21pe0 thiɛ214	礼拜天 li21pai0 thian313

155

二 方位

编号	词汇	芝罘读音	福山读音	栖霞读音	龙口读音	蓬莱读音	招远读音	莱州读音	海阳读音	牟平读音	莱阳读音	长岛读音
0112	地方	地方儿 ti33fɐ̃r0	地方儿 ti33tɕhiɐr0	地场儿 ti34tʃhɐ̃r0	地方 ti53faŋ0	地场儿 ti52tʃhɐ̃r0	地方 ti53faŋ0	捻儿 mɐr35	地场儿 ti34tʃhɐ̃r0	地方儿 ti131fɐ̃r0	场儿 tʃhaŋ21xour0	地场儿 ti52tʃhɐ̃r0
0113	什么地方	什么地方儿 ɕin33 ma0ti33 fɐ̃r0	什么地方儿 ɕin33 ma0ti33 tɕiɐr0	什么地场儿 ʃɐ̃n34 ma0ti34 tʃhɐ̃r0	什么地方 ʃan53 ma0ti53 faŋ0	什么地场儿 ʃan55 ma0ti52 tʃhɐ̃r0	什么地方 ʃan53 ma0ti53 faŋ0	什么捻儿 şɛ̃53 ma0mɐr35	什么地场儿 saŋ34 ma0ti34 tʃhɐ̃r0	什么场儿 ɕin53ma0 tɕhiɐr214 公地方儿 mo51ti131 fɐ̃r0	什么场合儿 ʃɐ̃55ma0 tʃhaŋ21 xour0	什么地场儿 ʃan55ma0 tʃhɐ̃r0
0114	家里	家里边儿 tɕia531li0pier0	家里 ɕia53li0	家儿里 ɕiar521lei0	家儿 ɕiar35	家里 ɕia31li0	家儿 ɕiar35	家来 tɕia213li0	家里 ɕia52li0	家 ɕia51	家儿 ɕiar214	家里 ɕia52li0
0115	城里	城里边儿 tɕhiŋ33li0 pier0	城里 tɕhiŋ33li0	城里 tʃhɐ̃r34lei0	城里 tʃhɐ̃r53	城里儿 tʃhan55 liar214	城儿里 tʃhɐ̃r53	城来 tʃhaŋ55li0	城里 tʃhaŋ34li0	城里 tɕhiŋ553li0	城 tʃhaŋ442	城里 tʃhaŋ55li0
0116	乡下	乡下 ɕiaŋ53ɕia0	乡下 ɕiaŋ53ɕia0	乡下 ɕiar521lei0	乡下 ɕiaŋ53ɕie0	乡下 ɕiaŋ31ɕia0	乡下 ɕiaŋ53ɕie0	乡下 ɕiaŋ213ɕia0	乡下 ɕiaŋ52ɕia0	乡 ɕiaŋ51	乡下 ɕiaŋ51ɕia0	乡下 tʃhaŋ55
0117	上面 从…来 读下来	上边儿 ɕiaŋ33pier0	上边儿 ɕiaŋ33pier0	上边儿 ʃaŋ34pier312	上面儿 ʃaŋ55mer0	上面儿儿 ɕinaŋ52 mier0 上沿儿 ʃaŋ520mer0	上面儿 ʃaŋ55mier0	上边儿 ʃaŋ55pier0	上头 saŋ34thau0	上头儿 ɕiaŋ131thour0	上面儿 ʃaŋ51mier0	上面儿 ʃaŋ52mier0
0118	下面 从…去 爬上去	下边儿 ɕia33pier0	下边儿 ɕia33per0	下边儿 ɕia52pier312	下面儿 ɕia55mer0	下面儿 ɕia52 mier0 下沿儿 ɕia520mer0	下面儿 ɕia55mer0	下边儿 ɕia55pier0	下头 ɕia34thau0	下头儿 ɕia131thour0	下面儿 ɕia21mier0	下面儿 ɕia52mier0

第二章 词汇

续表

编号	词汇	芝罘读音	福山读音	栖霞读音	龙口读音	蓬莱读音	招远读音	莱州读音	海阳读音	牟平读音	莱阳读音	长岛读音
0119	左边	右边儿 tsuo21pier0	左边儿 tsuo021mier0	旁边儿 phaŋ34pier312	左面儿 tsua35mer0	左面儿 tsua35pier0	左面儿 tsua35mer0	左下儿 tsua213xar0	左边儿 tθuo34pier0	左边儿 tsuo131pier0	左旁儿 tsuo51phãr0	左边儿 tsua35pier0
0120	右边	右边儿 θiou33pier0	右边儿 θiou33mier0	旁边儿 phaŋ34pier312	右面儿 θiau35mer0	右面儿 θiau52pier0	右面儿 θiau35mer0	右下儿 θiau213xar0	右边儿 θiau34pier0	右边儿 θiou131pier0	右旁儿 θiou51phãr0	右边儿 θiou52pier0
0121	中间排列在…	中间儿 tsuŋ33ɕier0	当个间儿 taŋ53kɤ0ɕier33	中间儿 tsuŋ34ɕiɛ312	中间儿 tsuŋ35ɕier0	中间儿 tʃuŋ31ɕier313	中间儿 tsuŋ35ɕier0	中间 tsuŋ55ɕia213	中间儿 tsuŋ52ɕier341	当个中儿 taŋ51kə0 tsũr553	中间 tsuŋ34ɕiɛ214	中间儿 tʃuŋ31ɕier0
0122	前面排列在…	前边儿 tɕhian33pier0	前面 tɕhian33 mian0	前边儿 tʃhian34 pier312	前面儿 tʃhian55 mer0	前面儿 tʃhian55 mer0	前面儿 tʃhian55 mer0	前边儿 tʃhia55 pier0	前头 tʃhian34 thou0	前边儿 tʃhian553 pier0	前旁儿 tʃhiɛ34 phãr0	前面儿 tʃhian55 mier0
0123	后面排列在…	后面 xou33pier0	后面 xau33mian0	后边儿 xau34pier312	后面儿 xou55mer0	后面儿 xou52mer0	后面儿 xau55mer0	后边儿 xau55pier0	后头 xau34thou0	后边儿 xou131pier0	后旁儿 xou34phãr0	后影儿 xou52θiar213
0124	末尾排列在…	最后边儿 tsei53xou33pier0	最后 tsei53xau33 末了儿 mo33 liɑur214	落不了儿 la21pu0 liɔor214 落不腚子 la21pu0 tiãr342	末后了 ma35xua0 liɔr214	末尾儿 ma52 θuar214	末后了 ma35xua0 liɔr214	紧后边儿 tɕiɛ55xau55 pier0	落不了儿 la21pu0 liɔr214	落末了 la21mə0 liau214 落末腚子 la51pu0 tiŋ131tə0	落不了儿 la51pu0liɔr0	末尾 ma52 最后影儿 tsei52xou52 θiar313
0125	对面	对面儿 tei53mier33	对过儿 tei53kar33	对过儿 tei52kuor312	对面儿 tei35mier0	对面儿 tei52mier0	对面儿 tei35mier0	对着脸儿 tei53tsɿ0liɛr55	对面儿 tei52mier341	对面儿 tei51mier131	对面儿 tei21mier51	对面儿 tei52mier52

◆◇◆ 烟台方言总揽

续表

编号	词汇	芝罘读音	福山读音	栖霞读音	龙口读音	蓬莱读音	招远读音	莱州读音	海阳读音	牟平读音	莱阳读音	长岛读音
0126	面前	跟前儿 kan53 tɕhier33	跟前 kan53 tɕhian33	眼前儿 θiãn21 tʃhier342	跟前 kan35 tʃhian0	面前 mian55 tʃhan55 眼前 θian21 tʃhan55	跟前 kan35 tʃhian0	眼前 θiã55 tshiã0	眼前儿 θiãn21 tshier341	跟前儿 kan51 tɕhian553	眼前儿 kã21 tʃhier442	眼前儿 θian21 tʃhier55
0127	背后	背后 pei53 xou33	背后 pei53 xou33	身后儿 ʃãn52 xour52	身后 ʃãn35 xour0	背后儿 pei52xour52 过后儿 kua52xour52	身后儿 ʃãn35xour0	腔后米 tiŋ213xou55 lɛ0	后边儿 xə u34per0	背后儿 pei51 xour0	背后儿 pei51 xour0	后影儿 xou52 θiar213
0128	里面 里边在里~	里边儿 li21pier0	里面儿 li21mier0	里边儿 li34pier312	里面儿 li35mier0	里面儿 li35mier0	里面儿 li35mier0	里边儿 li35pier0	里头 li21thou35	里头儿 li21thour0	里头儿 li21thour0	里面儿 li21mier52
0129	外面 外边在~面	外边儿 θuaŋ33 pier53	外边儿 θuai33 mier0	外边儿 θuei34 pier312	外面儿 θue55 mier0	外面儿 θuai52 mier0	外面 θue55 mer0	外边儿 θue55 pier0	外头 θue34 thou0	外头儿 θuai13 1thour0	外头 θue34 thour0	外面儿 θuai52 mier0
0130	旁边	旁边儿 phaŋ33pier0	一旁儿 θi21phãr33	旁边儿 phaŋ34 pier312	一旁儿 θi35phãr0	旁儿 phaŋ55 pier313	一旁儿 θi35phãr0	旁下儿 phaŋ55xar0	旁边儿 phaŋ34per0	边上儿 pier51ɕiaŋ0	边儿 pier214	旁边儿 phaŋ55pier0
0131	上碱在桌子~	上 ɕiaŋ33	上 ɕiaŋ33	上 ʃaŋ52	上面儿 ʃaŋ35mer0	上 ʃaaŋ52	上面儿 ʃaŋ35mer0	上 ʃaŋ53	上 saŋ341	上 ɕiaŋ131	上 ʃaŋ51	上 ʃaŋ52
0132	下凳子底~	下 ɕia33	下 ɕia33	下 ʃia52	下面儿 ɕia35mer0	下 ɕia52	下面儿 ɕia35mer0	下 ɕia53	下 ɕia341	下 ɕia131	下 ɕia51	下 ɕia52

· 158 ·

第二章 词汇

续表

编号	词汇	芝罘读音	福山读音	栖霞读音	龙口读音	蓬莱读音	招远读音	莱州读音	海阳读音	牟平读音	莱阳读音	长岛读音
0133	边儿桌~子的~	边儿 pier53	边儿 pier53	边儿 pier312	边儿 pier35	边儿 pier313	边儿 pier35	沿儿 θier53 边儿 pier213	边儿 pier52	边儿 pier51	边儿 pier214	边儿 pier313
0134	角儿桌~子的~	角儿 tsiar214	角儿 ciar214	角儿 ciar214	角儿 ciar35	角儿 cyar214 角儿 ciar214	角儿 ciar35	角儿 tsiar55	角儿 tsiar214	角儿 cia214	角儿 tsiar214	角儿 ciar213
0135	上去他~了	上去 ciaŋ33tchy0	上去 ciaŋ33chy0	上去 ʃaŋ34chy0	上去 ʃaŋ55chy0	上去 ʃaŋ52chy0	上去 ʃaŋ55chy0	上去 ʂaŋ55tchi0	上去 saŋ34chi0	上去 ciaŋ131chy0	上去 ʃaŋ34chy0	上去 ʃaŋ52chy0
0136	下来他~了	下来 cia33lae0	下来 cia53lai0	下来 cia34lei0	下来 cia55le0	下来 cia52lai0	下来 cia55le0	下来 cia55le0	下来 cia34le0	下来 cia131lai0	下来 cia34le0	下来 cia52lai0
0137	进去他~了	进去 tcin33tchy0	进去 tcin33chy0	进去 tʃin52chy0	进去 tʃan53chy0	进去 tʃan53chy0	进去 tʃan53chy0	进去 tsiɛ53tchi0	进去 tsin34chi0	进去 tcin131chy0	进去 tʃã51chy0	进去 tʃan52chy0
0138	出来他~了	出来 tchy21lae0	出来 tchy21lai0	出来 tʃhy21lei0	出来 tʃhy55le0	出来 tʃhu313lai0	出来 tʃhy55le0	出来 tʃhu55le0	出来 tʃhy21le0	出来 tchy21lai0	出来 tʃhu21le0	出来 tʃhy35lai0
0139	出去他~了	出去 tchy21tchy0	出去 tchy21chy0	出去 tʃhy21chy0	出去 tʃhy55chy0	出去 tʃhu313chy0	出去 tʃhy55chy0	出去 tʃhu35tchi0	出去 tʃhy21chi0	出去 tchy21chy0	出去 tʃhu21chy0	出去 tʃhy35chy0
0140	回来他~了	回来 xuei33lae0	回来 xuei33lai0	回来 xuei34lei0	回来 xuei55le0	回来 xuei55lai0	回来 xuei55le0	回来 xuei55le0	回来 xuei34le0	回来 xuei553le0	回来 xuei34le0	回来 xuei55lai0
0141	起来天亮~了	起来 tchi21lae0	起来 chi21lai0	起来 chi21lei0	起来 chi55le0	起来 chi35lai0	起来 chi55le0	起来 tchi55le0	起来 chi211le0	起来 chi21lai0	起来 chi21le0	起来 chi35lai0

159

第三节 植物

一 一般植物

编号	词汇	芝罘读音	福山读音	栖霞读音	龙口读音	蓬莱读音	招远读音	莱州读音	海阳读音	牟平读音	莱阳读音	长岛读音
0142	树	树 ɕy33	树 ɕy33	树 ʃy342	树 ʃy53	树 ʃy52	树 ʃy53	树 ʃu53	树 ʃy341	树 ɕy131	树 ʃy51	树 ʃy52
0143	木头	木头 mu21thou0	木头 mu21thou33	木头 mu34thou0	木头 mu53thou0	木头 mu52thou0	木头 mu53thou0	木头 mu53thou0	木头 mu34thou0	木头 mu21thou0	木头 mu51thou0	木头 mu35thou0
0144	松树_棵	松树 ɕyŋ53ɕy33	柴火树 tshai33xu0 ɕy33	松树 ʃuŋ52ʃy342	松树 ʃyŋ35ʃy0	松树 ʃuŋ31ʃy52	松树 ʃyŋ35ʃy0	松树 ʃyŋ213ʃu0	松树 ʃyŋ52ʃy0	松树 ɕyŋ51ɕy131	松树 ʃuŋ51ʃy0	松树 ʃuŋ31ʃy52
0145	柏树_棵	柏树 po21ɕy33	片儿松 phier33ɕyŋ53	柏树 pa21ʃy342	片松 phian53ʃyŋ35	片儿松 phier52ʃuŋ31	片松 phian53ʃyŋ35	柏树 pei55ʃu0	片松 phian34ʃyŋ52	柏树 po553ɕy131	柏树 pa21ʃy0	片儿松 phier55ʃuŋ31
0146	杉树	杉木 sa53mu33	杉木 sa53mu0	杉树 sãm52ʃy342	杉树 sa35ʃy0	杉树 sa31ʃy52	杉树 sa35ʃy0	杉树 sã55ʃu0	杉树 sa52ʃy0	杉树 sa51ɕy131	杉树 sɛ̃21ʃy0	杉树 san31ʃy52
0147	柳树	柳树 liou21ɕy33	柳树 liou21ɕy33	柳树 liou21ʃy342	柳树 liou35ʃy0	柳树 liau35ʃy52	柳树 liou35ʃy0	柳树 liau55ʃu0	柳树 liou21ʃy0	柳树 liou21ɕy131	柳树 liou21ʃy0	柳树 liou21ʃy52
0148	竹子_棵	竹子 tsu21tsɿ0	竹子 tsu21tɕər0	竹子 tsu21tɕə0	竹子 tsu35tsɿ0	竹子 tʃu35əo0	竹子 tsu35tsɿ0	竹子 tsu35tsɿ0	竹 tsu214	竹子 tsu21tɕə0	竹子 tsu21tsɿ0	竹子 tsu35tsɿ0
0149	笋	笋 san214	笋 san214	笋 sãn214	笋 ʃyn55	笋 san214	笋 ʃyn55	笋 syɛ̃55	笋 sỹn214	笋 san214	笋 ʃy34	笋 san213

第二章　词汇

续表

编号	词汇	芝罘读音	福山读音	栖霞读音	龙口读音	蓬莱读音	招远读音	莱州读音	海阳读音	牟平读音	莱阳读音	长岛读音
0150	叶子	叶子 ɵie21ɹə0	叶儿 ɵier214	叶儿 ɵier214	叶儿 ɵier53	叶儿 ɵier214 叶子 ɵie350ə0	叶儿 ɵier53	叶子 ɵie53tsɿ0	叶子 ɵie340ə0	叶儿 ɵier214	树叶 ʃy21ie51	叶子 ɵie350tsɿ0
0151	花	花儿 xuar53	花儿 xuar53	花儿 xuar312	花儿 xuar35	花儿 xuar313	花儿 xuar35	花儿 xuar213	花儿 xuar52	花儿 xuar51	花儿 xuar214	花儿 xuar313
0152	花蕾_名 骨朵	花骨朵儿 xua53ku21 tur33	花骨朵儿 xua33ku21 tour0	花骨朵儿 xua34ku21 tour0	骨朵儿 pu35tur0	花骨朵儿 xua31ku35 taur0	骨朵儿 pu35tur0	花布朵儿 xua213pɔ55 tur0	花骨朵儿 xua34ku21 tour0	花骨朵儿 xua55ku21 tour131	花骨朵儿 xua34ku21 tour0	花布兜 xua31pu21 tour0
0153	梅花	梅花儿 mei33xuar53	梅花儿 mei33xuar53	梅花儿 mei34xuar0	梅花儿 mei53xuar0	梅花儿 mei55xuar0	梅花儿 mei53xuar0	梅花儿 mei53xuar0	梅花儿 mei34xuar0	梅花儿 mei553xuar51	梅花儿 me34xuar0	梅花儿 mei55xuar31
0154	牡丹	牡丹 mu21tan0	牡丹 mu21tan0	牡丹 mu21tan0	牡丹 mu55tan0	牡丹 mu35tan0	牡丹 mu55tan0	牡丹 m u35tan0	牡丹 mu21tɛ0	牡丹 mu21tan0	牡丹 mu21tɛ0	牡丹 mu35tan0
0155	荷花	荷花 xɤ33xua0	荷花 xuo33xua53	荷花 儿 xuo34xuar0	荷花 xua53xua35	荷花儿 xua52xuar0	荷花 xua53xua35	荷花儿 xa55xuar213	荷花 xuo34xua52	荷花 xuo553xua51	荷花 xuo51xua214	荷花 xa55xuar31
0156	草	草 tshau214	草 tshau214	草 tshoo214	草 tsho55	草 tshau214	草 tsho55	草 tsho55	草 tɵhɔ214	草 tshau214	草 tsho34	草 tshau213
0157	藤	蔓儿 man33ɹə0	蔓儿 mɛr33	藤子 thaŋ34tsɿ0	蔓子 θar53 葛子 ka35tsɿ0 藤的一种	藤子 thaŋ550ə0 蔓儿 θar52	蔓子 θər53 葛子 ka35tsɿ0 藤的一种	藤 thaŋ53	#儿 θer341	蔓儿 mɛr131	藤 thaŋ442	蔓子 θan52tsɿ0
0158	刺_{名词}	刺 tshɿ33刺进手里的，鱼~ 刺儿 tshar33树上的	刺 tshɿ33	刺儿 tshar52	刺儿 tshar53	刺儿 tshar52	刺儿 tshar53	刺儿 tshar53	刺儿 tɵhar341	刺儿 tshar131	刺 tshɿ51	刺 tshɿ52

· 161 ·

◆◇◆ 烟台方言总揽

续表

编号	词汇_{名词}	芝罘读音	福山读音	栖霞读音	龙口读音	蓬莱读音	招远读音	莱州读音	海阳读音	牟平读音	莱阳读音	长岛读音
0159	水果_{名词}	水果儿 suei55 kuor214	水果儿 suei55 kuor214	果儿木 kuor34 mu0	水果儿 suei55 kurr0	水果儿 suei35 kuar214 果儿 kuar21mu0 木	水果儿 suei55kurr0	水果儿 suei53kar0	水果儿 suei21 kuor214	水果儿 suei55 kuor314	水果儿 suei51 kour0	果莓 kua52mar0
0160	苹果	苹果 phiŋ33 kuo214	苹果 phiŋ33 kuo214	苹果 phiŋ34 kuo214	苹果 phiŋ53 kue0	苹果 phiŋ55 kue214	苹果 phiŋ53 kue0	苹果 phiŋ53 kar0	苹果 phiŋ34 kuo214	苹果 phiŋ553 kuo214	苹果 phiŋ51 kuo0	苹果 phiŋ55 kua213
0161	桃子	桃 thau33rə0	桃儿 thau330ar0	桃儿 thoor342	桃儿 thor53	桃儿 thau550ə0	桃儿 thor53	桃儿 thor53	桃子 th340ə0	桃儿 thau553ta0	桃儿 th340ar0	桃儿 thau55tsŋ0
0162	梨	梨 li53	梨 li53	梨 lei312	梨 li55	梨 li55	梨 li55	梨 li53	梨 lei52	梨 li51	梨 li214	梨 li55
0163	李子	李子 li21rə0	李子 li210ar0	李子 li21la0	李子 li35tsŋ0	李子 li350ə0	李子 li35tsŋ0	李子 li35tsŋ0	李子 li210ə0	李子 li21ta0	李子 li21tsŋ0	李子 li35tsŋ0
0164	杏	杏儿 çiŋ33rə0	杏儿 çiŋ330ar0	杏儿 çiər342	杏儿 çiər53	杏 çiŋ52	杏儿 çiər53	杏儿 çiər53	杏儿 çiŋ340ə0	杏 çiŋ131ta0	杏儿 çiŋ340ar0	杏儿 çiŋ52tsŋ0
0165	橘子	橘子 tçy21rə0	橘子 cy330ar0	橘子 cy21la0	橘子 cy35tsŋ0	橘子 cy550ə0	橘子 cy35tsŋ0	橘子 tcy35tsŋ0	橘子 cy340ə0	橘子 cy21ta0	橘子 cy21tsŋ0	橘子 cy52tsŋ0
0166	柚子	柚子 θiou33rə0	柚子 θiou330ar0	柚子 θiou34la0	柚子 θiou55tsŋ0	柚子 cy550ə0	柚子 θiou550ə0	柚子 θiou53tsŋ0	柚子 θiou340ə0	柚子 θiou131ta0	柚子 θiou34tsŋ0	柚子 θiou52tsŋ0
0167	柚子	柚子 sŋ33rə0	柚子 sŋ330ar0	柚子 sŋ34la0	柚子 sŋ53tsŋ0	石榴儿 sŋ520ə0	柚子 sŋ53tsŋ0	柚子 sŋ53tsŋ0	柚子 sŋ340ə0	柚子 sŋ131ta0	柚子 sŋ34tsŋ0	柚子 sŋ52tsŋ0
0168	石榴	石榴 ci33liou0	石榴 ci33liou0	石榴 ʃɤ34liau0	石榴 ʃi53liau0	石榴 ʃi55liaur0	石榴 ʃi53liau0	石榴 sŋ55liou0	石榴 sŋ34liau0	石榴 ci131liou0	石榴 ʃɤ34liau0	石榴 ʃi55liou0

· 162 ·

续表

编号	词汇	芝罘读音	福山读音	栖霞读音	龙口读音	蓬莱读音	招远读音	莱州读音	海阳读音	牟平读音	莱阳读音	长岛读音
0169	枣	枣儿 tsaur214	枣儿 tsaur214[①]	家枣儿 cia55tsɔr214	枣儿 tsɔr55	枣儿 tsaur214	枣儿 tsɔr55	枣儿 tsɔr55	枣儿 tɵr214	枣儿 tsaur214	枣儿 tsɔr34	枣儿 tsaur213
0170	栗子	栗蓬 li33phaŋ0	栗蓬 li33phaŋ0	栗蓬 li34phaŋ0	栗子 li53tsʅ0	栗蓬 li52phaŋ0	栗子 li53tsʅ0	栗子 li53tsʅ0	栗蓬 li34phaŋ0	栗子 li131phaŋ0	栗子 li51tsʅ0	栗蓬 li52phaŋ0
0171	核桃	核桃 xɤ33thau0	核桃 xɤ33thau0	核桃 xa34thɔ0	核头 xa55thau0	核桃 xa55thau0	核头 xa55thau0	核桃 xa55thɔ0	核桃 xa34thau0	核桃 xɤ131thau0	核桃 xa34thɔ0	核桃 xa55thau0
0172	银杏白果	白果 po33kuo214	白果 po33kuo214	白果 pa34kuo214	白果 pə53ku55	白果儿 pa52kuər214	白果 pə53kua55	白果 pei53kə0	白果 pə55kuo214	白果 po553kuo0	白果儿 pə51kourɔ	银杏儿 ɵin55ɕiər52
0173	甘蔗	甘蔗 kan53ɕie0	甘蔗 kan53ɕie0	甘蔗 kán52tʂə0	甜秆儿 thian55ker0	甘蔗 kan31tʃi55	甜秆儿 thian55ker0	甘蔗 ka213tʂə0	甘蔗 kǎn52tsə0	甘蔗 kan51ɕie0	甘蔗 kɤ51tʂə34	甘蔗 kan52tʃie213
0174	木耳	木耳 mu33ɵar214	木耳 mo33ɵar214	木耳 mu55ɵar214	木耳 mu53ɵar55	木耳 mu52ɵar214	松窝儿 ʃyŋ35ɵuɤr35	木耳 mu213ɵar55	木耳 mu55ɵar214	木耳 mo131ɵar214	木耳 mu51ɵar34	木耳 mu52ɵar213
0175	蘑菇	蘑菇 mo33ku0	蘑菇 mo33ku0	蛾儿 ɵuor312	蘑菇 mə55ku0	蘑菇 mə55ku0	蘑菇 mu53ɵar55	蘑菇 mə55ku0	鲇蛾儿 ňian520uor0	蘑菇 mo553ku51	蛾儿 ɵuor214	蘑菇 mə55ku0
0176	香菇	香菇 ɕiaŋ33ku0	香菇 ɕiaŋ35ku53	香菇 ɕiaŋ34ku312	花菇 xua35ku35	香菇 ɕiŋaŋ31ku0	花菇 xua35ku35	香菇 ɕiaŋ55ku213	香菇 ɕiaŋ34ku52	香菇 ɕiaŋ131ku51	香菇 ɕiaŋ34ku214	香菇 ɕiaŋ55ku0

① "枣"单独念时为[tsau]，儿化后声母变为舌尖后音[tʂ]。

二 农作物

编号	词汇	芝罘读音	福山读音	栖霞读音	龙口读音	蓬莱读音	招远读音	莱州读音	海阳读音	牟平读音	莱阳读音	长岛读音
0177	稻 稻科植物	稻子 tau33ɿə0	稻子 tau33ƟərƟ	稻子 tɔo34ɿə0	稻子 tɔ55tsɿ0	稻子 tau52ɿə0	稻子 tɔ55tsɿ0	稻子 tɔ55tsɿ0	稻子 tɔ34ɿə0	稻子 tau131ɿə0	稻子 tɔ34tsɿ0	稻子 tau52tsɿ0
0178	稻谷 广义（整颗稻子）后接大米	稻谷 tau33ku214	谷穗儿 ku21ʂərƟ33①	稻谷 tɔo34ku214	稻谷 tɔ55tsɿ0	稻谷 tau52ku214	稻谷 tɔ55tsɿ0	稻谷 tɔ53ku55	稻谷 tɔ55ku214	稻 tau131	稻谷 tɔ51ku34	稻谷 tau52ku213
0179	稻草 稻的后秸	稻草 tau33 tshau214	稻秆 tau33kan53	稻杆 tɔo34kǎn214	稻根 tɔ55kən0	稻草 tau52 tshau214	稻根 tɔ55kən0	稻草 tɔ53tshɔ55	稻草 tɔ55tɵhɔ214	稻秸 tau131ɕi0	稻杆 tɔ34kɛ51	稻草 tau52 tshau213
0180	大麦	大麦 ta33mo214	大麦儿 ta33mor214	大麦 ta34mə0	大米 ta55mi0	大麦儿 ta52mɔr214	大米 ta55mi0	大麦 ta55mei0	大麦 ta34mei0	大麦 kuŋ21ɿa0	大麦 ta34mə0	大麦 ta52mə213
0181	小麦	麦子儿 mo21ɿəƟ	小麦儿 ɕiau55mor214	小麦儿 ʃio21mar52	麦子 mə53tsɿ0	小麦儿 ʃau35mar214	麦子 mə53tsɿ0	麦子 mei53tsɿ0	小麦儿 sio21mar341	小麦儿 ɕiau55mor214	小麦儿 ʃio21marƟ	麦子 ma21tsɿ0
0182	麦秸	麦秸儿 mo33ɕiər53	麦管 mo33kuan53	麦秸 ma34ɕie312	麦秸 mə53ɕie55	麦秸 mə35ɕie214	麦秸 mə53ɕie55	麦管草 mei53kuǎ213 tshɔ55	麦秸 ma34ɕie52	麦管 mo553kuan51	麦秸草 mə55tsie0 tshɔ34	麦秸草 mə55ɕie52 tshau213
0183	谷子 指植物	谷子 ku21ɿəƟ	谷子 ku21tsɿƟ	谷子 ku21ɿa0	谷 ku55	谷子 ku35ɿə0	谷 ku55	谷 ku55	谷 ku214	谷 ku214	谷子 ku21tsɿƟ	谷子 ku35tsɿƟ
0184	高粱 指植物	小米儿 ɕiau33 miar214	胡黍 xu33ɕyƟ	胡黍 xu34ʃyƟ	胡黍 xu55ʃyƟ	胡黍 xu35ʃyƟ	胡黍 xu55ʃyƟ	胡黍儿 xu55ʂurƟ	胡黍 xu34su0	胡黍 xu131ɕiouƟ	胡黍 xu34ʃyƟ	胡黍 xu55ʃouƟ

① "穗"单独念时为[sei]，儿化后声母变为舌尖后音[ʂ]。

第二章 词汇

续表

编号	词汇	芝罘读音	福山读音	栖霞读音	龙口读音	蓬莱读音	招远读音	莱州读音	海阳读音	牟平读音	莱阳读音	长岛读音
0185	玉米 成株的植物	苞米儿 pau33miər214	苞儿米 pəur33mi214	苞米 pɔər55mi214	苞儿米 pər35mi55	苞米 pau31mi214	苞儿米 pər35mi55	苞米儿 pə213miər55	棒子 paŋ34o0	棒儿米 pər131mi214	苞米 pə21mi0	苞米 pau52mi213
0186	棉花 植物	棉花 mian33xua53	棉花 mian33xua53	棉花 miãn34xua312	棉花 mian55xua0	棉花 mian55xua313	棉花 mian55xua0	棉花 miã55xua0	棉花 miãn34xua52	棉花 mian55xua51	棉花 miẽ34xua0	棉花 mian55xua31
0187	油菜 料作物、不是蔬菜	油菜 ɵiou53 tshae0	油菜 ɵiou53 tshai33	油菜 ɵiou52 tshei52	（无）	油菜 ɵiou55 tshai52	（无）	（无）	油菜 ɵiou52 tθhe341	油菜 ɵiou51 tshai131	油菜 ɵiou34 tshe0	油菜 ɵiou55 tshai0
0188	芝麻	芝麻 tsɿ53ma0	芝麻 tsɿ53ma0	芝麻 tsɿ52ma0	芝麻 tsɿ35ma0	芝麻 tsɿ31mu55	芝麻 tsɿ35ma0	芝麻 tsɿ213ma0	芝麻 tsɿ52ma0	芝麻 tsɿ51ma0	芝麻 tsɿ51ma442	芝麻 tsɿ31ma0
0189	向日葵 油料作物	转儿莲 tsuər53 lian33	转儿莲 tʂuer53 lian33①	转油儿莲 tʃuən34 ɵiəur0liãn342	无苞子 ɵu35pɔ53 tsɿ0	转儿莲 tʃuer52 lian55	无苞子 ɵu35pɔ53 tsɿ0	葵花 khuei53 xua213	转莲 tʂuan52 liãn341	转日晴 tsuan21 ɵi0tɕhiŋ51	转 tʃuẽ21liẽ51	弯直灯 ɵuan52 tʃɿ35taŋ0
0190	蚕豆	蚕豆 tshan33tou0	蚕豆 tshan33tou0	蚕豆 tshãn34tou0	蚕豆 tshan53tou0	蚕豆 tshan55tou52	蚕豆 tshan53tou0	蚕豆 tshã55tou0	蚕豆 tθhãn34tou0	蚕豆 tshan51tou0	蚕豆 tshẽ34tou0	蚕豆 tshan55tou52
0191	豌豆	豌豆 ɵuan53tou0	豌豆 ɵuan53tou0	豌豆 ɵuan52tou342	豌豆 ɵuan35tou0	豌豆 ɵuan31tou0	豌豆 ɵuan35tou0	豌豆 ɵua213tou0	豌豆 ɵuan52tou0	豌豆 ɵuan51tou0	豌豆 ɵuẽ51tou0	豌豆 ɵuan31tou52
0192	花生 果实、注意儿化	花生儿 xua33sãr53	花生 xua35saŋ53	长果儿 tʃhaŋ55 kuər214	长生果儿 tʃhaŋ53səŋ35 kuʏr214	长果儿 tʃhaŋ55 kuər214	长生果儿 tʃhaŋ53səŋ35 kuʏr214	长生果儿 tshaŋ53 səŋ213kər55	长果儿 tshaŋ55 kuər214	花生儿 xua131sãr51	长果 tʃhaŋ51 kuo34	长果儿 tʃhaŋ55 kuər213

① "转"单独念时为[suan]，儿化后声母变为舌尖后音[tʂ]。

烟台方言总揽

续表

编号	词汇	芝罘读音	福山读音	栖霞读音	龙口读音	蓬莱读音	招远读音	莱州读音	海阳读音	牟平读音	莱阳读音	长岛读音
0193	黄豆	黄豆儿 xuaŋ33tour0	黄豆 xuaŋ33tau0	豆儿 taur342	豆儿 taur55	黄豆 xuaŋ55tau0	豆儿 taur55	黄豆 xuaŋ55tau0	豆子 tau34ɿ0	大豆 ta51tou131	黄豆 xuaŋ34tou0	黄豆 xuaŋ55tou52
0194	绿豆	绿豆 lu21tou0	绿豆 lu21tau0	绿豆 ly52tau342	绿豆 ly53tau0	绿豆 ly35tau0	绿豆 ly53tau0	绿豆 ly53tau0	绿豆 ly34tau0	绿豆 lu21tou131	绿豆 ly51tou0	绿豆 ly52tou52
0195	豇豆长条形的	豇豆 tɕiaŋ53tou0	豇豆 tɕiaŋ53tau0	豇豆 tɕiaŋ52tau342	豇豆 tɕiaŋ35tau0	豇豆 tɕiaŋ31tau0	豇豆 tɕiaŋ35tau0	豇豆 tɕiaŋ213tau0	豇豆 tɕiaŋ52tau0	豇豆 tɕiaŋ51tou131	豇豆 tʃiaŋ51tou0	豇豆 tɕiaŋ31tou52
0196	大白菜东北山东形的	大白菜 ta33po21 tshae33	大白菜 ta33pɕin53 tshai33	大白菜 ta34pa34 tshei0	白菜 pɔ53tshe0	大白菜 pɔ55tshai52 大白菜 pɔ55tshei0	白菜 pɔ53tshe0	大白菜 ta213pei55 tshe0	白菜 pa34tɵhe0	大白菜 ta21pɔ51 tshai131	大白菜 ta51pa34 tshe0	大白菜 ta52pɔ55 tshai52
0197	包心菜	大头菜 ta33thou53 tshae33	包心菜 pou33ɕin53 tshai33	大头菜 ta34thou52 tshei0	大头菜 ta53thou53 tshe214	大头菜 ta52taur55 tshai52	大头菜 ta53thou53 tshe214	大头菜 ta55thou0 tshe213	大头菜 ta34thou52 tɵhe341	大头儿菜 ta21thour51 tshai131	大头菜 ta21thou51 tshe51	大头菜 ta52thou55 tshai52
0198	菠菜	红根儿菠菜 xuŋ33kər33 pɔ53tshae33	红根儿菜 xuŋ33kər53 tshai33	菠菜 pɔ52tshei0	菠菜 pɔ35tshe0	菠菜 pɔ31tshai0 菠菜 pɔ31tshei0	菠菜 pɔ35tshe0	菠菜 pɔ213tshe0	菠菜 pɔ52tɵhe0	菠菜 pɔ51tshai131	菠菜 pɔ51tshe0	菠菜 pa31tshai0
0199	芹菜	芹菜 tɕhin33tshae0	芹菜 tɕhin53tshai33	芹菜 tɕhin34tshai0	芹菜 tɕhin55tshe0	芹菜 tɕhin55tshai0	芹菜 tɕhin55tshe0	芹菜 tɕhiɛ55tshe0	芹菜 tɕhin34tɵhe0	芹菜 tɕhin553 tshai131	芹菜 tɕhiɛ34tshe0	芹菜 tɕhin55tshai0
0200	莴笋	莴苣 ɣuo53tɕye0	莴苣 ɣuo53cy0	莴苣 ɣuo52cy0	莴苣 ɣuo35cy0	莴苣 ɣua33san214	莴苣 ɣuo35cy0	莴苣 ɣua213tɕy55	莴苣 ɣuo52cy0	莴苣 ɣuo51cyo0	莴苣 ɣuo51cy0	莴苣 ɣua51cy0

· 166 ·

续表

编号	词汇	芝罘读音	福山读音	栖霞读音	龙口读音	蓬莱读音	招远读音	莱州读音	海阳读音	牟平读音	莱阳读音	长岛读音
0201	韭菜	韭菜 tɕiou21 tshae0	韭菜 ciau21 tshai33	韭菜 ciau21 tshei0	韭菜 ciau35 tshe0	韭菜 ciau35 tshai0	韭菜 ciau35 tshe0	韭菜 tɕiau55 tshe0	韭菜 ciau21 tθhe0	韭菜 ciou21 tshai52	韭菜 ciou21 tshe0	韭菜 ciou21 tshai52
0202	香菜_{芫荽}	香菜 ciaŋ53 tshae0	芫荽 θian53 ɕi0	芫荽 θian52 ʃi0	芫荽 θian35 ɕi0	芫荽菜 θian55 ʃi0tshai52	芫荽 θian35 ɕi0	芫荽菜 θia55 si0tshe213	芫荽 θian52si0	芫荽菜 θian51 ɕi0tshai131	芫荽 θiɛ51sei0	香菜 ɕiaŋ31 tshai52
0203	葱	葱 tshuŋ53	葱 tshuŋ53	葱 tshuŋ312	葱 tshuŋ35	葱 tshuŋ313	葱 tshuŋ35	葱 tshuŋ213	葱 tθhuŋ52	葱 tshuŋ51	葱 tshuŋ214	葱 tshuŋ313
0204	蒜	蒜 san33	蒜 san33	蒜 sǎn52	蒜 san214	蒜 san52	蒜 san214	蒜 sa213	蒜 θan341	蒜 san131	蒜 sɛ51	蒜 san52
0205	姜	姜 tɕiaŋ53	姜 ɕiaŋ53	姜 ciaŋ312	姜 ciaŋ35	姜 ciaŋ313	姜 ciaŋ35	姜 tɕiaŋ213	姜 ciaŋ52	姜 ciaŋ51	姜 ciaŋ214	姜 ciaŋ313
0206	洋葱	洋葱 θiaŋ33 tshuŋ53	洋葱 θiaŋ33 tshuŋ53	圆葱 θyǎn34 tshuŋ312	圆葱 θyan53 tshuŋ35	洋葱 θiaŋ55 tʃhuŋ0	圆葱 θyan53 tshuŋ35	洋葱 θiaŋ53 tshuŋ213	圆葱 θyɛ34 tθhuŋ52	洋葱 θiaŋ553 tshuŋ51	圆葱 θyɛ51 tshuŋ214	洋葱 θiaŋ55 tshuŋ0
0207	辣椒	辣椒 la33tɕiau53	辣椒 la35tɕiau53	辣椒 la34tʃioo312	大椒 ta53tʃo35	辣椒 la35tʃau0	大椒 ta53tʃo35	大椒 ta55tsio213	辣椒 la34tsio52	辣椒 la131tɕiau51	辣椒 la51tʃo214	辣椒 la55tʃau0
0208	茄子_{洋柿}	茄子 tɕhie33ɹa0	茄子 chie33 0ɹ0	茄子 chie34a0	茄子 chie55tsɿ0	茄子 chie55 0a0	茄子 chie55tsɿ0	茄子 tchie55tsɿ0	茄子 chie34 0a0	茄子 chie553ta0	茄子 chie34tsɿ0	茄子 chye55tsɿ0 茄子 chie55tsɿ0

续表

编号	词汇	芝罘读音	福山读音	栖霞读音	龙口读音	蓬莱读音	招远读音	莱州读音	海阳读音	牟平读音	莱阳读音	长岛读音
0209	西红柿	洋柿子 ɕiaŋ53 sʅ33ɿ0	洋柿子 ɕiaŋ53 sʅ330ɿ0	洋柿子 ɕiaŋ34 sʅ34ɿs0	洋柿子 ɕiaŋ55 sʅ53tsʅ0	洋柿子 ɕinaŋ55 sʅ520ə0 开柿子 khai31 sʅ520ə0	洋柿子 ɕiaŋ55 sʅ53tsʅ0	洋柿子 ɕiaŋ53 sʅ55tsʅ0	洋柿子 ɕiaŋ52 sʅ340ə0	洋柿子 ɕiaŋ51 sʅ131ta0	洋柿子 ɕiaŋ51 sʅ34tsʅ0	洋柿子 ɕiaŋ55 sʅ52tsʅ0
0210	萝卜味的	萝卜 luo53pei0	萝卜 luo53pei0	萝卜 luo52pei342	萝卜 lua35pei0	萝卜 lua55pei0	萝卜 lua35pei0	萝卜 lua55pei0	萝卜 luo52pei0	萝卜 luo51pei0	萝卜 luo51pei34	萝卜 lua55pei0
0211	胡萝卜	胡萝卜 xu33luo0 pei33	胡萝卜 xu33luo0 pei0	胡萝卜 xu34luo52 pei342	胡萝卜 xu53lua35 pei0	胡萝卜 xu55lua0 pei52	胡萝卜 xu53lua35 pei0	胡萝卜 xu55lua55 pei0	胡萝卜 xu34luo52 pei0	胡萝卜 xu553luo51 pei0	胡萝卜 xu34luo51p ei34	胡萝卜 xu55lua0 pei52
0212	黄瓜	黄瓜 xuaŋ33 kua0	黄瓜 xuaŋ33 kua0	黄瓜 xuaŋ34 kua312	黄瓜 xuaŋ55 kua0	黄瓜 xuaŋ55 ku0	黄瓜 xuaŋ55 kua0	黄瓜 xuaŋ55 kua0	黄瓜 xuaŋ34 kua0	黄瓜 xuaŋ553 kua0	黄瓜 xuaŋ34 kua0	黄瓜 kua0
0213	丝瓜无	丝瓜 sʅ53kua0	丝瓜 sʅ53kua0	丝瓜 sʅ52kua312	丝瓜 sʅ35kua0	丝瓜 sʅ31ku0	丝瓜 sʅ35kua0	丝瓜 sʅ213kua0	丝瓜 ɕy52kua0	丝瓜 sʅ51kua0	丝瓜 sʅ51kua0	丝瓜 sʅ52kua313
0214	南瓜	南瓜 nan53kua0	南瓜 nan33kua0	南瓜 nãn52kua312	南瓜 nan55kua0	南瓜 nan55kua0	南瓜 nan55kua0	南瓜 nã55kua0	方瓜 faŋ52kua0	南瓜 nan51kua0	南瓜 nɛ51kua0	南瓜 nan55kua0
0215	芋芋	芋芋 pi33tɕhi0	(无)	芋芋 pi34tɕhŋ0	(无)	芋芋 pi55tɕhi0	(无)	芋芋 pi55tɕhi0	芋芋 pi34shi0	芋芋 pi553tɕhi0	芋芋 pi34shi0	芋芋 pi55tɕhi0
0216	红薯地瓜	地瓜 ti33kua53	地瓜 ti35kua53	地瓜 ti34kua312	地瓜 ti53kua35	地瓜 ti52kua0	地瓜 ti53kua35	地瓜 ti53kua213	地瓜 ti34kua52	地瓜 ti131kua51	地瓜 ti55kua214	地瓜 ti52kua31

续表

编号	词汇	芝罘读音	福山读音	栖霞读音	龙口读音	蓬莱读音	招远读音	莱州读音	海阳读音	牟平读音	莱阳读音	长岛读音
0217	马铃薯	地豆子 ti53tou33rə0	地豆子 ti53tɑu330ɚr0	地豆儿 ti34tɑur0	土豆儿 thu55tɑur55	土豆子 ti52tɑu520ə0	土豆儿 thu55tɑur55	土豆儿 thu55tɑur53	地豆子 ti52tɑu340ə0	土豆 thu21tour131 地豆子 ti51tou131tɑ0	地豆儿 ti51tour51	地豆子 ti52tou52tsʅ0
0218	芋头	芋头 0y33thou0	芋头 0y33thou0	芋头 0y34thou0	毛儿芋头 mɔr350y55 thou0	芋头 0y52thou0	毛儿芋头 mɔr350y55 thɑu0	芋头儿 0y55thɑur0	芋头 0y34thɑu0	芋头 0y131thou0	芋头 0y34thou0	芋头 0y52thou0
0219	山药（圆柱形的）	山药 san530ye0	山药 san530ye0	山药 sãn550ye52	山药 s an350ye214	山药 san310ye52	山药 san350ye214	山药 san2130ye53	山药 sãn520ye0	山药 san510yo0	山药 sɛ210ye51	山药 san310ye213
0220	藕	藕 0ou214	藕 0ɑu214	藕 0ɑu214	藕 0ɑu55	藕 0ɑu214	藕 0ɑu55	藕根 0ɑu55kɛ213	藕 0ou214	藕 0ou214	藕 0ou34	藕 0ou213

第四节 动物

一、一般动物

编号	词汇	芝罘读音	福山读音	栖霞读音	龙口读音	蓬莱读音	招远读音	莱州读音	海阳读音	牟平读音	莱阳读音	长岛读音
0221	老虎	老虎 lɑu33xu214	老虎 lɑu55xu214	老虎 lɔo21xu214	老虎 lɔ53xu55	老虎 lau21xu214	老虎 lɔ53xu55	老虎 lɔ213xu55	老虎 lɔ21xu214	老虎 lɑu55xu214	老虎 lɔ51xu34	老虎 lau21xu213

· 169 ·

烟台方言总揽

续表

编号	词汇	芝罘读音	福山读音	栖霞读音	龙口读音	蓬莱读音	招远读音	莱州读音	海阳读音	牟平读音	莱阳读音	长岛读音
0222	猴子	猴子 xəu33ɹə0	猴子 xəu33θər0	猴儿 xəur342	猴子 xəu55tsɿ0 猴儿 xəur55	猴子 xəu55θə0	猴子 xəu55tsɿ0 猴儿 xəur55	猴儿 xəur53	猴子 xəu340ə0	猴子 xou131ta0	猴儿 xour442	猴子 xou55tsɿ0 猴儿 xou55
0223	蛇(长虫)	长虫 tɕhiəŋ33 tʂhuŋ0	长虫 tɕhiəŋ33 tʂhuŋ0	长虫 tʂhɑŋ34 tʂhuŋ0	长虫 tʂhɑŋ55 tʂhuŋ0	长虫 tʂhɑŋ55 tʂhuŋ0	长虫 tʂhɑŋ55 tʂhuŋ0	长虫 tʂhɑŋ55 tʂhuŋ0	长虫 tʂhuŋ34 tʂhuən0	长虫 tɕhiɑŋ553 tʂhuŋ0	长虫 tʂhɑŋ34 tʂhuŋ0	长虫 tʂhɑŋ55 tʂhuŋ0
0224	老鼠(里鼠家)	老鼠 lau21cy0	老鼠 lau55 cy214 耗子 xɑu33θər0	老鼠 ləu21ʃy0	老鼠 lə35ʃy0	老鼠 lau35ʃy0	老鼠 lə35ʃy0	老鼠 lə35ʃuɹ0	老鼠 lə21ʃy0	老鼠 lau21cy0	老鼠 lə21ʃy0	耗子 xau52tsɿ0
0225	蝙蝠	蝙蝠 pian21fu0	岩儿蝙蝠 θier33 pian21 xu0	檐儿蝙蝠 θier52 pie21fu0	蝙蝠儿 pie35fur0	蝙蝠蝙蝠 pian31pian31 xur0 岩蝙蝠 θier52pian31 xur0	蝙蝠儿 pie35fur0	蝙蝠 pie213fu0	蝙蝠儿 pie21far0	元宝户儿 θyan55 pɑu21 xur131	屋檐蝎虎儿 θu51θiɛ0 ɕie21xur0	灭灭蝠儿 mie52mie0 xur52
0226	鸟儿(鸟、雀)	雀儿 tɕhyər214	雀儿 tɕhyər214	鸟儿 niər34	雀儿 tʂhyər55	雀儿 tshuər214	雀儿 tʂhyər55	雀儿 tʂhyɹr55	雀儿 tʂhyər214	雀儿 θyan55	鸟儿 niər34	雀儿 tʂhuər213
0227	麻雀	家雀儿 tɕia53 tɕhyər214	家雀儿 tɕia53 tʂhyər214	家雀儿 tɕia55 tʂhyər214	家雀儿 tɕia55 tʂhyɹr214	家雀儿 tɕia31 tshuər214	家雀儿 tɕia55 tʂhyɹr214	大雀儿 ta55 tʂhyɹr0	家雀儿 tɕia52 tʂhyər214	家雀儿 tɕia51 tɕhyər214	家雀儿 tɕia51 tʂhyər34	家雀儿 tɕia31 tʂhuər213
0228	喜鹊	喜鹊儿 ɕi21 tɕhyər0	鸦鹊 θia33 tɕhiəu0	鸦鹊 θia34 tʂhiəu0	鸦鹊儿 θia35 tʂhyɹr0	鸦雀 θia31 tʂhiəu0	鸦鹊儿 θia35 tʂhyɹr0	鸦鹊儿 θia35 tʂhyɹr0	鸦鹊 θia21 tʂhiəu0	鸦鹊 θia55 tʂhyər214	鸦鹊儿 θia34 tʂhyər51	山鸦雀儿 san31 θia21tʂhuər0

· 170 ·

续表

编号	词汇	芝罘读音	福山读音	栖霞读音	龙口读音	蓬莱读音	招远读音	莱州读音	海阳读音	牟平读音	莱阳读音	长岛读音
0229	乌鸦	黑老鸦 xɤ333lau21 ɵua33	黑老鸽 xɤ55lau21 ɵua33	黑老鸽 xa34loo21 ɵua0	黑老鸽子 xa35lo0 ɵua55tsɿ0	黑老鸽 xa35lau21 ɵua52	黑老鸦子 xa35lo0 ɵua55tsɿ0	乌鸦 ɵu213 ɵia0	黑老鸦 xa55lo21 ɵua341	黑老鸦 xɤ55lau21 ɵua553	黑老鸦子 xa55lo0 ɵua34tsɿ0	黑老鸦子 xa52lau21 ɵua55tsɿ0
0230	鸽子	布鸽 pu33kɤr0	布鸽儿 pu33kɤur0	布鸽 pu34ka0	布鸽 pu55ka0	布鸽儿 pu52ka214	布鸽 pu55ka0	布鸽 pu55ka0	布鸽 pu34ka0	布鸽 pu131kɤr0	布鸽 pu34ka0	鹁鸽子 pu52ka35tsɿ0
0231	翅膀 的,的	翅膀儿 tshŋ33pãr214	翅膀儿 tshŋ33pãr214	翅膀 tshŋ34paŋ0	翅膀 tshŋ53paŋ0	翅膀儿 tshŋ52pãr214	翅膀 tshŋ53paŋ0	翅膀儿 tshŋ53pãr0	翅膀 tshŋ34paŋ0	翅膀儿 tshŋ131pãr0	翅膀 tshŋ51paŋ0	翅膀儿 tshŋ52pãr213
0232	爪子的,的	爪子 tsua21rɐ0	爪儿 tsuar214	爪子 tsua21la0	爪子 tso35tsɿ0	爪子 tsua35ɐ0	爪子 tso35tsɿ0	爪子 tsua35tsɿ0	爪 tsua214	爪子 tsua21la0	爪子 tsua21tsɿ0	爪子 tsua35tsɿ0
0233	尾巴	尾巴 ɵi21paŋ0	尾巴 ɵuei21pa0	尾巴 ɵuei21paŋ0	尾巴 ɵy35pa0	尾巴 ɵuei35pa0	尾巴 ɵy35pa0	尾巴 ɵi55pa0	尾巴 ɵy21pa0	尾巴 ɵi21pa0	尾巴 ɵy21pa0	尾巴 ɵi35pa0
0234	窝儿	窝儿 ɵuor53	窝 ɵuo53	窝 ɵuo312	窝儿 ɵua35	窝儿 ɵua313	窝 ɵua35	窝儿 ɵuar213	窝 ɵuo52	窝 ɵuo51	窝 ɵuo214	窝 ɵua313
0235	虫子	虫子 tshuŋ33rɐ0	虫子 tshuŋ330ɐr0	虫子 tshuŋ34la0	虫子 tɕhuŋ55la0	虫子 tɕhuŋ550ɐ0	虫子 tɕhuŋ55tsɿ0	虫子 tshuŋ55tɐr0	虫子 tshuŋ340ɐ0	虫子 tshuŋ553la0	虫子 tshuŋ34tsɿ0	虫子 tshuŋ55tsɿ0
0236	蝴蝶	蛾儿 ɵuor53	蛾儿 ɵuor53	蛾儿 ɵuor312	蛾儿 ɵuɤr214	蛾儿 ɵuɤr313	蛾儿 ɵuɤr214	蝴蝶 xu55tar0	蛾儿 ɵuor52	蛾儿 ɵuor51	蝴蝶儿 xu34tiɐr0	蛾儿 ɵuor55
0237	蜻蜓	蜻蜓 thiŋ53thiŋ0	蜻蜓 tɕhiŋ53thiŋ0	蜻蜓 thiŋ52thiŋ0	蜻蜓 thiŋ35thiŋ0	蜻蜓 thiŋ55thiŋ0	蜻蜓 thiŋ35thiŋ0	蜻蜓 thiŋ213thiŋ0	蜻蜓 thiŋ52thiŋ0	老老担儿 lau5531 au0tɐr51	蜻蜓 thiŋ51 thiŋ0	骂骂蜓儿 ma52 ma0thiãr52

① "爪"单独念时为[tsua]，儿化后声母变为舌尖后音[tʂ]。

烟台方言总揽

续表

编号	词汇	芝罘读音	福山读音	栖霞读音	龙口读音	蓬莱读音	招远读音	莱州读音	海阳读音	牟平读音	莱阳读音	长岛读音
0238	蜜蜂	蜜蜂 mi33faŋ53	蜂子 faŋ53ə̃r0	蜂子 faŋ52la0	蜜蜂儿 mi53fə̃r0	蜜蜂 mi35faŋ313	蜜蜂儿 mi53fə̃r0	蜜蜂儿 mi53fə̃r0	蜜蜂儿 mi34fə̃r0	蜂子 faŋ51la0	蜜蜂儿 mi51fə̃r0	蜂子 faŋ52tsʅ0
0239	蜂蜜	蜂蜜 faŋ53mi214	蜂蜜 faŋ53mi214	蜂蜜 faŋ55mi52	蜂蜜 faŋ35mi214	蜂蜜 faŋ31mi214	蜂蜜 faŋ35mi214	蜂蜜 faŋ55mi213	蜂蜜 faŋ52mi341	蜂蜜 faŋ55mi214	蜂蜜 faŋ21mi51	蜂蜜 faŋ52mi52
0240	知了 (蝉)	知了 tɕie53liau0 蝲蝲儿猴儿 tɕie53liour0 xour33	知了 tɕie53liaur0	蝲蝲儿 tʃie52liour0	蝲了 cie35liou55	知了 tʃie31liau0	蝲了 cie35liou55	知了 tsia213liou0	知了 tsia52liau0	知了 tɕie51liau0 成虫蝲蝲儿 猴儿 tɕie51liour0 xour131 蚰虫	蝲蝲 tʃie51liou34	麻嘎子 ma55ka52tsʅ0
0241	蚂蚁	蚂蚁蚱儿 ma21ci0 θiãr33	蚂蚁蚱儿 ma21ci0 θiaŋ214	蚂蚁蚱 ma34ci21 θiaŋ342	虮蚱 ci35θiaŋ53	蚂虮蚱子 ma35ci0 θinaŋ520a0	虮蚱 ci35θiaŋ53	蚊蚱 θi53θiaŋ0	虮蚱 ci21θiaŋ0	蚂蚁子 ma55ci0 ŋiaŋ131ta0 虮蚂蚁 ci553ma0 θiaŋ131la0	虮蚱 ci21θiaŋ51	蚂蚁子 ma52ci35tsʅ0
0242	蚯蚓	蛐蛇 tɕhy21cie33	蛐蛇 tɕhy21cie33	蛐蟮 tɕhy21ʃã342	曲鳝 tɕhy35ʃan0	屈伸 tʃhy55ʃan0	曲鳝 tɕhy35ʃan0	曲鳝 tɕhy55sã0	蛐蟮 tɕhy21sã341	蛐蟮 tɕhy21cie131	蛐蟮 tɕhy21ʃẽ51	蛐蟮 tʃhy55ʃan0
0243	蚕	蚕 tshan33	蚕 tshan33	蚕儿 tshər342	蚕儿 tshər55	蚕儿 tshər55	蚕儿 tshər55	蚕儿 tshər53	蚕 tshan341	蚕 tshan553	蚕儿 tshər442	蚕 tshan55

第二章　词汇

续表

编号	词汇	芝罘读音	福山读音	栖霞读音	龙口读音	蓬莱读音	招远读音	莱州读音	海阳读音	牟平读音	莱阳读音	长岛读音
0244	蜘蛛（蛛网会）	老老蛛 lau21lau0 tɕy53	劳劳蛛 lau33lau0 tɕy53	老老蛛 lɔ211lɔo0 tʃy312	喜蛛儿 çi35tʃur0	勒勒蛛 lai52lai0 tʃy313 喜蛛儿 çi35tʃur0	喜蛛儿 çi35tʃur0	米米蛛 le351e0 tʃur213	赖赖蛛 le211e0 tʃy52	赖赖蛛 lai55 lai55tɕy51 老老蛛 lau55tɕy51	赖赖蛛 le55le0 tʃu214	勒勒蛛 lai52lai0 tʃy31
0245	蚊子（蚊虫）	蚊子 ʘuan53re0	蚊子 ʘuan33nar0	蚊子 ʘuən52la0	蚊子 ʘuan35tsʅ0	蚊子 ʘuan55ə0	蚊子 ʘuan35tsʅ0	蚊子 ʘuɛ55tsʅ0	蚊子 ʘuan52ə0	蚊子 ʘuan51tə0	蚊子 ʘuə51tsʅ0	蚊子 ʘuan55tsʅ0
0246	苍蝇（蝇）	苍蝇 tshaŋ53 ʘiŋ0	苍蝇 tshaŋ53 ʘiŋ0	苍蝇 tshaŋ52 ʘiŋ0	苍蝇 tshaŋ35 ʘiaŋ0	苍蝇 tshaŋ31 ʘiŋ0	苍蝇 tshaŋ35 ʘiaŋ0	苍蝇 tshaŋ213 ʘiaŋ0	苍蝇 tshaŋ52 ʘiŋ0	苍蝇 tshaŋ51 ʘiŋ0	苍蝇 tshaŋ51 ʘiaŋ34	苍蝇 tshaŋ31 ʘiŋ0
0247	跳蚤（人的）	虼蚤 kɤ21tsau0	虼蚤 kɤ21tsau53	虼蚤 ka21tsoo0	虼蚤 ka35tsɔ0	虼蚤 ka35sau0	虼蚤 ka35tsɔ0	虼蚤 ka35tsɔ0	虼蚤 ka21tsau0	虼蚤 kɤ21tsau0	虼蚤 ka21tsɔ0	跳蚤 thiau52tsau0
0248	虱子	虱子 sʅ21ra0	虱子 sʅ210rɤ0	虱子 sʅ21la0	虱子 sʅ35tsʅ0	虱子 sʅ550ə0	虱子 sʅ35tsʅ0	虱子 sʅ35tsʅ0	虱子 sʅ210ə0	虱子 sʅ21tə0	虱子 sʅ21tsʅ0	虱子 sʅ21tsʅ0
0249	鱼	鱼 ʘy53	鱼 ʘy53	鱼 ʘy312	鱼 ʘy35	鱼 ʘy55	鱼 ʘy35	鱼 ʘy53	鱼 ʘy52	鱼 ʘy51	鱼 ʘy214	鱼 ʘy55
0250	鲤鱼	鲤鱼 li210y0	鲤鱼 li210y53	鲤鱼 li210y0	鲤鱼 li350y0	鲤鱼 li350y55	鲤鱼 li350y0	鲤鱼 li350y0	鲤鱼 li210y0	鲤鱼 li210y50	鲤鱼 li210y0	鲤鱼 li210y55
0251	鲢鱼（大头鱼）	鲢鱼 lian330y53	白鲢 pɔ53lian33	大头鱼 ta34thəu34 0y0	鲢鱼 lian350y0	花鲢 xua31lian55	鲢鱼 lian350y0	鲢鱼 lia550y0	花鲢 xua52lian341	大头儿鱼 ta131thour55 0y51	大头鱼 ta21thou34 0y214	（无）
0252	鲫鱼	鲫鱼 tɕi210y0	鲫鱼 tɕi210y33	鲫鱼 tʃy210y0	鲫鱼 tʃi530y0	鲫鱼 tʃi550y55	鲫鱼 tʃi530y0	鲫鱼 tsi530y0	鲫鱼 tsi210y0	鲫鱼 tɕi210y0	鲫鱼 tʃi340y0	鲫鱼 tʃi520y0

烟台方言总揽

续表

编号	词汇	芝罘读音	福山读音	栖霞读音	龙口读音	蓬莱读音	招远读音	莱州读音	海阳读音	牟平读音	莱阳读音	长岛读音
0253	甲鱼	鳖 pie214	鳖 pie214	鳖 pie214 王八 ɵuaŋ34pa0	鳖 pie55	鳖 pie313	鳖 pie55	鳖 pies55	鳖 pie214	鳖 pie214	鳖 pie214	鳖 pie313
0254	鳞_{鱼鳞}	鳞 lin53	鳞 lin53	鳞 lin312	鳞 lin35	鳞 lian55	鳞 lin35	鳞 liɛ53	鳞 lin52	鳞 lin51	鳞 liɛ214	鳞 lin55
0255	虾	虾 çia53	虾 çia53	虾 çia312	虾 çia35	虾 çia313	虾 çia35	虾 çia213	虾 çia52	虾 çia51	虾 çia214	虾 çia313
0256	螃蟹	蟹子 çiae33ɿe0	蟹子 çie33ɵɚ0	螃蟹 phaŋ34çiei0	蟹子 çie55tsɿ0	蟹子 çie520ə0	蟹子 çie55tsɿ0	大蟹子 ta213çie55tsɿ0	蟹子 çia340ə0	螃蟹 cie131ta0	蟹 çie134tsɿ0	蟹子 çie52tsɿ0
0257	青蛙	疥疤子 tçiae33pa53 ɿe0	青蛙 tchiŋ530uai21 ɵɚ0	青蛙 tʃhiŋ520ɵua0	青蛙 tʃhaŋ350ue0	青捆子 tʃhaŋ31 kuai55 0ə0	青蛙 tʃhaŋ350ue0	青蛙 tʃhin2130ua0	青蛙 tshiŋ52 ɵue340ə0	张威子 tçiaŋ51 ɵua21ta0	青蛙 tʃhaŋ51 ɵua214	疥疤子 çie55pa52tsɿ0
0258	癞蛤蟆_{蛤蟆}	疥疤子 tçiae33pa53 ɿe0	疥疤子 çie21pa53 ɵɚ0	疥疤 çie34pa312	疥疤子 çie53pa35 tsɿ0	疥疤子 çie55pa31 ɵa0	扫疤子 çie53pa35 tsɿ0	老疥聚儿 lo55çie213 xɔur53	疥疤 cia34pa52 ɵa0	疥疤 cie131pa51	蛤蟆 xa34ma0	疥疤子 çie55pa52tsɿ0

二 家畜家禽

编号	词汇	芝罘读音	福山读音	栖霞读音	龙口读音	蓬莱读音	招远读音	莱州读音	海阳读音	牟平读音	莱阳读音	长岛读音
0259	马	马 ma214	马 ma214	马 ma214	马 ma55	马 ma214	马 ma55	马 ma55	马 ma214	马 ma214	马 ma34	马 ma213
0260	驴	驴 ly53	驴 ly53	驴 ly312	驴 ly35	驴 ly55	驴 ly35	驴 ly53	驴 ly52	驴 ly51	驴 ly214	驴 ly55
0261	骡	骡 luo33ɿe0	骡 luo33ɵɚ0	骡 luo34ɿa0	骡 luo55tsɿ0	骡 luo52	骡 luo55tsɿ0	骡 luo55tsɿ0	骡 luo341	骡 luo553ta0	骡 luo34tsɿ0	骡 luo55

· 174 ·

续表

编号	词汇	芝罘读音	福山读音	栖霞读音	龙口读音	蓬莱读音	招远读音	莱州读音	海阳读音	牟平读音	莱阳读音	长岛读音
0262	牛	牛ȵiou53	牛ȵiɑŋ53	牛ȵyŋ312	牛ȵiou53	牛ȵiou55	牛ȵiou53	牛ȵiou53	牛ȵyŋ52	牛ȵiou51	牛ȵiou214	牛ȵiou55
0263	公牛_牤	公牛 kuŋ21 ȵiou53	公牛 kuŋ35 ȵiou53	公健 kuŋ52 ciɑn342	犍牛 ciɑn53 ȵiou55	犍牛 ciɑn52 nəŋ313	犍子 ciɑn53 tsʅ0	犍子 tɕiɑn53 tsʅ0	犍子 ciɑn52 θɵ0	公牛 kuŋ55 ȵiou51	公牛 kuŋ34 ȵiou214	公牛 kuŋ31 ȵiou55
0264	母牛_牸	母牛 mu21ȵiou53	母牛 mu35ȵiou53	牸牛 tsʅ21nyŋ0	子牛 tsʅ35ȵiou0	子牛 tsʅ52ȵiou55	子牛 tsʅ35ȵiou0	牸牛 tsʅ53ȵiou0	子牛 tɵ21nyŋ0	母牛 mu21ȵiou51	母牛 mu34 ȵiou214	母牛 mu35ȵiou55
0265	放牛	放牛 fɑŋ33ȵiou53	放牛 fɑŋ33ȵiou53	看牛 khɑn34 nyŋ312	放牛 fɑŋ53 ȵiou53	看牛 khɑn31 ȵiou55	放牛 fɑŋ53 ȵiou53	放牛 fɑŋ53 ȵiou53	看牛 khɑn34 nyŋ52	放牛 fɑŋ13 ȵiou51	放牛 fɑŋ55 ȵiou214	放牛 fɑŋ52 ȵiou55
0266	羊	羊 θiɑŋ53	羊 θiɑŋ53	羊 θiɑŋ312	羊 θiɑŋ35	羊 θiɑŋ55	羊 θiɑŋ35	羊 θiɑŋ53	羊 θiɑŋ52	羊 θiɑŋ51	羊 θiɑŋ214	羊 θiɑŋ55
0267	猪	猪 tɕy53	猪 tɕy53	猪 tɕy312	猪 tɕy35	猪 tɕy313	猪 tɕy35	猪 tsu213	猪 tɕy52	猪 tɕy51	猪 tɕy214	猪 tɕy313
0268	种猪_{种用的公猪}	种猪 tsuŋ21tɕy53	种猪 tsuŋ21tɕy53	嘴猪 cye34tɕy0	脚猪子 cye35 tɕy53tsʅ0	种猪 tɕuŋ35tɕy0	脚猪子 cye35 tɕy53tsʅ0	种猪 tsuŋ35 tsu0	嘴猪 cye21 tɕy0	种猪 tsuŋ21 tɕy51	种猪 tsuŋ51 tɕy214	种猪 tɕyŋ35 tɕy31
0269	公猪_{成年的,已阉}	公猪 kuŋ33 tɕy53	公猪 kuŋ21 tɕy53	肥猪 fei34 tɕy0	崽儿 tsər53	肥猪 fei55 tɕy0	崽儿 tsər53	公猪 kuŋ213 tsu0	公猪 kuŋ52 tɕy0	公猪 kuŋ55 tɕy0	公猪 kuŋ51 tɕu214	公猪 kuŋ55 tɕy31
0270	母猪_{成年的,未阉}	母猪 mu21tɕy53	母猪 mu21tɕy53	老母猪 lɔo34mu34 tɕy312	豚儿 thər55	老母猪 lau21mu35 tɕy313	豚儿 thər55	母猪 mu55tsu0	老母猪 lɔ21mən0 tɕy52	母猪 mu21tɕy51	母猪 mu21tʂu0	母猪 mu35tɕy31
0271	猪崽	小猪儿 ciau21tɕyər53	猪崽儿 tɕy53tsər214	小猪儿 ʃiɔo34tɕyər0	奶膘子 ne55pio35tsʅ0	小猪 ʃau35tɕy313	奶膘子 ne55pio35tsʅ0	小猪儿 siɔ55tʂuər0	小猪儿 siɔ21tɕyər52	猪崽子 tɕy51tsai21tsʅ0	小猪儿 ʃiɔ55tʃuər214	猪崽子 tɕy31tsai21tsʅ0

175

烟台方言总揽

续表

编号	词汇	芝罘读音	福山读音	栖霞读音	龙口读音	蓬莱读音	招远读音	莱州读音	海阳读音	牟平读音	莱阳读音	长岛读音
0272	猪圈	tɕy53cyan33	tɕy53cyan33	tʃy52cyãn312	tʃy35lan35	tʃy31cyan52	tʃy35lan35	tsu213tɕyã53	tʃy52cyãn341	tɕy51cyan131	tʃu21cyẽ51	tʃy31cyan52
0273	养猪	Øiaŋ21 tɕy53	Øiaŋ21 tɕy53	Øiaŋ34 tʃy312	Øuei53 tʃy35	Øiaŋ35 xu0tʃy313	Øuei53 tʃy35	Øiaŋ55 tsu213	Øiaŋ21 tʃy52	Øiaŋ21 tɕy51	Øiaŋ55 tʃu214	Øiaŋ35 tʃy31
0274	猫	mau53	猫子 mau53Øar0	moo312	m35	mau313	m35	m53	m52	mau51	m214	mau55
0275	公猫	kuŋ33mau53	公猫 kuŋ21mau53	Øia52moo312	Øia53m55	Øia55mau313	Øia53m55	Øar55m0	Øia52m0	Øia51mau0	kuŋ55m214	Øia55mau55
0276	母猫	mu21mau53	mu35mau53	女猫儿 ny21moor0	女猫儿 ny35moor0	女猫 ny35mau313	女猫儿 ny35mor0	女猫 ny35m0	女猫 ny21mau0	女猫 ny21mau0	m55m214	ny35mau55
0277	狗成年	kou214	狗子 kau21Øar0	kau214	kau55	kau214	kau55	kau55	kau214	kau214	kou34	kou213
0278	公狗	牙狗子 Øia53kou21rə0	牙狗 Øia53 kau214	牙狗 Øia52 kau214	伢狗 Øia53 kau55	牙狗 Øia55 kau214	牙狗 Øia53 kau55	牙狗 Øia55 kau0	牙狗 Øia52 kau0	公狗 kuŋ51 kau214	公狗 kuŋ21 kou34	公狗 kuŋ52 kou213
0279	母狗	母狗子 mu21kou0rə0	mu21kau0	mu21kau0	mu35kau0	mu35kau0	mu35kau0	mu35kau0	mu21kau0	mu21kou214	mu51kou34	mu35kou0
0280	叫称一	叫 tɕiau33	叫 ciauŋ33	叫 cioo52	咬 Øis55	汪汪 Øuaŋ31 Øuaŋ0	咬 Øis55	叫 tɕio53	叫 cio341	叫 ciau131	叫 cio51	叫 ciau52

· 176 ·

第二章 词汇

续表

编号	词汇	芝罘读音	福山读音	栖霞读音	龙口读音	蓬莱读音	招远读音	莱州读音	海阳读音	牟平读音	莱阳读音	长岛读音
0281	兔子	兔子 thu33rə0	兔子 thu33θər0	兔子 thu52lə0	兔子 thu53tsŋ0	兔子 thu52θ0	兔子 thu53tsŋ0	兔子 thu53tsŋ0	兔子 thu34θa0	兔子 thu131tə0	兔子 thu51tsŋ0	兔子 thu52tsŋ0
0282	鸡	鸡 tɕi53	鸡 ci53	鸡 ci312	鸡 ci35	鸡 ci313	鸡 ci35	鸡 tɕi213	鸡 ci52	鸡 ci51	鸡 ci214	鸡 ci313
0283	公鸡（成年的，未阉的）	公鸡 kuŋ33tɕi53	公鸡 kuŋ53ci0	老公儿 loo34kŭr312	大公鸡 ta53kuŋ35ci0	公鸡 kuŋ31ci313	大公鸡 ta53kuŋ35ci55	公鸡 kuŋ213tɕi0	公鸡 kuŋ52ci0	公鸡 kuŋ51ci0	公鸡 kuŋ51ci214	公鸡 kuŋ52ci313
0284	母鸡（下过蛋的）	母鸡 mu21ɕi53	母鸡 mu21ci0	老抱儿 loo34poor34 ci312	草鸡 tsʰo35ci0	母鸡 mu35ci313 蛋鸡 tan52ci313	草鸡 tsʰo35ci0	草鸡 tsʰo55ci0	母鸡 mu21ci0	母鸡 mu21ci0	母鸡 mu21ci0	母鸡 mu35ci0
0285	叫（公鸡、雄鸡儿）	打鸣儿 ta21miãr53	打鸣儿 ta21mãr53	叫 cioo52	打鸣儿 ta55mãr35	鸡响儿 ci31kəur55 kour0	打鸣儿 ta55mãr35	打鸣 ta55miŋ53	打鸣 ta21məŋ52	打鸣儿 ta21mãr51	打鸣儿 ta34mãr214	鸡雏儿 ci31kour55 kour0
0286	下鸡—蛋	下 ɕia33	下 ɕia33	下 ɕia52	下 ɕia53	下 ɕia52	下 ɕia53	下 ɕia53	下 ɕia341	下 ɕia131	下 ɕia51	下 ɕia52
0287	孵—小鸡	抱 pau33	抱 pau33	捂 ʔu214 抱 po34	抱 pɔ53	抱 pau52	抱 pɔ53	抱 pɔ53	抱 pɔ341	抱 pau131	抱 pɔ51	抱 pau52
0288	鸭	鸭巴子 ʔia21pa53 rə0	鸭巴子 ʔia21pa53 ʔər0	鸭巴 ʔia34pa312	鸭子 ʔia53tsŋ0	鸭子 ʔia310ə0	鸭子 ʔia53tsŋ0	鸭 ʔia55	鸭巴 ʔia21pa52	鸭巴子 ʔia553pa51 ta0	鸭子 ʔia21tsŋ0	鸭子 ʔia21tsŋ0
0289	鹅	长脖子 tɕʰiaŋ33po33 rə0 鹅 ʔuo33	长脖子 tɕʰiaŋ33 po53θər0	鹅子 ʔuo52lə0	鹅子 ʔue35tsŋ0	鹅 pə313	鹅子 ʔue35tsŋ0	鹅 ʔo53	鹅 ʔuo52	鹅 ʔuo51	鹅 ʔuo214	鹅 ʔue55

177

◆◇◆ **烟台方言总揽**

续表

编号	词汇	芝罘读音	福山读音	栖霞读音	龙口读音	蓬莱读音	招远读音	莱州读音	海阳读音	牟平读音	莱阳读音	长岛读音
0290	阉—公的猪	骟ɕian33	骟ɕian33	骟ʃan52	割蛋儿 ka55tɤr53	骟ʃan52	割蛋儿 ka55tɤr53	#tshio213	骟sãn341	骟ɕian131	骟ʃɛ51	骟ʃan52
0291	阉—母的猪	骟ɕian33	劁 chiɕu53	骟ʃan52	骟 tʃho35	骟ʃan52	骟 tʃho35	#tshio213	骟sãn341	骟ɕian132	骟ʃɛ51	骟ʃan52
0292	阉—鸡	（无）	（无）	骟ʃan52	（无）	阉 ŋian313	（无）	（无）	骟sãn341	（无）	骟ʃɛ51	（无）
0293	喂—猪	喂 ŋuei33	喂 ŋuei33	喂 ŋuei52	羞 ŋiaŋ55 喂 ŋuei35	喂 ŋuei52	羞 ŋiaŋ55 喂 ŋuei35	喂 ŋuei213	喂 ŋuei341	喂 ŋuei131	喂 ŋuei51	喂 ŋuei52
0294	杀猪 注意搭配	杀猪 sa21tɕy53	杀猪 sa21tɕy53	杀猪 sa34tʃy312	宰猪 tse55tʃy35	杀猪 sa31tʃy313	宰猪 tse55tʃy35	宰猪 tse55tsu213	杀猪 sa21tʃy52	杀猪 sa21tɕy51	杀猪 sa34tʃu214	杀猪 sa55tʃy31
0295	杀—鱼	洗ɕi214	拾掇ɕi33tau0	杀 sa214	拾掇ʃi53tau0	宰 tsai214	拾掇ʃi53tau0	宰 tse55	杀 sa214	#khuo51	剐 kuo214	剐 khuo52

第五节 房舍器具

一 房舍

编号	词汇	芝罘读音	福山读音	栖霞读音	龙口读音	蓬莱读音	招远读音	莱州读音	海阳读音	牟平读音	莱阳读音	长岛读音
0296	村庄— 一个	疃儿 thɤr214 村儿 tshɤr53	疃儿 thɤr214	疃儿 thɤr214	疃儿 thɤr35	疃儿 thɤr214	疃儿 thɤr35	疃 thã55	疃儿 thɤr214	村儿 tshuɤr51 疃儿 thɤr214	村儿 tshɤr214	村儿 tshɤr313

178

第二章 词汇

续表

编号	词汇	芝罘读音	福山读音	栖霞读音	龙口读音	蓬莱读音	招远读音	莱州读音	海阳读音	牟平读音	莱阳读音	长岛读音
0297	胡同（统一条）	胡同儿 tɕiae53taur0 xu21thür33	胡同儿 xu21thür33	胡同儿 xu34thür0		弄 luŋ52	过儿 kuə53tiər0	过道 ka53taŋ0	胡同儿 xu21thür0	胡同儿 xu553thür131	胡同儿 xu34thür0	弄 luŋ52
0298	街道	街道儿 ciei53taur33	街道儿 ciei53taur33	街 ciei312	街 cie35	大街 ta52cie313	街 cie35	大街 ta55cie313	街 ciei52	街道儿 cie51taur131	道儿 tər442	街 cie313
0299	盖房子	盖房子 kae53 faŋ33rə0	盖房儿 kai53 fɑ̃r33	盖房子 kei52 faŋ34lə0	盖房子 ke53 faŋ55tsʅ0	盖房子 kai52 ʃnaŋ550ə0	盖房子 ke53 faŋ55tsʅ0	盖屋 ke213 ʊ55	盖房 ke52 faŋ341	盖房子 kai21 faŋ553tə0	盖房子 ke51 faŋ34tsʅ0	盖房子 kai52 ʃɑŋ55tsʅ0
0300	房子	房儿 faŋ33rə0	房儿 fɑ̃r33	房子 faŋ34lə0	屋 ʊ214	房子 fnɑŋ550ə0	屋 ʊ214	屋 ʊ55	房 faŋ341	房子 faŋ553tə0	房子 faŋ34tsʅ0	房 faŋ55tsʅ0
0301	屋子（千里分南北） 卧室、不包括 堂屋、横棚	屋儿 ʊr53	屋 ʊ53	家 ciaŋ312①	间儿 cier35	屋子 ʊu350ə0	间儿 cier35	间 tɕia213	屋 ʊ52	屋 ʊ51	屋儿 ʊ214	屋子 ʊ35tsʅ0
0302	卧室	屋儿 ʊr53	炕 khaŋ33	东家儿 tuŋ52ciar0 西家儿 ʃi52ciar0	睡觉间 suei53cio0 cier35	里子儿 li350ciaɒ0	睡觉间 suei53cio0 cier35	睡觉屋 suei53ɕio213 ʊ55	东炕 tuŋ52khaŋ341 西炕 si52khaŋ341	里房儿 li21fɑ̃r0	东间 tuŋ51ciɛ214 西间 ʃi51ciɛ214	里家 li35ciɑ52 里屋 li350ʊ0
0303	茅屋 茅草房的	茅草房儿 mau53 tshau21ciɒr33	草房 tshau21 faŋ33	草房儿 tshɒɒ21 fɑ̃r342	草房 tshɒ35 fɑŋ0	草房子 tshɒu35 fnɑŋ550ə0	草房 tshɒ35faŋ0	茅屋 tshɒ350ʊ0	团棚 thãn34 phəŋ0	草房儿 tshɒu21 fɑ̃r553	草房儿 tshɒ21 fɑ̃r34	厦子 sa52tsʅ0

① 此处为"家"特殊读音，儿化后主要元音不鼻化，与0302条儿化不同。

179

烟台方言总揽

续表

编号	词汇	芝罘读音	福山读音	栖霞读音	龙口读音	蓬莱读音	招远读音	莱州读音	海阳读音	牟平读音	莱阳读音	长岛读音
0304	厨房	正地下 ɕiŋ53ti33 ɕie0	厨房 tɕhy53 faŋ0	灶口儿 tsɔ34 khəur0	灶间儿 tsɔ53 ɕiɤr35	灶火间 tsau52xu0 ɕian313	灶间儿 tsɔ53 ɕiɤr35	伙房 xuə55 faŋ53	过灶口 kuo52tɕɔ34 khəu0	正家地下 tɕiŋ131ɕiɑ0 ti131ɕiɑ0	灶间 tsɔ51ɕie0	外地 ɸuai52ti52
0305	灶 (地灶)	锅台 kuo53thae33	锅台轻儿 kuo53thai33 ɕhiɤr0	锅台 kuo34thei312	锅台 kua35the53	锅底 kua31ti214	锅台 kua35the53	锅台 kua213the53	锅台 kuo52the341	锅台 kuo51thai553	灶 tsɔ51	灶坑 tsau52khəŋ31
0306	锅	锅 kuo53	锅 kuo53	锅 kuo312	锅 kua35	锅 kua313	锅 kua35	锅 kua213	锅 kuo52	锅 kuo51	锅 kuo214	锅 kua313
0307	饭锅(煮饭)	锅 kuo53①	饭锅 fan33kuo53	锅 kuo312	大锅 ta35kua35	煮饭锅 tɕy35fan52 kua313	大锅 ta35kua35	锅 kua213	锅 kuo52	锅 kuo51	锅 kuo214	大锅 ta52kua31
0308	莱锅(来的)	锅 kuo53	莱锅 tshai33kuo33	莱锅 tshei52kuo0	烧锅儿 ʂɔ55kuɤr0	炒莱锅 tshai52kua313	烧锅儿 ʂɔ55kuɤr0	锅 kua213	锅 kuo52	锅 kuo51	炒瓢 tshɔ21 phio442	锅 kua31
0309	厕所(旧) 茅房	洋沟沿 ɸiaŋ53kou0 茅房 mau33faŋ53	茅房 mau33faŋ53	坑 khaŋ312 茅房 mɔ34faŋ0	茅厕 mɔ55tshɔ0	茅坑 mau55 khaŋ313	茅厕 mɔ55 tshɔ0	茅廊 kha213 laŋ53	小坑儿 sio21khɤr52	茅厕 mau553 tshŋ0	茅房 mɔ34faŋ0	茅坑 mau55 khaŋ31
0310	檩(左右方向)檩	檩子 lin21rə0	檩子 tshuan33nər0	檩儿 liɤr214	檩子 tshuan55tsŋ0	檩条 lian21thiau55	檩子 tshuan55tsŋ0	檩子 lie35tsŋ0	檩子 lin21ə0	檩子 lin21tə0	檩子 tʃhue34tsŋ0	檩条 lin21thiau55

① 按家口分，八人锅[pa21ɸin33kuo0]，六人锅[liou33ɸin0kuo53]，"锅"读音不同。308条同此。

180

第二章　词汇

续表

编号	词汇	芝罘读音	福山读音	栖霞读音	龙口读音	蓬莱读音	招远读音	莱州读音	海阳读音	牟平读音	莱阳读音	长岛读音
0311	柱子	柱子 tɕy33ɿ0	柱子 tɕy33ɿɚ0	柱子 tɕy34lɚ0	挂柱 kua531tʂy53	瓜柱子 kua52 tʂy52θɚ0 站柱子 tsan52 tʂy52θɚ0	挂柱 kua531tʂy53	柱脚 tʂu55tɕyɚ0	柱子 tʂy34θɚ0	柱子 tɕy131ɿɚ0	柱子 tʂu34tsɿ0	柱子 tʂy52tsɿ0
0312	大门	大门 ta33man53	大门 ta33maɾ0 街门 ciei53man0	大门 ta34mãn0	街门 ciei55man0	大门 ta52man55	街门 ciei55man0	大门 ta213mẽ53	街门 ciei52mãn0	大门 ta131man51 街门 ciei51man0	大门儿 ta55mãɾr214	街门 ciei52man55
0313	门槛儿	门槛 man33 khan214	门槛儿 man33 kheɾ214	门槛 mãn34 khan214	门槛 man53 tʃhan55	门槛 man55 khan214	门槛 mãn53 tʃhan55	门柠 mẽ55 tʃhẽ0	门槛 mãn34 khan214	门槛 man55 khan214	门槛儿 mẽ55 kheɾ34	门槛儿 man55 kheɾ213
0314	窗 旧式的	窗 tʂhuaŋ53	窗 tʂhuaŋ53	窗 tʂhuaŋ312	窗 tʂhuaŋ35	窗 tʃhuaŋ313	窗 tʂhuaŋ35	窗 tʂhuaŋ213	窗 tʂhuaŋ52	窗 tʂhuaŋ51	窗 tʂhuaŋ214	窗 tʂhuaŋ313
0315	梯子 移动的	梯子 thi53ɿɚ0	梯子 thi53ɚ0	梯子 thi52lɚ0	梯子 thi35tsɿ0	梯子 thi310ɚ0	梯子 thi35tsɿ0	梯子 thi213tsɿ0	梯子 thi52ɚ0	梯子 thi51ɿɚ0	梯子 thi51tsɿ0	梯子 thi52tsɿ0
0316	扫帚	扫帚 sau33tɕhyɚ0	扫帚 sau33tɕyɚ0	扫帚 sɔɔ21tɕy0	扫把 sɔ53pa0 扫帚 sɔ53tʃhy0	扫帚 sau52tʃhy0	扫把 sɔ53pa0 扫帚 sɔ53tʃhy0	扫帚 sɔ53tsu0 条柱 thi255tsu0	笤帚 thi34tʃy0	扫帚 sau131tɕy0	扫帚 sɔ51tʃu0	扫帚 sau52tʃhu0 条帚 thiau55ʃy0①
0317	扫地	扫地 sau21ti33	扫地 sau21ti33	扫地 sɔɔ21ti342	扫地 sɔ55ti53	扫地 sau35ti52	扫地 sɔ55ti53	扫地 sɔ55ti53	扫地 θɔ21ti341	扫地 sɔu21ti131	扫地 sɔ21ti51	扫地 sau21ti52

① 扫帚 [sau52tʃhu0], 大的, 扫院子; 条帚 [thiau55ʃy0], 小的, 扫家里。

续表

编号	词汇	芝罘读音	福山读音	栖霞读音	龙口读音	蓬莱读音	招远读音	莱州读音	海阳读音	牟平读音	莱阳读音	长岛读音
0318	垃圾	脏土 tsaŋ53thu214 炉灰 lu33xuei53	破烂儿 pho53ler33	破烂儿 pha52ler342	垃圾 la55ci0	垃圾 la35ci214	垃圾 la55ci0	（无）	破烂儿 pha52 ler341	脏土 tsaŋ51 tu214	破烂儿 pho51 ler0	脏土 tsaŋ52 thu213

二 家具

编号	词汇	芝罘读音	福山读音	栖霞读音	龙口读音	蓬莱读音	招远读音	莱州读音	海阳读音	牟平读音	莱阳读音	长岛读音
0319	家具	家具 tcia53cy0	家具 cia53cy0	家装 cia52tʃuŋ0	柜桌儿 kuei53suxr0	家什 cia31sʅ55	柜桌儿 kuei53suxr0	柜具儿 kuei213 tsuxr0	家装 cia34tsuŋ0 "装"①	家具 cia51cy0	家具 cia51tsuŋ0	家什 cia31sʅ0
0320	东西	东西 tuŋ53ci0	东西 tuŋ53ci0	东西 tuŋ52ʃi0	东西儿 tuŋ35ʃar0	东西 tuŋ31ʃi0	东西儿 tuŋ35ʃar0	东西 tuŋ213si0	东西 tuŋ52si0	东西 tuŋ51ci0	东西 tuŋ51ʃi0	东西 tuŋ31ʃ0
0321	炕	炕 khaŋ33	炕 khaŋ33	炕 khaŋ52	炕 khaŋ214	炕 khaŋ52	炕 khaŋ214	炕 khaŋ213	炕 khaŋ341	炕 khaŋ131	炕 khaŋ51	炕 khaŋ52
0322	床	床 tshuaŋ33	床 tshuaŋ33	床 tshuaŋ342	床 tshuaŋ53	床 tʃhuaŋ55	床 tshuaŋ53	床 tshuaŋ53	床 tshuaŋ341	床 tshuaŋ553	床 tshuaŋ442	床 tshuaŋ55

① "装"单字中读为[tʂuaŋ52]，在"家装"一词中读为[tsuŋ0]，仅在此词中这样读。

第二章 词汇

续表

编号	词汇	芝罘读音	福山读音	栖霞读音	龙口读音	蓬莱读音	招远读音	莱州读音	海阳读音	牟平读音	莱阳读音	长岛读音
0323	枕头	枕头 tɕin21thou0	豆枕 tau33tɕin0	头枕 tau34tʂən0	头枕 tau55tʂən0	头枕 tau52tʂən0 头枕 tʂən21thau55	头枕 tau55tʂən0	豆枕 tau55tʂə0	头枕 tau34tʂən0	枕头 tɕin21thou0	头枕 tou34tʂə0	枕头 tʂən35thou0
0324	被子	被 pei33	被 pei33	被 pei342	被 pei53	被 pei52ɵa0	被 pei53	被 pei53	被 pei341	被 pei31	被 pei51	被 pei52
0325	棉絮	棉花套 mian33xua53 thau33	棉花 mian33xua53	花胎 xua34thei312	棉套 mian55th0	棉花胎 mian55xua0 thai313	棉套 mian55th0	棉花 miã55xua0	花套 xua52th0341	棉花 mian553xua51	花胎 xua51the214	棉花 mian55xua31
0326	床单	炕单儿 khaŋ33 tan53ra0	炕单儿 khaŋ33 tɯr53	炕单儿 khaŋ34 tɯr312	床单儿 tʂuaŋ53tɯr0	炕单儿 khaŋaŋ52 tɯr313	床单儿 tʂuaŋ53ta0	床单 tʂhuã53ta0	被单子 pei34tɑ̃n52 ɵa0 褥单子 ɵy34tɑ̃n52 ɵa0	炕单 khaŋ131 tan51ta0	炕单儿 khaŋ55 tɯr214	炕单子 khaŋ52 taŋ31 tsʅ0
0327	褥子	褥子 ɵy33ra0	褥子 ɵy330ar0	褥子 ɵy34la0	褥子 ɵy53tsʅ0	褥子 ɵy520ɑ0	褥子 ɵy53tsʅ0	褥子 ɵy53tsʅ0	褥子 ɵy340ɑ0	褥子 ɵy131ta0	褥子 ɵy51tsʅ0	褥子 ɵy52tsʅ0
0328	席子	席 ɕi33 凉席 liaŋ53ɕi33	炕席 khaŋ53 ɕi33	席儿 ɕi342 炕席 khaŋ52ʅ342	炕席 khaŋ53ʅ53	炕席 khaŋ52ʅ55	炕席 khaŋ53ʅ53	席 ɕi53	席 si341	席子 ɕi553ta0	席儿 ʅ442	炕席 khaŋ52ʅ35 tsʅ0
0329	蚊帐	蚊帐 ɵuən53 tɕiaŋ33	蚊帐 ɵuən53 tɕiaŋ33	蚊帐 ɵuən55 tʂaŋ52	蚊帐 ɵuən53 tʂaŋ0	蚊帐 ɵuən55 tʂəŋ52	蚊帐 ɵuən53 tʂaŋ0	蚊帐 ɵuə55 tsaŋ0	蚊帐 ɵuən52 tsaŋ341	蚊帐 ɵuən51 tɕiaŋ131	蚊帐 ɵuə21 tɕiaŋ51	蚊帐 ɵuən55 tʂaŋ0

183

烟台方言总揽

续表

编号	词汇	芝罘读音	福山读音	栖霞读音	龙口读音	蓬莱读音	招远读音	莱州读音	海阳读音	牟平读音	莱阳读音	长岛读音
0330	桌子（桌）	桌子 tsuo21ɻə0	桌子 tsuo210ər0	桌子 tʂuo21lə0	桌子 tsua35tsɿ0	桌子 tʂua350ə0	桌子 tsua35tsɿ0	桌子 tsua35tsɿ0	桌子 tsuo210ə0	桌子 tsuo21tə0	桌子 tsuo21tsɿ0	桌子 tsua35tsɿ0
0331	柜子（柜）	大柜 ta53kuei33 小柜儿 ɕiau21kuar33	柜子 kuei330ər0	柜子 kuei34lə0	橱儿 tʂhur55 橱 tʂhy53	柜 kuei52	橱儿 tʂhur55 橱儿 tʂhy53	柜子 kuei55tsɿ0	柜 kuei341	大柜 ta51kuei131	柜 kuei51	柜 kuei52
0332	抽屉（抽屉儿的）	抽屉 tɕhiou53 thi0	抽屉 tɕhiou53 thi0	抽头 thau342	橱斗儿 tʂhy53thəur55	抽屉 tʂhau31thei55	橱儿 tʂhy53 合案 thaur55	抽头 tʂhau213 thou0	抽头 tshau35 thou0	抽屉 tɕhiou51 thi0	抽抽 tʂhou51 thou0	抽抽 tʂhou52 thou0
0333	案子（案板的）	案子 0an33ɻə0	案子 0an33nər0	案子 0aŋ52lə0	台案 the530an0	案子 0an520ə0	台案 the530an0	案子 0an53tsɿ0	条儿儿 thio34ɕiər52	案子 0an131tə0	案子 0ɛ51tə0	案子 0an52tsɿ0
0334	椅子（椅）	椅子 0i21ɻə0	椅子 0i210ər0	椅子 0i21lə0	椅子 0i35tsɿ0	椅子 0i350ə0	椅子 0i35tsɿ0	椅子 0i35tsɿ0	椅子 0i210ə0	椅子 0i21tə0	椅子 0i21ta0	椅子 0i35tsɿ0
0335	凳子（凳）	凳子 taŋ33ɻə0	凳子 taŋ330ər0	凳子 taŋ52lə0	凳子 taŋ53tsɿ0	凳子 taŋ520ə0	凳子 taŋ53tsɿ0	板凳 pã35taŋ0	凳子 taŋ340ə0	凳子 taŋ131tə0	凳子 taŋ51ta0	凳子 taŋ52tsɿ0
0336	马桶（盖的）	便盆儿 pian53 phər33	马桶 ma55 thuŋ214	马桶 ma55 thuŋ214	便桶 pian53 thuŋ55	（无）	便桶 pian53thuŋ55	（无）	马桶 ma21 thuŋ214	马桶 ma55 thuŋ214	马桶 ma51thuŋ34	尿罐子 niau52tsɿ0 kuan52tsɿ0 老马桶 ma21thuŋ0（新）

· 184 ·

三 用具

编号	词汇	芝罘读音	福山读音	栖霞读音	龙口读音	蓬莱读音	招远读音	莱州读音	海阳读音	牟平读音	莱阳读音	长岛读音
0337	菜刀	菜刀 tshae33tau53	刀 tau53	菜刀 tshei34too312	刀 to35	菜刀 tshai52tau313	刀 to35	菜刀 tshe55to213	切菜刀 tshia21 tθhe34to52	刀 tau51	菜刀 tshe55to214	菜刀 tshai55tau0
0338	瓢 舀水的	瓢 phiau33	瓢 phiau33	瓢 phioo342	水瓢 suei55phio53	瓢 phiau55 水~	水瓢 suei55phio35	瓢 phio53	瓢 phio341	瓢 phiau553	瓢 phio442	瓢 phiau55 水~
0339	缸	缸 kaŋ53	缸 kaŋ53	缸 kaŋ312	缸 kaŋ35	缸 kaŋ313	缸 kaŋ35	缸 kaŋ213	缸 kaŋ52	缸 kaŋ51	缸 kaŋ214	缸 kaŋ313
0340	坛子 酒坛~	坛子 than33ŋar0	坛子 than33ŋar0	坛子 thaŋ34ɑ0	坛子 than55tsŋ0	坛子 than55ɑə0	坛子 than55tsŋ0	坛子 thaŋ55tsŋ0	酒#子 tsiau21 ŋiŋ34ɑə0	坛子 than553ɑ0	坛子 thɛ34tɑ0	坛子 than55tsŋ0
0341	瓶子 酒瓶~	瓶子 phiŋ33ɑr0	瓶子 phiŋ330ɑr0	瓶子 phiŋ34ɑ0	瓶子 phiŋ55tsŋ0	瓶子 phiŋ55ɑə0	瓶子 phiŋ55tsŋ0	瓶子 phiŋ55tsŋ0	瓶子 phiŋ34ɑ0	瓶子 phiŋ553	瓶子 phiŋ34tɑ0	瓶子 phiŋ55tsŋ0
0342	盖儿 子盖儿	盖儿 kɐr33	盖儿 kɐr33	盖儿 kɐr52	盖儿 kɐr53	盖儿 kɐr52	盖儿 kɐr53	盖儿 kɐr53	盖儿 kɐr341	盖儿 kɐr131	盖儿 ke51tɑ0	盖儿 kɐr52
0343	碗	碗 ŋuan214	碗 ŋuan214	碗 ŋuan214	碗 ŋuan55	碗 ŋuan214	碗 ŋuan55	碗 ŋua55	碗 ŋuan214	碗 ŋuan214	碗 ŋuɛ34	碗 ŋuan213
0344	筷子	筷子 khuae33rɑ0	筷子 khuai330ɑr0	筷子 khuei34lɑ0	筷子 khue53tsŋ0	筷子 khuai52ɑə0	筷子 khue53tsŋ0	筷子 khue53tsŋ0	筷儿 khue340ɑə0	筷儿 khuai131tɑ0	筷子 khue51tɑ0	筷子 khuai52tsŋ0

续表

编号	词汇	芝罘读音	福山读音	栖霞读音	龙口读音	蓬莱读音	招远读音	莱州读音	海阳读音	牟平读音	莱阳读音	长岛读音
0345	汤匙	勺子 suo33rɤ0 羹匙儿 kəŋ21tsʰar33	匙羹儿 tsʅ33kɤ̃r214	小勺儿 ʃiɔo21ʃyɐr342	调羹 tʰiɔ53kɐ̃r35	小勺 ʃau35ʃue55	调羹儿 tʰiɔ53kɐ̃r35	调羹儿 tʰiɔ53kɐ̃r55	小勺儿 siɔ21suor341	调羹 tʰiau55kɐr214 小勺儿 ɕiɑu21suor553 羹匙儿 kəŋ21tsʰar553	小勺儿 ʃiɔ21ʃyɐr442	匙子 ʃue55tsʅ0
0346	柴火类	柴禾 tsʰae33xuo0	柴禾 tsʰai33xu0	烧草 ʃoo214 tsʰoo214	烧草 ʃɔ35shɔ55	柴火儿 tsʰai55xu0	烧草 ʃɔ35shɔ55	烧草 sɔ213tsʰ0	草 tɵhɔ214	柴火 tsʰai553xuo0	烧柴 ʃɔ51she442	柴火 tsʰai55xue0
0347	火柴	洋火儿 ɵiɑŋ33 xuor214	洋火儿 ɵiɑŋ34 xuor214	洋火儿 ɵiɑŋ34 xuor214	洋火儿 ɵiɑŋ53xuʏr55 触灯儿 tsʰu35tẽr53	樹凳 tʃʰu35taŋ0 洋火 ɵiɑŋ55 xue214	洋火儿 ɵiɑŋ53xuʏr55 触灯儿 tsʰu35tẽr53	洋火儿 ɵiɑŋ213 xuʏr55	洋火 ɵiɑŋ55 xuo214	洋火儿 ɵiɑŋ55 xuor214	洋火儿 ɵiɑŋ51 xuor34	洋火儿 ɵiɑŋ52 xuɐr213
0348	锁	锁 suo214	锁 suo214	锁 suo214	锁 sue55	锁 ʃue214	锁 sue55	锁 sue55	锁 ɵuo214	锁 suo214	锁 suo214	锁 sua213
0349	钥匙	钥匙 ɵye21tsʰŋ33	钥匙 ɵye21tsʰŋ0	钥匙 ɵye34tsʰŋ0	钥匙 ɵye53tsʰa0	钥匙 ɵye35tsʰŋ0	钥匙 ɵye53tsʰa0	钥匙 ɵye53tsʰa0	钥匙 ɵye34s̩tsʰŋ0	钥匙 ɵyo21tsʰŋ0	钥匙 ɵye51tʃʰŋ0	钥匙 ɵyɐ35tsʰŋ0
0350	暖瓶	暖瓶 nan21pʰiŋ33	暖壶 nan21xu33	暖壶 nãn55xu342	暖壶 nan55xu53	暖壶 nan21xu55	暖壶 nan55xu53	暖壶 nã55xu53	暖壶 nan21xu341	暖瓶 nan21pʰiŋ553	暖壶 nɛ21xu442	暖瓶 nan21pʰiŋ55
0351	脸盆	洗脸盆儿 ɕi33 lian21pʰar33 铜盆儿 tʰuŋ53pʰar33	脸盆儿 lian21pʰar33	脸盆儿 liãn21pʰar342	洗脸盆 ʃi55 lian0pʰar53 铜盆 tʰuŋ55pɑn53	脸盆 lian21pʰan55	洗脸盆 ʃi55 lian0pʰar53 铜盆 tʰuŋ55pɑn53	铜盆 tʰuŋ55pʰe0	铜盆子 tʰuŋ52 pʰãn34ə0	脸盆儿 nan21pʰiŋ553 铜盆子 tʰuŋ553 pʰɐn553tsʰŋ0	脸盆儿 liɛ21pʰar442	脸盆儿 lian21pʰar55

第二章　词汇

续表

编号	词汇	芝罘读音	福山读音	栖霞读音	龙口读音	蓬莱读音	招远读音	莱州读音	海阳读音	牟平读音	莱阳读音	长岛读音
0352	洗脸水	洗脸 ɕiau55ɕiou21 suei214	洗脸水 ɕi33lian0 suei214	洗脸水 ʃi34lian34 suei214	洗脸水 ʃi55lian0 suei55	洗脸水 ʃi35lian35 suei214	洗脸水 ʃi55lian0 suei55	洗脸水 ɕi531liɔ0 suei55	洗脸水 ʂi34lian21 suei214	洗脸水 ɕi55lian21 suei214	洗脸水 ʃi511liɛ34 suei34	洗脸水 ʃi31lian0 suei213
0353	毛巾虎 皮用	手巾 ɕiou21tɕin0	手巾 ɕiau21cin0	手巾 ʃau21cin0	羊肚儿手巾 ɵiaŋ35tur35 ʃou35cin0	手巾 ʃau35cian0	羊肚儿手巾 ɵiaŋ35tur35 ʃou35cin0	手巾 ʂau35tɕiɛ0	手巾 sau2tsian0	手巾 ɕiou21ciou21 ciar0	手巾 ʃou21ciɛ214	龙拔 luŋ55 phei0 手巾 ʃan55cin0
0354	手绢	小手巾儿 ciau55ɕiou21 tɕiar53	小手巾儿 ciau55ɕiou21 ciar0	小手巾 ʃioo34ʃau21 cin0	小手巾儿 ʃo55ʃou35 ciar0	小手巾 ʃau35ʃou35 cian0	小手巾儿 ʃo55ʃau35 ciar0	小手巾儿 ɕio53ʂou35 tɕiar0	小手巾 sio21sau2 tsian0	小手巾儿 ciou21ciou21 ciar0	小手巾 ʃio34ʃou21 ciɛ214	小手巾 ʃau55ʃou55 cin0
0355	肥皂虎 衣用不是 香皂	腰子 ɵi133rɔ0	腰子 ɵi330ar0	腰子 ɵi152ɔ0	腰子 ɵi155tsɿ0	腰子 ɵi1550ɔ0	腰子 ɵi155tsɿ0	腰子 ɵi155tsɿ0	腰子 ɵi34ɔ0	腰子 ɵi151ɔ0	腰子 ɵi34tɔ0	腰子 ɵi155tsɿ0
0356	梳子旧式的，不是 现在用的圆子	梳 ʂu53	梳 su53	梳 su312	梳 ʃu35	梳 ʃu313	梳 su35	梳 su213	梳 su52	梳 su51	梳 su214	梳 su31tsɿ0
0357	缝衣针	针 tɕin53	针 tɕhin53	针 tʃin312	针 tʃɔn35	针 tʃɔn313	针 tʃɔn35	针 tʃɛ213	针 tsɔn52	针 tɕin51	针 tʃiɛ214	针 tʃɔn313
0358	剪子	剪子 tɕian21rɔ0	剪子 tɕian21nar0	剪子 tɕiaŋ21lɔ0	剪子 tʃan35tsɿ0	剪子 tʃan350ɔ0	子 tʃan35tsɿ0	剪子 tsiã55tsɿ0	剪子 tsian210ɔ0	剪子 tɕian51tɔ0	剪子 tʃɛ21tɔ0	剪子 tʃan35tsɿ0
0359	蜡烛	蜡烛 la214 洋蜡 ɵiaŋ33la214	洋蜡 ɵiaŋ331la214	蜡 la52	蜡 la214	蜡 la52	蜡 la214	洋蜡 ɵiaŋ55la213	蜡 la341	蜡 la214	蜡 la51	蜡 la213

187

续表

编号	词汇	芝罘读音	福山读音	栖霞读音	龙口读音	蓬莱读音	招远读音	莱州读音	海阳读音	牟平读音	莱阳读音	长岛读音
0360	手电筒	电棒子 tian53 paŋ33 r̩0	电把子 tian53 pa33 ʔar0	电棒 tian34 puŋ342	电棒儿 tian53 pãr55	电棒儿 tian52pãr52 电把儿 tian52par52	电棒儿 tian53pãr55	电棒儿 tiã53 pãr53	电棒 tian52 puŋ341	电棒子 tian51 paŋ131ta0	电棒子 tiɛ51 paŋ34ta0	电棒儿 tian52pãr52 手电 ʂou21tian0
0361	雨伞 雨的、伞盖	伞 san214	伞 san214	伞 sãn214	雨伞 ʔy53san55	雨伞 ʔy35san214	雨伞 ʔy53san55	伞 sã55	伞 θãn214	伞 san214	伞 sɛ34	雨伞 ʔy52 san213
0362	自行车	自行车儿 tsʅ21ɕiŋ0 tɕhier53	自行车儿 tsʅ53ɕiŋ33 tɕhier53	自行车儿 tsʅ34ɕiŋ34 tʃhier312	车子 tʃha35tsʅ0	自行车儿 tsʅ52ɕiŋ55 tʃhar52	车子 tʃha35tsʅ0	自行车儿 tsʅ213ɕiŋ53 tʃher213	自行车 tsʅ21ɕiŋ34 tʃha52	自行车儿 tsʅ21ɕiŋ55 tɕhie51	脚闸车 tʃye34tsa34 tʃha214	自行车儿 tsʅ21ɕiŋ55 tʃhar31

第六节 服饰饮食

一 服饰

编号	词汇	芝罘读音	福山读音	栖霞读音	龙口读音	蓬莱读音	招远读音	莱州读音	海阳读音	牟平读音	莱阳读音	长岛读音
0363	衣服 统称	衣裳 ʔi53ɕiaŋ0	衣裳 ʔi53ɕiaŋ0	衣裳 ʔi52ʂaŋ0	衣裳 ʔi55ʂaŋ0	衣裳 ʔi31ʂaŋ0	衣裳 ʔi55ʂaŋ0	衣裳 ʔi213ʂaŋ0	衣裳 ʔi52saŋ0	衣裳 ʔi51ɕiaŋ0	衣裳 ʔi51ʃaŋ0	衣裳 ʔi31ʃaŋ0
0364	穿 衣服	穿 tshuan53	穿 tshuan53	穿 tshuãn312	穿 tshuan35	穿 tʃhuan313	穿 tshuan35	穿 tshuã213	穿 tshuãn52	穿 tshuan51	穿 tshuɛ214	穿 tshuan313

第二章 词汇

续表

编号	词汇	芝罘读音	福山读音	栖霞读音	龙口读音	蓬莱读音	招远读音	莱州读音	海阳读音	牟平读音	莱阳读音	长岛读音
0365	脱(衣服)	脱 thɤ214	脱 thə214	脱 thə214	脱 thua35	脱 thua313	脱 thua35	脱 thua55	脱 thua214	脱 thɤ214	脱 thuo214	脱 thua313
0366	系(腰带)	系 tɕi33	系 tɕi33	系 ci52	系 ci214	系 ci52	系 ci214	系 tɕi213	系 ci341	系 ci131	系 ci151	系 ci52
0367	衬衫	褂子 kua33rə0	小褂儿 ɕiɔu21 kuar33	小褂儿 ʃiou21 kuar52	小褂儿 ʃo55 kuar53	小褂儿 ʃau21 kuar52	小褂儿 ʃo55 kuar53	小衫儿 sio55 kuar213	衬衫 tʂʰən34 θiər52	小褂儿 ɕiɔu21 kuər131	小褂儿 ʃio21 kuər51	衬衫儿 tʂhan52 θaur213
0368	背心(带两条吊带的内衣)	汗流儿 xan53liour33	背心 pei33ɕiər0	汗衫儿 xān34ʃər52	背心儿 pei53ʃər0	背心 pei52ʃər0	背心儿 pei53ʃər0	汗衫儿 xa55ʂər0	背心儿 pei34siər0	汗流儿 xan51liour131	两条巾 lian34thio34 ciɛ214	背心儿 pei55ʃiər31
0369	毛衣	毛衣 mau330i53	毛衣 mau330i53	毛衣 mɔo34øi312	毛衣 mo350i35	毛衣 mau550i313	毛衣 mo350i35	毛衣 mo550i213	毛衣 mo340i52	毛衣 mau5530i51	毛衣 mo550i214	毛衣 mau550i0
0370	棉衣	棉衣 mian53 θau214	棉衣 mian33 θau214	棉衣 miān520o214 棉裤 miān55khu52	棉衣 mian35 θo55	棉衣 mian55 θau214	棉衣 mian35 θo55	棉衣 mian213 θor55	棉衣 mian55 θo214	棉衣 mian51 θou214	棉衣 miɛ51 θo34	棉衣 mian52 θau213
0371	袄袖儿	袄袖儿 θau21 ɕiour33	袄袖儿 θau21 ɕiour33	袖子 ʃiou34lə0	袄袖儿 θo55 ʃour55	袖子 ʃau52 θo0	袄袖儿 θo55 ʃaur55	袖儿 siour53	袄袖儿 θo21 siəur341	袄袖儿 θau21 ɕiour131	袖子 ʃiou34 tʂɿ0	袄袖子 θau21 ʃiou52tʂɿ0
0372	口袋(衣服上的)	布袋儿 pu33tər0	布袋儿 pu33tər0	布袋儿 pu34tər0	布袋儿 pu53tər0	布兜儿 pu52taur0	布袋儿 pu53tər0	布袋儿 pu53tər0	布袋儿 pu34tər0	布袋儿 pu131tər0	兜笼 tou51lou0	兜子 tour313
0373	裤子	裤子 khu33rə0	裤子 khu330ər0	裤子 khu52lə0	裤子 khu53tʂɿ0	裤子 khu520o0	裤子 khu53tʂɿ0	裤子 khu53tʂɿ0	裤子 khu340o0	裤子 khu131tə0	裤子 khu51tʂɿ0	裤子 khu52tʂɿ0

189

烟台方言总揽

续表

编号	词汇	芝罘读音	福山读音	栖霞读音	龙口读音	蓬莱读音	招远读音	莱州读音	海阳读音	牟平读音	莱阳读音	长岛读音
0374	短裤 宽的	裤衩儿 khu33 tsha214	短裤儿 tan21khur33	裤衩儿 khu52 tsha214	裤衩儿 khu53 tshar55	裤衩儿 khu52 裤头儿 khu52 thaur55	裤衩儿 khu53 tshar55	短裤儿 ta55 khur213	裤衩儿 khu55 tshar214	裤衩 khu131 tsha214	裤头儿 khu51 thour442	裤衩儿 khu52 tshar213
0375	裤腿	裤腿儿 khu33 thɤr214	裤腿儿 khu33 thar214	裤腿儿 khu52 thar214	裤腿儿 khu53 thar55	裤腿儿 khu52 thar55	裤腿儿 khu53 thar55	裤腿儿 khu213 thar55	裤腿儿 khu55 thar214	裤腿儿 khu131 thar214	裤腿儿 khu51 thar34	裤腿儿 khu52 thar213
0376	帽子 絮的	帽子 mau33rə0	帽子 mau33ərə0	帽子 mɔɔ34lə0	帽子 mɔ55tsɿ0	帽子 mau52ə0	帽子 mɔ55tsɿ0	帽子 mɔ55tsɿ0	帽子 mɔ34ə0	帽子 mau131tsɿ0	帽子 mɔ34tə0	帽子 mau52tsɿ0
0377	鞋子	鞋 ciae33	鞋 çiei33	鞋 çiei342	鞋 çiei53	鞋 çi55	鞋 çiai53	鞋 cie53	鞋 çiei341	鞋 çiei553	鞋 çiei442	鞋 çi55
0378	袜子	袜子 Øua21rə0	袜子 Øua21ərə0	袜子 Øua52lə0	袜子 Øua53tsɿ0	袜子 Øua35ə0	袜子 Øua53tsɿ0	袜 Øua213	袜子 Øua34ə0	袜子 Øua21tə0	袜子 Øua51tə0	袜子 Øua52tsɿ0
0379	围巾	围裙儿 Øuei53 pɤr33	包头巾儿 pau53 thəu33 ciər53	围裙儿 Øuei52 pər342	围巾儿 Øuei55ciar35 围脖儿 Øuei35pɤr55	围脖儿 pər55	围巾儿 Øuei55ciar35 围脖儿 Øuei35pɤr55	围裙儿 Øuei213 pɤr53	围脖儿 Øuei52 pɔ34ə0	围脖子 Øuei21 pɔ51tə0	围脖儿 Øuei21 par442	围脖儿 Øuei52 pər55
0380	围裙	围裙儿 Øuei33 tchyn0	围裙儿 Øuei33 chyn0	围裙儿 Øuei52 chỹn342	围裙儿 Øuei53 chyn0	围裙儿 Øuei31 chyan55	围裙儿 Øuei53 chyn0	大襟 ta55 tciɛ213	围裙儿 Øuei34 chỹn0	围裙 Øuei553 chyn0	腰包子 Øiɔ51 pɔ21tə0	围裙 Øuei52chyn55
0381	尿布	破破 pho21pho0	破破 pho21pho0	替子 thi52lə0	褯子 tʃiɛ55tsɿ0	尿纸 niau52tʃi55	褯子 tʃiɛ55tsɿ0	褯子 tsia55tsɿ0	破破 pha21pho0	破破 pho21pho0	替子 thi51tə0	褯子 tʃiɛ52tsɿ0

第二章　词汇

续表

编号	词汇	芝罘读音	福山读音	栖霞读音	龙口读音	蓬莱读音	招远读音	莱州读音	海阳读音	牟平读音	莱阳读音	长岛读音
0382	扣子	扣儿 khour53	扣儿 khaur53	扣儿 khour312	扣儿 khaur53	扣儿 khour52	扣儿 khaur53	扣儿 khaur213	扣儿 khaur52	扣儿 khour51	扣儿 khour214	扣儿 khour52
0383	扣—扣子	系 tɕi33	系 ci33	系 ci52	扣 khau55	系 ci52	扣 khau55	扣 khau213	扣 khau52	系 ci31	扣儿 khour51	系 ci52
0384	戒指	手镏儿 ɕiou211 iour53	扳子 pan53nər0	扳指 pãn52 tsʅ0	戒指 ciɛ53tsər0	扳子 pan31 0a0 戒指 ciɛ52tsʅ0	戒指 ciɛ53tsər0	戒指儿 tɕiɛ53tsər0	扳指 pãn52tsʅ0	扳子 pan51ta0	戒指 ciɛ51tar0	戒指 ciɛ52tsʅ0
0385	手镯	手镏儿 ɕiou21 tsuor33	手镯儿 ciau21tʂuor33	手镯儿 ʃau21 tʃuor342	镯子 tʃua55 tsʅ0	手镯 ʃau21tʃua55	镯子 tʃua55tsʅ0	手镯子 ʂau35tsya55 tsʅ0	镯儿 tʂuor341	手镯子 ciou21 tsuo553ta0	手镯儿 ʃou21 tʃuor442	镯子 tsua55 tsʅ0
0386	理发	剃头 thi53thou33	剪头 tɕian21 thau33	剃头 thi55 thou342	剃头 thi55 thau53	剪头 tʃan21thau55 剃头 thi52thau55 绞头 ciau35thau55	剃头 thi55thau55	剃头 thi213thau53 剪头 tsia55thau53	剃头 thi55 thau341	推头 thei51 thou553	剃头 thi21 thou442	剃头 thi52 thou55
0387	梳头	梳头 su53thou33	梳头 su53thau33	梳头 su52thau342	梳头 su35thau53	梳头 ʃu31thau55	梳头 su35thau53	梳头 su213thau53	梳头 su52thau0	梳头 su51thou553	梳头 su21thou442	梳头 su31thou55

① "镯"单独念为[tsuo]，儿化后声母变为舌尖后音[tʂ]。

二 饮食

编号	词汇	芝罘读音	福山读音	栖霞读音	龙口读音	蓬莱读音	招远读音	莱州读音	海阳读音	牟平读音	莱阳读音	长岛读音
0388	米饭	干饭 kan53fan0	干饭 kan53fan33 米饭 mi21fan33	干饭 kân52fân342	干饭 kan35fan0	干饭 kan31fan0	干饭 kan35fan0	干饭 kâ213fâ53	干饭 kân52fan0	干饭 kan51fan131	大米干饭 ta51mi0 kê51fê51	干饭 kan52fan52
0389	稀饭 用米粉、糁做的	稀饭 çi53fan0	稀饭 çi53fan33	稀儿里 çier52li0	稀饭 çi35fan0	稀饭 çi31fan52	稀饭 çi35fan0	稀饭 çi213fâ53	米汤 mi21thaŋ0	米汤 mi21thaŋ131	稀饭 çi51fê51	稀饭 çi31fan52
0390	面粉	白面 po53 mian33	面粉儿 mian33 fər214	白面 pâ34 miân342	白面 pa53 mian0	白面 pa55 mian52	白面 pa53 mian0	面 miâ53	面 miân341	白面 po51 mian131	白面 pa55 miê51	白面 pa55 mian52
0391	面条	面 mian53	面条儿 mian53 thiǫur33	面汤 miân34 thaŋ312	面条儿 mian53 thiǫr55	面条儿 mian52 thiǫur55	面条儿 mian53 thiǫr55	面条儿 miâ53 thər53	面条儿 mian52 thiǫr341	面 mian131	面条儿 miê51 thiǫur442	面条儿 mian52 thiaur55
0392	面儿 玉米、高粱等	面儿 mier33	面儿 mier33	面儿 mier342	面儿 mier55	面儿 mier52	面儿 mier55	面子 miâ55tsɿ0	面儿 mier341	棒儿面儿 pər51mier131	面儿 mier51	面儿 mier52
0393	馒头 无馅的 核桃	卷子 tcyan21rə0 用刀切的 饽饽 po53 po0 圆的	卷子 po53pə0	卷子 cyan34lə0	卷子 pa55pə0	卷子 cyan35lə0 饽饽 pa31pə0	饽饽 pa55pə0	饽饽 pa213pə0	卷子 cyân21tə0	卷子 cyan21tə0	饽饽 pa51pə0	饽饽 pa31pə0

第二章 词汇

续表

编号	词汇	芝罘读音	福山读音	栖霞读音	龙口读音	蓬莱读音	招远读音	莱州读音	海阳读音	牟平读音	莱阳读音	长岛读音
0394	包子	包子 pau53rə0	包子 pau53ɤar0	包子 pɔɔ522lə0	包儿 pɔr35	包子 pau310ə0	包子 pɔr35	包子 pɔ213tsɿ0	包子 pɔ520ə0	包子 pau51tə0	包子 pɔ510ər0	包子 pau31tsɿ0
0395	饺子 馉馇	馉馇 ku53tsa0 饺子 tçiau21rə0	饺子 tçiau210ər0 馉馇 ku53sa0	馉子 ku52lə0	馉馇 ku35tsa0 馉子 ku35tsɿ0	馉子 ku310ə0	馉馇 ku35tsa0 馉子 ku35tsɿ0	馉馇 ku213tsa0	馉馇 ku52tsɿ0	馉馇 ku51tsa0 饺子 tçiau21tə0	馉子 ku51tsɿ0	饺子 tçiau21tsɿ0
0396	馄饨	馄饨 xuan33tan0	馄饨 xuan33 tan0	馄饨 xuān34 tān0	馄饨 xuan55 tan0	馄饨 xuan55 tan52	馄饨 xuan55 tan0	馄饨 xuɛ55 tɛ53	馄饨 xuān34 tān0	馄饨 xuan13 1than0	馄饨 xua34 tə0	馄饨 xuan55
0397	馅儿	莱儿 tshɤr33 馅儿 çiɤr33	馅儿 çiɤr33	莱儿 tshɤr52	莱儿 tshɤr53	馅儿 çiɤr52	莱儿 tshɤr53	馅子 çia55tsɿ0	莱儿 tθhɤr341	馅儿 çiɤr131	莱儿 tshɤr51	馅儿 çiɤr52
0398	油条条形的油条 麻糖口	麻糖 ma33 than0	油条 θiau53 thiau33	油条 θiau55 thioo342	油条 θiau55 thio53	油条 θiau31 thiau55	油条 θiau55 thio53	麻糖 ma55 than0	油条 θiau52 thio341	麻糖 ma553 thaŋ0	油条 θiou21 thio442	面鱼 mian52θy55
0399	豆浆	汤子 thaŋ53rə0 豆腐汤子 tou33fu0 thaŋ53rə0	豆浆 tou33tçiaŋ53	豆浆 tau34tʃaŋ312	豆浆 tau53tʃaŋ35	豆浆 tau52tʃuaŋ313	豆浆 tau53tʃaŋ35	豆子 tau53tsɿ0	豆浆 tau34tsiaŋ52	浆 tçiaŋ51	豆浆 tou55tʃaŋ214	豆浆 tou55tʃaŋ31

193

烟台方言总揽

续表

编号	词汇	芝罘读音	福山读音	栖霞读音	龙口读音	蓬莱读音	招远读音	莱州读音	海阳读音	牟平读音	莱阳读音	长岛读音
0400	豆腐脑	豆腐脑儿 tou33fu0 naur214	豆腐脑儿 tau33fu0 naur214	豆腐脑儿 tau34fu0 nɔor214	豆腐脑儿 tau53fu0 nɔr35	豆腐脑儿 tau52fu35 naur214	豆腐脑儿 tau53fu0 nɔr35	豆腐脑儿 tau53fu0 nɔr0	豆腐脑儿 tau34fu0 nɔr214	豆腐脑儿 tou131fu0 naur214	豆腐脑儿 tou55fu0 nɔr214	豆腐脑儿 tou52fu0 nɔur213
0401	元宵_{食品}	元宵 ȵyan33ɕiau53 滚的汤圆 thaŋ53θyɐr33 包的	元宵 ȵyan33ɕiau53 汤圆 thaŋ53θyɐr33	元宵 ȵyan34 ʃiɔo312	汤圆儿 thaŋ35 ȵyɐr55	元宵 ȵyan55 ʃiau313	汤圆儿 thaŋ35 ȵyɐr55	元宵 ȵya55sio213	元宵 ȵyan34sio52	元宵 ȵyan553 ɕiau51	元宵 ȵyɛ51 ʃio214	元宵 ȵyan55 ʃau31
0402	粽子	粽子 tsəŋ33rə0	粽子 tsəŋ33θər0	粽子 tsəŋ52lə0	粽儿 tsɚr53	粽子 tsəŋ52θə0	粽儿 tsɚr53	粽子 tsuŋ51tsɿ0	粽子 tɕ̑əŋ340ə0	粽子 tsəŋ131tə0	粽子 tsəŋ34tə0	粽子 tsəŋ52tsɿ0
0403	年糕	年糕 ȵian33 kau53	糕 kau53	槾榴 chi34 lieu0	糕 kɔ35	年糕 ȵian55 kau313	糕 kɔ35	糕 kɔ213	糕 kɔ52	年糕 ȵian553 kau51	年糕 ȵiɛ̃55 kɔ214	年糕 ȵian55 kau31
0404	点心_{糕点}	果子 kuo21rə0	果子 kuo21θər0	大果 ta55kuo214	果子 kua35tsɿ0	点心 tian35ʃən313	果子 kua35tsɿ0	点心 tia35sɿ0	果子 kuo210ə0	馃子 kuo21tə0	果子 kuo21tə0	果子 kuo35tsɿ0
0405	菜_{吃饭要菜}	菜 tshae33	菜 tshai33	菜 tshei52	就头儿 tʃou55tthaur0	菜 tshai52	就头儿 tʃou55tthaur0	菜 tshe213	菜 tɕ̑he341	菜 tshai131	菜 tshe51	菜 tshai52
0406	干菜_{蕨类植物}	干菜 kan53 tshae33	干菜 kan53 tshai33	干菜 kăn52 tshei0	干菜 kan35 tshe214	干菜 kan31 tshai52	干菜 kan35 tshe214	乱菜头 la55tshe213 thau0	干菜 kăn52θhe0	荒菜 xuəŋ51 tshai131	干菜 kɛ21 she51	干菜 kan31tshai52
0407	豆腐	豆腐 tou33fu0	豆腐 tau33fu0	豆腐 tau34fu0	豆腐 tau55fu0	豆腐 tau52fu0	豆腐 tau55fu0	豆腐 tau55fu0	豆腐 tau34fu0	豆腐 tou131fu0	豆腐 tou34fu0	豆腐 tou52fu0

· 194 ·

第二章 词汇

续表

编号	词汇	芝罘读音	福山读音	栖霞读音	龙口读音	蓬莱读音	招远读音	莱州读音	海阳读音	牟平读音	莱阳读音	长岛读音
0408	猪血_{当菜肴}	猪血 tɕy53ɕie214	猪血 tɕy53ɕie214	猪血 tʃy52ɕie214	猪血 tʃy35ɕie214	猪血 tʃy31ɕie214	猪血 tʃy35ɕie214	猪血 tsu213ɕia55	猪血 tʃy55ɕie214	猪血 tɕy51ɕie214	猪血 tʃu21ɕie0	猪血 tʃy31ɕie213
0409	猪蹄子_{来自}嘴唇	猪蹄子 tɕy53 thi33ɾə0	猪蹄儿 tɕy53 thiər33	猪蹄子 tʃy52 thi34la0	猪脚 tʃy35ɕye55 猪蹄子 tʃy35 thi35tsŋ0	猪脚 tʃy35ɕye55 猪蹄子 tʃy35 thi35tsŋ0	猪蹄子 tʃy31thi55 ∅a0	猪脚 tʃy35ɕye55 猪蹄子 tʃy35 thi35tsŋ0	猪蹄儿 tsu213tiar0	猪蹄子 tʃy52thi34∅a0	猪蹄子 tɕy51thi553 ta0	猪蹄子 tʃu21thi34 ta0	猪蹄子 tʃy31thi35 tsŋ0
0410	猪舌头_{莱州,注意}编略	猪舌头 tɕy53ɕie33 thou0	猪舌头 tɕy53ɕie33 thou0	口条儿 khou34 thiɔər342	口条儿 khou55 thiɔr55	口条儿 tʃy31ʃie55 thau0	口条儿 khou55 thiɔr55	口条 khou55 thi53	口条儿 khou21 thiɔr341	口条 khou21 thiɑu131	口条 khou21 thi442	猪舌头 tʃy31ʃie35 thou0 口条21 khou21 thiau55
0411	猪肝_{莱州,注意编略}	猪肝 tɕy53kan53	猪肝 tɕy35kan33	猪肝 tʃy34kãn312	肝尖儿 kan35tʃɚ35	猪肝 tʃy55kan313	肝尖儿 kan35tʃɚ35	猪肝 tsu213ka213	猪肝 tʃy34kãn52	猪肝 tɕy55kan51	猪肝 tʃu55kɛ214	猪肝 tʃy55kan31
0412	下水_{牛羊的内脏}	下货 ɕia53xuo33	下货 ɕia53xuo33	下货 ɕia34xuo0	下货 ɕia53xua214	下货 ɕia52xuo52	下货 ɕia53xua214	下货 ɕia55xue0 下水 ɕia55suei0	下货 ɕia52xuo341	下水 ɕia131suei0	下货 ɕia21xuo51	下货 ɕia52xue52
0413	鸡蛋	鸡蛋 tɕi53tan33	鸡蛋 ci53tan33	鸡蛋 ci55tãn342	鸡蛋 ci35tan53	鸡蛋 ci31tan52	鸡蛋 ci35tan53	鸡蛋 tci213ta0	鸡蛋 ci52tãn341	鸡蛋 ci51tan131	鸡蛋 ci21tɛ51	鸡子儿 ci31tsiar213 鸡蛋 ci31tan52

195

◆ ◇ ◆ **烟台方言总揽**

续表

编号	词汇	芝罘读音	福山读音	栖霞读音	龙口读音	蓬莱读音	招远读音	莱州读音	海阳读音	牟平读音	莱阳读音	长岛读音
0414	松花蛋	松花蛋 cyŋ33xua0 tan33 变蛋 pian53tan33	变蛋 pian53 tan33	变蛋 piã n52 tã n342	变蛋 pian55 tan53	变蛋 pian52 tan52	变蛋 pian55 tan53	松花蛋 syŋ213 xua213iã53	变蛋 piã n52tã n341 皮蛋 phi52tã n341	变蛋 pian51 tan131	变蛋 piɛ51 tɛ51	变蛋 pian52 tan52
0415	猪油	猪油 tcy35θiou53 大油 ta33θiou53	猪油 tcy35θiou53 大油 ta33θiou53	猪大油 tʃy34ta34 θiɑu312	猪板儿油 tʃy35per0 θiɑu55	大油 ta52θiɑu55	猪板儿油 tʃy35per0 θiɑu55	大油 ta213θiou53	荤油 xuɐ n34 θiou52	猪油 tcy55 θiou51	猪大油 tʃy21ta51 θiou214	大油 ta52 θiou55
0416	香油	香油 çiɑŋ33 θiou53	香油 çiɑŋ33 θiou53	香油 çiɑŋ34 θiɑu312	香油 çiɑŋ35 θiɑu55	香油 çinɑŋ31 θiɑu55	香油 çiɑŋ35 θiɑu55	香油 çiɑŋ213 θiɑu53	香油 çiɑŋ34 θiɑu52	香油 çiɑŋ55 θiou51	香油 çiɑŋ55 θiou214	香油 çiɑŋ31 θiou55
0417	酱油	清酱 tʃhiŋ53 tciɑŋ33	清酱 tchiŋ53 tciɑŋ33	清酱 tʃhiŋ55 tʃɑŋ52	酱油 tʃɑŋ350iou55 清酱 tʃhɑŋ35 tʃɑŋ214	清酱 tʃhɑŋ31 tʃɑŋ52	酱油 tʃɑŋ350iou55 清酱 tʃhɑŋ35 tʃɑŋ214	清酱 tʃhiŋ55 tsiɑŋ213	清酱 tshiŋ52 tsiɑŋ341	清酱 tchiŋ51 tciɑŋ131	清酱 tʃhiŋ21 tʃɑŋ51	清酱 tʃhɑŋ31 tʃɑŋ52
0418	盐 名词	咸盐 cian33θian53	盐 θian53	盐 θiã n312	咸盐 çian53θian35	咸盐 çian31θian55	咸盐 çian53θian35	盐 θiã53	咸盐 çiã n34θiã n52	咸盐 çiɑŋ55θiɑŋ51	咸盐 çiɛ55θiɛ214	咸盐 çian31θian55
0419	醋 注音编辑	总讳 tci33xuei0	总讳 ci33xuei0	总讳 ci34xuei0	总讳 ci53xuei0	总讳 ci52xuei52	总讳 ci53xuei0	醋 tshu213	总讳 ci34xuei0	总讳 ci131xuei0	总讳 ci34xuei0	醋 tshu52

196

第二章 词汇

续表

编号	词汇	芝罘读音	福山读音	栖霞读音	龙口读音	蓬莱读音	招远读音	莱州读音	海阳读音	牟平读音	莱阳读音	长岛读音
0420	香烟	烟卷儿 θian53 tɕyɤr214	烟卷儿 θian53 cyɤr214	烟卷儿 θian34 cyɤr214	烟卷儿 θian35 cyɤr35	烟卷儿 θian31 cyɤr214	烟卷儿 θian35 cyɤr35	烟卷儿 θia213 tcyɤr55	烟卷儿 θian55 cyɤr214	烟卷儿 θian55 cyɤr214	烟卷儿 θiɛ51 cyɤr34	烟卷儿 θian31 cyɤr213
0421	旱烟	旱烟 xan330ian53	旱烟 xuaŋ330ian53	旱烟 xãn340iãn312	旱烟 xan530ian35	旱烟 xan520ian313	旱烟 xan530ian35	旱烟 xuaŋ530ia213	旱烟 xãn340iãn52	旱烟 xan1310ian51	旱烟 xɛ510iɛ214	旱烟 xan520ian31
0422	白酒	白干儿 po33tɕiou214	白干儿 po33kɤr53	白酒 pɛ55tʃiɤu214	烧酒 ʃɔ35tʃɔu55	烧酒 ʃau31tʃau214 老酒 lau35tʃɤu214	烧酒 ʃɔ35tʃɔu55	烧酒 sɔ213tsiɤu55	白酒 pɛ55tsiɤu214	白酒 po55tɕiou214	白酒 pɛ51tʃiou34	烧酒 ʃau31tʃou213
0423	黄酒	黄酒 xuaŋ33 tɕiou214	黄酒 xuaŋ33 tɕiou214	黄酒 xuaŋ34 tʃiɤu214	老酒 lɔ53tʃɤu55	黄酒 xuaŋ55 tʃɤu214	老酒 lɔ53tʃɤu55	黄酒 xuaŋ53 tsiɤu55	黄酒 xuaŋ55 tsiɤu214	黄酒 xuaŋ55 tɕiou214	黄酒 xuaŋ51 tʃiou34	黄酒 xuaŋ55 tʃiou213
0424	江米酒 酒酿、醪糟	（无）	米酒 mi55tɕiou0	米酒 mi55tʃiɤu214	（无）	（无）	（无）	（无）	米酒 mi21tsiau214	（无）	米酒 mi51tʃiou34	米酒 mi21tʃou213
0425	茶叶	茶叶 tsha330ie214	茶叶 tsha330ie214	茶 tsha342	茶 tʃha53	茶叶 tsha550ie313	茶 tʃha53	茶叶 tsha550ia0	茶 tsha341	茶叶 tshɛ510iɛ214	茶 tsha442	茶叶 tsha550ie313
0426	泡*	泡 phau33 冲 tshuŋ53	泡 tɕhi33	泡 phoo52	泡 pha214	泡 phau52 冲 tʃhuŋ313	泡 pha214	冲 tshuŋ213 泡 ɕia53	冲 tshuŋ52	冲 tshuŋ51 泡 phau131	泡 pho51	泡 pha52

197

烟台方言总揽

续表

编号	词汇	芝罘读音	福山读音	栖霞读音	龙口读音	蓬莱读音	招远读音	莱州读音	海阳读音	牟平读音	莱阳读音	长岛读音
0427	冰棍儿	冰棍儿 piŋ53kuar33	冰棍儿 piŋ53kuar33	冰棍儿 piŋ55kuar52	冰棍儿 piŋ35kuar53	冰棍儿 piŋ31kuar52	冰棍儿 piŋ35kuar53	冰棍儿 piŋ213kuar53	冰棍儿 piŋ52kuar341	冰棍儿 piŋ51kuar131	冰棍儿 piŋ21kuar51	冰棍儿 piŋ31kuar52
0428	做饭	做饭 tsou53fan33	做饭 tsou53fan33	做饭 tsou52fan342	做饭 tsou35fan53	做饭 tsou52fan52	做饭 tsou35fan53	做饭 tsou213fã53	做饭 tθou52fan341	做饭 tsou51fan131	做饭 tsou51fɛ51	做饭 tsou52fan52
0429	炒菜	做菜 tsou53 tshae33	炒菜 t shau21 tshai33	炒菜 tshou21 tshei52	做菜 tsou53 tshe214	炒菜 tʃhau35 tshai52	做菜 tsou53 tshe214	炒菜 tshou55 tshe213	炒菜 tshou21 tshe341	炒菜 tshau21 tshai131	炒菜 tsho21 tshe51	炒菜 tshai21 tshe52
0430	煮	烀 xu53	烀 xu53	烀 xu312 煮 tʃy214	煮 tʃy55	煮 tʃy214	煮 tʃy55	煮 tʃʊ55	烀 xu52	烀 xu51	煮 tʃu34	煮 tʃy213
0431	煎	#po214	㸆 po214	㸆 po214	煎 tʃan35	煎 tʃan313	煎 tʃan35	煎 tsia213	煎 tsiã52	㸆 po214	煎 tʃiɛ214	煎 tʃan313
0432	炸	炸 tsa33	炸 tsa33	炸 tsa342	炸 tsa53	炸 tsa55	炸 tsa53	炸 tsa53	炸 tsa341	炸 tsa553	炸 tsa442	炸 tsa55
0433	蒸	蒸 tɕiŋ53	蒸 tɕiŋ53	蒸 tʃəŋ312	蒸 tʃəŋ35	蒸 tʃəŋ313	蒸 tʃəŋ35	蒸 tʃəŋ213	蒸 tsəŋ52	蒸 tɕiŋ51	蒸 tʃəŋ214	蒸 tʃəŋ313
0434	揉	揸 sou214	揸 sou214	揉 sou214	揸 sou55	揸 sou214	揸 sou55	揸 sou55	揸 ʂou214	揸 sou214	揸 sou214	揸 sou213
0435	擀	擀 kan214	擀 kan214	擀 kãn214	擀 kan55	擀 kan214	擀 kan55	擀 kã55	擀 kan214	擀 kan214	擀 kɛ214	擀 kan213
0436	吃早饭	歹饭 tae21fan33	歹早饭 tai55tsou21 fan33	歹朝饭 tei21tʃo52 fan342	歹早饭 te55tso55 fan53	歹朝饭 tai35tʃau31 fan52	歹早饭 te55tso55 fan53	吃早晨饭 tʃhŋ53tso35 tchiɵ0fã53	歹朝饭 te21tso52 fan341	歹早饭 tai55tsou21 fan131	吃早起饭 tʃhŋ55tso21 chi0tɛ51	歹朝饭 tai21tʃau31 fan52

第二章　词汇

续表

编号	词汇	芝罘读音	福山读音	栖霞读音	龙口读音	蓬莱读音	招远读音	莱州读音	海阳读音	牟平读音	莱阳读音	长岛读音
0437	吃午饭	歹饭 tae21fan33	歹晌 tai55ɕɑŋ21 fan33	歹晌午儿饭 tei21ʃɑŋ21 0uər52fan342	歹晌饭 te55ʃɑŋ55 fan53	歹晌饭 tai35ʃɑŋ35 fan52	歹晌饭 te55ɕiɑŋ55 fan53	歹晌午饭 tʃŋ53ɕŋ35 0u0fa53	歹午饭 te21sɑŋ21 0u0fan341	歹响饭 tai55ɕiɑŋ21 fan131	吃响午饭 tʃŋ55ʃɑŋ21 0urOfɛ51	歹响饭 tai21ʃɑŋ21 fan52
0438	吃晚饭	歹饭 tae21fan33	歹夜饭 tai210ie33 fan33	歹黑日儿饭 tei21xa21 0iərOfan342	歹下响饭 te55ɕia53 xär55fan53	歹夜饭 tai35Oie52 fan52	歹下响饭 te55ɕia53 xär55fan53	吃下晚饭 tʃŋ55ɕia213 0uərOfa53	歹过晌儿饭 te21kuo34 sär0fan341	歹黑饭 tai55xv21 fan131	吃下黑儿饭 tʃŋ55ɕia51 xar34tɛ51	歹晚饭 tai210uan21 fan52
0439	吃~饭	歹 tae214 吃 tɕhi214	歹 tai214	歹 tei214	歹 te55	歹 tai214	歹 te55	吃 tʃŋ55	吃 tshŋ214 歹 te214	歹 tai214 吃 tɕhi214	吃 tʃŋ34	歹 tai213 吃 tʃŋ213
0440	喝~酒	喝 xa214	喝 xa214	喝 xa214	喝 xa55	喝 xa313	喝 xa55	喝 xa55	喝 xa214	喝 xa214	喝 xa34	喝 xa213
0441	喝~茶	喝 xa214	喝 xa214	喝 xa214	喝 xa35 吃 tʃhi55	喝 xa313	喝 xa35 吃 tʃhi55	喝 tʃŋ55	喝 xa214	喝 xa214	喝 xa34	喝 xa213
0442	抽~烟	抽 tɕhiou53	歹 tai214	歹 tei214 抽 tʃhou312	抽 te55	歹 tai214	抽 te55	吃 tʃŋ55	吃 tshŋ214	抽 tɕhiou51	吸 tʃŋ34 吸 ɕi214	抽 tʃhou313
0443	盛~饭	盛 tɕhiŋ33	盛 tɕhiŋ33	舀 0iau214	挖 0ua55 舀 0io55	舀 0iau214 挖 0ua55 盛 tʃhɑŋ55	挖 0ua55 舀 0io55	舀 0io55 挖 0ua55	盛 tshɑŋ341	盛 tɕhiŋ553	舀 0io34	盛 tʃhɑŋ55
0444	夹~菜	扪 tɕian53	搛 chian53	搛 chiãn342	搛 chian53 倒 to55	钳 chian55	搛 chian53	钓 to213	搛 chian52	搛 cian51	搛 chiɛ442	搛 chian55
0445	搁~进	倒 tau33 添 thian53	倒 tau33 添 thian53	倒 too52	添 thian35	倒 tau52	倒 to55 添 thian35	倒 to213 添 thiã213 压 0ia55	倒 to341	倒 tau131 添 thian51	倒 to51	倒 tʃhɑŋ55

199

续表

编号	词汇	芝罘读音	福山读音	栖霞读音	龙口读音	蓬莱读音	招远读音	莱州读音	海阳读音	牟平读音	莱阳读音	长岛读音
0446	渴fn~	渴 kha214	渴 kha214	渴 kha214	害干 xe53kan35	渴 kha214	害干 xe53kan35	渴 kha55	渴 kha214	渴 kha214	渴 kha34	渴 kha213
0447	饿	饿 ∅uo33	饥困 ci53khuan0	饿 ∅uo342	饥困 ci35khuan55	饥困 ci31khuan0	饥困 ci35khuan55	饿 ∅ua53	饥困 ci52khuan0	饥困 ci51khuan0	饿 ∅uo51	饥困 ci31khuan0
0448	噎~_{着了}~~~~_了	噎 ∅ie214	# 饿 ∅iŋ214	噎 ∅ie214	噎 ∅ie55	噎 ∅ie214	噎 ∅ie55	噎 ∅ie55	噎 ∅ie52	噎 ∅ie214	噎 ∅ie214	噎 ∅ie313

第七节 身体医疗

一、身体

编号	词汇	芝罘读音	福山读音	栖霞读音	龙口读音	蓬莱读音	招远读音	莱州读音	海阳读音	牟平读音	莱阳读音	长岛读音
0449	头_{头颅}	头 thou33	头 thau33	头 thau342	头 thau53	头 thou55 脑袋 nau35tai0	头 thau53	头 thau53	头 thau341	头 thau553	头 thou442	头 thou55
0450	头发	头发 thou33fu0	头发 thau33fu0	头发 thou34fu0	头发 thau53 fu0发 fa55	头发 thou55fu0	头发 thau53 fu0发 fa55	头发 thau55fa0	头发 thou34fu0	头发 thou553fa0	头发 thou34fu0	头发 thou55fa0
0451	辫子	辫子 pian33rə0	辫子 pian33nər0	辫子 piaŋ34lə0	辫子 pian55tsɿ0 辫儿 pier55	辫子 pian520ə0	辫子 pian55tsɿ0 辫儿 pier55	辫子 piã55tsɿ0	角儿 tsiar214 辫子 piã34ɵə0	辫子 pian1311ə0	辫子 piɛ̃34tə0	辫子 pian52tsɿ0

· 200 ·

第二章　词汇

续表

编号	词汇	芝罘读音	福山读音	栖霞读音	龙口读音	蓬莱读音	招远读音	莱州读音	海阳读音	牟平读音	莱阳读音	长岛读音
0452	旋	旋儿 ɕyɐr33	旋丁儿 ɕian33tiər53	旋顶儿 siān34tiər214	头旋 thou53ʃyɐr55	山顶 ʃan31tiŋ214	头旋儿 thou53ʃyər55	旋 suɚr53	旋顶儿 syān34tiər0	旋柱儿 ɕyan131tɕyɐr0	旋顶儿 ʃyɛ34tiər0	顶 tiŋ213
0453	额头	页丁盖 θie331aO kae33	页丁盖 θie53la0 kai33	页拉盖 θie34la0kei52	脑袋瓜子 no35te53 kuar35tʂɿ0	眼丁盖 θian21lau55 kai52	脑袋瓜子 no35te53 kuar35tʂɿ0	眼丁盖 θia55lie53 ke53	页灵盖 θie34liŋ50 ke341	页丁盖 θie131la0 kai131	页拉盖 θie21la0 ke51	页丁盖 θie21la0 kai52
0454	相貌	模样儿 mu530iər0	模样儿 mu530iər0	模样儿 mu520θiər342	模样儿 me550iər35	貌相 mau52ʃan0	模样儿 mu550θiər55	模样儿 mu550θiər53	模样儿 mu520θiər0	模样儿 mu510iər0	模样儿 mu510θiər51	模样儿 mu550θiər52
0455	脸表一	脸 lian214	脸 lian214	脸 liān214	脸 lian55	脸 lian214	脸 lian55	脸 lia55	脸 lian214	脸 lian214	脸 liɛ34	脸 lian213
0456	眼睛	眼 θian214	眼 θian214	眼 θian214	眼 θian55	眼 θian214	眼 θian55	眼 θia55	眼 θian214	眼 θian214	眼 θiɛ34	眼 θian213
0457	眼珠	眼珠子 θian21tɕy53 ɻ0	眼珠子 θian21tɕy53 ʂar0	眼珠 θian34	眼睛儿 θian55 tʃyər35	眼 θian35	眼睛儿 θian55 tʃər35	眼珠子 θia55tʂu213 tʂɿ0	眼珠儿 θian21tʃy52 ʂ0	眼珠儿 θian21tɕy51 tɕa0	眼珠儿 θiɛ34ʃu214	眼珠儿 θian55tʃy31 tʂɿ0
0458	眼泪表一 眼泪时候流出来的	眼泪 θian21lei33	眼泪 θian21lei33	眼泪 θian21lei342	泪 lei53	眼泪 θian21lei52	泪 lei53	眼泪 θia55lei53	眼泪 θian21lei341	泪儿 lar131 眼泪儿 θian21lər131	泪儿 lar51	眼泪 θian21lei52
0459	眉毛	眼眉 θian21 mei33	眼眉 θian21 mei53	眼眉 θian34 mei312	眼眉 θian55 mei35	眼眉 θian21 mei55	眼眉 θian55 mei35	眼眉 θia55 mei53	眼眉 θian34 mei52	眼眉 θian21 mei51	眼眉 θiɛ34 mɛ214	眼眉 θiɛ34 mei55
0460	耳朵	耳朵 θar21tuo0	耳朵 θar21tau0	耳朵 θar21tau0	耳朵儿 θar35taur214	耳朵 θar21tau0	耳朵儿 θar35taur214	耳朵 θar55tua0	耳朵儿 θar21taur0	耳朵 θar21tou0	耳朵 θar21tou0	耳朵 θar35tou0
0461	鼻子	鼻子 pi33ɻ0	鼻子 pi330ər0	鼻子 pi34la0	鼻子 pi55tʂɿ0	鼻子 pi550o0	鼻子 pi55tʂɿ0	鼻子 pi55tʂɿ0	鼻子 pi34θa0	鼻子 pi553ta0	鼻子 pi34tʂɿ0	鼻子 pi55tʂɿ0

· 201 ·

续表

编号	词汇	芝罘读音	福山读音	栖霞读音	龙口读音	蓬莱读音	招远读音	莱州读音	海阳读音	牟平读音	莱阳读音	长岛读音
0462	鼻涕_鼻 鼻_{单用}	鼻 pi33	鼻子 pi33ɚ0	鼻通 pi34thuŋ0	大鼻 ta53pi53	大鼻 ta52pi55	大鼻 ta53pi53	鼻涕 pi55thiŋ0	鼻通 pi34thaŋ0	鼻 pi553	鼻通 pi34thuŋ0	大鼻 ta52pi55
0463	擤_{鼻涕}	擤 ɕiŋ214	呲 tshŋ53	呲 tshŋ312	擤 ʃaŋ55	擤 ʃaŋ214	擤 ʃaŋ55	擤 siŋ55	擤 syŋ214	呲 tshŋ51	擤 ʃiŋ34	擤 ʃaŋ213
0464	嘴巴_人 的、熊的	嘴巴子 tsei21 pa33ɚ0	嘴 tsei214	嘴 tsei214	嘴巴 tsei35pa0	嘴 tsei214	嘴巴 tsei35pa0	嘴 tsuei55	嘴 tɕei214	嘴 tsuei214	嘴 tsei34	嘴 tsei213
0465	嘴唇	嘴唇 tsei21 tshuar33	嘴唇儿 tsei21 tshuar33①	嘴皮 tsei55 phi342	嘴唇 tsei55 tshuan53	嘴唇 tsei21 tʃhuan55	嘴唇 tsei55 tshuan53	嘴唇 tsuei21 tshue53	嘴唇儿 tɕei21 tshuan341	嘴唇儿 tsei21 tshuar553	嘴皮 tsei21 phi442	嘴唇 tsei21 tshuan55
0466	口水 流口水	痴水 tɕhi53suei0	痴水豆儿 tɕhi53suei21 taur33	黎水 tʃhŋ52suei0	唾沫 thu53mi0	吐沫 thu52mian0	唾沫 thu53mi0	痴儿 tʃhŋ213suar0	黎水 tshŋ52suei0	黎水 tɕhi51suei0	黎水 tʃhŋ51suei0	黎水豆儿 tʃhŋ55suei21 tour52
0467	舌头	舌头 ɕie33thou0	舌头 ɕie33thou0	舌头 ʃie34thou0	舌 ʃa53	舌头 ʃa55thou0	舌 ʃa53	舌头 sa55thou0	舌头 sa34thou0	舌头 ɕie553thou0	舌头 ʃa34thou0	舌头 ʃie55thou0
0468	牙齿	牙 ɕia53	牙 ɕia53	牙 ɕia312	牙 ɕia35	牙 ɕia55	牙 ɕia35	牙 ɕia53	牙 ɕia52	牙 ɕia51	牙 ɕia214	牙 ɕia55
0469	下巴	嘴巴儿 tsei21par33	嘴巴儿 tsei21par0	嘴巴 tsei21par312	下嘴巴儿 ɕia53tsei35 par0	嘴巴 tsei35pa52	下嘴巴儿 ɕia53tsei35 par0	嘴巴子 tsuei55pa53 tsŋ0	嘴巴 tɕei21pa34 ɚ0	牙将 ɕia55paŋ51	嘴巴 tsei21pa51	嘴巴子 tsei21pa52 tsŋ0
0470	胡子_嘴 _{周围的}	胡子 xu33ɚ0	髯口 ɵian33 khau0 胡子 xu33ɚ0	胡子 xu34la0	髯口 ɵian53khau0	胡子 xu55ɚ0	髯口 ɵian53khau0	胡子 xu55tsŋ0	胡子 xu34ɚ0	胡子 xu553ta0	胡子 xu34ta0	胡子 xu55tsŋ0

① "唇"单独念时为[tsuən]，儿化后声母变为舌尖后音[tʂh]。

续表

编号	词汇	芝罘读音	福山读音	栖霞读音	龙口读音	蓬莱读音	招远读音	莱州读音	海阳读音	牟平读音	莱阳读音	长岛读音
0471	脖子	脖子 po33ɻə0	脖梗儿 po33kə̃ɻ214	脖子 pə34lə0	脖子 pa53tsʅ0	脖子 pə55ʊə0	脖子 pə53tsʅ0	脖子 pə55tsʅ0	脖子 pə34θə0	脖子 po553tə0	脖子 pə34tə0	脖子 pə55tsʅ0
0472	喉咙	吞子 than33ɻə0 嗓子 saŋ21ɻə0	吞嗓个眼子 than53s an0kə0 θian21nəɻ0	嗓子 saŋ21lə0	吞嗓眼子 than53san0 θian35tsʅ0	吞子 than31θə0	吞嗓眼子 than53san0 θian35tsʅ0	嗓子 saŋ35tsʅ0	吞嗓子 θian21θə0 吞子 θian34θə0	嗓个眼儿 saŋ21kə0 θier214	嗓子 saŋ21tsʅ0	嗓子 saŋ21tsʅ0
0473	肩膀	膀子 paŋ21ɻə0	肩膀儿 cian53pə̃ɻ214	肩 tɕian312	膀子 paŋ35tsʅ0	膀头子 paŋ21 thəu550ə0	膀子 paŋ35tsʅ0	肩膀 tɕiã213paŋ0	肩 cian52	肩膀子 tɕian51 paŋ21tə0	肩膀 tɕiɛ51paŋ34	肩膀头子 cian52paŋ0 thou55tsʅ0
0474	胳膊	胳膊 kɤ21paŋ0	胳膊 kɤ21paŋ33	胳膊 ka21paŋ0	胳膊 ka35paŋ0	胳膊 ka35paŋ0	胳膊 ka35paŋ0	胳巴 ka213pa53	胳膊 ka21pei0	胳膊 kɤ21paŋ0	胳膊 ka21pa0	胳膊 ka35pə0
0475	手方言，包括汉语手、仪指手	手 ɕiou214 仪指手	手 ɕiou214	手 ʃou214	手 ʃəu55	手 ʃəu214	手 ʃəu55	手 səu55	手 səu214	手 ɕiou214 只指手	手 ʃou34	手 ʃou213
0476	左手	左手 tsuo33ɕiou0	左手 tsuo33ɕiou0	左手 tsuo52ʃou214	左手 tsuo35ʃəu55	左手 tsuo35ʃəu214	左手 tsuo35ʃəu55	左手 tsuo213səu55	左手 tθuo21səu214	左手 tsuo55ɕiou0	左手 tsou51ʃou34	左手 tsuo52ʃou213
0477	右手	右手 θiou33ɕiou0	右手 θiau33ɕiau0	右手 θiau52ʃou214	右手 θiau35ʃəu55	右手 θiau52ʃəu214	右手 θiau35ʃəu55	右手 θiau213səu55	右手 θiau55səu214	右手 θiou55ɕiou0	右手 θiou51ʃou34	右手 θiou52ʃou213

· 203 ·

续表

编号	词汇	芝罘读音	福山读音	栖霞读音	龙口读音	蓬莱读音	招远读音	莱州读音	海阳读音	牟平读音	莱阳读音	长岛读音
0478	拳头	拳头 tchyan33thou0	捶 tshuei33	皮锤 phi52 tshuei342	皮锤 phi53 tshuei53	拳头 chyan55 thou0	皮锤 phi53 tshuei53	拳头 tchyā55 thau0	拳头 chyān34 thau0	拳头 chyan553 thou0	皮锤 phi51 tshuei442	拳 chyan55
0479	手指	手指头儿 ɕiou33tsɿ21thour33	手指头儿 ɕiau55tsɿ21 thaur33	指头 tsɿ34thau0	手指头 ʃou55tsɿ55 thau0	手指头儿 ʃou21tsɿ35 thaur0	手指头 ʃou55tsɿ55 thau0	手指头儿 ʂou55tsɿ55 thaur0	指头 tsɿ34thau0	手指头儿 ɕiou21tsɿ21 thau0	指头 tsɿ55thou0	手指头 ʃou52tsɿ35 thau0
0480	大拇指	大拇指头 ta33mu0 tsɿ21thou33	大拇指 ta33man0 tsɿ21thau0	大拇指 ta34mu0 tsɿ214	大拇指头 ta53mu0 tsi255thau0	拇指 mu35tsɿ214	大拇指头 ta53mu0 tsi255thau0	大拇指头儿 ta55ma0 tsɿ55thaur0	大拇指头 ta34mān0 tsɿ34thau0	大拇指 ta553mu0 tsɿ214	大拇指 ta55mu0 tsɿ34	大拇指头 ta52mu0 tsɿ35thou0
0481	食指	二拇指头 θar33mu0 tsɿ21thou33	食指 ɕi33tsɿ214	食指 ʃi34tsɿ214	食指 ʃi53tsɿ55	食指 ʃi55tsɿ214	食指 ʃi53tsɿ55	二拇指头儿 θar55ma0 tsɿ55thaur0	二拇指头 θar34mān0 tsɿ34thau0	二拇指 θar131mu0 tsɿ0 食指 tsɿ553tsɿ214	食指 ʃi51tsɿ34	二拇指头 θar52mu0 tsɿ35thou0
0482	中指	中指 tsuŋ53tsɿ214	中指 tsuŋ53tsɿ214	中指 tsuŋ52tsɿ214	中指 tsuŋ35tsɿ55	中指 tʃuŋ31tsɿ214	中指 tsuŋ35tsɿ55	中拇指头儿 tsuŋ213ma0 tsɿ55thaur0	中指头 tsuŋ52mān0 tsɿ34thau0	中指 tsuŋ51tsɿ214	中指 tsuŋ21tsɿ34	中指 tsuŋ52tsɿ213

204

续表

编号	词汇	芝罘读音	福山读音	栖霞读音	龙口读音	蓬莱读音	招远读音	莱州读音	海阳读音	牟平读音	莱阳读音	长岛读音
0483	无名指	无名指 ɵu53 miŋ33tsʅ214（从普通话中得来）	无名儿指 ɵu33miãr33 tsʅ214	无名儿指 ɵu34miãr52 tsʅ214	无名指 ɵu53miŋ0 tsʅ55	无名指 ɵu35miŋ 55tsʅ214	无名指 ɵu53miŋ0 tsʅ55	四拇指头儿 tsʅ213ma0 tsʅ55tthɐur0	无名指 ɵu34miŋ52 tsʅ214	太阳指 thai131θiaŋ0 tsʅ214 无名指 ɵu21miŋ51 tsʅ214	无名指 ɵu34miŋ51 tsʅ34	无名指 ɵu52miŋ55 tsʅ213
0484	小拇指	小拇指头儿 ɕiau21mu0 tsʅ21thɐur0	小拇指头儿 ɕiau21tsʅ21 thɐur0	小拇指 ʃiɔɔ21mu0 tsʅ214	小拇指 ʃɔ35mu0 tsʅ55	小拇指 ʃau35mu0 tsʅ214	小拇指 ʃɔ35mu0 tsʅ55	小拇指头儿 siɔ55ma0 tsʅ55tthɐur0	小拇指头 sio21mãn0 tsʅ34tthau0	小拇指 ɕiau21mu0 tsʅ214 小# ɕiau21tɕiou51 tɕiou0	小拇指头 ʃiɔ21mu0 tsʅ55tthou0	小拇指头 ʃau21mu0 tsʅ35thou0
0485	指甲	手指盖儿 ɕiou33tsʅ21 kɐr33	指拇盖儿 tsʅ55mo0 kɐr33	指头盖儿 tsʅ34thau0 kɐr52	指甲盖儿 tsʅ35ɕie0 kɐr53	指盖子 tsʅ35kai52 ɵa0	指甲盖儿 tsʅ35ɕie0 kɐr53	指甲盖儿 tsʅ55ɕia0 kɐr53	指头盖儿 tsʅ34thau0 kɐr341	手指盖儿 ɕiou55tsʅ21 kɐr131	指头盖儿 tsʅ55thou0 kɐr51	指盖子 tsʅ21kai52 tsʅ0
0486	腿	腿 thei214	腿 thei214	腿 thei214	腿 thei55	腿 thei214	腿 thei55	腿 thei55	腿 thei214	腿 thei214	腿 thei34	腿 thei213
0487	脚 方言、包括小腿和大腿；地道的—压断了	脚 tɕye214 仅指脚	脚 cye214 仅指脚	脚 cye214 仅指脚	脚 cye55 仅指脚	脚 tʃye214 ɵa0	脚 cye55 仅指脚	脚 tɕye55 仅指脚	脚 cya214 仅指脚	脚 cyo214 仅指脚	脚 cye34 只指脚	脚 cya213 仅指脚

205

烟台方言总揽

续表

编号	词汇	芝罘读音	福山读音	栖霞读音	龙口读音	蓬莱读音	招远读音	莱州读音	海阳读音	牟平读音	莱阳读音	长岛读音
0488	膝盖指部位	波丁盖儿 po53laɔker33	波丁盖 laɔkai33	波拉盖 pə52 laɔkɛi52	鞍丁盖 pə35 laɔkɛ35	波棱盖 pə21 laŋ55kai52	鞍丁盖 pə35 laɔkɛ35	波罗盖 pə55 luaɔker213	波拉盖 pə34 lauɔkɛ341	波丁盖 pə51 laɔkai131	波丁盖 pə21 liɔkɛ51	波丁盖 pə21 laŋɔkai52
0489	背名词	脊梁杆子 tɕi21liaŋɔ kan21rəɔ 脊梁 tɕi21 liaŋ33	脊梁杆子 tɕi21liaŋɔ kan21tsŋɔ	脊梁杆 tʂi21liaŋɔ kaŋ214	脊梁 tʂi35liaŋɔ	脊颈 tʂi35liŋɔ	脊梁 tʂi35liaŋɔ	脊梁 tsi35liaŋɔ	脊梁杆子 tsi21liŋɔ kãn21ɔ	脊梁 tɕi21liaŋ131 脊梁杆子 tɕi21liaŋɔ kan21ɔ	脊梁杆子 tʂi55liaŋɔ kɛ21ɔ	后背身 xou35pei0 ʃən31
0490	肚子腹部	肚子 tu33rəɔ	肚子 tu33ɔrɔ	肚子 tu34lɔ	肚子 tu55tsŋɔ	肚子 tu52ɔ	肚子 tu53tsŋɔ	肚子 tu55tsŋɔ	肚子 tu34ɔɔ	肚子 tu131ɔ	肚子 tu34ɔ	肚子 tu52tsŋɔ
0491	肚脐	闭脐 pi33tɕhi0	闭脐 pi33tɕhiou0	泥鳅眼 mi34tʂhau0 ɔiaŋ214	肚脐眼儿 tu53tʂhiɔ ɔier35	肚鼻抽 tau52pi55 tʂhouɔ	肚脐眼儿 tu53tʂhiɔ ɔier35	布脐眼儿 puɔ55tsiɔ ɔier55	肚脐眼 tu21tshiouɔ ɔiãn214	闭脐 pi131tɕhiɔ	闭脐眼子 pi34chiouɔ ɔiɛ21ɔ	肚闭抽 tu35piɔ tʂhouɔ
0492	乳房女性的	奶子 naɛ21rəɔ	奶子 nai210ɔrɔ	奶子 nei211lɔ	奶子 ne35tsŋɔ	奶子 nai35ɔɔ	奶子 ne35tsŋɔ	奶子 ne35tsŋɔ	奶子 ne21ɔɔ	奶子 nai21ɔ	奶子 ne21ɔ	奶子 nai35tsŋɔ
0493	屁股	腚 tiŋ33 成年人腚沟儿 tiŋ33kour53 小孩儿	腚 tiŋ33	腚 tiŋ342	腚 tiŋ53	腚瓜 tiŋ52kuaɔ	腚 tiŋ53	腚 tiŋ53	腚 tiŋ341	腚 tiŋ131	腚 tiŋ51	腚 tiŋ52

· 206 ·

第二章　词汇

续表

编号	词汇	芝罘读音	福山读音	栖霞读音	龙口读音	蓬莱读音	招远读音	莱州读音	海阳读音	牟平读音	莱阳读音	长岛读音
0494	肛门	腚眼子 tiŋ33 ø ian21rə0 腚沟眼儿 tiŋ33kou0 øian21rə0	腚个眼儿 tiŋ33kə0 øier214	腚干眼儿 tiŋ34kän34 øier214	屁股眼儿 phi53ku0 øier35 腚沟眼儿 tiŋ53 kə0øier0	腚沟眼儿 tiŋ52kəu31 øier214	屁股眼儿 phi53ku0 øier35 腚沟眼儿 tiŋ53 ka0øier0	腚干眼儿 tiŋ55kə0 øier55	腚沟眼儿 tiŋ34kəu0 øian21lə0	腚个眼儿 tiŋ131kə0 øian21tə0	腚干眼儿 tiŋ51kɿ0 øiɿ21tə0	腚眼子 tiŋ52 øian21tsɿ0
0495	阴茎 成人 男的	鸡子 tci53tsɿ0 成年人 鸭巴儿 øia21par53 小孩儿	鸭巴儿 øia21par53	鸡子 tʃɿ52lə0 屌 tiɔ214	鸡巴 ci35pa0	鸡巴 tʃi31pa0313 屌 tiau214	鸡巴 ci35pa0	屌 tiɔ55 鸡沟 tci213pa0	鸡子 ci52ɔ0	鸭子 øia21tə0 鸭巴子 øia55pa51tə0 专指儿童	鸭 øia51	鸡狗子 ci52kou21tsɿ0
0496	女阴 成人 男的	尿 pi53	尿 pi53	尿 pi312	尿 pi35	尿 pi313	尿 pi35	尿 pi213 腚沟 tiŋ53kəu213	尿 pi52	尿 pi51	尿 pi51	尿 pi313
0497	畲 动词	畲 tshau33	畲 tshau33	畲 tshɔɔ52	畲 tshɔ214	畲 tshau52	畲 tshɔ214	畲 tshɔ213	畲 tshɔ341	畲 tshau131	畲 tshɔ51	畲 tshau52
0498	精液	雄 çyŋ33	雄 çyŋ33	雄 çyŋ342	雄 çyŋ53	熊 çyŋ55	雄 çyŋ53	精液 tsiŋ213øia55	雄 çyŋ341	雄 çyŋ553	雄 çyŋ214	雄 çyŋ55

· 207 ·

◆◇◆ 烟台方言总揽

续表

编号	词汇	芝罘读音	福山读音	栖霞读音	龙口读音	蓬莱读音	招远读音	莱州读音	海阳读音	牟平读音	莱阳读音	长岛读音
0499	来月经 注释集	来身上 lae33ciŋ53 cioŋ0	来月经 lai53 ɵye21ciŋ53 来例假 lai53 li33cia214 来好事儿① lai53xau21sʅ33	穿衣裳 tshuan34 ɵi52ʃaŋ0 来例假 lei52li34 cia214	来好事儿 le35xɔ55 saɿ53	洗衣裳 ʃi35ɵi31ʃaŋ0 来好事儿 lai55xau35 saɿ52	来好事儿 le35xɔ55 saɿ53	身上来了 sẽ213saŋ0 le55la0	来月经 le52ɵya34 ciŋ52	来例假 lai51li55 cia214	来例假 le34li51 cia214	来好事儿 lai55xau21 saɿ52
0500	拉屎	拉屎 la53sʅ214	拉屎 la53sʅ214	拉屎 la55sʅ214	拉屎 la35sʅ55	拉屎 la31sʅ214	拉屎 la35sʅ55	拉屎 la213sʅ55	拉屎 la55sʅ214	拉屎 la51sʅ214	拉屎 la21sʅ34	拉屎 la52sʅ213
0501	撒尿	尿尿 niau33	尿尿niau53 niɔu33	尿尿nioɔ52 niɔo0	尿尿nio53 nio0	尿尿niau52 niau52	尿尿nio53 nio0	尿尿nio213 nio53	尿尿52 nio341	尿尿niau51 niau131	尿 nio51nio51	尿尿niau52 niau52
0502	放屁	放屁 faŋ53 phi33	放屁 fan33 phi33	放屁 faŋ55 phi52	放屁 faŋ53 phi214	放屁 faŋ52 phi52	放屁 faŋ53 phi214	放屁 faŋ55 phi213	放屁 faŋ52 phi341	放屁 faŋ131 phi131	放屁 faŋ21 phi51	放屁 faŋ52 phi52
0503	他妈的②	他妈个屄 tha33ma53 kə0pi53	你妈个屄 na21ma53 kə0pi53	他妈的 tha34ma52 ta0	他妈的 tha55ma35 ta0	他个屄 tha31ma35 kə0pi313 我他妈35tha55 ma31ti0	他妈的 tha55ma35 ta0	他妈的 tha55ma213 ti0	你娘了个 臭屄 nãn21 niaŋ34la0 kə0tshau52 pi52	他妈的 tha55ma51 ta0	他妈的 tha55ma34 ta0	他妈了个屄 tha55ma21 la0kə0pi31

① "事"单独念时为[s],儿化后声母变为舌尖后音[ʂ]。
② 口头禅。

二 疾病医疗

编号	词汇	芝罘读音	福山读音	栖霞读音	龙口读音	蓬莱读音	招远读音	莱州读音	海阳读音	牟平读音	莱阳读音	长岛读音
0504	病了	病了 piŋ33lə0	病了 piŋ33lə0	病了 piŋ52lə0	不旺盛 pu55 ɣuaŋ55ʂəŋ0	病了 piŋ52 lau0	不旺盛 pu55 ɣuaŋ55ʂəŋ0	病了 piŋ55lə0	病了 piŋ34lə0	病了 piŋ131lə0	病了 piŋ34lə0	病了 piŋ52lə0
0505	着凉	冻着了 tuŋ33rə0lə0	受凉 ɕiau331liaŋ53	受儿凉 ʃɤur34liaŋ312	冻着了 tuŋ53tsŋ0lə0	冻着了 tuŋ520ə0lə0 着凉 tshəu31 lau55lau0	冻着了 tuŋ53tsŋ0lə0	冻着了 tuŋ53tsŋ0lə0	冻着了 tuŋ340ə0lə0	受儿凉 ɕiour13 lliaŋ51	受儿凉 ʃɤur55 liaŋ214	冻着了 tuŋ52 tʃə0lə0
0506	咳嗽	咳嗽 khɣ21sou33	咳嗽 khɣ21sɤu0	咳嗽 kə21sɤu0	咳嗽 kha35sɤu0	咳嗽 kha55sɤu0	咳嗽 kha35sɤu0	咳嗽 kha2ɨ3sɤ0	咳嗽 kə21sɤu0	咳嗽 khɣ21sɤu0	咳嗽 kha21sɤu0	咳嗽 kha55sɤu0
0507	发烧	怪热的 kuae33 θie21tə0	怪热 kuai33 θie214	发热 fa210ie52	发热 fa350ie214	发热 fa550ie214	发热 fa350ie214	发烧 fa55ʂə21ʒ	发热 fa21ʂə52	发烧 fa21ɕiau51	发热 fa21ʒɔ214	发烧 fa55ʃau31
0508	发抖	打颤颤 tɕian331tɕian0	打颤颤 ta21 tɕian33tɕian0	颤颤 tʃan52tʃan0	打颤颤 ta55 tʃan53tʃan0	打颤颤 ta55 tʃan52tʃan0	打颤颤 ta55 tʃan53tʃan0	打颤颤 ta55 tʂa53tʂã0	打哆嗦 ta21 tʃə52sɤu0	打颤颤 ta21 tɕian131tɕian0	颤颤 tʃɛ51tʃɛ0	颤颤 tʃan52tʃan0
0509	肚子疼	肚子疼 tu33 rə0thəŋ0	肚子疼 tu33 θər0thəŋ33	肚儿疼 tur34 thəŋ52	肚子疼 tu55 tsŋ0thəŋ35	肚子疼 tu52 ə0thəŋ52	肚子疼 tu55 tsŋ0thəŋ35	肚子疼 tu55 tsŋ0thəŋ35	肚子疼 tu34 ə0thəŋ341	肚子疼 tu13 1tə0thəŋ553	肚儿疼 tu51 ə0r0thəŋ442	肚子疼 tu52 tsŋ0thəŋ52
0510	拉肚子	拉肚子 la53tu33rə0	拉肚子 la53tu53θər0 拉稀 la53ɕi53	冒肚 moo34tu342	跑肚 pho55tu53	拉稀 la55ɕi313 拉肚子 la55tu520ʂə0	跑肚 pho55tu53	拉肚子 la213tu55tsŋ0	拉肚子 la52tu34ə0	拉稀的 la55ɕi51tə0 拉肚子 la51tu131tə0	冒肚子 m̩51tu34tsŋ0	拉稀 la55ɕi31

烟台方言总揽

续表

编号	词汇	芝罘读音	福山读音	栖霞读音	龙口读音	蓬莱读音	招远读音	莱州读音	海阳读音	牟平读音	莱阳读音	长岛读音
0511	患疟疾	（无）	打摆子 ta55pai21θər0	瘟病 θuan52piŋ342	打摆子 ta55pe35tsɿ0	发疟 fa310ya214	打摆子 ta55pe35tsɿ0	发疟寒 fa55phi55xa53	发疟子 fa210ya34ɑ0	拉痢疾 la51li131tɕi0	得儿瘟病 tar3340uã21 piŋ51 打摆子 ta55pe21tɑ0	火拉病 xuo35la0piŋ55
0512	中暑	热着了 θie21rə0la0	中暑 tsuŋ33ɕy214	中儿暑 tsur52jy214	热着了 θie53tsɿ0la0	热了 θie55la0	热着了 θie53tsɿ0la0	擅气 tshuaŋ213 tɕhi0	热了 θia34a0	中儿暑 tsur131 ɕy214	热着 θie51tʃa0	热着了 θie21 tʃə0la0
0513	肿	肿 tsuŋ214	肿 tsuŋ214	肿 tsuŋ214	肿 tsuŋ55	肿 tsuŋ214	肿 tsuŋ55	肿 tsuŋ55	肿 tsuŋ214	肿 tsuŋ214	肿 tʃuŋ34	肿 tsuŋ213
0514	化脓	溃脓 xuei33nuŋ33	化脓 xua33luŋ53	有脓 θiəu34nuŋ312	溃脓 xuei53nə0	溃脓 xuei52nuŋ0	溃脓 xuei53nə0	混脓 xuẽ53nuŋ0	化脓 xua34naŋ52	溃脓 xuei21nuŋ0	化脓 xua51nuŋ214	化脓 xua52nuŋ55
0515	疤	疤 pa53	疤 pa53	疤 pa312	疤 pa35	疤 pa313	疤 pa35	疤 pa213	疤 pa52	疤 pa51	疤 pa214	疤 pa313
0516	癣	癣 ɕian214	癣 ɕyan214	癣 ʃyan214	风气 faŋ35chi0	癣 ʃan214	风气 faŋ35chi0	癣 sya55	花疤 xua52ʃhaŋ0	癣 ɕyan214	癣 ʃy34	癣 ʃan213
0517	痣 起的	痣 tɕi33	痣 ɕi33	痣 tsɿ52	记 ɕi214	痣 ɕi52	记 ɕi214	痣 tɕi213	痣 ɕi341	痣 ɕi131	痣 tʃi51	痣 ɕi52
0518	疙瘩 孩子哭后形成的	疙瘩 ka53ta0	疙瘩 ka53ta0	皮粒 phi34li0	囫囵 lan35tan0	皮菱 phi35liŋ0	囫囵 lan35tan0	比田 pi35thiã0	皮粒 phi21liŋ0	疙瘩 ka51ta0	皮粒 phi21li51	皮粒 phi35liŋ0

· 210 ·

第二章 词汇

续表

编号	词汇	芝罘读音	福山读音	栖霞读音	龙口读音	蓬莱读音	招远读音	莱州读音	海阳读音	牟平读音	莱阳读音	长岛读音
0519	狐臭	狐臊 xu33sau0	狐疝 xu33tshaŋ0	狐骚 xu34soo0	臭胳肢窝儿 tʃheu53ka35 tsʅ00tɯr35 狐骚 xu53so0	狐骚 xu55sau313	臭胳肢窝儿 tʃheu53ka35 tsʅ00tɯr35 狐骚 xu53so0	狐骚 xu55so53	狐 xu34so0 骚	狐臊 xu53sau0	狐骚 xu34so0	狐臭 xu55tʃhou52
0520	看病	看病 khan53 piŋ33	看病 khan53piŋ33 扎固病 tsa21ku0piŋ33	看病 khãn52 piŋ342	看病 khan52 ku0piŋ53 扎固病 tsa35	看病 khan52 piŋ52	扎固病 tsa35ku0 piŋ53	扎固病 tsa213 kua0piŋ0	看病 khãn52 piŋ341	看病 khan51 piŋ131	看病 khê51 piŋ51	看病 khan52 piŋ52
0521	诊脉	把脉 pa33mo214	把脉 pa55mo214	把把脉 pa34kpa34 ma52	把脉 pa55ma214	把脉 pa35ma214	把脉 pa55ma214	把脉儿 pa53mar213	试试脉儿 sʅ52sʅ0mar341 试脉儿 sʅ52mar341	把脉 pa55mo214	试试脉儿 sʅ51sʅ0mar51	把脉 pa55ma213
0522	针灸	针灸 tɕin53 tɕiou214	针灸 tɕin53 ciau0	针针 tʃin52 tʃin0	下干针 ɕia53kan0 tʃan35	针灸 tʃən52 ciau214	下干针 ɕia53kan0 tʃən35	下干针 ɕia53kã55 tʃar213	下气针 ɕia21chi0 tsən52	打干针 ta21kan55 tɕin51	针灸 tʃə̃21ciou34	扎干针 tsa21kan0 tʃən31
0523	打针	打针儿 ta21tɕiar53	打针儿 ta21tɕiar53	打针儿 ta34tʃiar312	打针儿 ta55tʃər35	打针 ta35tʃən52	打针儿 ta55tʃər35	打针儿 ta55tʃər213	打针 ta21tsən52	打针 ta21tsər51	打针 ta55tʃə214	打针 ta55tʃən31
0524	打吊瓶	打吊瓶儿 ta21tiau53 phiər33	打吊瓶儿 ta21tiou53 phiər33	打吊棒儿 ta34tioo52 pɯr342	输吊瓶儿 ʃy35tio53 phiər55	打吊瓶儿 ta35tiau52 phiər55	输吊瓶儿 ʃy35tio53 phiər55	打吊棒儿 ta55tio213 pɯr53	打吊瓶儿 ta21tio52 phiər341	打吊瓶儿 ta21tiou52 phiər131	打吊瓶儿 ta21tio52 piə̃r442	打吊棒儿 ta21tiau52 pɯr52

211

烟台方言总揽

续表

编号	词汇	芝罘读音	福山读音	栖霞读音	龙口读音	蓬莱读音	招远读音	莱州读音	海阳读音	牟平读音	莱阳读音	长岛读音
0525	吃药（熬药）	tchi53ɤye214	tai33ɤye214	tei210ye52	te550ye214	tai350ɤya214	te550ɤye214	tshŋ550ɤya213	tshŋ210ɤa341	tai550ɤo214 吃药 tchi510ɤo214	tɕhŋ210ɤye51	tai210ɤa213
0526	汤药	thɑŋ53 0ye214	tshɑu21 0ye0	tshɔ21 0ye52	tjan35 0ye0	thnɑŋ31 0ɤya214	tjan35 0ye0	thɑŋ213 0ɤya0	tθhɔ21 0ɤa341	thɑŋ51 0ɤo0	tshɔ21 0ɤye51	thɑŋ31 0ɤya213
0527	病轻了	病强了 piŋ53 tɕhiɑŋ33la0	病强点儿 piŋ53 tɕhiɑŋ33tiɤ0	病强了 piŋ52 tɕhiɑŋ34la0	病起来了 piŋ53 chi0le0la0	病强了 piŋ52 tɕhiɑŋ55la0	病起了 piŋ53chi0 le0a0	病见好了 piŋ53tɕia213 x55la0	病强了 piŋ34 tɕhiɑŋ34la0	病儿强了 piɤ̃r21 tɕhiŋ1311a0	轻快了 tɕhiŋ51 kue21la0	病强了 piŋ52 tɕhiɑŋ55la0

第八节 婚丧信仰

一 婚育

编号	词汇	芝罘读音	福山读音	栖霞读音	龙口读音	蓬莱读音	招远读音	莱州读音	海阳读音	牟平读音	莱阳读音	长岛读音
0528	说媒	做媒 tsou33mei53	做媒 tsou33mei53	提媒 thi34mei312	说媳妇儿 ʃye55ʃi35fur0	做媒 tsou52mei55	说媳妇儿 ʃye55ʃi35fur0	说亲 ʂue55tshia213	提亲 thi34tshin52	做媒 tsou131mei51	提亲 thi34ʃia214	做媒 tsou52mei55
0529	媒人	mei53ʔin0	媒婆儿 mei53phor33	媒婆儿 mei52phər342	媒婆儿 mei55phyr55	媒人 mei55ʔian0	媒婆儿 mei55phyr55	媒人 mei55ʔie0	媒人 mei52ʔin0	媒人 mei510ʔin0	媒人 mei510ʔie0	媒人 mei550ʔin0

· 212 ·

第二章 词汇

续表

编号	词汇	芝罘读音	福山读音	栖霞读音	龙口读音	蓬莱读音	招远读音	莱州读音	海阳读音	牟平读音	莱阳读音	长岛读音
0530	相亲	看人儿 khan33ȵier0	看人儿 khan33 θier53	看人儿 khãn34 θiar312	看人儿 khan53 θiar35	打对面 ta35tei52 mian0	看人儿 khan53 θier35	看人儿 khã213 θiar0	看人儿 khãn34 θiar52	过目 kuo51 mu131 看人儿 khan13 1θiar51	看人儿 khẽ55 θiar214	打照面 ta21tʃau52 mian52
0531	订婚	下帖儿 ɕia33ȶɕier214 订婚 tiŋ33xuan53	同日 thuŋ33θi214	订日子 tiŋ34θi211lə0	订亲 tiŋ53tʃhan35 看家 khan53ɕia35	押亲 θia55tʃhan0	订亲 tiŋ53tʃhan35 看家 khan53ɕia35	订亲 tiŋ55tshie213 送枣儿 suŋ213ɕier55	订亲 tiŋ34tshĩn52	同日 thuŋ55θi214	订亲 tiŋ55tʃhi214	订亲 tiŋ55tʃhan31
0532	嫁妆	嫁妆 ȶɕia33tsuaŋ0	嫁妆 ɕia33tsuŋ0	嫁妆 ɕia52tʃuŋ0	嫁妆 ɕia53tsuaŋ0 陪送 phei55suŋ0 嫁妆	陪送 phei55suŋ52	陪送 phei55suŋ0 嫁妆 ɕia53tsuaŋ0	嫁妆 ȶɕia53tsuaŋ0	嫁妆 ɕia34tsuŋ0	嫁妆 ɕia131tsuaŋ0	嫁妆 ɕia51tʃuŋ0	嫁妆 ɕia52tsuaŋ0
0533	结婚	结婚 ȶɕie33xuan53	结婚 ɕie33xuan53	将媳妇儿 tʃaŋ52ɕi21 fur0 发付闺女 fa21fu0 kuei52nin0	做事儿 tsau53sar0	办喜事儿 pan52ɕi35 sar52	做事儿 tsau53sar0	结婚 tɕia55xuẽ213	将媳妇儿 tsaŋ34ɕi21 fur0 出门子 tshu34 mãn52 ɔ0	结婚 tɕie552 xuan51	结婚 ɕie34 xuã214	办事事儿 pan52ɕi21 sar52
0534	娶妻 男一动宾	将媳妇儿 tɕiaŋ53ɕi21 fur0	张媳妇儿 tɕiaŋ53ɕi21 fur0	将媳妇儿 tʃaŋ52ɕi21 fur0	张媳妇儿 tʃaŋ55ʃi35fur0	将媳妇 tʃaŋ52ʃi35 fu0	张媳妇 tʃaŋ55ʃi35 fur0	将媳妇儿 tsaŋ213si35 fur0	将媳妇儿 tsaŋ34ɕi21 fur0	将媳妇儿 tɕiaŋ55ɕi21 fur0	将媳妇儿 tʃaŋ21ʃi21 fur0	将媳妇 tʃaŋ52 ʃi35fu0

· 213 ·

烟台方言总揽

续表

编号	词汇	芝罘读音	福山读音	栖霞读音	龙口读音	蓬莱读音	招远读音	莱州读音	海阳读音	牟平读音	莱阳读音	长岛读音
0535	出嫁女	出门子 tɕhy21man53 rə0	出门子 tɕhy21man53 nər0	发付闺女 fa21fu0 uei52niŋ0	出门子 tɕhy55man35 tsŋ0	做媳妇 tsou52ʃi3 5fu0	出门子 tɕhy55man35 tsŋ0	做媳妇儿 tsau213si35 fuər0	出门子 tɕhy34mən52 ʦo0	出门子 tɕhy21man51 ʦo0	出门子 tɕhu25ms51 ʦo0	做媳妇 tsou52ʃi35 fu0
0536	拜堂	拜堂 pae53thaŋ33	拜天地 pai33thian53 ti0	拜天地儿 pei34thian52 tiər0	拜天地儿 pe53thian35 tiar53	拜天地 pai52thian31 ti52	拜天地儿 pe53thian35 tiar53	拜天地 pe55thiã213 ti0	拜天地 pe34thian52 ti0	拜堂 pai51thaŋ553	拜天地 pe55thiɛ21to0	拜天地 pai55thian31 ti52
0537	新郎	新女婿儿 ɕin53ny21 ɕyar33	新女婿 ɕin53ny21 ɕyar33	新女婿儿 ʃm52ny21 ɕyar0	新女婿 ʃan55ny55 ʃy0	新女婿儿 ʃan31ny35 ɕyar52	新女婿 ʃan55ny55 ʃy0	女婿 ny35ɕy0	女婿儿 ny21ɕyar0	新女婿 ɕin51ny21 ɕyar0	新女婿儿 ʃia55ny21 ɕyar0	新女婿儿 ʃan31ny35 ɕyar0
0538	新娘子	新媳妇儿 ɕin53ɕi 21fur33	新媳妇 ɕin53ɕi 21far0	新媳妇儿 ʃm52ɕi 21fur0	新媳妇 ʃan31ʃi 35fu0	新媳妇 ʃan31ʃi 35fu0	新媳妇 ʃan35ʃi 35fur0	媳妇儿 si35fuar0	媳妇 ɕi21fur0	新媳妇 ɕin51ɕi 21far0	新媳妇 ʃia55ʃi 21far0	新媳妇 ʃan31ʃi 35fu0
0539	孕妇	带孩子老婆 tae53xae33 rə0lau21phoo0	带孩子老婆 tei52xei34 lə01so21phao0	带孩子老婆 tei52xei34 lə01so21phao0	双身子 suaŋ35 ʃan35tsŋ0	双身子 suaŋ55 tai52xai55 ɔo0lau35phao0	双身子 suaŋ55an3 5tsŋ0	带孩子老婆 te213xe55 tsŋ0ls35po0	带孩子老婆 te52xe34 ɔo0la21phao0	带孩子老婆 tai51xai553 ta0la21phao0	带孩子老婆 te51xe34 ɔo0la21phao0	大肚老婆 ta21tu52 lau21phae0
0540	怀孕	有丁 ɔiou21la0	有丁 ɔiou21la0	有儿孩子 ɔiaur34xei34 la0	有欢气丁 ɔiau55xuan 53chi0la0	有喜 ɔiau35 ɕi35la0	有欢气丁 ɔiau55xuan 53chi0la0	有丁 ɔiau35la0	有喜 ɔiou34ɕi21la0	有丁 ɔiou21la0	有喜 ɔiou34ɕi214	有丁 ɔiou21la0
0541	害喜孕反应	害孩子 xae53xae33 rə0	害孩子 xai53xai33 ɔar0	闹喜 nɔo34ɕi214	害喜 xe53ɕi55	害孩子 xai52xai55 ɔo0	害喜 xe53ɕi55	嫌饭 ɕiã53fã53	害孩子 xe52xe34 ɔo0	害喜 xai21xai553 ta0	害喜 xe51ɕi214	害丁 xai52la0

第二章　词汇

续表

编号	词汇	芝罘读音	福山读音	栖霞读音	龙口读音	蓬莱读音	招远读音	莱州读音	海阳读音	牟平读音	莱阳读音	长岛读音
0542	分娩	生孩子 saŋ53xae33 ɻa0	生孩子 saŋ53xai33	拾儿孩子 ʃar34xɛi34 la0	生孩子 saŋ35xɛ55 tsʅ0	生孩子 saŋ35xɛ55 tsʅ0	拾孩子 ʃi55xai55 ɵɐ0	生孩子 saŋ35xɛ55 tsʅ0	生孩子 saŋ213xɛ55 tsʅ0	拾 sʅ341a0	生孩子 saŋ51xai553 ta0	生孩子 ʃaŋ21xɛ34 tsʅ0	生孩子 saŋ52xai55 tsʅ0
0543	流产	流了 liou33la0	流了 liou33la0	掉了 tioo34la0	小产 ʃo53san55	刮孩子 khua31xai55 ɵa0	小产 ʃo53san55	掉了 tio55la0	掉了 tio34la0	掉了 tiou1311a0	掉了 tio34la0	掉了 tiauŋ52la0
0544	双胞胎	双棒儿 suaŋ53pãr33	双棒子 suaŋ53paŋ53 ɵɐr0	双棒儿 suaŋ55pãr52	对双 tɛi35suaŋ0	双棒子 ʃunaŋ31 pnaŋ52ɵ0	对双 tɛi35suaŋ0	一对双儿 ɵi55tɛi213 suãr0	对双儿 tɛi52suãr341	双棒子 suaŋ51 paŋ131ta0	一对双儿 ɵi55tɛi21 ʃuãr51	双棒儿 suaŋ31 pãr52
0545	坐月子	坐月子 tsuo33 ɵye21ɻa0	坐月子 tsuo33 ɵye21ɐr0	坐月子 tsuo21 ɵye52la0	坐月子 tsuo53 ɵye53tsʅ0	坐月子 tsuo52 ɵye35la0	坐月子 tsua530ye53 tsʅ0	坐月子 tsua213 ɵye53tsʅ0	坐月子 tɵuo5 20ya340a0	坐月子 tsuo55 ɵye21ta0	坐月子 tsuo21 ɵye51tsʅ0	坐月子 tsuo52 ɵye55tsʅ0
0546	吃奶	奶奶 nae33nae214	奶奶 nai55nai214	喂奶 tsa55nei214	奶奶 ne55ne0	奶奶 nai52nai214	奶奶 ne55ne0	奶奶 ne213ne55	喂奶 tsa21ne214	奶奶 nai55nai214	吃奶 tʃʅŋ55ne214	奶奶 nai52nai213
0547	断奶	择奶 tsʏ33nae214 拾奶 tʃhia33 nae214	摘奶 tsa33nai214	摘奶 tsa21nei214	摘奶儿 tsa53ner55	隔奶 ka35nei214	摘奶儿 tsa53ner55	拾奶 tʃhia53ne55	摘奶 tsa21ne214	撂奶 liou55nai214	要奶 ɵio51ne214	勒奶 la55nai213
0548	满月	出月儿 tʃhy33 ɵyer214 ("出"的韵母y接近 u)	满月 man55 ɵyer214	满月儿 mãn210 yer52	满月儿 man55 ɵyer53	满月儿 man35 ɵyer214	满月儿 man55 ɵyer53	满月 ma350ya0	满月儿 mãn21 ɵyer341	满月儿 man55 ɵyer214	满月儿 mɛ21 ɵyer51	满月 man35 ɵye213

· 215 ·

续表

编号	词汇	芝罘读音	福山读音	栖霞读音	龙口读音	蓬莱读音	招远读音	莱州读音	海阳读音	牟平读音	莱阳读音	长岛读音
0549	生日（岁）	生日 kuo33saŋ53 ŋi0 成人 长尾巴 tɕiaŋ33ŋi21 paŋ0 小孩儿	生日 saŋ53ŋi0	过生日 kuo34saŋ52 ŋi0	生日 saŋ35ŋi0	生日 saŋ31ŋi214	生日 saŋ35ŋi0	生日 saŋ213ŋi0	生日 saŋ52ŋi0	生日 saŋ53ŋi0	生日 saŋ51ŋi0	生日 saŋ31ŋi0
0550	做寿	庆寿 tɕhiŋ53 ɕiou33	过生日 kuo33 saŋ53ŋi0	庆寿 ɕhiŋ55 ʃou52	做寿 tsuo55 ʃau214	上寿 ʃnaŋ52 ʃou52	做寿 tsuo55 ʃau214	上寿 ʂaŋ53 ʂou53	庆寿 ɕhiŋ52 sou341	庆寿 ɕhiŋ51 ɕiou131	庆寿 ɕhiŋ21 ʃou51	过寿 kuo52 ʃou52

二 丧葬

编号	词汇	芝罘读音	福山读音	栖霞读音	龙口读音	蓬莱读音	招远读音	莱州读音	海阳读音	牟平读音	莱阳读音	长岛读音
0551	死（咒骂）	死 sʅ214	死 sʅ214	死 sʅ214	死 sʅ55	死 sʅ214	死 sʅ55	死 sʅ55	死 sʅ214	死 sʅ214	死 sʅ34	死 sʅ213
0552	死（编婉、最常用的，几种，指老人，他，丁）	老丁 lau21la0	老丁 lau21la0	老 lɔ214	老丁 lɔ35la0 走丁 tsou55la0 过世丁 kua55ʃi53la0	老 lau214	老丁 lɔ35la0 走丁 tsou55la0 过世丁 kua55ʃi53la0	老丁 lɔ213la0	老 lɔ214	老丁 lau21la0	老 lɔ34	老丁 lau21la0 走丁 tsou21la0
0553	自杀	自杀 tsʅ33sa214	自杀 tsʅ33sa214	自杀 tsʅ34sa214	自尽 tsʅ55tʃən53	寻短见 ʃən55tuan35 ɕian52	自尽 tsʅ55tʃən53	自杀 tsʅ53sa55	自尽 tsʅ52tsin341	自杀 tsʅ131sa214	自杀 tsʅ51 sa214 寻短见 ʃy34tɛ21 ɕiɛ51	寻死 ʃən55sʅ213

第二章 词汇

续表

编号	词汇	芝罘读音	福山读音	栖霞读音	龙口读音	蓬莱读音	招远读音	莱州读音	海阳读音	牟平读音	莱阳读音	长岛读音
0554	咽气	断气儿 tan53 tɕhiɛr33	断气儿 tan53 tɕhiɛr33	咽儿气儿 ɵiɛr55 tɕhiɛr52	倒头儿 tɔ55 thɵur53	咽气儿 ɵian52 tɕhiɛr52	倒头儿 tɔ55 thɵur53	咽气 ɵiɑ̃55 tɕhi213	咽儿气儿 ɵiɛr52 tɕhiɛr341	断儿气儿 tɛr131 tɕhiɛr131	咽气 ɵiɛ51 tɕhi51	咽气儿 ɵian52 tɕhiɛr52
0555	入殓	入殓 ɵy21lian33	入殓 ɵy35kuan53 入殓 ɵy21lian33	入殓 ɵy55lian342	入殓 ɵy53kuan35	入殓 ɵy21lian52	入殓 ɵy53kuan35	入殓 ɵy213liɑ̃53	入殓 ɵy52lian341	入殓 ɵy21lian131	入殓 ɵy51liɛ51	入殓 ɵy21lian52
0556	棺材	棺材 kuan53tshai0	棺材 kuan53tshai0	棺材 kuãn52tshei0	棺材 kuan35tshe0	棺 kuan31tshei55	棺材 kuan35tshe0	棺材 kuɑ̃213tshe0	棺材 kuãn52tshe0	棺材 kuan51tshe0	棺材 kuɛ51tshe442	棺材 kuan31tshe0
0557	出殡	出殡 tɕhy21pin33	殡殡 pin53pin33	发殡 fa21pin52	殡殡 pin53pin214	出殡 tɕhy35pian52	殡殡 pin53pin214	出殡 tʃhu55piɛ213	出殡 tʃhy21pin341	殡殡 pin51pin131	发殡 fa21pi51	出殡 tɕhy21pin52
0558	灵位	牌位儿 phae330/uer0	牌位儿 phai330/uer0	牌位儿 phei340/uer0	牌位儿 phe550/uer53	牌位儿 phai550/uer52	牌位儿 phe550/uer53	牌位 phe550/uer0	牌位儿 phe340/uer0	牌位儿 phai5530/uer0	牌位儿 phe340/uer0	牌位 phai550/uer52
0559	坟墓单个 的；老人的	坟 fan33	坟 ɵiŋ33	故堆 ku52tei0 坟地 ɵiŋ34ti0	坟 fan53 坟 ɵiŋ53	坟地 ɵiŋ55ti52	坟 fan53 坟 ɵiŋ53	坟 ɵiŋ53	坟盘 ɵiŋ52phãn341	坟 fan553	坟子 ʃã34ta0	坟 ɵiŋ55
0560	上坟	上坟 ɕiaŋ53fan33 上坟 ɕiaŋ53fan33	上坟 ɕiaŋ53/ɵiŋ33 上坟 ɕiaŋ53fan33	上坟 ʃaŋ52/ɵiŋ342	上坟 ʃaŋ55fan53 清明、农历十月一 上坟 ʃaŋ55 坟 ɵiŋ53 其他时候	上坟 ʃnaŋ520/ɵiŋ55	上坟 ʃaŋ55fan53 清明、农历十月一 上坟 ʃaŋ55 坟 ɵiŋ53 其他时候	上坟 saŋ53fɛ53	上坟 saŋ52fan341	上坟 ɕian131fan553	上坟 ʃaŋ51fɑ442	上坟 ʃaŋ52fan55

217

续表

编号	词汇	芝罘读音	福山读音	栖霞读音	龙口读音	蓬莱读音	招远读音	莱州读音	海阳读音	牟平读音	莱阳读音	长岛读音
0561	纸钱	纸 tsɿ214	烧纸 ciou53tɕhian0 tsɿ214	纸钱 tsɿ21 tɕhiǎn342	纸 tsɿ55	纸钱 tsɿ21tshian55	纸 tsɿ55	烧纸 sɔ213tsɿ55	纸钱 tsɿ21 tshian341	烧纸钱 ciou51tɕhian 553tsɿ214	纸墩子 tsɿ34ɿa21 ta0	纸钱儿 tsɿ21 tshier55

三 信仰

编号	词汇	芝罘读音	福山读音	栖霞读音	龙口读音	蓬莱读音	招远读音	莱州读音	海阳读音	牟平读音	莱阳读音	长岛读音
0562	老天爷	老天爷 lau21 thian53ɵie33	天爷 thian5 3lau35ɵie53	老天爷 lɔo21thian52 ɵie342	老天爷 thian35 lɔ55ɵie0	天爷 thian31 lau35ɵie55	天爷 thian35 lɔ55ɵie0	老天爷 lɔ55thia213 ɵiɔ0	天老爷爷 thian52lau0 ɵie520iɔ0	天老爷 thian55lɔu0 ɵie51	天老爷 thie51lɔ21 ɵiɑ340ɿie0	老爷爷 lau35thian52 ɵie55
0563	菩萨 体称	菩萨 phu33sa0	菩萨 phu33sa0	菩萨 phu34sa0	菩萨 phu55tsha0	菩萨 phu55sa0	菩萨 phu55tsha0	菩萨 phu55sa53 菩萨 kua55 ɵie0 菩萨 phu55sa53	菩萨 phu34sa0	菩萨 phu553ɿie0	菩萨 phu34sa0	菩萨 phu55sa0
0564	观音	观音 kuan21 ɵin53	观音 kuan35 ɵuɑŋ01	观音 kuǎn34 ɵin312	观世音 kuan35 ʃi530ɵin35	观音 kuan31 ɵiɑŋ0	观世音 kuan35ʃi53 ɵin35	观音 phu55sa53	观音 kuan34 ɵin52	观音 kuan55 ɵin51	观音 kue21 ɵiɑ214	观音 kuan55 ɵin0
0565	灶神 口头 的叫法，其中"灶 王爷"称呼 如有方言差 频即要释义	灶王爷 tsau33 ɵuɑŋ0 ɵie33	灶爷 tsau33 ɵuɑŋ01 au21ɵie53	灶儿爷 tsoor52 ʃɑn342 灶木爷爷 tsoo34mu0 ɵie520ɿie0	灶王爷 tso550uɑŋ53 ɵie550ɿie0	灶母爷 tsau52 mu350ɿie55 ɵie0	灶王爷 tso55 0uɑŋ53 ɵie550ɿie0	灶王 tso530uɑŋ0 ɵie53	灶木爷 tɵo34mu0 ɵie520iɔ0	灶王爷 tsau131tchian khɑn131kuo0 lɑur214 看锅老儿	灶木爷 tsau52lau0 ɵie550ɿie0	灶爷爷 tsau52thian0 ɵie550ɿie0
0566	寺庙	庙 miau33	庙 miou33	庙 miou342	庙 miɔ53	庙 miau52	庙 miɔ53	祠庙 tshɿ53miɔ53	庙 miɔ341	庙 miau131	庙 miɔ51	庙 miau52

第二章 词汇

续表

编号	词汇	芝罘读音	福山读音	栖霞读音	龙口读音	蓬莱读音	招远读音	莱州读音	海阳读音	牟平读音	莱阳读音	长岛读音
0567	祠堂	祠堂 tsʰŋ53tʰaŋ33	祠堂 sʰŋ33tʰaŋ0	祠堂 tsʰŋ34tʰaŋ0	家庙 cia35mio53	祠堂 tsʰŋ55tʰaŋ0	家庙 cia35mio53	祠堂 tsʰŋ53tʰaŋ0	家庙 cia52mio341	祠堂 tsʰŋ553tʰaŋ0	祠堂 tsʰŋ34tʰaŋ0	祠堂 tsʰŋ55tʰaŋ0
0568	和尚	和尚 xuo33 tɕʰiaŋ0	和尚 xuo33 tɕʰiaŋ0	和尚 xuo34 tʃʰaŋ0	和尚 xua55 tʃʰaŋ0	和尚 xua55 tʃʰaŋ0	和尚 xua55 tʃʰaŋ0	和尚 xɛ55 tʃʰaŋ0	和尚 xuo34 tʃʰaŋ0	和尚 xuo553 tʃʰaŋ0	和尚 xuo34 tʃaŋ0	和尚 xua55 ʃaŋ0
0569	尼姑	姑子 ku53ɿ0	姑子 ku530ɿr0	姑子 ku52ɿ0	姑子 ku35tsɿ0	姑儿 ku31ɻo0	姑子 ku35tsɿ0	姑子 ku213tsɿ0	姑子 ku520o0	姑子 ku51ta0	姑子 ku51ta0	尼姑子 ni55ku31tsɿ0
0570	道士	道士 tau33sɿ0	道士 t au33sɿ0	老道 loo21tao52	道士 to55sɿ0	道士 tau52sɿ0	道士 to55sɿ0	道士 to55sɿ0	道士 tau34sɿ0	道士 tau131sɿ0	道士 ts34sɿ0	道士 tau52sɿ0
0571	算命(续表)	算命 san53miŋ33 算卦 san53kua33	占卦 tɕian53 kua33	算命 san55 miŋ52	算卦 san53 kua214	算卦 san53 kua214	算卦 san53 kua214	算命打卦 suã55 miŋ213ta55 kua213	算命 θan52 miŋ341	算卦 suan51 kua131	算命 sɛ̃21miŋ51	算的 san52 miŋ52ta0
0572	运气	走字儿 tsou21tsar33	运气 ʮyn33cʰi0	时气 sɿ34cʰi52	时气 sɿ55cʰi0	时气点儿 sɿ55cʰi52 tier214	时气 sɿ55cʰi0	时运 sɿ550y53	时ʮan34cʰi0	走字儿 tsou21tsar131	运气 ʮy51cʰi0	点儿 tier213
0573	保佑	保佑 pau210iou0	保佑 pau210iau33	保佑 poo210iau52	保佑 p350iau0	保佑 pau350iau52	保佑 p350iau0	保佑 p530iau53	照应 ts340iŋ0	保佑 pau210iou131	保佑 p210iou51	保佑 pau210iou52

219

第九节 人品称谓

一 人品

编号	词汇	芝罘读音	福山读音	栖霞读音	龙口读音	蓬莱读音	招远读音	莱州读音	海阳读音	牟平读音	莱阳读音	长岛读音
0574	人	人 ɵin53	人 ɵin53	人 ɵin312	人 ɵin35	人 ɵin55	人 ɵin35	人 ɵie53	人 ɵin52	人 ɵin51	人 ɵia214	人 ɵin55
0575	男人（成年、稍长的、稍长辈）	汉子 xan33rəʔ	汉子 xan33nər0	男人 nan340in312 汉子 xuŋ52lə0	汉们 xan53man0	汉们 xan52mu0	汉们 xan53man0	汉们 xiã53me0	汉子 xãn340ə0 男人 nãn340in0	汉子 xan131tə0	男人 ne340ia214 汉子 xẽ51ma0	汉 xan52man0
0576	女人（三四十岁已婚的、稍长辈）	老婆 lau21pho0 老娘们儿 lau21niɑŋ33 mər0	老娘们儿 lau21niɑŋ33 mər0	老娘们儿 lao21niɑŋ34 mər0	娘儿们 niãr55man0	老婆 lau35pho0	娘儿们 niãr55man0	老婆 lo35pho0	老婆 lo21 pho0 女人 ny210in0	老婆 lau21pho0	老娘们儿 lo21niɑŋ34 mər0	娘们 niɑŋ55man0
0577	单身汉	光棍儿 kuɑŋ53 kuər33	光棍儿 kuɑŋ53 kuər0	光棍儿 kuɑŋ55 kuər52	光棍儿 kuɑŋ55 kuər53	光棍儿 kuɑŋ31 kuər52	光棍儿 kuɑŋ55 kuər53	光棍儿 kuɑŋ213 kuər53	光棍儿 kuɑŋ52 kuər341	光棍儿 kuɑŋ51 kuər131	光棍儿 kuɑŋ21 kuər51	光棍儿 kuɑŋ31 kuər52
0578	老姑娘	老闺女 lau21kuei53 niŋ0	老闺女 lau21kuei53 niŋ0	老闺女 lao21kuei34 niŋ0	老闺女 lo55ku0 niŋ0	老闺女 lau35kuei3 1niŋ0	老闺女 lo55ku0 niŋ0	大闺女 ta55kue213 ni0	老闺女 lo21kuei52 niŋ0	老闺女 lau21kuei51 niŋ0	老嫂儿 lo21mer51	老闺女 lau55kuei31 niŋ0
0579	婴儿	小月月孩儿 ciau330ye21 0yə0xər33	小月子孩儿 ciau550ye21 0ər0xər33	月子孩儿 0ye520ə0 xər342	小月孩儿 ʃɔ550ye53 xər53	月孩儿 0ya350ya0 xər55	小月孩儿 ʃɔ550ye53 xər53	娃娃 0ua55 0ua0	月孩儿 0ye52xər341	小月孩儿 ciau550ye21 xər553	月子儿孩子 0ye51tər0 儿 0ye35 xẽ34tsiər0	月孩儿 0ye35 xər55

第二章　词汇

续表

编号	词汇	芝罘读音	福山读音	栖霞读音	龙口读音	蓬莱读音	招远读音	莱州读音	海阳读音	牟平读音	莱阳读音	长岛读音
0580	小孩三 国少的、统称	小孩儿 ɕiau21chi0	小孩儿 ɕiau21xer33	小孩儿 ʃioo21xer342	小孩儿 ʃo55xer53	小孩儿 ʃau35xer55	小孩儿 ʃo55xer53	小孩儿 sio55xer53	小人儿 sio210iar52	小小儿 ɕiau21xer553	小孩儿 ʃio21xer442	小孩儿 ʃau21xer55
	男孩线 统、外面有 一个~在哭	小小儿 ɕiau33 ɕiaur214	小小儿 ɕiau55 ɕiaur214	小斯 lo0 21tsʅ0	小子 ʃo35sʅ0	小子 ʃau35sʅ0	小子 ʃo35sʅ0	小斯 sio35sʅ0	小斯 sio21tsʅ0	小小儿 ɕiau21 ɕiaur214	小斯子 ʃio21sʅ 51tsʅ0	小小儿 ʃau35ʃaur213 小子 ʃau21tsʅ0
0581	女孩线 统、外面有 一个~在哭	小囤女儿 ɕiau21kuei0 nyar0	小囤女儿 ɕiau21kuei53 nyar0	小囤女儿 ʃioo21kuei52 nyar0	姑娘 ku35niŋ0	小囤女 ʃau35kuei31 niŋ0	姑娘 ku35niŋ0	小囤女儿 sio55kueiɛ213 nar0	囤女 kuei52niŋ0	小囤女儿 ɕiau21kuei51 niar0	小囤女儿 ʃio21kuei52 njar0	小囤女儿 ʃau35kuei31 niar0
0582	老人七 八十岁的、统称	老人儿 lau210iar53	老人 lau210in53	老人 lo0340ɪm312	老人 lo0550in0	老成人 lau35tʃhaŋ θ0ian55	老人 lo0550inə̃0	老人 lo0550iə̃0	老头子 lo0 21thau34 θ0a0 老婆儿 lo0 21phar0	老人儿 lau210iar51	老人 lo0550iə̃214	老的 lau35to0
0583	亲戚线	亲戚 tɕhin53chi0	亲戚儿 tɕhin53tɕhiar0	亲亲 tʃhin52tʃhin0	亲戚儿 tʃhan53tʃhar0	亲戚 tʃhian31tʃhi0	亲戚儿 tʃhan53tʃhar0	亲戚 tshiɛ213tshi53	亲戚 tshin52tshin0	亲戚 tɕin51tɕhi0	亲戚 tʃhiɛ51tʃhiə̃0	亲戚 tʃhan31tʃhi0
0584	朋友线	朋友 phaŋ330iou0	朋友 phaŋ330iau0	朋友 phaŋ340iau0	朋友 paŋ530iau0	朋友 phaŋ550iau0	朋友 paŋ530iau0	朋友 phaŋ53θiau0	伙计 xuo21ɕi0	朋友 phaŋ550iou0	朋友 phaŋ340iou0	朋友 phaŋ550iou0
0585	邻居线	邻居 lin33ɕy0	邻居 lin33ɕy0	邻堂儿 lin52jar0	邻舍家 lin53ji55ɕia0	邻堂 li55ʃi0	邻舍家 lin53ji55ɕia0	邻居 liɛ55tɕy0	门儿口儿 mə̃n520o0kha ur214	街坊 ɕie51faŋ0 邻居 lin553ɕy0	庄邻 tsuaŋ211iə̃442	邻居 lin55ɕy0

221

烟台方言总揽

续表

编号	词汇	芝罘读音	福山读音	栖霞读音	龙口读音	蓬莱读音	招远读音	莱州读音	海阳读音	牟平读音	莱阳读音	长岛读音
0587	客人	客 khɤ214	客 khɤ214	客 kha214	客 kha55	客人 kha35ɵiaŋ55	客 kha55	客 khei55	客 kha214	客 khɤ214	客 khe34	客儿 khaɤ213
0588	农民	庄稼把子 tsuaŋ53 tɕia0pa33ʐa0	庄稼人 tsuaŋ53 cia00in53	庄户孙 tsuaŋ52 xu34sɔ̃n312	庄稼 tsuaŋ53 cie55ɵin35	庄稼人 tʃuaŋ31 ci00ian55	庄稼人 tsuaŋ53 cie55ɵin35	庄稼人 tsuaŋ213 tɕia53ɵiẽ0	种庄稼的 tsuŋ34ʂuaŋ 52cia0ta0	庄稼把子 tsuaŋ51cia0 pa131ta0	庄稼把子 tsuaŋ51cia0 pa51tsɿ0	种地的 tsuŋ51 ti52ta0
0589	商人	做买儿卖儿的 tsou33mɤr21 mɤr33ta0	买卖人 mai21mai0 ɵin53	做买卖的 tsou34mei21 mei0tiɵ	生意人 sɑŋ35 ɵi00in35 买卖人 me35 me00in35	买卖人 mai35mai52 ɵian55	生意 sɑŋ35ɵi00in35 买卖人 me00ɵie0	买卖人 me55me00iẽ0	做买卖的 tɵou34me21 me0ta0	做买卖的 tsou131mai21 mai131ta0	买卖人儿 me21me0 ɵiaɤ214	做买卖的 tsou52mai21 mai0ta0
0590	手艺人(艺匠)	耍手艺的 sua33ɕiou21 ɵi33tiɵ	耍手艺的 sua55ɕiou21 ɵi33tiɵ	耍手艺 sua21ʃou21 ɵi34Ii0	耍手艺人 sua55ʃou35 ɵin55	耍手艺人 ʃau35ɵi52 ɵin55	耍手艺 sua55ʃou35 ɵiɵtiɵ	手艺人 ʂou35ɵi00 iẽ0	耍手艺的 ʂua21ʂou21 ɵiɵtɵ	耍手艺的 sua55ɕiou21 ɵi131tɵ	耍手艺的 sua21ʃou55 ɵi51tɵ	耍手艺的 sua21ʃou21 ɵi52tɵ
0591	泥水匠	瓦匠 ɵua33tɕiaŋ0	瓦匠 ɵua33tɕiaŋ0	瓦匠 ɵua52tʃaŋ0	泥瓦匠 mi35ɵua55 tʃaŋ0	瓦匠 ɵua52tʃaŋ0	泥瓦匠 mi35ɵua55 tʃaŋ0	瓦匠 ɵua53tsiaŋ0	瓦匠 ɵua34tsiaŋ0	瓦匠 ɵua55tɕiaŋ0	瓦匠 ɵua51tʃaŋ0	瓦匠 ɵua52tʃaŋ0
0592	木匠	木匠 mu21tɕiaŋ0	木匠 mu33tɕiaŋ0	木匠 mu34tʃaŋ0	木匠 mu53tʃaŋ0	木匠 mu55tʃaŋ0	木匠 mu53tʃaŋ0	木匠 mu53tsiaŋ0	木匠 mu34tsiaŋ0	木匠 mu21tɕiaŋ0	木匠 mu51tʃaŋ0	木匠 mu55tʃaŋ0
0593	裁缝	裁坊 tshae33faŋ0	裁缝 tshai33faŋ0	裁缝 tshei34faŋ0	裁缝 tshe55faŋ0	裁缝 tshai55faŋ0	裁缝 tshe55faŋ0	裁缝 tshe55faŋ0	做衣裳的 tɵou34ɵi52 saŋ0ta0	裁坊 tshai553faŋ0	裁缝 tshai34faŋ0	裁缝 tshai55faŋ0

· 222 ·

第二章　词汇

续表

编号	词汇	芝罘读音	福山读音	栖霞读音	龙口读音	蓬莱读音	招远读音	莱州读音	海阳读音	牟平读音	莱阳读音	长岛读音
0594	理发师	剃头的 thi53 thou33ta0	剪头的 tɕiau21 thau33ta0	剃头34 thau34ta0	剃头匠 thi53 thau35tɕiaŋ53	剃头的 thi52 thau55ti0	剃头匠 thi53 thau35tɕiaŋ53	剃头的 thi213 thau55ti0	剃头的 thi52 thau34ta0	推头儿 thei51 thour553ta0	剃头的 thi21 thou34la0	剪头 tɕian21 thou55ta0
0595	厨师	厨子 tɕhy33ra0	厨子 tɕhy330ər0	厨子 tshy34li0	大师傅 ta53sŋ0fu0	大师傅 ta52sŋ31fu0	大师傅 ta53sŋ0fu0	做饭的 tsau213fa55ti0	厨子 tɕhy340a0	厨子 tɕhy553ta0	厨子 tɕhu34tsŋ0	大师傅 ta55sŋ31fu0
0596	师傅	师傅 sŋ53fu0	师傅 sŋ53fu0	师傅 sŋ52fu342	师傅 sŋ35fu0	师傅 sŋ31fu0	师傅 sŋ35fu0	师傅 sŋ213fu0	师傅 sŋ52fu0	师傅 sŋ51fu0	师傅 sŋ51fu0	师傅 sŋ31fu0
0597	徒弟	徒弟 thu33ti0	徒弟 thu33ti0	徒弟 thu34ti0	徒弟 thu55ti0	徒弟 thu55ti52	徒弟 thu55ti0	徒弟 thu55ti0	学徒的 ɕya52 thau34ti0	徒弟 thu131ti0	徒弟 thu34ti0	徒弟 thu55ti0
0598	乞丐 （非老称 无依靠男的 记哑称男的）	要饭的 θiau53 fər33ta0	要饭的 θiau53 fan33ta0	要饭的 θiɔ34 fan34li0	要饭的 θiɔ55 fan53ti0	要饭的 θiau52 fan52ti0	要饭的 θiɔ55 fan53ti0	要饭儿的 θiɔ213 fer53ti0	要饭的 θiɔ52 fan34ti0	要饭的 θiau51 fer131ti0	要饭的 θiɔ51 fɛ34ta0	要饭的 θiau52 fan52ti0
0599	妓女	婊子 piau21ra0	婊子 piau21θər0	婊子 picɔ21la0	窑姐儿 θiɔ53tʃer35	窑子娘们儿 θiau550a0 niŋaŋ55mər0	窑姐儿 θiɔ53tʃer35	妓女 tɕi213nəy55	婊子 piɔ210a0	婊子 piau21ta0	婊子 piɔ21ta0	婊子 piau21tsŋ0
0600	流氓	流氓 liou33mɑŋ214	流氓 liou33mɑŋ214	流氓 liau34mɑŋ312	流氓 liau53mɑŋ55	流氓 liau55mɑŋ214	流氓 liau53mɑŋ55	流氓 liau53mɑŋ55	流氓 liau55mɑŋ214	流氓 liou553mɑŋ214	流氓 liou51mɑŋ442	流氓 liou31mɑŋ213
0601	贼	贼 tsɿ33	小偷儿 ɕiau21 thər53	贼 tsa342 小偷儿 ʃiɔ34 thəur312	小偷儿 ʃi55thəur35	小偷儿 ʃau21thəur313	小偷儿 tʃi55thəur35	小偷儿 sio55thəur213	小偷儿 sio21thəur52	小偷儿 ɕiau21thour51	小偷儿 ʃio55thəur214	小偷儿 ʃau55thour31

223

烟台方言总揽

续表

编号	词汇	芝罘读音	福山读音	栖霞读音	龙口读音	蓬莱读音	招远读音	莱州读音	海阳读音	牟平读音	莱阳读音	长岛读音
0602	瞎子_俗称_{非昵称}	çia214rə0	çia210ər0	çia21lə0	çia35tsŋ0	çia350ə0	çia35tsŋ0	çia35xa0	çia210ə0	çia21tə0	çia21tə0	çia35tsŋ0
0603	聋子_{俗称、非昵称}	luŋ53rə0	luŋ330ər0	luŋ52lə0	luŋ55tsŋ0	luŋ550ə0	luŋ55tsŋ0	luŋ55xā	luŋ520ə0	luŋ51tə0	luŋ51tə0	luŋ55tsŋ0
0604	哑巴_{俗称、非昵称}	哑巴 0ia21pa0	哑巴 0ia21pa0	哑巴 0ia21pa0	哑巴 0ia55pa0	哑巴 0ia35pa313	哑巴 0ia55pa0	哑巴 0ia5pa0	哑巴 0ia21pa0	哑巴 0ia21pa0	哑巴 0ia21pa0	哑巴 0ia35pa0
0605	驼子_{俗称、非昵称}	罗锅儿 luo33 kuor53	罗锅儿 luo33 kuor53	锅锅腰 kuo52kuo34 0iɔo312	锅腰子 kua350io55 tsŋ0	罗锅子 luo55kua313 0ə0	锅腰 kua350io55 tsŋ0	锅腰 kua2130io55	锅锅腰儿 kuo52kuo0 0ər52	罗锅 luo553kuo51	锅腰儿 kuo510io21 0ər0	罗锅儿 luo55kua31 tsŋ0
0606	痴子_{俗称、非昵称}	痴子 tchye33rə0	痴子 chye330ər0	痴子 chye34lə0	痴子 chye55tsŋ0	痴子 chye550ə0	痴子 chye55tsŋ0	痴子 tchya55tsŋ0	痴子 chya340ə0	痴子 chye553tə0	痴子 chye34tə0	痴子 chye55tsŋ0
0607	疯子_{俗称、非昵称}	疯子 faŋ53rə0	疯子 faŋ330ər0	疯子 faŋ52lə0	疯子 faŋ35tsŋ0	疯子 faŋ310ə0	疯子 faŋ35tsŋ0	疯子 faŋ213tsŋ0	痴子 tshŋ520ə0	疯子 faŋ51tə0	疯子 faŋ51tə0	痴子 tshŋ52tsŋ0
0608	傻子_{俗称、非昵称}	彪子 piau53rə0	彪子 piau330ər0	彪子 piɔo52lə0	痴子 tʃhi35tsŋ0	嘲子 tʃhau550ə0	痴子 tʃhi35tsŋ0	痴子 tʂhŋ213tsŋ0	彪子 piɔ520ə0	彪子 piou51tə0	彪子 piɔ51tə0	傻子 sa21tsŋ0
0609	笨蛋_{骂人}	彪子 piau53rə0	笨蛋 pən53tan33	二百五 0ar34pə34 0u214	呆子 te35tsŋ0	笨蛋 pən52tan52	呆子 te35tsŋ0	笨蛋 pə553tā53	笨蛋 pən52tān341	彪子 piau51tə0 笨蛋 pən553tan131	笨蛋 pə51tẽ51	笨蛋 pən52tan52

第二章　词汇

二　称谓

编号	词汇	芝罘读音	福山读音	栖霞读音	龙口读音	蓬莱读音	招远读音	莱州读音	海阳读音	牟平读音	莱阳读音	长岛读音
0610	爷爷（呼称、背地用的）	爷 ɔie33	爷爷 ɔie530ie0	爷爷 ɔie340ie0	爷爷 ɔie550ie0	爷爷 ɔie550ie0	爷爷 ɔie550ie0	老老 lɔ53lɔ0	爷爷 ɔie520ia0	爷 ɔie51	爷爷 ɔie340ie0	爷爷 ɔie550ie0
0611	奶奶（呼称、背地用的）	婆 pho33	奶奶 nai0婆 pho33	奶奶 nei52nei0	奶奶 ne55ne0 老母 lɔ35mu0	奶奶 nai35nai0	奶奶 ne55ne0 老母 lɔ35mu0	嫲嫲 maŋ53maŋ0	奶奶 ne52ne0	奶 nai214 婆 pho553	奶奶 ne21ne0	婆 pha55pha0
0612	外祖父（敬称）	姥爷 lau210ie0	姥爷 lau210ie0	姥爷 lɔo210ie0	姥爷 lɔ350ie0	姥爷 lau350ie0	姥爷 lɔ350ie0	姥爷 lɔ350ia0	姥爷 lɔ210ie0	姥爷 lau210ie0	姥爷 lɔ210ie0	姥爷 lau350ie0
0613	外祖母（敬称）	姥儿 laur214	姥姥 lau21lau0	姥姥 lɔo21naiŋ0	娘娘 naŋ35niŋ0	姥娘 lau35ninaŋ0	娘娘 naŋ35niŋ0	娘 naŋ35niŋ0	姥娘 lɔ21niŋ0	姥儿 laur214 姥母 lau21ma0	姥娘 lɔ21nie51	姥娘 lau35niaŋ0
0614	父母（敬称）	爹妈 tie33ma53	爹妈 tie35ma53	爹妈 tie34ma312 老儿里 lɔor211ei0	爹妈 tie35ma55	爹娘 tie31ninaŋ55	爹妈 tie35ma55	爹娘 tie213niaŋ53	爹妈 tie52ma52	爹妈 tie51 ma51 爸 pa131ma51	爹妈 tie21ma214	爸妈 pa52ma213
0615	父亲（呼称）	爹 tie53 爸 pa33	爹 tie53 爸 pa33	爹 tie312	爹 tie35tie0	爹 tie313	爹 tie35tie0	爹 tie213	爹 tie52	爹 tie51 爸 pa131	爹 tie214tie0	爸 pa52
0616	母亲（呼称）	妈 ma53	妈 ma53	妈 ma312	妈母 ma35mu0	妈 ma313	妈母 ma35mu0	娘 niaŋ53	妈 ma52	妈 ma51	妈妈 ma34ma214	妈 ma213
0617	爸爸（呼称、背地用的）	爹 tie53 爸 pa33	爹 tie53pa33	爹 tie312	爹 tie35tie0	爹 tie31tie0	爹 tie35tie0	爹 tia213	爹 tie52 爸 pa341	爹 tie51 爸 pa131	爹 tie214 爸 pa51	爸 pa52

① 单字"娘"读[niaŋ342]，词汇"姥娘"中"娘"做后字、轻声后，韵腹弱化。

◆◇◆ 烟台方言总揽

续表

编号	词汇	芝罘读音	福山读音	栖霞读音	龙口读音	蓬莱读音	招远读音	莱州读音	海阳读音	牟平读音	莱阳读音	长岛读音
0618	妈妈呼称，最通用的	妈 ma53	妈 ma53	妈 ma312	妈 ma35	妈妈 ma31ma0	妈 ma35	娘 niaŋ53	妈 ma52	妈 ma51	妈 ma214	妈 ma213
0619	继父敬称	后爹 xou33 tie53	后爹 xou33 tie53	后爹 xau34 tie312	后爹 xau53 tie35tie0	后爹 xau52 tie313	后爹 xau53 tie35tie0	后爹 xou53 tie213	后爹 xau34 tie52	后爹 xou13 1tie51	后爹 xou55 tie214	后爹 xou52 tie31
0620	继母敬称	后妈 xou33 ma53	后妈 xou33 ma53	后妈 xau34 ma312	后妈 xau35mu0	后妈 xau52 ma313	后妈 xau53 ma35mu0	后娘 niaŋ53	后妈 xau34 ma52	后妈 xou131 ma51	后妈 xou55 ma214	后妈 xou52 ma213
0621	岳父敬称	丈人爹 tɕiaŋ 330ʂin0tie53 老丈人 lau21 tɕiaŋ330ʂin0	丈人 tɕiaŋ330ʂit0	丈人 tɕaŋ34ʂit0	丈人 tɕaŋ53ʂin0	丈人 tʂaŋ520ian21	丈人 tʃaŋ530ʂin0	丈人 tʂaŋ550ie0	丈 tsaŋ340ʂin0	丈人 tɕiaŋ1310ʂin0	丈爷 tɕaŋ340ie0	丈人 tɕaŋ520ʂin0
0622	岳母敬称	丈母娘儿 tɕiaŋ53mu21 niãr33	丈母娘儿 tɕiaŋ33mu0 niãr33	丈母娘 tɕaŋ34mu0 niaŋ342	丈母 tʂaŋ53mu0	丈母娘 tʃaŋ52mu21 niãʂaŋ55	丈母 tʃaŋ53mu0	丈母娘 tsaŋ55mu0 ʂaŋ53	丈母 tsaŋ34mu0	丈母娘儿 tɕiaŋ131mu0 niãr553	丈母 tʃaŋ34mu0	丈母娘儿 tʃaŋ52mu0 niãr55
0623	公公敬称	公公 kuŋ53kuŋ0 公公爹 kuŋ33tie53	公公 kuŋ53kuŋ0	公公 kuŋ52kuŋ0	公公 kuŋ35kuŋ0	公公 kuŋ31kuŋ0	公公 kuŋ35kuŋ0	公公 kuŋ213kuŋ0	公公 kuŋ52kuŋ0	公 kuŋ51	公公 kuŋ51kuŋ0	公公 kuŋ31kuŋ0
0624	婆婆敬称	婆婆 pho33 pho0 婆婆妈 pho33pho0 ma53	婆婆 pho33pho0	婆婆 pha34pha0	婆婆 pha53pha0	婆婆 pha55pha0	婆婆 pha53pha0	婆婆 pha55pha0	婆婆 pha34pha0	婆 pho553	婆婆 pha34pha0	婆婆 pha55pha0

· 226 ·

第二章　词汇

续表

编号	词汇	芝罘读音	福山读音	栖霞读音	龙口读音	蓬莱读音	招远读音	莱州读音	海阳读音	牟平读音	莱阳读音	长岛读音
0625	伯父(面称、背称)，呼称	大爹 ta33tie53	大爹 ta33tie53	伯伯 pa21pa0	大爷 ta53tie0	大爷 ta52tie0	大爷 ta53tie0	大爹 ta53tie0	大爷 ta34tie0	大爷 ta131tie0	大爹 ta55tie214	大大 ta52ta52
0626	伯母(面称、背称)，呼称	大妈 ta33ma53	大妈 ta33ma53	大妈 ta34ma312	大大 ta53ta0 大母 ta53mu0	大娘 ta52niaŋ0	大大 ta53ta0 大母 ta53mu0	大娘 ta53niaŋ0	大妈 ta34ma52	大妈 ta131ma51	大妈 ta55ma214	大妈 ta52ma213
0627	叔父(面称)，呼称	叔 cy214	叔 cy214	叔叔 ʃy21ʃy0	叔叔 ʃy35ʃy0	叔叔 ʃy35ʃy0	叔叔 ʃy35ʃy0	叔叔 su53su0	大大 ta52ta0	叔 cy214	爸 pa51 爹 tie214	叔叔 ʃy35ʃy0
0628	排行最小的叔父(呼称、加"么叔")	小叔 ciau33 cy214	小叔 ciau33 cy214	小叔 ʃiao21ʃy0	小叔叔儿 ʃo53ʃy35 ʃyar0	小叔叔 ʃau35ʃy214 ʃy0	小叔叔儿 ʃo53ʃy35 ʃyar0	小叔 sio213su53 su0	小大 sio34ta52	小叔 ciau55 cy214	小爹 pa51小爹 ʃia21 tier214	老叔 lau52ʃy213
0629	叔母(面称、背称)，呼称	婶儿 ciar214	婶儿 ciar214	婶儿 ʃar214	婶儿 ʃar35	婶子 ʃan350a0	婶儿 ʃar35	婶婶 ʂẽ53ʂẽ0	娘娘 niaŋ52niaŋ0 婶儿 sar214①	婶 cin214 婶儿 ciar213	娘儿niãr34	老婶儿 lau52ʃar213
0630	姑(面称、呼称)(无或亲属已分称，比父大，比父小，已婚、未婚)	姑 ku53	姑 ku53	姑姑 ku52ku0	姑姑 ku35ku0	姑子 ku31 0a0	姑姑 ku35ku0	姑姑 ku213ku0	姑 ku52	姑 ku51	姑姑 ku51ku0	姑姑 ku31ku0

① 娘娘，关系近；婶儿，关系远。

· 227 ·

◆◇◆ 烟台方言总揽

续表

编号	词汇	芝罘读音	福山读音	栖霞读音	龙口读音	蓬莱读音	招远读音	莱州读音	海阳读音	牟平读音	莱阳读音	长岛读音
0631	姑父(背称、呼称)	姑父 ku53fu0	姑父 ku53fu0	姑父 ku52fu0	姑父 ku35fu0	姑父 ku31fu0	姑父 ku35fu0	姑父 ku213fu0	姑父 ku52fu0	姑父 ku51fu0	姑父 ku51fu0	姑父 ku31fu0
0632	舅舅(背称、呼称)	男 tɕiou33	男 ɕiau33	男男 ɕiau52 ɕiau0	男男 ɕi53ɕi0	男男 ɕiau52 ɕiau0	男男 ɕi53ti0	男男 tɕiau53 tɕiau0	男 ɕiau341	男 ɕiou131	男男 ɕiou51 ɕiou0	男男 ɕiou52 ɕiou0
0633	舅母(背称、呼称)	男男 tɕiou33 ma53 男母 tɕiou33mu0	妗母 ɕin33ma0	舅母 ɕiau52mu0	舅母 ɕiau53mu0	舅母 ɕiau52mu0	舅母 ɕiau53mu0	妗母 tɕiŋ53mu0	舅母 ɕiau34mu0	舅母 ɕiou131ma0	舅母 ɕiou51mu0	妗母 ɕin52mei0
0634	姨(背称、呼称)(无需都附记分称，比姐大、比姐小、己嫁、未嫁)	姨 ɵi214	姨 ɵi214	姨 ɵi312	姨姨 ɵi55ɵi0	姨 ɵi55	姨姨 ɵi55ɵi0	姨 ɵi213	姨 ɵi52	姨 ɵi214	姨姨 ɵi51ɵi0	姨 ɵi55
0635	姨父(背称、呼称)	姨父 ɵi53fu0	姨父 ɵi53fu0	姨父 ɵi52fu0	姨父 ɵi35fu0	姨父 ɵi55fu0	姨父 ɵi35fu0	姨父 ɵi55fu0	姨父 ɵi52fu0	姨夫 ɵi51fu0	姨父 ɵi51fu0	姨父 ɵi55fu0
0636	弟兄(合称)	兄弟 ɕyŋ53ti0	弟兄 ti33ɕyŋ0	弟兄 ti34ɕyŋ312	兄弟 ɕyŋ35ti0 弟兄 ti53ɕyŋ0	弟兄 ti52ɕyŋ0	兄弟 ɕyŋ35ti0 弟兄 ti53ɕyŋ0	弟兄 ti55ɕyŋ0	弟兄 ti34ɕyŋ0	弟兄 ti131ɕyŋ0	弟兄 ti34ɕyŋ0	弟兄 ti52ɕyŋ0
0637	姊妹(合称、可说明是否可包括男性)	姊妹 tsɿ21 mei33 包括男性	姊妹 tsɿ21 mei0 包括男性	姊妹 tsɿ21 mei0 包括男性	姊妹儿 tsɿ35 mar0 包括男性	姊妹 tsɿ35 mar0 包括男性	姊妹儿 tsɿ35 mar0 包括男性	姊妹儿 tsɿ35 mar0 不包括男性 姊妹们 tsɿ35mar0me0 包括男性	姊妹 tsɿ21 mei0 包括男性	姊妹 tsɿ21 mei0 包括男性	姊妹们 tsɿ21me51 mar0 包括男性	姊妹 tsɿ21 mei0 包括男性

续表

编号	词汇	芝罘读音	福山读音	栖霞读音	龙口读音	蓬莱读音	招远读音	莱州读音	海阳读音	牟平读音	莱阳读音	长岛读音
0638	哥哥(呼称、统称)	哥 kɤ53	哥 kuo53	哥哥 kuo52kuo0	哥哥 kua35kua0	哥哥 kɑ31kɑ0	哥哥 kua35kua0	哥哥 kɑ213kɑ0	哥哥 kuo52kuo0	哥 kuo51	哥 kɑ214	哥哥 kɑ31kɑ0
0639	嫂子(呼称、统称)	嫂子 sau21ɻɑ0	嫂子 sau21θɑɻ0	嫂子 sɔo21lɑ0	嫂子 sɔ35tsʅ0	嫂子 sau35ɑ0	嫂子 sɔ35tsʅ0	嫂子 sɔ35tsʅ0	嫂子 θɔ21lɑ0	嫂子 sau21lɑ0	嫂子 sɔ21tsʅ0	嫂子 sau35tsʅ0
0640	弟弟(统称)	弟 ti33	弟 ti33	兄儿 çyɑ̃312	兄弟 çyŋ35ti0	弟弟 ti52ti0	兄弟 çyŋ35ti0	兄弟 çyŋ213ti0	兄儿 çyɑ̃52	兄 çyŋ51 弟 ti131	弟弟 ti51ti0 兄儿 çyŋ214ɑr0	弟弟 ti52ti0
0641	弟媳	兄弟媳妇儿 çyŋ53ti0 çi21fuɻ33	兄嫂妇儿 çyŋ53çi21 fəɻ0	兄嫂妇 çyŋ52çi21 fu0	弟妹 ti53mei0 兄嫂妇 çyŋ35ti0 çi35fu0	兄弟嫂妇 çyŋ31ɲiɑn55 ʃi35fu0	弟妹 ti53mei0 兄弟嫂妇 çyŋ35ti0 çi35fu0	兄弟嫂妇儿 çyŋ213ti0 si35fuɻ0	兄嫂妇 çyŋ52çi21 fu0	兄嫂妇 çyŋ55çi21 fu0	兄嫂妇 çyŋ34ji34 fu0	兄嫂妇 çyŋ31ʃi35 fu0
0642	姐姐(呼称、统称)	姐 tɕie214	姐 tɕie214	姐姐 tɕie21tɕie0	姐姐 tɕie35tɕie0	姐姐 tɕɑ35tʃɑ0	姐姐 tɕie35tɕie0	姐姐 tsiɑ35tsiɑ0	姐姐 tsiɑ21tsiɑ0	姐 tɕie214	姐 tɕie34	姐姐 tɕie35tɕie0
0643	姐夫(呼称、统称)	哥 kɤ53	姐夫 tɕie21fu0	姐夫 tʃie21fu0	姐夫 tʃie35fu0	姐夫 tʃɑ35fu0	夫 tʃe35fu0	姐夫 tsiɑ35fu0	姐夫 tsiɑ21fu0	姐夫 tɕie21fu0	姐夫 tɕie21fu0	姐夫 tʃie35fu0
0644	妹妹(呼称、统称)	妹儿 mɑɻ33	妹妹 mei33mei0	妹妹 mei34mei0	妹妹 mei53mei0	妹妹 mei52mei0	妹妹 mei53mei0	妹妹 mei55mei0	妹妹 mei34mei0	妹 mei131	妹儿 mɑɻ51	妹妹 mei52mei0

烟台方言总揽

续表

编号	词汇	芝罘读音	福山读音	栖霞读音	龙口读音	蓬莱读音	招远读音	莱州读音	海阳读音	牟平读音	莱阳读音	长岛读音
0645	妹夫~姐夫	妹夫 mei33fu0	妹夫 mei33fu0	妹夫 mei34fu0	妹夫 mei53fu0	妹夫 mei52fu0	妹夫 mei53fu0	妹夫 mei55fu0	妹夫 mei34fu0	妹夫 mei131fu0	妹夫 me34fu0	妹夫 mei52fu0
0646	堂兄弟 叔伯、姨表	叔伯儿兄弟 cy21pɔr33 ɕyŋ53ti0	叔伯兄弟 su33paiɔ ɕyŋ53ti33	叔伯兄弟 ʃy34ɕyŋ52 ti342 叔伯弟兄 ʃy34pei0 ti52ɕyŋ0	叔伯兄弟 su53paɔ ɕyŋ35ti0	叔伯弟兄 ʃu35pei52 ti52ɕyŋ0	叔伯兄弟 su53paɔ ɕyŋ35ti0	叔辈兄弟 su213pei53 ɕyŋ213ti0	叔伯弟兄 su34ɕyŋ52 ti341	叔 su21ti131	叔兄弟儿 ʃu55ɕyŋ0 tiar51	堂兄弟 thaŋ35 ɕyŋ31ti0
0647	表兄弟 姨表、舅表	表兄弟 piau21 ɕyŋ53ti0	表兄弟 piau21 ɕyŋ53ti0	姑舅弟兄 ku52ciau34 ti52ɕyŋ0 两姨弟兄 liaŋ21ɔti52 ti34ɕyŋ0	姑舅弟兄 ku35ciau0 tiɔɕyŋ0 两姨弟兄 liaŋ35ɔti0 tiɔɕyŋ0	姑舅弟兄 ku31ciau52 ti52ɕyŋ0 两姨弟兄 linaŋ35ɔti55 ti52ɕyŋ0	姑舅弟兄 ku35ciau0 tiɔɕyŋ0 两姨弟兄 liaŋ35ɔti0 tiɔɕyŋ0	姑舅弟兄 ku213ciau53 ti55ɕyŋ0	表兄弟 pio34ɕyŋ52 ti341	表兄弟 piau21ɕyŋ51 ti0	表兄弟 pio55ɕyŋ0 ti51	表兄弟 piau21 ɕyŋ31ti0
0648	妯娌 兄弟子的合称	妯娌儿 tɕy33liar0	妯娌儿 tɕhy33liar0	妯娌 tʃy34ti0	妯娌 tʃy55ti0	妯娌连襟 tʃy55ti0lian 55cian313	妯娌 tʃy55ti0	妯 tsu55ɔar0	妯娌 tʃy34ti0	妯娌儿 tɕhy553liar0	妯娌 tʃu34ti0	妯娌 tʃy55ti0
0649	连襟 姐夫妹夫的互称、敝称	连襟 lian53 tcin0	连襟 lian53 cin0	连襟 liân34 cin312	连襟 lian53 cin35	连襟 lian55 cian313	连襟 lian53 cin35	连襟 liã55 tcin0	连襟 lian34 cin52	连襟 lian51 cin0	连襟 liẽ55 ciã214	连襟 lian55 cin0
0650	儿子 敝称	儿郎 ɔar53laŋ0	儿 ɔar0	儿 ɔar312	儿 ɔar35	儿 ɔar55	儿 ɔar35	儿 ɔar53	儿 ɔar52	儿郎 ɔar51laŋ0	儿 ɔar214	儿 ɔar55

· 230 ·

第二章 词汇

续表

编号	词汇	芝罘读音	福山读音	栖霞读音	龙口读音	蓬莱读音	招远读音	莱州读音	海阳读音	牟平读音	莱阳读音	长岛读音
0651	儿媳妇 媳帛	媳妇子 ɕi21fu33rə0	儿媳妇儿 ∅ər53ɕi21fər0	儿媳妇 ∅ər34si21fər0	媳妇 ʃi35fu0tsʅ0	儿媳妇 ∅ər55ʃi35fu0	媳妇子 ʃi35fu0tsʅ0	儿媳妇儿 ∅ər53si25fur0	儿媳妇 ∅ər52ɕi21fu0	媳妇子 ɕi21fu0tə0	儿媳妇儿 ∅ər34ʃi34fər0	媳妇 ʃi35fu0
0652	女儿 囡	闺女 kuei53 ny0	闺女 kuei53 ŋy0	闺女 kuei52 niŋ0	姑娘 ku35 niŋ0	闺女 kuei31 niŋ0	姑娘 ku35 niŋ0	闺女 kuɛ213 ni0	闺女 kuei52 niŋ0	闺女 kuei51 niŋ0	闺女 kuei51 niŋ0	闺女 kuei31 niŋ0
0653	女婿 囡	女婿儿 ny21 ɕy33	女婿 ny21 ɕy0	女婿儿 Lny21 ɕyər0	女婿儿 Lny53 ɕyər0	女婿儿 Lny35 ɕyər52	女婿儿 Lny53 ʃyər0	女婿 ny35 ɕy0	女婿儿 Lny21 ɕyər0	女婿子 Lny21 ɕy0tə0	女婿儿 Lny21 ɕyər0	女婿 ny35 ʃy0
0654	孙子 弟之子	孙子 san53rə0	孙子 san53nər0	孙子 saŋ52lə0	孙子 san35tsʅ0	孙子 san31θə0	孙子 san35tsʅ0	孙子 sɛ213tsʅ0	孙子 θan520ə0	孙子 san51tə0	孙子 sɑ51tə0	孙子 san31tsʅ0
0655	重孙子 儿子之孙	重孙子 tʂhuŋ33 san53rə0	重孙子 tʂhuŋ33 san53nər0	重孙子 tʂhuŋ34 saŋ52lə0	重孙子 tʂhuŋ55 san0tsʅ0	重孙子 tʂhuŋ55 san31θə0	重孙子 tʂhuŋ55 san0tsʅ0	重孙子 tʂhuŋ55 sɛ213tsʅ0	重孙子 tʂhuŋ34 θan520ə0	重孙子 tʂhuŋ553 san51tə0	重孙子 tʂhuŋ34 sɑ51tə0	重孙子 tʂhuŋ55 san31tsʅ0
0656	侄子 弟兄之子	侄儿 tɕiər33	侄儿 tɕiər33	侄儿 tʃiər342	侄儿 tʃiər55	侄儿 tʃiər55	侄儿 tʃiər55	侄儿 tʂər53	侄儿 tsʅ340ər0	侄儿 tʂhər553	侄儿 tʃi340ər0	侄儿 tʃər55
0657	外甥 姐妹之子	外甥 ∅uae33saŋ0	外甥 ∅uai33saŋ0	外甥 ∅uei34saŋ0	外甥 ∅ue53saŋ0	外甥 ∅uai52saŋ52	外甥 ∅ue53saŋ0	外甥 ∅ue213saŋ0	外甥 ∅ue34saŋ0	外甥 ∅uai131saŋ0	外甥 ∅ue34saŋ0	外甥 ∅uai52saŋ0
0658	外孙 女儿之子	外甥 ∅uae33saŋ0	外甥 ∅uai33saŋ0	外甥 ∅uei34saŋ0	外孙 ∅ue53saŋ0	外孙 ∅uai52sən313	外孙 ∅ue53saŋ0	外孙 ∅ue213saŋ0	外孙 ∅ue34saŋ0	外孙 ∅uai131saŋ0	外孙儿 ∅ue34saŋ0	外孙儿 ∅uai55sər313
0659	夫妻 合称	两口子 liaŋ33 khou21ərə0	两口子 liaŋ55 khau210ərə0	两口子 liaŋ55 khau214	两口儿 liaŋ53 khau35tsʅ0	两口儿 liaŋ 21khau214	两口子 liaŋ53 khau35saŋ0	两口子 liaŋ35 khau0tsʅ0	两口子 liaŋ34 khau210ə0	两口子 liaŋ55 khou21tə0	两口家 liaŋ51 khou0ɕia214	两口子 liaŋ52 khou21tsʅ0

烟台方言总揽

续表

编号	词汇	芝罘读音	福山读音	栖霞读音	龙口读音	蓬莱读音	招远读音	莱州读音	海阳读音	牟平读音	莱阳读音	长岛读音
0660	丈夫(敬称;普通间的;非敬称;他的)	男人 nan33 ∅in0 汉子 xan33rə0	老头儿 lau21 thaur33	男人 nãn34 ∅in312	老头儿 lo55 thaur0	汉们 xan52 mu0	老头儿 lo55 thaur0	男人 nã530iə53	汉子 xãn340ə0	汉子 xan13 1tə0 男人 nan5530in0	男人 nã340iə0	男人 nan550in0
0661	妻子(敬称;普通间的;非敬称;他的)	老婆 lau21pho0	老婆 lau21pho0	老婆 lɔ21pho0	老婆 lɔ35pha0 年轻老婆子 lɔ55pha35tsɿ0	老婆 lau35pha0	老婆 lɔ35furɔ0 年轻老婆子 lɔ55pha35tsɿ0	媳妇儿 si35fur0	老婆 lɔ21pho0	老婆 lau21pho0	老婆 lɔ21pho0	老婆 lau21pha0
0662	名字	名儿 miãr33	名儿 miãr53	名儿 miãr312	名儿 miãr214	名儿 miãr55	名儿 miãr214	名儿 miãr53	名儿 miãr52	名儿 miãr51	名儿 min510ər0	名儿 miãr55
0663	绰号	外号儿 ∅uae53xaur33	外号儿 ∅uai53xaur33	外名儿 ∅ue134miãr312	外号儿 ∅ue55xɔr53	外号儿 ∅uai52xaur52	外号儿 ∅ue55xɔr53	外名儿 ∅ue213miãr53	外号儿 ∅ue52xɔr341	外号儿 ∅uai51xuor131	外号儿 ∅ue34miãr0	外号儿 ∅uai52xaur52

第十节 农工商文

一 农业

编号	词汇	芝罘读音	福山读音	栖霞读音	龙口读音	蓬莱读音	招远读音	莱州读音	海阳读音	牟平读音	莱阳读音	长岛读音
0664	干活儿(统称;在地里)	干话儿 kan53 xuor33	干话儿 kan53 xuor33	干话儿 kãn52 xuor342	干话儿 kan53 xuyr0	干话儿 kan52 xuor55	干话儿 kan53 xuyr0	做营生 tsəu2130 in53sə0	干话儿 kãn52 xuor341	干话儿 kan51 xuor131	干话儿 kɛ51 xuor442	干话儿 kan52 xuor55

232

第二章　词汇

续表

编号	词汇	芝罘读音	福山读音①	栖霞读音	龙口读音	蓬莱读音	招远读音	莱州读音	海阳读音	牟平读音	莱阳读音	长岛读音
0665	事儿	事儿 sər33	事儿 ʂʅ33①	事儿 sər52	事儿 sər55	事儿 sər52	事儿 sər55	事儿 sər53	事儿 ʂʅ341	事儿 sər131	事儿 sər51	事儿 sər52
0666	插秧	插秧 tsha33 ɵiaŋ0 本地无此活动	（无）	种稻子 tsuŋ52 tɔɔ34la0	（无）	（无）	（无）	（无）	种稻子 tsuŋ52 tɔ34ɑ0	插稻子 tsha21 tɑu131tɛ0	插秧 tsha34 ɵiaŋ214	（无）
0667	割稻	割稻子 ka21 tau33rɛ0（本地无此活动）	割稻子 ka21tau33 ɵarɛ0	割稻子 ka21tɔɔ34 la0	割稻子 ka55tɔ55 tsʅ0	（无）	割稻子 ka55tɔ55 tsʅ0	（无）	割稻子 ka21tɔ34 ɵɛ0	割稻子 ka21tɑul31 tɛ0	割稻子 ka21tɔ34 tɛ0	（无）
0668	种菜	种菜 tsuŋ53 tshae33	种菜 tsuŋ53 tshai33	种菜 tsuŋ52 tshei52	种菜 tsuŋ53 tshe214	种菜 tʃuŋ52 tshai52	种菜 tsuŋ53 tshe214	种菜 tsuŋ55 tshe213	种菜 tsuŋ52 tshe341	种菜 tsuŋ51 tshai131	种菜 tsuŋ21 tshe51	种菜 tsuŋ52 tshai52
0669	犁	犁 li53	犁具 ly21cyo	犁具 ly34cyo	犁具 ly35cyo	犁具 ly35cyo	犁具 ly35cyo	犁具 li55tcyo	犁具 ly21cyo	犁具 ly21cyo	犁 li214	犁具 ly35cyo
0670	锄头	锄 tshu33	锄 tshu33	锄 tshu342	锄 tshu53	锄 tʃhu55	锄 tshu53	锄 tshu53	锄 tshu341	锄 tshu553	锄 tshu442	锄 tshu55
0671	镰刀	镰 lian53	镰 lian53	镰 lian312	镰 lian35	镰 lian55	镰 lian35	镰 liɑ53	镰 lian52	镰 lian51tɕin0	镰 liɛ214	镰 lian55
0672	把儿	把儿 par33	把儿 par214	把儿 par52	把儿 par53	把儿 par52	把儿 par53	把儿 par53	把儿 par341	把儿 par131	把儿 par51	把儿 par52
0673	扁担	担杖 tan33tɕiŋ0	插杆子 kan33 杠子 kɑŋ330ər0 扁担 pian21tan0	扁担 pian21tan0	扁担 pian35tan0	扁担 pian35tan0	扁担 pian35tan0	扁担 pian35tɑ0 抬的担杖 tɑ53tsəŋ0 挑的	扁担 pian21tɛ0	担杖 tan131tɕin0	扁担 piɛ21tɛ0 担杖 tɛ51tɕiŋ0 挑水用	扁担 pian35tan0 抬东西 担杖 tʂɑŋ0 有柄，挑大

① "事"单独念时为[s]，儿化后声母变为舌尖后音[ʂ]。

烟台方言总揽

续表

编号	词汇	芝罘读音	福山读音	栖霞读音	龙口读音	蓬莱读音	招远读音	莱州读音	海阳读音	牟平读音	莱阳读音	长岛读音
0674	箩筐	筐 khuaŋ53	筐 khuaŋ53	筐 khuaŋ312	筐子 khuaŋ35tsŋ0	筐子 khuaŋ3 lɔə0	筐子 khuaŋ35 tsŋ0	筐箩 khuaŋ213 lau0	筐 khuaŋ52	筐 khuaŋ51	箩子 lou21ta0	筐子 khuaŋ31 tsŋ0
0675	筛子（俗称箩）	筛子 sae53rə0	筛子 sai53θər0	筛子 sei52lə0	筛子 se35tsŋ0	筛子 sai31θə0	筛子 se35tsŋ0	筛子 se213tsŋ0	筛子 se52θə0	筛子 sai51ta0	筛子 se51ta0	筛子 sai31tsŋ0
0676	簸箕（从、有底的）	（无）	撮子 tshuo21θər0	撮子 tshuo21lə0	（无）	撮子 tshua31θə0	（无）	（无）	（无）	（无）	撮子 tshuo21ta0	撮子 tshua35tsŋ0
0677	簸箕（箕畚，用）	簸箕 po33tɕhi0	簸箕 po33tɕhi0	簸箕 pə52tɕhi0	簸箕 pa53tɕhi0	簸箕 pe52tɕhi0	簸箕 pe53tɕhi0	簸箕 pa53tɕhi0	簸箕 pa34tɕhi0	簸箕 po13tɕhi0	簸箕 pa51tɕhi0	簸箕 pe52tɕhi0
0678	独轮车	小推车儿 ɕiau21thei53 tɕhiər0	小推车儿 ɕiau21thei53 tɕhiər0	小推车儿 ʃiɔu21thei52 tɕhiər0	推车子 thei35tʃha35 tsŋ0	小推车 ʃau35thei31 tʃhei313	推车子 thei35tʃha35 tsŋ0	拥车子 θyŋ213tsha0 tsŋ0	小推车 sio21thei52 tsha0	小推车儿 ɕiau21thei51 tɕhiər0	小推车儿 ʃio34thei21 tʃhər0	小推车儿 ʃau21thei55 tʃhər31
0679	轮子（如：如整脸儿上的）	钻轮儿 ku21lər0	钻轮 ku21lau0	钻轮儿 ku35lər0	钻轮儿 ku35lər0	钻轮儿 ku35lər0	钻轮儿 ku35lər0	钻轮儿 ku550ər53	钻轮 ku21au0	钻轮儿 ku21luər0	钻轮儿 ku21lour0	钻轮儿 ku35lur0
0680	碓娃娃	碓圈儿 tei33tɕyər0	撞 tshuaŋ33	碓 tei52tɕiau342	（无）	碓 tei52	（无）	杵子 tʃhu35tsŋ0	碓白子 tei52tɕiuər341	大碓窝儿 ta51 tei1310uər51	无	碓臼 tei52ɕiou0
0681	白	碓圈儿 tei33tɕyər0	碓脚子 tei33tɕye21 θər0	白 tɕiau342	碓白子 tei53ɕye53 tsŋ0	白 ɕiau313	碓白子 tei53ɕye53 tsŋ0	碓白 tei53tɕye0	白儿 ɕiaur52	碓窝儿 ttei1310uər52	碓白子 ɕiou34ta0	碓白 tei52ɕiou0
0682	磨 名词	磨 mo33	磨 mo33	磨 ma52	磨 ma53	磨 ma52	磨 ma53	磨 ma53	磨 ma341	磨 mo131	磨 ma51	磨 ma52

· 234 ·

续表

编号	词汇	芝罘读音	福山读音	栖霞读音	龙口读音	蓬莱读音	招远读音	莱州读音	海阳读音	牟平读音	莱阳读音	长岛读音
0683	年成	收成 ciou53 tɕhaŋ53	收成 ciau53 tɕhiŋ0	收成 ʃau52 tɕhaŋ0	收成 ʃau35 tɕhaŋ0	年成nian55 tɕhãr0	收成 ʃau35 tɕhaŋ0	年成 niã53 tɕhãr0	年头儿niãn52 thaur341	收成 ciou51 tɕhiŋ0	收成 ʃou51 tɕhaŋ0	年景nian55 ciŋ0

二　工商业

编号	词汇	芝罘读音	福山读音	栖霞读音	龙口读音	蓬莱读音	招远读音	莱州读音	海阳读音	牟平读音	莱阳读音	长岛读音
0684	走江湖(旧称)	卖艺的 mae530i33ta0	闯江湖 tshuaŋ21 ciaŋ21xu0	跑江湖 phoo34 ciaŋ52xu0	闯江湖 tshuan55 ciaŋ35xu0	(无)	闯江湖 tshuan55 ciaŋ35xu0	走南闯北 tsou55na53 tshuã213pei55	闯江湖 tshuaŋ21 ciaŋ52xu0	耍把式的 sua21 pa21sŋ0ta0	跑江湖 pho55ciaŋ21 xu0	闯江湖 tshuaŋ21 ciaŋ31xu55
0685	打工	打工 ta21kuŋ53	打工 ta21kuŋ53	打小工儿 ta21ʃioo34 kũr52	扛活 khoŋ53 xua53	扛活儿 khnoŋ55 xuar55	扛活 khoŋ53 xua53	打工 ta55 kuŋ213	扛活 khoŋ52 xuo341 当小工儿 taŋ21sio0 kũr52	干活儿 kan51 xuor131	打工 ta55kuŋ214	打工 ta55kuŋ31
0686	斧子	斧子 fu21rɤ0	斧子 fu21θɤr0	#斧 tɕi34fu0	斧头 fu55thəu53	斧头 fu21thau0	斧头 fu55thəu53	大斧 ta53fu0	斧头 fu52thəu341	斧子 fu21tɤ0	斧头 fu21thou442	斧子 fu35tʂɿ0
0687	钳子	钳子 tɕhian33ŋar0	钳子 tɕhian33nar0	钳子 chiaŋ34la0	手钳 ʃou55tʃhan53	钳子 chian55θo0	手钳 ʃou55tʃhan53	钳子 tɕhiã55tʂɿ0	钳子 chiãn34ɤ0	夹剪 cia55tɕian214	钳子 chiɛ34ta0	钳子 chian55tʂɿ0
0688	螺丝刀	螺丝刀子 luo33sɿ0 tau53rɤ0	螺丝刀 luo53sɿ0 tau53	螺丝刀儿 luo34sɿ0 toor52	螺丝刀子 luo53sɿ0 to35tsɿ0	螺丝刀子 luo55sɿ31 tau313	螺丝刀子 luo53sɿ55 to35tsɿ0	螺丝刀子 luo55sɿ0 to213tsɿ0	螺丝刀 luo52ŋ0 to52	螺丝刀 luo553sɿ0 tau51	螺丝刀儿 luo34sɿ0 to510ɤr0	螺丝刀 luo55sɿ0 tau31

◆◇◆ **烟台方言总揽**

续表

编号	词汇	芝罘读音	福山读音	栖霞读音	龙口读音	蓬莱读音	招远读音	莱州读音	海阳读音	牟平读音	莱阳读音	长岛读音
0689	锤子	锤子 tshuei33rə0	锤子 tshuei33ŋər0	锤子 tshuei34laŋ0	锤子 tshuei55tsʅ0	锤子 tʃhuei55ŋəŋ0	锤子 tshuei55tsʅ0	锤子 tshuei55tsʅ0	锤子 tshuei340əŋ0	锤 tshuei131	锤子 tshuei34tə0	锤子 tshuei55tsʅ0
0690	钉子	钉子 tiŋ53rə0	钉子 tiŋ53ŋər0	钉儿 tiər312	钉子 tiŋ35tsʅ0	钉子 tiŋ310ə0	钉子 tiŋ35tsʅ0	钉子 tiŋ213tsʅ0	钉儿 tiər52	钉儿 tiər51	钉儿 tiŋ510ər0	钉子 tiŋ31tsʅ0
0691	绳子	绳儿 çiər33	绳子 çiŋ33ŋər0	绳儿 ʃəŋ34laŋ0	绳儿 ʃəŋ55tsʅ0	绳儿 ʃəŋ550ə0	绳儿 ʃəŋ55tsʅ0	绳儿 ʃəŋ55tsʅ0	绳儿 sər341	绳 çiər131	绳儿 ʃəŋ34tə0	绳子 ʃəŋ55tsʅ0
0692	棍子	棍子 kuan33rə0	棍 子 kuan33ŋər0	棍 kuãn52	棍子 kuan53tsʅ0	棍子 kuan520ə0	棍子 kuan53tsʅ0	棍子 kuẽ53tsʅ0	棍子 kuãn340ə0	棍 kuan131	棍子 kuẽ51tə0	棍儿 kuar52
0693	做买卖	做买卖 tsou33maɛ21maɛ0	做买卖 tsəu33mai21mer33	做买卖 tsəu34mɛi21mei0	做生意 tsua53səŋ35øi0	做买卖 tsou52mai21mai0	做生意 tsua53səŋ35øi0	做买卖 tsou213me55 me0	做买卖 tθəu34me21me0	做买卖 tsou131mai21 mai0	做买卖 tsou51me21 me0	做买卖 tsou52mai21 mai0
0694	商店	百货店儿 po21xuo0 tiər33	合作社 xuo33tsuo0 çie33	杂货店儿 tsa34xuo0 tier52	杂货铺儿 tsa53xuo0 phur53	小卖铺 ʃau35mai52 phu52	杂货铺儿 tsa53xuo0 phur53	商店 ʂaŋ55tiã213 tsʅ0	乡社 çiaŋ52sa341	百货商店 po21xuo131 çiaŋ51tian131	商店 ʃaŋ21tiẽ51	小卖铺 ʃau55mai52 phu52
0695	饭馆	饭馆子 fan53kuan21 rə0	饭店 fan53tian33	饭馆儿 fan52kuər214	馆 kuan35tsʅ0	馆 kuan35ə0	馆子 kuan35tsʅ0	饭馆子 fã53kuã213 tsʅ0	饭店 fan52tiãn341	馆子 kuan21tə0	饭馆儿 fɛ51kuər214	馆儿 phu52
0696	旅馆Ⅱ※	旅馆 ly33 kuan214	旅店 ly21 tian33	旅店 ly21 tiãn52	客店 kha53 tian214	旅店 ly35 tian52	客店 kha53 tian214	店 tiã213	旅社 ly21 sa341	大车店 ta131 tçhie51tian131	旅馆儿 ly51kuər214	旅馆 ly52 kuan213
0697	贵	贵 kuei33	贵 kuei33	贵 kuei52	贵 kuei214	贵 kuei52	贵 kuei214	贵 kuei213	贵 kuei341	贵 kuei131	贵 kuei51	贵 kuei52

· 236 ·

续表

编号	词汇	芝罘读音	福山读音	栖霞读音	龙口读音	蓬莱读音	招远读音	莱州读音	海阳读音	牟平读音	莱阳读音	长岛读音
0698	便宜	贱 tɕian33	贱 tɕian33	贱 tʃian342	贱 tʃan53	便宜 phian55tʂi0	贱 tʃan53	贱 tsiã53	贱 ɕian341	贱 tɕian131	贱 tʃiɛ51	贱 tʃan52
0699	合算	上算 ɕiaŋ53san33 合算 xuo53san33	合适 xuo33 ɕi33	上算 ʃaŋ55 sãn52	划算 xua55 xuan214	上算 ʃuaŋ52 san52	划算 xua55 xuan214	上算 ʂaŋ53 suã213	合账 xuo52 tsaŋ341	上算 ɕiaŋ51 san131	上算 ʃaŋ21 sɛ̃51	上算 ʃaŋ52 san52
0700	折扣	打折折儿 ta21tɕier33	打折儿 ta21tɕiar33	折 tʃie342	打折儿 ta53tʃer35	折扣 tʃe55khɔu52	打折儿 ta53tʃer35	折儿 tser55	打折 ta21tsa341	打折儿 ta55tɕier214	折儿 tʃar34	折 tʃe55
0701	亏本	亏本 khuei53 par214	赔丁 phei331ə0	赔本儿 phei34 par214	赔本儿 phei53 par35	赔账 phei55 tʃaŋ52	赔本儿 phei53 par35	折本儿 sə53pər55	赔儿本儿 phar34 par214	赔本儿 phei553 par214	赔本儿 phei51 par214	赔丁 phei55tʂə0
0702	钱(钱币)	钱 tɕhian33	钱 tɕhian33	钱 tʃhian342	钱 tʃhan53	钱 tʃhan55	钱 tʃhan53	钱 tshiã53	钱 tshian341	钱 tɕhian553	钱 tʃhiɛ442	钱 tʃhan55
0703	零钱	零钱 liŋ53 tɕhian0	零钱 liŋ53 tɕhian33	零钱 liŋ52 tʃhian342	零钱 liŋ35 tʃhan0	零钱儿 liŋ55 tʃhər55	零钱 liŋ35 tʃhan0	零钱 liŋ53 tʃhiã53	零钱 liŋ52 tshian341	零钱 liŋ51 tɕhian553	零儿钱 liər21 tʃhiɛ442	零钱 liŋ55 tʃhan55
0704	硬币	钢钻子 kaŋ53 tsan33ʐə0	钢钻儿 kaŋ53 tser33	钢钻儿 kaŋ52 tser342	钢镚儿 kaŋ35 pər53	钢镚儿 kaŋ31pər52 钢钻儿 kaŋ31tser52	钢镚儿 kaŋ35 pər53	钢子儿 kaŋ213 tser55	钢镚 kaŋ52 pãr341	钢钻儿 kaŋ51 tser553	钢钻儿 kaŋ21 tser51	钢钻儿 kaŋ31 ter52

① "钻"单独念时为[tsan],儿化后声母变为舌尖后音[tʂ]。

◆◇◆ **烟台方言总揽**

续表

编号	词汇	芝罘读音	福山读音	栖霞读音	龙口读音	蓬莱读音	招远读音	莱州读音	海阳读音	牟平读音	莱阳读音	长岛读音
0705	本钱	本钱 pən21 tɕhian33	本钱 pən21 tɕhian33	本钱 pən21 tɕhian0	本儿 pər35	本钱 pon21 tʃhan55	本儿 pər35	本儿 pər55	本钱 pãn21 tshian341	本儿 pər214	本钱 pã21 tʃhiɛ442	本儿 pər213
0706	工钱	工钱 kuŋ53 tɕhian0	工钱 kuŋ53 tɕhian0	工钱 kuŋ52 tʃhian0	工钱 kuŋ35 tʃhan0	工钱 kuŋ31 tʃhan55	工钱 kuŋ35 tʃhan0	工钱 kuŋ213 tshiã53	工钱 kuŋ52 tʃhãn0	工钱 kuŋ51 tʃhiɑn0	工钱 kuŋ51 tʃhiɛ442	工钱 kuŋ31 tʃhan55
0707	路费	路费 lu53 fei33	路费 lu53 fei33	盘缠 phãn phãn34 tʃhian0	盘缠 phan55 tʃhan0	盘缠 phan55 tʃhan0	盘缠 phan55 tʃhan0	盘缠 pã55 tshã53	盘缠 phãn34 tshãn0	路费 lu51 fei131	路费 lu21 fei51	路费 lu52 fei52
0708	花	花 xua53	花 xua53	花 xua312	花 xua35	花 xua313	花 xua35	花 xua213	花 xua52	花 xua51	花 xua214	花 xua313
0709	赚	挣 tsəŋ53	挣 tsəŋ53	赚 tʃuan342	赚 tsan214	赚 tʃuan52	挣 tsəŋ214	挣 tsəŋ213	挣 tsəŋ341	挣 tsəŋ131	赚 tʃuɛ51	赚 tsuan52
0710	挣	挣 tsəŋ33	挣 tsəŋ33	挣 tsəŋ52	挣 tsəŋ214	挣 tsəŋ52	挣 tsəŋ214	挣 tsəŋ213	挣 tsəŋ341	挣 tsəŋ131	挣 tsəŋ51	挣 tsəŋ52
0711	欠	该 kae53 欠 tɕhian33	该 kai53 短 tan214 欠 tɕhian33	该 kei312	欠 tɕhian214	该 kai313 欠 tʃhian52	欠 tɕhian214	该 ke213	短 tãn214	该 kai51	该 ke214	该 kai313
0712	算盘	算盘儿 san53 pər33	算盘儿 san53 pər33	算盘儿 sãn52 phər342	算盘儿 san53 pər55	算盘儿 san52 pər55	算盘儿 san53 pər55	算盘子 suã213 pã55tsɿ0	算盘儿 θãn52 phər341	算盘儿 san131 phər553	算盘儿 sɛ51 phər442	算盘儿 san52 phər55
0713	秤	秤 tɕhiŋ33	秤 tɕhiŋ33	秤 tʃhəŋ52	秤 tʃhəŋ214	秤 tʃhəŋ313	秤 tʃhəŋ214	秤 tshəŋ213	秤 tshəŋ341	秤 tɕhiŋ131	秤 tʃhəŋ51	秤 tʃhəŋ52
0714	称	称 tɕhiŋ53	称 tɕhiŋ53	称 tʃhəŋ312	称 tʃhəŋ35	称 tʃhəŋ313	称 tʃhəŋ35	称 tshəŋ213	称 tshəŋ52	称 tɕhiŋ51	称 tʃhəŋ214	称 tʃhəŋ313

第二章　词汇

续表

编号	词汇	芝罘读音	福山读音	栖霞读音	龙口读音	蓬莱读音	招远读音	莱州读音	海阳读音	牟平读音	莱阳读音	长岛读音
0715	赶集	赶集 kan21ɕi33	赶集 kan21tɕi33	赶集 kan52tʂʅ342	赶集 kan55tʃi53	赶集 kan21tʃi55	赶集 kan55tʃi53	赶集 kã55tsi53	赶集 kãn21tʂi341	赶集 kan21ɕi553	赶集 kɛ21tʃi442	赶集 kan21tʃi55
0716	集市	集 tɕi33	集 tɕi33	集 tʃʅ342	集 tʃi53	集 tʃi55	集 tʃi53	集 tsi53	集 tsi341	大集 ta51tɕi553	集 tʃi442	集 tʃi55
0717	庙会	庙会 miau53 xuei33	庙会 miau53 xuei33	庙会 mio52 xuei52 赶山 kan34ʂãn312	庙 mio53	庙会 miau52 xuei52	庙 mio53	庙 mio53	赶山 kãn21 ʂãn52	庙会 miau51 xuei131	庙会 mio21 xuei51	庙会 miau52 xuei52

三　文化娱乐

编号	词汇	芝罘读音	福山读音	栖霞读音	龙口读音	蓬莱读音	招远读音	莱州读音	海阳读音	牟平读音	莱阳读音	长岛读音
0718	学校	学校 ɕye53ɕiau33 书房 ɕy53faŋ0	书房 ɕy53faŋ0	书房 ʃy52faŋ0 学校 ɕye34ɕioo52	书房 ʃy35faŋ55	学校 ɕye55ɕiau0	学房 ʃy35faŋ55	学屋 ɕye55ʊ0	书房 ʃy52faŋ0 学校 ɕye52ɕio341	书房 ɕy51faŋ0	书房 ʃu51faŋ0	学校 ɕye55ɕiau52
0719	教室	教室 tɕiau33ɕi33[1]	教室 ɕiau53ɕi33	教室 ɕio34ʂʅ52	教室 ɕio53ʃi214	教室 ɕiau52ʃi214	教室 ɕio53ʃi214	教室 tɕio213ʐ0	教室 ɕio52ʂi341	教室 ɕiau131ɕi131	教室 ɕio21ʃi51	教室 ɕiau52ʃi55

[1] 受普通话影响，有时发音接近ʂʅ。

◆◇◆ 烟台方言总揽

续表

编号	词汇	芝罘读音	福山读音	栖霞读音	龙口读音	蓬莱读音	招远读音	莱州读音	海阳读音	牟平读音	莱阳读音	长岛读音
0720	上学	ɕiaŋ53ɕye53 上书房 ɕiaŋ53ɕy53faŋ0	上书房 ɕiaŋ33ɕy53faŋ0	上书房 ʃaŋ34ʃy52faŋ0	上学房 ʃaŋ53 ʃy35faŋ55	上学 ʃnaŋ52 ɕye55	上学房 ʃaŋ53ʃy35 faŋ55	上学 ʂaŋ53 ɕye53	上书房 saŋ34ʃy52 faŋ0	上书房 ɕiaŋ55ɕy51 faŋ0	上书房 ʃaŋ55ʃu51 faŋ0	上学 ʃaŋ52ɕye55
0721	放学	放学 faŋ53 ɕye33	放学 faŋ53 ɕye33	放学 faŋ55 ɕye342	散学 san53 ɕye53	放学 fnaŋ52 ɕye55	散学 san53 ɕye53	放学 faŋ213 ɕye53	放学 faŋ52 ɕye341	放学 faŋ131 ɕyo553	放学 faŋ51 ɕye442	放学 faŋ52 ɕye55
0722	考试	考试 khau21sʅ33	考试 khau21sʅ33	考考儿 kho o34 khoor214	考试 kho35sʅ0	考试 khau35sʅ52	考试 kho35sʅ0	考试 kho35sʅ0	考考儿 kho21khor214	考试 khau21sʅ131	考试 kho55sʅ0	书包儿 ʃy55paur31
0723	书包	书包 ɕy33pau53	书包 ɕy35paun53	书包 ʃy34poo312	书包 ʃy35po35	书包儿 ʃy31paur313	书包 ʃy35po35	书包儿 su5por213	书包 ʃy34po52	书包 ɕy55pau51	书包 ʃu55p̩214	木儿 par213
0724	木子	木儿 par214	木儿 par214	木儿 par214	木儿 par35	木子 pən35 o0	木儿 par35	木儿 par55	木儿 par214	木儿 par214	木儿 par34	铅笔 chian52pi213
0725	铅笔	铅笔 tchian53pi214	铅笔 chian53pi214	铅笔 chi ân55pi214	铅笔 chian35pi55	铅笔 chian31pi214 自来水笔 tsʅ52lai55 suei35pi214	铅笔 chian35pi55	铅笔 tchia213pi55	铅笔 chi ân52pi214	铅笔 chian51pi214	铅笔 chi ê21pi34	钢笔 kaŋ52pi213
0726	钢笔	钢笔 kaŋ53pi214	钢笔 kaŋ53pi214	钢笔 kaŋ52pi214	钢笔 kaŋ35pi55	钢笔 knaŋ31pi214	钢笔 kaŋ35pi55	钢笔 kaŋ213pi55	水管 suei21pi214	钢笔 kaŋ51pi214	钢笔 kaŋ21pi34	钢笔 kaŋ52pi213

· 240 ·

第二章 词汇

续表

编号	词汇	芝罘读音	福山读音	栖霞读音	龙口读音	蓬莱读音	招远读音	莱州读音	海阳读音	牟平读音	莱阳读音	长岛读音
0727	圆珠笔	油笔 θiou53pi214	圆珠笔 θyan53 tcy53pi214	圆珠儿笔 θyān34 tʃur52pi214	圆珠儿笔 θyan53 tʃur0pi55	圆珠笔 θyan55 tʃy31pi214	圆珠儿笔 θyan53 tʃu0pi55	圆珠笔 θy553 tsu213pi55	油儿笔 θiaur52 pi214	油儿笔 θiour51 pi214	圆珠笔 θy55 tʃu0pi34	圆珠笔 θyan55 tʃy31pi213
0728	毛笔	毛笔 mau53pi214	毛笔 mau53pi214	毛笔 moo52pi214	毛笔 mo35pi55	毛笔 mau55pi214 水笔 suei35pi214	毛笔 mo35pi55	毛笔 mo53pi55 水笔 suei53pi55	毛笔 mo52pi214	毛笔 mau51pi214	毛笔 mo21pi34	毛笔 mau52pi213
0729	墨	墨 mo214	墨 mo214	墨 ma52	墨 ma214	墨 ma214	墨 ma214	墨 mei213	墨 ma341	墨 mo214	墨 ma51	墨 ma213
0730	砚台	砚台 θian33thae0	砚台 θian33thai0	砚台 θian34θhei342	砚台 θian55the0	砚台 θian52thai0 念合 nian52thai0	砚合 θian55the0	砚 θia53	砚合 θian34the0	墨盘 mo21phan553	砚合 θiē34the0	砚台 θian52thai0
0731	信	信 cin33	信 cin33	信 ʃin52	信 ʃin214	信 ʃan52	信 ʃin214	信 siē213	信 sin341	信 cin131	信 ʃi51	信 ʃan52
0732	连环画	小人儿书 ciau210in33 cy53	小人儿书 ciau210iar33 cy53	小人儿书 ʃioo34θiar34 ʃy312	小画册儿 ʃo55xua53 tsher214 小人儿书 ʃo550iar0 ʃy35	连环画儿 lian31xuan 55xuar52 小人儿书 ʃau21 θiar55ʃy0	小画册儿 ʃo55xua53 tsher214 小人儿书 ʃo550iar0 ʃy35	小人儿书 sio55θiar53 su213	小人儿书 sio210iar34 ʃy52	小人儿书 ciau21 ciar553cy51	小人儿书 ʃo550iar34 ʃu214	小人儿书 ʃau210lau52 ʃy31
0733	捉迷藏	趴老幕儿 pha53 lau21mur0	趴老窝 pha53 lau0mu53	趴猫儿 pha34 moor312	趴猫儿 pha35mar35	趴老虎儿 pha31lau35 xur214	趴猫儿 pha35mar35	藏猫儿 tshun53 mūr213	趴猫儿 pha34 mor52	趴趴 pha55 phar51	趴猫儿 pha34 mor214	趴老母儿 pha55lau52 mur213

241

续表

编号	词汇	芝罘读音	福山读音	栖霞读音	龙口读音	蓬莱读音	招远读音	莱州读音	海阳读音	牟平读音	莱阳读音	长岛读音
0734	跳绳	跳绳儿 thiau53 ɕiɚr33	跳绳儿 thiau53 ɕiɚr33	跳绳儿 thioo52 ʃɚr342	跳绳儿 thio53 ʃɚr55	跳绳儿 thiau52 ʃɚr55	跳绳儿 thio53 ʃɚr55	跳绳儿 thio213 ʃɚr53	跳绳儿 thio52 sɚr341	跳绳 thiau21 ɕiɚr553	跳绳儿 thio51 ʃɚr442	跳绳儿 thiau52 ʃɚr55
0735	毽子	毽儿 tɕiɚr33	毽儿 ɕiɚr33	毽儿 ɕiɚr52	毽儿 ɕiɚr53	毽子 ɕian520ə0	毽儿 ɕiɚr53	毽儿 tɕiɚr53	毽儿 ɕiɚr341	毽儿 ɕiɚr131	毽儿 ɕiɚr51	毽儿 ɕiɚr52
0736	风筝	老鹞子 lau21θiau33 rə0	风筝 faŋ53tɕiŋ0	鹞子 θiɔɔ34lə0	风筝儿 faŋ35tsɚr55	风灯儿 faŋ31tɚr0	风筝儿 faŋ35sɚr55	老鹞子 lɔ550iɔ55tsŋ0	风筝 faŋ52tsəŋ0	鹞子 θiau553tə0	风筝 faŋ51tsəŋ0	风筝 faŋ52tʃəŋ313
0737	耍狮	耍狮子 sua21 sŋ53rə0	舞狮子 sua21 sŋ530ər0	耍狮 sua21sŋ0	耍狮子 sua55 sŋ35tsŋ0	舞狮子 θu35sŋ310ə0	耍狮子 sua55 sŋ35tsŋ0	耍狮子 sua55 sŋ213tsŋ0	耍狮子 sua21 sŋ520ə0	耍狮子 sua21 sŋ51tə0	耍狮子 sua34 sŋ51tə0	舞狮子 sua35 sŋ31tsŋ0
0738	鞭炮 (炮杖)	鞭 pian53 爆杖 pau33tɕiŋ0	爆杖 pau33tɕiŋ0	爆杖 poo34tʃəŋ0	爆杖 po53tʃəŋ0	爆杖 pau52tʃəŋ0	爆杖 po53tʃəŋ0	爆杖 po53tʂəŋ0	炮子 po34tsəŋ0 大鞭 鞭 pian52 小鞭	鞭 pian51 爆杖 phau13 ltɕiaŋ0 大鞭	鞭炮 piɛ21phɔ51	爆杖 pau52tʃəŋ0
0739	唱歌	唱歌儿 tʃhaŋ33 kɚr53	唱歌儿 tʃhaŋ33 kuor53	唱歌儿 poo34tʃəŋ0 kuor312	唱歌 tʃhaŋ53 kuɚr35	唱歌儿 tʃhuaŋ52 kuɚr313	唱歌 tʃhaŋ53 kuɚr35	唱歌 tʃhaŋ55 ka213	唱歌儿 tshaŋ34 kuor52	唱歌 tchiaŋ13 lkuor51	唱歌儿 tʃhaŋ55 kuor214	唱歌儿 tʃhaŋ55 kɚr31
0740	演戏 (演剧)	唱戏 tchiaŋ53ɕi33	演剧 θian21tɕy33	唱戏 tʃhaŋ55ɕi52 演戏 θian21ɕi52	唱戏 tʃhaŋ53ɕi214	唱戏 tʃhuaŋ52ɕi52	唱戏 tʃhaŋ53ɕi214	唱戏 tʃhaŋ55ɕi213	演戏 θian21ɕi341	唱戏 tchiaŋ51ɕi131	演戏 θiɛ21ɕi51	演戏 θian21ɕi52

第二章 词汇

续表

编号	词汇	芝罘读音	福山读音	栖霞读音	龙口读音	蓬莱读音	招远读音	莱州读音	海阳读音	牟平读音	莱阳读音	长岛读音
0741	锣鼓	luo33ku0	luo33ku0	luo34ku0		luo55ku0			luo52ku0	luo131ku214	luo51ku34	luo52ku213
0742	二胡 胡琴儿	xu33tɕhiər33	xu33chiər33	xu34chiər0	家什儿 cia35sər55 二胡 ɣər53xur35	二胡 ɣər52xu55	家什儿 cia35sər55 二胡 ɣər53xur35	家什儿 tɕia213sər0 胡琴儿 xu55tɕhiər0	胡琴儿 xu34chiər0	胡琴儿 xu553chiər0	胡琴儿 xu34chiər0	二胡 ɣər52xu55
0743	笛子	笛子 ti33rə0	笛子 ti330ərr0	笛子 ti34lə0	笛子 ti55tsŋ0	笛子 ti550ə0	笛子 ti55tsŋ0	笛子 ti55tsŋ0	笛子 ti340ə0	笛子 ti131tə0	笛子 ti34tsŋ0	笛子 ti55phu55khər0
0744	划拳	划拳 xua53 tɕhyan33	划拳 xua33 chyan33	划拳 xua52 chyān342	划拳 xua53 chyan55 猜拳 tshe35 chyan53	划拳 xua31 chyan55	划拳 xua35 chyan53 猜拳 tshe35 chyan53	划拳 xua213 tɕhyā53	猜拳 tshe52 chyān341	划拳 xua51 chyan553	划拳 xua51 chyê442	划拳 xua55 chyan55
0745	下棋	下棋 ɕia53tɕhi33	下棋 ɕia53chi33	下棋 ɕia52chi342	下棋 ɕia53chi53	下棋 ɕia53chi55	下棋 ɕia53chi53	下棋儿 ɕia53tɕhiər53	下棋 ɕia52chi341	下棋 ɕia51chi131	下棋 ɕia21chi442	下棋 ɕia52chi55
0746	打扑克	打扑克儿 ta21phu33 khər0	打扑克儿 ta21phu33 khər0	打扑克儿 ta34phu34 khər0	打扑克儿 ta55pu55 kar0	打扑克儿 ta21phu55 khər0	打扑克儿 ta55pu55 kar0	打扑克 ta55phu55 khə0	打扑克儿 ta21phu34 khər0	打扑克儿 ta51phu13 1khər0	打扑克儿 ta21phu34 khər0	打扑克 ta21phu55khər 0
0747	打麻将	推牌九 thei533phae 33tɕiou214	打麻将 ta55ma21 tɕiaŋ33	搓麻将 tshuo34ma 34tɕaŋ52	搓麻将 tshua35ma 55tɕaŋ214	打麻将 ta21ma55 tɕaŋ0	搓麻将 tshua35ma 55tɕaŋ214	打麻将 ta55ma213 tsiaŋ55	打麻将 ta21ma52 tsiaŋ341	打麻将 ta21ma51 tɕiaŋ131	打麻将 ta55ma21 tʃaŋ0	打麻将 ta21ma55 tʃaŋ0
0748	变魔术	变戏法儿 pian33 ɕi0far214	耍魔术 sua21mo33 ɕy0	耍把戏儿 sua34pa21 ɕiər0	耍把戏儿 sua55pa35 ɕiər0	变戏法儿 pian52ɕi52 far214	耍把戏儿 sua55pa35 ɕiər0	耍戏法 sua55ɕi213 fa55	耍藏眼儿 ʂua21tθhaŋ 340iər0	变戏法儿 pian131ɕi 131far214	变魔术 pie51ma 34ʃu0	变戏法儿 pian52ɕi52 far213

· 243 ·

烟台方言总揽

续表

编号	词汇	芝罘读音	福山读音	栖霞读音	龙口读音	蓬莱读音	招远读音	莱州读音	海阳读音	牟平读音	莱阳读音	长岛读音
0749	讲故事	讲故事儿 tɕiaŋ21ku33 sər0	讲故事儿 ciaŋ21ku33 sŋ0①	说故事儿 ʃye21ku34 sər0	讲故事儿 ciaŋ55ku53 sər0	讲瞎话儿 ciŋaŋ35ɕia35 xuar52	讲故事儿 ciaŋ55ku53 sər0	讲瞎话 tɕiaŋ53ɕia55 xua53	说故事 suo21ku34 sŋ0	讲故事儿 tɕiaŋ21ku21 sər0	说故事儿 ʃuo21ku51 sər0	讲故事儿 ciaŋ21ku52 sər0
0750	猜谜语	猜谜儿 tshae53 miər33	破闷儿 pho53 mər33	破谜儿 pha34 mər342	猜谜儿 tshe55 mər55	猜闷儿 tshai31mər52 破闷儿 pha52mər52	猜谜儿 tshe55mər55	猜谜儿 tshe55mər213	破儿 pha21mər341	猜谜儿 tshai51mər131	破儿 pha21mər442	猜谜儿 tshai31mər52
0751	玩儿 霍乱、耍 顽皮一	站 tsan33	站 tsan33	耍 sua214	耍耍 sua53sua0	玩儿 0uar55	耍 sua53sua0	耍 sua55	耍 sua214	站 tsan131	耍 sua34	玩儿 0uar55
0752	串门儿	串门子 tshuan33 man53re0	串门子 tshuan33 man53nər0	串门儿 tʃhuan34 mər312	串门儿 tʃhuaŋ53 mər35	串门儿 tʃhuaŋ52 mər55	串门儿 tʃhuaŋ53 mər35	串门儿 tʃhuaŋ213 mər53	串门儿 tʃhuaŋ34 mər52	串门子 tshuan13 lman51ta0	串门儿 tshuan51 mər442	串门子 tʃhuaŋ52 man55tsŋ0
0753	走亲戚	走亲戚 tsou21 tɕhin53tɕhi0	出门儿 tɕhy21 mər0	出门儿 tʃhy34 mər312	探亲 than53 tʃhan35 出门儿 tʃhy55mər35	出门儿 tʃhy21mər55	探亲 than53 tʃhan35 出门儿 tʃhy55mər35	走亲戚 tsou55 tsie213tsi0	出门儿 tʃhy34 mər52	出门儿 tɕhy21 mər51	出门儿 tʃhu55 mər442	走亲 tsou21 tʃhan31 tʃhan0

① "事"单独念时为[sŋ]，儿化后声母变为舌尖后音[ʂ]。

第十一节 动作行为

一 具体动作

编号	词汇	芝罘读音	福山读音	栖霞读音	龙口读音	蓬莱读音	招远读音	莱州读音	海阳读音	牟平读音	莱阳读音	长岛读音
0754	看~电视	看 khan33	看 khãn33	看 khãn52	看 khan214	看 khan52	看 khan214	看 kha213	看 khãn341	看 khan131	看 khê51	看 khan52
0755	听~朋友~的~	听 thiŋ53 听听 thiŋ53thiŋ0	听 thiŋ53	听 thiŋ312	听 thiŋ35	听 thiŋ313	听 thiŋ35	听 thiŋ213	听 thiŋ52	听 thiŋ51	听 thiŋ214	听 thiŋ313
0756	闻~像,~月饼~了	闻 ɵuan53	闻 ɵuan53	闻 ɵuãn312	嗅 çyn35	闻 ɵuan55	嗅 çyn35	闻 ɵuẽ53	闻 ɵuan52	听 thiŋ51	闻 ɵuã214	闻 ɵuan55
0757	吸~气	吸 çi214	吸 çi33	吸 çy214	喘 tshuan55	吸 çi214	喘 tshuan55	吸 çi213	噗 çy214	吸 çi214 噗 çy214	吸 çi34	吸 çi213
0758	睁~眼	睁 tsəŋ53	睁 tsəŋ53	睁 tsəŋ312	睁 tsəŋ35	睁 tsəŋ313	睁 tsəŋ35	睁 tsəŋ213	睁 tsəŋ52	睁 tsəŋ51	睁 tsəŋ214	睁 tsəŋ313
0759	闭~眼	闭 pi33	闭 pi33	闭 pi52	闭 pi214	闭 pi52	闭 pi214	闭 pi213	闭 pi341	闭 pi131	闭 pi51	闭 pi52
0760	眨~眼	夹巴 tɕia21pa0 卡巴 kha21pa0	眨 tsa214	卡巴 kha21pa0	眨巴 tsa35pa0	卡卜 kha35pu0 夹咕 cia35ku0	眨巴 tsa35pa0	眨 tsã55	夹巴 cia21pa0	瞌巴 kha21pa0	夹古 tsia21ku0	夹巴 cia35pa0
0761	张~嘴	张 tɕiaŋ53	张 tɕiaŋ53	张 tʃaŋ312	张开 tʃaŋ35khe55	张 tʃaŋ313	张开 tʃaŋ35khe55	张 tsaŋ213	张 tsaŋ52	张 tɕiaŋ51	张 tʃaŋ214	张 tʃaŋ313

续表

编号	词汇	芝罘读音	福山读音	栖霞读音	龙口读音	蓬莱读音	招远读音	莱州读音	海阳读音	牟平读音	莱阳读音	长岛读音
0762	闭~眼	闭 pi33	闭 pi33	闭 pi52	闭死 pi53sŋ0	闭 pi52	闭死 pi53sŋ0	闭 pi213	闭 pi341	闭 pi131	闭 pi51	闭 pi52
0763	咬~参~人	咬 ɕiɑu214	咬 ɕiɑu214	咬 ɕiɔ214	咬 ɕiɔ55	咬 ɕiɑu214	咬 ɕiɔ55	咬 ɕiɔ55	咬 ɕiɔ214	咬 ɕiɑu214	咬 ɕiɔ34	咬 ɕiɑu213
0764	嚼~一嚼	嚼 tɕye33	嚼 tɕye33	嚼 tɕye342	嚼嘎 tʃye55ka0	嚼 tʃua55	嚼嘎 tʃye55ka0	嚼 tsye53	嚼 cye341	嚼 tɕyo553	嚼 tʃye442	嚼 tʃua55
0765	咽~下去	吞 thən53	吞 thən53	咽 ɕian52	咽 ɕian214	咽 ɕian52	咽 ɕian214	咽 ɕiɔ213	吞 thəm52	吞 thən51	咽 ɕiɛ51	咽 ɕian52
0766	舔舌头一	舔 thian214	舔 thian214	舔 thian214	舔 thian55	舔 thian214	舔 thian55	舔 thiã55	舔 thian214	舔 thian214	舔 thiɛ3	舔 thian213
0767	含~在嘴里	含 xan33	含 xan33	#khaŋ52	含 xan53	抗 khɑŋ55	含 xan53	含 xã53	抗儿 khɑ̃r341	含 xan131	含 xɛ442	抗 khɑŋ55
0768	亲嘴	亲嘴 tɕhin53 tsei214	亲嘴 tshin53 tsər214①	亲嘴儿 tʃhin55 tsər214	逗嘴儿 tsəu53 tsər55	亲嘴 tʃhən31 tsei214	逗嘴儿 tsəu53 tsər55	逗嘴儿 tɑu213 tsuɑr55	亲嘴 tshin55 tɕθei214	亲嘴 tchin51 tsei214	亲嘴 tʃhiɛ21 tsei34	亲嘴 tʃhan52 tsei213
0769	吮吸用嘴巴来吸取液体，如吃奶时	吮 cy214	吸 cy214	唾 tsa214	奶 ne55	吸 cy214 硒嗖 tsa35sŋ0	奶 ne55	# tʂhu55	唾 tsa214	唾 tsa214	吸吸 cy51cy0	吸 cy213 唾嗖 tsa35sŋ0
0770	吐~上声,把果核儿一掉	吐 thu214	吐 thu214	吐 thu214	吐 thu55	吐 thu214	吐 thu55	吐 thu55	吐 thu214	吐 thu214	吐 thu34	吐 thu52

① "嘴"单独念时为[tsei]，儿化后声母变为舌尖后音[tʂ]。

第二章　词汇

续表

编号	词汇	芝罘读音	福山读音	栖霞读音	龙口读音	蓬莱读音	招远读音	莱州读音	海阳读音	牟平读音	莱阳读音	长岛读音
0771	吐—吐出声，喝醉吐一下	呕 ∅ou214	呕 ∅ou214	呕 ∅ou214	吐 thu53	吐 thu214	吐 thu53	吐 thu55	呕 ∅ou214	呕 ∅ou214	呕 ∅u214	呕 ∅ou213
0772	打喷嚏	打喷嚏 ta21phən53 thi33	打啊嚏 ta210a53 tɕhie0	打啊嚏 ta210a52 tʃhiŋ0	打啊嚏 ta550a0 tʃhi55	打啊嚏 ta350a31 thi0	打啊嚏 ta550a0 tʃhi55	打啊嚏 ta550a213 thi0	打#嚏 ta21te34 chi0	打喷嚏 ta21thi131 phən0 打啊咪 ∅a131tchi0	打啊嚏 ta340a21 tʃhiŋ0	打喷嚏 ta35phən52 thi0
0773	拿叫手把 苹果—过来	拿 na53	拿 na53	# xǎn214	拿 na35	拿 na55 喊 xan214	拿 na35	拿 na53	拿 na52	拿 na51	拿 na214	喊 xan55 拿 na55
0774	给也—我 一个果	给 kei214	给 khei214 给 kei214	给 khei214 给 kei214	给 ci55	给 kei214	给 ci55	给 kei55	给 chia214	给 kei51	给 kei34	给 kei213
0775	摸—头	摸 mo53	摸 mo53	捞 loɔ52	摸 ma214	摸 ma313	摸 ma214	摸 ma213	摸 ma341	摸 mo51	摸 ma51	摸 ma313
0776	伸—手	伸 ɕin53	伸 ɕin53	伸 ʃən312	伸 ʃən55	伸 ʃən313	伸 ʃən55	伸 ʃɛ213	伸 ʃən52	伸 ɕin51	伸 ʃə214	伸 ʃən313
0777	挠—痒痒	抓 khuae214 挠 nau33	挠 nau53	擓 khuei214	扛 khue55	擓 khuai214 挠 nau55	扛 khue55	擓 khue55	擓 khue214	擓 khuai214	擓 khue34	擓 khuai213
0778	掐—和直指 甲—皮肉	掐 tɕhia214	掐 chia53	掐 chia214	掐 chia55	掐 chia214	掐 chia55	掐 tchia55	掐 chia214	掐 chia214	掐 chia214	掐 chia213
0779	拧—螺丝	扭 niou214	扭 niau214	拧 nyŋ214	拧 nyŋ55	拧 nin214	拧 nyŋ55	拧 nin53	拧 nyŋ214	扭 niou214	扭 niou34	拧 nin213

247

续表

编号	词汇	芝罘读音	福山读音	栖霞读音	龙口读音	蓬莱读音	招远读音	莱州读音	海阳读音	牟平读音	莱阳读音	长岛读音
0780	拧—毛巾	拧 ȵiou214	拧 ȵian214	拧 ȵyŋ214	拧 ȵian55	拧 ȵian214	拧 ȵiou55	拧 ȵiŋ55	拧 ȵyŋ214	拧 ȵiou214	拧 ȵiou34	拧 ȵiŋ213
0781	捻 用树捻擦和食指来回捻	捻 ȵian214	捻 ȵian214	捻 ȵian214	捻 ȵian55	捻 ȵian214	捻 ȵian55	捻 ȵiã55	捻 ȵiãn214	捻 ȵian214	捻 ȵiɛ̃34	捻 ȵian213
0782	掰	掰 po214	掰 po214	掰 po214	掰 pa55	掰 pa214	掰 pa55	掰 pei55	掰 pa214	掰 po214	掰 pa34	掰 pa213
0783	剥—花生	剥 pa214	剥 pa214	剥 pa214	扒 pa55	剥 pa214	扒 pa55	扒 pa55	剥 pa214	剥 pa214	剥 pa34	扒 pa213
0784	撕 把纸—丁	撕 sɿ53	撕 sɿ53	挣 tsəŋ342 撕 sɿ312	撕 sɿ35	撕 sɿ313	撕 sɿ35	撕 sɿ213	撕 sɿ52	撕 sɿ51	撕 sɿ214	撕 sɿ313
0785	折 把筷筷—丁	撅 tɕiɛ53	折 tɕie33	撅 chye214	撅 chye55	折 chye313	曲 tɕhye55	撅 chye55	撅 chye214	撅 chye51	撅 chye34	撅 chye313
0786	拔—萝卜	拔 pa33	拔 pa33	拔 pa342	拔 pa53	拔 pa55	拔 pa53	拔 pa53	拔 pa341	拔 pa131	拔 pa442	拔 pa55
0787	摘	摘 tsɣ214	摘 tsa214	摘 tsa214	摘 tsa55	择 tsa214	摘 tsei55	摘 tsei55	摘 tsa214	摘 tsɣ214	摘 tsa34	摘 tsa55
0788	站 站立，—起来	站 tsan33	站 tsan33	站 tsuŋ52	站 tsan214	站 tsan52	站 tsan214	站 tsã213	站 tsãn341	立 li214	站 tsɛ̃51	站 tsan52
0789	倚 斜倚，—在地上	倚 ɵi214	倚 ɵi214	倚 ɵi214	倚 ɵi55	倚恨 ɵi35chi0	倚 ɵi55	倚 ɵi55	倚 ɵi214	硬 ŋiŋ131	倚 ɵi34	倚 ɵi213
0790	蹲—下	蹲 tan53	蹲 tan53	蹲 tãn312	蹲 tan35	蹲 tan313	蹲 tan35	蹲 tã213	蹲 tãn52	蹲 tan51	蹲 tã214	蹲 tan313
0791	坐—下	坐 tsuo33	坐 tsuo33	坐 tsuo342	坐 tsua53	坐 tsua52	坐 tsua53	坐 tsua53	坐 tɵuo341	坐 tsuo131	坐 tɕ̄51	坐 tsue52

第二章　词汇

续表

编号	词汇	芝罘读音	福山读音	栖霞读音	龙口读音	蓬莱读音	招远读音	莱州读音	海阳读音	牟平读音	莱阳读音	长岛读音
0792	跳[传统一起来	跳 thiau33	跳 thiau33	蹦 peŋ52	跳 thiɔ214	蹦 peŋ52	跳 thiɔ214	跳 thiɔ213	跳 thiɔ341	蹦 peŋ131	跳 thiɔ51	跳 thiau52
0793	迈跨的高](他, 从口爬[上一过去)	迈 man53	迈 man53	迈 mãn312	迈 man214	跨 khua52	迈 man214	迈 mei213	迈 mãn52	跨 khua131	迈 me214	跨 khua52
0794	踩[踩一, 牛羊上一	踩 tshae214	踩 tshai214	踩 tshei214	踩 tshe55	搦 phaŋ214 踩 tshai214	踩 tshe55	踩 tshe55	踩 tshe214	踩 tshai214	踩 tshe34	踩 tshai213
0795	翘一翘	翘 tchiau33	翘 chiou33	翘 chio52	翘 chio214	翘 chiau52	翘 chio214	翘 tchio213	翘 chio52	翘 chiou131	翘 chio51	翘 chiau52
0796	弯一弯	弯 Øuan53	弯 Øuan53	锅 kuo312	弯 Øuan35	罗锅 luo35kua214	弯 Øuan35	弯 Øuã213	锅 kuo52	罗锅 luo553kuo51	弯 Øuε214	弯 Øuan313
0797	挺一腰	挺 thiŋ214	挺 thiŋ214	挺 thiŋ214	挺 thiŋ55	腆 thian214	挺 thiŋ55	挺 thiŋ55	挺 thiŋ214	挺 thiŋ214	挺 thiŋ34	挺 thiŋ213
0798	趴	趴 pha53	趴 pha33	哈趴 xa34pha0	趴 pha35	哈趴 xa55pha0	趴 pha35	趴 pha213	哈趴 xa34pha0	趴 pha51	趴 pha214	趴 pha313
0799	爬[小孩在地一]	爬 pha33	爬 pha33	爬 pha342	爬 pha53	爬 pha55	爬 pha53	爬 pha53	爬 pha341	爬 pha553	爬 pha442	爬 pha55
0800	走慢慢一, 走, 别一儿	走 tsou214	走 tsou214	走 tsou214	走 tsou55	走 tsou214	走 tsou55	走 tsou55	走 tɕou214	走 tsou214	走 tsou34	走 tsou213
0801	跑	跑 phau214	跑 phau214	跑 phɔo214	跑 phɔ55	跑 phau214	跑 phɔ55	跑 phɔ55	跑 phɔ214	跑 phau214	跑 phɔ34	跑 phau213

· 249 ·

烟台方言总揽

续表

编号	词汇	芝罘读音	福山读音	栖霞读音	龙口读音	蓬莱读音	招远读音	莱州读音	海阳读音	牟平读音	莱阳读音	长岛读音
0802	逃 逃跑;一走了	逃 thau33	逃 thau33	跑 phɔɔ214	逃 thɔ53	逃 thau55 学 ɕyɔ214	逃 thɔ53	逃 thɔ53	跑 phɔ214	逃 thau553	逃 thɔ442	逃 thau55
0803	追 追(赶);~小偷	追 tsuei53	追 tsuei53	撵 niɑn214 赶 kǎn214	撵 niɑn55	撵 niɑn214 追 tsuei313	撵 niɑn55	撵 niɑ55	撵 niãn214	撵 niɑn214	追 tsuei214	追 tsuei313
0804	抓 抓小偷	抓 tsua214	抓 tsua214	抓 tsua214	抓 tsua55	抓 tʃua214	抓 tsua55	抓 tsua55	抓 tsua214	抓 tsua214	抓 tsua214	抓 tsua213
0805	抱 抱~小孩;搁~在怀里	抱 pau33	抱 pau33	抱 pɔɔ52	抱 pu214	抱 pau52	抱 pu214	抱 pu53	抱 pu52	抱 pau131	抱 pu51	抱 pau52
0806	背 背~一下子	背 pei53	背 pei53	背 pei312	背 pei35	背 pei313	背 pei35	背 pei213	背 pei52	背 pei51	背 pei214	背 pei313
0807	搀 搀~老人;招~	搀 tshan53 招 tɕiau53	搀 tshan53	搀 tshan312	搀 tshan35	搀 tshan313	搀 tshan35	#tshei55	搀 tshãn52	搀 tshan51	搀 tshɛ̃214 招 tʃɔ214	搀 tshan313
0808	推 推~人	推 thei53	推 thei53	推 thei312	推 thei35	推 thei313	推 thei35	推 thei213	拥 0yŋ52	推 thei51	#10yŋ214	推 thei313
0809	摔 摔~小孩;~一跤丁	磕 kha214 摔 suaɛ53	磕 kha214	磕 kha214	磕 kha55	磕 kha214	磕 kha55	磕 kha55	磕 kha214	摔 suai51	磕 kha214	磕 kha213
0810	撞 撞~人;电线杆子~上	撞 tshuɑŋ33	撞 tshuɑŋ33	撞 tshuaŋ52	撞 tshuɑŋ214	撞 tʃhuɑŋ52	撞 tshuɑŋ214	撞 tsuɑŋ53	撞 tshuɑŋ341	撞 tshuɑŋ131	撞 tshuɑŋ51	撞 tshuɑŋ52
0811	挡 我丁;我看不见	挡 tɑŋ214	挡 tɑŋ214	挡 tɑŋ214	挡 tɑŋ55 挡 tɑɑŋ214 影 0iŋ214	挡 tɑŋ55	挡 tɑŋ55	挡 tɑŋ214	逃 tɕie51 挡 tɑŋ214	挡 tɑŋ34	挡 tɑŋ213

第二章　词汇

续表

编号	词汇	芝罘读音	福山读音	栖霞读音	龙口读音	蓬莱读音	招远读音	莱州读音	海阳读音	牟平读音	莱阳读音	长岛读音
0812	躲 躲一躲藏、他一藏下	趴 pha53	躲 tuo214	趴 pha312	趴 pha35	趴 pha313	趴 pha35	躲 tuo55	趴 pha52	# pha51	趴 pha214	趴 pha313
0813	藏 收藏、钱一在枕头下面	掩 ɵian33	藏 tshuŋ33	掩 ɵian52	掩 ɵian214	掩 ɵian52	掩 ɵian214	藏 tshuŋ53	掩 ɵian341	掩 ɵian131	掩 ɵiɛ51	掩 ɵian52
0814	放 把粮食一起来	稳 ɵuan214 放 fɑŋ33	稳 ɵuãn214	放 fɑŋ214 搁 kuə55	搁 kuə214 稳 ɵuan214	放 fɑŋ214 搁 kuə55	稳 ɵuɛ55 搁 kə55	搁 kuo214	稳 ɵuan214	稳 ɵuə34	稳 ɵuan213
0815	摞 一	摞 luo53	摞 luo53	垛 tuo342	摞 luə53	摞 luə55	摞 luə53	掇 tuə53	摞 luo52	摞 luo51	摞 luo51	摞 luo55
0816	埋 一地里	埋 mae53	埋 mai53	埋 mei312	埋 mɛ35	埋 mei55	埋 mɛ35	埋 me213	埋 me52	埋 mai51	埋 me214	埋 mai55
0817	盖 一被子	盖 kae33	盖 kai33	捂 ɵu214 盖 kei52	盖 kɛ214	盖 kai52	盖 kɛ214	盖 kɛ213	盖 ke341	盖 kai131	盖 kɛ51	盖 kai52
0818	压 一 石头	压 ɵia214	压 ɵia33	压 ɵia52	压 ɵia214	压 ɵia214	压 ɵia214	压 ɵia53	压 ɵia341	压 ɵia131	压 ɵia34	压 ɵia213
0819	揿 一下	揿 ɵɑn33	按 ɵan33	按 ɵan52	按 ɵan214	按 ɵan52	按 ɵan214	揿 ɵɛ213	揿 ɵɛ341	按 ɵan131	揿 ɵɛ51	揿 ɵn52
0820	捅 用棍子一一鸟窝	捅 thuŋ214	捅 thuŋ214	捅 thuŋ214	捅 thuŋ55	捅 thuŋ214	捅 thuŋ55	捅 tshuɛ53	捅 thuŋ214	捅 thuŋ214	捅 thuŋ34	捅 thun213

· 251 ·

续表

编号	词汇	芝罘读音	福山读音	栖霞读音	龙口读音	蓬莱读音	招远读音	莱州读音	海阳读音	牟平读音	莱阳读音	长岛读音
0821	捅 把嘴一捅到护理	捅 tsha214	捅 tsha214	捅 tsha214	捅 tsha35	捅 tsha214	捅 tsha35	捅 tsha55	捅 tsha214	捅 tsha214	捅 tsha34	捅 tsha213
0822	戳 一个洞	捅 thuŋ214	穿 tshuan53	捅 thuŋ214	捅 thuŋ55	戳 tshua214	捅 thuŋ55	捅 thuŋ55	捅 tsha214	捅 thuŋ214	捅 thuŋ34	戳 tshua213
0823	砍 树	砍 khan214	砍 khan214	砍 khan214	砍 khan55	砍 khan214 伐 fa55	砍 khan55	砍 khã55	砍 khan214	砍 khan214	砍 khɛ34	砍 khan213
0824	剁 把鸡一种鸭鹅儿	剁 tuo33	剁 tuo33	剁 tuo52	剁 tuo214	剁 tuo52	剁 tuo214	剁 tuo213	剁 tuo341	剁 tuo131	剁 tuo51	剁 tue52
0825	削 苹果	削 çye214	削 çye214	刻 khe214	割 ka55	削 ɕue214	割 ka55	削 sye55	削 çye214	削 çyo214	刻 kha34	削 ʃye213
0826	裂 木头一开了	裂 lie214	裂 lie214	裂 lie52	裂 lie214	裂 lie214	裂 lie214	裂 lie213	裂 lia341	裂 lie214	裂 lie51	裂 lie52
0827	鳖 起皮	鳖鳖 tchy21tchy0	皱 tsou53	鳖鳖儿 tshy21tshyər0	鳖鳖 tʃhy35tʃhy0	鳖鳖 tʃhy35tʃhy0	鳖鳖 tʃhy35tʃhy0	合合 tshu55tshu0	鳖鳖 chy21chy0	鳖鳖 tchy21tchy0	鳖鳖儿 tshy34tshyər0	鳖鳖 tʃhy35tʃhy0
0828	腐 烂 动物烂	臭 tchiou33 动物烂 lan33	烂 lan33	烂 lan342	烂 lan53	烂 lan52	烂 lan53	烂 lã53	臭 tshau341	臭 tchiou131	烂 lɛ51	烂 lan52
0829	擦 用毛巾一手	擦 tsha214	擦 tsha214	擦 tsha214	擦 tsha55	擦 tshai313	擦 tsha55	擦 tsha55	擦 tɵha52	擦 tsha214	擦 tsha34	擦 tsha213
0830	倒 把瓶倒 的糊倒一种	倒 tau33	倒 tau33	倒 too52	倒 to214	倒 tau52	倒 to214	压 ɵia55	倒 to341	倒 tau131	倒 to51	倒 tau52 压 ɵia213

第二章　词汇

续表

编号	词汇	芝罘读音	福山读音	栖霞读音	龙口读音	蓬莱读音	招远读音	莱州读音	海阳读音	牟平读音	莱西读音	长岛读音
0831	扔 扔东西,比如"扔给你一下、一下它" 这个东西扔下,一下它	丢 tiou53	扔 laŋ53	#xaŋ312 丢 tiau312	夯 xaŋ35	扔 laŋ313 锚 mau313	夯 xaŋ35	撂 lio53	#儿 xãr52	撂 liau553 丢儿 tiour51	撂 lio214	扔 laŋ313
0832	扔 投放,比如"把炸弹扔远"	扔 laŋ53	扔 laŋ53	发 fa214	撂 lio55	扔 laŋ313	撂 lio55	扔 laŋ2˧	#儿 xãr52	扔 laŋ51	撂 lio214	扔 laŋ313
0833	掉 掉种,坠落、树上掉下个梨	掉 tiau33	掉 tiau33	掉 tioo342	掉 tio53	掉 tiau52	掉 tio53	掉 tio53	掉 tio341	掉 tiau131	掉 tio51	掉 tiau52
0834	滴 滴水～下来	滴 ti214	滴 ti214	滴 ti214	滴答 ti35ta0	滴的 ti35ta0 落的 la52ta0	滴答 ti35ta0	滴 ti55	滴 ti214	滴 ti214	滴 ti34	滴 ti213
0835	丢 丢失,如"钥匙丢了"	丢 tiou53	丢 tiau33	掉 tioo342	掉 tio53	掉 tiau52	掉 tio53	掉 tio53	掉 tio341	掉 tiau131	掉 tio51	#晓 ʃə55xu0 掉 tiau52
0836	找 找寻找,如"钥匙一到"	找 tsau214	找 tsau214	找 tsoo214	找 tso55	找 tsau214	找 tso55	找 tso55	找 tso214	找 tsau214	找 ts214	找 tsau213
0837	捡 捡一根针 捡钱	捡 tɕian214	捡 cian214	捡 cian214	拾 ʃi53	拾 ʃi55 捡 cian214	拾 ʃi53	拾 ʃ53	拾 ʃ341	捡 cian214	拾 ʃ442	捡 cian213
0838	提 提,如"提了一桶水"	提溜 ti53liou0	提 thi33	提溜 ti52lau342	提溜 ti53liau0	提溜 ti31lau0	提溜 ti53liau0	提溜 ti213liaɪ0 摺溜 tɕiɛ213liau0	提溜 ti52liau0	提 ti51	提溜 ti51liou0	提溜 ti31lou0

253

◆◇◆ **烟台方言总揽**

续表

编号	词汇	芝罘读音	福山读音	栖霞读音	龙口读音	蓬莱读音	招远读音	莱州读音	海阳读音	牟平读音	莱阳读音	长岛读音
0839	挑~担	挑 thiɑu53	挑 thiɑu53	挑 thiɔɔ312	挑 thiɔ35	挑 thiɑu313	挑 thiɔ35	挑 thiɔ213	挑 thiɔ52	挑 thiɑu51	挑 thiɔ214	挑 thiɑu313
0840	扛 káng 把圆筒~在肩上	扛 khɑŋ33	扛 khɑŋ33	扛 khɑŋ342	扛 khɑŋ214	扛 khɑŋ55	扛 khɑŋ214	扛 khɑŋ213	扛 khɑŋ341	扛 khɑŋ553	扛 khɑŋ51	扛 khɑŋ55
0841	拾~柴	拾 thae33	拾 thai33	拾 thei342	拾 the53	拾 thai55	拾 the53	拾 the53	拾 the341	拾 thai131	拾 the442	拾 thai55
0842	擎~瓶子	擎 tɕy214	擎 cy214	擎 chiŋ342	擎 cy55	擎 chiŋ55	擎 cy55	擎 tɕhiŋ53	擎 chiŋ341	擎 cy214	擎 chiŋ442	擎 chiŋ55
0843	撑~伞	打 ta214	打 ta214	打 ta214	打 ta55	打 ta214	打 ta55	打 ta55	打 ta214 撑 tʂhəŋ52	打 ta214	打 ta34	打 ta213
0844	撬把口~开	启 tɕhi214	撬 chiɑu33	别 pie342	启 chi55	撬 chiɑu52	启 chi55	撬 tɕhiɔ213	别 pie341	起 chi214	别 pie34	撬 chiɑu52
0845	挑选择。~一个	挑 thiɑu53	挑 thiɑu53	挑 thiɔɔ312	挑 thiɔ35	挑 thiɑu313	挑 thiɔ35	拣 tɕiɑ55	挑 thiɔ52	拣 ciɑn214 挑 thiɑu51	挑 thiɔ214	挑 thiɑu313
0846	收拾~桌子	拾摄 ci33tou0	收拾 ciɑu53ci0	拾摄 ʃi34tɔɔ0	拾摄 ʃi55tɔ0	拾摄 ʃi55tɑu0	拾摄 ʃi55tɔ0	拾摄 sɿ55tua0	拾摄 sɿ34tɔ0	收拾 ciɔu51ci0	拾摄 ʃi34tɔ0	拾摄 ʃi55tɑu0
0847	挽~袖子	挽 ∅uan214	挽 ∅uan214	挽 ∅uan214	挽 ∅uan55	挽 ∅uan214	挽 ∅uan55	挽 ∅uan55	挽 ∅uan214	挽 ∅uan214	挽 ∅uɛ34	挽 ∅uan213
0848	涮~一下	涮 suan33	涮 sua214	涮 sua214	刷 sua55	涮 ʃuan52	刷 sua55	涮 sua55	涮 suan34suan0 新鲜 tʂue34 tʂue0 老	刷 sua214	涮 sua34	涮 sua213

· 254 ·

第二章 词汇

续表

编号	词汇	芝罘读音	福山读音	栖霞读音	龙口读音	蓬莱读音	招远读音	莱州读音	海阳读音	牟平读音	莱阳读音	长岛读音
0849	洗~衣裳	洗 ɕi214	洗 ɕi214	洗 ʃi214	洗 ʃi55	洗 ʃi214	洗 ʃi55	洗 si55	洗 si214	洗 ɕi214	洗 ʃi34	洗 ʃi213
0850	捞~鱼	捞 lau53	捞 lɑu53	捞 lɔo312	捞 lo55	捞 lau313	捞 lo55	捞 lo213	捞 lo52	捞 lou51	捞 lo214	捞 lau313
0851	拴	拴 suan53	拴 suan53	拦 læn342	揽 lan53	拦 lan55	拦 lan53	拦 lɑ53	拦 læn214	拦 lan553	拦 lɛ442	拴 suan313
0852	捆~起来	捆 khuan214	捆 khuan214	捆 khuæn214	捆 khuan55	捆 khuan214 绑缚 pnaŋ35fu0	捆 khuan55	捆 tɕhyɛ55	绑 pɑŋ214 捆 khuân214	绑 pɑŋ214	捆 khuã34	捆 khuan213
0853	解~蝻子	解 tɕie214	解 ɕie214	解 ɕiei214	解 ɕie55	解 ɕie214	解 ɕie55	解 tɕie55	解 ɕiei214	解 ɕiei214	解 ɕiei34	解 ɕiai213
0854	挪~桌子	挪 nuo53	挪 nuo53	挪 nuo312	挪 nuo55	挪 nua55	挪 nua55	挪 nua53	挪 nuo52	挪 nuo51	挪 nuo214	挪 nua55
0855	端~碗	端 tan53 端 tɤ214 其他	端 tan53	擎 chiŋ342	掇 tue55	掇 tue214	掇 tue55	掇 tue53	端 tɑn52	掇 phɑŋ214	端 tɛ214	端 tan313
0856	摔~下	摔 suaɛ53 有意的打 ta214 无意的	摔 suai53	打 ta214	摔 sue35	打 ta214	摔 sue35	打 ta55	摔 sue52	摔 suai51	打 ta34	打 ta213
0857	掺~水	掺 tshan53 兑 tei33	掺 tshan53	兑 tei342	掺 tshan35	兑 tei52	掺 tshan35	兑 tei213	掺 tshân52 兑 tei341	掺 tshai51	兑 tei51	兑 tei52
0858	烧~柴	烧 ɕiau53	烧 ɕiau53	烧 ʃɔo312	烧 ʃo35	烧 ʃau313	烧 ʃo35	烧 ʂo213	烧 so52	烧 ɕiau51	烧 ʃo214	烧 ʃau313
0859	拆~屋子	拆 tshɤ53	拆 tsha53	拆 tsha214	拆 tsha55	拆 tsha214 扒 pa313	拆 tsha55	拆 tshei55	拆 tsha214	拆 tshɤ51	拆 tsha34	拆 ʃha213

· 255 ·

烟台方言总揽

续表

编号	词汇	芝罘读音	福山读音	栖霞读音	龙口读音	蓬莱读音	招远读音	莱州读音	海阳读音	牟平读音	莱阳读音	长岛读音
0860	转(涮儿)	转 tsuan33	转 tsuan33	转 tɕyɑ̃n52	转 tsuan214	打磨儿磨 ta35mar52 ma0	转 tsuan214	转 tsua213	转 tsuɑ̃n341	转 tsuan131	转 tɕyɛ51	转 tsuan52
0861	捶(用拳头一下)	捶 tshuei33	捶 tshuei33	捶 tshuei342	捶 tshuei53	捶 tʃhuei55	捶 tshuei53	捶 tshuei53	硬 tsa341 #xau214 掂 tiān52	掂 tian51	捶 tshuei442	捶 tshuei55
0862	打(桌腿、他一下)	打 ta214	打 ta214	打 ta214	打 ta55	打 ta214	打 ta55	打 ta55	打 ta214	打 ta214	打 ta34	打 ta213
0863	打架(两个人在一块儿)	打仗 ta21 tɕiɑŋ33	打仗 ta21 tɕiɑŋ33	打仗 ta21 tʃɑŋ52	打饥荒 ta55ci5 3xuɑŋ55	打仗 ta35 tʃnɑŋ52	打饥荒 ta55ci53 xuɑŋ55	打仗 ta55 tsɑŋ213	打仗 ta21 tsɑŋ341	打仗 ta21 tɕiɑŋ131	打仗 ta21 tʃɑŋ51	打仗 ta21 tʃɑŋ52
0864	休息	歇歇 ɕie21tɕhi0	歇歇 ɕie21ɕie0	歇歇 ɕie55ɕie0	歇歇 ɕie53ɕie0	歇歇 ɕie35ɕie0	歇歇 ɕie53ɕie0	歇歇 ɕie53ɕie0	歇歇 ɕia34ɕie0	歇歇 ɕie21tɕhi0 歇歇 ɕie21ɕie0	歇歇 ɕie51ɕie0	歇歇 ɕie21ɕie0
0865	打哈欠	打哈欠 ta21xa53 ɕie0	打啊欠 ta210xa53 tchie0	打哈气儿 ta34xa52 chier0	打哈欠 ta55xa53 ɕian55	打哈欠儿 ta35xa31 ɕier0	打哈欠 ta55xa53 ɕian55	打哈欠 ta55xa213 ɕia0	打哈气 ta21xa52 ɕi0	打哈欠 ta21xa51 ɕie0	打哈欠 ta34xa51 ɕia34	打哈嗖 ta55xa31 thi0
0866	打瞌睡	打瞌睡儿 ta33kha21 suar0	打瞌睡儿 ta35kha21 suar0	打瞌睡儿 ta34kha21 suar0	打盹儿 ta55tar35	打瞌睡 ta35kha55 ʃei52	打盹儿 ta55tar35	打盹 ta35tɛ55	打盹儿 ta21tar214	打瞌睡儿 ta21kha21 1suar0	打瞌睡儿 ta34kha21 suar0	打瞌睡 ta21kha55 suei0

· 256 ·

第二章　词汇

续表

编号	词汇	芝罘读音	福山读音	栖霞读音	龙口读音	蓬莱读音	招远读音	莱州读音	海阳读音	牟平读音	莱阳读音	长岛读音
0867	睡觉已经一了	睡 suei33	睡 suei33	睡 suei342	睡 suei53	睡 ʃuei52	睡 suei53	睡 suei53	睡 suei341	睡 suei131	睡 suei51	睡 suei52
0868	打呼噜	打鼾睡 ta21xan53 suei0	打呼噜 ta21xu53 lu0	打鼾睡 ta34xãn34 suei0	打醋睡 ta55xan55 suei53	打呼噜 ta35xu31 lu0	打醋睡 ta55xã55 suei0	打醋睡 ta55xã55 suei0	打鼾睡 ta21xãn34 suei0	打鼾睡 ta21xan13 1suei0	打鼾睡 ta34xɛ55 suei0	打呼 ta35xu0
0869	做梦	做梦 tsou53maŋ33	做梦 tsou53maŋ33	做梦 tsou52maŋ342	做梦 tsou52maŋ53	做梦 tsou52maŋ52	做梦 tsou53maŋ53	做梦 tsou213maŋ53	做梦 tθou52maŋ341	做梦 tsou51maŋ131	做梦 tsuo51maŋ51	做梦 tsou52maŋ52
0870	起床	起来 tɕhi21 lae33	起床 tɕhi21 lai0	起床 tɕhi21 lei0	起床 tɕhi55 le0	起床 tɕhi55 tɕhuŋan55	起床 tɕhi55 le0	起床 tɕhi55 tshuaŋ53	起床 tɕhi21 le0	起床 tɕhi21 la0	起床 tɕhi51 le0	起床 tɕhi21 lai0
0871	刷牙	刷牙 ʂua210ia53	刷牙 sua210ia53	刷牙 sua340ia312	刷牙 sua550ia35	刷牙 ʃua210ia55	刷牙 sua550ia35	刷牙 sua550ia53	刷牙 ʂua210ia52	刷牙 sua210ia51	刷牙 sua340ia214	刷牙 sua210ia55
0872	洗澡	洗澡 ɕi33tsaur214	洗澡 ɕi33tsaur214	洗澡儿 ʃ21tsər214	洗澡儿 ʃ153tsər55	懒澡儿 lan35tsaur214	洗澡儿 ʃ153tsər55	洗澡 ɕi53tsər55	洗澡 ɕi21tsə214	洗澡 ɕi131tsau214	洗澡儿 ʃ51tsər34	洗澡儿 ʃ52tsaur213

二　抽象动作

编号	词汇	芝罘读音	福山读音	栖霞读音	龙口读音	蓬莱读音	招远读音	莱州读音	海阳读音	牟平读音	莱阳读音	长岛读音
0873	想思一下	想 ɕiaŋ214	想 ɕiaŋ214	想 ʃaŋ214	寻思 ʃin35sŋ0	想 ʃnaŋ214 心思 ʃan55sŋ0	寻思 ʃin35sŋ0	寻思 si555sŋ0	想 siaŋ214	寻思 ɕin131sŋ0	想 ʃaŋ34	想 ʃaŋ213
0874	想念也	想 ɕiaŋ214	想 ɕiaŋ214	想 ʃaŋ214	想 ʃaŋ55	想 ʃnaŋ214	想 ʃaŋ55	想 siaŋ55	想 siaŋ214	想 ɕiaŋ214	想 ʃaŋ34	挂牵 kua52tɕhian0

257

烟台方言总揽

续表

编号	词汇	芝罘读音	福山读音	栖霞读音	龙口读音	蓬莱读音	招远读音	莱州读音	海阳读音	牟平读音	莱阳读音	长岛读音
0875	打算 我一个人~	寻思 ɕin33sɿ0 打算 ta21san0	寻思 ɕin33sɿ0 打算 ta21san33	寻思 sin34sɿ0	寻思 ʃan35sɿ0	打算 ta35san0	寻思 ʃan35sɿ0	寻思 siɛ55sɿ0	寻思 sin34sɿ0	打算 ta21san131	打算 ta34sɛ̃0	打算 ta55san0
0876	记得	记得 tɕi33ta0	记得 ci33ta0	记得 ci55tei0	想着 ʃaŋ55tsɿ0	记得 ci52ta0	想着 ʃaŋ55tsɿ0	记着 tɕi53tsɿ0	记得 ci34te0	记得 ci131ta0	记得 ci51te0	记得 ci52ta0
0877	忘记	忘了 ∅uaŋ33la0	忘了 ∅uaŋ33la0	忘 ∅uaŋ342	忘了 ∅uaŋ55la0	忘喽 ∅uaŋ52lau0	忘了 ∅uaŋ55la0	忘了 ∅uaŋ51la0	忘 ∅uaŋ341	忘 ∅uaŋ131la0	忘 ∅uaŋ51	忘 ∅uaŋ52
0878	怕 吾害怕~, 你甭~	怕 pha33	怕 pha33	怕 pha52	怕 xe53pha214	怕 pha52	害怕 xe53pha214	害吓 xe55ɕia213	怕 pha341	怕 pha131	怕 pha51	怕 pha52
0879	相信 我~他	信 ɕin33	相信 ɕiaŋ53 ɕin33	信 ʃin52	信奉 ʃin53faŋ0	相信 ʃaŋ31 ʃan52	信奉 ʃin53 faŋ0	信服 siɛ213fu0	信 sin341	相信 ɕiaŋ51 ɕin131	信 ɕia51	相信 ʃaŋ31 ʃan52
0880	发愁	害愁 xae5 3tshou33	害愁 xai53 tshou33	害愁 xei52 tshou342	发愁 fa55 tshou53	发愁 fa21 tshou55	发愁 fa55 tshou53	发愁 fa55 tshou53	害愁 xe52 tshou341	愁人 tshou131 ∅in51 害愁 tshou131 xai51	愁人 tshou34 ∅iə0	愁 tshou55
0881	小心 ~与哪里过	小心 ɕiau21ɕin0	小心 ɕiau21ɕin0	好生儿 xɔɔ34ʃə̃r312	小心 ʃɔ35ʃən53faŋ0	留神 lieu55ʃən313	小心点儿 ʃɔ35ʃən53 tier0	上心 ʂaŋ53 siɛ213	小心 sia21 sin0	小心 ɕiau21ɕin131	小心 ʃiɔ21ʃiə̃0	小心 ʃau21ʃan0
0882	喜欢 电视	稀罕 ci53xan0 喜欢 çi21xuan0	稀罕 çi53xan0 喜欢 çi21xuan0	稀罕 çi52xãn0	稀罕 çi35xan0	喜欢 çi35xuan0 乐 la52 爱 ∅ai52	稀罕 çi35xan0	爱 ∅e213	稀罕 çi52xãn0	乐意 luo131∅i131	稀罕 çi51xɛ0	喜欢 çi21xuan0

· 258 ·

第二章 词汇

续表

编号	词汇	芝罘读音	福山读音	栖霞读音	龙口读音	蓬莱读音	招远读音	莱州读音	海阳读音	牟平读音	莱阳读音	长岛读音
0883	讨厌 这个人	膈拜 kɤ330iaŋ0	膈拜 kɤ350iaŋ0	膈应 ka340iaŋ0	膈拜 ka530iaŋ53	膈拜 ka520iŋ0	膈拜 ka530iaŋ53	膈应 ka550iaŋ0	膈应 ka340iaŋ0	膈拜 kɤ1310iaŋ0	烦气 ɕɛ34chi0 膈应 ka510iaŋ0	膈应 ka520iŋ0
0884	舒服 风吹来很~	舒爽 ɕy53suo0	好受 xou21ɕiəu33	过瘾 kuo340ĩn214	舒心 ʃy53sua55	舒服 ʃy31səu0	舒心 ʃy53sua55	舒坦 su213thã0	舒# ʃy52sɔ0	舒索 ɕy51suo0	舒服 ʃy51fu0	舒服 ʃy31fu0
0885	难受 生着的	难受 nan53 ɕiou33	难受 nan53 ɕiou33	遭罪 tsɔo52 tsei52	难受 nan55 ʃəu53	不舒服 pu21 ʃy31səu0	难受 nan55 ʃəu53	遭罪 tsɔ55 tsuei213	遭罪 tsɔ52 tɕei341	难受 nan51 ɕiou131	难受 nɛ̃21ʃou0	难受 nan55 ʃou52
0886	难过 理的	难过 nan53 kuo33	难过 nan53 kuo33	难受 nãn52 ʃau342	难过 nan55 kua214	难受 nan55səu0 不痛快 pu35 thuŋ52khuai0	难过 nan55 kua214	难受 nã53 ʂəu53	难受 nãn52 səu341	难受 nan51 ɕiou132	难过 nɛ̃21 kuo0	难过 nan55 kua52
0887	高兴	欢气 xuan53tchi0	欢气 xuan53chi0	欢喜 xuãn52ɕi0	欢气 xuan53chi55	高兴 kau31ɕiŋ0	欢气 xuan53chi55	欢喜 xuã213tchi0	欢气 xuan52chi0	欢气 xuan51chi0	高兴 ka21ɕiŋ0	高兴 kau31ɕiŋ52
0888	生气	生气 səŋ53tchi33	生气 səŋ53chi33	生气 səŋ55chi52	生气 səŋ55chi214	生气 səŋ31chi0	生气 səŋ55chi214	长气 ʂəŋ55chi213	生气 ʂəŋ52chi341	生气 səŋ51chi0	生气 səŋ21chi0	生气 səŋ31chi52
0889	责怪	埋怨 man53 0yan0	埋怨 man53 0yãn0	埋怨 mãn52 0yãn342	埋怨 man53 0yan55	怪拜 kuai52 tʃhi0	埋怨 man53 0yan55	话备 pei0	埋怨 mãn52 0yan0	埋怨 man553 0yan0	埋怨 mɛ̃34 0yɛ0	怨 0yan52
0890	后悔	后悔 xou33 xuei214	后悔 xou33 xuei214	懊#0ɔo21 khãn0	懊恨 0ɔ35 xən53	懊#0au52 khan0	懊恨 0ɔ35 xən53	懊唤 0ɔ213 xuã0	后悔 xau34 xuei0	后悔 xou13 1xuei0	后悔 xou51 xuei34	后悔 xou52 xuei213

· 259 ·

◆◇■ **烟台方言总揽**

续表

编号	词汇	芝罘读音	福山读音	栖霞读音	龙口读音	蓬莱读音	招远读音	莱州读音	海阳读音	牟平读音	莱阳读音	长岛读音
0891	忌妒	眼红 ɵian21xuŋ33	忌妒 ci33tu0	害气 xei55chi52	害气 xe53chi214	妒忌 ci52tu52	害气 xe53chi214	嫉妒 tsi213tu0	气不忿儿 chi34pu0 fər341	忌妒 tɕi131tu0	害气 xe21chi51	忌妒 ci52tu0
0892	害羞	害臊 xae53tan33	害臊 xai53tan33	害臊 xei52tan342	害臊	害臊 xai52sau52	没脸儿 mei35lier35	害羞 xe53siau213	害臊 xe52tãn341	害臊 xai51tan131	害臊 xe51tɛ̃34	害臊 xai52sau52
0893	丢脸	丢人 tiou53ɵin33	丢人 tiou53ɵin33	丢人 tiou34ɵin0	丢人 tiou35ɵin53	丢人 tiou310ɵin55 丢脸 tiou311lian214	丢人 tiou35ɵin53	丢人 tiou213ɵie53	丢人 tiou34ɵiɛ214	丢人 tiou55ɵin51	丢人 tiou34ɵiɛ214	丢人 tiou310ɵin55
0894	欺负	欺负 tɕhi53fu0	欺负 chi53fu0	抓平 tsua21xu0	欺负 chi35fu0	欺负 chi31fu0	欺负 chi35fu0	欺负 tchi213fu0	欺负 chi52fu0	欺负 tchi51fu0	欺负 chi34fu0	欺负抓平 fu0 tsua35xu0
0895	装—病	装 tsuaŋ53	装 tsuaŋ53	装 tsua312	装 tsuaŋ53	装 tʃuaŋ313	装 tsuaŋ35	装 tsuaŋ213	装 tsuaŋ52	装 tsuaŋ51	装 tsuaŋ214	装 tsuaŋ313
0896	疼一小孩儿	疼 thaŋ33	疼 thaŋ33	疼 thaŋ52	疼 thaŋ214	高贵 kau31kuei0 疼 thaŋ52	疼 thaŋ214	疼 thaŋ53	疼 thaŋ341	疼 thaŋ553	疼 thaŋ442	疼 thaŋ52
0897	要我—这个	要 ɵiau33	要 ɵiau33	要 ɵiɔ52	要 ɵiɔ214	要 ɵiɑu52	要 ɵiɔ214	要 ɵiɔ213	要 ɵiɔ341	要 ɵiau131	要 ɵiɔ51	要 ɵiau52
0898	有有一个孩子	有 ɵiou214	有 ɵiau214	有 ɵiau214	有 ɵiau55	有 ɵiau214	有 ɵiau55	有 ɵiɔ55	有 ɵiau214	有 ɵiou214	有 ɵiou34	有 ɵiou213

续表

编号	词汇	芝罘读音	福山读音	栖霞读音	龙口读音	蓬莱读音	招远读音	莱州读音	海阳读音	牟平读音	莱阳读音	长岛读音
0899	没有 也-钱了	没有 mo33 θiou214	没有 mo33 θiou214	没有 mei52 θiou214	没有 mei53 θiou55	没有 mai55 θiou214 没有 mei55 θiou214	没有 mei53 θiou55	没有 mu213 θiau0	没有 ma34 θiau214	没有 mo131 θiou214	没有 mei51 θiou34	没有 mei52 θiou213
0900	是 我-老师	是 sʅ33	是 sʅ33	是 sʅ52	是 sʅ53	是 sʅ52	是 sʅ53	是 sʅ53	是 sʅ341	是 sʅ131	是 sʅ51	是 sʅ52
0901	不是 也-老师	不是 pu21sʅ33	不是 pu21sʅ33	不是 pu21tɕi52	不是 pu55sʅ53	不是 pu35sʅ52	不是 pu55sʅ53	不是 pu55sʅ53	不是 pu21sʅ341	不是 pu21sʅ131	不是 pu34sʅ51	不是 pu55sʅ52
0902	在 他-家	在 tsae33	待 tai33 在 tsai33	待 tɕi52	在 tse214	待 tai52	在 tse214	待 te55	待 te341	待 tai131	在 te51 待 te51	待 tsai52
0903	不在 他-家	不在 pu21tsae33	不待 pu21tai33 不在 pu21tsai33	不待 pu21tɕi52	不在 pu55tse214	不待 pu35tai52	不在 pu55tse214	不待 pu55te55	不待 pu21te341	不待 pu21tai131	不待 pu34tse51	不待 pu55tsai52
0904	知道 我-这件事	知道 tɕi53tau0	知道 tɕi53tau33	知道 tɕi52tso0	知道 tɕi35to0	知道 tɕi31tau0	知道 tɕi35to0	知道 tsʅ213to0	知道 tsʅ52to0	知道 tɕi51tau131	知道 tɕi51to0	知道 tsʅ31tau0
0905	不知道 他-件事	不知道 pu21tɕi53 tau33	不知道 pu21tɕi53 tau33	不知道 pu34tɕi52 tso0	不知道 pu55tɕi35 to0	不知道 pu35 tɕi31tau0 被道 pei52tau52	不知道 pu55tɕi35 to0	不知道 pu55tsʅ213 to0	不知道 pu34sʅ52 to0	不知道 pu21tɕi51 tau131	不知道 pu34tɕi0 to0	不知道 pu55tɕi31 tau0
0906	懂 我-英语	懂 tuŋ214	懂 tuŋ214	懂 tuŋ214	会 xuei53 懂 tuŋ55	懂 tuŋ214	会 xuei53 懂 tuŋ55	会 xuei53	懂 tuŋ214	懂 tuŋ214	懂 tuŋ34	懂 tuŋ213

烟台方言总揽

续表

编号	词汇	芝罘读音	福山读音	栖霞读音	龙口读音	蓬莱读音	招远读音	莱州读音	海阳读音	牟平读音	莱阳读音	长岛读音
0907	不懂_{我一来说}	不懂 pu33tuŋ214	不懂 pu55tuŋ214	不懂 pu34tuŋ214	不会 pu55 xuei53 不懂 pu53tuŋ55	不懂 pu21tuŋ214	不会 pu55 xuei53 不懂 pu53tuŋ55	不会 pu55xuei53	不懂 pu21tuŋ214	不懂 pu55tuŋ214	不懂 pu51tuŋ34	不懂 pu55tuŋ213
0908	会_{我一开车}	会 xuei33	会 xuei33	会 xuei52	会 xuei53	会 xuei52	会 xuei53	会 xuei53	会 xuei341	会 xuei131	会 xuei51	会 xuei52
0909	不会_{我一开车}	不会 pu21xuei33	不会 pu21xuei33	不会 pu34xuei52	不会 pu55xuei53	不会 pu55xuei52	不会 pu55xuei53	不会 pu55xuei53	不会 pu21xuei341	不会 pu21xuei131	不会 pu21xuei51	不会 pu55xuei52
0910	认识_{我一他}	认识 ŋin33ɕi0	认识 ŋin33tai0	认得 ŋin34tei0	认得 ŋin55tei0	认得 ŋian52tei0	认得 ŋin55tei0	认得 ŋiã55ti0	认得 ŋin34te0	认得 ŋin131tai0	认得 ŋiã34te0	认得 ŋin52tei0
0911	不认识_{我一他}	不认识 pu21ɕiŋ33 ɕi0	不认识 pu21ŋin33 tai0	不认得 pu34ŋin34 tei0	不认得 pu55ŋin55 tei0	不认得 pu35ŋian52 tei0	不认得 pu55ŋin55 tei0	不认得 pu55ŋiã55 ti0	不认得 pu21ŋin34 te0	不认得 pu21ŋin13 1tai0	不认得 pu21ŋiã34 te0	不认得 pu55ŋin52 tei0
0912	行_{应答语}	行 ɕiŋ33	行 ɕiŋ33	行 ɕiŋ342	行 ɕiŋ53	行 ɕiŋ55	行 ɕiŋ53	行 ɕiŋ53	行 ɕiŋ341	行 ɕiŋ553	行 ɕiŋ442	行 ɕiŋ55
0913	不行_{应答语}	不行 pu21ɕiŋ33	不行 pu21ɕiŋ33	不行 pu21ɕiŋ342	不行 pu55ɕiŋ53	不行 pu21ɕiŋ55	不行 pu55ɕiŋ53	不行 pu55ɕiŋ53	不行 pu21ɕiŋ341	不行 pu21ɕiŋ553	不行 pu21ɕiŋ442	不行 pu55ɕiŋ55
0914	肯_{一来}	肯 khan214	肯 khan214	肯 khãn214	肯 khan55	肯 khan214	肯 khan55	愿意 ŋyã55ŋi213	肯 khãn214	肯 khan214	肯 khã34	肯 khan213
0915	应该_去	该 kae53 应该 ŋiŋ33kae53	该 kai53	该 kei312	该 ke35	应该 ŋiŋ31kai313	该 ke35	该 ke213	该 ke52	该 kai51	应该 ŋiŋ55ke214	应该 ŋiŋ31kai313

第二章 词汇

续表

编号	词汇	芝罘读音	福山读音	栖霞读音	龙口读音	蓬莱读音	招远读音	莱州读音	海阳读音	牟平读音	莱阳读音	长岛读音
0916	可以‥‥	能 nəŋ33	可以 khɤ33i0 能 nəŋ33	可以 khuo340i0	可以 khuo340i0	能 nəŋ53	可以 khua350i0	能 nəŋ53	能 nəŋ53	可以 khuo340i0	能 nəŋ553	可以 kha51i0	可以 kha350i0

三 言语

编号	词汇	芝罘读音	福山读音	栖霞读音	龙口读音	蓬莱读音	招远读音	莱州读音	海阳读音	牟平读音	莱阳读音	长岛读音
0917	说	说 suo214	说 suo214	说 ʃye214	说 ʃye55	说 ʃye214	说 ʃye55	说 sua55	说 suo214	说 ɕye214	说 ʃye34	说 ʃye213
0918	话	话 xua33	话 xua33	话 xua342	话 xua53	话 xua52	话 xua53	话 xua53	话 xua341	话 xua131	话 xua51	话 xua52
0919	聊天	拉呱儿 la33kuar214	拉呱儿 la55kuar214	拉呱儿 la34kuar214	拉家常儿 cia53tʃar35	拉话儿 ʃye21xuar52	拉家常儿 la55 cia53tʃar35	拉呱儿 la53kuar55	拉呱儿 la34kuar214	说睛巴儿 ɕye214 ɕia55par51	说个话儿 ʃye55 ka0xuar34	说话儿 ʃy21xuar52
0920	叫‥‥声喊	叫 tɕiau33	叫 ɕiquu33	叫 ciɔɔ52	叫 ciɔ214	招呼 tʃau31xu0	叫 ciɔ214	叫 tɕio213	叫 ciɔ341	叫 ciqu131	叫 cio51	招呼 tʃau31xu0
0921	吆喝大声喊	吆喝 ɵiau53xuo0	吆喝 ɵiau53xuo0	召号 tʃɔɔ52xɔo0	吆喝 ɵiɔ35xua0	吆喝 ɵiau31xu0	吆喝 ɵiɔ35xua0	吆喝 ɵiɔ213xʌa0	召呼 tsɔ52xu0	### xuai21xuai0	吆喝 ɵio51xɔ0	吆喝 ɵiau31xu0
0922	哭不一声	哭 khu214	哭 khu214	哭 khu214	哭 khu55	哭 khu214	哭 khu55	哭 khu55	哭 khu214	哭 khu214	哭 khu34	哭 khu213
0923	骂骂人	嘘 tɕye33 骂 ma33	嘘 cye33 骂 ma33	嘘 cye342	嘘 cye53	骂 ma52 嗟 cye55	嘘 cye53	嘘 tɕye53	嘘 cye341	嘘 cye131 骂 ma131	嘘 cye34	骂 ma52

263

烟台方言总揽

续表

编号	词汇	芝罘读音	福山读音	栖霞读音	龙口读音	蓬莱读音	招远读音	莱州读音	海阳读音	牟平读音	莱阳读音	长岛读音
0924	吵架动 (嘎,两个人在一)	打仗 ta21tɕiaŋ33	打仗 ta21tɕiaŋ33	吵吵 tshɔ52tshɔ0	骂仗 ma53tʃaŋ214	骂仗 ma52tʃuaŋ52	骂仗 ma53tʃaŋ214	打仗 ta55tʃaŋ213	争犟 tsəŋ52ciaŋ0	吵吵 tshou51tshau0	吵吵 tshɔ51tshɔ0	打仗 ta21tʃaŋ52
0925	骗-人	熊 ɕyŋ33 骗 phian33	熊 ɕyŋ33	熊 ɕyŋ342	糊弄 xu53luŋ0	熊 ɕyŋ55	糊弄 xu53luŋ0	坑 khəŋ213	熊 ɕyŋ341	熊 ɕyŋ131	熊 ɕyŋ442	熊 ɕyŋ55 骗 phian52
0926	哄-小孩	逗引 tou33θin0	哄 xuŋ214	哄 xuŋ214	哄 xuŋ55	哄 xuŋ214	哄 xuŋ55	哄 xuŋ55	哄 xuŋ214	哄 xuŋ214	哄 xuŋ34	哄 xuŋ213
0927	撒谎	说瞎话儿 suo33ɕia21 xuar33 撒谎 sa53xuaŋ214	说瞎话 suo33ɕia21 xua33	撒谎 sa55xuaŋ214 说瞎话 ʃye21ɕia52 xua34	撒谎 sa53xuaŋ55	撒谎调猴儿 sa21xunaŋ 214tiau52 xəur55	撒谎 sa53xuaŋ55	捞蛋 lɔ213iaõ	撒谎 sa21xuaŋ214	说瞎话 ɕye55ɕia21 xua31	撒谎 sa51xuaŋ34	说谎话 ʃye55xuaŋ21 xua52
0928	吹牛	吹牛屄 tʃhuei53 niou33pi53	吹牛屄 tʃhuei34 niou35pi53	吹牛屄 tʃhuei34 nyŋ34pi52	吹牛逼 tʃhuei35 niou53pi35	吹牛逼 tʃhuei31 niou55pi0	吹牛逼 tʃhuei35 niou53pi35	吹牛 tʃhuei213 niou53	吹牛 tʃhuei34 nyŋ52	吹牛屄niou5 5pi51 吹牛 tʃhuei55 niou51	吹牛屄 tʃhuei21 niou34pi214	吹牛屄 tʃhuei21 niou55pi31

· 264 ·

第二章 词汇

续表

编号	词汇	芝罘读音	福山读音	栖霞读音	龙口读音	蓬莱读音	招远读音	莱州读音	海阳读音	牟平读音	莱阳读音	长岛读音
0929	拍马屁	舔腚 thian21 tiŋ33 顺着裤裆放屁 suan33ȵe0 khu33taŋ0 faŋ53phi33	溜腚沟子 liou21tiŋ33 kau33ŋer0	舔腚 thian34 tiŋ342	拍马屁 pha35ma55 phi214	拍马屁 pha31ma35 phi52 舔腚 thian35tiŋ52	拍马屁 pha35ma55 phi214	溜沟子 liou55kəu213 tsŋ0	溜腚沟儿舔 蜂蜜 liəu34 tiŋ34kəu52 θa0thiãn34 fəŋ52mi341	舔腚thian21 tiŋ131舔腚 沟子thian21 tiŋ131kou51 ta0溜腚 liou21tiŋ131	舔腚沟儿 thiɛ21tiŋ51 kour214	舔腚 thian21tiŋ52
0930	开玩笑	说笑话儿 suo53ȵiau33 xuar33	说笑话儿 suo21ȵiau53 xuar33	闹玩儿 ȵoo34 0uer342 滚闹儿 kuãn21 ȵoor52	打侧儿嘎 ta55tshar35 ka214	逗着玩 tau52 0o00uer55 开玩笑 khai31 0uan55ȵiau52	打侧儿嘎 ta55tshar35 ka214	打稀里 ta55ȵi213li0	说闹话儿 suo21n52 xuar341	说笑儿 ȵye21ȵiaur0	说笑话儿 ʃye21ʃjo51 xuar0	耍欢 sua55xuan31
0931	告诉他	告诉 kau33xuan0	告诉 kau33xuan0	告道 koo52too0 告乎 koo52xuãn0	告诉 ko53syŋ0	告诉 kau52suŋ0	告诉 ko53syŋ0	告诉 ko53sua0	告乎 ko34xuãn0	告诉 kau131xuan0	说说 ʃye51ʃye0	告诉 kau52su0
0932	谢谢谢语	谢谢 ȵie33ȵie0	谢谢 ȵie33ȵie0	谢谢 ʃie52ʃie0	谢谢 ʃə53ʃo0	谢谢 ʃie52ʃie0	谢谢 ʃə53ʃo0	谢谢 ȵie2113ȵie0	谢谢 ȵia34ȵie0	谢谢 ȵie131ȵie0	谢谢 ʃie51ʃie0	谢谢 ʃie52ʃie0
0933	对不起 谢歉	对不起 tei33pu0 tchi214	对不起 tei33pu0 chi214	对不起 tei34pu0 chi214	不好意思 pu35x55 0i53sŋ0	对不起 tei52pu0 chi214	不好意思 pu35x55 0i53sŋ0	对不起 tei53pu0 tchi55	对不起 tei34pu0 chi0	对不起 tei131pu0 chi214	对不起 tei51pu0 chi0	对不起 tei52pu0 chi213
0934	再见 告别	再见 tsae53ȵian33	再见 tsai53ȵian33	再见 tsei52ȵian52	再要吧 tse35sua35pa0	再见 tsai52ȵian52	再要吧 tse35sua35pa0	再见 tse213ȵia0	再见 tse52ȵian341	再见 tsai51ȵian131	再见 tse51ciɛ51	再见 tsai52ȵian52

第十二节 性质状态

一 形貌

编号	词汇	芝罘读音	福山读音	栖霞读音	龙口读音	蓬莱读音	招远读音	莱州读音	海阳读音	牟平读音	莱阳读音	长岛读音
0935	大〔事〕	大 ta33	大 ta33	大 ta52	大 ta214	大 ta52	大 ta214	大 ta53	大 ta341	大 ta131	大 ta51	大 ta52
0936	小〔事〕	小 ɕiau214	小 ɕiau214	小 ɕiɔu214	小 ʃo55	小 ʃau214	小 ʃo55	小 sio55	小 sio214	小 ɕiɔu214	小 ʃio34	小 ʃau213
0937	粗〔绳子〕	粗 tshu53	粗 tshu53	粗 tshu312	粗 tshu35	粗 tshu313	粗 tshu35	粗 tshu213	粗 tθhu52	粗 tshu51	粗 tshu214	粗 tshu313
0938	细〔绳子〕	细 ɕi33	细 ɕi33	细 ʃi52	细 ʃi214	细 ʃi52	细 ʃi214	细 si213	细 si341	细 ɕi131	细 ʃi51	细 ʃi52
0939	长〔的〕	长 tɕhiaŋ33	长 tɕhiaŋ33	长 tʃhaŋ342	长 tʃhaŋ53	长 tshnaŋ55	长 tʃhaŋ53	长 tʃhaŋ53	长 tshaŋ341	长 tɕhiaŋ553	长 tʃhaŋ442	长 tʃhaŋ55
0940	短〔的〕	短 tan214	短 tan214	短 tan214	短 tan55	短 tan214	短 tan55	短 tɑ55	短 tan214	短 tan214	短 tɛ34	短 tan213
0941	长〔时间〕	长 tɕhiaŋ33	长 tɕhiaŋ33	长 tʃhaŋ342	长 tʃhaŋ53	长 tʃhnaŋ55	长 tʃhaŋ53	长 tʃhaŋ53	长 tshaŋ341	长 tɕhiɔŋ553	长 tʃhaŋ442	长 tʃhaŋ55
0942	短〔时间〕	短 tan214	短 tan214	短 tan214	短 tan55	短 tan214	短 tan55	短 tɑ55	短 tan214	短 tan214	短 tɛ34	短 tan213
0943	宽〔路〕	宽 khuan53	宽 khuan53	宽 khuãn312	宽 khuan35	宽 khuan313	宽 khuan35	宽 khuã213	宽 khuan52	宽 khuan51	宽 khuɛ214	宽 khuan313
0944	宽敞〔于…〕	宽透 khuan53thou0	宽透 khuan53thou0	宽透 khuan52thou0	宽头 khuan35thou0	宽透 khuan31thou0	宽头 khuan35thou0	宽敞 khuã213thɔ0	宽透 khuan52thou0	宽头 khuan51thou0	宽透 khuɛ51thou34	宽透 khuan52thou0
0945	窄〔路〕	窄 tsɤ214	窄 tsɤ214	窄 tsɤ214	窄 tsɤ55	窄 tsɤ214	窄 tsɤ55	窄 tsei55	窄巴 tsɤ21pao0	窄 tsɤ214	窄 tsɤ34	窄 tsɤ213
0946	高〔飞机飞得~〕	高 kau53	高 kau53	高 kɔo312	高 kɔ35	高 kau313	高 kɔ35	高 kɔ213	高 kɔ52	高 kau51	高 kɔ214	高 kau213

· 266 ·

续表

编号	词汇	芝罘读音	福山读音	栖霞读音	龙口读音	蓬莱读音	招远读音	莱州读音	海阳读音	牟平读音	莱阳读音	长岛读音
0947	低(气飞低)	低 ti53	低 ɵiei214	低 ti312	低 ti35	低 ti313	低 ti35	低 ti213	低 ti52	低 ɵiei214	低 ti214	低 ɵiai213
0948	高(他比我高)	高 kau53	高 kau53	高 koo312	高 ko35	高 kau313	高 ko35	高 ko213	高 ko52	高 kau51	高 ko214	高 kau213
0949	矮(他比我矮)	矮 ɵae214	矮 ɵiei214	矮 ɵiei214	矮 ɵiai55	矮 ɵiai214	矮 ɵiai55	矮 ɵie55	矮 ɵiei214	矮 ɵiei214	矮 ɵiei34	矮 ɵiai213
0950	远	远 ɵyan214	远 ɵyan214	远 ɵyan214	远 ɵyan55	远 ɵyan214	远 ɵyan55	远 ɵyã55	远 ɵyãn214	远 ɵyan214	远 ɵyɛ̃34	远 ɵyan213
0951	近(路)	近 tɕin33	近 ɕin33	近便 ɕin34piãn52	近 ɕin214	近 ɕian52	近 ɕin214	近 tɕiɛ̃53	近 ɕin341	近 ɕin131	近便 ɕiã34piɛ̃0	近 ɕin52
0952	深(水~)	深 ɕin53	深 ɕin53	深 ʃin312	深 ʃan35	深 ʃan313	深 ʃan35	深 ʂɛ̃213	深 sən52	深 ɕin51	深 ʃiã214	深 ʃan313
0953	浅(水~)	浅 tɕhian214	浅 tɕhian214	浅 tʃhan214	浅 tʃhan55	浅 tʃhan214	浅 tʃhan55	浅 tʂhiã55	浅 tshiɛ̃n214	浅 tɕhian214	浅 tʃhiɛ̃34	浅 tʃhan213
0954	清(水~)	清 tɕhin53	清 tɕhin53	清 tʃhin312	清 tʃhin35	清 tʃhin313	清 tʃhan35	清 tshir213	清 tshin52	清 tɕhin51	清 tʃhan214	清 tʃhan313
0955	浑(水~)	浑 xuan33	浑 xuan33	浑 xuan342	浑 xuan53	浑 xuan55	浑 xuan53	浑 xuɛ̃53	浑 xuɛ̃n341	浑 xuɛ̃n553	浑 xuã442	浑 xuan55
0956	圆	圆 ɵyan33	圆 ɵyan33	团团 thãn34thɛ̃0	圆 ɵyan53	圆 ɵyan55	圆 ɵyan53	圆 ɵyã53	圆 ɵyãn341	圆 ɵyan553	团团 thɛ̃34piɛ̃0	圆 ɵyan55
0957	扁	扁 pian214	扁 pian214	扁 piãn214	扁 pian55	扁 pian214	扁 pian55	扁 piã55	扁 piãn214	扁 pian214	扁 piɛ̃34	扁 pian213
0958	方	方 faŋ53	方 faŋ53	方 faŋ312	方 faŋ35	方 fnaŋ313	方 faŋ35	方 faŋ213	方 faŋ52	方 faŋ51	方 piɛ̃34	方 faŋ313
0959	尖	尖 tɕian53	尖 tɕian53	尖 tʃian312	尖 tʃan35	尖 tʃan313	尖 tʃan35	尖 tsiã213	尖 tsiãn52	尖 tɕian51	尖 tʃiɛ̃214	尖 tʃiɛ̃313
0960	平	平和 phin33xuo0	平和 phin55xuo0	平 phin342	平 phin53	平 phin55	平 phin53	平 phir53	平 phin341	平 phin553	平 phiŋ442	平 phin55

续表

编号	词汇	芝罘读音	福山读音	栖霞读音	龙口读音	蓬莱读音	招远读音	莱州读音	海阳读音	牟平读音	莱阳读音	长岛读音
0961	肥~肉	肥 fei33	白 po33 肥 fei33	肥 fei342	白 po53 肥 fei53	肥 fei55	白 po53 肥 fei53	肥 fei53	肥 fei341	白 po131 肥 fei553	肥 fei442	肥 fei55
0962	瘦~肉	瘦 sou33	红 xuŋ33 瘦 sou33	瘦 sou52	红 xuŋ53	瘦 sou52	红 xuŋ53	瘦 sou213	瘦 sou341	红 xuŋ553 瘦 sou131	瘦 sou51	瘦 sou52
0963	肥形容骡等动物	肥 fei33	肥 fei33	肥 fei342	肥 fei53	肥 fei55	肥 fei53	肥 fei53	肥 fei341	肥 fei553	肥 fei442	肥 fei55
0964	胖形容人	胖 phaŋ33	胖 phaŋ33	胖 phaŋ52	胖 phaŋ214	胖 phaŋ52	胖 phaŋ214	胖 phaŋ213	胖 phaŋ341	胖 phaŋ131	胖 phaŋ51	胖 phaŋ52
0965	瘦形容人、动物	瘦 sou33	瘦 sou33	瘦 sou52	瘦 sou214	瘦 sou52	瘦 sou214	瘦 sou213	瘦 sou341	瘦 sou131	瘦 sou51	瘦 sou52
0966	黑黑板的颜色	黑 xɤ214	黑 xɤ214	黑 xɤ214	黑 xɤ55	黑 xɤ214	黑 xɤ55	黑 xei55	黑 xɤ214	黑 xɤ214	黑 xɤ34	黑 xɤ213
0967	白雪花的颜色	白 po33	白 po33	白 po342	白 po53	白 po55	白 po53	白 pei53	白 po341	白 po131	白 pa442	白 pa55
0968	红国旗的主颜色、绿旗	红 xuŋ33	红 xuŋ33	红 xuŋ342	红 xuŋ53	红 xuŋ55	红 xuŋ53	红 xuŋ53	红 xuŋ341	红 xuŋ553	红 xuŋ442	红 xuŋ55
0969	黄国旗上五星的颜色	黄 xuaŋ33	黄 xuaŋ33	黄 xuaŋ342	黄 xuaŋ53	黄 xuaŋ55	黄 xuaŋ53	黄 xuaŋ53	黄 xuaŋ341	黄 xuaŋ553	黄 xuaŋ442	黄 xuaŋ55
0970	蓝蓝天的颜色	蓝 lan53	蓝 lan53	蓝 lãn312	蓝 lan53	蓝 lan55	蓝 lan53	蓝 lã53	蓝 lãn52	蓝 lan51	蓝 lɛ214	蓝 lan55
0971	绿绿叶的颜色	绿 lu214 绿 ly214	绿 lu214	绿 ly52	绿 ly214	绿 ly214	绿 ly214	绿 ly213	绿 ly341	绿 lu214	绿 ly51	绿 ly213

续表

编号	词汇	芝罘读音	福山读音	栖霞读音	龙口读音	蓬莱读音	招远读音	莱州读音	海阳读音	牟平读音	莱阳读音	长岛读音
0972	紫 紫药水的颜色	紫 tsɿ214	紫 tsɿ214	紫 tsɿ214	紫 tsɿ55	紫 tsɿ214	紫 tsɿ55	紫 tsɿ55	紫 tsɿ214	紫 tsɿ214	紫 tsɿ34	紫 tsɿ213
0973	灰 中间米色的颜色	灰 xuei53	灰 xuei53	灰 xuei312	灰 xuei35	灰 xuei313	灰 xuei35	灰 xuei213	灰 xuei52	灰 xuei51	灰 xuei214	灰 xuei313

二 状态

编号	词汇	芝罘读音	福山读音	栖霞读音	龙口读音	蓬莱读音	招远读音	莱州读音	海阳读音	牟平读音	莱阳读音	长岛读音
0974	多 东西多	多 tuo53	多 tuo53	多 tuo312	多 tuo35	多 tua313	多 tuo35	多 tua213	多 tuo52	多 tuo51	多 tuo214	多 tuo313
0975	少 东西少	少 ɕiau214	少 ɕiau214	少 ʂɔ214	少 ʂɔ55	少 ʂau214	少 ʂɔ55	少 ʂɔ55	少 sɔ214	少 ɕiau214	少 ʃɔ34	少 ʃaŋ213
0976	重 树根子	沉 tɕhin33	重 tɕhin33	沉 tʃhən342	重 tsuŋ53	重 tʃuŋ52	重 tsuŋ53	重 tsuŋ53	重 tsuŋ341	沉 tɕhin131	重 tsuŋ51	沉 tʃhəŋ55
0977	轻 轻了	挣轻儿 tsəŋ33tɕhiər53	轻 ɕhiŋ53 轻快 ɕhiŋ53khuai0	轻 ɕhin312	轻 ɕhiŋ35	轻 ɕhiŋ313	轻 ɕhiŋ35	轻 ɕhiŋ213	轻 ɕhiŋ341	轻 ɕhiŋ51	轻 ɕhiŋ214	轻 tʃhəŋ313
0978	直 直的~	直 tɕi33	直 tɕi33	直 tʃi342	直 tɕi53	直 tʃi55	直 tɕi53	直 tsɿ53	直 tsɿ341	直 tɕi131	直 tʃɿ442	直 tʃɿ55
0979	陡 坡很~	陡 tou214	陡 tau214	陡 tau214	陡 tau55	陡 tau214	陡 tau55	陡 tau55	陡 tau214	陡 tou214	陡 tou34	陡 tou213
0980	弯 弯鱼这条鱼是弯的	弯 ɵuan53	弯 ɵuan53	弯 ɵuan312	弯 ɵuan35	弯 ɵuan313	弯 ɵuan35	弯 ɵuɑ13	弯 ɵuãn52	弯 ɵuan51	弯 ɵuɛ214	弯 ɵuan313
0981	歪 椅子歪了	歪 ɵuai53	歪 ɵuai53	歪 ɵuei312	歪 ɵue35	歪 ɵuai313	歪 ɵue35	歪 ɵue213	歪 ɵue52	歪 ɵuai51	歪 ɵue214	歪 ɵuai313

续表

编号	词汇	芝罘读音	福山读音	栖霞读音	龙口读音	蓬莱读音	招远读音	莱州读音	海阳读音	牟平读音	莱阳读音	长岛读音
0982	厚 木板~	厚 xou33	厚 xau33	厚 xau342	厚 xou53	厚 xau52	厚 xou53	厚 xau53	厚 xau341	厚 xou131	厚 xuo51	厚 xou52
0983	薄 ~纸	枵 ɕiau53	枵 ɕiau53	枵 ɕiao312	枵 ɕiau35	枵 ɕiau313	枵 ɕiau35	薄 pɔ53	枵 ɕiɔ52	枵 ɕiau51	枵 ɕiɔ214	枵 fiau313
0984	稠 ~粥	厚 xou33	厚 xau33	厚 xau342	厚 xou53	厚 xau52	厚 xou53	薄 pɔ53	厚 xau341	厚 xou131	厚 xuo214	厚 xou52
0985	稀 ~粥	稀 ɕi53	稀 ɕi53	稀 ɕi312	稀 ɕi35	稀 ɕi313	稀 ɕi35	薄 mei213	稀 ɕi52	稀 ɕi53	薄 mi51	薄 ɕi313
0986	密 ~的很	密 mi214	密 mi214	密 mi52	密 mi214	密 mi214	密 mi214	密 mei213	密 mi341	密 mi214	密 mi51	密 mi213
0987	稀 ~疏	稀 ɕi53	僻 phi53	纯 phi312	僻 phi35	僻 phi313	僻 phi35	朗 laŋ55	稀 ɕi52	稀 ɕi51	稀 ɕi214	僻 phi313
0988	亮 房里~ 哦、明亮	亮 liaŋ33 程亮 tsəŋ53 liaŋ33	亮 liaŋ33	亮 liaŋ52	亮 liaŋ214	亮 linaŋ52	亮 liaŋ214	明 miŋ53	亮 liaŋ341	亮 liaŋ131	亮 liaŋ51	亮 liaŋ52
0989	黑 完全看不见	黑 xɤ214	黑 xɤ214	黑 xa214	黑 xa55	黑 xa214	黑 xa55	黑 xei55	黑 xa214	黑 xɤ214	黑 xa34	黑 xa213
0990	热 ~	热 ɕie214	热 ɕie214	热 ɕie52	热 ɕie214	热 ɕie214	热 ɕie214	热 ɕia213	热 ɕie341	热 ɕie214	热 ɕie51	热 ɕie213
0991	暖和 天气~	暖和 nau21 xuan33	暖和 nau21 xuan33	暖和 nɔ21 xuan0	暖和 nɔ35 xuɤ0	暖和 nau35 xuŋ0	暖和 nɔ35 xuɤ0	暖和 nɔ35 xuɤ0	暖和 nɔ21 xuan0	暖和 nau21 xuan0	暖和 nɔ21 xuɤ0	暖和 nan35 xɤ0
0992	凉 ~	凉 liaŋ53	凉 liaŋ35	凉 liaŋ312	凉 liaŋ35	凉 liaŋ55	凉 liaŋ35	凉 liaŋ55	凉 liaŋ52	凤凉 faŋ51 liaŋ0	凉 liaŋ214	凉快 liaŋ55 khuai0
0993	冷 ~	冷 laŋ214	冷 laŋ214	冷 laŋ214	冷 laŋ55	冷 laŋ214	冷 laŋ55	冷 laŋ55	冷 laŋ214	冷 laŋ214	冷 laŋ34	冷 laŋ213
0994	热 ~水	热 ɕie214	热 ɕie214	热 ɕie52	热 ɕie214	热 ɕie214	热 ɕie214	热 ɕie213	热 ɕie341	热 ɕie214	热 ɕie51	热 ɕie213

第二章　词汇

续表

编号	词汇	芝罘读音	福山读音	栖霞读音	龙口读音	蓬莱读音	招远读音	莱州读音	海阳读音	牟平读音	莱阳读音	长岛读音
0995	凉水	凉 liaŋ53	凉 liaŋ53	凉 liaŋ312	凉 liaŋ35	凉 liaŋ55	凉 liaŋ35	凉 liaŋ53	凉 liaŋ52	凉 liaŋ51	凉 liaŋ214	凉 liaŋ55
0996	干干燥，衣服晾—了	干 kan53	干 kan53	干 kān312	干 kan35	干 kan313	干 kan35	干 kā213	干爽 kān52saŋ0	干 kan51	干 kē214	干 kan313
0997	湿潮湿，衣服晾—了	湿 ɕi214	湿 ɕi214	湿 ʃɿ214	湿 ʃɿ55	湿 ʃɿ214	湿 ʃɿ55	湿 sɿ55	湿 sɿ214	湿 ɕi214	湿 ʃɿ34	湿 ʃɿ213
0998	干净衣服—	干净 kan53tɕiŋ0	干净 kan53tɕiŋ0	干净 kān52tʃʃiŋ312	干净 kan35tʃəŋ0	干净 kan31tʃəŋ0	干净 kan35tʃəŋ0	干净 kā213tsiŋ0	干净 kān52siŋ0	干净 kan51tɕiŋ0	干净 kɛ51tʃəŋ34	干净 kan52tʃəŋ313
0999	脏肮脏，不干净、俊、衣服—	脏 tsaŋ53	遢平 la21xu0	#拉 pha21la0	肮脏 ɵaŋ35tsaŋ35	来得 lai31tei0 脏 tsaŋ313	肮脏 ɵaŋ35tsaŋ35	派赖 phe53le0	#拉 pha21la0	脏 tsaŋ51	#拉 pha21la51	脏 tsaŋ313 来得 lai52tai0
1000	快速度快，刀子—	快 khuae33	快 khuai33	快 khuei52	快 khuɛ214	快 khuai52	快 khuɛ214	快 khuɛ213	快 khuɛ341	快 khuai131	快 khuɛ51	快 khuai52
1001	钝刀—	钝 tan33	钝 tan33 不快 pu21khuai33	钝 tɛ̃n342	钝 tan53	钝 tan52 艮迟 kan35tʃhi0	钝 tan53	钝 tɛ53	钝 tɛ̃n341	钝 tan131	不快 pu21khuɛ51	钝 tan52
1002	快速率，比起来	快 khuai33	快 khuai33	快 khuei52	快 khuɛ214	快 khuai52	快 khuɛ214	快 khuɛ213	快 khuɛ341	快 khuai131	快 khuɛ51	快 khuai52
1003	慢走路慢，比走来—	慢 man33	慢 man33	慢 mãn342	慢 man53	慢 man52	慢 man53	慢 mã53	慢 mãn341	慢 man131	慢 mɛ̃51	慢 man52
1004	早来得—了	早 tsau214	早 tsau214	早 tsɔu214	早 tso55	早 tsau214	早 tso55	早 tso55	早 tɵ214	早 tsau214	早 ts34	早 tsau213
1005	晚来得—了	晚 ɵuan214	晚 ɵuan214	晚 ɵuan214	晚 ɵuan55	晚 ɵuan214	晚 ɵuan55	晚 ɵuã55	晚 ɵuan214	晚 ɵuan214	晚 ɵuɛ̃34	晚 ɵuan213

续表

编号	词汇	芝罘读音	福山读音	栖霞读音	龙口读音	蓬莱读音	招远读音	莱州读音	海阳读音	牟平读音	莱阳读音	长岛读音
1006	晚天色—	黑 xɤ214	黑 xɤ214	晚 ɸuan214	晚 ɸuan55	晚 ɸuan214	晚 ɸuan55	晚 ɸuã55	晚 ɸuãn214	黑 xɤ214	晚 ɸuẽ34	晚 ɸuan213
1007	松树皮—	松 suŋ53	松 suŋ53	松 suŋ312	松 suŋ35	松 suŋ313	松 suŋ35	松 suŋ213	松 ɸuŋ52	款 khuan214	松 suŋ214	松 suŋ313
1008	紧	紧 tɕin214	紧 cin214 结实 cie21ɕi0	紧 cin214	紧 cin55	紧 cian214	紧 cin55	紧 tɕiɛ̃55	紧 cin214	紧 cin214	紧 ciã34	紧 cin213
1009	容易这道题—	容易 ɸyŋ33ɕi0	不费劲儿 pu21fei33 ciar33	简单 cian21tan0	容易 ɸyŋ55ɕi0	容易 ɸyŋ55ɕi0	容易 ɸyŋ55ɕi0	省事儿 saŋ55ser53	省劲儿 səŋ21ciar341	容易 ɸyŋ51 ɕi0 简单 cian21tan0	简单 ciɛ21tɛ0	容易 ɸyŋ55ɕi0
1010	难这道题—	难 nan33	难 nan33	难 nãn342	难 nan53	难 nan55	难 nan53	难 nã53	难 nãn341	难 nan51	难 nɛ̃442	难 nan55
1011	新衣服—	新 cin53	新 cin53	新 ʃin312	新 ʃan55	新 ʃan313	新 ʃan55	新 siɛ̃213	新 sin52	新 cin51	新 ʃiã214	新 ʃan313
1012	旧衣服—	旧 tɕiou33	旧 ciou33	旧 ciou342	旧 ciou53	旧 ciou52	旧 ciou53	旧 tɕiɛ̃55	旧 ciou341	旧 ciou131	旧 ciou442	旧 ciou52
1013	老人—	老 lau33	老 lau33	老 lɔɔ214	老 lɔ55	老 lau214	老 lɔ55	老 lɔ55	老 lɔ214	老 lau214	老 lɔ34	老 lau213
1014	年轻人—	年轻ɲian33 tɕhiŋ53	年轻ɲian33 chiŋ0	年轻ɲian34 chiŋ312	年轻ɲian53 chiŋ35	年轻ɲian55 chiŋ0	年轻ɲian53 chiŋ35	年轻ɲiã53 tchiŋ213	年轻ɲian34 chiŋ52	年轻ɲian55 chiŋ0	年轻ɲiɛ̃34 chiŋ214	年轻ɲian55 chiŋ313
1015	软软和—	软和 ɸyan21xu0	软 ɸyan214	软 ɸyan214	软 ɸyan55	软 ɸyan214	软 ɸyan55	软 ɸyã55	软 ɸyan214	软 ɸyan214	软 ɸyɛ34	软 ɸyan213
1016	硬骨头—	硬 ɸiŋ33	硬 ɸiŋ33	硬 ɸiŋ342	硬 ɸiŋ53	硬 ɸiŋ52	硬 ɸiŋ53	硬 ɸyã55	硬 ɸiŋ341	硬 ɸiŋ131	硬 ɸiŋ51	硬 ɸiŋ52
1017	烂肉烂了—	烂平 lan33xu0	烂平 lan33xu0	烂 lãn342	烂 lan53	烂 lan52	烂 lan53	烂 lã53	烂 lãn341	烂 lan131	烂 lɛ51	烂 lan52

第二章 词汇

续表

编号	词汇	芝罘读音	福山读音	栖霞读音	龙口读音	蓬莱读音	招远读音	莱州读音	海阳读音	牟平读音	莱阳读音	长岛读音
1018	糊~饭锅~一丁	糊 xu33	糊 xu33	糊 xu342	糊 xu53	糊 xu55	糊 xu53	糊 xu53	糊 xu341	糊 xu553	糊 xu442	糊 xu55
1019	结实~家具	结实 tɕie53ɕi0	扎实 tsa21ɕi33	结实 ɕie34ʃi0	结实 ɕie35ʃi0	结实 ɕie55ʃi0	结实 ɕie35ʃi0	结实 tɕia35ʂe0	结实 ɕia34sɿ0 挺壮的 thiŋ21 tʂuaŋ34ta0	结实 ɕie51ʃi0	结实 ɕie21ʃi0	结实 ɕie35ʃi0
1020	破~衣裳	破 pho33	碎丁 sei33la0	破 pha52	破 pha214	破 pha52	破 pha214	破 pha213	破 pha341	碎丁 sei331la0	破 pha51	破 pha52
1021	富他~起一	有钱 ɵiou21 tɕhian33	有钱 ɵiou214 有钱 ɵiou21 tɕhian33	富 fu52 有 ɵiou214	富 fu214	富 fu52	富 fu214	富 fu213	富 fu341	有 ɵiou214	富 fu51	富 fu52
1022	穷~得一	穷 tɕhyŋ33	穷 ɕhyŋ33	穷 ɕhyŋ342	穷 ɕhyŋ53	穷 ɕhyŋ55	穷 ɕhyŋ53	穷 tɕhyŋ53	穷 ɕhyŋ341	穷 ɕhyŋ553	穷 ɕhyŋ442	穷 ɕhyŋ55
1023	忙~最近~得一	忙 maŋ53	忙活 maŋ53xuo0	忙 maŋ312	忙 maŋ35	忙 mmaŋ55	忙 maŋ35	忙 maŋ53	忙 maŋ52	忙 maŋ51	忙 maŋ214	忙 maŋ55
1024	闲最近~得一	闲 ɕian33	松 sup53ɕian0	闲 ɕiăn342	闲散 ɕian53san0	闲 ɕian55	闲散 ɕian53san0	闲 ɕia53	闲 ɕian341	闲 ɕian553	闲 ɕiɛ442	闲 ɕian55
1025	累~走路一比较~	累 lei33	累 lei33	累 lei342	累 lei53	累 lei52	累 lei53	累 lei53	累 lei341 ### ʂ21ʂ0①	累 lei131	累 lei51	累 lei52
1026	疼摔一丁	疼 thaŋ33	疼 thaŋ33	疼 thaŋ342	疼 thaŋ35	疼 thaŋ52	疼 thaŋ35	疼 thaŋ53	疼 thaŋ341	疼 thaŋ553	疼 thaŋ442	疼 thaŋ52

① 累：[lei341]，新读；[### ʂ21ʂ0]，老读。

· 273 ·

烟台方言总揽

续表

编号	词汇	芝罘读音	福山读音	栖霞读音	龙口读音	蓬莱读音	招远读音	莱州读音	海阳读音	牟平读音	莱阳读音	长岛读音
1027	痒 挠痒痒	痒痒 Øiaŋ210Øiaŋ0	痒痒 Øiaŋ210Øiaŋ0	痒痒 Øiɔ210Øiɔɔ0	痒 Øiaŋ55	剌挠 tshŋ52nau0	痒 Øiaŋ55	痒痒 Øiaŋ35Øiaŋ0 剌挠 tshŋ53nɔ0	痒 Øian214	痒痒 Øiaŋ210Øiaŋ0	痒痒 Øiaŋ210Øiaŋ0	剌挠 tshŋ52nau0
1028	热闹看戏很热闹	热闹 Øie33nau0	热闹儿 Øie33nauɾ0	热闹 Øie34nɔɔ0	热闹 Øie53nɔ0	热闹 Øie55nau0	热闹 Øie53nɔ0	热闹 Øie53nɔ0	热闹 Øie34nɔ0	热闹 Øie21nɔ0	热闹 Øie51nɔ0	热闹 Øie55nau0
1029	熟悉这个地方我很熟~	熟悉 su33çi0	熟 su33	熟悉 su34ʃi0	熟悉 su53ʃi0	熟悉 ʃu55ʃi0	熟悉 su53ʃi0	熟悉 su53si0	熟悉 su34sŋ0	熟 su553	熟悉 su51ʃi34	熟悉 su55ʃi0
1030	陌生这个地方我很~	不认得 pu21Øin33ti0	生 saŋ53	不认得 pu34Øin34tei0	不熟悉 pu55su53ʃi0	生 saŋ313	不熟悉 pu55su53ʃi0	生 saŋ213	不认得 pu21Øin34te0	生 saŋ51	不认得 pu21Øi534te0	不熟悉 pu21su55ʃi0
1031	味道菜~	味儿 Øuaɾ33	味儿 Øuaɾ33	味儿 Øuaɾ342	味儿 Øuaɾ55	味儿 Øuaɾ52	味儿 Øuaɾ55	味儿 Øuaɾ53	味道 Øuei34tɔ0	味儿 Øuaɾ131	味儿 Øuaɾ442	味儿 Øuaɾ52
1032	气味闻一闻	味儿 Øuaɾ33	味儿 Øuaɾ33	味儿 Øuaɾ342	味儿 Øuaɾ55	味儿 Øuaɾ52	味儿 Øuaɾ55	味儿 Øuaɾ53	味儿 Øuaɾ341	味儿 Øuaɾ131	味儿 Øuaɾ442	味儿 Øuaɾ52
1033	咸	咸 çian33	咸 çian33	咸 çian342	咸 çian53	咸 çian55	咸 çian53	咸 çiã53	咸 çian341	咸 çian553	咸 çiɛ442	咸 çian55
1034	淡汇	淡 tan33	没盐味儿 mo33Øian53 Øuaɾ0	淡 tãn342	淡 tan53	淡 #ʃan52	淡 tan53	淡 tã53	淡 çian341	淡 #çian553	淡 tɛ51	#ʃan52
1035	酸	酸 san53	酸 san53	酸 san312	酸 san35	酸 san313	酸 san35	酸 sã213	酸 Øãn52	酸 san51	酸 sɛ51	酸 san313

· 274 ·

第二章 词汇

续表

编号	词汇	芝罘读音	福山读音	栖霞读音	龙口读音	蓬莱读音	招远读音	莱州读音	海阳读音	牟平读音	莱阳读音	长岛读音
1036	甜	甜 thian33	甜 thian33	甜 thian342	甜 thian53	甜 thian55	甜 thian53	甜 thiã53	甜 thiãn341	甜 thian553	甜 thiɛ̃442	甜 thian55
1037	苦	苦 khu214	苦 khu214	苦 khu214	苦 khu55	苦 khu214	苦 khu55	苦 khu55	苦 khu214	苦 khu214	苦 khu34	苦 khu213
1038	辣	辣 la214	辣 la214	辣 la52	辣 la214	辣 la214	辣 la214	辣 la213	辣 la341	辣 la214	辣 la51	辣 la213
1039	鲜〜〜	鲜 çian53	鲜 çian53	鲜 ʃãn312	鲜 syan35	鲜 ʃan313	鲜 syan35	鲜 syã213	鲜 çyãn52	鲜 çian51	鲜 ʃyɛ̃214	鲜 ʃan313
1040	香	香 çiaŋ53	香 çiaŋ53	香 çiaŋ312	香 çiaŋ35	香 çinɑŋ313	香 çiaŋ35	香 çiaŋ213	香 çiaŋ52	香 çiaŋ51	香 çiaŋ214	香 çiaŋ313
1041	臭	臭 tchiou33	臭 tchiou33	臭 tʃhou52	臭 tʃhau214	臭 tʃhou52	臭 tʃhau214	臭 tʃhau213	臭 tʃhaŋ341	臭 tchiou131	臭 tʃhou51	臭 tʃhou52
1042	馊〜饭	坏 xuae33	坏 xuai33	酸 sãn312	坏了 xue55la0	酸 san313	坏了 xue55la0	酸 sã213	酸 θãn52	坏 xuai131	酸 sɛ̃214	酸 san313
1043	腥鱼〜	腥 çiŋ53	腥 çiŋ53	腥 ʃiŋ312	腥 ʃaŋ35	腥 ʃaŋ313	腥 ʃaŋ35	腥 sin213	腥 siŋ52	腥 çin51	腥 ʃaŋ214	腥 ʃaŋ313

三 品性

编号	词汇	芝罘读音	福山读音	栖霞读音	龙口读音	蓬莱读音	招远读音	莱州读音	海阳读音	牟平读音	莱阳读音	长岛读音
1044	好〜人	好 xau214	好 xau214	好 xoo214	好 xo55	好 xau214	好 xo55	好 xo55	好 xo214	好 xau214	好 xo34	好 xau213
1045	坏〜人	坏 xuae33	坏 xuai33	坏 xuei342	坏 xue53	坏 xuai52	坏 xue53	坏 xue53	坏 xue341	坏 xuai131	坏 xue51	坏 xuai52
1046	差〜东西 （质量差〜）	差 tsha53	差 tsha33	不好 pu34xoo214	差 tsha214	差 tsha52	差 tsha214	差 tsha213	熊 ɕyŋ341	喏貌 tshŋ51 mou553 差 tsha131	不好 pu51xo34	不好 pu55xau213 差 tsha52
1047	对最懂〜了（明显错〜）	对 tei33	对 tei33	对 tei52	对 tei214	对 tei52	对 tei214	对 tei213	对 tei341	对 tei131	对 tei51	对 tei52

275

续表

编号	词汇	芝罘读音	福山读音	栖霞读音	龙口读音	蓬莱读音	招远读音	莱州读音	海阳读音	牟平读音	莱阳读音	长岛读音
1048	错（差错；丁）	错 tshuo33	错 tshuo33	错 tshuo52	错 tshua214	错 tshua52	错 tshua214	错 tshua213	错 tθhuo341	错 tshuo131	错 tshuõ51	错 tshua52
1049	漂亮（咱年轻女性的长相；她漂亮）	好看 xau21 khan33 俊 tɕin33	俊 tɕin33	俊 tʃan52	俊 tʃyn214	俊 tʃan52	俊 tʃyn214	俊 tsyɛ213	俊 tsỹn341	俊 tɕin131	俊 tʃyɛ51	俊 tʃan52
1050	丑（丑陋；那人说话丑、那八成丑……）	丑 tɕhiou214	丑 tɕhiau214	丑 tʃhau214	丑 tʃhau55	丑 tʃhau214	丑 tʃhau55	丑 tʃhau55	丑 tshau214	磢 tshan214	丑 tʃhou34	丑 tʃhou213
1051	勤快	勤快 tɕhin33 khuae0	勤勤 chin33 勤快 chin33 khuai0	勤勤 chĩn34 chĩn0	勤快 chin53 khun0	勤勤 chian52 chian0	勤快 chin53 khun0	快相 khue53 siaŋ0	勤快 chin34 khue0	勤快 chin553 khuai0	勤快 chiã51 khue0	勤勤 chin52 chin0
1052	懒	懒 lan214	懒 lan214	懒 lan214	懒 lan55	懒 lan214	懒 lan55	懒 laʊ55	懒 lan214	懒 lan214	懒 lɛ34	懒 lan213
1053	乖	乖 kuai53	乖 kuai53	好 xɔɔ214	听说 thiŋ55 ʃye55	乖 kuai313	听说 thiŋ55 ʃye55	听说 thiŋ213 ʂue55	听说 thiŋ52 suo214	乖 kuai51	听话 thiŋ21 xua51	乖 kuai313
1054	顽皮	调皮 thiau21phi33	调皮 thiau21phi33	皮 phi342	贱 tʃan53	调皮 thiau21phi55	贱 tʃan53	调皮 thiõ55phi53	皮 phi341 调皮 thiõ52phi341	混账 xuan51 tɕian131	滑皮 xua34phi0	调皮 thiau21phi55
1055	老实	老实 lau21ɕi0	老实 lau21ɕi33	老实 lɔɔ21ʃi0	老实 lɔ35ʃi0	老实 lau35ʃi0	老实 lɔ35ʃi0	憨厚 xã213xəu53 老实 lɔ35ʂu0	老实 lɔ21ʂi0	老实 lau21ɕi0	老实 lɔ21ʃi442	老实 lau35ʃi0

第二章 词汇

续表

编号	词汇	芝罘读音	福山读音	栖霞读音	龙口读音	蓬莱读音	招远读音	莱州读音	海阳读音	牟平读音	莱阳读音	长岛读音
1056	傻陶家	彪 piau53	彪 piau53	彪 pioo312	痴 tʃhi35	嘲 tʃhau55	痴 tʃhi35	痴 tʂʰŋ213	彪 pio52	彪 piau51	彪 pio214	彪子 piau52tsʅ0
1057	笨盖	彪 piau53	笨 pən33	笨 pə̃n342	笨 pən53	笨 pən52	笨 pən53	笨 pɛ̃53 拙 tsuə55	笨 pə̃n341	笨 pən131	笨 pə̃214	笨 pən52
1058	大方本, 齐鲁	大方 ta33faŋ0	大方 ta33faŋ0	割合 ka21ʃi0	大方 ta53faŋ0	割合 ka35ʃi0 大方 ta52fəŋ0	大方 ta53faŋ0	大方 ta55faŋ0	大方 ta34faŋ0	大方 ta131faŋ0	割合 ka21ʃi0	大方 ta52faŋ0
1059	小气吝啬	小气 ciau21chi0	小气 ciau21chi33 狗儿屎 kaur33pis53	# chy312	小气 ʃo55chi0	烧老包 ʃau21lau35 pau313	小气 ʃo55chi0	嘎咕 ka35ku0	小气 sio21chi0	小气 ciau21chi0	# chy214	烧拉 ʃau52la0
1060	直爽脑—	直 tci33	直率 tci33suaŋ0	直 tʃi342	直率 tʃi55sue0	直 tʃi55	直率 tʃi55sue0	直率 tʂʅ55sue0	直率 tsʅ34sue0	直率 tci553suai0	直爽 tʃi34saŋ0	直 tʃi55
1061	犟脾气、性—	犟 ciaŋ33	犟 ciaŋ33	犟 ciaŋ342	犟 ciaŋ53	犟 ciaŋ52 倔 cye52	犟 ciaŋ53	倔物 tcye55ɲiau0	犟 ciaŋ341	犟 ciaŋ131	犟 ciaŋ442	犟 ciaŋ52

277

第十三节 数量

一 数字

编号	词汇	芝罘读音	福山读音	栖霞读音	龙口读音	蓬莱读音	招远读音	莱州读音	海阳读音	牟平读音	莱阳读音	长岛读音
1062	一 一二三四 五……，下同	一 ɤi214	一 ɤi214	一 ɤi214	一 ɤi55	一 ɤi214	一 ɤi55	一 ɤi55	一 ɤi214	一 ɤi214	一 ɤi34	一 ɤi213
1063	二	二 ɤar33	二 ɤar33	二 ɤar342	二 ɤar53	二 ɤar52	二 ɤar53	二 ɤar53	二 ɤar341	二 ɤar131	二 ɤar51	二 ɤar52
1064	三	三 san53	三 san53	三 sãn312	三 san35	三 san313	三 san35	三 sã213	三 θãn52	三 san51	三 sɛ̃214	三 san313
1065	四	四 sʅ33	四 sʅ33	四 sʅ52	四 sʅ214	四 sʅ52	四 sʅ214	四 sʅ53	四 θɿ341	四 sʅ131	四 sʅ51	四 sʅ52
1066	五	五 θu214	五 θu214	五 θu214	五 θu55	五 θu214	五 θu55	五 θu55	五 θu214	五 θu214	五 θu34	五 θu213
1067	六	六 liou33	六 liou33	六 liou52	六 liou214	六 liou52	六 liou214	六 liou53	六 liou341	六 liou131	六 liou51	六 liou52
1068	七	七 tɕhi214	七 tɕhi214	七 tʃhɿ214	七 tʃhi55	七 tʃhi214	七 tʃhi55	七 tɕhi55	七 tʃhi214	七 tɕhi214	七 tʃhɿ34	七 tʃhɿ213
1069	八	八 pa214	八 pa214	八 pa214	八 pa55	八 pa214	八 pa55	八 pa55	八 pa214	八 pa214	八 pa214	八 pa213
1070	九	九 tɕiou214	九 ciou214	九 ciou214	九 ciou55	九 ciou214	九 ciau55	九 ciou55	九 ciou214	九 ciou214	九 ciou34	九 ciou213
1071	十	十 ɕi33	十 ɕi33	十 ʃɿ342	十 ʃi53	十 ʃi55	十 ʃi53	十 sʅ53	十 sʅ341	十 ɕi131	十 ʃi442	十 ʃi55
1072	二十 有 无合音	二十 θar33ɕi0	二十 θar33ɕi0	二十 θar34ʃɿ0	二十 θar55ʃi0	二十 θar52ʃi55	二十 θar55ʃi0	二十 θar55ʂʅ0	二十 θar34sʅ0	二十 θar131ɕi0	二十 θar34ʃɿ0	二十 θar52ʃɿ0

· 278 ·

第二章 词汇

续表

编号	词汇	芝罘读音	福山读音	栖霞读音	龙口读音	蓬莱读音	招远读音	莱州读音	海阳读音	牟平读音	莱阳读音	长岛读音
1073	三十(无合音)	三十 san53θi0	三十 san53ɕi0	三十 sãn52ʂ342	三十 san35ʃi35	三十 san31ʃi55	三十 san35ʃi35	三十 san213ʂ0	三十 θãn52ʂ0	三十 san51ɕi0	三十 sɛ̃51ʃ0	三十 san52ʃ0
1074	一百	一百 θi33po211liŋ0 θu214	一百 θi55po214	一百 θi34pa214	一百 θi53pa55	一百 θi21pa214	一百 θi53pa55	一百 θi213pei55	一百 θi21pa214	一百 θi55po214	一百 θi51pa34	一百 θi52pa21
1075	一千	一千 θi21 tɕhian53	一千 θi21 tɕhian53	一千 θi34 tʃhãn312	一千 θi55 tʃhan53	一千 θi135 tʃhan313	一千 θi155 tʃhan53	一千 θi155 tshiã213	一千 θi21 chiãn52	一千 θi553 tɕhian51	一千 θi155 tʃhɛ̃214	一千 θi155 tʃhan313
1076	一万	一万 θi21 θuan33	一万 θi21 θuan33	一万 θi34 θuãn52	一万 θi55 θuan214	一万 θi135 θuan52	一万 θi155 θuan214	一万 θi155 θuã213	一万 θi21 θuãn341	一万 θuan131	一万 θi21 θuɛ̃51	一万 θi155 θuan52
1077	一百零五	一百零五 θi33po211liŋ0 θu214	一百零五 θi55po0liŋ33 θu214	一百零五 θi21pa34liŋ0 θu214	一百零五 θi53pa55liŋ55 θu55	一百零五 θi21pa214 liŋ550u214	一百零五 θi53pa55 liŋ550u55	一百零五 θi213pei55 liŋ530u214	一百零五 θi21pa21 liŋ520u214	一百零五 θi55po0 liŋ550u214	一百零五 θi21pa34 liŋ510u34	一百零五 θi52pa21 liŋ55 θu213
1078	一百五十	一百五十 θi33po54 θu21ɕi33	一百五十 θi55po0 θu21ɕi33	一百五十 θi21pa54 θu214	一百五十 θi53pa55 θu35ʃi53	一百五十 θi21pa214 θu214ʃi55	一百五十 θi53pa55 θu35ʃi53	一百五十 θi213pei55 θu35ʂ0	一百五十 θi21pa34 θu21ʂ0	一百五十 θi55po0 θu214	一百五十 θi55pa51 θu34	一百五十 θi52pa21 θu21ʃi55
1079	第一第二	第一 ti33θi214	第一 ti33θi214	第一 ti34θi214	第一 ti53θi55	第一 ti52θi214	第一 ti53θi55	第一 ti213θi55	第一 ti34θi214	第一 ti55θi214	第一 ti51θi34	第一 ti52θi213
1080	二两量	二两 θar33 liaŋ214	二两 θar33 liaŋ0	二两 θar55 liaŋ214	二两 θar53 liaŋ0	二两 θar52 liaŋ214	二两 θar53 liaŋ0	二两 θar53 liaŋ0	二两 θar52 liaŋ214	二两 θar55 liaŋ214	二两 θar34 liaŋ0	二两 θar52 liaŋ213
1081	几个有一两个	几个 tɕi21kɤ33	几个 ci21kɤ0	几个 ci34kɤ52	几个 ci35kɤ0	几个 ci35kɤ0	几个 ci35kɤ0	几个 tɕi35kɤ0	几个 ci21kɤ0	几个 ci21kɤ0	几个 ci21kɤ0	几个 ci21kɤ52
1082	俩你们了	俩 lia214	俩 lia214	俩 lia214	俩 lia55	俩 lia214	俩 lia55	俩 lia55	俩 lia214	俩 lia214	俩 lia34	俩 lia213

· 279 ·

烟台方言总揽

续表

编号	词汇	芝罘读音	福山读音	栖霞读音	龙口读音	蓬莱读音	招远读音	莱州读音	海阳读音	牟平读音	莱阳读音	长岛读音
1083	仨 ~个~	仨 sa53	仨 sa53	仨 sa312	仨 san35kə0 三个 san35kə0	仨 sa313	三个 san35kə0	仨 sa213	仨 sa52	仨 sa51	仨 sa214	仨 sa313
1084	个把	不儿个儿 puɿ33ɕi21kɤʅ33	个把 kɤʅ33paʅ214	几个 ci34kaʅ52	个把 kaʅ53paʅ0	个把儿 kaʅ52paɹʅ214	个把 kaʅ53paʅ0	个把 kaɹʅ53paʅ0	个儿把 kuoɹʅ52paʅ214	个把 kɤʅ55paʅ214	几个 ci21kə0	个儿把 kaɹʅ52paʅ0

二、量词

编号	词汇	芝罘读音	福山读音	栖霞读音	龙口读音	蓬莱读音	招远读音	莱州读音	海阳读音	牟平读音	莱阳读音	长岛读音
1085	个 ~人	个 kɤʅ33	个 kɤʅ33	个 kaʅ52	个 kaʅ214	个 kaʅ52	个 kaʅ214	个 kaʅ213	个 kuo341 个 kaʅ341	个 kɤʅ131	个 kaʅ51	个 kaʅ52
1086	匹 ~马	匹 phi53	匹 phi53	匹 phi214	匹 phi214	匹 phi214	匹 phi55	匹 phi213	匹 phi52	匹 phi51	匹 phi34	匹 phi313
1087	头 ~牛	头 thou33	头 thou33	头 thou52	头 thou53	头 thou55	头 thou53	头 thou53	头 thou341	头 thou553	头 thou442	头 thou55
1088	头 ~猪	口 khou214 头 thou33	口 khou214 头 thou33	口 khou214	口 khou214	口 khou214	头 thou53	头 thou53	头 thou341 个 [ka341]①	头 thou553	头 thou442	头 thou55
1089	只 ~猫	个 kɤʅ33	条 thiou33	条 thioo342	条 thiau55	条 thiau55	个 kaʅ214	个 kaʅ213	条 thia341	条 thiqu553	条 thia442	只 tʂʅ313
1090	只 ~鸡	个 kɤʅ33	个 kɤʅ33	个 kaʅ52	个 kaʅ214	只 tʂʅ313	个 kaʅ214	只 tʂʅ213	只 tʂʅ52	个 kɤʅ131	只 tʂʅ214	只 tʂʅ313

① 数量只有一个时，量词用"头"，即"一头猪"；数量多于"一"时，量词用"个"，如"三个猪"。

第二章 词汇

续表

编号	词汇	芝罘读音	福山读音	栖霞读音	龙口读音	蓬莱读音	招远读音	莱州读音	海阳读音	牟平读音	莱西读音	长岛读音
1091	只 一只羊	个 kɤ33	个 kɤ33	个 ka52	个 ka214	个 ka52	个 ka214	个 ka213	个 kuo341	个 kɤ131	个 ka51	个 ka52
1092	条 一条鱼	个 kɤ33 条 thiau33	条 thiau33	条 thioo342	条 thio53	条 thiau55	条 thio53	条 thio53	条 thio341	根儿 kar51 个 kɤ131	条 thio442	条 thiau55
1093	条 一条蛇	个 kɤ33	条 thiau33	条 thioo342	条 thio53	条 thiau55	条 thio53	条 thio53	根 kǎn52	个 kɤ131	条 thio442	条 thiau55
1094	张 一张画	个 kɤ33	张 tɕiaŋ53	张 tʃaŋ312	张 tʃaŋ35	张 tʃaŋ313	张 tʃaŋ35	张 tsaŋ213	张 tsaŋ52	张 tɕiaŋ51	张 tʃaŋ214	张 tʃaŋ313
1095	张 一张床	个 kɤ33	张 tɕiaŋ53	张 tʃaŋ312	张 tʃaŋ35	张 tʃaŋ313	张 tʃaŋ35	张 tsaŋ213	张 tsaŋ52	个 kɤ131 张 tɕiaŋ51	张 tʃaŋ214	张 tʃaŋ313
1096	床 一被子	床 tshuaŋ33	床 tshuaŋ33	床 tshuaŋ342	床 tshuaŋ53	床 tʃhuɯaŋ55	床 tʃaŋ53	床 tshuaŋ53	床 tshuaŋ341	床 tshuaŋ553	床 tshuaŋ442	床 tshuaŋ55
1097	领 一席	个 kɤ33	领 liŋ214	领 liŋ214	领 tʃaŋ35	领 liŋ214	领 liŋ55	领 liŋ55	领 liŋ214	领 liŋ214	领 liŋ34	领 liŋ213
1098	双 一鞋	双 suaŋ53	双 suaŋ53	双 suaŋ312	双 suaŋ35	双 ʃuaŋ313	双 suaŋ35	双 suaŋ213	双 suaŋ52	双 suaŋ51	双 suaŋ214	双 liŋ213
1099	把 一刀	把 pa214	把 pa214	把 pa214	把 pa55	把 pa214	把 pa55	把 pa55	把 pa214	把 pa214	把 pa34	把 pa213
1100	根 一绳	把 kan53	根儿 kar53	根儿 kar312	根 kan35	根 kan313	根 kan35	根 kě213	根 kě n52	根儿 kar51	根儿 kar214	根 kan313
1101	把 一把毛笔	支 tsɿ53	支 tsɿ53	管 kuan214	支 tsɿ35	支 tsɿ313 管 kuan214	支 tsɿ35	支 tsɿ213	支 tsɿ52	管 kuan214	支 tsɿ214	支 tsɿ313 管 kuan214①
1103	副 一副眼镜	副 fu33	副 fu33	副 fu52	副 fu53	副 fu52	副 fu53	副 fu23	副 fu341	副 fu131	副 fu51	副 fu52

① 支[tsɿ31]3，毛笔用的量词；管[kuan214]，钢笔用的量词。

续表

编号	词汇	芝罘读音	福山读音	栖霞读音	龙口读音	蓬莱读音	招远读音	莱州读音	海阳读音	牟平读音	莱阳读音	长岛读音
1104	面 —馒头	个 kɤ33	个 kɤ33	面 miãn342	个 ka214	面 mian52	个 ka214	面 miã213	面 miãn341	个 kɤ131	面 miɛ51	面 mian52
1105	块 —香皂	块儿 khuer33	块儿 khuer33	块 khuei52	块 khue214	块 khuai52	块 khue214	块 khue213	块 khue341	块儿 khuer131	块儿 kher51	块儿 khuer52
1106	辆 —车	领 liŋ214 辆 liaŋ214	领 liŋ214	领 liŋ214	领 liŋ55	辆 liaŋ52 领 liŋ214	领 liŋ55	辆 liŋ55	辆 liŋ214	领 liŋ214	辆 liaŋ34	辆 liaŋ52
1107	座 —楼子	栋 taŋ33	栋 taŋ33	栋 taŋ52	栋 taŋ214	栋 tsaŋ52	栋 taŋ214	块 tsa55	栋 taŋ341	栋 taŋ131	栋 taŋ51	栋 taŋ52
1108	座 —坟	座 tsuo33	座 tsuo33	座 suo342	座 ka214	座 tsaŋ214	座 ka214	座 tsua55	座 tɕuo341	座 tsuo131	座 tsuo51	座 tsua52
1109	条 —河	条 thiɑu33	条 thiɑu33	条 thiɔ342	条 thiɔ53	条 thiau55	条 thiɔ53	条 thiɔ53	条 thiɔ341	条 thiau553	条 thiɔ442	条 thiau55
1110	棵 —树	棵 khɤ53 火 棵 khuo53 小	棵 khuo53	棵 khuo312	棵 khua35	棵 khua313	棵 khua35	棵 khua213	棵 khuo52	棵 khuo51	棵 kha214	棵 kha313
1111	朵 —花	朵儿 tuor214	朵 tuo214	朵 tuo214	朵 tua55	朵 tua214	朵 tua55	朵 tua55	朵 tuo214	个 kɤ131	朵 tuo214	朵 tua213
1112	颗 —豆子	个 kɤ33	个 kɤ33	粒儿 liar52	颗 khua35	粒 li55 颗 khua313	颗 khua35	粒 li213	个 kuo341	个 kɤ131	颗儿 kar214	颗 kha313
1113	粒 —米	粒 li33	粒 li33	粒儿 liar52	粒 li214	粒 li55	粒 li214	粒 li213	粒 li341	粒儿 liar131	粒儿 liar51	粒 li213
1114	顿 —饭	顿 tan53	顿 tan33	顿 tãn52	顿 tan214	顿 tan52	顿 tan214	顿 tã213	顿 tãn341	顿 tan131	顿 tã51	顿 tan52
1115	剂 —药粉	副 fu33	服 fu33	副 fu52	副 fu53	副 fu52	副 fu53	副 fu213	副 fu341	服 fu131	副 fu51	副 fu52
1116	股 —劲	股 ku214	股 ku214	股儿 kur214	股儿 kur35	股 ku214	股儿 kur35	股 ku55	股儿 kur214	股 ku214	股儿 kur34	股 ku213
1117	行 —平	行 xaŋ33	行 xaŋ33	行 xaŋ342	行 xaŋ53	行 xaŋ55	行 xaŋ53	趟 thaŋ213	行 xaŋ341	行儿 xɑ̃r553	行 xaŋ442	行 xaŋ55

第二章 词汇

续表

编号	词汇	芝罘读音	福山读音	栖霞读音	龙口读音	蓬莱读音	招远读音	莱州读音	海阳读音	牟平读音	莱阳读音	长岛读音
1119	块〜一块	块 khuae53	块儿 khuɚr33	块 khuei52	块 khue214	块 khuai52	块 khue214	块 khue213	块 khue341	块 khuai131	块 khue51	块 khuai52
1120	毛角,一线	毛 mau214 角 tɕye214	毛 mau214	毛 moo312	毛 mo55	毛 mau214	毛 mo55	毛 mo55	毛 mo214	毛 mau214	毛 mo214	毛 mau213
1121	伴儿—体	个 kɤ33 伴儿 tɕier53	伴儿 cier33	伴儿 cier342	伴儿 cier53	伴儿 cier214	伴儿 cier53	块儿 khuer213	伴 cian341	个 kɤ131	伴儿 cier51	甡 tsuaŋ313 个 ka52
1122	点儿—东西	点儿 tier214	点儿 tier214	点儿 tier214	点儿 tier55	点儿 tier214	点儿 tier55	点儿 tɚr55	点儿 tiɐn341	点儿 tier214	点儿 tier34	点儿 tier213
1123	些〜—东西	大些 ta33 ɕie53 多点儿少 tier214	些 ɕie53	些 ɕie312	些 ʃa35	些 ʃie313	些 ʃa35	些 sia213	些 ɕier52	些 ɕie51	些 ʃie214	些 ʃie313
1124	下儿打一动量,不足时量	下儿 ɕiar33	下 ɕia33	下 ɕia52	下儿 ɕiar55	下 ɕia52	下 ɕiar55	下 ɕia53	下 ɕia341	下 ɕia131	下 ɕia51	下 ɕia52
1125	会儿〜，丁〜	会儿 xuar214	会儿 xuar214	气儿 chiar52	会儿 xuar55	没点儿 maŋ55 cier214	会儿 xuar55	藏干儿 tsaŋ213 kɚr55	会儿 xuar341	成些儿 tchiŋ51 cier214 会儿 xuar131	戳儿 cier51	会儿 xuar213
1126	顿〜	顿 taŋ33	顿 taŋ33	顿 tɐn52	顿儿 tar53	顿儿 tar52	顿儿 tar53	顿 tɚ213	顿儿 tɐn341	顿 taŋ131	顿 tɚ51	顿 taŋ52
1127	阵儿下〜，一阵	阵儿 tciar33	阵 tcin33	阵儿 tʃar342	阵儿 tʃar53	阵 tʃan52	阵儿 tʃar53	阵儿 tsɚr53	阵 tsar341	阵儿 tciar131	阵 tʃar51	阵 tʃar52
1128	趟去〜—趟	趟 thaŋ33	趟 thaŋ33	趟 thaŋ52	趟 thaŋ214	趟 thnaŋ52	趟 thaŋ214	趟 thaŋ213	趟 thaŋ341	趟 thaŋ131	趟 thaŋ51	趟 thaŋ52

283

第十四节 代副介连词

一 代词

编号	词汇	芝罘读音	福山读音	栖霞读音	龙口读音	蓬莱读音	招远读音	莱州读音	海阳读音	牟平读音	莱阳读音	长岛读音
1129	我 亦作王	我 ɣuo214 俺 ɣan214	俺 ɣan214 我 ɣuo214	俺 ɣan214 我 ɣuo214	俺 ɣan55	我 ɣuo214	俺 ɣan55	我 ɣuo55	我 ɣuo214 俺 ɣan214	俺 ɣan214 我 ɣuo214	我 ɣuo34 俺 ɣɛ34	我 ɣua213 俺 ɣan213
1130	你 亦作王	你 ȵi214 恁 nan214	恁 ȵi214 你 ȵi214	你 nãn214 你ȵi214	你 ȵi55	你 ȵi214	你 ȵi55	你 ȵi55	你 ȵi214	你 ȵi214	你 ȵi34	你 ȵi213 恁 na213
1131	您	（无）	（无）	你 ȵi214	恁 nan55	你 ȵi214	恁 nan55	您 ȵiɛ55	你 ȵi214	（无）	你 ȵi34	恁 ȵi213
1132	他 亦作塔	他 tha53	他 tha53	他 tha312	他 tha55	他 tha313	他 tha55	他 tha213	他 tha52	他 tha51	他 tha214	他 tha313
1133	我们下包括听话人 你们例子 去 一去	我们 ɣuo21man0 俺浑家 ɣan21xuan33 我们 cia53 ɣuo21man0	俺们 ɣan214 俺浑家 ɣan21xuan33 我们 cia53 ɣuo21man0	我们 ɣuo21 mãn0 俺 ɣan214	我们 ɣua35man0	我们 ɣua35man0	我们 ɣua35man0	俺 ɣɛ55	我们 ɣuo21man214 俺 ɣan214 咱 tsa341	俺 ɣan214	我们 ɣuo21mã0 俺 ɣɛ34	我们 ɣua35man0 俺 ɣan213
1134	咱们上括听话人、他归我们去、一去吧	咱们 tsa33man0 咱 tsa33	咱们 tsa33man0	咱洋家 tsa34xuãn34 cia312	咱们 tsa55man0	咱们 tsa55 咱家伙儿 tsa55ca31xuor214	咱们 tsa55man0	咱 tsɛ53	咱们 tɕa34mã0	咱 tsa553	咱们 tsɛ34mã0 咱 tsa34	咱们 tsan55man0 咱 tsa55

第二章　词汇

续表

编号	词汇	芝罘读音	福山读音	栖霞读音	龙口读音	蓬莱读音	招远读音	莱州读音	海阳读音	牟平读音	莱阳读音	长岛读音
1135	你们~主	恁 nan214 你们 ni21man0	恁 nan214 你们 ni21man0 恁浑家 nan21 xuan33cia0	恁浑家 nan21 xuãn34 cia312 恁 nãn214	你们 ni35man0	你们 ni35man0	你们 ni35man0	恁 nẽ55	恁 nãn214	恁 na214	你们 ni21m̃0 恁 nãn214	你们 ni35man0
1136	他们~主	他们 tha53man0	他们 tha53man0	他们 tha52mãn0	他们 tha35man0	他们 tha31man0	他们 tha35man0	他们 tha213mẽ0	他们 tha52mãn0	他们 tha51man0	他们 tha51m̃0	他们 tha31man0
1137	大家~一起干	大家伙伙儿 ta33tɕia0 xuor214	大伙儿 ta33xuor214	大家伙儿 ta34cia52 xuor214	大家伙儿 ta55cia0 xuxr55	大家 ta52cia313 大家伙儿 ta55ca31 xuor214	大家伙儿 ta55cia0 xuxr55	大伙儿 ta213xuxr55	大家伙儿 ta21cia52 xuor214	大家伙儿 ta131cia0 xuo214	大家 ta55cia214	大家 ta55cia31
1138	自己~做的 自己~来	自己 tsʅ33tɕi214 自个儿 tsʅ33kxr214	自个儿 tsʅ33kar214	自己 tsʅ52ci214 自个儿 tsʅ52kar214	自家 tsʅ55cie0	自个儿 tsʅ52kar214	自家 tsʅ55cie0	自个儿 tsʅ53kxr0 自家 tsʅ55tɕia0	自个儿 tɵʅ34kuor214 自己 tɵʅ34ci214	自个儿 tsʅ55kxr214	自己儿 tsʅ51ciar34	自个儿 tsʅ52kar213
1139	别人~是~的	旁人 phaŋ33ɵin53	旁人 phaŋ33ɵin53	人家 ɵin52cie312①	旁人 phaŋ55ɵin0	人家儿 ɵian55ciar0 别人 pie55ɵian0	旁人 phaŋ55ɵin0	旁人 phaŋ53ɵie0	人家 ɵin52cia0	旁人 phaŋ553ɵin51	别人 pie34ɵiã0	人家 ɵin55ci0 别人 pie55ɵin0

① 特殊读音，此处开口度变小，记为[cie312]。

· 285 ·

烟台方言总揽

续表

编号	词汇	芝罘读音	福山读音	栖霞读音	龙口读音	蓬莱读音	招远读音	莱州读音	海阳读音	牟平读音	莱阳读音	长岛读音
1140	我爸~今年八十岁	俺爹 ɣan21tie53 俺爸 ɣan21pa33	俺爹 ɣan21tie53	俺爹 ɣan34tie312	俺爹爹 ɣan55tie35 tie0	俺爹 ɣan35tie313	俺爹爹 ɣan55tie35 tie0	俺爹 ɣa55tie213	俺爸 ɣan21pa341（新）；俺爹 ɣan21tie52（老）	俺爸 ɣan21pa131	俺爹 ɣɜ55tie214	俺爸 ɣan21pa52
1141	你爸~他家吗	恁爹 tie53 恁爸 nan21pa33	恁爹 nan21tie53	恁爹 nɑn34tie312	恁爹爹 nan55tie35 tie0	恁爹 nan35tie313	恁爹爹 nan55 tie35tie0	恁爹 nɛ55tie213	你爸 nei21pa341 你爹 nei21tie52	恁爸 na21pa131	你爹 ni55tie214	恁爸 na21pa52
1142	他爸~去世了	他爹 tha33tie53 他爸 tha21pa33	他爹 tha21tie53	他爹 tha34tie312	他爹爹 tha55tie35tie0	他爹 tha55tie313	他爹爹 tha55tie35tie0	他爹 tha55tie213	他爸 tha52pa341 他爹 tha21tie52	他爸 tha21pa131	他爹 tha55tie214	他爸 tha31pa52
1143	这个~我要，不要那个	这个 tɕie33ka0	这个 tɕie33ka0	这个 tɕia52ka0	这个 tɕia53ka0	这个 tɕie52ka0	这个 tɕia53ka0	这个 tɕy213ka0	这个 tsa34ka0	这个 tɕie131ka0	这个 tɕia34ka0	这个 tɕia52ka0
1144	那个~要这个，不要那个	那个 nie33ka0 那个 na53ka0	那个 nie33ka0	那个 nie52ka0	那个 nie53ka0	那个 nie52ka0 那个 na52ka0	那个 nie53ka0	那个 nɑ213ka0	那个 na34ka0 那个 nie34ka0	那个 nie131ka0	那个 na51ka0 那个 nie51ka0	那个 nie52ka0
1145	哪个~杯子	哪个 na21ka0	哪个 na35ka0	哪个 na52ka0	哪个 na53ka0	哪个 na35ka0	哪个 na53ka0	哪个 na35ka0	哪个 nia34ka0	哪个 na21ka0	哪个 na34ka0	哪个 na35ka0
1146	谁~和我去？	谁 suei33 谁 sei33	谁 suei33 谁 sei33	谁 ʃye342	谁 ʃye53	谁 sei55 谁 ʃye55	谁 ʃye53	谁 suei53	谁 suo341	谁 cye553 谁 suei553	谁 ʃye442	谁 sei55

第二章 词汇

续表

编号	词汇	芝罘读音	福山读音	栖霞读音	龙口读音	蓬莱读音	招远读音	莱州读音	海阳读音	牟平读音	莱阳读音	长岛读音
1147	这里在~不在那里	这行儿 tɕie33tɕhiãr0	这行儿 tɕie33xãr0 这里 tɕie33lio	这场儿 tʃe52tʃhãr214	这儿 tʃer214	这场儿 tʃe53tʃhãr0	这儿 tʃer214	这米 tsə53le0	这儿 tsa210r0	这行儿 tɕie131xãr0 这场儿 tɕie131tɕhiãr0	这里 tʃe51lio	这场儿 tʃə52tʃhãr0
1148	那里不在这里，不是一起了	那场儿 ȵie33tɕhiãr0	那行儿 ȵie33xãr0 那里 ȵie33lio	那场儿 ȵie52 tʃhãr214	那儿 ȵier214	那场儿 ȵie52tʃhãr0	那儿 ȵier214	乜米 ȵie53le0	那儿 na210r0	那行儿 ȵie131xãr0 那场儿 ȵie131tɕhiãr0	那里 na51lio	那场儿 ȵie52tʃhãr0 那场儿 na52tʃhãr0
1149	哪里到~去？	哪场儿 na33tɕhiãr0	哪儿 na35xãr0 哪里 na35lio	哪儿 nar214	哪儿 mər214	哪场儿 na35tʃhãr0 哪里 nar214	哪儿 nar214	哪米 na55le0	哪里 ȵie21lio	哪儿 nar214	哪儿 na21lio	哪 nar213
1150	这样₁像这~的	这样儿 tɕie53θiãr0	这样儿 tɕie530iãr0	这么样儿 tʃe52mə0 θiãr342	这样儿 tʃə530iãr53	这样儿 tʃe520iãr52	这样儿 tʃə530iãr53	这样 tsɤ2130iaŋ0	这么样儿 tsə21mə0 θiãr341	这样儿 tɕie5530iãr0	这样 tʃə510iaŋ0	这样儿 tʃə520iãr0
1151	那样₁像那样的不是一~的	那样儿 ȵie530iãr0	那样儿 ȵie530iãr0	那么样儿 ȵie52mə0θi ã r342	那样儿 ȵie530iãr53	那样儿 ȵie520iãr52	那样儿 ȵie530iãr53	那样 ȵia2130iaŋ0	那么样儿 na34m ə 0θi ã r341	那样儿 ȵie5530iãr0	那样 na510iaŋ0	那样儿 ȵie520iãr0

287

续表

编号	词汇	芝罘读音	福山读音	栖霞读音	龙口读音	蓬莱读音	招远读音	莱州读音	海阳读音	牟平读音	莱阳读音	长岛读音
1152	怎样 什么样、你是一个?	什么样儿 ɕin33məŋ0 ɵiɑ̃r0	什么样儿 ɕin33məŋ0 ɵiɑ̃r33 哪么样儿 na21məŋ0 ɵiɑ̃r33	什么样儿 ʃə̃n34məŋ0 ɵiɑ̃r342	哪么样儿 na35məŋ0 ɵiɑ̃r55	什么样儿 ʃən52məŋ0 ɵiɑ̃r52	哪么样儿 na35məŋ0 ɵiɑ̃r55	怎么样 səŋ55muŋ0 ɵiɑŋ53	怎么样 tsəŋ34məŋ0 ɵiɑŋ341	么样儿 mo51ɵiɑ̃r0	哪么样儿 na21məŋ0 ɵiɑ̃r51	什么样儿 ʃən21məŋ0 ɵiɑ̃r52
1153	这么 这么一聚啊?	这么 tɕie53məŋ0	这么 tɕie53məŋ0	这么 tʃə52məŋ0	这么 tʃə55məŋ0	这么 tʃə52məŋ0	这么 tʃə55məŋ0	这么 tsəŋ55muŋ0	这么 tsə34məŋ0	这么 tɕie51məŋ0	这么 tʃə51məŋ0	这么 tʃə52məŋ0
1154	怎么 个+一写?	怎么 tsən21məŋ0	怎么 tsən21məŋ0	哪么 na34məŋ0	哪么 na35məŋ0	哪么 na35məŋ0	哪么 na35məŋ0	怎么 səŋ55muŋ0	怎么 tsə34məŋ0	怎个 tsəŋ21kə0	哪么 na21məŋ0	哪么 na21məŋ0
1155	什么 个么一写?	什么 ɕin33məŋ0	什么 ɕin33məŋ0	什么 ʃə̃n34məŋ0	什么 ʃi53məŋ0	什么 ʃən52məŋ0	什么 ʃi53məŋ0	什么 səŋ55muŋ0	什么 tsə34məŋ0	么 mo131	什么 ʃə34məŋ0	什么 ʃən52məŋ0
1156	什么 什你一?	什么 ɕin33məŋ0	什么 ɕin33məŋ0	哪么 na34məŋ0	什么 ʃi53məŋ0	什么 ʃən52məŋ0	什么 ʃi53məŋ0	怎么 səŋ55muŋ0	什么 səŋ34məŋ0	么 mo131	什么 ʃə34məŋ0	哪么 na21məŋ0
1157	为什么 你一不去?	为什么 ɵuei53 ɕin33məŋ0	为什么 ɵuei53 ɕin33məŋ0	哪么 na34məŋ0	为什么 ɵuei35 ʃi53məŋ0	为什么 ɵuei52ʃən52 məŋ0 哪么 na35məŋ0	为什么 ɵuei35ʃi53 məŋ0	怎么 tsəŋ55məŋ0	为什么 ɵuei34 səŋ34məŋ0	为么 ɵuei51məŋ0	哪么 na21məŋ0	怎么 tsən21 məŋ0
1158	干什么 你在一?	干什么 kan53 ɕin33məŋ0	干什么 kan53 ɕin33məŋ0	干什么 kã52 ʃə̃n34məŋ0	干什么 kan35 ʃi53məŋ0	干什么 kan52 ʃən52məŋ0	干什么 kan35 ʃi53məŋ0	做什么 tsou 213ʂʅ55məŋ0	干什么 kã52 səŋ34məŋ0	干么 kan51 məŋ0	干什么 kɛ51 ʃə34məŋ0	干什么 kan52 ʃən52məŋ0

第二章　词汇

续表

编号	词汇	芝罘读音	福山读音	栖霞读音	龙口读音	蓬莱读音	招远读音	莱州读音	海阳读音	牟平读音	莱阳读音	长岛读音
1159	多少 个材或一人？	多少 tuo53 ɕiau214	多少 tuo53 ɕiau0	多少 tuo52（"少"此处为特殊读音） suo0	多少 tua35ʃua0	多少 tuə31ʃau214	多少 tuə35ʃua0	多少 tua213sua53	多少 tuo52sa0	多少 tuo51ɕiau0	多少 tuo51ʃo0	多少 tua31ʃau213

二　副词

编号	词汇	芝罘读音	福山读音	栖霞读音	龙口读音	蓬莱读音	招远读音	莱州读音	海阳读音	牟平读音	莱阳读音	长岛读音
1160	很 这特别 热	挺 thiŋ214 很 xan214	很 xan214	真 tʃən312 挺 tiŋ214	很 xan53	真 tʃən313 极好 ci55xau214	很 xan53	木些儿 mu53sar0	真 tsən52 挺 thiŋ214	挺 thiŋ214	很 xə̃34	真 tʃən313 很 xan213
1161	非常 比上表程度深 个天一热	太 thae33 真 tɕin53	非常 fei53ɕhiəŋ33 够儿 kəur33	太 thei52	老儿鼻子 lər35pi35tsʃ0	非常 fei31tʃhnaŋ55	老儿鼻子 lər35pi35tsʃ0	要命的 θio213 miŋ53ti0	太 the341	真 tɕin51 够儿 kour131	真 tʃə214	非常 fei31tʃhaŋ55
1162	更 又天北	更 kaŋ53	更 kaŋ33	更 kaŋ52	更 kaŋ214	还 xan55 更 kaŋ52	更 kaŋ214	还 xɛ53	更 kaŋ52	还 xan553	更 kaŋ51	还 xai55 更 kaŋ52
1163	太这个末 西一更，末起	太 thae33	太 thai33	太 thei52 够儿 kəur52	太 the214	血 ɕie214	太 the214	或价 thei213 ɕia0	太 the341	太 thai131	太 the51	太 thai52
1164	最起红三 个数数最高	最 tsei33 顶 tiŋ214	最 tsei33	最 tsei52	最 tsuei214	最 tsei52	最 tsuei214	最 tsuei213	最 tɕei341	最 tsei131	最 tsei51	最 tsei52

289

烟台方言总揽

续表

编号	词汇	芝罘读音	福山读音	栖霞读音	龙口读音	蓬莱读音	招远读音	莱州读音	海阳读音	牟平读音	莱阳读音	长岛读音
1165	都大家一块了	都 tou53	都 tou53	都 tau312	都 tau35	都 tau313	都 tau35	都 tau213	都 tau52	都 tou51	都 tou214	都 tau313
1166	一共一共多钱	一共 θi21kuŋ33	一共 θi21kuŋ33	统共 thuŋ34kuŋ52	一共 θi55kuŋ214	统共 thuŋ35kuŋ52 一共 θi35kuŋ52 总共 tsuŋ35kuŋ52	一共 θi55kuŋ214	一拢总 θi55luŋ213 tsuŋ55	统共 thuŋ21kuŋ341	一共 θi21kuŋ131	一共 θi21kuə̃r51	总共 tsuŋ21kuŋ52
1167	一起我和你一块	一块儿 θi21khuər53 一堆 θi55tei53	一块儿 θi21khuər33 一堆 θi55tei53	一块儿 θi34kuər52 一堆儿 θi34tər214	一起儿 θi53chiər35 一块儿 θi55khuər53	一堆儿 θi35tər313 一块儿 θi35khuər52	一起儿 θi53chiər35 一块儿 θi55khuər53	一块儿 θi55khuər53	一堆儿 θi21tər52	一堆儿 θi55tər214	一块儿 θi21kuər51	一块儿 θi35khuər52 一堆儿 θi55tiər31
1168	只只是过一遍	就 tɕiou33	就 tɕiau33	就 tɕiau52	就 tɕiou53	就 tsiau52	就 tɕiou53	就 tsiau53	就 tsiau52	就 tɕiou131	就 tɕiou51	只 tsɿ213
1169	正我穿着好	正 tɕiŋ33	正 tɕiŋ33	正 tɕəŋ52	正 tɕəŋ214	正 tɕəŋ52	正 tɕəŋ214	正 tsəŋ213	正 tsəŋ341	正 tɕiŋ131	正 tɕəŋ51	刚 kaŋ31
1170	刚刚刚我到家 刚这会儿	刚刚儿 kaŋ33kə̃r0 刚 kaŋ53 才 tshae214	刚 kaŋ53	才 tshei214	刚 kaŋ55	才 tshai55	刚 kaŋ55	才 tshe53	刚 ɕiaŋ52	才 tshai214	才 tshe442	刚 kaŋ31
1171	才你怎么一来呢？	才 tshae214	才 tshai33	才 tshei214	才 tshe53	才 tshai55	才 tshe53	才 tshe53	才 tθhe214	才 tshai214	才 tshe442	才 tshai55

第二章　词汇

续表

编号	词汇	芝罘读音	福山读音	栖霞读音	龙口读音	蓬莱读音	招远读音	莱州读音	海阳读音	牟平读音	莱阳读音	长岛读音
1172	就 最吃 丁吨一点	就 tɕiou33	就 tɕiou33	就 tʃiau52	就 tʃiau53	就 tsiau52	就 tʃiau53	就 tsiau53	就 tsiau52	就 tɕiau131	就 tʃiou51	就 tʃiou52
1173	经常 我~来~去	常 tɕhiaŋ33 管多儿 kuan21tuor53	经常 ciŋ53tɕhiaŋ33	常 tʃhaŋ342	常 tʃhaŋ53	经常 ciŋ31 tʃhnaŋ55	常 tʃhaŋ53	常 tʃhaŋ53	常 tshaŋ341	常 tɕhiaŋ553	经常 ciŋ21 tʃhaŋ442	经常 ciŋ31 tʃhaŋ55
1174	又他~来了	又 θiou33	又 θiou33	又 θiou52	又 θiou214	又 θiou52	又 θiou214	又 θiou213	又 θiou341	又 θiou131	又 θiou51	又 θiou52
1175	还他~没 用~一本 来我家 回家	还 xae33 还 xan33	还 xan33 还 xai33	还 xãn342	还 xan53	还 xai55	还 xan53	还 xɛ53	还 xãn341	还 xan131 还 xai131	还 xɛ̃442	还 xai55
1176	再~明 天~来	再 tsae33	再 tsai33	再 tsei52	再 tse214	再 tsai52	再 tse214	再 tse213	再 tɘ341	再 tsai131	再 tse51	再 tsai52
1177	也~去 我~是老师	也 θie214	也 θie214	也 θie21	也 θie53	也 θie214	也 θie53	也 θia55	也 θia214	也 θie214	也 θie34	也 θie213
1178	反正不 用怎~一定 来我家	反正 fan21tɕiãr33	反正儿 fan21tɕiãr33	反正 fan21tʃəŋ52	反正 fan55tʃəŋ214	反正 fan21tʃəŋ52	反正 fan55tʃəŋ214	反正 fa55tʂəŋ213	反正 fan21tsaŋ341	反正 fan21ciŋ131	反正 fɛ̃21tʃəŋ51	反正 fan21tʃəŋ52
1179	没有他 天没老师 来得好	没 mo33	没 mo53	没 mei52 没有 θiou214	没有 mei53 θiou55	没 mei55	没有 mei53 θiou55	没 mu55	没 ma341	没 mo131	没 me442	没 mei31
1180	不~明天 我~去	不 pu214	不 pu214	不 pu214	不 pu55	不 pu55	不 pu55	不 pu55	不 pu214	不 pu214	不 pu51	不 pu55

291

续表

编号	词汇	芝罘读音	福山读音	栖霞读音	龙口读音	蓬莱读音	招远读音	莱州读音	海阳读音	牟平读音	莱阳读音	长岛读音
1181	别 彼~去	别 pae33	别 pie53	别 pei214	别 pe214	别 pai55	别 pe214	别 pe53	别 pe341	别 po553	别 pie442	别 pie55 别 pai52
1182	甬不用，~~客气	不用 pu210yŋ33	不用 pu210yŋ33	不用 pu210yŋ52	不用 pu550yŋ214	甬 pai55	不用 pu550yŋ214	甬 pe53	别 pe341	不用 pu210yŋ131	不用 pu210yŋ51	别 pie55
1183	快~~一点了	好 xau214 快 xhuaɛ33	快 khuai33	好 xoo214	快 khue214	好 xau214 快 khuai52	快 khue214	快 khue53	快 khue341	快 khuai131	快 khue51	快 khuai52 好 xau213
1184	差点儿	差么点儿 tsha33 tier214	差么点儿 tsha33 mə0tier214	差么点儿 tsha21 mə0tier214	系么儿 çi55mr21 差点儿 4tsha55tier0	差么点儿 tsha52mu0 差点儿 tsha52tier0	系么儿 çi55mr21 差点儿 4tsha55tier0	差么点儿 tsha213 mu0ter0	差么点儿 tsha21mə0 tier214	#没#儿 çian21mə0 差么点儿 tsha131mə0 tier214	差么点儿 tsha55mə0 tier34	差点儿 tsha31 tier213
1185	宁可~实做的	豁上 xuo53 çiəŋ0	宁愿 ŋiŋ33 0yan0	豁上 xuo52 ʃaŋ0	宁愿 ŋiŋ35 0yan214	宁肯 ŋiŋ52 khan214	宁愿 ŋiŋ35 0yan214	宁肯 ŋiŋ53 khɛ55	豁 xuo52 豁上 xuo52saŋ0	豁着 xuo51tə0	豁上 xuo51ʃaŋ0	宁肯 ŋiŋ52 khan213
1186	故意~~嘛的	特为儿 tha21 0uar33	特位儿 tha53 0uar33	特为儿 tha52 0uar342	耽位 tan55 0uei0	特要位儿 tha520iau52 0uar52	耽位 tan55 0uei0	诚心 tʃhəŋ53 siɛ53	特故意儿 thia21ku0 thia21ku0 0iar214	特为儿 tv51 0uar131	特为儿 tha21 0uar51	特位儿 ta52 0uar0

第二章　词汇

续表

编号	词汇	芝罘读音	福山读音	栖霞读音	龙口读音	蓬莱读音	招远读音	莱州读音	海阳读音	牟平读音	莱阳读音	长岛读音
1187	随便~来下	随便 sei53pian33 凑合 tshou33fu0	随便儿 sei53 pier33	随便儿 sei34 pier52	随便儿 suei53 pier53	随便 sei55 pian52	随便儿 suei53 pier53	随便 sei53 piã213	随便儿 θei52 pier341	随便儿 suei51 pier131	随便儿 sei21 pier51	随便 sei55 pian52
1188	白~做 一趟	白 po33	白 pai33	白 pə342	白 pə53	白 pə55	白 pə53	白 pei53	白 pə341	白 pai553	白 pə442	白 pə55
1189	肯定 是他干的	肯定 khan21 tiŋ33	肯定 khan21 tiŋ33	一定 θi34tiŋ52	肯定 khan35 tiŋ53	保推儿 pau21 tʃuer214 指定 tʃi35tiŋ52	肯定 khan35 tiŋ53	一定 θi55tiŋ213 或许 xuei53çy55	肯定 khān21 tiŋ341	肯定 khan21 tiŋ131	肯定 khə21 tiŋ51	保证 pau21faŋ52 肯定 khan21tiŋ52
1190	可能 是他干的	可能 khɤ21naŋ33	可能 khɤ21naŋ33	可能 khə21naŋ0	备不住 pei53pu0tʃy53	可能 khua21naŋ55	备不住 pei53pu0tʃy53		可能 khuo21naŋ341	可们 khuo21man0	可能 khə21naŋ442	可能 khə21naŋ55
1191	一边~走一说	一边 θi21pier33	一边儿 θi21per33	一边儿 θi34pier312	边儿 pier35	一面儿 θi35mier52 刚儿 kār313	边儿 pier35	一边 θi55piã213	一边儿 θi21 pier52 赶儿 kān21θə0	一边儿 θi21pier0	一边儿 θi55pier214	边 pian52

三　介词连词

编号	词汇	芝罘读音	福山读音	栖霞读音	龙口读音	蓬莱读音	招远读音	莱州读音	海阳读音	牟平读音	莱阳读音	长岛读音
1192	和~我一起 和他玉	和 xɤ33 和 xuo33	和 xuo33	和 xuo342	和 xuaŋ53	和 xua55	和 xuaŋ53	和 xuaŋ53	和 xuo341 和 xaŋ341	住 θuaŋ21 和 xuo553	和 xə442	和 xə213

· 293 ·

续表

编号	词汇	芝罘读音	福山读音	栖霞读音	龙口读音	蓬莱读音	招远读音	莱州读音	海阳读音	牟平读音	莱阳读音	长岛读音
1193	和 我邻天一 他去城里了	和 xɤ33 和 xuo33	和 xuo33 跟 kən53	和 xuo342	和 xuɑ53	和 xuɑ55	和 xuɑ53	和 xuɑŋ53	和 xuo341	和 ɵuɑŋ21 和 xuo553	和 xa442	和 xa213
1194	对 他~我 很好	对 tei33	对 tei33	对 tei52	对 tei214	待 tei52	对 tei214	对 tei213	对 tei341	对 tei131	对 tei51	对 tei52
1195	住 ~东走	住 ɵuɑŋ214	住 ɵuɑŋ214	住 ɵuɑŋ214	住 ɵuɑŋ53	住 ɵuɯɑŋ214 朝 tʃhau53	住 ɵuɑŋ53	住 ɵuɑŋ55	住 ɵuɑŋ341	住 ɵuɑŋ214	住 ɵuɑŋ55	住 ɵuɑŋ55 朝 tʃhau55
1196	问 ~他的 一本书	和 xɤ33	跟 kən53	跟 kə̃n312	和 xuɑ53	跟 kan313	和 xuɑ53	问 ɵuɛ213	问 xɑŋ341	住 ɵuɑŋ214	问 ɵuɛ51	跟 kan313
1197	按 ~他的 要求做	照 tɕiau33	照 tɕiau33	按 ɵan312	照着 tʃɔ53tsɿ0	按 ɵan52	照着 tʃɔ53tsɿ0	照 tʂ213	按 ɵan52	照 tɕiau131	按 ɵɛ51	照 tʃau55
1198	替 ~他写 信	替 thi33	替 thi33	替 thi52	替 thi214	替 thi52	替 thi214	替 thi53	替 thi341	替 thi131	替 thi51	帮 paŋ55 替 thi52
1199	如果 比 你就纳来了	要是 ɵiau33sɿ0	要是 ɵiau33sɿ0	要是 ɵiɑŋ52sɿ0	要是 ɵiɑŋ53sɿ0	要是 ɵiau52sɿ0	要是 ɵiɑŋ53sɿ0	要是 ɵio213sɿ0	要是 ɵio34sɿ0	要是 ɵiɑu131sɿ0	如果 ɵy51kuo0	要是 ɵiau52sɿ0
1200	不管 ~怎么 么地他都不听	管 kuan214 不管 pu33 kuan214	不管 pu33 管 kuan214 管 kuan214	管 kuan214 管 kuã n214	不管 pu35kuan55	不管 pu21kuan214	不管 pu35kuan55	不论 pu55 lɛ213 不管 pu55kuã55	#管 pə̃n34 kuã n214	不管 pu55 kuan214	不管 pu52 pu51kuɛ̃34	不管 pu52 kuan213

294

第三章 语法

说明：

1. 以下50个例句选自教育部语言文字信息管理司和中国语言资源保护研究中心《中国语言资源调查手册汉语方言》调查表全部词汇，序号亦同。

2. 读音根据各地发音采用国际音标标注。送气符号[h]皆不上标，与正常音标大小一致；表中标注轻声、儿化与变调读音；不同说法标注多种读音和写法，按照常用情况排列，常用在前、不常用在后；"□"表示方言本字待考。

0001. 小张昨天钓了一条大鱼，我没有钓到鱼。

芝罘	小张夜来钓了条大鱼，我没钓着。 ɕiɑu33tɕiaŋ53Øie33laɛ0tiɑu33lə0thiɑu33ta33Øy53，Øuo21mo53 tiɑu33ɽə0.
福山	小张夜来钓了条大鱼，我没钓到。 ɕiɑu21tɕiaŋ53Øie33lai0tiɑu53lə0thiɑu33ta33Øy53，Øuo21mo33 tiɑu53tɑu33.
栖霞	小张儿夜来钓儿条大鱼，我没钓了。 ʃiɔɔ34tʃãr52Øie34lɛi0tiɔɔ55Øə0thiɔɔ34ta52Øy312，Øuo21mei34 tiɔɔ52lə0.

·295·

龙口	小张儿夜来钓了一条大鱼，我没钓到鱼。 ʃɔ55tʃãr35Øiɛ55lɛ0tiɔ53lə00i55thiɔ53ta53Øy55，Øuə55mei53tiɔ53tɔ00y55.
蓬莱	小张夜来钓了条大鱼，我没钓着。 ʃau55tʃaŋ31Øiɛ52lai0tiau52Øə0thiau55ta52Øy55，Øuə21mai52tiau52Øə0.
招远	小张儿夜来钓了一条大鱼，我没钓到鱼。 ʃɔ55tʃãr35Øiɛ55lɛ0tiɔ53lə00i55thiɔ53ta53Øy55，Øuə55mei53tiɔ53tɔ00y55.
莱州	小张夜来钓了一条大鱼，我没钓着。 ɕiɔ55tʂaŋ213Øiɔ53lɛ0tiɔ53lə00i55thiɔ53ta213Øy53，Øuə55mə55tiɔ53tsʅ0.
海阳	小张儿夜来钓了条大鱼，我没钓着。 siɔ21tsãr52Øiɔ34lɛ0tiɔ34Øə0thiɔ34ta34Øy52，Øuɔ21mə52tiɔ34Øə0. （"了""着"弱化为[Øə0]）
牟平	小张儿夜儿钓儿了个大鱼，我没钓到。 ɕiau21tɕiãr51Øiɐr131Øə0tiaur51lə0kə0ta131Øy51，Øuɔ21mo131tiau51tə0.
莱阳	小张儿夜来钓了条大鱼，我没钓得。 ʃiɔ55tʃãr21Øiɛ34lɛ0tiɔ51Øə0thiɔ34ta55Øy214，Øuɔ55mə21tiɔ51tə0.
长岛	小张夜里钓了条大鱼，我没钓着。 ʃau55tʃaŋ31Øiɛ52li0tiau52lə0thiau55ta31Øy55，Øuə21mei55tiau52tʃau55.

0002. a. 你平时抽烟吗？b. 不，我不抽烟。

| 芝罘 | a. 你平常日儿抽不抽烟？b. 我不抽。 |

	a. n̠i21phiŋ53tɕhiaŋ33Øiər21tɕhiou53puØtɕhiou53Øian53?
	b. Øuo21puØtɕhiou33.
福山	a. 你平常儿歹烟吗？b. 不，我不歹烟。
	a. n̠i21phiŋ53tɕhiãr33tai21Øian53mə0？
	b.pu33，Øuo21puØtai21Øian53.
栖霞	a. 你平常歹不歹烟？b. 我不歹。
	a. n̠i21phiŋ34tʃhãr34tɛi21puØtɛi21Øiãn312？b. Øuo21puØtɛi214.
龙口	a. 你平常儿逮烟吗？b. 我不逮烟。
	a. n̠i55phiŋ53tʃhãr55tɛ55Øian35ma0？b. Øuə55pu53tɛ55Øian35.
蓬莱	a. 你平常日子歹不歹烟？b. 我不歹。
	a. n̠i214phiŋ55tʃhaŋ00i214Øə0tai21puØtai214Øian313？
	b. Øuə21pu52tai214.
招远	a. 你平常儿歹烟吗？b. 我不歹烟。
	a. n̠i55phiŋ53tʃhãr55tɛ55Øian35ma0？b. Øuə55pu53tɛ55Øian35.
莱州	a. 你平常日吃烟吗？b. 不，我不吃。
	a. n̠i55phiŋ53tʂhaŋ53Øi213tʂʅ55Øiã213ma0？
	b. pu55，Øuə55pu53tʂʅ55.
海阳	a. 你平时吃烟吗？b. 我不吃。
	a. n̠i21phiŋ52ʂʅ34tshʅ34Øiãn52ma0？b. Øuo21pu21tshʅ214.
牟平	a. 你平常日儿抽烟么？b. 我不抽。
	a. n̠i21phiŋ51tɕhiaŋ55Øi21Øər0tɕhiou51Øian51mə0？
	b. Øuo55pu21tɕhiou51.
莱阳	a.你平常儿吃烟吗？b. 我不吃。
	a. n̠i55phiŋ51tʃhãr34tʃhʅ34Øiɛ51mə0？b. Øuo34puØtʃhʅ34.
长岛	a. 你平常儿抽烟吗？b. 我不抽。
	a. n̠i21phiŋ52tʃhãr35tʃhou55Øian31ma0？b. Øuə21puØtʃhou55.

· 297 ·

0003. a. 你告诉他这件事了吗？b. 是，我告诉他了。

芝罘	a. 你告没告诉他这个事儿？b. 我告儿他了。 a. n̪i21kau33mo0kau33xuən0tha0tɕie53kə0sər53? b. Øuo21kaur33tha53lə0.
福山	a. 你告诉他这个事儿了吗？b. 是，我告诉他了。 a. n̪i21kɑu33xuən0tha0tɕie53kə0s̩33lə0mə0? b. s̩33，Øuo21kɑu33xuən0tha0lə0.
栖霞	a. 你告儿他道这个事儿了？b. 我告儿他道了。 a. n̪i21kɔor52tha0tɔo34tʃə52kə0siər34la0? b. Øuo21kɔor52tha0tɔo34lə0.
龙口	a. 你告诉他这个事儿了吗？b. 我告诉他了。 a. n̪i55kɔ53suŋ0tha55tʃə53kə0sər55lə0ma0? b. Øuə55kɔ53suŋ0tha55lə0.
蓬莱	a. 你告诉他这个事儿了吗？b. 嗯，我告儿了。 a. n̪i214kau52ʃuŋ0tha313tʃə52kə0sər52lə0ma0? b. Øən52，Øuə214kau52Øə0lə0.
招远	a. 你告诉他这个事儿了吗？b. 我告诉他了。 a. n̪i55kɔ53suŋ0tha55tʃə53kə0sər55lə0ma0? b. Øuə55kɔ53suŋ0tha55lə0.
莱州	a. 你告诉他这个事了吗？b. 是的，我告诉他了。 a. n̪i55kɔ53su0tha213tʂə53kə0sər53lə0ma0? b. s̩53ti0，uə55kɔ53su0tha213lə0.
海阳	a. 你告乎他这个事儿了吗？b. 我告乎他了。 a. n̪i21kɔ34xu0tha0tsə34kə0ʂər34lə0ma0? b. Øuo21kɔ34xu0tha0lə0.
牟平	a. 你告诉他这个事儿了么？b. 我告诉了。

• 298 •

| | a. ȵi21kɑu131xuən0thɑ0tɕie51kə0sər131lə0mə0?
b. Øuo21kɑu131xuən0lə0. |
|---|---|
| 莱阳 | a. 你和他说这件事了吗？b. 嗯，我和他说了。
a. ȵi21xə34tha21ʃuo34tʃə51ciɛ̃51ʃʅ51lə0mə0?
b. Øə̃51, Øuo21xə34tha0ʃuo21lə0. |
| 长岛 | a. 你告诉他这个事了吗？b. 对，我告诉他了。
a. ȵi21kau52su0tha31tʃə52kə0sər52lə0ma0?
b. tei52, Øuə21kau52su0tha31lə0. |

0004. 你吃米饭还是吃馒头？

| 芝罘 | 你歹干饭还是歹饽饽？
ȵi21taɛ21kan53fan0xan33sʅ53taɛ21po53po0? |
|---|---|
| 福山 | 你歹干饭还是歹饽饽？
ȵi21tai21kan53fan33xan33sʅ0tai21po53po0? |
| 栖霞 | 你歹干饭还是歹卷子？
ȵi21tɛi52kãn52fãn34xɛi34sʅ0tɛi21cyɑŋ21lə0? |
| 龙口 | 你逮干饭还是逮饽饽？ȵi55tɛ55kan35fan0xan53sʅ0tɛ55pə53pə0? |
| 蓬莱 | 你歹干饭还是歹卷子？
ȵi214tai214kan31fan0xai52ʃi0tai214cyan35Øə0? |
| 招远 | 你歹干饭还是歹饽饽？ ȵi55tɛ55kan35fan0xan53sʅ0tɛ55pə53pə0? |
| 莱州 | 你吃干饭还是吃饽饽？ ȵi55tʂʅ55kã213fã53xɛ53sʅ0tʂʅ55pə213pə0. |
| 海阳 | 你吃干饭还是吃卷子？
ȵi21tʂʅ34kãn52fãn34xãn34sʅ0tʂʅ34cyãn21Øə0? |
| 牟平 | 你歹干饭还是歹卷子？
ȵi21tai21kan51fan131xai55sʅ0tai21cyan21tə0. |

莱阳	你吃大米干饭还是吃饽饽？ ȵi21tʃn̩34ta51mi0kɛ̃51fɛ̃51xɛ̃34ʂn̩0tʃn̩34pə51pə0？
长岛	你歹干饭还是歹饽饽？ ȵi21tai21kan52fan52xai35sn̩0tai21pə31pə0？

0005. 你到底答应不答应他？

芝罘	你到底应不应许他？ȵi21tau33ti21ɵiŋ53pu0ɵiŋ53ɕy21tha53？
福山	你到儿答不答应他？ni21tɑu53ɵə0ta21pu0ta21ɵiŋ0tha53？
栖霞	你倒是答不答应他？ȵi21tɔo52sn̩0ta34pu0ta34ɵiŋ0tha52.
龙口	你到底儿答不答应他？ȵi55tɔ53tiər55ta55pu0ta55ɵiŋ0tha0？
蓬莱	你是么答应他？ȵi214ʃi52mə0ta31ɵiŋ0tha313？
招远	你到底儿答不答应他？ȵi55tɔ53tiər55ta55pu0ta55ɵiŋ0tha0？
莱州	你到底答应不答应他？ȵi55tɔ213ti0ta53ɵiŋ0pu55ta53ɵiŋ0tha213？
海阳	你到底答不答应他？ȵi21tɔ52lei0ta21pu0ta21ɵiŋ0tha52？
牟平	你到儿答不答应他？ȵi21tɑu51ɵər0ta21pu0ta21ɵiŋ0tha51.
莱阳	你倒是答不答应他？ȵi21tɔ51ʃ0ta21pu0ta21ɵiŋ0tha214？
长岛	你到底答没答应他？ȵi21tau52ti21ta55mei0ta55ɵiŋ0tha31？

0006. a. 叫小强一起去电影院看《刘三姐》。
　　　b. 这部电影他看过了。/他这部电影看过了。/他看过这部电影了。

芝罘	a. 叫着小强一块儿上电影院儿看《刘三姐儿》。 b. 这个电影儿他看了。 a. tɕiau33ʁə0ɕiau33tɕhiaŋ214ɵi21khuɐr33ɕiaŋ33tian33ɵiŋ21 　Øyɐr33khan33liou33san53tɕiɐr214.

· 300 ·

	b. tɕie33kə0tian33Ɵiər21tha53khan33lə0.
福山	a. 叫小强儿一堆儿去电影院儿看《刘三姐儿》。 b. 他这个电影儿看了。 a. ciɑu33ɕiɑu55tɕhiar21Ɵi55tər21chy33tian33Ɵiŋ21Ɵyɐr33khan33liəu33san33tɕiɐr214. b. tha53tɕie33kə0tian33Ɵiər21khan33lə0.
栖霞	a. 叫小强儿一堆儿上电影院儿看《刘三姐儿》。 b. 这块儿电影儿他看了。 a. ciɔɔ52ʃiɔɔ34chiar214Ɵi34tər214ʃaŋ52tiãn52Ɵiŋ00yɐr52khãn52〈liəu34sãn52tʃiɐr214〉. b. tʃə52khuɐr52tiãn52Ɵiər214tha34khãn52lə0.
龙口	a. 叫小强一块儿到电影儿院儿去看《刘三姐儿》。 b. 他看过这块电影儿了。 a. ciɔ53ʃɔ55chiaŋ53Ɵi55khuɐr53tɔ53tian53Ɵiər55Ɵyɐr53chy53khan53liəu53san55tʃɐr214. b. tha55khan53kuɔ55tʃə53khɛ0tian53Ɵiər55lə0.
蓬莱	a. 嘘呼小强儿一堆儿上电影院看《刘三姐》。 b. 这块儿电影儿已经看了。 a. ɕy313xu0ʃau21chiar214Ɵi55tər31ʃaŋ52tiãn52Ɵiŋ21Ɵyan52khan52liəu55san31tsiɛ214. b. tʃə52khuar0tian52Ɵiər214Ɵi21ci0khan52lə0.
招远	a. 叫小强一块儿到电影儿院儿去看《刘三姐儿》。 b. 他看过这块电影儿了。 a. ciɔ53ʃɔ55chiaŋ53Ɵi55khuɐr53tɔ53tian53Ɵiər55Ɵyɐr53chy53khan53liəu53san55tʃɐr214. b. tha55khan53kuɔ55tʃə53khɛ0tian53Ɵiər55lə0.
莱州	a. 叫小强一块儿到电影院看《刘三姐》。

b. 他看过这个电影了。

a. tɕiɔ213siɔ55tɕhiaŋ53Øi213khuɐr53tɔ213tiã53Øiŋ55Øyɐr53khan213liəu53sã213tsiə55.

b. tha213khã53kuə0tʂə53kə53tiã213Øiŋ55lə0.

海阳	a. 叫儿小强一堆儿去电影院儿看《刘三姐》。 b. 这块儿电影儿他看了。 a. ciɔ34Øə0siɔ21ciaŋ214Øi21tɐr52chy34tiãn34Øiŋ21Øyɐr34khãn52liəu34θãn55tsiə214. b. tsə34khuɐr0tiãn55Øiər214tha52khãn34lə0.
牟平	a. 叫小强一堆儿上电影院儿看《刘三姐儿》。 b. 这个电影儿他看了。 a. ciɑu131ɕiɑu55tɕhiãr21Øi55tər21ɕiɑŋ131tian131Øiə̃r21Øyan131khan131《liou51san553tɕiɐr214》. b. tɕie53kə0tian131Øiər21tha51khan131lə0.
莱阳	a. 叫小强儿一块儿上电影院儿去看《刘三姐儿》。 b. 这块儿电影他看了。 a. ciɔ51ʃiɔ21chiãr34Øi21khuɐr51ʃaŋ51tiɛ51Øiŋ00Øyɐr51chy0khɛ̃51liou55sɛ̃21tʃiər34. b. tʃə51khuɐr51tiɛ51Øiŋ34tha21khɛ51lə0.
长岛	a. 招呼小强一堆儿上电影院看《刘三姐》。 b. 这个电影他看过。 a. tʃau52xu0ʃau21chiaŋ35Øi55tər31ʃaŋ52tian52Øiŋ21Øyan52khan52liou55san31tʃiɛ213. b. tʃə52kə0tian52Øiŋ21tha31khan52kuə0.

0007. 你把碗洗一下。

芝罘	你把碗刷一刷。n̠i21pa33Øuan21sua21Øi0sua0.

福山	你把碗刷吧。n̪i21pa33Øuan21sua21pa0.
栖霞	你把碗刷刷。n̪i21pa34Øuãn214sua52sua0.
龙口	你把碗刷刷。n̪i55pa53Øuan55sua53sua0.
蓬莱	你把碗刷一下。n̪i21pa21Øuan35ʃua31Øi0çia0.
招远	你把碗刷刷。n̪i55pa53Øuan55sua53sua0.
莱州	你把碗刷一下。n̪i55pa55Øuã55sua21Øi55çia0.
海阳	你把碗刷刷。n̪i21pa21Øuãn21ʂua34ʂua0.
牟平	你把碗刷刷。n̪i21pa55Øuan21sua55sua0.
莱阳	你把碗刷刷。n̪i55pa51Øuɛ̃21sua51sua0.
长岛	你把碗刷一下。n̪i21pa21Øuan21sua21Øi0çia0.

0008. 他把橘子剥了皮，但是没吃。

芝罘	他把橘子皮剥了，没吃。 tha53pa21tçy21rə0phi33pa21lə0，mo33tçhi214.
福山	他把橘子剥皮了，但是没歹。 tha53pa21cy33Øər0pa21phi33lə0，tan53sʅ0mo33tai214.
栖霞	他把橘子剥了皮儿了，没歹。 tha52pa34cy21lə0pa34Øə0phiər34lə0，mei52tɛi214.
龙口	他把橘子剥儿皮儿，但是没逮。 tha55pa53cy35tsʅ0par35phiər35，tan35sʅ0mei53tɛ55.
蓬莱	他把橘子皮儿扒了，就是没歹。 ta31pa21cy31Øə0phiər55pa35lə0，tsiəu52sʅ0mei21tai214.
招远	他把橘子剥儿皮儿，但是没歹。 tha55pa53cy35tsʅ0par35phiər35，tan35sʅ0mei53tɛ55.

· 303 ·

莱州	他把橘子剥了皮儿，但是没吃。 tha213pa53tɕy55tsʅ0pa213lə0phiər53，tã213sʅ0mei53tʂʅ55.
海阳	他把橘子剥了皮，没吃。 tha52pa21cy34Ø ə0pa21Ø ə0phi34，mə34tshʅ214.
牟平	他把橘儿剥儿皮儿了，没歹。 tha51pa21cy21Ø ə0pa21Ø ə0phiər553lə0，mo131tai214.
莱阳	他把橘子剥了皮儿，没吃。 tha21pa51cy21tsʅ0pa21lə0phiər442，mə51tʃhʅ34.
长岛	他把橘子扒了，可没吃。 tha31pa21cy52tsʅ0pa21lə0，khə21mei31tʃhʅ213.

0009. 他们把教室都装上了空调。

芝罘	他们把教室都安上空调了。 tha53mən0pa21tɕiau33ɕi21tou33Øan53ɕiaŋ33khuŋ53thiau33lə0.
福山	他们把教室都安上空调了。 tha53mən0pa21ciau53ɕi33təu53Øan53ɕiaŋ0khuŋ53thiau33lə0.
栖霞	他们把教室安儿空调了。 tha52mən0pa52ciɔo34ʃʅ3120Øān34Ø ə0khuŋ52thiɔo34lə0.
龙口	他们把教室都安上儿了空调。 tha55mən0pa53ciɔ53ʃi214təu55Øan53xãr55khuŋ35thiɔ53.
蓬莱	人家把教室全装上了空调。 Øiən55ci0pa35ciau52ʃi52tʃhan55tʃuaŋ31ʃaŋ0lə0kuŋ31thiau55.
招远	他们把教室都安上儿了空调。 tha55mən0pa53ciɔ53ʃi214təu55Øan53xãr55khuŋ35thiɔ53.
莱州	他们把教室全安上了空调。

	tha213me0pa55tɕiɔ213ʂɿ0tɕhyã53Øã213aŋ53liɔ0khuŋ213thiɔ53.
海阳	他们把教室都安上空调了。 tha52mən0pa21ciɔ52sɿ34təu34Øãn52saŋ0khuŋ52thiɔ34lə0.
牟平	他们把教室都安上了空调。 tha51mən0pa21ciau51ɕi131tou51Øan51ɕiaŋ0lə0khuŋ553thiau131.
莱阳	他们把教室安上了空调。 tha51mə0pa21ciɔ51ʃɿ00ɛ̃51ʃaŋ21lə0khuŋ21thiɔ442.
长岛	他们把教室都装上了空调。 tha31mən0pa21ciau52ʃɿ52tou52tsuaŋ31ʃaŋ0lə0khuŋ31thiau55.

0010. 帽子被风吹走了。

芝罘	帽子叫风刮跑了。mau33ɾə0tɕiau33fəŋ53kua53phau21lə0.
福山	帽子叫风刮走了。mau33Øəɾ0ciau33fəŋ53kua33tsəu21lə0.
栖霞	帽子叫风刮儿跑了。mɔɔ55lə0ciɔɔ34fəŋ52kuar34phɔɔ21lə0.
龙口	帽子叫风吹跑了。mɔ55tsɿ0ciɔ53fəŋ35tshuei35phɔ35lə0.
蓬莱	帽子叫风刮跑了。mau52Øə0ciau52fəŋ31kua31phau35lə0.
招远	帽子叫风吹跑了。mɔ55tsɿ0ciɔ53fəŋ35tshuei35phɔ35lə0.
莱州	帽子叫风刮跑了。mɔ55tsɿ0tɕiɔ55fəŋ213kua53phɔ55lə0.
海阳	帽子叫风刮去。mɔ34Øə0ciɔ34fəŋ52kua21chy0lə0.
牟平	帽子叫风刮跑了。mau21tə0ciau131fəŋ51kua21phau21lə0.
莱阳	帽子叫风刮跑了。mɔ34tsɿ0ciɔ51fəŋ21kua34phɔ21lə0.
长岛	帽子叫风刮走了。mau52tsɿ0ciau52fəŋ31kua21tsou21lə0.

0011. 张明被坏人抢走了一个包，人也差点儿被打伤。

芝罘	张明儿叫坏人把包儿抢走了，人也差一点儿叫人家打了。 tɕiaŋ53miɚ̃33tɕiau33xuɛ33Øin53pa21paur53tɕhiaŋ21tsou21lə0， Øin53Øie21tsha53Øi0tiɚ21tɕiau33Øin33tɕia0ta21lə0.
福山	张明叫坏人抢走了个包儿，人也差么点儿被打伤。 tɕiaŋ53miŋ33ciau33xuai33Øin53tɕhiaŋ21tsou21lə0kə0paur53， Øin53Øie21tsha33mə0tiɚ21pei33ta21ɕiaŋ53.
栖霞	张明儿叫坏人抢了一个包儿，人也差么点儿被打坏了。 tʃaŋ52miɚ̃r34ciɔo52xuɛi52Øĩn52tʃhaŋ21lə0Øi21kə0pɔor312，Øin52 Øie21tsha34mə0tiɚ21pei52ta21xuɛi34lə.
龙口	张明叫坏人抢走儿一个包儿，人也系么儿被打伤。 tʃaŋ55miŋ53ciɔ53xuɛ53Øin35tʃhaŋ53tsəur55Øi55kə0pɔr35，Øin55 Øiɛ0çi55mɚ35pei53ta55ʃaŋ35.
蓬莱	张明叫断道的抢走了包儿，人差点儿被打伤。 tʃaŋ31miŋ55ciau52tan35tau52lei0tʃhaŋ35tsəu35lə0paur313，Øiən55 tʃha52tiɚ0pei52ta35ʃaŋ313.
招远	张明叫坏人抢走儿一个包儿，人也系么儿被打伤。 tʃaŋ55miŋ53ciɔ53xuɛ53Øin35tʃhaŋ53tsəur55Øi55kə0pɔr35，Øin55 Øiɛ0çi55mɚ35pei53ta55ʃaŋ35.
莱州	张明叫坏人抢跑了一个包儿，人也差点儿被打伤。 tʂaŋ213miŋ53tɕiɔ53xuɛ53Øie53tshiaŋ53phɔ55lə0Øi53kə0pɔr213， Øie53Øiɔ53tsha213tɚ0pei53ta55ʂaŋ213.
海阳	张明儿叫坏人抢了个包儿，人差么点儿被打伤。 tsaŋ52miɚ̃r34ciɔ34xuɛ34Øĩn52tshiaŋ21lə0kə0pɔr52，Øin52tʃha34 mə0tiɚ214pei34ta21saŋ52.
牟平	张儿明儿叫坏人抢儿个包儿，人也差么点儿叫人家打伤。

	tɕiɑr51mər553ciɑu131xuai131Øin0tɕhiãr21lə0kə0pɑur51，Øin51Øie21tsha131məØtiɐr21ciɑu131Øin53ciɑ0ta21ɕiaŋ51.
莱阳	张明儿叫坏人抢了个包儿，人也差么点儿被打坏了。 tʃaŋ21miər34ciɔ51xuɛ51Øiə0tʃhaŋ21lə0kə0pɔr214，Øiə34Øiɛ0tsha55məØtiɐr0pei51ta21xuɛ34lə0.
长岛	张明叫坏人抢走了个包儿，人也差么点儿被打坏了。 tʃaŋ31miŋ55ciɑu52xuai52Øin0tʃhaŋ35tsou21lə0kə0pɑur31，Øin55Øiɛ21tsha31tiɐr21pei52ta21xuai52lə0.

0012. 快要下雨了，你们别出去了。

芝罘	好下雨了，恁都别出去了。 xɑu21ɕia33Øy21lə0，nan21tou53paɛ33tɕhy21tɕhy33lə0.
福山	好下雨了，你们别出去了。 xɑu21ɕia33Øy21lə0，n̺i21mən0pie33tɕhy21chy0lə0.
栖霞	就要下雨了，恁别出去了。 tʃiəu34Øiɔo0ɕia52Øy21lə0，nən21pɛi34tʃhy21chy0lə0.
龙口	快下雨了，你们别出去了。 khuɛ35ɕia53Øy35lə0，n̺i35mən0pɛ35tʃhy35chy0lə0.
蓬莱	快下雨了，你们别出去了。 khuai52ɕia52Øy35lə0，n̺i35mən0pai31tʃhy35chy0lə0.
招远	快下雨了，你们别出去了。 khuɛ35ɕia53Øy35lə0，n̺i35mən0pɛ35tʃhy35chy0lə0.
莱州	快下雨了，恁别出去了。 khɛ53ɕia53Øy55lə0，ne55pɛ53tʂhu213tɕhy0lə0.
海阳	快下雨了，恁别出去了。 khuɛ34ɕia34Øy21lə0，nən21pɛ34tshu21chy0lə0.

牟平	好下雨了，俫别出去了。 xɑu21çia55Øy21lə0，na21po0tçhy21chy0lə0。
莱阳	快下雨了，你们不要出去了。 khuɛ51çia55Øy21lə0，i21mə0pu34Øiɔ0tʃhu21chy0lə0。
长岛	要下雨了，你们别出去了。 Øiau52çia52Øy21lə0，ȵi21mən0pai52tʃhy21chy0lə0。

0013. 这毛巾很脏了，扔了它吧。

芝罘	这个手巾够儿脏了，丢儿吧。 tçie33kə0çiou21tçin0kour33tsaŋ53lə0，tiour53pa0。
福山	这手巾太脏了，扔儿吧。 tçie33çiəu21cin53thai33tsɑŋ53lə0，lɚ53pa0。
栖霞	这手巾太口拉了，扔了吧。 tʃə52ʃəu21cin0thɛ52pha21la0lə0，xəŋ52Øə0pa0。
龙口	这个手巾太肮脏了，快夯儿吧。 tʃə53kə0ʃəu35cin0thɛ35Øaŋ53tsaŋ35lə0，khuɛ35xər53pa0。
蓬莱	手巾来得了，锚了吧。 ʃəu35ciən0lai31tei0lə0，mau31lə0pa0。
招远	这个手巾太肮脏了，快夯儿吧。 tʃə53kə0ʃəu35cin0thɛ35Øaŋ53tsaŋ35lə0，khuɛ35xər53pa0。
莱州	这手巾肮脏了，撂了它吧。 tʂə53ʂəu55tçie0Øaŋ213tsaŋ0lə0，liɔ55lə0tha213pa0。
海阳	这手巾真口拉，扔了吧。 tsə34səu21tsiãn52tsən52pha21la0，xəŋ52lə0pa0。
牟平	这手巾真脏，丢儿吧。

	tɕie51ɕiou21cin0tɕin131tsaŋ51, tiour51pa0.
莱阳	这个毛巾脏了,撂了吧。 tʃə34kə0ʃou21ciɛ0tsaŋ51lə0, liɔ51ə0pa0.
长岛	这龙披太脏了,扔了吧。 tʃə52luŋ55phei0thai52tsaŋ31lə0,ləŋ31lə0pa0.

0014. 我们是在车站买的车票。

芝罘	俺是在车站买的票。 Øan21sʅ53taɛ33tɕhie53tsan33maɛ21ti0phiau33.
福山	俺待车站买的车票。 Øan21tai33tɕhie53tsan33mai21ti0tɕhie53phiɑu33.
栖霞	俺是待车站买的票。Øãn21sʅ52tɛi52tʃhiɛ34tʃãn52mɛi21ti0phiɔ52.
龙口	我们是在车站买的票。 Øuə35mən0sʅ53tsɛ35tshə55tsan214mɛ35ti0phiɔ214.
蓬莱	俺大伙儿在车站买的票。 Øan35ta52xuər35tsai52tʃhɛ31tʃan52mai35ti0phiau52.
招远	我们是在车站买的票。 Øuə35mən0sʅ53tsɛ35tshə55tsan214mɛ35ti0phiɔ214.
莱州	俺是在车站买的票。Øã55sʅ53tsɛ55tʂhə213tsã53mɛ55ti0phiɔ53.
海阳	俺是待车站买的票。Øãn21sʅ0tɛ34tshə52tsãn34mɛ21ti0phiɔ34.
牟平	俺待车站买的票。Øan21tai131tɕhie51tsan131mai21ti0phiɑu131.
莱阳	俺在车站买的票。Øɛ34tsɛ51tʃhiɛ21tsɛ51mɛ21tə0phiɔ51.
长岛	俺是在车站买的票。 Øan21sʅ52tsai52tʃhiɛ31tsan52mai21tə0phiau52.

0015. 墙上贴着一张地图。

芝罘	墙上贴着一张地图。tɕiaŋ33ɕiaŋ0thie21rə0Øi33tɕiaŋ0ti53thu33.
福山	墙上贴儿张地图儿。tɕiaŋ33ɕiaŋ0thiɚ21tɕiaŋ0ti53thur33.
栖霞	墙上贴儿张地图儿。tʃhaŋ34ʃaŋ0thiɛ21Øər0tʃaŋ0ti34thur34.
龙口	墙上挂着一张地图儿。tʃhaŋ55xaŋ0kua53tʃə0Øi55tʃaŋ35ti53thur55.
蓬莱	墙上贴张地图。tʃhaŋ55ʃaŋ0thiɛ35tʃaŋ0ti52thu55.
招远	墙上挂着一张地图儿。tʃhaŋ55xaŋ0kua53tʃə0Øi55tʃaŋ35ti53thur55.
莱州	墙上贴着张地图儿。tɕiaŋ55ʂaŋ0tiɛ55tsʅ0tʂaŋ213ti53thur53.
海阳	墙上贴儿张地图儿。tshaŋ34saŋ0tiə210ə0tsaŋ52ti52thur34.
牟平	墙上贴儿张地图儿。tɕiaŋ553ɕiaŋ0thiɚ21tɕiaŋ51ti55thur553.
莱阳	墙上贴儿张地图儿。tʃhaŋ34ʃaŋ0thiɛ55Øər0tʃaŋ0ti51thu442.
长岛	墙上贴张地图。tʃhaŋ55ʃaŋ0thiɛ21tʃaŋ0ti52thu55.

0016. 床上躺着一个老人。

芝罘	炕上躺着个老人儿。khaŋ33ɕiaŋ0thaŋ21rə0kə0lau21Øiər53.
福山	炕上躺儿个老人。khaŋ33ɕiaŋ0thar21kə0lau21Øin53.
栖霞	床上躺儿个老人。tshuaŋ34ʃaŋ0thaŋ21Øər0kə0lɔ34Øin312.
龙口	炕上躺着个老人。khaŋ53xaŋ0thaŋ35tʃə0kə0lɔ55Øin35.
蓬莱	炕上躺个老人。khaŋ52ʃəŋ0thaŋ35kə0lau21Øiən55.
招远	炕上躺着个老人。khaŋ53xaŋ0thaŋ35tʃə0kə0lɔ55Øin35.
莱州	床上愜着个老人。tʂhuaŋ55ʂaŋ0tɕhiə213tsʅ0kə0lɔ55Øie0.

海阳	炕上躺儿个老人。khaŋ34saŋ0thaŋ21ØəØkə0lɔ21Øin52.
牟平	炕上躺儿个老人。khaŋ131ɕiaŋ0thar21kə0lau21Øin51.
莱阳	床上躺儿个老人。tshuaŋ34ʃaŋ0thaŋ34Øər0kə0lɔ55Øiə214.
长岛	床上躺个老人。tshuaŋ55ʃaŋ0thaŋ21kə0lau21Øin55.

0017. 河里游着好多小鱼。

芝罘	河里面儿有老些小鱼儿。 xɤ33li21miɐr0Øiou21lau21ɕie53ɕiau21Øyər53.
福山	河里游的老多小鱼。xuo33li0Øiəu53ti0lau21tuo53ɕiau21Øy53.
栖霞	河里老气儿小鱼儿了。xuo34lei0lɔɔ21chiər0ʃiɔɔ34Øyər52lə0.
龙口	河里游着很多小鱼儿。 xuə55li0Øiəu55tʃuə0xən53tuə35ʃɔ55Øyər214.
蓬莱	河里游着老些小鱼儿。 xuə55li0Øiəu55tʃuə0lau55ʃɛ0ʃau21Øyər55.
招远	河里游着很多小鱼儿。 xuə55li0Øiəu55tʃuə0xən53tuə35ʃɔ55Øyər214.
莱州	河里游着木些儿多的小鱼儿。 xuə55lɛ0Øiəu55tsʅ0mu53sər0tuə213ti0siɔ55Øyər53.
海阳	河里老鼻子小鱼儿了。xuo34li0lɔ21pi34Øə0siɔ21Øyər52lə0.
牟平	河里有老儿鼻儿小鱼儿在那儿游。 xuo553li0Øiou21laur21piər553ɕiau21Øyər51tsai131n̠ie55Øiou51.
莱阳	河里头老鼻儿小鱼儿了。xə51li21thou0lɔ34piər21ʃiɔ21Øy51le0.
长岛	河里游着老些小鱼。xə55li0Øiou55tʃə0lau55ɕiɛ0ʃau21Øy55.

• 311 •

0018. 前面走来了一个胖胖的小男孩。

芝罘	前面儿走过来一个胖小子。 tɕian33miɚ0tsou21kuo0laɛ00i33kə0phaŋ33ɕiau21rə0.
福山	前面走过来一个挺胖的小小儿。 tɕhian33mian0tsəu21kuo33lai00i21kə0thiŋ21phaŋ33ti0ɕiau55ɕiɑur214.
栖霞	前面儿来儿个大胖小子。 tʃhiãn34miɚ0lɛi520ər0kə0ta52phaŋ34ʃiɔo21lə0.
龙口	前面儿走过来一个胖小子。 tʃhan55mɐr0tsəu35kuə0lɛ00i55kə0phaŋ53ʃɔ35sʅ0.
蓬莱	前面儿来个大胖小子。 tʃhan55miɚ0lai55kə0ta52phaŋ52ʃau35sʅ0.
招远	前面儿走过来一个胖小子。 tʃhan55mɐr0tsəu35kuə0lɛ00i55kə0phaŋ53ʃɔ35sʅ0.
莱州	前边儿走来个胖墩儿墩儿的小小子。 tɕhiã55piɚ0tsəu55lɛ0kə0paŋ213tər0tər0ti0siɔ53siɔ55sʅ0.
海阳	前头来儿个胖小儿。tshiãn34thəu0lɚ52kə0phaŋ34siɔ210ə0.
牟平	前头儿来儿个小胖小儿。 tɕhian553thou0lɚ51kə0ɕiau21phaŋ55ɕiɑur214.
莱阳	前旁儿来了个大胖小子。 tʃhiɛ34phar0lɛ51lə0kə0ta55phaŋ55ʃiɔ21tsʅ0.
长岛	前面儿来了个胖小子。 tʃhan55miɚ0lai55lə0kə0phaŋ52ʃau21tsʅ0.

第三章　语法　◆◇◆

0019. 他家一下子死了三头猪。

芝罘	他家一下死了三口猪。 tha53tɕia53Øi21ɕia33sʅ21lə0san53khou21tɕy53.
福山	他家大不巧儿死儿三个猪。 tha33cia53ta33pu0tɕhiɑur33ʂʅ21san53kə0tɕy53.
栖霞	他家儿一堆儿死了三口猪。 tha21ciar52Øi34tər21sʅ21lə0sān52khəu34tʃy312.
龙口	他家儿一下子死了三个猪。 tha55ciar35Øi55ɕia55tsʅ0sʅ35lə0san35kə0tʃy35.
蓬莱	他家一堆儿死了三头猪。 tha55cia31Øi35tər31sʅ35lə0san31thəu55tʃy313.
招远	他家儿一下子死了三个猪。 tha55ciar35Øi55ɕia55tsʅ0sʅ35lə0san35kə0tʃy35.
莱州	他家一块儿死了三头猪。 tha55tɕia213Øi55khuɐr53sʅ213lə0sã213təu0tʂhu213.
海阳	他家一下死了三个猪。tha34cia52Øi21ɕia34sʅ21lə0θãn52kə0tʃy52.
牟平	他家一堆儿死了三猪。tha51cia51Øi21tər214sər21sa51tɕy51.
莱阳	他家儿一齐儿死了三头猪。 tha55ciar34Øi21chiər51sʅ21lə0sɛ21thou51tʃu214.
长岛	他家一下死了三头猪。tha31cia52Ø i35ɕia0sʅ21lə0san31thou0tʃy31.

0020. 这辆汽车要开到广州去。/这辆汽车要开去广州。

芝罘	这领车得上广州。 tɕie33liŋ21tɕhie53tə21ɕiaŋ0kuaŋ21tɕiou0.
福山	这领汽车要开儿广州去。

· 313 ·

栖霞	这领车想开儿广州去。 tɕie33liŋ21chi33tɕhie53Øiau33khɐr53kuaŋ21tɕiəu0chy33.
龙口	这辆汽车要开儿广州。 tʃə52liŋ21tʃhie52ʃaŋ34khɐr52kuaŋ21tʃəu0chy0.
蓬莱	这辆汽车要去广州。 tʃə53liŋ55chi53tʃhə35Øiɔ53khɐr35kuaŋ35tʃəu53.
招远	这辆汽车要去广州。 tʃɛ52liŋ52chi52tʃhɛ31Øiau52chy52kuaŋ35tʃəu0.
莱州	这辆汽车要开儿广州。 tʃə53liŋ55chi53tʃhə35Øiɔ53khɐr35kuaŋ35tʃəu53.
海阳	这辆汽车要开到广州去。 tʂə213liaŋ0tɕhi53tʂhə213Øiɔ53kɛ213tɔ0kuaŋ35tʂəu0tɕhy0.
牟平	这辆车要开到广州去。 tsə34liŋ21tshə52Øiɔ34khɛ52tɔ0kuaŋ21tsəu34chy0.
莱阳	这领车得上广州。 tɕie51liŋ21tɕhie51tai0ɕiaŋ131kuaŋ21tɕiou0.
长岛	这辆车要开到广州去。 tʃə51liŋ34tʃhie21Øiɔ51khɛ21tɔ0kuaŋ21tʃou0chy0.
长岛	这辆车要往广州开。 tʃə52liaŋ52tʃhie31Øiau52Øuaŋ21kuaŋ21tʃou0khai31.

0021. 学生们坐汽车坐了两整天了。

芝罘	这些学生坐儿两天两宿车。 tɕie33ɕie0ɕyɛ33səŋ0tsuor33liaŋ21thian53liaŋ21ɕy21tɕhie53.
福山	学生们坐儿两天车了。 ɕyɛ33səŋ0mən0tsuor33liaŋ21thian53tɕhie53lə0.

栖霞	学生们坐车坐儿两天了。 çyɛ34səŋ52mə̃n0tsuo34tʃhiɛ52tsuo34θər0liaŋ34thiān52lə0.
龙口	学生们坐儿两天汽车了。 çye55səŋ0mən0tsuʏr55liaŋ55thian35chi53tʃhə35lə0.
蓬莱	学生们整整坐了两天汽车。 çya55səŋ0mən0tʃəŋ21tʃəŋ0tsuə52lə0liaŋ55thian31chi52tʃhɛ31.
招远	学生们坐儿两天汽车了。 çye55səŋ0mən0tsuʏr55liaŋ55thian35chi53tʃhə35lə0.
莱州	学生们坐汽车整整坐了两天了。 çya55ʂəŋ0mẽ0tsua53tɕhi53tʂhə213tʂəŋ55tʂəŋ0tsuə55lə0liaŋ55 thiã213lə0.
海阳	学生们坐车坐了两天了。 çyə34səŋ52mə̃n0tθuo34tshə52tθuo34lə0liaŋ21thiān52lə0.
牟平	这些学生坐车坐了两天了。 tɕie51çie0çyo553səŋ0tsuo131tɕhie51tsuo131lə0liaŋ21thian51lə0.
莱阳	学生坐车整整坐儿两天。 çyɛ34səŋ0tsuo55tʃhiɛ21tʃəŋ21tʃəŋ0tsuor51liaŋ55thiɛ214.
长岛	学生坐车坐了两天整。 çyə55səŋ0tsuə52tʃhiɛ31tsuə52lə0liaŋ55thian31tʃəŋ213.

0022. 你尝尝他做的点心再走吧。

芝罘	你尝尝他做的果子再走吧。 n̻i21tɕhiaŋ33tɕhiaŋ0tha21tsou33ti0kuo21rə0tsaɛ33tsau21pa0.
福山	你尝尝他做的果子再走吧。 n̻i21tɕhiaŋ33tɕhiaŋ0tha53tsou33ti0kuo21θər0tsai33tsəu21pa0.

栖霞	你尝尝他做的大果再走吧。 ɲi21tʃhaŋ34tʃhaŋ0tha0tsəu52tə0ta34kuo21tsɛi52tsəu21pa0.
龙口	你尝尝他做的果子再走吧。 ɲi55tʃhaŋ53tʃhaŋ0tha55tsəu53ti0kuə35tsɿ0tsɛ53tsəu35pa0.
蓬莱	你尝尝他做的点心再走。 ɲi21tʃhaŋ55tʃhaŋ0tha31tsəu52li0tian35ʃən0tsai52tsəu214.
招远	你尝尝他做的果子再走吧。 ɲi55tʃhaŋ53tʃhaŋ0tha55tsəu53ti0kuə35tsɿ0tsɛ53tsəu35pa0.
莱州	你尝尝他做的点心再走吧。 ɲi55tʂhaŋ53tʂhaŋ0tha213tsəu53ti0tiã35siẽ0tsɛ213tsəu55pa0.
海阳	你尝尝他做的果子再走吧。 ɲi21tshaŋ34tshaŋ0tha52tθəu34tə0kuo21ɵə0tsɛ34tθəu21pa0.
牟平	你尝尝他做的馃子再走。 ɲi21tɕhiaŋ553tɕhiaŋ0tha51tsou131tə0kuo21tə0tsai131tsou214.
莱阳	你尝尝他做的果子再走吧。 ɲi21tʃhaŋ34tʃhaŋ0tha21tauo51tə0kuo21tə0tsɛ51tsou21pa0.
长岛	你尝尝他做的果子再走。 ɲi21tʃaŋ55tʃhaŋ0tha31tsuə52tə0kuə21tsɿ0tsai52tsou213.

0023. a. 你在唱什么？b. 我没在唱，我放着录音呢。

芝罘	a. 你在那儿唱的什么？b. 我没唱，放的录音。 a. ɲi21taɛ33ɲiɐr0tɕhiaŋ53ti0ɕin33mə0? b. Øuo21mo53tɕhiaŋ33, faŋ33ti0lu33Øin53.
福山	a. 你在唱什么？b. 我没唱，我在放录音。 a. ɲi21tsai33tɕhiaŋ53ɕin33mə0? b. Øuo21mo53tɕhiaŋ33, Øuo21tsai33faŋ33lu33Øin53.

第三章　语法

栖霞	a. 你待那儿唱什么？b. 我没唱，我放的录音。 a. ȵi21tɛi34ȵiɐr21tʃhaŋ52ʃən34mə0？ b. Øuo21mei34tʃhaŋ52，Øuo21faŋ52tə0lu34Øin312.
龙口	a. 你在唱什么？b. 我没唱，我在放录音。 a. ȵi55tsɛ53tʃhaŋ53ʃi53mə0？ b. Øuə55mei53tʃhaŋ214，Øuə55tsɛ53faŋ53lu53Øin35.
蓬莱	a.你唱什么？b.我没唱，放录音。 a.ȵi35tʃhaŋ52ʃən52mə0？ b.Øuə21mei55tʃhaŋ52，faŋ52lu52Øiən313.
招远	a. 你在唱什么？b. 我没唱，我在放录音。 a. ȵi55tsɛ53tʃhaŋ53ʃi53mə0？ b. Øuə55mei53tʃhaŋ214，Øuə55tsɛ53faŋ53lu53Øin35.
莱州	a. 你在唱什么？b. 我没唱，我在放录音。 a. ȵi55tsɛ55tʂhaŋ213ʂẽ55mə0？ b. Øuə55mei55tʂhaŋ53，Øuə55tsɛ55faŋ213lu55Øiẽ213.
海阳	a. 你待唱什么？b. 我没唱，我待放录音。 a. ȵi21tɛ34tshaŋ52saŋ34mə0？ b. Øuo21mə34tshaŋ34，Øuo21tɛ34faŋ52lu34Øin52.
牟平	a. 你在唱么？b. 俺没唱，放的录音。 a. ȵi21tsai131tɕhiaŋ131mo131？ b. Øan21mo51tɕhiaŋ131，faŋ131tə0lu131Øin51.
莱阳	a. 你待唱什么歌儿？b. 我没唱，我放了录音。 a. ȵi21tɛ51tʃhaŋ51ʃɛ34mə0kuor214？ b. Øuo55mo21tʃhaŋ51，Øuo21faŋ51lə0lu55Øiə214.
长岛	a. 你唱什么？b. 我没唱，我在放录音呢。 a. ȵi21tʃhaŋ52ʃən52mə0？

b. Øuə21mei55tʃhaŋ52，Øuə21tsai52faŋ52lu55Øin31nə0.

0024. a. 我吃过兔子肉，你吃过没有？b. 没有，我没吃过。

芝罘	a. 我歹兔子肉，你歹没歹过？b. 我没歹过。 a. Øuo33taɛ21thu33rə0Øiou33，n̠i33taɛ21mo0taɛ21kuo0？ b. Øuo21mo33taɛ21kuo0.
福山	a. 我歹过兔子肉，你歹过没有？b. 我没歹。 a. Øuo21tai21kuo0thu33Øər0Øiou33，i21tai21kuo0mo53Øiəu0？ b. Øuo21mo53tai214.
栖霞	a. 我歹过兔子肉，你歹了没有？b. 没有，我没歹过。 a. Øuo21tɛi21kuo0thu52Øə0Øiəu52，n̠i34tɛi21lə0mei52Øiəu214？ b. mei52Øiəu214，Øuo21mei52tɛi21kuo0.
龙口	a. 我逮过兔子肉，你逮没逮？b. 我没逮。 a. Øuə55tɛ55kuə0thu53tsɿ0Øiəu214，n̠i55tɛ55mei53tɛ55？ b. Øuə55mei53tɛ55.
蓬莱	a. 我歹过兔子肉，你歹没歹？b. 没歹。 a. Øuə21tai35kuə0thu52Øə0Øiəu52，n̠i35tai35mei55tai214？ b. mei55tai214.
招远	a. 我歹过兔子肉，你歹没歹？b. 我没歹。 a. Øuə55tɛ55kuə0thu53tsɿ0Øiəu214，n̠i55tɛ55mei53tɛ55？ b. Øuə55mei53tɛ55.
莱州	a. 我吃过兔子肉，你吃过没有？b. 没有，我没吃过。 a. Øuə55tʂʅ55kuə0thu53tsɿ0Øiəu213，n̠i55tʂʅ55kuə0mei53Øiəu55？ b. mei53Øiəu55，Øuə55mə53tʂʅ55kuə0.
海阳	a. 我吃过兔子肉，你吃没吃过？b. 我没吃过。

	a. Øuo21tshʅ21kuo0thu34θə00iəu34, n̠i21tshʅ21mə0tshʅ21kuo0？
	b. Øuo21mə34tshʅ21kuo0.
牟平	a. 俺歹兔子肉来，你歹了么？b. 俺没歹。
	a. Øan21tai21thu131tə00iou131lai0, n̠i21tai21lə0mə0？
	b. Øan21mo55tai214.
莱阳	a. 我吃过兔子肉来，你吃没吃？b. 俺没吃。
	a. Øuo21tʃhʅ55kuo0thu51tsʅ00iou51lɛ0, n̠i55tʃhʅ2 mə0tʃhʅ214？
	b. Øɛ34mə55tʃhʅ214.
长岛	a. 我吃过兔子肉，你吃过吗？b. 没吃过。
	a. Øuə21tʃhʅ21kuə0thu52tsʅ00iou52, n̠i21tʃhʅ21kuə0ma0？
	b. mei55tʃhʅ21kuə0.

0025. 我洗过澡了，今天不打篮球了。

芝罘	我洗了澡儿，今儿不打篮球了。 Øuo33ɕi21lə0tsaur21, tɕiər53pu33ta21lan53tɕhiou33lə0.
福山	俺洗儿澡了，今儿不打篮球了。 Øan21ɕiər55tsɑu21lə0, ɕiər53pu55ta21lan53chiəu33lə0.
栖霞	我洗儿澡儿了，今儿不打篮球了。 Øuo21ʃiər34tsɔor21lə0, ɕiər52pu34ta21lãn34chiəu34lə0.
龙口	今日我洗儿澡儿了，不打篮球了。 ci35θi55uə55ʃər35tsɔr35lə0, pu53ta55lan53chiəu35lə0.
蓬莱	俺洗澡了，不打球了。Øan35ʃi35tsɑu21lə0, pu52ta21chiəu55lə0.
招远	今日我洗儿澡儿了，不打篮球了。 ci35θi55uə55ʃər35tsɔr35lə0, pu53ta55lan53chiəu35lə0.
莱州	我洗过澡了，今日不打篮球儿了。 Øuə55si55kuə0tsɔ55lə0, tɕi213θi0pu55ta55lã53tɕhiəur53lə0.

海阳	我洗儿澡了，今不打篮球了。 Øuo21ɕi21Ø∂0tsɔ21lə0, ɕi52pu21ta21lãn52chiəu34lə0.
牟平	俺洗了澡了，今儿不打篮球了。 Øan21ɕiər21tsau21lə0, ɕiər51pu21ta21lan51chiou553lə0.
莱阳	我才洗儿澡了，不去打篮球了。 Øuo21tshɛ34ʃiər21tsɔ21lə0, pu34chy0ta21lɛ51chiou34lə0.
长岛	我洗澡了，今天不打篮球了。 Øuə21ʃʅ35tsaur21lə0, cin55thianØpu55ta21lan52chiou55lə0.

0026. 我算得太快算错了，让我重新算一遍。

芝罘	我算得太快算错了，再来一遍。 Øuo21san33tə0thaɛ33khuaɛ33san53tshuo33lə0, tsaɛ53laɛ33Øi21pian33.
福山	我算得太快了，算错了，叫我再算算。 Øuo21san33ti0thai33khuai33lə0, san33tshuo33lə0, ɕiɑu33Øuo0tsai33san33san0.
栖霞	我算得太快算差了，叫我再算一遍。 Øuo21sãn52tə0thɛi52khuɛi52sãn52tʃha52lə0, ɕiɔɔ52Øuo21tsɛi52sãn52Øi0piãn52.
龙口	我算得太快算错了，那我再算算。 Øuə55san53ti0thɛ35khɛ214san53tshuə53lə0, na35Øuə55tsɛ35san53san0.
蓬莱	算得快弄错了，我再算一遍。 san52li0khuai52nuŋ52tshuə52lə0, Øuə35tsai52san52Øi0pian52.
招远	我算得太快算错了，那我再算算。 Øuə55san53ti0thɛ35khɛ214san53tshuə53lə0, na35Øuə55tsɛ35

第三章 语法

	san53san0.
莱州	我算的忒快了算错了，叫我再算一遍儿。 Øuɑ55suã53ti0thei213khɛ53lə0suã213tsuə53lə0，tɕiɔ53Øuə0tsɛ213suã53Øi0piɐr0.
海阳	我算得快了，算错了，我再另算遍。 Øuo21θãn34ti0khuɛ34lə0，θãn52tshuo34lə0，Øuo21tsɛ34liŋ52θãn34piãn0.
牟平	俺算得太快算错了，叫俺再算一遍。 Øan21san131tə0thai51khuai131san51tshuo131lə0，ciɑu131Øan21tsai131san131Øi21pian131.
莱阳	我算得太快了，我再算一遍。 Øuo21sɛ51tə0thɛ21khuɛ51lə0sɛ51tshuo51lə0，Øuo21tsɛ51sɛ51Øi0piɛ51.
长岛	我算得太快了，算错了，我另算一遍吧。 Øuə21san52tə0thai52khuai52lə0，san52tshuə52lə0，Øuə21liŋ52san52Øi35pian52pa0.

0027. 他一高兴就唱起歌来了。

芝罘	他一高兴就唱起来了。 tha53Øi33kau53ɕiŋ33tɕiou53tɕhiaŋ33tɕhi0laɛ33lə0.
福山	他一欢气就唱起来了。 tha53Øi21xuan53chi0tɕiəu33tɕhiaŋ33chi21lai0lə0.
栖霞	他一欢气就唱歌儿。tha34Øi0xuãn52chi34tʃiəu52tʃhaŋ34kuor312.
龙口	他一欢气就唱起歌了。 tha55Øi55xuan53chi55tʃəu53tʃhaŋ53chi0kuɤr35lɛ35lə0.
蓬莱	他一高兴就唱起歌儿了。

· 321 ·

	tha31Øi21kau31çiŋ52tʃəu52tʃhaŋ52chi0kuər31lə0.
招远	他一欢气就唱起歌了。 tha55Øi55xuan53chi55tʃəu53tʃhaŋ53chi0kuɤr35lɛ35lə0.
莱州	他一高兴就唱起歌来。 tha213Øi55kɔ213çiŋ0tçiəu53tʂhaŋ53tçi0kə213lɛ0.
海阳	他一欢气就唱歌儿。tha21Øi34xuãn52chi0tsiəu52tshaŋ34kuor52.
牟平	他一欢气就唱起来了。 tha51Øi21xuan51chi0tçiou131tçhiaŋ131chi21lai0lə0.
莱阳	他兴奋地唱起歌儿来了。 tha21çiŋ51fɛ̃0tə0tʃhaŋ51chi0kuor21lɛ34lə0.
长岛	他一高兴就唱起来了。 tha31Øi0kau31çiŋ52tʃou52tʃhaŋ52chi35lai0lə0.

0028. 谁刚才议论我老师来着？

芝罘	才刚儿谁在那儿说俺老师？ tshaɛ33kar53suei33taɛ33n̠iɛr53suo21Øan33lau21sʅ53?
福山	谁刚刚儿论计俺老师来？ suei33kaŋ53kãr0lən33ci0Øan21lau21sʅ53lai0?
栖霞	谁才么眼儿#啦俺老师？ ʃyɛ34tshei34mə0Øiɛr214tsha34la0Øãn34lɔɔ34sʅ312?
龙口	谁才刚儿茬咕俺老师来呀？ ʃyɛ53tshɛ53kãr35tsha35ku0Øan55lɔ55sʅ0lɛ35Øiɛ0?
蓬莱	谁刚才论及俺老师来？ sei55kaŋ31tshai55lən52tʃi0Øan21lau21sʅ0lai0?
招远	谁才刚儿茬咕俺老师来呀？

· 322 ·

	ʃyɛ53tshɛ53kãr35tsha35ku0θan55lɔ55sʅ0lɛ35θiɛ0?
莱州	谁刚才谈论我老师来？ suei53tʂhəŋ213tshɛ53thã55lẽ0θuə55lɔ55sʅ213lɛ0?
海阳	谁刚刚儿磃咕俺老师？ syə34kaŋ34kãr0tʂha21ku0θãn21lɔ21sʅ52?
牟平	谁才说俺老师来？ ɕyɛ553tshai131ɕyɛ21θan55lɑu55sʅ51lai0?
莱阳	谁才喳啦俺老师来？ ʃyɛ34tshɛ21tsha34la0θɛ21lɔ55sʅ0lɛ0?
长岛	刚才谁议论俺老师来？ kaŋ31tshai55sei55θi52lən52θan21lau55sʅ31lai0?

0029. 只写了一半，还得写下去。

芝罘	才写了一半儿，还得写下去。 tshaɛ33ɕie21lə0θi21pɐr33, xan33tə0ɕie21ɕia33tɕhy0.
福山	就写儿一半儿，还得写。 tɕiəu33ɕiɐr21θi21pɐr33, xan33tə0ɕie214.
栖霞	就写了一半儿，还得往下写。 tʃiəu52ʃiɛ21lə0θi34par52, xɛi34tei0θuaŋ34ɕia52ʃie214.
龙口	就写儿一半儿，还得往下写。 tʃəu53ʃɐr35θi55pɐr53, xan53tə0θuɑŋ53ɕia55ʃə55.
蓬莱	才写一半儿，还得写。 tshai55ʃɛ35θi35pɐr52, xai55tɛ0ʃɛ214.
招远	就写儿一半儿，还得往下写。 tʃəu53ʃɐr35θi55pɐr53, xan53tə0θuɑŋ53ɕia55ʃə55.

莱州	就写了一半儿,还得写下去。 tsiəu53siə55lə00i55pɐr53，xɛ53tei0siə55ɕia53tɕhi0.
海阳	就写了一半儿,还得写下去。 tsiəu34siə21lə00i34pɐr34，xãn34tɛ0siə21ɕia0chy0.
牟平	就写儿一半儿,还得写。 tɕiou131ɕie21Ø i21pɐr131，xan553tə0ɕie214.
莱阳	就写一半儿,还得写。 tʃiou51ʃiɛ34Øi21par51，xɛ51tɛ0ʃiɛ34.
长岛	只写了一半儿,还得写。 tʃʅ21ʃiɛ21lə00i55pɐr52，xai55tə0ʃiɛ213.

0030. 你才吃了一碗米饭,再吃一碗吧。

芝罘	你才歹了一碗干饭,再歹一碗吧。 ȵi21tshaɛ33taɛ21lə00i33Øuan21kan53fan0，tsaɛ33taɛ21Øi33Øuan21pa0.
福山	你才歹儿一碗干饭,再歹一碗吧。 ȵi21tshai33tɐr21Øi55Øuan21kan53fan0，tsai33tai21Øi53Øuan21pa0.
栖霞	你才歹儿一碗干饭,再歹一碗儿。 ȵi21tshɛi34tɐr21Øi52Øuãn34kãn52fãn0，tsɛi52tɛi21Øi52Øuɐr214.
龙口	你才逮儿一碗干饭,再逮碗吧。 ȵi55tshɛ53tɐr35Øi53Øuan55kan35fan0，tsɛ35tɛ35Øuan35pa0.
蓬莱	你才歹一碗干饭,再来一碗。 ȵi35tshai55tai35Øi21Øuan35kan31fan0，tsai52lai55Øi21Øuan214.
招远	你才歹儿一碗干饭,再歹碗吧。 ȵi55tshɛ53tɐr35Øi53Øuan55kan35fan0，tsɛ35tɛ35Øuan35pa0.

· 324 ·

莱州	你才吃了一碗干饭，再吃一碗吧。 ȵi55tshɛ53tʂʅ55lə0ʮi55ʮuã55kã213fã53，tsɛ213tʂʅ55ʮi55ʮuã55pa0.
海阳	你才吃了一碗干饭，再吃碗吧。 ȵi21tshɛ34tʂʅ21lə0ʮi34ʮuãn21kãn52fãn0，tsɛ52tʂʅ34ʮuãn52pa0.
牟平	你才歹儿一碗干饭，再歹一碗。 ȵi21tshai55tai21ʮə0ʮi21ʮuan21kan51fan131，tsai131tai21ʮi51ʮuan214.
莱阳	你才吃一碗干饭，再吃碗吧。 ȵi21tshɛ34tʃʅ21ʮi21ʮuɛ21kɛ51fɛ51，tsɛ51tʃʅ21ʮuɛ34pa0.
长岛	你才吃了一碗干饭，再吃一碗吧。 ȵi21tshai55tʃʅ21lə0ʮi52ʮuan21kan52fan52，tsai52tʃʅ21ʮi52ʮuan21pa0.

0031. 让孩子们先走，你再把展览仔仔细细地看一遍。

芝罘	叫孩子先走，你再好儿好儿看一遍。 tɕiau53xaɛ33rə0ɕian53tsou214，ȵi21tsaɛ33xaur33xaur214 khan33ʮi0pian33.
福山	叫孩儿先走，俫再把展览好好儿看看。 ciɑu33xai33ʮər0ɕian53tsəu214，nən21tsai33pa21tɕian21lan0 xɑu21xaur0khan33khan0.
栖霞	让孩子先走，你再把展览好生儿看一遍。 ʮiaŋ34xɛi34lə0ʃian52tsəu214，ȵi21tsɛi52pa21tʃãn21lãn0 xɔɔ21sər52khan52ʮi0piãn52.
龙口	叫孩子们先走，你再把展览详细看一遍。 ciɔ53xɛ55tsʅ0mən0ʃan35tsəu55，

· 325 ·

	ȵi55tsɛ35pa53tʃan35lan0ʃaŋ55ʃi0khan53Øi0pian214.
蓬莱	叫孩子头儿走，你再好好儿看看展览。 ciau52xai55Øə0thəur55tsəu214，ȵi35tsai52xau21xaur0 khan52khan0tʃan35lan214.
招远	叫孩子们先走，你再把展览详细看一遍。 ciɔ53xɛ55tsʅ0mən0ʃan35tsəu55， ȵi55tsɛ35pa53tʃan35lan0ʃaŋ55ʃi0khan53Øi0pian214.
莱州	叫孩子们先走，你再把展览仔细地看一遍。 tɕiɔ53xɛ55tsʅ0mẽ0siã213tsəu55，ȵi55tsɛ55pa55tʂã213lã0tsʅ35 tsʅ0si53si0ti0khã53Øi55piã53.
海阳	叫孩子先走吧，你再把展览好生儿看一遍。 ciɔ34xɛ34Øə0ɕiãn34tθəu21pa0，ȵi21tsɛ34pa21tsãn21lãn52xɔ21 ʂiər52khãn34Øi0piãn34.
牟平	叫孩子头儿走，你再把展览好好儿看看。 ciɑu131xai131tə0thour553tsou214， ȵi21tsai131pa21tɕian55lan0xɑu21xaur0khan131khan0.
莱阳	叫孩子们先走，你再把展览好生儿看看。 ciɔ51xɛ34tsʅ0ʃiẽ21tsou34，ȵi21tsɛ51pa21tʃɛ21lɛ0xɔ21ʃər0khɛ51khɛ0.
长岛	叫孩子们先走，你再把展览仔细地看一遍。 ciau52xai55tsʅ0mən0ʃan31tsou213，ȵi21tsai52pa21tsan52lan21 tsʅ21ʃʅ52tə0khan52Øi0pian52.

0032. 他在电视机前看着看着睡着了。

芝罘	他看着电视睡着了。 tha53khan33rə0tian53sʅ33suei53rə0lə0.
福山	他在电视机前看着看着睡着了。

	tha53tsai33tian33sʅ33ci53tɕhian33khan33tsə0khan33tsə0suei53 tsuo33lə0.
栖霞	他看看电视就睡了。 tha34khaŋ52khaŋ0tiān52sʅ52tʃiəu52suei34lə0.
龙口	他在电视机前看着看着睡着了。 tha55tsɛ53tian53ʃi0ci55tʃan35khan53tsʅ0khan53tsʅ0suei55tsuə0lə0.
蓬莱	他看着电视睡着喽。 tha31khan52Øə0tian52sʅ52ʃuei52tʃuə55ləu0.
招远	他在电视机前看着看着睡着了。 tha55tsɛ53tian53ʃi0ci55tʃan35khan53tsʅ0khan53tsʅ0suei55tsuə0lə0.
莱州	他在电视机前看着看着睡着了。 tha213tsɛ55tiã53sʅ0tɕi213tshiã53khã53tsʅ0khã53tsʅ0suei55tsʅ0lə0.
海阳	他看着电视睡了。 tha52khān52Øə0tiān52sʅ34ʂuei34lə0.
牟平	他看着看着电视睡了。 tha55khan131tə0khan131tə0tian131sʅ131suei131lə0.
莱阳	他看儿看儿电视睡了。 tha21khɚr51khɚr0tiɛ̃21sʅ0suei34lə0.
长岛	他看着电视睡着了。 tha31khan52tʃə0tian52sʅ52suei52tʃuə55lə0.

0033. 你算算看,这点钱够不够花?

芝罘	你算计算计,这些钱够不够花? ɲi21san33tɕi0san33tɕi0, tɕie33ɕie0tɕhian33kou33pu0kou33xua53?
福山	你算计算计看,这个钱够不够花?

· 327 ·

	ȵi21san33ci0san33ci0khan33，tɕie53kə0tɕhian33kəu33pu0kəu33xua53?
栖霞	你算算看，这俩钱儿够不够花？ ȵi21sãn52sãn0khãn52，tʃə52lia21tʃhiɐr34kəu52pu0kəu52xua312?
龙口	你算算这些钱能能够花的？ ȵi55san53san0tʃə53ʃə55tʃhan53nəŋ53nəŋ0kəu53xua55ti0?
蓬莱	你算算这俩钱儿是够花的？ ȵi35san52san0tʃɛ52lia21tʃhɐr55ʃi0kəu52xua31li0?
招远	你算算这些钱能能够花的？ ȵi55san53san0tʃə53ʃə55tʃhan53nəŋ53nəŋ0kəu53xua55ti0?
莱州	你算算这点钱儿够不够花？ ȵi55suã213suã0tʂhə53tiɐ55tshɐr53kəu53pu0kəu53xua213?
海阳	你算算，这点儿钱够花儿吗？ ȵi21θãn34θãn0，tsə34tiɐr21tshiãn34kəu34xuar52ma0?
牟平	你算算，这些钱儿是不够花？ ȵi21san131san0，tɕie51ɕie0tɕhiɐr553sɿ131pu0kou131xua51?
莱阳	你算算，这点儿钱够不够花？ ȵi21sɛ51sɛ0，tʃə51tiɐr21tʃhiẽ34kou51pu0kou51xua214?
长岛	你算算，这点儿钱够不够花？ ȵi21san52san0，tʃə52tiɐr21tʃhan55kou52pu0kou52xua31?

0034. 老师给了你一本很厚的书吧？

芝罘	老师给你一本儿挺厚的书吧？ lau21sɿ53kei21ȵi0∅i53pər21thiŋ21xou33ti0ɕy53pa0?
福山	老师给儿你一本儿挺厚的书吧？

	lɑu21sʅ53kər21n̠i21θi53pər21thiŋ21xəu33ti0ɕy53pa0?
栖霞	老师给儿你一本老厚薄儿的书吧？ lɔo21sʅ52khər21n̠i0θi52pər21lɔo21xəu34pə0tə0ʃy52pa0?
龙口	老师给儿你一本儿挺厚的书吧？ lɔ55sʅ35kər35n̠i53θi53pər55thiŋ53xəu55ti0ʃy35pa0?
蓬莱	老师给你本儿老厚的书吧？ lau21sʅ31kei35n̠i21pər35lau35xəu52li0ʃy31pa0?
招远	老师给儿你一本儿挺厚的书吧？ lɔ55sʅ35kər35n̠i53θi53pər55thiŋ53xəu55ti0ʃy35pa0?
莱州	老师给了你一本儿木些儿厚的书吧？ lɔ55sʅ213kei55lə0n̠i55θi55pər55mu53sər0xəu55ti0ʂu213pa0?
海阳	老师给你本儿老厚的书吗？ lɔ21sʅ52chi21n̠i34pər21lɔ21xəu34ti0ʃy52ma0?
牟平	老师给儿你本儿老厚的书么？ lɑu21sʅ51kər21n̠i21pər21lɑu21xou131ti0ɕy51mə0?
莱阳	老师给儿你本书，老厚薄儿？ lɔ55sʅ21kər21n̠i21põ34ʃu214，lɔ34xou51pər442?
长岛	老师给了你本儿厚书吗？ lau55sʅ31kei21lə0n̠i21pər21xou55ʃy31ma0?

0035. 那个卖药的骗了他一千块钱呢。

芝罘	叫那个卖药的熊儿他一千块钱。 tɕiau33n̠iɛ33kə0maɛ33θyɛ21ti0ɕyŋ33θə0tha53θi21tɕhian53khuaɛ0 tɕhian33.
福山	那个卖药的熊儿他一千块钱。

	ȵie33kə0mai33Øyɛ21ti0çyə̃r33tha53Øi21tɕhian53khuai0tɕhian33.
栖霞	那个卖药的熊了他一千块钱。 ȵiɛ34kə0mɛi34Øyɛ52tə0çyŋ34Øə0tha00i34tʃhiã̃n52khuɛi0tʃhiã̃n342.
龙口	那个卖药的骗儿他一千块钱。 ȵiɛ53kə0mɛ53Øyɛ53ti0phiɐr53tha00i55tʃhan35kuɛ53tʃhan53.
蓬莱	那个卖药的熊了他一千块钱呢。 na52kə0mai52Øyɤr35li0çyŋ55Øə0tha31Øi21tʃhan31khuai52 tʃhian55nə0.
招远	那个卖药的骗儿他一千块钱。 ȵiɛ53kə0mɛ53Øyɛ53ti0phiɐr53tha00i55tʃhan35kuɛ53tʃhan53.
莱州	那个卖药的骗了他一千块钱。 ȵiɛ53kə0mɛ53Øyə53ti0phiã53lə0tha213Øi55tshiã213khɛ213tshiã53.
海阳	那个卖药的熊儿他一千块钱。 ȵiə34kə0mɛ52Øyə34tə0çyŋ34Øə0tha00i34chiã̃n52khuɛ0tshiã̃n34.
牟平	那个卖药的熊儿他一千块钱。 ȵie131kə0mai131Øyo21ti0çyər553tha51Øi21tɕhian51khuai0 tɕhian553.
莱阳	那个卖药的熊儿他一千块钱？ ȵie51kə0mɛ21Øyɛ51tə0çyə̃r34tha21Øi55tʃhiɛ21khuɛ51tʃhiɛ442.
长岛	那个卖药的骗了他一千块钱。 na52kə0mai52Øyə21tə0phian52lə0tha31Øi55tʃhan31khuai52tʃhan55.

0036. a. 我上个月借了他三百块钱。
     b. 我上个月借了他三百块钱。（a.借入。b.借出。）

芝罘	a. 我上个月儿借儿他三百块钱。b. 我上个月儿借给他三百块钱。 a. Øuo21ɕiaŋ33kə0Øyɐr21tɕɐr33tha53san53po21khuaɛ0tɕhian33.

	b. Øuo21ɕiaŋ33kə0Øyɐr21tɕie33kei21tha53san53po21khuaɛ0tɕhian33.
福山	a. 我上个月儿借儿他三百块钱。b. 我上个月儿借给他三百块钱。 a. Øuo21ɕiaŋ33kə0Øyɐr21tɕiɐr33tha53san53po21khuai0tɕhian33. b. Øuo21ɕiaŋ33kə0Øyɐr21tɕiɐr33kei21tha53san53po21khuai0tɕhian33.
栖霞	a. 我上个月儿借了他三百块钱。b. 同 a。 a. Øuo21ʃaŋ52kə0Øyɐr34tʃiɛ52Øə0thaʘsān52pə21khuɛi0tʃhiān342. b. 同 a。
龙口	a. 我上儿月儿借儿他三百块钱。 b. 我上儿月儿借儿给儿他三百块钱。 a. Øuə55ʃãr35Øyɐr53tʃɐr53thaʘsan35pə55khuɛ53tʃhan53. b. Øuə55ʃãr35Øyɐr53tʃɐr53kər0thaʘsan35pə55khuɛ53tʃhan53.
蓬莱	a. 我上月儿借儿他三百块钱。b. 我上月儿借给他三百块钱。 a. Øuə35ʃaŋ52Øyɐr35tʃɐr52tha31san31pə35khuai52tʃhan55. b. Øuə35ʃaŋ52Øyɐr35tʃɛ52kei35tha31san31pə35khuai52tʃhan55.
招远	a. 我上儿月儿借儿他三百块钱。 b. 我上儿月儿借儿给儿他三百块钱。 a. Øuə55ʃãr35Øyɐr53tʃɐr53thaʘsan35pə55khuɛ53tʃhan53. b. Øuə55ʃãr35Øyɐr53tʃɐr53kər0thaʘsan35pə55khuɛ53tʃhan53.
莱州	a. 我上月借了他三百块钱。b. 同 a。 a. Øuə55ʂã55Øyə213tsiə53lə0tha213sã213pei55khuɛ213tshiã53. b.同 a。
海阳	a. 我上个月借了他三百块钱。b. 我上个月借给他三百块钱。 a. Øuo21saŋ34kə0Øyə34tsiə34ə0tha52θãn52pə21khuɛ52tshiān34. b. Øuo21saŋ34kə0Øyə34tsiə34chi21tha52θãn52pə21khuɛ52tshiān34.

牟平	a. 俺上个月借儿他三百块钱。b. 俺上个月借给他三百块钱。 a. Øan21ɕiaŋ131kə00yɛ21tɕiɐr131tha51san51po21khuai0tɕhian553. b. Øan21ɕiaŋ131kə00yɛ21tɕie131kei21tha51san51po21khuai0 tɕhian553.
莱阳	a. 我上个月儿借儿他三百块钱。b. 我上个月儿借给了他三百块钱。 a. Øuo21ʃaŋ51kə00yɐr51tʃiər51tha21sɛ51pɛ0khuɛ0tʃhiɛ442. b. Øuo21ʃaŋ51kə00yɐr51tʃie51kei21lə0tha214sɛ51pə0khuɛ0tʃhiɛ442.
长岛	a. 我上个月跟他借了三百块钱。b. 我上个月借给他三百块钱。 a. Øuə21ʃaŋ52kə00yɛ55kən31tha31tʃie52lə0san31pə21khuai52 tʃhan55. b. Øuə21ʃaŋ52kə00yɛ55tʃie52kei21tha31san31pə21khuai52tʃhan55.

0037. a. 王先生的刀开得很好。b. 王先生的刀开得很好。
[a. 王先生是医生（施事）。b. 王先生是病人（受事）。]

芝罘	a. ①王大夫的刀开得挺好。②老王的刀开得挺好。b. 同 a②。 a. ①Øuaŋ53taɛ33fu0tə0tau53khaɛ53tə0thiŋ33xau214. 　②lau21Øuaŋ33tə0tau53khaɛ53tə0thiŋ33xau214. b. 同 a②. 　a. 句有两种说法，①无歧义，②有歧义，"老王"可指施事，也可指受事。
福山	a. 王先生的刀儿开得够儿好儿了。b. 同 a。 a. Øuaŋ33ɕian53səŋ0ti0taur53khai53ti0kəur33xaur21lə0. b. 同 a.
栖霞	a. 王大夫开刀开得真好。b. 王师傅的手术做得挺好。 a. Øuaŋ52tɛi34fu0khɛi34tɔɔ312khɛi52li0tʃən52xɔɔ214. b. Øuaŋ34sʅ0fu0tə0ʃəu21ʃy0tsuo52tə0thiŋ34xɔɔ214.
龙口	a. 王先生的刀开得挺好的。b. 同 a。

	a. Øuaŋ53ʃan35səŋ0ti0tɔ35khɛ35ti0thiŋ53xɔ35ti0. b. 同 a.
蓬莱	a.王先生的刀开得挺好。b. 同 a。
	a.Øuaŋ55ʃan31səŋ52li0tau31kai31tə0thiŋ35xau214. b.同 a.
招远	a. 王先生的刀开得挺好的。b. 同 a。
	a. Øuaŋ53ʃan35səŋ0ti0tɔ35khɛ35ti0thiŋ53xɔ35ti0. b. 同 a.
莱州	a. 王先生的刀开得木些儿好。b. 同 a。
	a. Øuaŋ53siã213səŋ0ti0tɔ213khɛ213ti0mu53sər0xɔ55. b. 同 a.
海阳	a. 王大夫的刀开得真好。b. 王师傅的手术做得挺好。
	a. Øuaŋ34tɛ34fu0tə0tɔ52khɛ52tə0tsən52xɔ214.
	b. Øuaŋ34ʂʅ52fu0tə0sou21ʃy0tθuo34tə0thiŋ34xɔ214.
牟平	a. 王先生的刀开得够儿好了。b. 同 a。
	a. Øuaŋ553ɕian51səŋ0ti0tau51khai51ti0kour131xɑu21lə0.
	b. 同 a.
莱阳	a. 王大夫的刀开得挺好。b. 老王的刀开得挺好。
	a. Øuaŋ51tɛ34fu0tə0tɔ214khɛ51tə0thiŋ51xɔ34.
	b. lɔ21Øuaŋ21tə0ʃou34ʃy0tsuo51tə0thiŋ51xɔ34.
长岛	a. 王大夫的刀开得很好。b. 老王的刀开得很好。
	a. Øuaŋ55tai52fu0tə0tau52khai52tə0xən21xau213.
	b. lau21Øuaŋ55tə0tau52khai52tə0xən21xau213.

0038. 我不能怪人家，只能怪自己。

芝罘	俺不能怨人家，只能怨自个儿。 Øan21pu21nəŋ33Øyan53Øin33tɕiɑ0，tsʅ21nəŋ33Øyan33tsʅ33kɤr214.
福山	俺不能埋怨人家，只能埋怨自个儿。 Øan21pu21nəŋ33mai53Øyan00Øin53ɕiɑ0，tsʅ21nəŋ33mai53Øyan0 tsʅ33kər214.

栖霞	我不能怨人家，只能怪自己。 Øuo21pu34nəŋ34Øyãn34Øin52ci0，tsʅ21nəŋ34kuɛi52tsʅ52ci0。
龙口	不能怪乜，只能怪我自己。 pu55nəŋ0kuɛ53n̻iɛ53，tsʅ55nəŋ0kuɛ53Øuə55tsʅ53ciɛ0。
蓬莱	不怪人家，就怪自个儿。 pu55kuai52Øiən55ci0，tʃəu52kuai52tsʅ52kər214。
招远	不能怪乜，只能怪我自己。 pu55nəŋ0kuɛ53n̻iɛ53，tsʅ55nəŋ0kuɛ53Øuə55tsʅ53ciɛ0。
莱州	我不能怪人家，只能怪自己。 Øuə55pu55nəŋ0kuɛ53Øie55tɕia0，tsʅ55nəŋ0khuɛ53tsʅ213tɕi55。
海阳	我不能怨人家，就怨自个儿。 Øuo21pu21nəŋ34Øyãn52Øin52cia0，tsiəu34Øyãn52tsʅ34kuor214。
牟平	俺不能埋怨人家，只能埋怨自个儿。 Øan21pu21nəŋ553man51Øyan0Øin51cia0，tsʅ21nəŋ553man51 Øyan0tsʅ131kɤr214。
莱阳	我不怨人家，就怨自己儿。 Øuo21pu34Øyɛ51Øiə51cia0，tʃiou51Øyɛ51tsʅ51tsiər34。
长岛	我不能怪别人，就怪自个儿。 Øuə21pu31neŋ55kuai52piɛ52Øin0，tʃou52kuai52tsʅ52kər213。

0039. a. 明天王经理会来公司吗？b. 我看他不会来。

芝罘	a. 明儿王经理来不来公司？b. 我看他不能来。 a. mər53Øuɑŋ53tɕiŋ53li21laɛ53pu0laɛ53kuŋ33sʅ53？ b. Øuo21khan33tha53pu21nəŋ33laɛ53。
福山	a. 明儿王经理会来公司吗？b. 俺看他够呛。 a. mər53Øuɑŋ33ciŋ53li0xuei33la0kuŋ33sʅ53ma0？

· 334 ·

	b. Øan21khan33tha53kəu53tɕhiaŋ33.
栖霞	a. 明日王经理能来公司啊？b. 我看他不能来。 a. məŋ52Øi0Øuaŋ52ciŋ52li0nəŋ34lɛi52kuŋ52sʅ312Øa0？ b. Øuo21khaŋ52tha0pu34nəŋ34lɛi52.
龙口	a. 明日王经理能能来公司吗？b. 他不见能来。 a. məŋ53Øi55Øuaŋ53ciŋ35li0nəŋ53nəŋ0lɛ55kuŋ35sʅ35Øə0？ b. tha55pu55cian35nəŋ53lɛ35.
蓬莱	a. 打明儿王经理是能来公司？b. 我看够呛。 a. ta52miŋ55əØØuaŋ55ciŋ31li35ʃi0nəŋ55lai55kuŋ31sʅ313？ b. Øuə35khan52kəu52tʃhaŋ52.
招远	a. 明日王经理能能来公司吗？b. 他不见能来。 a. məŋ53Øi55Øuaŋ53ciŋ35li0nəŋ53nəŋ0lɛ55kuŋ35sʅ35Øə0？ b. tha55pu55cian35nəŋ53lɛ35.
莱州	a. 明日王经理能来公司吗？b. 我看他不能来。 a. mi55Øi0Øuaŋ53tɕiŋ213li55nəŋ53lɛ53kuŋ55sʅ213ma0？ b. Øuə55khã213tha213pu55nəŋ0lɛ53.
海阳	a. 明日王经理来公司吗？b. 我看他不来。 a. məŋ52Øi0Øuaŋ34ciŋ52li21lɛ52kuŋ34sʅ52ma0？ b. Øuo21khãn34tha52pu21lɛ52.
牟平	a. 明儿王经理能来公司么？b. 俺看他不能来。 a. mər51Øuaŋ553ciŋ51li0nəŋ553lai53kuŋ131sʅ51mə0？ b. Øan21khan131tha51pu21nəŋ553lai51.
莱阳	a. 明日王经理会来公司吗？b. 我看够呛。 a. məŋ51Øi0Øuaŋ34ciŋ51li0xuei51lɛ0kuŋ34sʅ0ma0？ b. Øuo21khɛ̃51kou51tʃhaŋ0.
长岛	a. 明天王经理来公司吗？b. 我看够呛。

· 335 ·

a. miŋ55thian31Øuaŋ55ciŋ31li21lai55kuŋ55sʅ31ma0?
b. Øuə21khan52kou52tʃhɑŋ52.

0040. 我们用什么车从南京往这里运家具呢?

芝罘	咱使唤什么车上南京拉家具儿? tsa33sʅ21xuan0ɕin33mə0tɕhie53ɕiɑŋ53nan33tɕiŋ53la33tɕia53 tɕyər0?
福山	咱用什么车从南京往这面儿运家具儿呢? tsa33Øyŋ53ɕin33mə0tɕhie53tshuŋ33nan33ciŋ53Øuaŋ21tɕie33mier0 Øyn33cia53cyər33nə0?
栖霞	咱使唤什么车从南京往这儿拉家装? tsa34sʅ21xuãn0ʃõn34mə0tʃhie52tshuŋ34nãn34ciŋ52Øuaŋ21tʃər21 la21cia52tʃuŋ0?
龙口	咱用什么车从南京往这儿运家具呢? tsa53Øyŋ53ʃi53mə0tʃhə35tshuŋ53nan55ciŋ35Øuaŋ53tʃer35Øyn53 cia35cy53Øə0?
蓬莱	咱用什么车从南京把家具拉这儿? tsa55Øyŋ52ʃən52mə0tʃhɛ31tshuŋ55nan55ciŋ31pa21cia31cy52la35 tʃər0?
招远	咱用什么车从南京往这儿运家具呢? tsa53Øyŋ53ʃi53mə0tʃhə35tshuŋ53nan55ciŋ35Øuaŋ53tʃer35Øyn53 cia35cy53Øə0?
莱州	咱用什么车从南京往这儿运家具呢? tse53Øyŋ213ʂe55mu0tʂhə213tshuŋ213nã53tɕiŋ213Øuaŋ55tʂər53 Øye53tɕia213tɕy53nə0?
海阳	咱用什么车从南京往这儿搬家装?

	tsa34Øyŋ34saŋ34mə0tshə52tθhuŋ34nãn34tsiŋ52Øuaŋ34tsər21pãn34cia34tʂuŋ0?
牟平	咱用么车从南京往这儿拉家具儿？ tsa55Øyŋ131mo553tɕhie51tshuŋ553nan131ciŋ51Øuaŋ21tɕiər131la21cia51cyər553?
莱阳	咱用什么车从南京往这儿运家装？ tsa34Øyŋ51ʃɔ̃34mə0tʃhiɛ21tshuŋ34nɛ55ciŋ21Øuaŋ51tʃər34Øy21cia51tsuŋ0?
长岛	咱用什么车从南京往这里运家什？ tsa55Øyŋ52ʃən52mə0tʃhiɛ31tshuŋ55nan55ciŋ31Øuaŋ55tʃə52li0Øyn55cia31sɿ0?

0041. 他像个病人似的靠在沙发上。

芝罘	他和个病号儿一样靠儿沙发上。 tha53xɤ33kə0piŋ53xaur33Øi21Øiaŋ33khau33Øə0sa53fa21ɕiaŋ0.
福山	他像个病人惬在沙发上。 tha53ɕiaŋ33kə0piŋ33Øin53chie53tsai0sa53fa21ɕiaŋ33.
栖霞	他和个病人一样倚儿在沙发上。 tha34xuo52kə0piŋ34Øin52Øi52Øiaŋ34Øiər21tsɛi34sa52fa214ʃaŋ0.
龙口	他靠儿沙发上活像个病人样。 tha55khɔr53sa35fa35ʃaŋ0xuaŋ53ʃaŋ55kə0piŋ53Øin0Øiaŋ53.
蓬莱	他和病秧子一样靠在沙发上。 tha31xə55piŋ52Øiaŋ31ə0Øi35Øiaŋ52khau52tsai0sa31fa35ʃəŋ0.
招远	他靠儿沙发上活像个病人样。 tha55khɔr53sa35fa35ʃaŋ0xuaŋ53ʃaŋ55kə0piŋ53Øin0Øiaŋ53.

莱州	他像个病人似的倚在沙发上。 tha213siaŋ53kə0piŋ53Øie0sɿ213ti00i55tsɛ0sa213fa55ʂaŋ0.
海阳	他和个病人倚待沙发上。 tha52xaŋ34kə0piŋ34Øin52Øi21tɛ0ʂa52fa21sɑŋ0.
牟平	他都和病了一样硬在沙发上. tha51tou51xuən0piŋ553lə00i21Øiaŋ131Øiŋ131tsai0sa55fa21ɕiaŋ0？
莱阳	他和个病人一样倚在沙发上。 tha21xə34kə0piŋ51Øiə00i21Øiaŋ00i34tsɛ0sa21fa0ʃaŋ0.
长岛	他像个病人似的靠在沙发上。 tha31ʃaŋ52kə0piŋ52Øin0sɿ52tə0khau52tsai0sa31fa21ʃaŋ0.

0042. 这么干活连小伙子都会累坏的。

芝罘	这么样儿干连小伙儿都能累坏了。 tɕie33mə0Øiɑr33kan53lian53ɕiau33xuor214tou53nəŋ33lei53xuaɛ33lə0.
福山	这么干法儿连小伙儿也得累坏。 tɕie33mə0kan33fãr0lian53ɕiɑu55xuor21Øie21tə0lei33xuai33.
栖霞	这么干连小伙都抗不了。 tʃə52mə0kān52liān34ʃiɔ034xuo214təu52khaŋ52pu34liɔ0214.
龙口	这么干连小伙子都会累坏了。 tʃə53mə0kan214lian53ʃɔ55xuə35tsɿ0təu35xuei53lei53xuɛ55lə0.
蓬莱	这么干法儿小伙儿都会累坏的。 tʃɛ52mə0kan52far0ʃau21xuər35təu31xuei52lei52xuai52tə0.
招远	这么干连小伙子都会累坏了。 tʃə53mə0kan214lian53ʃɔ55xuə35tsɿ0təu35xuei53lei53xuɛ55lə0.

第三章　语法

莱州	这么干活连小伙子都会累坏的。 tʂə53mu0kā213xuə53liā53siɔ53xuə55tsʅ0təu213xuei53lei53xuɛ55ti0.
海阳	这么干小伙子也能□□。 tsə34mə0kān34siɔ21xuo210ə00iə21nəŋ34ʂʅ21ʂʅ0.
牟平	这么干连小青年儿也朝不了。 tɕie51mə0kan131lian553ɕiau21tɕhiŋ553niɐr51θie21tɕhiɑu131pu0 liɑu0.
莱阳	这么干连小伙儿也抗不了。 tʃə51mə0kɛ51liɛ34ʃiɔ51xuor34θiɛ21khaŋ51pu0liɔ0.
长岛	这么干连小伙儿都会累坏的。 tʃə52mə0kan52ʃau52xuɐr21tou31xuei52lei52xuai52tə0.

0043. 他跳上末班车走了。我迟到一步，只能自己慢慢走回学校了。

芝罘	他上了最后一趟车。我来晚了，就好自个儿慢儿慢儿走回学校了。 tha53ɕiaŋ33lə0tsei33xou33θi21thaŋ33tɕhie53.θuo21laɛ330uan21 lə0，tɕiou33xau21tsʅ33kɤr21mɐr53mɐr33tsou21xuei33ɕyɛ53ɕiau33 lə0.
福山	他跳上最后一班车走了。 我差一步，只能自个儿慢慢儿走回学校了。 tha53thiau33ɕiaŋ0tsei53xəu33θi53pan33tɕhie53tsəu21lə0.θuo21 tsha33θi21pu33，tsʅ21nəŋ33tsʅ33kər21man33mɐr0tsəu21xuei33 ɕyɛ53ɕiau33lə0.
栖霞	他坐拉不了儿那班车走了。 我晚到儿一步，只好自己慢慢儿走回书房了。 tha55tsuo34la34pu0liɔor214n̠ie34pān52tʃhie52tsəu21lə0.θuo21 θuān21tɔor520i34pu34，tsʅ21xɔ21tsʅ52ci214mān34mɐr52 tsəu21xuei34ʃy52faŋ0lə0.

· 339 ·

龙口	他跳上末班儿车走了。我来晚儿一步，只能慢慢儿往后走了。 tha55thiɔ53ʃaŋ0mə35peʀ35tʃhə35tsəu35lə0.ɵuə55lɛ55ɵueʀ35 Øi55pu0，tsʅ55nəŋ0man55meʀ00uaŋ53xəu35tsəu35lə0.
蓬莱	他撑上最后一趟车，我没赶上趟儿，只好自个儿溜达回学校。 tha31ȵian35ʃaŋ0tsei52xəu00i21thaŋ52tʃhɛ313，Øuə21mai52kan35 ʃaŋ0thəʀ52，tsʅ35xau21tsʅ52kər0liəu31təŋ0xuei55çyə35çiau0.
招远	他跳上末班儿车走了。我来晚儿一步，只能慢慢儿往后走了。 tha55thiɔ53ʃaŋ0mə35peʀ35tʃhə35tsəu35lə0.Øuə55lɛ55ɵueʀ35Øi55 pu0，tsʅ55nəŋ0man55meʀ00uaŋ53xəu35tsəu35lə0.
莱州	他跳上末班儿车走了。 我晚了一步，只能自己慢儿慢儿地走回学校了。 tha213thiɔ53ʂaŋ0mə213peʀ213tʂhə213tsəu55lə0.Øuə55Øuã55lə00i55 pu53，tsʅ55nəŋ53tsʅ213tçi55meʀ53meʀ0ti0tsəu55xuei53çyə55çiɔ0lə0.
海阳	他上末班儿车走了，我晚儿一步，就能自己走着回学校了。 tha52saŋ34mə34peʀ34tshə52tɵəu21lə0，Øuo21Øuãn21əo00i21pu34， tsiəu34nəŋ34tsʅ34ci21tɵəu21ɵə0xuei34çyə52çiɔ34lə0.
牟平	他上儿最后那班儿车走了。 俺晚来儿一步，只好自个儿慢慢儿走回学校了。 tha51çiãʀ131tsei131xou131ȵie131peʀ51tçhie51tsou21lə0.Øan21 Øuan21leʀ51Øi21pu131，tsʅ21xau21tsʅ131kɤʀ21ʀman131meʀ51 tsou21xuei553çyo51çiau131lə0.
莱阳	他上最后一趟车走了，我差一步儿，只好自己儿慢慢走回书房了。 tha21ʃaŋ0tsei21xou00i21thaŋ0tʃhɛ214tsou21lə0.Øuo34tsha51Øi21 puʀ51，tsʅ51xɔ34tsʅ51tsiəʀ34mɛ̃55meʀ0tsou21xuei0ʃu51faŋ0lə0.
长岛	他赶上最后一趟车了，我晚了一步，只好自个儿溜达回学校了。 tha31kan21ʃaŋ0tsei52xou52ɵi35thaŋ52tʃhiɛ31lə0，Øuə21Øuan21 lə00i35pu52，tʃ55xau21tsʅ52kəʀ21liou52ta0xuei55çyə55çiau52lə0.

0044. 这是谁写的诗？谁猜出来我就奖励谁十块钱。

芝罘	这是谁写的诗？谁猜出来我就奖励他十块钱。 tɕie53ʂʅ33suei33ɕie21tə0ʂʅ53？ suei33tshaɛ53tɕhy53laɛ0θuo21tɕiou33tɕiaŋ21li0tha53ɕi33khuaɛ0tɕhian33.
福山	这是谁写的诗？谁猜出来我就给他十块钱。 tɕie33ʂʅ53suei33ɕie21ti0ʂʅ53？ suei33tshai53tɕhy0lai0θuo21tɕiəu33kei21tha0ɕi33khuai0tɕhian33.
栖霞	这是谁写的诗？谁猜出来我就给谁十块钱。 tʃə52ʂʅ52ʃyɛ34ʃiɛ34tə0ʂʅ312？ʃyɛ34tshɛi52tʃhy21lɛi0θuo21tʃiəu52kei21ʃyɛ34ʃʅ34khuɛi52tʃhiãn342.
龙口	这是谁写的诗？谁要能猜出来我就奖给他十块钱。 tʃə55ʂʅ53ʃyɛ53ʃə35ti0ʂʅ35？ ʃyɛ53θiɔ0nəŋ53tshɛ35tʃhy35lɛ0θuə55tʃu53tʃaŋ35kei53tha0ʃi53khuɛ0tʃhan53.
蓬莱	这是谁写的诗？谁猜出来我奖十块钱。 tʃɛ31ʂʅ52sei55ʃɛ35li0ʂʅ52？ sei55tshai31tʃhy31lai55θuə21tʃaŋ21ʃi55khuai0tʃhan55.
招远	这是谁写的诗？谁要能猜出来我就奖给他十块钱。 tʃə55ʂʅ53ʃyɛ53ʃə35ti0ʂʅ35？ʃyɛ53θiɔ0nəŋ53tshɛ35tʃhy35lɛ0θuə55tʃu53tʃaŋ35kei53tha0ʃi53khuɛ0tʃhan53.
莱州	这是谁写的诗？谁猜出来我就奖励谁十块钱。 tʂə213ʂʅ53suei53siə55ti0ʂʅ213？ suei53tsɛ213tʂhu0lɛ0θuə55tsiəu53tsiaŋ55li53suei53ʂʅ53khuɛ213tshiã53.
海阳	这是谁写的诗？谁猜着我就给他十块钱。 tsə34ʂʅ34syə34siə21tə0ʂʅ52？

	syə34tshɛ52ø00uo21tsiəu52chi21tha52sʅ34khuɛ34tshiān34.
牟平	这是谁写的诗？谁能猜儿俺就奖励谁十块钱。 tɕie51sʅ13ɕyɛ553ɕie21ti0sʅ51？ ɕyɛ553nəŋ553tshai53ø00an21tɕiou131tɕiaŋ21li0ɕyɛ553ɕi553khuai0tɕhian553.
莱阳	这是谁写的诗？谁猜出来我就奖励谁十块钱。 tʃə51sʅ51ʃyɛ34ʃiɛ21tə0ʃʅ214？ ɛyɛ442tshɛ51tʃhu21lɛ00uo21tʃiou51tʃaŋ51kei21ʃyɛ34ʃʅ51khuɛ0tʃhiɛ442.
长岛	这是谁写的诗？谁猜出来我就给他十块钱。 tʃə52sʅ52sei55ʃiɛ21tə0sʅ31？ ʃiɛ21tshai52tʃhy35lai00uə21kei21tha31ʃʅ55khuai52tʃhan55.

0045. 我给你的书是我教中学的舅舅写的。

芝罘	我给你的书是我教中学的舅写的。 Øuo33kei21n̩i21tə0ɕy53sʅ53ø0uo21tɕiau53tsuŋ53ɕyɛ33ti0tɕiou33ɕie21tə0.
福山	俺给你的书是俺教中学的舅写的。 Øan21kei21n̩i21ti0ɕy53sʅ33øan21ciɑu53tsuŋ53ɕyɛ33ti0ciəu33ɕie21ti0.
栖霞	俺给你的书是俺教中学的舅舅写的。 Øān21kei21n̩i21tə0ʃy312sʅ52øān21ciɔu34tʃuŋ52ɕyɛ34tə0ciəu52ciəu0ʃiɛ21tə0.
龙口	我给你的那本儿书是我教中学的舅舅写的。 Øuə55kei35n̩i53ti0n̩iɛ53pər35ʃy35sʅ53ø0uə55ciɔ55tsuŋ55ɕyɛ35ti0ci55ci0ʃə35ti0.

蓬莱	我给你的书，是我教中学的舅舅写的。 Øuə21kei21n̠i35liØʃy313，s̩52Øuə35ciau31tʃuŋ31çyə55liØciəu52 ciəu0ʃɛ35li0.
招远	我给你的那本儿书是我教中学的舅舅写的。 Øuə55kei35n̠i53tiØn̠iɛ53pər35ʃy35s̩53Øuə55ciɔ55tsuŋ55çyɛ35 ti0ci55ciØʃə35ti0.
莱州	我给你的书儿是我教中学的舅舅写的。 Øuə55kei213n̠i55tiØʂuər213s̩53Øuə55tɕiɔ213tsuŋ213çyə55ti0tɕiəu53 tɕiəu0siə55ti0.
海阳	我给你的书是俺教中学的舅舅写的。 Øuo34chi21n̠i21tiØʃy52s̩34Øãn21ciɔ34tʂuŋ52çyə34ti0tsiəu34siə21 tə0.
牟平	俺给你的书是俺教中学的舅舅写的。 Øan21kei21n̠i21tiØçy51s̩131Øan21ciɑu51tsuŋ51çyo553ti0ciou131 çie21ti0.
莱阳	我给你本书是我教中学的舅舅写的。 Øuo21kei21n̠i0pə̃34ʃu214s̩51Øuo21ciɔ55tʃuŋ21çyɛ34tə0ciou51 ciou0ʃiɛ21tə0.
长岛	我给你的书是我教中学的舅舅写的。 Øuə21kei21n̠i21təØʃy31s̩52Øuə21ciɑu31tsuŋ52çyə55tə0ciou52 ciou0ʃiɛ21tə0.

0046. 你比我高，他比你还要高。

芝罘	你比我高，他比你还高。 n̠i33pi21Øuo21kau53，tha53pi33n̠i21xan33kau53.
福山	你比我高，他比你还高。

栖霞	你比俺高，他比你都高。 n̠i21pi21Øuo21kɑu53，tha53pi55n̠i21xan33kɑu53. n̠i21pi21Øãn34kɔo312，tha34pi21n̠i34təu34kɔo312.
龙口	你比我高，他比你还高。 n̠i55pi53Øuə55kɔ35，tha55pi53n̠i55xan53kɔ35.
蓬莱	你比我坚挺，他比你还坚挺。 n̠i21pi35Øuə21tʃan31ʃəŋ0，tha31pi35n̠i21xai55tʃan31ʃəŋ0.
招远	你比我高，他比你还高。 n̠i55pi53Øuə55kɔ35，tha55pi53n̠i55xan53kɔ35.
莱州	你比我高，他比你还高。 n̠i55pi53Øuə55kɔ213，tha213pi53n̠i55xɛ53kɔ213.
海阳	你比我高，他比你还高。 n̠i21pi21Øuo21kɔ52，tha52pi21n̠i21xãn34kɔ52.
牟平	你比俺高，他比你还高。 n̠i21pi21Øan21kɑu51，tha51pi21ni21xan553kɑu51.
莱阳	你比俺高，他比你还高。 n̠i21pi34Øɛ21kɔ214，tha21pi34n̠i34xɛ51kɔ214.
长岛	你比俺高，他比你还高。 n̠i21pi21Øan21kau52，tha31pi21n̠i21xai55kau52.

0047. 老王跟老张一样高。

芝罘	老王和老张一般儿高。 lau21Øuaŋ33xɤ33lau21tɕiaŋ53Øi53pɚ21kau53.
福山	老王跟老张一般儿高。 lau21Øuaŋ33kən53lau21tɕiaŋ53Øi21pɚ21kau53.

栖霞	老王和老张一般儿高。 lɔo34θuaŋ52xuo34lɔo34tʃaŋ312θi34pɚ34kɔo312.
龙口	老王和老张一般儿高。 lɔ55θuaŋ53xuə53lɔ55tʃaŋ35θi53pɚ35kɔ0.
蓬莱	老王和老张一般儿高。 lau21θuaŋ55xuə55lau21tʃaŋ31θi21pɚ55kau313.
招远	老王和老张一般儿高。 lɔ55θuaŋ53xuə53lɔ55tʃaŋ35θi53pɚ35kɔ0.
莱州	老王和老张一样高。 lɔ55θuaŋ53xə53lɔ55tʂaŋ213θi55θiɑŋ53kɔ213.
海阳	老王和老张一般儿高。 lɔ21θuaŋ34xaŋ34lɔ21tsaŋ52θi34pɚ21kɔ52.
牟平	老王和老张一般儿高。 lau21θuaŋ553xuo21lau21tɕiaŋ51θi55pɚ21kau51.
莱阳	老王和老张一般儿高。 lɔ21θuaŋ34xə44 2lɔ21tʃaŋ21θi21pɚ34kɔ214.
长岛	老王跟老张一般儿高。 lau21θuaŋ55kən31lau21tʃaŋ31θi21pɚ55kau52.

0048. 我走了，你们俩再多坐一会儿。

芝罘	我走了，恁俩再多坐会儿。 θuo33tsou21lə0, nan33lia21tsaɛ33tuo53tsuo33xuər0.
福山	俺走了，傢俩再多站会儿。 θan21tsou21lə0, na55lia21tsai33tuo53tsan33xuər0.
栖霞	我走了，恁俩儿再多耍一气儿。

	Øuo21tsəu21lə0, nən34liar21tsɛi52tuo52sua21ɵi21chiər52.
龙口	我走了，恁两个儿再多坐歇儿。 Øuə55tsəu35lə0, nən55liaŋ35kər0tsɛ35tuə55tsuə53çier0.
蓬莱	我头儿走了，倷俩再坐会儿。 Øuə21thəur55tsəu35lə0, nan21lia21tsai52tsuə52xuər0.
招远	我走了，恁两个儿再多坐歇儿。 Øuə55tsəu35lə0, nən55liaŋ35kər0tsɛ35tuə55tsuə53çier0.
莱州	我走了，恁俩再多坐会儿。 Øuə55tsəu35lə0, ne55lia55tsɛ213tuə213tsuə53xuər0.
海阳	我走了，恁俩再多耍会儿。 Øuo21tθəu21lə0, nə̃n34lia21tsɛ34tuo52ʂua21xuər0.
牟平	俺走了，倷俩再坐趁些儿。 Øan21tsou21lə0, na21lia21tsai131tsuo131tɕhin553çiər0.
莱阳	我走了，恁俩再坐会儿。 Øuo21tsou21lə0, nə51lia34tsɛ51tsuo51xuər51.
长岛	我走了，你们俩再多坐会儿。 Øuə21tsou21lə0, n̩i21mən0lia21tsai52tuə55tsuə52xuər0.

0049. 我说不过他，谁都说不过这个家伙。

芝罘	我说不过他，谁都说不过这个家伙。 Øuo21suo21pu0kuo33tha53, suei33tou53suo21pu0kuo0tɕie53kə0tɕia53xuo0.
福山	俺说不过他，管谁也说不过他。 Øan21suo53pu0kuo33tha53, kuan21suei33ɵie21suo53pu0kuo33tha53.

栖霞	俺说不过他，谁都说不过这个伙计。 Øãn21ʃyɛ21pu0kuo52tha0，ʃyɛ34təu52ʃyɛ34pu0kuo52tʃə52kə0xuo21cia0.
龙口	我说不过他，谁也说不过这家伙。 Øuə55ʃyɛ35pu0ku53thə0，ʃyɛ53Øiɛ0ʃuɛ35puə35tʃə53cia53xuə0.
蓬莱	我说不过他，谁都说不过这个伙计。 Øuə21ʃyɛ31pu0kuə52tha313，sei55təu31syɛ31pu0kuə52tʃɛ52kə0 xuə35ci0.
招远	我说不过他，谁也说不过这家伙。 Øuə55ʃyɛ35pu0ku53thə0，ʃyɛ53Øiɛ0ʃuɛ35puə35tʃə53cia53xuə0.
莱州	我说不过他，谁也说不过这个家伙。 Øuə55ʂuə55pu0kuə53tha213，suei53Øiə53ʂuə55puə53tʂə213 kə0tɕia213xuə0.
海阳	我说不过他，谁也说不过这个东西。 Øuo21suo21pu0kuo34tha0，syə34Øiə0suo21pu0kuo34tsə34kə0 tuŋ52si0.
牟平	俺说不过他，管谁也说不过他。 Øan21ɕyɛ21pu0kuo131tha51，kuan21ɕyɛ55 3Øiɛ21ɕyɛ21pu0 kuo131tha51.
莱阳	我说不过他，谁也说不过他。 Øuo21ʃuo21pu0kuo51tha214，ʃyɛ44 2Øiɛ0ʃuo21pu0kuo51tha0.
长岛	我说不过他，谁都说不过他。 Øuə21ʃyɛ21pu0kuə0tha31，sei55tou31ʃyɛ21pu0kuə0tha31.

0050. 上次只买了一本书，今天要多买几本。

芝罘	上回儿就买了一本儿书，今儿得多买几本儿。

	ɕiaŋ53xuər33tɕiou33maɛ21lə00i53pər21ɕy53，tɕiər53tei21tuo53 maɛ21tɕi53pər214.
福山	上回儿就买儿一本儿书，今儿要多买几本儿。 ɕiaŋ53xuər33tɕiəu33mɐr21Øi55pər21ɕy53，ciər53Øiau33tuo53 mai21ci55pər214.
栖霞	上遭儿就买了一本儿书，今儿得多买几本儿。 ʃaŋ34tsɔor0tʃiəu34mɛi21Øə00i34pər21ʃy312，ciər52tə34tuo52 mɛi21ci21pər214.
龙口	上么儿就买儿一本儿书，今日要多买几本儿。 ʃaŋ35mɤr0tʃəu53mɐr35Øi53pər55ʃy53，ci35Øi0Øiɔ53tuə55mɛ35 ci53pər55.
蓬莱	上回就买了一本儿书，这回多买几本儿。 ʃaŋ52xuei55tʃəu52mai35lə00i21pər21ʃy313，tʃɛ52xuei55tuə31 mai21ci21pər214.
招远	上么儿就买儿一本儿书，今日要多买几本儿。 ʃaŋ35mɤr0tʃəu53mɐr35Øi53pər55ʃy53，ci35Øi0Øiɔ53tuə55mɛ35 ci53pər55.
莱州	上次就买了一本儿书，今日要多买几本儿。 ʂaŋ53tʂhɿ0tsiəu53mɛ55lə00i55pər55ʂu213，tɕi213Øi0Øiɔ55tuə213 mɛ55tɕi55pər55.
海阳	上么儿就买儿一本书，今得多买两本儿。 saŋ34mər0tsiəu52mɛ21Øə00i34pər21ʃy52，ci52tei21tuo52mɛ21 liaŋ21pər214.
牟平	上遭就买了一本儿书，今儿再多买两本儿。 ɕiaŋ131tsau0tɕiou131mɐr21Øi55pər21ɕy51，ciər51tsai0tuo51mai21 liaŋ21pər214.

莱阳	上#儿就买一本书，今日多买几本儿。 ʃaŋ51mər0tʃiou51mɛ21Øi21põ0ʃu214，ci21Øi0tuo51mɛ34ci21pər214.
长岛	上回儿只买了一本儿书，这会儿要多买几本儿。 ʃaŋ52xuər55tʃɿ21mai21lə00i52pər21ʃy31，tʃə52xuər55Øiau52tuə52mai35ci21pər213.

第四章 语料

说明：

1. 以下根据各地方言发音人讲故事、话题、多人对话的音频和视频整理。

2. 括号里的内容为解释、说明或补充等。例如："这个老秀才不嘎惜（舍得）把闺女嫁出去"为解释；"他长大成人后，手上疤里疤出的（疤痕很多），就小些时冻的"为说明；"我是莱阳市（人）"为补充。

第一节 故事

一 芝罘

牛郎织女

我讲个牛郎织女的故事吧。

古时候有这么一个人家，弟兄俩。老大呢，已经结婚了，有媳妇。老大这个媳妇呢，总觉得和她小叔子一块过日子吃亏了，她就老想着分家。一开始呢，老大还不同意分家。后来呢，被他老婆一个劲地嘀咕嘀咕，他就同意了。同意了他就和老二分了家了，就把三间破草房和一头老牛分给老二了。老二呢，就自己一个人住着三间破草房，用着一头老牛过日子，大家伙村里面的人就给他起名叫牛郎。

牛郎的日子过得很苦的。你想他一个年轻的小伙子，又要做饭，又要洗衣裳啊，又要上地里去干活，还没人和他说话，没人和他商议什么事情怎么干呐,都没有人商议的。他自己过得很苦的,但是,他勤劳啊,是个忠厚老实的孩子,一天天地这样过。

他这一头老牛呢,其实不是个普通的牛,他是天上的金牛星。老牛和牛郎相依为命地这样过了一段时间,他就觉得牛郎啊真是个好小伙子。像他这样过,过到什么时候是个头呢?什么时候能说个媳妇,能成家立业呢?老牛就犯了愁了。老牛虽然不说话,但是每天都在思考这个事情,每天都在想这个事,怎么样想办法给牛郎说个媳妇呢?他觉得,人世间的女子他没有办法,他也没有办法说服人世间的女子跟牛郎过日子。他就一想啊,天上的织女们仙女们,要下来洗澡,我可不可以瞅着这个工夫,给牛郎说个媒呢?他想好了这个事,有一天晚上,他托梦给牛郎,就告诉牛郎哪天哪日啊,天上的仙女啊,要到咱们村东头的湖那边去洗澡,说你啊就在湖边的树后边趴着,藏起来,就偷仙女的一件衣服拿回家。那个仙女如果找不到衣裳呢,她就来找你,你就让她给你做媳妇,你商议着让她给你做媳妇。

牛郎醒了以后觉得做了个梦,他想:"我这个梦能实现吗?管他能不能实现呢,我去试验试验看看吧。"到说的那一天早上,他就到了湖边,因为早上天不怎么亮,他朦朦胧胧看着果然是有些仙女,在湖里面洗澡。他看着那个树上挂着仙女的衣裳,就拿了一件粉红色的衣服,跑回家去了。结果呢,这七个仙女洗完澡到湖边了,就有一个仙女,就是织女,找不着自己的衣服了。到了晚上,仙女就到牛郎家了,就敲牛郎的门,来找她的衣服。她就对牛郎说:"你拿走了我的衣服,我没有衣服了,你还我的衣服吧。"牛郎就和她说:"仙女啊,你能不能给我做媳妇?我也找不着媳妇,你和我成家立业。"他就自我介绍,他说:"我是牛郎啊,我勤劳啊,很忠厚的。你相信我吧,你给我做媳妇吧,我会好好待你的。以后呢,你给我生孩子,料理家务,咱们过日子吧。"织女就羞羞答答地答应了,他们就成了恩爱的夫妻了。

正如牛郎所说的,牛郎每天上山干活,和老牛俩干活,勤勤恳恳的。待织女虽然不像现在有那么好的条件,但是他非常温柔,非常体贴。织女每天在家做饭啊,洗衣服啊,织布啊,还帮着牛郎上山浇水啊,伺理庄稼啊,而且非常的温柔,非常的宽容。他们两个人虽然是没有现在这么好的经济条件，但是他们男耕女织过得非常恩爱，非常的甜蜜幸福。以后呢，慢慢地过了几年以后，织女生了一个男孩，生了一个女孩，真是其乐融融啊。两个孩子天真活泼、聪明可爱，一家人过得别提有多么幸福，多么恩爱了。

但是呢，这个事被天上的玉皇大帝知道了。玉皇大帝知道了以后呢，他不允许天上的神仙到人间，过人间的日子。他就让王母娘娘去拆散这一对恩爱的夫妻。这一天，天上电闪雷鸣啊，天兵天将下来了，就把织女给抓走了。牛郎看着天兵天将把织女给抓走了，一对孩子在这哭啊，牛郎也追不上啊，一家三口就哭成了一团。这个时候老牛就说话了，老牛说："你快把我的牛角拔下来吧，拔下来以后就可以变成两个箩筐，你就把这两个孩子放在这个箩筐里面，用扁担挑着快去追织女吧。"牛郎这个时候哭的，根本就反应不过来怎么一回事，这个时候老牛没有办法，就把他这两个牛角甩在地上，就变成两个箩筐了。牛郎就赶紧找了扁担，把两个孩子，一个筐里面放了一个，挑起扁担，脚底下就生风了，就和长了翅膀一样，就去追织女了。然后眼看就要追上织女了，但是这个时候王母娘娘拔开头上的金簪，这么一划呀，一道天河把牛郎织女给隔开了。隔开了以后呢，他们就隔着这个天河，一家四口得不到团圆嘛。这个时候天上的喜鹊就开始你咬着我的尾巴，我咬着他的尾巴，连成了一条鹊桥啊，牛郎和织女就可以在鹊桥上相会了。就是他们这个对爱情追求的精神感动了喜鹊了，喜鹊就为他们搭起了鹊桥，所以就定为每年的七月七牛郎织女在鹊桥上相会。

我们芝罘人，七月初七这天就有烙巧果的习惯。每家呢，都用夏天刚收成的麦子磨成面，就开始卡巧果。就是放上糖，放上油，放上鸡蛋，发上面，面开了以后，我们都有巧果模子，每家都卡巧果。卡好了以后，醒一醒，好了以后就上锅去烙。烙好了以后，就用线把它穿起来。穿了这么一串，然后用一个杆把它挑起来，在巧果的最下面用彩色的线做上穗头，每一个小孩就挑着巧果上街玩去了。每一家虽然都是挑的巧果，但是每一家的家庭主妇的手艺都在巧果上面，味道也在巧果上面。谁家巧果烙得好不好，一眼就看出来了。小朋友们都挑着巧果在街上玩呢。这一天，我们芝罘人也有包饺子吃的，因为我们都希望牛郎织女幸福恩爱的日子在人间广为流传。他们的爱情婚姻的这个观念在百姓心目当中流传，大家伙都是这样纪念这个七月七,老百姓都是这样过的这个七月七。

二 福山

牛郎织女

今天,我和大家讲一个故事。它的名字就叫牛郎与织女。

在很早很早以前,有个小伙子,他的父母亲呢,去世得早,家里比较贫寒。家里唯一的就一个老牛,与老牛为相伴。大家呢,就给他取个名,由于他一天到黑地跟老牛在一块,看牛,各方面跟老牛相处得挺好的,别人呢给他取名就叫牛郎。这个牛郎呢,靠老牛以耕地为主,家庭孤苦伶仃,比较贫寒。他(的)老牛呢,实际就是天上的星,金牛星下凡。金牛星看着这个牛郎呢,比较忠厚老实,为人诚恳,就想为他介绍个对象,将来成个家,好过日子。

有一天呢,这个金牛星得知仙女要下凡,到一个村边儿,山下一个湖边去洗澡。它呢,就托梦给这个牛郎,叫牛郎到河边去悄悄地看一看,去取一件粉红衣裳,拿了就走,不要回头。但是牛郎呢,半信半疑,感觉到这个事,又相信又不相信,但是他最后还是决定要去试验试验,考虑考虑达到这个目的。所以呢,他第二天就去了,朦胧之中就(像)做梦一样。他去看了以后呢,真有仙女儿,七仙女在那洗澡。他非常高兴,看了以后呢,就拿来一件粉红的衣裳,扭头就走,就跑,跑回了家。这个七仙女呢,知道(衣裳被牛郎拿走)以后呢,就上他家。因为她衣裳没有了,就到他家里去。去了一看,这个牛郎在家里捧着这个衣裳,觉得(牛郎)挺珍视这个事,所以感动了七仙女。就那天晚上,她在牛郎家里过夜了,他们成为夫妻。

这个事一转眼呢时间过得也挺快滴,他们夫妻恩爱,生下来一儿一女,生活各方面挺乐观的。但是这个事呢,叫这个天上皇帝知道了。因为什么呢?七仙女本身是私自下凡,没得到皇宫的皇帝天皇知道。所以呢,就是说要下来征伐这个七仙女。征伐七仙女呢,七仙女感觉到孩儿也长大了,跟牛郎学习,两个相扶呢,乐乐其其地把日子过得挺好的。

在这个时候呢,来了一场风,天地物万,闪电,打雷,下了瓢泼大雨。这个时候呢,七仙女不见了。不见了呢,她这个儿女呢,大哭找妈妈,也不知道她发生了什么事。牛郎呢也是如此，满屋转，叫天天不应，叫地地不搭理。这个时候呢，这个老牛说话了，说："你不要着急，你只要把我脑袋上这个角，这两个角取下来，取下来呢（就）变成两个箩筐。你到时候挑个担，用扁担挑着他们两个去追这个织女。"当时呢，因为也没有办法，不知道怎么能把这个牛角摘下来。这个老牛呢，一看他没法，就自己在地上把两个角捣掉了。捣掉了呢就变成两个箩筐，把这两个孩儿呢就装在两个箩筐上。牛郎呢拿起扁担来，一挑起箩筐一下就飞起来了。织女呢在前边跑，牛郎挑着两个孩子在后边追。眼看呢一步一步地就要追上去的时候，一下叫王母娘娘遇见了。王母娘娘呢一看他来追，就从头上取下金簪，往身后这么一划，划成一个咆哮的大河。这个大河呢，这沿望不到那边，相当宽，所以牛郎呢就无法接近织女。她在那沿喊"牛郎"，都得不到相应的答应。

　　这事呢感动了喜鹊，喜鹊头领呢就在一块商量这个事。感觉到这个事发生这么个悲剧，一个好事变成这个情况，非常同情牛郎和织女。再看两个孩儿哭天抹泪的，非常同情。它们在一块商量呢，就是说尾巴咬尾巴地搭起一个天桥，叫这个牛郎踏这个天桥过去和织女会见。

　　实际呢，每年阴历的七月初七这天他们才能相见一次。现在呢，老百姓传为佳话，就是说每到过这个日的时候，都是卡巧果。明天要过七月七了，今天都来为纪念这个日儿。我记得我小的时候都是满处借，借巧果这个卡，挨家借，大的小的都借，借好多种样的，回来叫父母亲呢搁家卡出来，姊妹几个分着吃。就是说为了纪念牛郎跟织女，他们这种相亲相爱的精神，到现在为止也值得发扬，也值得我们代代相传，把这个事做好。

三　栖霞

牛郎织女

　　从前呐，有一个小伙子，父母呢早就去世了。孤苦伶仃的他一个人，家里呢养着一头老牛，所以啊人们都叫他牛郎。牛郎就靠着这个老牛耕地为生，和这个老牛两个相依为命。这头老牛呢，其实就是天上的金牛星变的，它呢非常喜欢牛郎这个小伙子，既勤劳又善良，所以就一心的呀想儿帮了他成个家。

有一天呢，这个金牛星知道这个天上的仙女儿，要上它村儿东面儿的这个山脚下一个湖里面去洗澡。所以呢它就托梦给这个牛郎，叫牛郎在第二天早晨，到这个湖边趁着这些仙女们洗澡的时候，拿走一件啊挂在树上的衣服，然后呢就是别回头赶紧往家走，这样呢他就可以得到一位仙女做妻子。这一天呢，这个牛郎呢就半信半疑地来到了这个山脚下，朦朦胧胧当中就看到湖里啊有七位美女在戏水，他就拿起了挂在树上的一件粉红色的衣服跑回了家。那么被抢走粉红色衣服的这个仙女呢？是织女。就在这天晚上，她就轻轻地敲开了牛郎家的门，和牛郎做了一对恩爱夫妻。

时间过得真快，一晃三年过去了，牛郎和织女生下了一男一女两个孩儿，一家人呢过得非常快乐开心。但是呢，这个仙女私自下凡的事被这个玉皇大帝知道了。这一天呢，天上突然间下起了大雨，刮起了大风。这个时候呢，织女就不见了。两个孩子急得哭着找妈妈，牛郎就不知道怎么办好。这时候呢，这个老牛突然开口，就安慰牛郎说："别难过，把我的两个角拿下来，做成两个箩筐，挑着孩子就上天上去找织女。"牛郎就觉得奇怪，这个时候两个角就掉儿地上去了，牛郎就赶紧把两个孩子装进去，用扁担挑起这个箩筐。突然间一阵风刮过来，这两个箩筐就和长了翅膀一样，带着牛郎往天空上飞去了。飞啊飞啊，也不知道飞了多长时间，眼看儿呢就要赶上织女了，这时候就被王母娘娘发现了。王母娘娘就从头上拔下来一根金钗，在牛郎和织女中间划了一下，天空上呢就立刻出现了一条波涛滚滚的天河。而且这个河宽得呢两边都见不到岸，就这样呢把小两口分开了。

喜鹊呢就非常同情牛郎和织女，因此啊每年到了农历七月初七这一天，成千上万只的喜鹊飞到这个天河上，一只喜鹊咬着另一只喜鹊的尾梆（尾巴），就这样呢它们在天河上架起了一座鹊桥，仙女和牛郎就团聚了。

四 龙口

牛郎织女

下面我给大伙讲一个俺那老辈流传的一个故事，这个故事呢，就叫牛郎织女。天上啊，有一个牵牛星，还有一个织女星，时间长了，他两个就相爱了，就生古（相处）一块去了。但是天上这个规矩呢，有很多，就不允许他们相爱。再加上这个织女呢,是这个王母娘娘的孙女,所以王母娘娘知道这个事以后,她就罚这个牵牛呢,把他一下打发上人间托生去了,又罚织女呢,在织机旁不断地给织这个云锦。这个织女呢,手又巧,织这个云锦呢,织得是五颜六色的,就是这个天上的云彩,名叫天翼,随着季节的不同呢改变颜色。织女呢,为了叫王母娘娘能早早地把牵牛呢再(叫)回天上,就使劲地干活,使劲地织,(以)感动王母娘娘。但是(织女)天天又想念这个牵牛的,天天是哭鼻子流泪的,愁眉不展的。

再说俺那边南边那个大山上,有那么座大山,那个大山呐,老高老高。里面那个石头奇形怪状,大松树老粗老多,节密节密(很密)。在中间那个地方是老美(很美,很漂亮)了,中间还有个大湾,那个大湾也老大了,水也老深浅。那个水呢,还好,冬天不凉,热天呢不热。要上那去洗澡的话,还能这个明目清心,能去百病,人还能长寿。所以这呢,很出名,周围八遭都知道,都给这个大湾叫长寿湖。

再说天上这个仙女啊,在天上时间长了,倦巴了(无聊了),她们就央解王母娘娘说:"俺上人间,说有那么个长寿湖,上那个地方去,那个地方老好耍(好玩)了,俺上那去耍。"这个王母娘娘那天又心情好,高兴了,就说:"好,那去吧。"这些仙女呢,又看了织女天天在那里苦累悲悲的,天天干活,就硬生给她织那个云锦,也没有闲着的时候,就想叫她一块去开开心,所以又央解王母娘娘说:"俺想叫织女一块去。"那个王母娘娘一看织女啊干活挺出力的,末了就说:"好,去吧,恁(你们)去了到那里快去快回哈。"这(样)她们就得这个事了。

再说这个牵牛呢,被王母娘娘打发去人间托生,托生上了种地的这么一家,老两口。托上他家以后呢,几年工夫呢,他爹妈死了,死了之后给他起名叫牛郎。等着他爹妈死了以后呢,他就跟着他哥和他嫂过日子。他哥是个老实人,他嫂这个人又刁又嘎(抠门小气),末了就看着牛郎呢天天光耍,也不做营生(干活),光歹(吃),就说(说给)他哥:"再不能叫他闲着,不行叫他去放牛吧。"他家有九头牛,就告诉牛郎:"你把这九头牛放山上去喂,天天喂饱了啊,等着回来的时候你得赶回十头,少一头你就不用回。"这牛郎也是个老实孩子,就天天赶着牛上山上去了,到黑天数数还是九个,住一天数数还是九个,也不敢回来。末了在山上就

第四章 语料

吃点树上的野果,喝点山上泉眼的凉水,数不够也不敢回来。

末了那天在那又放牛,那天放牛在山边,看见地下躺了一头老黄牛。这个老黄牛躺在地下,精瘦精瘦,看样是病了。牛郎呢,就去摩挲摩挲这牛头,说:"老黄牛啊,你怎么的了,是不是病了?"这老黄牛啊,也没有劲儿,就点点头,眼里流了泪。牛郎好心眼,就说:"老黄牛啊,你在这等,我放牛的时候(到)那山尖上,我看那山尖上有一种药,他们说是叫灵芝,能扎古(治理)百病,我上山去抠给你,抠下来给你吃了,扎古好它。"老黄牛啊在那点点头。这牛郎呢就爬山上去了。好歹找(到)这个灵芝把它抠下来,抠下来就给这个老黄牛吃了。老黄牛吃了以后,哎,挺一天,就好了,爬起来了,也能吃草。末了牛郎赶了这个牛,就十头牛啦。牛郎就赶着这个老黄牛一块来家,他嫂一看,哎你还挺行啦,我叫你赶十头回来,你还真能赶十头回来。就说(给)他哥:"这不行,咱和他分家吧。分家就干脆把这个捡着的老黄牛分给牛郎,在这山上大南边还有个荒地,也给他吧,就叫他拿着领去自己去过。"他哥说:"好啊。"就告诉牛郎,牛郎没有法(办法),就牵着这个老黄牛上山上。在那荒地旁边,在那去开荒、驻地、种庄稼,又盖个小草房。等到一年多了,末了就盖个小房,就在那过日子。过日子倒挺好的,但就是不得儿哄,没有人。后尾儿(后来)这个老黄牛呢也好喽,末了也看这个牛郎生活也挺孤独,也想给他说个媳妇。其实这个老黄牛呢,就是天上的这个牛金星下凡,他当初也是为这个王母娘娘啊,把这个牛郎打发去托生,也是为和织女两个相好。王母娘娘这不把牛郎打发下来了吗?打发以后,这个牛金星就看不惯,就替牛郎说几句好话,把王母娘娘又得罪了,王母娘娘把牛金星又打发下去人间了。

所以这个时候呢,这个老黄牛呢,就告诉这个牛郎说:"今天晚上啊,天上有些仙女啊,上咱们大湾这洗澡。等你别睡的时候,你就上大湾那个大松树后边去趴,等看着她们仙女来喽,脱下这个外裳,等上大湾了以后,你就去把一件赤红赤红的那个衣裳给它拿掩(藏)。穿这件衣裳的人就是织女,她就是能给你当媳妇。"这个牛郎一看老黄牛会说话了,说:"你什么时候会说话(的)?你说的事都是真嘞?"老黄牛点头说:"是真的。"这等半晌时候,这牛郎呢,就早早起来去大湾边松树后尾儿去趴。住(过)

一会，在那看天上有长波也有晚霞，末了就一溜红光，从那西边天过来了。住一会看，就是下来一群仙女，大伙儿嘻嘻哈哈地说笑，末了脱去这个外儿衣裳，就上那个大湾里去了。这时候牛郎就悄悄过去找赤红赤红那件衣裳，一下把它拿出来，叠巴叠巴稳（放）那个夹肢窝里，拿来家了。到这个半亮天，这些织女都从湾里出来了，上外沿上，把衣裳穿上，和飞鸟一样，一溜都飞了。就剩下织女了，在那找不着她的袄，满哪找也找不着，又着急又还害怕，满哪找，找来找去找（到）那草房子了。找（到）草房子一看，她的袄在家里，末了就去打门，打门跟牛郎要她的衣裳，牛郎就说："你给我当媳妇，我就把衣裳给你。"这时候这个织女一看这个牛郎，就想起（来）了，这是天上当初那牵牛星。末了是又害羞又害怕，就答应了成他媳妇，他俩在那过日子。

过日子后，两个男耕女织，日子生活过得挺滋的。挺一年以后呢，又养了一男一女，一对双棒（双胞胎）孩子，日子过得是老好（很好）了。再说说这个织女呢，下去耍没回来，后尾儿这个王母娘娘知道了。王母娘娘一听就火了，就叫那个天兵天将："你赶紧的下去，把织女赶紧给我抓起来。"天兵天将他们就下去。再说这个牛郎，在坡里种地，织女在家织衣裳，孩子呢在院里耍。末了那天这个牛郎呢，哭着从外面回来说老黄牛在外面死了，说它临死的时候告诉我，说："等我死了以后啊，把我的角拿下来，把我的皮也扒下来。"说："我这角能变得一地箩筐，我这个皮啊，你要披啊，就能飞天上去。"末了这个牛郎就说："它说的话能是真的啊？"织女那么一寻思一算，哦，老黄牛是当初这个牛金星托生的，就因为当初日咱俩的事，在王母娘娘跟前给你说两句好话，所以就招王母娘娘打发下来，来人间托生。现在他的罪已经满了，又回天上去复位去了。末了说："你就照他的话办吧。"这个牛郎就回去，把这个牛角拿下来，把那牛皮也扒下来，末了稳家里掩（藏）着。

又住了些日子呢，从那个西边的天上来一阵大风，刮得天上的云彩墨黑墨黑的，风雷火闪，这时候天兵天将驾着个云头来了。来到这把织女拖胳膊就架着跑了，两个孩在后面直张嘴叫妈妈。这时候牛郎在外面听见了，赶紧回来，回来孩就告诉说他妈叫什么人领着跑了。这时候牛郎赶紧上去，赶紧拿出牛角来，牛角变得一地筐，拿扁担挑，把两个孩装两个筐里，又

第四章　语料　◆◇◆

披着牛皮，把牛皮身上一（披），那个脚往天上直飞，挑着两个孩跟后面就赶过去了。越赶越快，越赶越快，眼看着就赶上，看见织女了。这个织女呢，回头也看见牛郎了，两个孩还直张嘴叫妈妈，织女呢也回头叫牛郎。这时候眼看着就好撵上了的时候，王母娘娘不知道什么时候来了，乘着那个云彩，五光十色的过来了。过来一看牛郎好撵上了，就从头上拔下来银簪子来，就往牛郎和织女那中间使劲那么一划，末了他们俩中间一下就出来那么一条大河，波浪滚滚的，老鼻子宽了。这个牛郎怎么的也过不去，正好就把他两个，这边一个，那边一个。其实你要是现在，黑日（夜里）要在天晴的时候往天上看，就能看见那天河两边，有那么两颗亮晶晶的星星，在那那么一闪一闪地眨着眼睛，一个是牛郎，一个是织女。并且在牛郎这颗星星旁边，还有两个小星星，这就是他挑的两个孩，一对。这时候呢，这个牛郎领两个孩在那哭，织女也在那哭，两边都待（在）那哭，哭的是声嘶力竭。这时候呢，天兵天将也不忍看这个场面，都转过头去了。这个王母娘娘呢，也对这个事多少受点感动，叫牛郎和织女坚贞的爱情啊多少动了恻隐之心了。末了就告诉她身旁的那个仙鸟，那仙鸟就是黑老哇（喜鹊），就告诉说："这样吧，你告乎（告诉）这个牛郎和织女，叫他两个七天去银河那见一次面。"这么样能叫他见一回面。这个黑老哇呢，又把这个话听错了，飞这边告乎牛郎，飞那边告乎织女，告乎他说："这个王母娘娘说了，叫你们两个每年七月七这个银河中间见一次面。"所以一下把七天见一次面换成七月七，一年见一回，这么的他两个才一年见一回面。等到回去，这个天兵天将就在那直埋怨黑老哇，黑老哇也怄起来，说挺好一事让我给传错话了。

到七月七这天，黑老哇就招呼（叫来）天地认识黑老哇的，又怕不够看，（因为）天河太宽了。末了又去招呼他的同族兄弟，他们也都飞去，上那天河那，一下搭起一个鹊桥，就叫这个牛郎和织女呢，上这个鹊桥中间，在那相会。两个见了面，简直抱着是又哭又说，说不尽的悄悄话。实际如果仔细的人儿，在那个葡萄架底下，也是能听见牛郎和织女在那说的悄悄话。还能听见天上住的神仙，挺好听的这个，这就是说不完的情话。真是见面也难，分别也难，一年见一次面，好歹见一次面，又得等，得第二年七月初七才能再见一次面。

这个事呢，因为这个织女呢又聪明又伶俐，手又巧，所以说一些女娃呢，都想学她这个灵手。所以每年七月七呢，这个社工组供应水果，都学这个织女呀，自己能变得七巧这个事。所以这天呢，我们那个地方呢，他还卡这个巧果。卡巧果呢，就是到七月七这天，把这个面发好了，放这个卡里。这个木头卡呢，顶上刻的水果或者是小冬瓜的形状，末了卡出来以后，再稳锅里，弄这个勺子呢，把它敛一敛。熟了以后，再拿线把它穿起来，穿得一串一串的。末了在这一串的下边呢，再穿一个大个的巧果，一个小孩分一串，挂墙上。平常日子可以解馋，谁馋了谁去薅一歹（吃）。剩下的呢，等过年的时候，初一一包馉馇（饺子）。这样初一吃馉馇，谁要吃着有巧果的来，肯定这一年就能变得灵巧，变得手也巧，这就形成这么个规矩了。还可以等炸面鱼或炸丸子的时候，再把剩的巧果稳（放）里炸一炸，等正月初一稳果盘里。等正月初一，家家拜年的时候，有这年轻的小孩可以吃两个，第二年呐，也能变得灵巧了。所以这一天呢，后来呢，又把这一天变成了情人节。

这就是我讲的牛郎织女的故事。

五 蓬莱

牛郎织女

从前有个小伙儿，父母相继早年去世，家里非常贫寒，只有一头老牛。因此啊，村里的人儿都叫他牛郎。老牛和牛郎啊相依为命，靠耕地种田为生。其实老牛是天上的金牛星，他看小伙儿非常的勤快，心地又善良，又能吃苦耐劳，就想帮小伙儿说个媳妇儿。

有一天，老牛告诉牛郎说，天上的织女星啊明天要到村东头的湖里游泳，第二天早晨你到那儿去，看看拿一件衣服，挂在树上是粉红色儿的，你就把它拿回来。它托儿这个梦给小伙儿。这个小伙儿醒来以后啊，觉得有点奇怪，寻思这能是个真事儿吗？不管怎么样，第二天早晨，这个小伙儿啊，就到村东头啊这个湖里去，果然看见一群仙女啊在这个湖里游泳。他看见有一件衣服挂在树上，是粉红色儿的，那是织女的衣服，他就悄悄地过去把这个衣服拿回去了。当天晚上，织女就来到小伙儿的家，从此以后，她就和小伙儿结成了夫妻。

一晃三年过去了,织女生下了一男一女,日子过得挺舒坦的。有一天,天上的玉皇大帝知道这个事儿,他就决定啊把织女啊弄回去。有一天突然乌云滚滚,电闪雷鸣,刮起了一阵大风。突然间,织女就不见了,这时两个孩子啊是又哭又叫,牛郎也不知道这个事儿该怎么办。这个时候啊老牛说:"你啊,把我两个角弄下来,就变成两个筐啊,你挑孩儿啊去追。"说话间,老牛两个角啊掉下来,果然变成两个筐。牛郎啊,装上两个孩子,觉得这个筐飘飘悠悠地飘上来了,像风儿一样向天上飞去了。这时,眼见着要追上织女了,被王母娘娘看见了。王母娘娘拔下头上的簪子,在牛郎织女中间一划,这时啊一条无边无际的银河波涛滚滚,把牛郎织女隔开了。后来喜鹊知道了这个事儿,所以每年七月七,成千上万的喜鹊搭成鹊桥,让牛郎织女见面儿。

六 招远

牛郎织女

下面我给大家讲一个故事,叫牛郎织女的故事儿。

传说很早很早以前,有一个大小伙子长得很漂亮,而且也很壮实,他也非常地善良,邻舍间都稀罕(喜欢)他。他家里有一条老牛,这个小伙子就经常牵着老牛去放牛,或者牵着它干活,所以邻舍间都叫他牛郎。

牛郎虽然长得很漂亮,但他的命却非常地苦。在他小时候,他的弟弟、妈妈就都去世了,他跟着哥哥、嫂子过日子。哥哥经常出外做买卖,家里的活全靠牛郎一个人干。牛郎的嫂子非常地坏,经常地打他骂他,而且也经常地不给他饭吃,牛郎常常趴在没有人的地方偷偷地哭。奇怪的是老牛好像懂人事,这时也流下了同情的眼泪,并用舌根舔着牛郎的手背来安慰他。牛郎的嫂子为了独霸家产,挑撩着哥哥与牛郎分家。结果他的哥哥嫂子把好房子好地都霸占去了,只给了牛郎两间破草房、二亩薄地。但牛郎就提出了一个要求——要了这头老牛。这头老牛实际上是天上的一个牵牛星,因为在天上犯了天规,被玉皇大帝和王母娘娘打下凡间,投到牛胎,再以后就成了现在的老牛。他看着牛郎过着孤孤单单、凄凄惨惨的日子,心里非常难过,就想给牛郎说个媳妇,成个家。

有一天,老牛听说天上的仙女要到村东边的大坝里去洗澡儿,而且其中有玉皇大帝和王母娘娘的外甥姑娘也来洗澡儿。这个仙女儿不但长得漂亮，而且贤惠，因为她在天上是织云彩的，而且她织的云彩五颜六色，非常漂亮，所以大家都叫她织女。这天晚上，老牛就托梦给牛郎，让牛郎明天早晨到大湾旁的树上，树下那件粉红色的衣服抱回家，它将会给牛郎领来一个俊俏的媳妇。

牛郎梦醒以后觉着很奇怪，但他想按着梦中所嘱托的去试一试。所以天刚放亮，他就到村边大湾旁的树林里趴起来。天刚放亮，牛郎就看到从东南边儿的天上飘摇摇地飞下了几个仙女，其中有一个穿粉红色衣服的仙女儿格外漂亮。这个仙女儿在大湾旁脱下了衣服，就挂在大湾边的树上，然后仙女儿们嬉笑着到大湾里洗澡儿去了。这时牛郎就跑到大湾边，从树上拿下了那件粉红色的衣服，揣在怀里跑回了家。仙女儿们洗完了澡上岸后，都穿上了各自的衣服准备回天。可是织女儿不管哪么样儿地找，就是找不着她的衣服了，织女儿急得大哭起来。这时，老牛走过来突然张了口说："织女儿，你不要找啦。你的衣服被牛郎抱回家去了。"织女儿看了看老牛说："你不是金牛星吗？怎么会在这里呢？"老牛说："我因为犯了天条被玉帝打到凡间，今天我在这里就等着你，给你在人间找了个准女婿，我就领着你到他家里去。"织女儿说："我还要返回天庭织云彩。"老牛说："你就留在人间吧。人间比天上可好多了，人间的自有真诚在，你与牛郎成婚后生儿育女太有意思了，比在天上冷冷清清的织云彩强多少倍。"织女儿羞红了脸，跟着老牛就到了牛郎家。在老牛的撮拢下，牛郎和织女拜了天地，成了夫妻。

结婚后，牛郎更勤快地饲弄（摆弄，指种植）庄稼，他摆弄的庄稼比谁家的都好，收成比谁家的都高，织女在家里纺衫织布，她织出来的布又均匀又平和又漂亮，拿到市集上很早就被抢光了。织女儿人不仅勤快还善良，邻舍间大姑娘小媳妇都来跟她学习织布，她就耐心地教她们。抽空儿她在院子里又种了瓜果葡萄，饲弄得非常好。当着（等着）收了瓜果葡萄以后，她就分给邻舍们吃。所以，邻舍们都夸他们两口子心眼儿好，爱到他们家里来玩儿，也爱帮助他们，就是他的哥哥嫂子，在牛郎和织女的感化下也变好了，经常地到牛郎家来帮着看孩子。

突然有一天，王母娘娘发现天上的云彩怎么越来越少了，她就让丫鬟扶着她到织坊来看看究竟是怎么回事。当她来到织坊一看,大门敞开着,织云彩的机子上包满了灰尘,根本就见不到织女儿的影子,她就跑回去把实情告诉了玉皇大帝。玉皇大帝一听他的外甥围宁(外甥女)私自下凡,并且在人间生儿育女触犯了天条,就命令天兵天将去捉拿织女儿返回天庭。

这天,牛郎在地里干活,突然打了几个非常亮的闪,而且接着就打了几个震耳欲聋的雷,这就刮起了大风,下起了瓢泼大雨。牛郎赶快跑回家,可是看见两个孩子在床上哇哇地大哭,就是不见织女儿的身影。他到处找织女儿也找不着,正在他着急外赴的时候,老牛突然开口了,说:"你不要找了,织女已经被天兵天将押回了天庭。你赶快把我的两个角拿下来变更成两个筐,你把两个孩子装进去,到天上去追织女儿吧。"牛郎说:"我拿下你的两个角,你怎么能活?"老牛说:"我本来就触犯了天规,被打入凡间,这次又泄露了天机,玉皇大帝已经赐我死罪,我马上就要回天领死,你快按照我的话做吧。"说完,老牛就倒在地上死去了,他的两只角掉到地上变成两只筐。牛郎马上把两个孩子装到筐里,找了一条扁担,挑上了两个孩子。可是怎么样才能飞上天去呢?说来也奇怪,刮了一阵晨风,牛郎就飘了起来,朝着东南方向追赶织女儿去了。织女儿被天兵天将押着往后走,她怎么能舍得这两个可爱的孩子和称心如意的丈夫呢!所以她一路一边儿哭着一边儿挣扎着回头看。就在这时,她看到了急急赶来的牛郎,挑着两个孩子,他们这就要相见,夫妻两个心里都是非常地着急、非常地高兴。可就在这时被王母娘娘发现了,她狠狠地说:"想要见,做梦去吧!"随手从头上拔下了一个金簪子,在牛郎和织女之间一划,马上就有滚滚的河水形成了一条波涛汹涌的天河,把牛郎和织女隔在了两岸。

牛郎织女被天河隔开不能相见,悲痛欲绝。两个孩子哭声震天,他们的哭声终于惊动了人间,连人间的鸦雀(喜鹊)都不忍心,所以它们就商榷着七月七日一块儿飞到天上,一只咬着另一只的尾巴搭起了长长的鹊桥,让牛郎织女在鹊桥上相会。所以七月七日这一天人间见不到鸦雀,也听不到鸦雀的叫唤,不信你看现在银河的两边儿,一边儿有三个并排的星星叫牵牛星,那就是牛郎挑着两个孩子,银河的另一边有一个很亮的星星叫织女星。这就是我们招远愿说的一个顺口溜——七月七牛郎会织女。

我的故事儿讲完了。

七　莱州

牛郎织女

在莱州，从老早的，在民间就有一个美丽的故事。人们特别是年轻人、孩子爱听的一个，那就是牛郎和织女的故事。

说的是啊，老早来，靠着山的有一个小山村，住着一户人，只有一个年轻的小伙子，家里贫穷，父母早早就去世了，只有一头老牛和他在家里做伴，人们啊就叫他牛郎。牛郎啊，平日以耕地为生，仅仅能维持自己的生活，只有那头老牛，白黑（白天黑夜）与他做伴。家里贫寒，没有什么值钱的东西，生活过得孤苦伶仃。但是牛郎这个年轻人啊，品质非常好，勤劳、善良，他除了自己种点薄地外呀，他很愿意帮着自己的邻居去干一些他们有困难的活。所以说邻居有什么难事都找牛郎，他非常热情地、不遗余力地给他们去帮忙。家里的老牛哇，看他这个年轻人真好，家里贫穷呀说不上个媳妇，就寻思着怎么给这么个好孩子说个家口，叫他过上安稳的日子。

这个老牛哇，就是天上的金牛星，不是一般的牛，他就找机会给他找媳妇。哎，时机来了。有一天，他听说天上的那些仙女，准备来到他这个小山村的山根上的那个湖里去洗澡。哎呀他一听高兴了，他就想着借着这个机会给牛郎找一个漂亮的勤劳的称心如意的媳妇。于是啊，这个金牛星啊，晚上就托梦给这个牛郎，就告诉说："牛郎啊，你明天早上吃了早饭，你就到恁（你）们村东的那个山岗上那个湖里去，有仙女在那洗澡。洗澡的时候，你看一看，在湖边上那个树枝上，挂着一个紫色衣服的，你就把它揪下来，你就跑回家，她很愿意成为你的媳妇。"哎，这个牛郎听了是个好事啊，但是也将信将疑的："能行吗？"啊，试试吧。

睡了一个觉，第二天，他就急急忙忙地奔到了那个村边的湖边。哎，一看，这雾蒙蒙的水里呀，真有些仙女在那里洗澡、玩水。牛郎静悄悄地走到了树林边，真的看见在树杈上有件紫色的衣服，于是他跳了一个高，把树枝上的紫色的衣服揪了下来，抱在了怀里，头也不回地直冒慌冲地跑回了自己的那个草屋。哎呀，心里想："这能行吗？人家能跟我吗？"看看家来（家里），这四壁如此破落，将信将疑。等啊等啊，到了傍晚，忽然，听见门响，有个人啊，静悄悄地走进屋里。他点起了他的灯，真是一个年轻漂亮的女子,来到他的身边。他很高兴地迎了上去,热情地和她说话,说:"你这位大姐,你到我家里为什么来呀?"这个仙女一看说:"牛郎哥,我早认识你。""哦,你怎么认识我?"(织女)说:"你在人间啊,干活办的事,我都看在眼里,你是我称心如意的一个人,我想着跟你,做你的媳妇。"哎呀,牛郎一听,万分地高兴,不过他又寻思,说:"大姐,我家里穷哇,常吃了上顿没了下顿,家来也没有什么值钱的东西,你跟我,会受苦的。"哎呀,织女一听,说:"牛郎哥,不要紧,咱穷不要紧,咱可以好好干活,家里会富裕起来的,你相信我好了。"这么一说,牛郎也放心了,于是啊,他两个欢欢乐乐地成了个恩爱的夫妻,过上了幸福美满的生活。日子过得很好,牛郎下地种地,帮着别人干点活。织女呢,心灵手巧,在家里纺线织布,织的布自己做的衣服,非常合体漂亮。织女还把一些布送给邻居,所以牛郎一家,深得邻居们的欢心,觉着牛郎真说着个好媳妇。就这么样,两口子一转眼过了三年了。这三年,生了两个小孩,一个小子,一个闺女,非常伶俐,非常可爱。

但是牛郎和织女结成了夫妻这块(件)事,被天上的玉帝知道了。玉帝一听说织女下凡跟了人间的牛郎,大怒,怒发冲冠。他就想叫天兵天将把这个织女从人间抓回来,抓到这个天上。她犯了天规,待(要)惩罚她。就这么一天啊,清早天挺好的,风和日丽,牛郎下地干活去了,织女呢,在家里仍然织着她的布。突然,天变了,乌烟滚滚,电闪雷鸣,还下起了大雨。织女在家织着布,猛不登的(猛一下子)被这狂风卷走了。走了以后,剩下家里两个小孩,小子和闺宁一看家里娘不在身边了,就叫,叫不着,喊,没有应(回答)的,哭哇哭哇。外面下着雨,牛郎赶快回来,一看这种情况,真是蒙了,哎呀怎么办,媳妇上哪去了,两个孩子这样!就在没有办法的情况下,哎,金牛星,那头老牛,突然说话了,说:"牛郎,你别着急,你赶快啊带着两个孩子呀追去吧,去追你的媳妇吧。""哎呀,我怎么能到天上去?"它(老牛)说:"你别为难,你把我这两个角给掰下来,这两个角就可以变成两个箩筐担子,你挑着两个孩子上天去,你会追到你的媳妇的。"话音刚落,那两个牛角真的掉在地上,瞬间变成了两个箩筐担子。这个牛郎就赶紧地把孩子放在了箩筐里,前头一个,后头一个,用担子挑着这两个孩子出了门。一出门,忽地飞起来了,飘飘摇摇地上了天上，速度非常快，腾云驾雾，就向着一个方向急急地飞去。追呀追呀，追了一段很长的时间，哎，突然看见前面的一些天兵天将，抓着织女往天上跑。牛郎看见了，两个孩子也看见了，就直叫哇："娘，娘，你等等我们！"牛郎也直呼："织女，织女，等等我。"撵啊撵啊，眼看着要追上了。这工夫，王母娘娘一看要追上了。这工夫，织女一看要追上了就回了头，就要来迎接牛郎。王母娘娘于是把头上的一个银簪子拔下来，在天上一划，马上天上出现了一条又宽又长的银河，波浪滚滚，浪花滔天。牛郎刚走到了这个河边，叫这天河逮住了。织女在岸的那边，硬是哭哇，招手呀。这个牛郎也是呼啊，孩子也叫啊，没办法，把这一对人，一个家庭，分在了这个天河的两边，只能遥望相见，不能会面。

哎呀，这件事，叫地上的喜鹊知道了，非常同情牛郎家的遭遇，可怜他。你说牛郎这么好的人，你说孩子这么聪明伶俐，哎，自己的孩子娘没有了，那么这牛郎的日子怎么过？就想啊想啊，想个什么办法，能够成就他们，能使他们家里老小团圆。其中有一个喜鹊王子，突然想出一个妙计。他于是召集了天底下的喜鹊，把事情的来龙去脉如此直白地说了一番，说啊："咱等到一天，咱都到天上去，咱救救他这家。"喜鹊们一听，好，牛郎这么好的人，织女这么好的人，咱，去救救！到了七月七日这一天，成千上万的喜鹊，就飞到了天上。喜鹊啊，一只一只地摆起来，一只的嘴咬着前面那一只的尾，这成千上万的喜鹊挤在一块，摆在一块，有序地铺成了一座天桥。牛郎这样一看，有了桥了，就挑起了孩子，急急地走桥。织女在那边也看见了，啊，心爱的丈夫也来了，急忙慌冲地跑来了。过了桥以后，在这桥上，夫妻相会，孩子扑倒他娘的怀里。哎呀，那个亲劲儿呀，牛郎也非常高兴了，抱在了一起，激动地哭啊："哎呀我们这可就好了，我们这会儿永不分离了，永远在一起了。"就这样啊，牛郎和织女相会了，又过上了团圆美满的生活。

所以说啊，到了夏天啊，这个天气晴朗的时候啊，老人经常这个领着孩子在天井（庭院）里乘凉，常常就给我们讲牛郎织女故事，并且指着天上，哎，你看看，那是天河，你再看看，旁儿来那是牛郎，那是织女，旁边是两个孩子。哎，你侧耳听听，牛郎和织女窃窃地在说着话呢。人们都非常高兴，祝牛郎织女一家幸福。

八 海阳

牛郎织女

大家好，现在我给大家说个牛郎与织女的故事。

　　古时候吧，有个小伙家里穷来，管么（不管什么）没有，就养活一头牛，所以都叫他为牛郎。结果他养活这个牛，据说是天上牛王星变来，下凡来在地下这么个牛。一天见到黑（白天到黑夜），就是这个小伙和这个牛两个相伴为生吧。一段时间以后，这个老牛就透个方（消息）给这个小伙听听，说是："天上来这个七女星，待（在）咱这个村头上那个湾在那儿洗澡。你去，她些衣裳挂在树上。你去起偷她件衣裳，拿来家，就有人跟你（过日子）。"在牛郎这听这也是个怪事，那个牛能说个事呢，就是个怪事，但是在半信不信的情况下，好不就试试看看吧。结果呢，真到那天以后，上那个湾去以后，确实有一帮这个姑娘在那洗澡。并且这个衣裳横在树上挂来，他就瞅么瞅么，人家都不看什么，偷件衣裳就跑，就来家了。结果把这个衣裳偷来家以后，这个到晚上以后，结果真来个闺宁来找他，说怎么怎么个事，无意当中说个媳妇儿。这不两个人就这么样，这就多这个媳妇儿了吧。这个媳妇儿这不是天上掉下来七女星，这个下凡来。后期这个女来吧就会织，男来就会耕，这不男耕女织，这么继续过生活。在一段时间以后，这又生对孩。

　　这码事叫天上这个玉皇大帝知道了，这哪行，你犯天规这还行啊。就叫天上这个管司法来吧，也不知是管公安（的），就下来抓她。这一下，一时间就雷雨交加，把这个七女星带走了。走后，这牛郎到底一看这么样，这老婆又走了，风雨交加。这个老牛替他出个办法，说："你把这两个角摘下来就当个飞船吧。你坐上头以后，你挑一对孩儿，你使劲撵，就撵上了。"所以这个牛郎听老牛说话，原来就信了，找媳妇儿这再一说，更就信了，就一时为真了。结果一看，是一对筐儿，他就把两个孩拾筐去了，担起扁来就往上撵。眼看就快撵到天上了，啊呀，一下叫王母娘娘看见了。这家伙撵上以后，天规还维持不住了。这王母娘娘一看也不好，这就头上拔下一个簪子来，待（在）天上划那么一道，划那么一趟，结果以后（就）变成道天河。这一下不要紧，牛郎再也撵不上了，就把这两个孩挑在筐里头，织女就在河这沿儿，牛郎就在河那沿儿，一直就这样。两个人就这么简简单单，这个有情不能往一块凑了。

这个再住（等）一年以后，一段时间以后，两个人感情老是这样，这么一脸不舍来。总是乍胡（相处）一段时间，这两个孩吧，跟牛郎在这面混，这个七女星吧，就在天那边。后期以后，就叫这个喜鹊看到这个事，这么断了这个关系这哪儿行。这天老爷、天老奶奶太残忍了，把两个人的感情一下乍吧（割开）断了。所以最后，喜鹊想出一个办法来，就在每年的七月七的时间，跟这个天河上，成千上万的喜鹊来了，也就是你连我我连你，架起一座桥来，叫他两个人去会合这么一次，每年去这么一次。所以咱现在说七月七，这个牛郎织女去会面，大概这个来历也就这么个来历吧。

这个故事我就讲到这儿。

九　牟平

牛郎织女

下面我给大家讲一个从古代流传下来的民间神话故事，这个故事的名字就叫这个牛郎和织女。

这个牛郎他出生在一个小山村一个家庭里。他家里有着爸妈，还有这个哥、嫂子。他家里养了一头牛，为么（为什么）叫他那个牛郎？就是他在这家里渐渐长大以后，放牛的事儿就是他的了，所以他这个对牛的感情挺好。等他长大以后，爸妈都去世了，都死了。死了以后，他这个哥嫂嫌弃这个牛郎，这不是多一张嘴吃饭么，家庭条件又不好，所以就想着把他分出去。分出去这个牛郎他什么也不要，他放牛，他对牛这个感情挺好的，所以他就要着这头牛。要着这头牛，他就指着这头牛帮他干活挣钱，挣口饭吃。这个牛郎他从小勤快，心眼好，挺善良的，这个村民都挺乐意找他干活的。所以说慢慢地，牛郎他自己盖个棚子，在那生活。其实他那个老牛是一个天上的金牛星下凡，它不是一般的老牛，它就看着牛郎这个人挺好的，老实本分还勤快，所以说就想着帮他，帮他成个家找个媳妇。

所以说有这么一天，它知道这个天上的仙女要下来，到他们这个村东边一个湾里头去洗澡，它把这个事就托梦给这个牛郎了。托梦告诉他（仙女要来）洗澡，叫他去，叫他去以后，能拿一件这个仙女的衣裳回来跑到家，就有一个仙女跟着他，当他的媳妇。这个牛郎早晨醒了之后，也是不

第四章 语料

太相信,半信半疑的。他寻思不管是真的假的,去看看吧。他清早晨就来到他村东头那个山根底下,隔老远儿朦朦胧胧的,他就看见竞不果(果然)有那么七个美女在那湾洗澡。她们把那衣裳都挂在树上,他就悄悄地走过去,挑一件粉红色的衣裳,赶紧地往家跑,跑家去,跑在他自己的家里。他拿的这个衣裳也就是织女的衣裳。赶(等)这些美女洗完澡以后,都穿衣裳,那些都穿衣裳都走了,就这个织女她没有衣裳,她就回不去了。回不去了,她就一气(一直)等到天黑了,她就去找这个牛郎。找着这个牛郎以后,他俩就成亲了,就给他牛郎当媳妇了,他俩结婚了,成两口子了。他们结婚了以后,两口子也挺恩爱的。牛郎他勤快,种地也帮着村民,织女她有手艺,能织布什么的,也挺乐于助人的。村民有什么需要,他两口子都挺帮扶(帮忙)的,村民都挺喜欢他俩的,都挺喜欢这个织女的。所以说他俩有什么事都互相帮助,小日子过得挺扎实的。他们两个就这么忙忙碌碌的在一起过了三年。一晃三年都过去了,三年当中,他们两个生了一个闺女,一个小子儿,都挺高兴的。

好日子也不长,他们这个织女,私自跑出来下凡这个事,也不知道怎么了,叫玉皇大帝知道了。她这个私自下凡,她就触犯天条,玉皇大帝发火了。有一天晚上,就派的天兵天将下来了,把这个织女就抓回去了。天兵天将下来的时候,就是狂风大作,又打雷又下雨。赶牛郎知道以后,一看织女没有了。这两个孩子还小啊,这就哭,找他妈,给这个牛郎愁的,这也没什么方法。(孩)他妈忽的嘛没有了,这上哪去找?这旁边的老牛,也就是金牛星,它就说话了,告诉说:"不用着急,这个织女是叫玉皇大帝抓走了。你就赶快把我的角拿下来,拿下来以后变成两个筐的,挑的两个孩子赶紧地去追。"他也挺寻昏人(让人疑惑)的,这老牛还能说人话?在他寻昏人的当口,这两个牛角就掉下来了,掉的地下,滚两个滚,变成了两个筐的,一个担杖。他顾不得多想,把两个孩子都装在这个筐里,挑起来赶快走。这两个筐的也不是普通的筐,这都是人家神仙的宝贝,所以说挑开以后,它就像飞了一样,一呼呼地就往天上追去了,飘。这眼看地就要追上这个织女了,叫王母娘娘发现了。所以说不能叫他俩见面,就使用魔法,在他俩当中用一条天河给他俩隔开了。天河老宽老宽了,所以说他俩,这个牛郎他也过不去。这个牛郎他心挺善的,这个喜鹊它很同情这两口子。所以说每年的初七,阴历初七,七月初七这天呢,天上的喜鹊就互相的你咬我的尾巴、我咬你的尾巴,搭成了一座天桥。这座天桥从天河的这头一直搭到那头,牛郎就能过去和这个织女见面。所以说,到每年的阴历七月初七,他们都能见一面,这一天也被中国老百姓很自然地定为了情人节。

我的故事就讲到这。

十 莱阳

牛郎织女

大家好,给大家讲个牛郎织女故事。

过去,一个小伙子,家里很穷。他爹妈死得早,只剩下一头老牛。这个老牛其实是金牛星,天上的金牛星哈。这个老牛看这个小牛郎怪可怜的,就给说个媳妇过日子。这个金牛星知道这个仙女从空中下来,上村东头,村东边湖里洗澡。他就托了梦给牛郎,牛郎他就不大相信的哈。他就去了,一看确实有仙女在这洗澡。他就拿了件粉色的衣服,拿到家里去,一看是织女的衣服。到了晚上,织女就悄悄上牛郎家里去敲门,就开门了,他俩成夫妻哈。

一晃三年多了,这个牛郎和织女就有了一个儿子一个闺宁儿。有了以后呢,织女这一天下凡,那个玉皇大帝啊看见了。看见了以后,第二天就令刮风下雨哈。忽了吧(忽然)这个织女就不见了。不见了以后,这个他俩孩子这就哭,找妈妈:"妈妈!"这个牛郎这就没办法了。老牛忽然开了口,它说:"你把我这个两个角,把它拿下来,编成箩筐,把两个孩子,装进筐里。"这个牛郎听了,就(去)找那个织女。叫那个王母娘娘知道了,看见了,她就从头上拿下那个金簪来,就往那个牛郎和织女中间一划,这就成那个大河了哈,无边无际,就把两个人隔离开哈。这个织女确实不嘎惜(舍得)他(指牛郎),她就说:"每到这一年七月七这天,这个上千上万的喜鹊啊搭成桥。"就他两个人儿会聚一块吧。

我的故事讲完了,谢谢大家。

十一　长岛

牛郎织女

古时候儿，有个小伙子，他父母去世得早，孤苦伶仃。他家里就有一个老牛，所以人们都叫他牛郎。牛郎平常都是依靠老牛耕田为生，孤苦伶仃的。这个老牛，就是天上的金牛星，总想帮他成个家。

有一天呐，金牛星它知道天上有仙女要下来，去他们这个村子东边那个湖里。它就托梦给这个牛郎，告诉他第二天早上起来，到这个村儿里的东边儿："看见有那七个仙女在那个湖里洗澡，你趁她们不注意的时候，拿走她们其中一件儿衣服，头也不要回，直接拿回家，一定会有一个美丽的仙女做你的妻子。"第二天早晨，这个牛郎起来先拜揖，他就到了那个村子东边儿那个湖边儿，果然朦朦胧胧地看见在那个湖边儿有七个仙女在水（里）洗澡。他趁人不注意呢，拿走树上挂的一件儿粉红色的衣服，就往回跑。果然当天晚上，就有一个仙女来敲门，他俩成了夫妻。

时间过得很快，转眼过了三年，牛郎和织女生了一个男孩子和一个女孩子，他们过得挺幸福的。可是呐，这事儿被天上的玉皇大帝知道了，这是不允许的。有一天，突然电闪雷鸣，大风大雨，这个织女就不见了。两个孩子呢就是要找他妈，牛郎实在没办法。这时候老牛开话了，开始讲话了，说："牛郎你不要愁，你快取下我头上那两个角，把它变成两个筐子，你一面儿放一个孩子，你去找织女吧。"牛郎正在忧愁、正在犹豫的时候，果然看见老牛的两个牛角掉在地上，立刻就变成两个筐子。牛郎就把两个孩子分别装在筐子里头，但是呢，这个筐子呢，就是轻飘飘地飘起来，就像长了翅膀一样，腾云驾雾，都上了天。他就跑跑跑，看到马上就要追到那个织女了，这时候又叫王母娘娘看见了。王母娘娘呢，她直接跟头上取了一把簪子，在牛郎和织女中间划了一条横，它立即就变成一个波涛汹涌的天河，把这个牛郎和织女俩隔开了。

天上的喜鹊挺可怜他俩的。每年的七月初七，成千上万的喜鹊，你牵着我的尾巴，我咬了你的尾巴，就搭成一条鹊桥，就是叫每年的七月七牛郎和织女他们俩相会。

谢谢大家，就是这样了。

第二节 话题

一 芝罘

风俗习惯

下面说一说烟台市这个习俗吧,当地的风俗习惯。

烟台市当地人,就是所城里本地坐地户,非常讲究,好面子。当地人对一些待人接物方面都比较讲究点,从小受教育,家长就告诉待人接物一定要有礼貌,别人给东西一定要双手接,家里来人一定请人家先坐下,递烟递水。茶水不能倒得太满了,递烟必须先给人家点上,走了必须送到门口。这些习俗从小家长教育,反正自己也铭记。烟台市当地人,所城里张家人比较讲究这个。现在说就有些好面子,自己再不济(不行)再困难,在待人接物方面不能露出来。

烟台市这个习俗方面,过年过节表现出来。当时生活不好,生活都困难,可是到了过年过节,家里再困难,家里再穷的,再那个也得给孩子至少置套新衣裳,买双新鞋子。过年节前再困难,也得攒银子,吃顿饺子。进了腊月门,开始家家户户都得忙活,忙活过年。当时也供应东西,到过年过节了,拿着票,拿着证,各样东西,都开始排队买,开始过年的准备。进了小年(农历腊月二十三),更是忙活。当时也没有冰箱,也没有什么,供应这些东西,过年也都享受了。也没有冰箱搁,反正供应的东西也不多。反正过年了就开始忙活,该炸的,该蒸馒头的,蒸饽饽(馒头),炸点鱼。当时是炸老子鱼(老板鱼),炸点花鱼,炸点鱼啊,炸点丸子啊。反正当时有条件好的,就做点熏鱼。再就是过年,炸点馓子,炸点什么,蒸个莲子啊(馒头的一种,一种面食,用模具做成莲花形状),蒸个大饽饽啊,蒸豆饽饽(豆包)。反正弄点各式各样的面点,就为了凑个喜庆节日,过年有点新气象。现在过年根本没有这一套,因为什么?现在生活好了,平常日子吃的,甚至比过年还好,体现不出什么年味了。当时一年吃不着这些面食,这些包子饺子什么的,大馒头枣饽饽什么的,就指着(等着)过年吃,所以过年特别能体现出年味。当时的小孩都盼着过年。盼着过年,

第四章　语料

一个是能穿上新衣裳,再是能吃到过年的饭,就改善了生活。当时过年放个小鞭就觉得很幸福了,就很美了,因为也没有现在这样的大炮仗什么,基本就放个小鞭。个别能放个二踢脚就了不得了,也没有现在这么些花样,就是一般的小鞭鞭炮,大一点就是个电光鞭,或者是个二踢脚,再没有什么,就是小鞭为主。所以说家家户户过年早上起来,放个小鞭就挺喜庆的了,就有点年味了。出来串门拜年,特别给长辈拜年,掖(挨)家街上邻居,都得必须给长辈拜年。所以说过年掖(挨)家串门,你上我家,我上你家,非常热闹,非常喜庆,体现出过年的特色了,特别是烟台的这个特色。

过年这几天,初一拜年走亲,初二就开始走老娘家(姥姥家)了,初三就开始有的走丈人家,有的就跟着大人,反正是走亲戚。过年这几天也过得快当(很快),当时春节就放三天假,三天完了就基本上没有互相活动互相串门,都上班了。孩子就跟着玩了开始(状语后置),吃些过年吃剩的东西。再就是孩子初九赶山,赶山就是上那个毓璜顶去玩。当时毓璜顶也都开放,也都不要钱,大人孩子都去。反正赶山完了就等着过十五,过十五就是赶灯。当时就是在大庙(地名),大庙赶着逛灯过十五,闹花灯。在大庙比较热闹,当时个别有谜语。再就是烧香,大庙一进门有个炉子,就是烧香的多。当时拿着灯,个别有买的那样灯。基本小孩就弄个萝卜,抠个窝,弄点棉花,少弄点油,点着,弄个绳拴着,用个小棍挑着,也挺好,也挺美的反正。大人小孩当时的那个环境就这么个样,就随大流也挺好。在大庙里面转过来转过去地玩,前后两个灯院都开放了。在外面的石台子,有的时候有节目。

当时的人都感觉很幸福,没有现在大城市的怨恨不满足。因为每个人都这么个样,社会都比较平等,没有什么贫富大的差距。社会差距没拉大,人人都差不多,所以都很有幸福感,非常满足,觉得都这么个样,大家伙都挺高兴,都挺满足的。不和现在些人(那样)互相攀比,互相你比我、我比你,互相弄得你不服我、我不服你的,不那么和谐,不学(像)当时的人那么满足。人只要知足了,对各个方面都没有什么别的要求。当时社会比较和谐,社会治安也很好。不学现在关门啊,怕偷偷那个的。(过去)车搁在门口也丢不了,现在就是锁着,搁哪都能给你偷去,一不留神就没有了。当时也不说有防盗门,都住家住院的,外面门一关,根本都不用那么提防,安全感非常好。尽管当时生活不那么好,但是社会安全感非常好,不用提心吊胆。现在家里防盗门安着,又提高了锁的安全程度。以前根本用不着,普通的门可以插也可以不插,根本没有事,大伙根本也不用提心吊胆。

烟台市现在发展的习俗基本上就保留了个初九赶山,十五逛灯的也很少了。现在就是个烟台山慢慢兴起个猜谜语啊、灯会,反正不学(像)以前年味那么足了,有些习俗慢慢被时代给淘汰了。作为我,烟台市生、烟台市长的,还是怀念以前的烟台市的习俗。现在些年轻人过的些节,咱们也跟不上趟,咱也不大习惯,还是比较留恋过去过年的一些习俗一些年味。现在互联网弄得过年也根本没有串门的了,也没有那个了,都是电话拜年。网上那个,根本不学以前那样人情味那么浓了。现在可能交通也不方便,堵车,顶多自己家亲戚去看看,再没有走亲戚这个那个了。不学以前每家每户各个亲戚都能走到了,必须给长辈拜年。现在年轻人可能工作忙吧,也没有那么多时间,对一些长辈,个别能走的,就来看看,有的也不来看。可能工作忙吧,打个电话一说,也就那么个样了,现在也没法怪罪(责怪)。现在社会就这么个样,人之间的关系不学以前那么亲近,通过网络感情也淡漠了,被微信、电话给代替了,也没有以前(那样)必须给长辈拜年,必须去看长辈。现在年轻人工作也忙了,不学以前时间那么充足,我们对年轻人也有所谅解了,也不能给他们过多要求。

烟台市习俗就讲这么些吧。

当地情况

下面讲一讲烟台市这些年的这些情况。

我是烟台市生人,烟台市长大的,对烟台市的这些情况基本上是比较了解的。烟台这两年发展,可以说是翻天覆地。从我记事想起来,烟台市就是个小渔村,比农村能大点的小城镇。当时烟台市的这个道路很窄,也没有几条道,有条北马路、北大街,还有个南大道,就这几条主要道路。再往南没有,再往南就成了郊区了。过了西南河(当时烟台市区里的一条河),往南就是西南村了。再往前,现在是南山公园,就是一片荒山,当时叫市林区。现在这两年发展的,道路首先扩展了好几十倍,交通也非常方便，路况也非常好，出行非常方便。以前出门大部分都走着走，有个自行车那都是相当了不起了。现在出门都是开车、打车，公交也很方便，这个和以前没法相比了。

现在烟台市这个经济发展也非常快。以前商业贸易很少，买个什么东西也很不方便。因为当时商店少，就有个百货大楼，当时西边有个小食部（小卖部），很少有商店。当时买东西也凭票凭证，买点东西很困难，也很不方便。特别到了节假日，供应东西都挨帮（排队），凭照挨帮，买点东西很不方便。现在烟台市这个商业发展，可以说是翻天覆地了。商业网点遍布城市各个角落、各个社区，那些大商店，百货大楼现在改振华了，就连锁店满街好几个。现在就是大润发、大悦城啊，万达广场啊，互相竞争也特别厉害，特别多。买东西很方便，也有回旋的余地。现在也不用凭证，也不用那个了，想买什么都有，只要看价格合适就可以买。现在网上购物也方便了，想买什么东西，只要看好了，到网上就可以购买，和以前没法相比了。现在东西主要是物资非常丰富，想买什么都可以，货比三家、货比几家都可以，只要看好了，随时随地都可以买。以前不行，以前看好了，没有票没有什么你都买不到，现在和以前变化（得）没法相比了。

烟台市这个教育发展，以前就有个，现在说师范学院，现在的鲁东大学。（以前）根本也没有什么高等教育，现在好，现在这个烟台大学、鲁东大学、经济学院、商业学院、工商学院好多，遍布烟台市城郊各个地方都有。现在这个高教也普及了，现在烟台市大学学生特别多，各个校园非常多。教育很普及了，大学教育基本在烟台市就很普及了，基本都能念到高等教育了。

烟台市这两年的环境，随着发展也不如以前了，现在这个环境污染也比较厉害。像以前那个（污染），这两年治理得还能好点，晴天白日的天比以前，以前基本没有污染天，根本没有雾霾，基本都是晴天。现在这个水质污染得相当厉害了，通过这两年的工业发展，各方面污染也比较厉害。特别这个水质，现在些河流，基本没有以前那么清澈了，都是乌啃啃的（乌黑的）。像那个夹河和朱家河，包括烟台市门楼水库，这些水质都不如以前，现在污染得比较厉害。现在政府抓紧治理，基本算控制住了吧，比以前可是没法相比了。气候这个污染,现在尽管国家在治理,但是和以前也是没法相比了。这个空气的新鲜度也不如以前了,特别赶着雾霾天出门,呼吸起来相当困难。空气新鲜度也不行,都得戴着口罩、戴着什么东西出去。

这两年烟台市的旅游建设发展得非常好。通过这个道路的改善,特别是南山隧道往南拓展了,隧道打通了以后,南边连接了,对这个旅游各方面发展都很有帮助。烟台市也挺重视这个旅游发展的,特别是滨海路修到东头,再把东边的景点养马岛再给连接上。在各地、各个县城都发展旅游这个事业,旅游景点也非常多,可以遍布烟台市各个市区吧。各个市区都有比较出名的各个景点,像蓬莱啊、莱州啊、龙口啊、牟平啊这些地场(地方)。招远啊,都很有特色,节假日这些景点基本上人都爆满。现在交通方便,自驾车出游都很方便,所以节假日这个旅游都非常火爆。烟台市这个养马岛吧,在东边发展得很好,牟平区投资也不少,把原来一个小荒岛,现在建设得非常好。环岛公路,环岛景点,那个什么农家乐,特色很多。国家各个部门在养马岛都修建了许多休闲旅游地场,所以说这个旅游景点发展得非常好。

现在这个旅游景点,这个特色美食也非常多。各地的小吃啊什么的也比较集中,都体现出这个地方特色,土特产旅游景点都有,根据当地的特产都在发展。烟台的小吃、景点非常多,非常丰富。烟台的焖子,烟台的锅贴,烟台的包子馄饨,反正各方面,都很有特色。现在主要是人生活好了,也有钱了,对这方面也很讲究,都讲究新鲜感。所以各地对这个旅游小吃都非常向往,都想到各地尝尝各地的口味,尝尝各地的食品特色。

二 福山

个人经历

现在呢,我讲一讲我个人的经历。

我记事那时候,七八岁吧,那时候1958年,国家大炼钢铁。我那时候还没上学,我只知道那时候家里(的)锅碗瓢盆,锅呢砸掉去炼钢。在我们胡家夼村,去跟那刨过地瓜。那时候吃的,没有馒头,那时候就是咱说那个饼,窝窝头。那时候也感觉到挺有兴趣,也不了解国家什么形势,感觉到那时候,八岁也感到挺好玩的。九岁呢我上的(上了)学校。在学校那时候呢,念书呢,也不知道怎么叫念书。跟老师呢,都相处得挺好的。跟同学之间,一天呢又玩还说笑。一天呢就知道乐,乐乐观观的。到十一岁呢,赶上1961年国家贫穷的时候。家里生活呢,比较困难一些,不但我家这个情况,全国都出现这种情况。赶(等)念到二三年级,我念到三年级的时候,蹲窝(在家)一年,蹲窝了。所以呢,到十五六岁的时候,我上俺那个谭家庄学校去念的完小。我的班主任呢(是)王丽华老师,还有付德友老师、穆校长。那时候就没考上初中,因为什么?我父亲的原因。家庭情况就没考上,那时候也没念书,没念书的。赶到七几年,1971年,我学到木工。学到木工呢,就一心一意在农村。那时候工资也低,一天呢一块五,干一天。以后涨到两块。八几年呢,我就不干了。我就给人家单位(干),勤勤恳恳跟那边干。赶的后脚(后来)呢,办的公司,办了三年的公司。以后呢,我就在果园,在我们村那果园,干了四五年。专门管呢学习修剪果树,跟老同志、老长辈学习这个老果树怎么修剪,怎么截短枝。那时候还没有红富士苹果,赶那些老品种在一块,所以呢,在苹果园这一块呢,干了这些年些以后,就在村里干了些其他的不是主要工作的事,干主要领导的差事。

我呢,一生之中,我感谢我的父母亲。他们都是勤勤恳恳比较慈祥的人,我也是这样的。我这个人就是这样乐观主义,我爱乐观,不爱愁眉苦脸的。我怎么考虑的?人的人生,乐观能战胜悲观,一切事要开心一点,朗利(开朗)一点,这是人的人生最大的好处。我呢,一个儿一个女,现在都结婚了,孙子也有了。现在呢,他们的工作上也都落实了,干的单位呢都挺好的。

我现在呢,跟我的老师相处得都挺好的,每年我都跟我老师呢见一次面,过节我都去找他们坐会。我感觉到这一生要珍惜,没有老师的耐心教育,严厉的教育,我没今天。我这个人呢,相处到一块,非常(注意)学习尊重别人的长处来补我的短处。为什么我跟我的老师(见面)呢?我的老师有去世的,有没有去世的。反正每年我们同学之间也是这样。跟我一些同学,在同班的同学,每年呢,相聚在一块。一块谈谈,交流交流,在外面做生意、各方面怎么样。有很多同学也发了财,因为他们呢,一开始也经过一些曲折,没有曲折,你就得不到好的成果。

我和我的儿女也是这样如此。我儿子那时候,开始在胶东建设总公司干的时候,我就是每到礼拜天我都在家等待他。等待的什么?我就跟他讲:"你的父亲跟母亲,没有很多的经济财富给你,只有社会的丰富经验传授给你,你只有这个样接受教训,你才能有进步。"我呢,到现在,在考虑呢,这一生就是这样。我其他的方面来说,亲戚朋友也是这样如此。

虽然是不管在哪干,做人来说,不要傲慢,要多学习。我这个人呢,爱看报纸,爱读书。不管在哪个场合,我都是考虑以学习别人的长处才能补自己的短处。人一生最伟大的就是:"失败是成功之母。"你失败在哪个地方,你要总结出来,不要稀里糊涂。我弟兄三个、姊妹五个。我跟我的媳妇,我们两口子从来不计较。你给老家怎么样,我们尽到我们的孝心,这就是原则。我现在的儿和女也是跟我学习,我说我儿女:"现在你们也有孩儿,你们现在就是第一任老师,各方面得加强教育,不要娇惯子女。在这个工作上,多接触些同事,学习他人为榜样,打好你的有力基础。做人要勤勤恳恳,以前有句古话'对人要忠厚老实',这是根本。所以以前有句话'人之初,性本善',多学习点,人不学是不行的,活到老得学到老。"

所以现在呢,家庭生活呢,也比较好,我也挺满足的。我们两口子现在呢,从总体来看呢,都挺好的。我的家庭,我也挺满足的。满足者常乐,就是知足者常乐,满足者也是如此,开开心心的。人只要开心,一切都好。少得病,多保养身体。所以你们现在年轻人,和(到)我这个岁数了,我现在也是这样,我爱看报,爱读书,这是我的最大的要求。

三 栖霞

当地情况

大家好,我下面讲讲我们栖霞的大体状况。

我们栖霞实际上(有)好多事吧,从哪讲?从那个一开始,先讲讲丘处机吧。丘处机吧,也是现在建的滨都宫不是吗?现在好多人,现在全国各地的都过来看呐,确实建得也挺好。丘处机最后成了神仙,他也是一个道教的创始人。他实际有好多事吧,可能现在大家都已经知道。

第四章 语料

还有一个就是我们栖霞的牟二黑子（本名牟墨林）。牟二黑子也是在全国是最大的一个大地主，可以讲，他发家致富绝对是有一套的。以前，他是干什么发了家？他就是从东泊倒倒几趟胡黍，胡黍就是咱现在说的这个高粱米。那时候高粱米是不值钱，在东北那边是不值钱的。咱这正好闹灾荒，他提前就看好了咱这个收成，好比说今年他能看出来，明后年这个可能收成是不行。他马上到东泊去，倒倒几次高粱米回来，以后从那儿才开始发（发家）了。实际牟二黑子的人都说，有的传说哈，有说他挺坏的，又说怎么地怎么地剥削。实际他这个人并不坏啊。当时听这些老人说，搁他家干活的也好，扛货的，当长工的，他们都说牟二黑子这个对人什么的都挺好的，吃的什么的都挺好的。那时候是"文化大革命"那时候，就搁那来去诉苦，有的说："哎呀，俺在那干活，吃的也挺好的，净是些大黄饼了，吃的挺好的。"最后就跟（把）他们好顿批，不当（应该）那么讲，当时就是那么个年代。以后就说是牟二黑儿怎么怎么地。他实际还施舍的，当时闹灾荒的时候，给这些要饭的什么的，和邻近村的，都给他们发放这个饼了也好，那时候就是稀饭，小米面子稀饭，到那个时候就给他们发。牟二黑的心实际是不怎么黑的，不过就是给他起了这么个名叫"牟二黑子"。

再说说我们栖霞从六几年到九几年这时候。我们栖霞的工厂最多，那时候可以说什么厂子没有来？那时候有工具厂、农具厂、机械厂、机床厂、毛皮厂、灯具厂、压件厂、棉纺厂、卷烟厂、锅炉厂，哎呀，那时候厂子可多了。那时候有几个厂子够儿好过了，就像卷烟厂似的。它那时候，它们占地都占到我们栖霞城关村的地。所以说，它用这些一般的建筑，外边这些小的建设，都是用我们城关村的人。我们在那周围干活的，当初在这，它们那个烟可以说就是随便进去拿（指拿烟抽），当初是挺辉煌的。我们城关村也是，当初也是够辉煌的时候，连栖霞、龙口南山那个宋作文，都跑到我们城关村来参观取经。我们城关村那时候，最辉煌的时候，也是多少个企业，印染厂、铜材厂、金刚石厂、电缆厂，下边还有建筑公司、开发公司。那时候成了一个大统集团公司，下边这些好多，那时候都挺辉煌的。

在印染厂那时候，一般进去都不大好进。我那时候也在生产队上干，你在生产队干，反正是不大行。水来泥来，白天风吹日晒的，是比较苦的。以后我是找的我们的队长，去先望（探望）了书记以后，我也到了印染厂去了，也是在那干了好多年。印染厂当初在我们栖霞，可以说也是首屈一指的，不管说这个收入还是纳税什么的，这都是一个大户。印染厂我也在那干了嘛，我是在整装车间的。整装车间是干什么的，就是布从染槽这染好了以后再下来，下来是到整装车间去开展。那时候先得去挂码，先要把这个布看一遍。哪有织次、染次，这些次品，得先把它订上线以后，再下边过去的就是开展的。开展了以后都得看，哪有油啊，哪有次品什么的，全部你得把它打开。那时候没有别的，可以说五六十米，好比说是一匹吧，赶有毛病这样的，赶剪下来以后，它就没有了。有三四十米的，那时候还分大零、中零、次零。那个大零多的也是，最多的可能有十几米，那就属于大零，中零就是五米左右，小零就是一米左右的。那时候一天染好几万米。打一个包，那时候六百米吧。球一般（的），就是一千来米。六百米，一般就是六十公斤、七十公斤、八十公斤那样的。所以说，我们打件数比较来讲还能轻点，他这个拼完件后才能打件，打件以后才能入库。入完库以后，再这个搬运工，搬运工人再开始给你装车。一般地往青岛发货的最多，那时候。车吧，一般就是天天发货。再后，那时候印染厂我们待遇都挺高。那时候我们，我想着最开始的时候，就开工资了，一个月都二百多、三百多。那时候在厂儿（其他工厂）干的（那些人），他哪有（这么多工资）。一般就是七八十块钱，就是一般的，就是七八十块钱。就是讲在县的工厂上班的，像我们这样，就是一个月都二百多。还有些福利吧，像这个到时候一年给你发点煤啊乱七八糟的，工作服，再是这些余外的，余外的实际也不少。

我们还有金刚石厂。金刚石厂也是当初挺争气的，那时候金刚石，也是和北京差一点搞联营。金刚石可以说以后上的设备，上的也不少，上一台抗压机，可能就三四十万。一下上了多少台那是？一下上了三十台左右可能，那时候金刚石也是够儿辉煌的。

再就是制铜厂，我们城关村那个制铜厂也是，一年的利润都够儿可观的了，都不少，制铜厂。还有什么？再就是这个选矿药剂厂。它那个厉害，它以后跟那个澳大利亚（合作），都可能是澳大利亚在这边入的股，最大的股东可能还是人家澳大利亚的。那时候，金刚石选矿药剂厂才干（刚成立）的时候，哪儿行？那时候都不大认这个。它这个主要是污染太厉害了，以前还都不大认识这一块。现在来讲，特别这个最近这几年，对这个污染抓得特别紧。当初就是金刚选矿药剂厂，废水什么的，有时候都处理不当，弄儿湖来以后（指废水排放到湖里），确实这个污染是厉害吧。你现在是不行了，现在都控制这么紧，特别对这个污染，现在抓得可紧了。你看现在习近平总书记讲嘛："绿水青山就是金山银山。"你没有好的环境，以后人不管喝的水、吃的菜、蔬菜什么的、粮，你赶一污染以后，各方面你就完了，这就叫慢性自杀了。所以说现在，对这个整治污染特别重视，这确实也是一个好事。连国家都加大力度在这整治，所以说不管什么事，都得按党中央的这个政策走。

现在的政策真是够好了，处处向农村倾斜。自古以来，种地是不能不纳税的，现在不但不纳税，还给你往上贴钱。这就说明我们国家富裕了，和以前是没法比。你以前怎么的，不管你收成怎么样，你起码得交公粮吧？你现在来讲，不管什么时候，你对农村这个三农政策，农民这个建设社会主义新农村，你看习总书记上来了以后，各方面对这个农村政策吧，也是往农村倾斜。你现在都得使这个农村尽快地脱贫，共建小康社会。

现在你看不管什么时候，就是从国防来讲也是，习近平总书记可以说对这个军队，现在也是抓得够紧的了。你看现在这个训（训练）的，和以前来讲差（别）大了。你说这个空军吧，现在这个飞机多么先进，是的，都有。可以说歼-10，又是歼-20的，又是这个大型运输机，运-20，又是这个预警机，现在这个空军的（装备），比以前真是差儿哪里了（差别大了）！这个海军，尤其这个海军，中国为什么以前受人家的欺负，没有一个强大的海军，这个是不行的。现在的海军，他们外国人评论，中国的战舰跟下饺子儿似的。确实，这个事，真是不用说。按着年算，可以说有的快的就是几十天、几个月都（就）是什么舰什么舰又下水了，确实很振奋人心，对中国来讲，这确实。陆军也这么（样），是吧？

我们当地的情况也是。现在对农民，也是中央的政策，都执行了，不管怎么事儿（什么样的事）。我们栖霞的苹果，现在人人都种出来了，这个苹果，特别是现在用这个肥料。以前哈，都不大懂，光说这个化肥什么行,它实际上哪行?现在基本都不用这个化肥了,都用些新的,又是落地丰这一类的,确实对这个污染小,这个副作用小,对人的危害小。以前这些化肥什么的,对这个环境污染,确实是厉害。现在可好了,这个苹果什么哈,不管这个农药,也是比以前用得轻了。第一个就是用这些高端的肥料,苹果上色吧,不管(不光是)光泽,以前来讲有大小年,现在这个好肥料,基本都不大分了,什么大小年。再一个这个光度、这个甜度,比以前都有很大的提高。

现在哈,我们栖霞又在这发展大樱桃。大樱桃更厉害,现在我们栖霞,光一年去收的大樱桃,可以说是老多了。樱桃实际是比苹果能好摆弄(种植)反正是,它起码打药少,用得药少,但是这个经济收益还比苹果高。它这个樱桃,都知道,这个才下来的时候,一般的是十几块钱一斤,好的就是三四十一斤。就是最便宜的时候,我想他们就是去年收的,到最后收的可能也是也比苹果高吧,可能也是四块多,这个大樱桃。大樱桃再一个它好摆弄啊,苹果它麻烦,光打这个药,一年得多少遍打点药?樱桃就不用那么麻烦,它好管理,一个季节的问题。现在好多种樱桃的,现在比以前可说是强多了。以前,好比说,没有这个苹果和樱桃以前,家是个什么状况?你现在说,是个什么状况?这个有差别,太大了。

再说说我们这个栖霞,有好多景点了。以前吧,哪有个好的那个(景点)?现在栖霞这个艾山也好,牙山,三清湖,滨都宫,最大的一个还是牟氏庄园。牟氏庄园现在也改造了,你进去一看,真是相当的好,真是每年全国各地的都来不少的人。其实你到牟氏庄园一看,确实是两码事。进去一看,就是很早以前,解放以前,是个什么事?你对比现在,确实有很多年轻人他是不懂以前的事,进去是一看就知道了。

实际我们栖霞好多事,今天先讲到这吧。好了,谢谢大家。

四 龙口

传统节日

说一说俺这边儿是怎么过节的。这个农村的传统节日啊,有老些(很多),我拣几个要紧的说一说。

先从这个小年儿说起吧。小年儿,腊月二十三过小年儿,也叫辞灶,是灶神上天的日子。再早那几天呢,家家都扫灰啊。得用那个新笤帚扫,满哪都扫遍了。得把这个玻璃啊,东西啊,都抹得干干净净,锃亮锃亮。旧的东西全扫走了,新的一年就要来了。有些家呢,把这个锅台上啊,摆上糖瓜儿、面条儿,朝锅台上面那个灶王像呢磕个头,然后呢,再把这个旧的灶王像呢,请下来,叫火烧了它。这个意思呢,就是送灶神上西天,也就是叫辞灶。等到腊月三十请神的时候呢,把这个新请的灶王像呢,再贴上。还有些家呢,供应这个财神呐,天地神呐。可这阵儿呢,他有老些家呢,就不认这些规矩了,都不这么弄了。到了下黑(晚上),阖了家呢,待一堆(在一起)包姑子歹(包饺子吃)。炒上几个菜,喝点酒啊,待一块呢,拉个拉个(聊聊)怎么过年,打出个谱(做个规划)来。辞了灶,年来到。家顶家(家家)呢就忙活办置年货了。赶大集,买鸡鸭鱼肉、烟酒糖茶、水果蔬菜、瓜子儿、长果(花生),管什么都有。哦,还得给这个大人孩子呢,买新衣裳,好留着过年穿。买这些礼品呢,好留着呢,正月前走亲戚。

说一说这个过年呢,非得有这个大饽饽(大馒头)吧。蒸大饽饽是祖上留下来的习俗。蒸这个大饽饽呢,它有讲究了啊,你得呀,把面调得硬啊,发起来,开得欢。那个碱啊,得用得合适。你这么样做出来的那个饽饽呢,它艮啾啾的有咬劲儿。差不离啊,都是一斤沉一个。称好了,溲(揉)好了,提上个篦儿,插上红枣,赶(等)蒸出来了,可真是又白又胖又好看呢,你那么看看,你都不噶惜(舍得)歹(吃)呀。你要是那会饽饽蒸裂了,你不能说"裂了",你得说啊"饽饽笑了",看看多么吉利。待那还得蒸啊菜饽饽、豆饽饽、糖包儿、蒸饼、蒸鱼儿、蒸年糕,还有老些家呢,蒸个团圆饼。这个团圆饼呢,它有三层儿啊,一层儿比一层儿小。它都是发面做的,把这个边儿上呢,粘上花边儿。把顶上这层儿呢,就弄发面儿做的这个圣虫啊、粮食堆儿那、小元宝儿、猪头哎,搁在顶上老好看了啊。到过年初一呢,阖了家好来家歹了它的。这个用意是什么呢?就是在新的一年里过得有钱儿花,有肉儿歹,有粮儿歹啊,日子过得富裕,看看多么好的日子啊。啊,还得呢炸菜丸子啊、炸面鱼儿、炸鱼、炸肉、炸皮皮梗啊。还有一样,就是叫下大猪。下大猪呢,就是打杂,接着就是要打冻。你等着过年来客了,你多上那么一盘冻啊,凉丝丝儿的,老爽口了,都爱歹。我说的这些东西呢，他家顶家都做。做了这么一些好歹的呢，就是打谱，至少也得歹到正月十五。

腊月二十九下晌（下午），有家谱的家呢，就得把家谱请出来了，把它挂在那个正脊啊，放在那北边那个东墙上。把那个家谱前面呢，再摆上咱们供桌，再把牌位儿请出来，再摆儿（摆在）供桌上，靠着家谱。这个家谱呢，一般的都是存放在这个长子长孙家里。

阴历腊月三十，除夕节。这一天呢，可真是够人忙活的了啊。起卧个呢，就把这个桃树枝子啊插门上，它好辟邪。在这个有家谱的家呢，就得捞剩饭。捞去剩饭，摆供桌上啊，再摆上这个供碗。干果盘儿，水果盘儿啊，香木炉，拉台，还有两摆大饽饽，一摆五个，都有一方年糕。赶然后呢，全都把家里满哪都拾掇拾掇了。把街门（大门）上贴上大红门对子（对联），马头上贴上两个大"福"字。门楼两旁呢，挂上两个大红灯笼。啊，窗上呢贴上红窗花，门上边，窗上边啊，都贴上挂门钱。满哪儿都漆红漆红的，老喜庆了，就要过大年了。

正月初一是春节，俺这边呢，叫过大年。家家呢，都放起了鞭炮。有的一些家呢，他就一宿（一夜）不睡觉啊。过半宿十二点呢，这就"腾""咔"放开了，用意就是打跑了牛鬼蛇神，迎来了新的一年。这样呢，就开始煮馉子歹（煮饺子吃）了。煮馉子啊，也有说辞儿啊。你煮馉子的时候吧，要是有碎了的、破了的，哎，你也不能说"碎了""破了"。你得说呀："馉子挣了啊，看看这日子多好啊！"多吉利。赶歹完了馉子啊，大人孩子，都换上新衣裳了。扎古（收拾，装扮）起来了，开始拜年了。晚辈呢，都先去给长辈拜年啊。说声"过年好"，表示对长辈的尊重。长辈呢，就掏了，掏出压腰钱（压岁钱）来了啊，几十块、几百块，多少都有。再呢，就是亲朋好友之间呢，拜年呢，祝福啊，这个走亲戚。赶拜完年，走完亲戚，大伙儿又开始忙活扭秧歌儿、扎高跷、跑旱船、耍狮子什么的。这些呢，就是一般都是屯儿里（村里）划拉（组织）的啊。好几个屯儿啊，他串着演啊，你上俺村，俺上你村哈，敲锣打鼓，真是热闹啊。

不觉景（不觉得，很快）啊，就到了正月十五了，它是元宵节。正月十五闹元宵，家家户户歹元宵。元宵啊，又叫汤圆。它那个样儿它是圆的啊，用意就是阖家呢团团圆圆、平平安安。在农村啊，有这么个习俗，就

第四章　语料

是十三（正月十三）一噶灯。就是十三这天噶灯，得用这个胡萝卜呀、萝卜呀、大菠菜根儿啊什么做的。赶等十五一傍下黑，家里的人儿呢，就拿这些灯，上这个祖茔（祖坟）上给点上，这就叫十五一上灯。然后呢，再在家里呢，满哪都点上灯啊，农家小院就红火起来了。还有那么几家儿啊，他就特意扎个灯笼，自己扎个灯笼啊。他把灯笼上呢，给你写上些谜儿，哎，叫你猜谜儿啊，你猜不着（猜不出），他欢起（高兴）啊，老热闹了。再就是家顶家都放花（烟花）呀，这个花你就看吧，天上啊，什么样的花都有，老鼻子（老多）了，它可真是啊，太好看了，太美了，太热闹了啊。

　　阴历的二月初二，龙抬头。说是睡了一冬天的龙呢，它这天醒了。它翻了翻身，甩了甩尾巴，抬起头来大叫一声，天上呢就出现了雷声儿，这就是龙抬头。俺这边是叫"龙凤日"。啊，龙凤日这一天呢，有小孩的家呢，都给孩子穿龙尾。这个再就是呢，有些家呢，就把过年剩的这个团圆饼啊、年糕啊什么的煎着歹，说这天煎着歹呢，他能够强身健体。再就是包包子、包馉子歹。

　　不觉景呢，就到了清明节了。清明呢，它也是一个节气，它是在阳历的四月五号左右。家顶家呢，都拿这个清明节呢，老当景（重视）了啊，都上祖茔上呢，去祭拜这老母老（王母娘娘）。这阵呢，做了媳妇的姑娘呢，也都来家上坟。在坟上插上鲜花儿啊，求呢老母老呢保佑这个全家平安健康。到了晌午呢，家顶家都是吃干饭（米饭）。

　　阴历的五月初五，是端午节。家家都过端午节。从早上起来呢，老些（很多）家就是把门上插上艾子（艾草）。有小孩的人呢，就给孩子那手脖上呢，绑上这个花花绿绿的露素线儿。这天呢，家顶家都是歹枣粽子啊、鸡蛋来纪念这个爱国诗人屈原。

　　阴历的七月初七，七夕节。啊，这阵呢，咱中国人都叫它情人节了。这个呢，牛郎织女来相会，这是个管谁都知道的故事话。七月七这天啊，大伙呢，都觉得这个织女呢，她手巧，就叫她巧么姐。这天呢，家顶家都是卡巧饽饽（做巧果）歹，说是歹了巧饽饽，你就能心灵手巧。

　　阴历的八月十五，中秋节，这是个团圆的节日。八月十五月儿圆，中秋月饼香又甜。有老些啊出门在外的人呢，就这天呢，也都差不离（差不多）啊，急牢牢（匆忙）就赶家赶（往家赶）哈，赶来家一起过这个节。

385

阁了家在一堆，晚上呢，半这个下黑啊（半夜），搬上个桌儿搁院子啊，摆上月饼啊、瓜果呀、酒肴啊，待一块（在一起）拜月、赏月、歹月饼啊。谈谈说着家常，看看多么亲近啊。这些晚辈呢，都早早地给长辈送个月饼啊礼品呢。

阴历的九月初九重阳节，这阵呢，国家就把它定为老人节了。你看看咱这呢，南山集团每年都举办这个老人节活动。对老年人呢还免费啊，老些（很多）年轻人呢，都领（带）家里老人呢去观看、去秋游、去赏景，就成了一个尊老、敬老、爱老、助老的节日了。这天呢，也都是咱农村啊，都是去包包子、饺子啊，歹包子、饺子啊，庆祝一下。

过冬，也就是冬至。它是在阳历的十二月二十二号左右。它是一个节气，也是一个重要的节日。老百姓呢，都有这个"冬至大似年"的说法啊。赶到冬至呢，就到了最冷的冬天了，就开始数九了。俺这边的老百姓呢，都会念的哈："一九二九不出手，三九四九冰上走，五九六九沿河看柳，七九河开，八九雁来，九九八十一，家里送饭坡里歹。"八十一天过去了，春天就来了。这天呢，阁了家在一堆啊，歹上一顿丰盛的饭菜啊。然后呢，放上几挂（串）鞭啊，庆祝一下，就是望望过年呢，他能有个好收成。

阴历的腊月初八，腊八节，这是个祈求丰收和吉祥的节日。这天呢，老百姓都是以这个八宝粥为主食。八宝粥是怎么做的呢，就是用这个五谷杂粮，加上这个红枣啊、长果仁儿（花生仁）啊、梨啊，什么一块（一起），用慢火慢慢熬得稀烂的啊，黏糊糊的，厚墩墩的，就是美味可口的腊八粥了。再呢，这天呢，都憋腊八蒜啊。这个蒜呢，是用这个米醋和这个白糖浸泡封闭，到初一呢留着吃馉子。赶过了腊八节，就开始有年味儿了。

上面儿我说这些节，就是俺这边儿差不多家家都过的节。

五　蓬莱

业余爱好

在春节这个民俗当中啊，很多。但是其中啊，我记得最深的就是春节写春联。在我小时候啊，我和我父亲每年春节为乡亲写春联。

辞灶以后，村里的人都买红纸，到门儿上啊请写春联儿，我也参与了这项活动。我研墨，父亲写。父亲告诉我怎么研墨，但是不能用咱这个砚

第四章 语料 ◆◇◆

台,砚台浅,磨得又慢,因为写春联的这个笔大,一蘸,砚台的墨一下子就蘸光了,因此都用墨钵。墨钵是像碟子一样的形状,比较深,盛的水比较多,墨研得也快。父亲对我说啊:"你这个研墨啊,你得有学问。开始转的时候,必须朝着一个方向转。你不能转着转着朝左旋转,又朝右旋转,这些墨就澎出来了。开始转的时候啊,这个水是保持平面的,等到你研到一定程度,快好了,这时你旋转起来看,水平面都不是水平的了,都形成凹状了。这时候,你把这个墨提起来,看见这个墨欲滴非滴的,能托起底来,这个才好了。因为你研磨不能研着研着拿着红笔去试,所以这是一门学问。"每一年啊,这个家里啊,炕上地下,每一天都摆满了春联,连下脚的地方都没有。我觉得父亲从小儿对我要求非常地严格,除了在学校学房以外,每天写两篇福字。父亲对我说啊:"这个字儿是人的脸面,见了字儿就好像看见人儿一样。"(我)小的时候字儿写得也是非常地不错。我父亲老了以后啊,写春联儿这个事儿就交给我了,所以每一年我都为乡亲写春联儿。写春联儿的内容也非常地多,词儿有的是从老黄历摘的,有的是一辈辈传的词儿。那时候写,不是老百姓说"我有个词"。他没有词儿,他是叫你写,词儿你看着写。哪么(哪些)吉利,哪么好,多半是些希望来年发财、带来好运。所以我记得有一个词儿非常的好,就是:"耕读良伴看教子,勤俭二字可传家。"所以你教的后代,一定要又会劳动又会读好书,注意勤俭节约,又注意勤俭持家。我说这个字,直到现在都有非常重要的意义。

所以去年啊,县电视台拍贴春联这个片儿,就找到了我。他怎么找到了我呢?因为我在城里写春联,给一个炸鸡店写了副春联。电视台一个人去买炸鸡,他说:"你这个字是谁写的?"炸鸡店告诉他说:"是有个人叫韩老师。""你知道他住哪儿吗?""就我光知道他儿(儿子)啊,在文化街那场儿(那里)卖家具。"所以他就到文化街那场找着我儿了。后来就找着我了,他说:"大叔你能协助我们拍个片吗?"我说:"拍什么?""拍个写春联。"最后拍完了,(有个)省长说:"你给俺写副对子,大叔。"我说:"你有没有词儿?""没有词儿。"我说:"我有个词儿,六十年儿了的词儿。"我念给他听,他说这个词儿行啊,我说:"你说行我就给你写。"我也给他写了一副。

387

◆◇◆　　**烟台方言总揽**

　　还有一年啊,写春联,是烟台电视台到蓬莱去。他想拍一个也是小专题片《小姐姐贴春联》。他也不知道听谁说我会写春联,他去找我啊,到店里去找我,说:"师傅,你贵姓?"我说:"我姓韩啊。"我说:"你有什么事儿?""我是烟台电视台的,我想到蓬莱啊,拍一个节目叫《写春联》,你能不能给俺写几副对联啊?"我说:"行啊。""你再给俺写个题目,叫《小姐姐》。"我又给他写了个"小姐姐",后来他制作完了以后啊,还给我一个片儿。

　　一年又一年的写春联啊,到改革开放以后啊,俺儿(我儿子)都(就)说:"你写春联,你瞅放学时间、礼拜天,你写春联我去卖。"我说:"你上哪儿去卖?""赶集下乡都行。"所以我抽礼拜天早晚的时间写一写春联。俺儿呐,是有集的时候到集上卖,没有集的日子穿巷卖。我说:"你穿巷哪儿去卖?""挨家去卖。"有一年呐,他去卖春联,回来以后啊,哎哟,拿些罐头,还有羊毛衫。我说:"你买的还是哪么(怎么来的)?",他说:"拿门第换的。"我说:"你在哪儿换的?""在草店高集啊。"又是多少副门第换的羊毛衫啊,几副对联换的罐头啊。后来俺儿说:"你这个写春联啊,光写去卖不行。"我说:"哪么?""你啊,上城里去写。""哎哟,"我说,"这个活不大行啊,你亲朋好友啊看见,还觉得不大好意思。"再说,你个当老师的,虽然不是耽误教学工作,(但还是)觉得这个事儿不好。我说:"不能去。"他说:"你啊,怕人笑话不是?弄个眼镜,弄个墨镜戴上,弄个围脖围着,看不见你脸,你就写。"我说:"不能弄这么样。""哎,就告诉你去,你就去吧。"咱这个思想,就不开放,保守。后来俺儿再三地要求,我说:"好吧,那我去。"硬着头皮上城里去写。一写写到现在三十年了,有时候,有时间不光进城写,还下乡写。

　　有一年上柳沟写,我一个摊儿,俺儿一个摊儿,因为他在家练了几年。开始啊,是在纸上练,练够了,我写门对的时候啊,他试着(也)写。我一看,这个字写得还行。后来,他试着给中专他学生(写)。那个时候也发春联,俺儿说:"我给写。我上俺姥家。"他姥那儿,就是那边儿地找个空房,他写了六十多副春联。当时的校长啊,叫袁书波,他说:"这个春联写得还行啊,给学生。"说:"慢慢地,他字练得也不错。"后来啊,下乡、去城里,俺两个人写。有一天啊,我去柳沟赶柳沟集,他一个摊,我一个摊。一边卖春联,一边卖那种打印的春联,一边卖一边写,两个摊。有一个老头啊,上我那个摊去了。他也不知道俺俩是一家的,他说我:"哎,大叔,你这个字啊,我看啊,你别不爱听,我看那边有个小伙儿啊,哎那个字儿写得大胖的,还挺有劲儿。你这个字儿,笔画有点瘦。"我说:"个人所好。"他喜欢俺儿那个字儿。

在城里写,也是根据人家的要求。词儿吧,多半是自己带的,也有的我这儿有些词儿书。你根据你的需要,你是做买卖、开饭店的,开饭店得用;你是海上的,海上得用;根据不同的那个,有不同的内容。字体啊,也有要求,有的人喜欢楷书,有的人喜欢隶书,有的人喜欢魏碑,有的人还喜欢篆刻。我说啊:"恁(你)(的)要求啊,我就一样不会,我说篆刻我写不上来。"我说:"你要求写隶书,我就给你写隶书。你要求写楷书,我就写楷书。要求写行书,就写行书。要求魏碑,我就写魏碑。我就是不会写篆字。"他是要求写字儿,这样的是极个别,要求字体的极个别。

也有的人看(我)写字不错,跟着我问"能不能教几个孩子?"我说:"我不能教啊。""哪么?"我说:"我教一辈子学,我也教够了。(应)该说教孩子、教书这个(事),你教恁孩子写字,教不出个成绩不行。教不好,恁就(会)说花恁的钱,我说我不能教啊。""我看你这个字儿行啊。"有一年,我在这儿写,一个小伙非常看好这个字儿,"老师傅,俺多花几个钱,你是不能(能不能)给俺写几篇字儿?"我说:"写一篇什么字儿?""反正不超过一百个字儿。"我说:"我也没有宣纸啊。""你就拿红纸写就行了。""好。"我给他写,拿红纸写。有的人看字写得不错:"哎,老师傅,你是不能给我写个门敞?"我说:"我在这写门第,哪有工夫写门敞?""那个咱约定个时间,咱大伙有工夫(有时间)(的时候),你留个电话,我给你联系。"也有的人望着我:"教俺写个牌位?"我说:"我在这写门第,也没拿那个小字笔,哪儿能写牌位?""哎,不要紧儿,你等着,咱定个时间。"所以,有的人看字儿写得不错,找干什么的都有。多半是写门对子的,都是喜欢字儿的。还有一部分,这个人啊他没有这个词儿,他弄门对,他没有这个词儿。他自己有词儿(的),也有一部分是喜欢字儿的。有一年,我给他写这个对子,写完以后,他问我:"多少钱?"我说啊:"五十块钱。""多长啊?""将近三米。必须借纸，还麻烦。"他说："老师傅，我给你一百块钱，你别不要呐。"我说："别。""哎，物有所值，行行行。你这个字儿行啊，一百块钱值啊，三米长短的对子。所以有时间你看看，写十块八块的（十副八副的）。""我不要了，师傅你别找了，这个字儿行。"我说："对心思就行。"

六　招远

传统节日

下面我再说一下招远的传统节日，当中最重要的，就是过大年。

过春节，就叫过大年。过春节，人们非常地高兴，觉得有意思。但是年前儿的准备工作就叫"忙年"。忙年虽然非常苦、累，但也非常地高兴。忙年一般就忙三个方面，就是忙住的、忙穿的、忙吃的三个方面。

先说一下忙住的方面。过了腊月初八，也就是过了腊八，家顶家就要选一个好日子，天气儿晴朗，不下雪。吃了早饭，家里除了拿不动的大家具儿外，都要把其他东西都搬到外面院子里。然后，就把屋子上上下下、前前后后、左左右右都扫得干干净净，这就叫"扫灰"。扫完儿灰以后，再用一些白粉子，把它泡到水里，用白面打成很小的糨糊，搅和在一块儿，然后就用它们来粉墙，在农村就叫"刷墙"。把墙刷得条白（很白），然后把院子的东西擦得干干儿净净，再端回来。这一天非常地劳累，但是看看收拾熨心的房子，确实心里非常地高兴。

忙吃的，一般是忙四样儿：第一样儿就是做豆腐。目前一般根据家里家口大小（人口多少），做一包或者两包，一般时间都是一包。提前把豆子泡一泡，到邻居儿家，找好儿了（定好了）什么时候来磨，然后呢就去磨。时间多了，一般就得磨三个小时，磨成粕子。把粕子拿回家，放在面布袋里面，把着（拿着）挤压、揉搓，把豆浆挤出来，豆腐渣搓一搓，然后拾起来，做成豆腐大酱。第二年春天，当着农村没有菜的时候，就把它装上（加上）油、装上葱蒸一蒸，就着吃饭，很好吃。豆浆把它烧开，装上卤缸，也叫卤水，变成豆腐脑儿。然后把箩筐里面儿替上仓，再裹上包袱，把豆腐脑儿放到里面儿，把包袱系好，然后放上小饼儿，再放上重东西，把里面儿的水挤压出来，这就做成了豆腐。豆腐如果白天做，也得一天。推这个豆腐磨，是相当地累，但是呢，家顶家却都要去做。做的第二种，就是大枣儿饽饽。这个主要是供应（上供）用，因为家顶家要挂宗谱，世世要。祖先都要供应，所以一般最少要做十个大枣儿饽饽。什么叫大枣儿饽饽？那就得在馒头的上面儿，用两个小手拇指头挤上一个鼻儿，把这个鼻儿里面悬上枣儿，这就做成了大枣儿饽饽。再就是要供应圣虫，还要做圣虫。做圣虫，有公的，有母的，圣虫实际也就是蛇。公的呢，就用剪子在做成的圣虫身上绞上一些刺儿，然后把它盘起来，它的嘴里给它含上一枚钢攒儿（钢镚儿），就是小钱儿。母的呢，是跑的，用梳子在上面印上一些印儿，嘴里给它含上的是枣儿，这就等五更起来供应用。再就做一些儿用卡子卡成的是小鱼儿啦、小活兽儿啦，这个准备自己吃。第三个就是炸货，那就是用油炸。一个是把面加上引子，和着酵母发起来，第二天儿用手把它抻成片儿，片状放在锅里，炸出来叫面鱼儿（油饼儿），这是一种。再就是把豇豆或者红豆，把它提前蒸熟了，拌上糖，然后外面用冷水面把它包起来，一按，变成了扁状，放到锅里炸起来，这叫豆茬饼子。所以食品主要是这两样儿。做菜的呢，那就是把鱼洗干净儿，装上佐料儿，把它围起来，然后蘸上鸡蛋炸出来。把豆腐和儿上点儿面儿，再装上葱、香菜、大料等，这些团成蛋儿，炸成豆腐蛋儿。把老板儿鱼提前泡泡，撕成片儿，然后装上（裹上）面儿，也把（它）炸出来，这叫炸花鱼。所以这就是腊月二十七八儿，就叫炸货。第四种就叫打冻。那是把猪皮、猪尾巴、猪蹄子、猪头这一类儿，就是皮多的、容易出冻的放在锅里煮，煮一气儿（一会儿）以后呢，再把排骨剁碎，把鸡剁碎，也放在一块儿煮。约么（大约）把（它）煮出了汤，弄硬了，这就开始把这些都捞出来。把猪皮扯扯，这个猪蹄子撕撕，放在盆儿里。那么锅里这些汤呢？就装上钵饭。装上钵饭以后呢？他就拍拍，里面儿些渣渣就漂浮起来了，所以就可以把它捞出来。里面儿有些大油也飘在浮上，把它清出汤儿，所以清的汤呢，就是铮清铮清（非常清澈）的，然后调得咸淡儿合适，就浇到盆里，然后上面儿放上葱、姜、香菜末儿，等凉了以后，这就成了香味儿四溢可口的冻儿。在这过年，以前就要忙这四样吃的。

再就是忙穿的。过去靠手工做衣服，所以到了冬天以后，就开始给大人、孩子割新袄、割新裤子（指裁布做新衣）。这个家庭主妇呢，就开始（一开始）不会拆呢，就找人儿帮着，找些老人儿帮着拆开。然后她们晚儿上，就飞针走线地为家人呢赶做新衣服。这个三十日的晚儿上呢，因为过去吧，衣服很少，这棉袄儿袖儿都穿脏了，所以就用这个样袜腰儿，也就说袜子穿着。底儿穿碎了，把那个腰儿，撸在这个袄袖儿上。家庭主妇呢，一般要忙到下一两点（半夜一两点钟），有时候甚至能忙到起五更（差不多五更天）。再就是呢，忙铺盖。到了腊月二十七八儿，家顶家儿就把被单儿、褥单（床单）儿、枕巾儿等等这些儿，全部洗干净。三十日（腊月三十，指除夕）呢，都铺上，这就是呢家里干干净净地迎新春、过春节。

三十日这一天，早晨起来摆生饭、挂宗谱，这个也比较忙碌。这个老娘们儿（指妇女）呢，还要摆碗儿。摆碗儿呢，一般就是摆五个碗儿，下面儿这个是白菜、猪头肉，上面儿呢用粉丝，在油里炸一炸，然后喷上红色儿，放在最上面儿，跟些花儿一样，然后顶儿上放上红筷子。这个生饭呢，也是插上五双红筷子，插上大枣儿，插上片儿松枝儿，插上竹子，插上桃枝儿。这就是这个三十日。下午呢，就是忙着包饺子。包两顿饺子，晚儿上吃，再就是第二天的早晨吃。赶到三十日的下午，这才"忙年"才算基本完成。

七 莱州

个人经历

1941年，七月初三日，我出生在莱州城西靠着海边一个偏僻的小村里。俺这个村五十多户，家来（家里）过得都不太富裕。我七八岁的时候，家里五口人，种了二亩八分地，日子过得紧巴巴的。说起吃饭，多数是早上喝的个咋饭（高粱面稀饭），吃着由个咋面子（高粱面）做的、混着苞米做的一个齐溜（窝窝头），就着呱唧（萝卜咸菜），没有什么就头（下饭菜）。面食平日吃得很少，只有到了过年过节，才能吃上顿饽饽，吃上顿馉馇（饺子）。到了七月七、八月十五能吃上顿包子。你想七月七还能吃到一些反背果儿、赶杂子（都是油炸的面食）。当时说，这些孩子啊，见这些都非常好，喜欢，很爱吃，但是也不嘎惜（舍得）一块（一下子）都吃掉。常想着我小时候，把这些反背果儿、巧饼子（巧果）用个线穿着，挂在那墙上晾着，等着上学回来，饿的时候揪下几个，打打馋虫，挺好的。说实在的，平日还能吃饱，算不上吃好，就能吃饱。就怕遇到天旱、虫灾

第四章 语料

的年头,地里的粮食颗粒不收,家里就要挨饿。我想着有一年,成天净吃些瓜叶蛋子(地瓜叶子),或者是到坡里挖些野菜啊、荠菜、马齿菜啊,来家(回家)做一些布儿(一种稀饭),这么充饥。哎呀,这些东西是真难吃啊,吃在肚子里齐齐咋咋的(不舒服),不好消化,很难受。到了过年的时候,好饽饽吃不上,只能用面粉掺上点玉米面、搁杂面(地瓜面),做个花里糊,也是吃了上顿没下顿。大年三十晚上,凑付地吃顿饺子,把这个年算是过去了。哎呀,过去那个生活啊,现在寻思起来,真是心酸。说实在的,我家还能凑付着,尽管是糠菜半年粮吧,平日还能凑付着过下去。我的邻居,他家连俺家都不如,吃不上饭。我那个小伙伴,狗剩儿,七八岁的时候,成天和他娘两个早上就出门了,挎着个篓子到邻村去要饭吃。一个七八岁的孩子,又矮又瘦,这么一小搓搓(一小点),叫人看了真是可怜。

早来(以前)经济落后,人们就在这苦难里度过时光。说起这些情况,现在这些年轻人,对过去我们小时候的那些生活、那个滋味,是体谅不到的。吃得不好,穿得就好了嘛?也不行啊。我想着小的时候,没什么好衣裳穿,没有好帽子戴。到了天热的时候,就带个围凉,遮着头皮;冬天的时候,戴个满头绿帽子或者山大山帽子御御寒。脚上冷清,没有好靴子,就穿上嘎达子、扑蛾子,不过这两个穿着挺暖和,也不怕雨水,也不怕雪水,凑付着穿。穿的衣裳没有好的,身上穿的小褂,腿上穿条裤子,孩子连裤衩也不穿,就这么凑付着。特别是在家里,帮着家里老人干点活,穿的衣裳是补丁摞补丁,不利达索(不齐整)。现在扔了的那些衣服,都比那时候的强得多。就是到了过年过节的时候,做上套新衣服,也不像样。我常想,到了过年了,外面穿件单衣。里面的袄不能做新的呀,袄袖子脏了,我娘都(就)给我洗洗,撸上脚袜子筒,撸一撸,这就算是过年了,也高高兴兴过年了。能穿双球鞋,那简直是了不得,出去拜年回来以后,把那个泥赶紧拍打拍打,放起来,不舍得穿。穿的呀,确实不行。冬天的衣服不夹里,出去做营生(干活)、上学,冻得都打颤颤。我那个小伙伴,那狗剩儿,他穿的衣裳更单薄,有时冬天连棉衣棉袄都穿不上。那个手冻的啊,都起了普挠(冻疮),通红的,有时一抓(挠)就流脓。说实在的,他长大成人后,手上疤里疤出的(疤痕很多),就小些时冻的。穿那个衣

393

服,真的是穿了上件没下件,哥哥穿了妹子接着用,就这么样,成天见(经常)及时补。现在有些年轻人觉着,穿得如何如何,想一想过去,我们小时候那个时候,哎呀,真是天地之差,太差了。

当时那个社会就是那样,那个生活就是那个情景。吃的不好,穿的不好,住的就好了吗?也不好啊。我家里住了三间小草房,见着比较小(指看见就知道比较小)。地上有个土炕,很窄巴(拥挤),都转不开腚(形容面积小,很拥挤)。晚上小孩不敢出去上坑(上厕所),大人就弄了个尿坎(尿壶),放在炕下,叫小孩儿在里面尿尿,或者是拉屎。那个环境,墙是石头的,门窗都不严封,冻得很。家里的水缸也冻得老厚的冰,那些碗都冻在一块。它这个屋不好,衣裳单薄,被窝单薄,它不抗冻。哎呀,不过,也这么过来了。这个我小时候,好玩,很愿意和同伴、伙伴们参加一些灵活锻炼的活动。我最愿意做的活动,就是上河里去赶懒老婆儿(一种鱼),这个完了以后呀,我们跳房、踢毽儿、打嘎嘎(打弹弓)、三月三打秋千,等等,这些丰富多彩的活动,我觉着非常喜欢,现在寻思起来真是津津有味。这些丰富多彩的活动,不光能强了身子骨,孩子还能长智慧,对以后长大成人起很大的作用,我觉着很好。

八 海阳

风俗习惯

大家好,我是海阳县它山泊村(人)。今在这儿,我给大家讲一下海阳这个风俗习惯。

我说个丧事吧。哎呀,俺这个地方吧,一那个就上街上去,听说谁家老人走了(去世了),走走走,赶紧上街上去往报庙(旧俗,人死后,亲属到土地庙报告死亡消息叫报庙)咪去。在那个时间,咱们这个地方,老的人(指去世的人)是这个往土埋,不是火化。咱们这个地方讲究呢,讲究"排三"。就是这个人老(死),这天算数,到第三天埋,名叫"排三"。每天呢,就是早晨、中午和晚上,都要往土地庙里头去送这个,它这个名叫"去送水喝",大体就这么个东西吧。凡一天三顿、一天三时报庙,早晨、晚上和中午这三时。一说家死人了,就赶紧,一到晌午头(中午),饭都不吃,赶紧跌跌儿跑(形容快步跑),去望(看)这个。

第四章 语料 ◆◇◆

  那么，人家报庙，它也有个层次。这个儿吧，又是在前面这个人吧，现在又称为"举重"来，也就叫"举重把头"。就是掇一个盘，提溜一个水，这个名就叫"提溜浆水"。跟家（来到家里）以后吧，家（家里）吧，还有这个女唻名就叫"办孝"唻（指家里女人来办孝）。烧点水，（把）这个提溜浆水装在小匓里，领就家这些人（领着回到家里的这些人），儿、闺女、媳妇，等等，凡属于在这个老人身上能谈上唻（谈得来），五服之内来人，都在（一起），跟过来报庙。这个穿白衣裳，又是戴什么孝帽来，造唻（指装扮好了），整个人就条白（很白）。小人（小孩子）就跟街上去望（看）。从开始老这天，到殡这天，这三天就是每天来早晨、中午、晚上，天天就这个架势。一直到应该说这个丧事唻重头戏，还在出殡这天。出殡唻头天晚上，是这个丧事唻重头戏，应该说是吧，丧事唻重头戏。头天晚上吧，这叫"送盘缠"，所有唻亲戚客人都来了，都来了以后，又是扎唻纸，扎唻马呀，牛这一类东西。跑到这个土地庙门口去，画上个圈，一烧，这就上西天了。这不老人家又骑唻马，又骑唻牛，上西天去了。这就算是把这个人送走了。这再第二天，就是一出殡，这算是丧事唻重头戏中重头戏，这个丧事就算办完了。哪么能出殡呢？就是早晨起来以后，家里人把饭也吃好了，找举重来，那二年都叫"埋""把棺材"什么，是什么也扗吧起来，八个人抬这么一口棺材，上茔地去。街上（上街）以后，拉起架势来，前面抬棺材，后面这个人吧，叫"孝子"，闺宁什么、这个媳妇什么，在灵（后面），跟后面哭报丧。岁数大唻人吧，子女也大了。这个发送老人，（很辛苦），最后都抬不起头来，抬不起腰来，累唻，哭唻。这就是非这样不行，这个社会就那样，丧事非那么办不行。如果谁家不办到这个程度，你家就是不孝顺，就是这样。一直到出村了以后，这再等举重来抬这个棺材，直接就送茔地去了，把人埋了。这个丧事在过去来说，这块事（这件事）就完（完成）了。
  可是，到现在，这不也是随社会唻变化。到现在为止，到现在来说吧，后期（后来）赶到（等到）前段时间，这应该说是在多少年之前，到现在应该还是有些这么干，但是少了，无非时间都缩短。现在老（死）了人吧，几年之前就（直接）开始火化了，也不用去那个（按照老规矩办丧事）。这个随环境变了，这个人这思维也就跟变了。报庙这块吧，几乎也就没再有了。老丧人现在也无非就是这个子女看看那个，跟现在什么（都）没有了。送个花圈，反正是以后是上火场一化，接就是埋了，就是上地埋了，就这样。所以说，从我这么经历到现在，从开始小时赶（着）看报庙，到现在这个变化，到现在火化又上茔地埋。我这个大小岁数，就这么几十年变化。基本上经历海阳丧事唻这个前后唻变化，大体想说丧事也就是（这些）。我就大体说这么些吧。其实有些细节东西，我有时说说就忘了，今天就这样吧。

九 牟平

个人经历

下面我给大家伙讲一讲我个人的经历吧。

我是出生在50年代。在那个年代，我们国家刚刚解放，生活不是很好。在那个年代，姊妹非常多，条件也挺艰苦的，能吃上饱饭，就是很不错的了。那时候，生活上就是野菜夹和着吃的，有些好饭都给劳动力上山干活的，紧着他们吃。衣裳也不像现在，想穿什么买什么。那时候就是姊妹多，你穿剩了，穿破了，补一补再穿，衣裳都是补丁摞补丁。

俺小时候日子，过得很艰苦。不学（不像）现在的孩子无忧无虑的，不愁吃不愁穿，想干么就干么，想玩就玩，现在还有游乐场。俺那时候，别说玩具，什么都没有。自己想玩游戏，都是几个小朋友凑在一起捡杏核。几个小孩，凑在一起，找个台阶儿，小男孩你出几个，我出几个，杏核从台阶底上往上弹，谁弹几个，就赢几个，弹不上去就叫"趾"了，轮到再换下一个弹。这些小孩，虽然说没有现在这些电动玩具，不过也玩得挺开心的。再不就是这几个去挑一堆土，给这个土抠个窝。抠个窝以后，用手拿起来，举得朝地上摔，名叫"摔娃娃响"。是空的，拿地上一摔，它"轰咚"一下，给这个土搬（摔）个窟窿。搬个窟窿以后，两个或者三个人玩，另一个（人）就要把这个窟窿上添点土，就玩这些游戏。再不就是找些纸叠，废纸叠些"宝"，摔纸牌，摔宝。宝儿有反的正的，放地上以后，你出一个，我出一个，讲好谁先打，能把这些宝炸翻儿个，搁你就赢了。所以说，小时候就玩这些游戏。

上学的时候，条件也不好，纸和笔都挺珍贵的，很少使用本、笔。我

第四章　语料

们那时候，主要使用石板。用石笔在上面写字，有的时候，写作业都是写在石板上。第二天早晨，再带给老师检查作业。以后不用了，检查完了，再把石板字擦去，再写。谁家条件不好，买不起石板的，就自己找块玻璃，在沙上磨啊磨，那个玻璃磨花了以后，用石笔也能写上字。那时候，铅笔挺贵珍的，不像现在，铅笔写写说扔就扔了。那时候，一直写到就剩铅笔头，捏不住了，还要找个东西，掐着这个头，用铅笔帽套上去，继续写。这个纸，正面写完了，反过来，再继续写。等大一大，铅笔不能写了，两面都写完了，还可以用钢笔蘸点水，笔在那上面写。所以说，那时候条件挺艰苦。条件艰苦，还能帮家里干活，晚上放学了，作业少，写吧写吧，帮家里挑个水，出去搂个草，捡个麦穗，阑个地瓜（阑地瓜，是指把地里漏收的地瓜都收拾起来）。赶（到）星期天，就上远场儿（远的地方）搂草、阑地瓜，帮家里干活。

放假了以后，那时候不叫放伏假，叫放麦假，就是生产队山上地割麦子用劳动力了，学校也放假。放假以后，小学生不能说去哪就去哪，都要去山上帮着干活。他不能上地里干，只能在墙上，帮着捧个麦谷。那时候的麦谷，都是大人在山上拔下来的，都带根。开始还不是用镰割，是拔，拔下来以后，捆起来，再搬出来。那时候有墙，墙是用泥用墩子压出来的，都溜光的。搬墙上以后，这帮学生就一人捧一麦谷，用闸刀把麦根闸下去。学生就排着，捧着麦谷，大人把麦头闸下来，好在打麦机上单独打出粒来，所以说小学生就干那个活。再就是麦子收拾完了以后，地里掉的麦穗，学生就排着在麦席里走，（把）掉的麦穗捡起来，捡起来以后，送墙上打麦粒。再大一大以后，上中学了，这个活就不干了。

我在上中学那时候，劳动课强度更大。上山去捡石头，捡起石头以后，就往学校搬。有些男同学，胆子也挺大的，用两个轱辘的拖车，找一个拖车，从坡上往下放，扶着车杆子往下放。那时候几乎看不见汽车，不像现在，道上（路上）都是汽车。车一溜溜地放下来了，没有拖车的，就用小推车，一遍（一趟）推几块石头，搬学校里。搬学校里以后，就等劳动课。随着哪个班轮到劳动课以后，就和泥，和了泥，用搬的石头，给学校建围墙。上中学那时候，围墙全是俺这些中学生捡石头给它立起来了。赶毕业以后，俺那时候学习也不是很好，就稀里糊涂毕业了。毕业以后，在生产队上干几年，干几年以后，又上工厂了，挑去当工人。俺那地方，人家征俺的地，相对来说，（就）招俺大队几个工人，上厂子了，在工厂里一直干到退休。

我的经历就这么些。

十　莱阳

个人经历

我是莱阳市（人），我叫李安亭。今天下午，我讲从小学到参加工作（这段经历）吧。

上小学的时候，就是在学校里和同学们上课，遵守纪律，做作业，都听老师讲课。下课时候，和同学们跳跳绳儿啊，再踢踢毽儿啊，摸摸虎儿。就弄个手绢儿，挡着眼，摸摸虎，摸到他，我就赢了，他再去抓，抓另一个人。（再）就看看球儿啊，再一个，和同学啊趴趴猫（躲猫猫），等等，很多。

上课要认真学习，老师还要布置作业，也得及时完成。上二年级时候吧，学生基本都是和以前一样，学习，下课，这时候和以前基本上都是一样的。上三年级呢，就开始逐渐抓得严一点儿了。那个学习以后，到课间操，这也是一样的。这一块儿还是跳跳毽儿，丢个手绢啊，就是跳跳毽儿，顶顶腿儿啊，哎呀，挺好的，挺不错。那个上四年级开始，就是要抓紧学习了，要不上初中跟不上。从四年级开始啊，要严格起来了，不是和以前样，不正八经学习，这就抓（管）起来了。上课认真听讲，那个好好学习，听老师讲课，完成作业。下课还是一样吧，基本还是那些样数。等到了五年级的话，就抓起来了，晚上还布置点作业，下黑（晚上）家（回家）去做。白天上课不和以前一样了，要聚精会神听讲，听从老师布置作业，第二天交给老师，老师就批批什么，觉得挺好的。

赶（等到）上初中了，比那个五年级要认真了，学习抓起来了这就。也不是说很紧很紧，反正是劳动多啊，学习啊抓了，挺认真，老师那作业多，那几好儿（很多）个科目那是，作业都得完成。下课，从上初中了，长了高的可以打篮球了，上体育课再那个跑跑步等等很多。再这个在初中，打个石子儿，弄点收入，给学校挣个钱什么的。反正是有时开运动会。俺

第四章　语料

上初中了（的）时间，上小河沟啊，就师范，在师范东了（东面），在小河沟那了（那里）开运动会啊。那就步行儿走，从学校这到那，一共十里八里地吧，到那开运动会儿啊。运动会儿，啊呀，我真好运动。那在初中，我就报了个什么？报了个60米、800米、1000米、3000米跑跑啊，奖励本儿啊，再一个奖励铅笔，（奖励）圆珠笔还不大多咪。那个本儿，哎呀，觉得真好。一看，哎呀，你看奖励个本儿什么，他们还挺馋（眼馋）咪。我这60米、800米，基本上都能拿一个（奖）。我好这个体育，确实不糙（不差）。反正学习各方面，是一般般吧，不是很好了。再就在小河沟（开运动会），（后来）又不去了，到龙旺庄四中那地方去开运动会。那时，俺拉队（排着队）去，那时十二三里地吧，有十二三里地，去开运动会。哎呀，那个场面，确实比那个师范操场都好了，那个不糙，各方面也挺好，正规，那个地方。一个（整个）莱阳全部上那开运动会，小学、初中、高中都在那，都在那开运动会。

再那个我上初中完了以后，上那个四中，在龙旺庄。自行车儿就是没有，步行走，去上四中，去念书。年轻的肯出力，净步行走去，没车，也没自行车。中午拿饭，从家了（家里）。那时家庭条件不行，馒头还不能说成顿吃（顿顿吃）。念书了（的）时间，还捞不着成顿儿吃这个馒头，都得干活。上学了吃个饼子，吃一半饽饽（馒头），捞不着一个（一整个）吃。我姊妹四个，我大哥和我姐姐，都是干活才能吃一个大馒头，俺都（就）瞪眼在那瞅着看，就条件不行。天天晚上回去，不在学校住，白天早晨就拿点饭儿，做儿吃，就这么天天日日，刮风下雨都这么样。

高中四年，这四年在那地方儿，还可以。老师抓得很紧啊。那时都在平房，那条件，不是楼房，都是平房，平房都挺好的。在那念书，就方便了，开运动会儿各方面也不用跑了，也不用颠了。就在那个大院，开个运动会什么了，那挺好啊。再以后，念完书以后，这就停了一阶段。我父亲当小学教师，那是最后一批接班，我姊妹们，我大哥岁数大了，我正合适，那个岁数。那时（我）二十一（岁），要不就二十二（岁）咪，说他们都不行，叫我接上班。接班以后，安排在榆科顶联中了。教师坐班，那时没客车。我父亲在十里行小学教学，他们那教师都是轮着吃饭，一顿五毛钱或者一块钱。我父亲在十里行那个村，反正威信挺好。这我父亲退休，我接班以后，把我弄榆科顶。说哪么（怎么）去？这连个车也没有，自行车也没有。和大队书记说说，给我弄个拖拉机，把我送去了。送去和那领导说说，在那开始参加工作了。

参加工作，星期六、星期天也没有车，客车也没有，很少很少。这住（过了）一年，这个公社弄了指标，有那个自行车，那是海燕（牌）车。我想着，海燕车那时一般人还弄不到，王老师助理说："等我给你个票。"我想一百二十五（还）是一百二十几（元）？就买这个自行车。那是八二年还是八一年下去工作，那八二年有那么个票给我了，欢喜了，骑家往家走。骑家去，我父亲说："哪弄个自行车？"我说："叫助理给我弄辆自行车。"可欢喜（了）。星期六、星期天，有时候特要不叫我在那，跟他们（指学校同事）改善生活。他们有些隔（距离家）远了，不走，说："李师傅，你在这吧。你在这，咱做顿饭。我不愿意走，隔家真远（指学校与家距离很远）。你做点饭，咱包个饺子，或者擀个手擀面啊。我好做点饭，"说："你不稀（不要）走吧。"这不那时间我还没有对象（指女朋友）么？咱不挂（牵挂）家，我说："好啊，咱就不行就包个饺子吃吃吧。"俺三两个人，我说："好啊，你帮个忙吧。"俺三个包了，下儿吃，再一起打打球。再一个小拉车，俩轱辘，把它卸下来。俺和那个副校长，就是两只胳膊举起来，举起来看，谁（能）举几个。我年轻，我那是第二。去第二年，我那二十二（岁）是二十几（岁）啊，我举那个小车（的）俩轱辘，我能举二三十。在那，星期天不走了。不走，俺俩就在那改善改善生活。在那有时打个牌什么的，星期六、星期天可以打扑克，都活动活动，不糙（指不错）啊。那时候我夹生，不认识，不熟悉，这就熟悉了。星期六、星期天有时回去吧，就骑自行车回去，在家帮种点地什么，干点活，这样方便。

在榆科顶那干了三年，这以后又上那个二十三中。在这个迟家沟垮了以后，那就从那个什么联中搬在那个地方儿。第三年我就上那去，干几年以后，干了三年以后，这第四年儿，就说城里叫我回去帮忙。办了个电大班，还没找场合（场地）。那时说，暂时说回去上招待所，帮做饭。在辛格庄办儿个电大班儿，有一百多个人弄不好，还有那个学英语的。俺这，两个炊事员，一个财务员，俺三个人在那，给他们辛格庄干儿一年。干儿一年以后，东关小学又搬儿哪去了？就搬儿那个，吕格庄联中和东关小学在一个地方，它以后把东关联中搬出去了，还剩小学了。剩小学，那倒出场合儿来，把那个电大班儿又搬东关小学去了。搬东关小学去了，干一年半，（还）是两年？我这不大清楚了，（是）两年弄不好。这以后，电大班儿办完了，这又撤了帮忙。那个继续学校以前在哪，什么地方唻？是师范附小。师范附小没有楼房，就（有）个平房，再有个传达室，再有个做饭了个食堂。俺就这几个儿人，反正在食堂干。干一年以后，这个学校开始办班儿，办的学生班儿，微机班，会计班。再那个京剧团，戏子班，这戏子班三期连办了。地理班，弄不好那几个班，反正那个是三四百个学生。在那给学生，俺就在食堂，给学生做饭了。还有教师，都隔（家）儿远了。他回不去，中午，俺那时住宿，连学生住宿，二百这么个人，连学生住宿那个。反和他们一块自己做个饭儿什么，在那块，炊事员、教师们挺热乎。咱这么说，干这么多年，咱没和教师、学生打仗（吵架）什么，确实不糙啊。

再以后，以后学生班儿三年，这就说不办了。不办以后，还有教师。那会说是没有地方，就不办了。下面教师，中午在那吃饭，俺这三四个炊事员，还有个事务长，俺就叫他们坐儿吃吧。这不再一个，那个停了五年是几年？教体局搬俺那个地方了，搬到俺继续学校那去了。搬到继续学校那去呢，那儿有个招待所儿啊，有个炊事员么，俺就不干了。他们那帮在那干，再就是他们下面有些培训教师了。有些咱家教师，有些中午不走了，再有当官了什么了，在那吃点。那时也请个客儿什么了，说外面教师有些什么事，他们就上那订个餐什么了，在那吃，在那地方很不错。

这以后，教育局过来了。现在教师吧，教师现在就不用在这儿来学习，也没有地方儿啊，（因为）教育局搬过来了么。这个院有三个楼，教体局是前面这个楼，教研室是后面这个楼，俺东面那，再就些招生办乱七八糟了。都在这个地方，都在这三方楼上。这么是二百来人吧，挺热闹了。这样以后，把我安排了坐办公室了，那就不做饭了。把我安排办公室了，接个电话，再一个发个报纸。再现在我养些花儿，买些花儿养了。再俺家两个主任，再有教师，我就不大有事。早早我就上班，我在家没有事，我都是早早去，管理俺的花。现在还挺好的，真开心。

十一 长岛

风俗习惯

大家好,我是来自长岛的,今天给大家讲一下我们长岛的风俗习惯吧。首先讲一下婚嫁婚娶,我们长岛的是什么习惯。

在我们这个年代的,很少有像现在年轻人这样的自由谈恋爱的,都是这个老人托这个媒人说媒来介绍的。如果媒人给两方说了这个媒以后,可能有的认识,有的不认识。那不认识的呢,就是说,约双方男女在某个地点,现在来说是约会吧,来看看人儿,了解了解家庭,这个再处。两个人如果相通了以后,经常就是交流。过去我们那个年代,买了个电影票,去看看电影。有什么活动,两个人就约一块儿。那会儿还挺害臊的,还挺怕人的,偷儿偷儿的去约约会。

交往以后,就是觉得这门亲事能定下来,(那)通过媒人,多数是以男方为主,男方也通过媒人来向双方的老人问:"能不能把这个事儿定下?"双方老人就是能定下来的话,就定个日子吧,再者订订亲。订亲就需要彩礼了啦。在我们那个年代,这女方就讲求一个最好是有房,女方就(感觉)差不多了。不是说现在,这个要买楼、买车,要家庭条件儿多么好的。我那会儿办喜事儿的时候儿,给这个女方儿八百块钱的彩礼。那时候儿没有别的,就是割几块儿布,几套衣裳。有两块儿三块儿裤子布吧,有三块儿两块儿衣服的布,还有二斤毛线儿。这二斤毛线儿呢,基本上就是给女方织个毛衣,织个毛裤子,就这种条件儿。再给那个女方,那会儿不用多,就是有三双五双袜子,还有了这个包衣裳那块儿红布儿,过去说这个包袱皮儿,就是这么些东西。女方儿如果条件儿好的话,我那会儿那个女方儿条件儿还是比较好的。因为我现在这个媳妇儿家吧,她条件儿就是比较好,以前就是家里开商店的,做买卖的,并且家里就这么一个老闺女。所以说,他们家的老人还是比较要强,那会儿刚兴这个彩电,记得她父亲,托关系吧,有供销社儿,五交化,找人买了一台十八英寸的彩电,是青岛牌的,我记得很清楚。还有,配了一架缝纫机。那缝纫机吧,也是托人买的,过去那个工农牌的缝纫机。这是她家条件儿还比较好的。还有一个,配了一个大式儿的录音机,这个录音机是什么牌儿呢?是燕舞牌儿。我也忘记是哪场儿(哪个地方)出(出产)的。燕舞牌儿这个录音机,这个属于她家

第四章 语料

的回礼吧。

再这个酒席，办酒席，我们那几年兴定亲那天办一次酒席，结婚那日也办一次酒席。办酒席哪，没有像现在上酒店、上哪场。我们那会儿都是农村，就在村儿里。你说办得最多吧，你家做三桌，我家做三桌，他家做五桌。就是家里这个亲朋好友邻居，跟家里坐着，有跟炕上坐着的，有跟外地坐着的，这个条件儿好的，跟院子坐着。做菜呢，就是做一个大锅，婶子、大娘儿帮这个炒菜，帮这个做饭。年轻的朋友呢，比如说同学朋友呢，帮着这个端盘子，帮着端碗，帮着来回儿地忙活。一家做三桌，各家也就一个桌子，哎这亲朋好友的，去借桌子，借碟子，借碗。酒、菜也没有那么好，你比如说黄瓜吧，一个黄瓜吧，能做好几个菜，一个黄瓜凉菜，一个炒黄瓜，还有这个拌黄瓜，是这样式儿的，反正一个菜。那会儿条件儿太差了，你做一家十个菜吧，基本上没买几样菜，一样儿菜能做好几份儿菜，是这样儿情况。酒，那会儿也没有什么好酒，喝酒都是烟台老白干儿这个白酒。还有这个红酒呢，蜜桃酒，还有栖霞果子酒，没有现在这个酒，档次这么高。

到结婚这一天呢，现在这个都是下请帖，下聘书。那会儿就是挨家挨户请，就说："婶子，大娘儿，亲戚朋友呢，俺的孩子明天结婚了，请去喝喜酒吧。"人去叫。叫完以后呢，那会儿的聘礼，那个俺农村叫人情产，人情产也非常少，有给二十的，有给六十、八十的。六十、八十的都是很近很近的，叔叔、大姨，这个舅舅、姥爷，这样是很近的，就说人情钱吧。

我们结婚很简陋，男方那个准备房子也是很一般。像我们这个年代盖的那些房子，就是石头墙，里头是土质的，抹上草泥、湿泥。抹上泥以后呢，还是不干净，过去拿白粉子说是弄上水儿泡一泡，和一和。在过去咱还讲的刷子，这个刷子还不是好刷子，有的是拿笤帚，我们拿布子捆那个，是谷子秸，拿那些笤帚，刷一刷这个墙。这就是我讲这个结婚了。

结婚呢，就是那日由媒人牵头。媒人就是男方请媒人，领着男方的。还得找个一般是比较近的，比较要好的，还是父女双亲的，结完婚三十了岁儿，不要太大的，去领媳妇。领媳妇必须有个红包袱皮儿吧，里头是果子点心。那会儿是没有咱现在这个，过去好点儿就是饼干呐、核桃酥呐，就是这些东西，就提溜去。那领着女方的呢，也是这个比较要好的，（要求）这个父母双全，好像是有讲究的，可能和后代生育有关系。来送呢，这就属于这个高人贵客,咱娘家人也必须都上去。他这个结婚,就是媒人双方传话,这个男方、女方什么要求,向男方来回做个传话儿。传完话儿了,反正干活的喝酒。这个喝酒、吃饭儿,大伙儿之间闹闹,一般是吃饭这一帮过半了,差不多了,我们叫主持婚礼的这个人,再领着新郎新娘再去敬酒。首先必须敬长辈儿,本家的长辈儿,得去敬酒,逐个敬。向爷爷磕头、行礼,再就是父母,叔叔大爷,舅舅舅母。到了下午了,就是吃完饭以后,这个休息休息,娘家客儿就要走了,就是这种情况。有许多的,比如说,亲朋好友,小年轻儿,这个闹洞房。闹洞房,有的闹的钱,有的闹糖。我们那会儿条件儿差的,一般就是闹糖吧,给糖为主。然后呢,闹来闹去,这个新娘子新女婿不好意思,为了告诉大伙儿别再太闹了,就是给糖,给大家拾块儿糖。给钱的,一个红包包搁一块儿两块钱,反正也包不了多少,就是这种情况。

  转天呢,就是转天,家里开始招待。比如说,头天有些菜没吃完的,吃吃。中午就是包包子,包包子它有什么讲究?它是不要叫媳妇跑了,把媳妇包住,就是这么个意思。再有一个呢,农村有一个办堂,就是现在说的"说请"吧,也就是回家,两口子结婚以后挨家请。俺这个办堂,都是有规矩的。第一个,必须得上(的)第一户人儿(家),必须得上舅舅家。舅舅在我们那场儿都属于说,过去说话儿算的(指说话有分量的)。因为什么?它说娘舅儿、娘舅儿吧这个,主要的(指舅舅是娘家最重要的亲戚)。拜完舅舅,再拜姨,这个有个意义嘛,你在女方家,把你的身份移到这个男方家,这个意义。再就是排着拜。

  今天就说到这里吧。

第三节　多人对话

一　芝罘

当地情况

  青男:今天我跟大家,还有两位老师,来聊一聊烟台的这个各个方面的情况,包括交通啊、经济啊、旅游环境啊各个方面的情况。

老女：现在的芝罘区啊，和以前一点没法比了。各个方面都发展得够好了，特别是交通方面，公交车都四通八达的，道路也宽了。

老男：最突出的（是）这个交通和道路。原来烟台市芝罘区有几条道，就北马路、北大街、南大道，就是些主要的。再多少往南，就上郊区了，过了现在说南山公园就是郊区。

老男：在早（以前）是市临区。

青男：现在红旗路还有港城东大街，现在都增加了好几条主干道。现在都特别地宽敞，包括这几年开通的一些隧道，像那个黄金顶隧道啊，南山隧道，塔山隧道，魁星楼隧道，包括现在红旗路到火车南站这条隧道，也要马上要开通了。

老男：胜利南路往南，通那个电视塔那个山底下那个，那个隧道也开了。那个也好（快）通车了，赶12月还是11月底通车。

青男：对，现在这些道都修得特别好。不过随着这个经济的发展，我觉得这个车也多了，而且就算这些道修得再宽再好，其实现在觉得还是有点堵车。

老男：道（指道路）跟不上车的发展。现在这个私家车，再宽的道也显得不宽了，再那个也显得堵车。

老女：经济发展也够好了，你想以前芝罘区有几个单位？真是没几个单位，就几个国营厂子，几个集体厂子。你看看现在，各个方面的单位，你说说有多少单位吧！经济呀，也确实是发展了，人民这个生活水平也提高了，不能和以前比了，真是不能比了。以前都吃了点什么东西啊，那现在，你想吃什么没有？真是没有没有的东西，老百姓的这个餐桌上，真是丰富多彩。

老男：烟台市现在这个工厂、商业，发展得特别多。我想以前，我工作那会，在西郊，在朱家那场，根本没有那个，没有个单位。那现在，道两块（路的两边）全了。

老女：再商家，商品特别丰富哈。别说是网上购物了，就是现在的商店，都比以前多多少？

老男：那会就是个百货大楼，那还有个商店。

老女：现在道边上全是买卖。

青男：以前来说，商家很少，现在不仅是商家多了，写字楼也多了，而且现在线上线下的东西特别多，网上的东西也特别多。现在吃个饭，都不用出门，搁（在）家里叫个外卖，很快就能送过去，特别方便。想吃什么吧，什么都有，然后打开手机、上上网，直接想吃什么没有？你点就可以了。

老男：这个方便，确实方便。不过这个食品安全，现在确实不大敢认同。反正这个东西，小青年敢吃，我这个岁数，看看不敢吃。你看看做的那个小龙虾吧，哎呦，你看看加工的，哎呀那个脏呀。来了检查的，就拿刷子挨个刷刷。没有检查的，就在桶里搁搂搁搂（搅和搅和），哎呀中午卖那个好啊。

青男：这个卫生，确实是个大问题。

老男：现在关键是抓也不行。上面抓，抓一抓，能好一好。一不抓，接着又那个。这个事确实是那个。

青男：你想，现在这个环境气候这方面来讲的话，烟台的气候，确实是比别的地方要好得多。

老女：天比较蓝。

青男：天比较蓝，最起码空气质量状况比较好。

老女：在海边。

青男：而且四季比较分明，春夏秋冬，四季分明，像别的地方这个东西是比不了的。

老男：是是，这个确实是沿海的一个特点，也算是烟台市的一个福分，对烟台人。像外地来，特别是北京来，外边回烟台来，觉得哎呀这个空气这个新鲜啊。你看这个云彩吧，在北京成天你也看不见个云彩。

青男：可能连续十几天都不见晴天，都不见太阳。有些雾霾太严重了，环境污染也都太严重了。现在烟台在这方面，环境保持得还算不错的，我觉得。

老女：我觉得，特别是在这个海边哈，道修得也好哈，风景也好。到那真是心旷神怡啊，确确实实是挺好的。

老男：这个海边确实是修理得不错，我知道，我很有体会。我知道因为我常年是骑自行车来的海边，特别是退休这些年。原来到养马岛那个泥道没修好,现在一直道(指一条笔直的路),修好了。这十来年,哎呀,那个变化,道边那个绿化,建的那个公园。特别是烟台市,投资这个养马岛,整个岛投资了多少个亿,16个亿听说是。特别是山后,山后原来就是荒山啊,现在全部绿化上,修的一些旅游通道。再就是一些,个别这样,修上景点,当时秦始皇东巡的一些东西啊,哎呀,确实弄得不错。

老女:别说些外地人来了看得好,就是咱们本地人看了,也觉得确实是,确实是好。

老男:原来那个海边,什么样?现在的那个大道,整个滨海路,通到基本上和威海那都好连起来了。原来到金沙港就停,这两天听说也逐步开了。

青男:你说以前那个海边都什么样啊?和现在有什么区别?

老女:区别太大了,以前就是除了海就是沙滩,没有别的东西。再就是些烂草,就到了那个泥道了。

老男:六几年,你上那个芝罘岛吧,就走个环海路。环海路道边都是树,错个车,骑个自行车就很危险。到了三里谭,特别是往东口那条路,根本就没法走,净是些山道。以前都说到山后上,以前那个道都相当危险。现在基本上东口的道都平了,东口通乳郊,那些山都放了,都落成平路了。在早(以前)那个土坡,那真是,推着走吧。

老女:以前那个海边,虽然是也有蓝天也有海水哈,就是荒凉,就是没修,就是个沙滩。再靠道边就是些泥啊、树啊,再就是些土道。你看(现在)这个马路修得多宽?这个马路和大城市的马路修得一样。再(就)是海边这个绿化多么好?到了海边你一看,就是你心情不好了,到了海边了这么一看啊,这个海天一色,再看道边修的哈,绿化的,确确实实的,再加上这个路灯啊,还有一些标志物什么东西,一看,就觉得这个人哈,上档次,确实是挺好的,和以前完完全全不能比了。

青男:这能看出来是旅游城市。

老女:对对。就说俺以前吧,俺在那个玉龙街住。往北边一走,就是解放路小学、烟台山医院,就到了这个海边了。除了大马路那个地方,除了有些房子,有些外国人留下的小洋楼,再就没什么东西。你看现在,你去看,实实在在是太好了。

老男：整个烟台市，我是经常骑自行车。现在这个滨海路，确实是好。

青男：现在大马路那个地方，连那个张裕都变成博物馆了，以前的时候就是一个造酒厂。

老女：那个时候路也窄啊。

青男：现在都成为景点了。

老女：都成为景点了。

老男：还有在早（从前，以前）老辈子那个石沙黄，现在哪有？从那个环海路往北边，不能说半个烟台市，也是几好（很多）个地方啊，现在又是集装箱码头，又是港务局。在早，从三里桥到后边都是海。你看现在建设得多好！现在就是北岛了，都连起来了。

老女：以前那个路，在早都是土路。现在大宽道，四通八达的。

青男：现在也通了这个高铁，特别方便了，现在去，从烟台到威海，用半个小时不到，然后就能到。所以就是到哪个地方，都很方便。到济南，可能就是四个小时。到北京，也就五个小时。以前的话，可能得坐一天的车。

老男：哎呀，正儿八当一天啊。别晚点，在早都是慢车。

青男：咱们这个经济发达了，交通也就跟着上来了。

老女：老百姓的生活水平，工资收入生活水平，各个方面，确实是发生了翻天覆地的变化。真是不一样了，完完全全不一样了，和以前。

青男：慢慢地发展，就有点旅游城市这点味道了。

老男：有点大都市的气氛了。旅游，烟台市是跟上了。现在不光是芝罘区点提上了，你像各个县城，你看那个龙口南山，招远金矿，黄金小店，再是罗山，莱州，都有。

青男：咱再说说特产这方面，烟台土特产这方面，食品都有什么东西？

老女：烟台苹果呀！

青男：比较有名。

老男：在早，这个水果方面，比较有名的就是苹果。现在草莓、樱桃、杏。我知道杏花谷，头几年去，就是个小村，根本就没有名气。以后就叫这些报社记者发现了，现在也是个旅游景点，每到每年杏花节，哎呀，那个人，你也进不去。

老女：还有烟台这个海鲜，一年四季，烟台人都可以吃到这个海鲜。

青男：比较有口福的。

老女：对对，有的时候，活蹦乱跳的就可以丢锅里面了。

青男：然后这个海鲜来讲的话，我想着我小时候，海鲜不是一年四季都有的。我觉得，就是这个春、秋、夏天的时候比较多，到了冬天就比较少。

老女：到了那会儿就出不了海了。

青男：现在来讲，我看看市场上，一年四季都有，都有新鲜的海产品上来。

老男：除了冷冻还有养殖，都有。

青男：你想，爬虾，烟台以前的时候，就是春秋两季能吃到爬虾，现在是一年四季都能吃到爬虾，还都是活的。你像小杂鱼，现在市场上都是新鲜的，特别方便。螃蟹，一年四季都有。而且现在来讲的话，现在海鲜的价格也不是特别贵，相比还算可以。你像以前这个螃蟹，都得是五十、五六十、七八十块钱一斤，那种大个的。

老男：现在这个政府注重这个什么，资源保护也有很大的关系。螃蟹每年放流，还有些鱼苗，要不它早就枯（少）了。休渔的这三个月，让鱼繁殖繁殖，确实是。

青男：我看今年八月十五我家买的螃蟹，才二三十块钱一斤，还挺肥的，然后还挺新鲜，挺好。所以现在，我觉得，无论是在饮食方面，物价方面，比以前还是便宜不少了，在这些东西方面。

老男：烟台市人相对来讲还是有福的，相对来讲，有山有水，靠海边，海鲜一年到头不断。

老女：蔬菜也新鲜，水果也新鲜。

青男：你像苹果，在咱们这边也不算什么稀罕东西。

老男：今年苹果也便宜，我觉得。去年我看下面收那种 80、85 的，都四块八、四块几。今年那个苹果，可能是受灾，两块八，那种小红苹果，这么大的。我前两天从牟平那回来，一块八，太便宜了。

青男：太便宜了。对果农也不是件好事。

老男：太多了，冻得太多了。再说今年可能也受点灾，一打损失了不少。

老女：有的都绝产了。

老男：对，都绝产了。农村忙活一年，这一场灾……

青男：烟台的樱桃，反正是我觉得这两年也都挺火。

老男：出名了，对呀，烟台的樱桃，烟台的葡萄。像葡萄这两年种的，都没有要的了。张裕（指烟台张裕集团有限公司）这两年，咱不知道，不收了。中粮（指中粮集团有限公司）也不收了。种葡萄的，好多都砍了，砍了种别的了。

老女：反正是市场上葡萄还是挺便宜的，老百姓敞开儿吃，两三块钱一斤。

老女：今年菜也便宜，菜又新鲜又便宜。

老男：种的多。

青男：大姨，你一般买菜都上哪买？

老女：哎呀，我经常上幸福河去买菜啊。我就愿意上那个地方，幸福河那个地方，那个老农民自己的菜，我真愿意上那去买，便宜、多、新鲜。

老男：现在那个西炮台也有买的。

老女：西炮台有，但是我还是愿意去上幸福河去买。

青男：你上那个地方，你到时候怎么回来，怎么去？

老女：我拿个小车。买了（菜）以后，我就上公交车了。现在公交车方便啊，还免费，就回家了哈。幸福河的菜真好。

老男：我一般都在红利（市场）那买。红利那也不少，那些老农民，就北马路市场。

老女：那个市场，鱼多，海鲜多，那个地方海鲜最新鲜。

老男：有些是芝罘岛的船，直接弄的拉过来。

老女：有些是他去拉，刚刚拉来，他就卖了。确实是新鲜。

老男：真塞人（人很多）。外地弄个保温箱，弄个什么冰一封，接着打着车出去，直接去机场了。

老女：不管是鲳鱼还是老子鱼（老板鱼），都可新鲜了。活鱼多，新鲜，质量好。

老男：那个地方招外地人多，咱本地倒那个（不太多）。外地人去了，弄个保温箱，坐个飞机，当天回去，就吃新鲜了。

青男：不过现在，像我们这些上班的，一般都是晚上买菜。等我们晚上去买的时候，就不行了。

老女：还是早晨，八九点钟，对对。

老男：太早了！有些货还没齐，货还没到。

青男：等我们晚上去，都买了一天了，都不新鲜了，还贵了。

老男：新鲜度不行了。

老女：就些买剩了的。

老男：烟台市确实是，近几年，各方面确实是翻天覆地的变化，吃的、住的、老百姓消费的。

老女：还有房子。国家这个廉租房，给些没有房子的，住房困难的，都解决困难了。现在看那个廉租房，盖得也挺好的，盖得够好的。

青男：我觉得，烟台的房价还不算是太贵，相比别的城市还不算是很贵。基本是咱烟台房，都是九千块钱左右，一万块钱以上的都是好房子。

老男：一般地脚（位置）偏的，都六七千块钱。

青男：你像在青岛的话，基本上都得在一两万以上，才能买到房子，还不算最好的地脚。

老男：黄岛那都一万多。海底隧道通了以后，一般房子都一万多，现在当不了还涨了。

青男：现在，在青岛靠近海边的房子，都得五六万块钱。

老男：原来房儿很便宜，现在海底隧道一通，哎呀！

青男：所以现在烟台还是房价便宜。居住情况，状况也比较好，环境也比较好，也是比较适合人类居住的。

老男：烟台市，最适合人类居住城市。

青男：以后我觉得会慢慢越来越好的。

老男：现在就是些外地人在烟台买房的也不少。就牟平养马岛那边，有个什么公园，净些北京的在那买的多。他们尽管不在那住，就伏天在那住，那个地方看着是空，北京人好多都在那买的。

老女：再是外地人，也有到烟台来养老的。他们说在北京，两个人养老，要七八千块钱，上万块钱。在烟台，就五六千块钱，就够了，还吃的比那个地方好，空气还好。

青男：这样还能多活好几年。

老女：所以咱这个地方真是个好地方。

老男：有些房子，你看着没买，实际上都买了。伏天来享福，或者来养老的。

青男：人也是越来越会享福了，越来越会享受了。我觉得吧，咱现在随着经济的发展，还有国家给的政策也比较好，再加上烟台这个地方是个地杰人灵的地方，会越来越好的。希望大家伙将来能够越来越关注烟台，欢迎大家伙来烟台来旅游，来玩，来投资。

老男：现在主要是政府政策，开放政策好，吸引外资多，政府不主导也没有用。

青男：那咱现在先聊到这吧。

传统节日

老女：下边说一说我们芝罘人怎样过春节。过春节，在我们这个地方可是个大节日啊！自古以来，我们这个地方都非常重视过春节。

老男：对，确实是。

老女：以前就是腊月就开始了，现在就是一般大人孩子的衣裳都上商场去买的，或者是在网上买的。以前都没有这么多那个，有自己做衣服的，有自己买布找人给做一做，也有买的。反正是以前过春节就开始扫灰啊，把家里平常日子不收拾的旮旮旯旯儿，角落的地方都扫干净都拾掇干净，玻璃抹得锃光瓦亮的，再就准备吃的，蒸饽饽。

老男：对，过了小年就忙活。

老女：就开始蒸饽饽，咱芝罘人蒸那个饽饽可讲究了，是不是？蒸那个饽饽，味道也好，也好看。而且这些家庭主妇，都愿意把自己的饽饽拿出来，显摆显摆，对不对？以前没有酵母，以前都是用那个老面，引子。头天晚上就烧的热炕头，把面发上去，弄大盆把面发上去。第二天早上，这个面开了以后，家里最好有那个棒小伙子，倒着揉（揉）这个硬面，把这个面揉得这个好。然后这个家庭主妇，用那么大的能耐，就是团拢、插枣。

老男：挑鼻儿（指胶东农村蒸大馒头时，在揉好的面团上，找出恰当的位置，用食指和拇指掐起一个半圆来，然后把切好的干枣片横插进去，蒸出来就是带有枣片的大馒头）。

老女：哎，对，挑这个鼻，插这个枣。挑得尖细尖细（非常细），挑得老么高（很高），双眼皮，每个鼻隔的那个距离还比较近，再把那个枣插上去哈。醒好了以后那个馎馉，那个漂亮啊，再蒸出来。

老男：还笑了（笑了，指馒头蒸得裂开了）。

老女：还笑了。哎呀，这个一掀锅，这个香味啊。其实以前也没搁多少油多少糖多少东西的，就是这个老面和酵母好，引子好，蒸出来这个手工好。蒸出来的馎馉味，哎呀，真是。

老男：大锅蒸的好。现在小锅蒸不出来那个味。

老女：对呀，大锅烧得好啊。那个火得好好烧着，不能烧大了，也不能烧轻了呀。也不能拉拉（往下滴）汽流水（蒸汽形成的水流），都搁上苊帘子。

青男：这个馒头蒸得好，是不是就是这个搋面搋得好？

老女：对呀。再是那个老面也得好，引子也得好，味好。

青男：这样，这个馒头做出来，比较软，比较暄。

众：味好，味正。

青男：咱不光是蒸馒头，锅里面还有些什么？

众：莲子、豆馎馉、米包。

老男：还得炸，炸鲅鱼、熏鱼、炸馓子，什么式样都有。

青男：这些熏鱼，这些炸的东西，是不是因为当时没有冰箱，保鲜效果不好？

众：对对。这些东西也好放，可以当凉菜吃。

青男：这样就是整个正月，都有东西吃。

老男：当时物资缺乏，就过年凭票凭证供应点。

老女：炸那个花鱼也是。以前没有冰箱，过春节做菜，家里来客，来了就可以炸个花鱼啊。

青男：炸花鱼是什么？

众：就是炸那个劳子鱼干。

老女：劳子鱼干，发开，然后再另调咸鲜，另调味，然后在骨碌上芡子，炸出来。因为那样抗搁（可以放得久），因为以前没有这么多的菜。

以前就是大白菜、萝卜、红根菠菜,到冬天就这么些菜。来客你就可以熬菜,把花鱼啊、炸的丸子啊丢上点,就是为了提味。有的时候,还有油炸五花肉。把五花肉油炸出来,再填上,都可以放在菜里面。再是熏鱼,也是凉菜。以前没有这么多,所以现在花鱼炸的人少了。都是些老住家,熏鱼现在可能还有做的。

青男:你想我们现在,都没有花鱼这一说。而且现在劳子鱼也少了。

老女:现在就是红利市场那块,劳子鱼不少,晒得不少。红利市场他给你晒,你买好了,他给你加工,到了什么日子,你去拿就行了。

老男:现在天天过年。在早,大不瞧(偶尔)过个年,就开始(指开始的时候)。

青男:现在说的是过年,以前的。到三十的时候,就开始包饺子,三十晚上包饺子。

老男:晚上吃,再就是初一早上吃。

青男:就是晚上包了,第二天早上再吃。而且这个饺子,和平常日子包的还不一样。里边的(馅)放上钱、放上枣、花生,这里面也有寓意。钱是为了发财,谁吃得多(谁就发财)。

老女:枣就是元宝,对对。

青男:甜甜蜜蜜,生活美满。还有什么花生,每一种东西,都象征一种意义。

老男:花生是长寿果。

老女:再是过年炒花生。以前过年没有炒瓜子,都是炒花生啊!

青男:再就是干果。在早,就是来了客备着吃。

老女:咱这个地方盛产花生,出花生。再是过年最高兴的是小孩啊,放鞭放爆仗,放二踢脚儿,穿新衣裳,也能有压岁钱,高兴死了。可高兴了,小孩。

老男:在早,小孩都盼着过年,放个鞭,吃得也好。再穷的家,过个年也得割个布做身新衣裳。再困难,过年也得打扮打扮。现在天天过年,年味就淡了,不学(不像)以前。

青男:主要是以前的时候,咱们生活条件比较差,可能天天吃不了那么多好的。过年,第一有时间了,第二好东西比较多,好吃的也比较多,都比较盼着。小孩就盼着放假,可以放鞭了。以前我们小的时候,放鞭这一块印象比较深刻。不像现在小孩,对鞭的仪式没那么重了。

老男:现在的鞭,都是一盘一盘的,不适合小孩放了。在早小孩弄个小鞭,一点,挺高兴的。

众:都是拆开放,一个一个放,不舍得一下放了。滴滴针、摔鞭、地老鼠。现在放那个鞭叫什么?现在都不稀罕了。

青男:现在我看小孩儿不大爱放鞭了,反正是年味现在是越来越淡了。

老女:现在主要是天天过年,天天吃好的,天天穿好的,所以就觉不出来年不年的了。

老男:再就是初九赶山。哎呀,毓璜顶招(指吸引)那个人。啵噔珠子还有那个糖瓜(一种用麦芽糖做成的零食),糖瓜都是现弄的,糖瓜现在也没有了。

老女:以前是没有什么娱乐活动,就这个初九。

老男:再就是十五赶灯,(在)大庙。我想着我们小时候,就弄个萝卜抠一抠,弄个棉花,少弄点油,用个绳穿着,在大庙里边跑。过十五,闹花灯。

老女:现在主要是玩的太多了、太好了,用不着那样玩法了。对。

青男:现在来讲的话,除了初九赶庙会,现在是文化生活比较丰富了,不光是逛庙会了。出去逛逛街啊,出去旅游啊,看看电影啊,娱乐越来越多。

老女:现在出去旅游,都成家常便饭了。

青男:所以现在来讲的话,过年就变成一个放假,大家休息一下。利用这个时间,出去旅旅游,放松一下,所以说,年味少了。不过大家每个人的过法,是越来越丰富,越来越多彩了。

老男:主要是生活好了,年不年的,和平常生活区别不大。区别就是多歇两天班,有点空闲时间,别的看不出来。

青男:以前过年,是为了吃好点、穿好点,小孩为了玩。现在过年,就是为了大家放个假,聚一聚,一块儿吃个饭,沟通沟通感情。然后在家休息休息,出去玩一玩。

老男:以前都说必须拜年啊,晚辈必须给长辈拜年,现在淡了。

青男：现在也拜，发信息多。

老男：俺些外甥侄，打个电话，说："大舅，（俺）没有工夫。"你能说什么？人家忙。在早，小辈儿必须给长辈拜年，再怎么的也得去。现在社会变化的，各方面发展也快，年轻人时间也少。

青男：现在也淡了，方式也多了。不光打电话，现在可能群发个短信，群发个微信，你可能就知道了。而且都带声音、带图像的，你也都能收得见。我们年轻人之间，可能连拜年都不拜了，直接发一个红包代替了。

老男：抢个红包，就代替了，也热闹。

老女：现在社会发展了，经济发展了，老百姓生活好了，就变成这个样子了。

青男：每个时期、每个时代都有不同的过法，不同的特色。不过大家对过年的这个向往，还是一成不变的。不管是过去还是现在，包括我们年轻人，还是向往的。还可以多放几天假，休息休息，对不对？那咱今天就聊到这。

众：好嘞。嗯嗯。

二　福山

当地情况

青男：叔啊姨啊，咱今儿先说说咱当地的情况，好吗？

老女、老男：好！

青男：倷（你，你们）俩来怎么来了？

老女：俺坐轿车来的。

青男：倷以前小的时候那阵（那时候），出远门怎么走？

老女：步行呗，走着走呗。那时候也没有什么交通工具，根本儿看不见有轿车。别说轿车，连拖拉机、大头车都没有，那时候最好最好的工具就是自行车儿吧。那时候的孩儿也多，跟村里谁家有个自行车，那可了不得了。

老男：对，那时候自行车儿，因为一个村里没有几家（有）。还得凭票，才能买个自行车儿。以前呐，大国防，后来大金鹿。

青男：倷那时候买个自行车得多少钱，拿票得多少钱？

第四章　语料

老男：在早以前，大国防三百来块钱。

青男：得干好几年，挣好几年工分儿吧。

老女：一般的家里，买不起。

老男：一般家，买不起。再就，哪了，后（来）这就一百八九十块钱，大金鹿。那时候（不管）上哪去呢，全凭两条腿。这个出个门啦、上哪去走亲访友，都得凭两条腿走路。上哪去，十了里地（十来里地）都走着去，那时候没有自行车儿。

老女：那时候孩儿（孩子们）还知道烟台在哪了？根本儿不知道。哪哈是烟台？不知道。所谓的出门，就是大姑大姨，就是三里二村，三里二里的。

青男：周围这几个村儿。

老女：嗯。

青男：一般最远就是镇上。

老女：哎，十里八里这就是远的，都走着走，根本儿都没有个自行车儿。那赶后期以后了，有了自行车，也不是那么那个。等七几年的时候，才有了自行车，自行车才觉得多点，家家户户还觉得（好点）。社会发展越来越好，自行车多点，还能捞（得着）个自行车儿骑骑。以前哪有啊？全都是走着走。

青男：我还记着，我那阵儿学自行车也是，大别梁子上不去，跟（在）下面。那阵儿叫什么？蹬空儿，还是叫什么来着？一个名词儿。忘了，想不起来了。两个腿跟梁下边束束着，蹬着那么个样。

老女：那时候，赶（到）七几年，有了自行车儿，一家有一辆自行车。那时候孩儿多，还能捞着你去学学我去学学？都是大的抢小的，大的欺负小的。小的得学学啦，哪天没有人（在）家了，（才）拖赶出去。车后座上，绑上个大棍子，绑上个大棍子上去学，一磕倒，大棍子就支着，磕不坏。如果要是说磕坏了，家去（回家）可了不得了。

青男：还得挨揍。

老女：哥啊、姐啊的也骂，爹妈也（说）。那时候可是宝贝啊。

老男：对，确实。

青男：那阵儿，自行车，一个村三辆五辆可了不得了。

417

老男：了不得了，那得好家（指经济条件好的人家）。

老女：赶七几年以后就多了。

老男：家庭条件比较允许，他们家都去买个自行车儿。往往有时候，人家有个自行车，咱到别人家借也挺为难的。

青男：还得排队。

老男：对啊，有些地方进去好几次，哎呀，又出来了，就觉得这个嘴没法张。因为自行车那时候相当昂贵，挺宝贵的。买个自行车，家里都不噶惜骑，那时候呢，条件呢也不允许。

老女：那时候才挣多少钱？那时候小，那时候都挣工分。那时候孩儿念书还捞着个本儿，还捞个铅笔使使？根本儿看不见本儿什么样，就使个石板儿。那样有条件的，家庭好的，就买个石板。没有条件的，孩儿多的，就去捡个玻璃。捡个玻璃片，用石头磨，磨着，磨得看不见光了，再用个石笔，跟上面写。再不行弄个瓦片呗，上塾房弄个瓦片呗。

青男：我想我念书那阵，还是俺爷就给个瓦片。我那时候在家画，就有粉笔了，俺爷那阵儿不知在哪弄得粉笔。那时候跟墙上画个什么东西，就开始有粉笔了。那阵儿有粉笔吗？不是粉笔吧？

老男：不是粉笔。

老女：都是或者是石笔。

老男：嗯，是石笔。

青男：我那阵儿反正有化石，但那阵都画了。等到最后，俺跟家，都在家里院儿画，都拿粉笔。有白的、粉的、蓝的呀，什么色都有，俺那阵儿。

老女：再进一步，就有本儿啦，有铅笔啦。本儿，你当都是现在这种本儿？都是以前那样，包苹果那样的果木纸。墨黑的，底面都带木头渣的，都那样的纸。一写就烂了，那样就是好的了，进儿一步了。

青男：俫那阵儿上书房（上学），教室什么样儿？

老男：哎呀，教室，我念书的时候教室，哪一个有桌凳？就是个板。大板，那么一躺。底下搁上砖，一立，立起来的。坐着小板凳，没有小板凳（的），弄个木头钉一个板凳，跟那坐着，跟那上学。每天上课就那么上。

青男：俺那阵儿行，俺那阵儿都有那种大长桌、大长凳。到初中开始，

第四章　语料

开始单人单桌，俺那时候就叫单人单桌。一个人一个凳儿，一个桌儿，书包放自个那。

老男：对，那时候时间就晚了。

老女：咱那时候念书，那个教室啊，能和现在比吗？那时候，教室都是一个破房。不用那样的，或者是队部，队部屋。还哪有个窗？就是透一个洞，放那么一点亮。

青男：那冬天怎么生炉儿？

老男：以前都弄个炉儿。那时候都是用篓儿弄点草，那时候都没有煤。

青男：那这个生炉儿草都是？

老男：自己拿，自己家去拿点草。那时候草不贵金，每个学生摊（分摊）指标。今儿，你该拿，拿三天二日的，生生炉儿。就以前那黑板，都好几个窟窿，老师写字的时候，教学生的时候，都排哪场黑板没有窟窿的地方写一写，那时候教学、教育相当落后。

老女：那时候条件不允许，那时候都是集体、生产队。那时候算劳动日，算个三四毛钱，就是挣工分。就是一个整劳力一天挣10分，一个整劳动力一天挣4毛钱。半劳力像俺这样的妇（女）一天挣7分。7分，你算算，就挣2毛钱，还挣不上3毛钱。你算算这个条件，孩儿念书，孩儿也多，念书还给你（买本和笔）？那时候买个铅笔2分钱，还噶惜给你买个铅笔？老师那时候都是教半天书，下午领着去摘篓，割猴毛草，卖两个钱，勤工俭学，老师给买。

老男：就是说那时候念书呢，一个是经济条件不行，再就是劳动日算得低。你本身来说，干一天呢，说这个妇女呢，一天挣6分，大白天一天6分，最高7分，实际5毛钱的劳动日。一天挣得3毛钱，就是一包半的洋火钱，火柴钱。那时候就是这个条件，也不允许（买其他的东西），下面上学呢。现在这个书包还挺好的，皮的什么的，以前俺就弄个毛巾一卷，针一缝巴（缝缝），背着就走。

青男：我这个岁数，上一年级二年级的时候，那阵儿还是俺奶给我缝的那种书包背着，还不是说现在这样式那样式书包。还是缝的那样小布包，背着上学，我那阵儿还那样。

老女：全是曲（皱巴巴）的，全是布。那时候连个布也没有，就买个

419

破手巾，一握一曲就那样，弄个布郎当的，弄个带背着，这就是个书包。

老男：以前那个交通条件，都是土路，根本没说现在硬化起来。以前都是土路，摊着下雨、坏天的日儿（日子），你看吧，坑坑洼洼的。下过雨，坑坑洼洼的，骑个自行车儿，推着小土车儿，也是如此。为什么在早说买个大带？有中带，有小沟，自行车带，越推越往里地扎。以前，我记得我推这个小推车，我就看见别人的，我就买个自行车儿那个带。在那推粪的时候，推推不动，越跟地扎，我琢磨怎么个事？一看人家买的是大带，粗带。一考虑，它跟这个土地扎。就是那阵儿，那个条件也不允许，管哪儿都是土。

青男：现在咱镇上，基本每个村都没有那样（的）泥地，基本上全是硬化路面了。

老女：以前时候，根本儿就不知道什么是洋灰（水泥）道。俺那时候，俺村那，这一个胡同全是水啊泥啊的。人家说，在早，以前呐，演电影都说《南泥湾》好，电影叫《南泥湾》。俺村有条道，老百姓取个名也叫"烂泥湾"，不是演电影那个"南泥湾"，就是那趟街道。除了烂泥，就是水，再就是土，所以就起个"烂泥湾"的名儿。

青男：现在呢，现在还有广场，没有事呢还跳个广场舞。俫那儿没有跳广场舞的？

老女：有。俺都出去跳，每天晚上吃完饭，都出去（跳）。

青男：吃完饭，没有事儿，凑在一块跳个广场舞。

老男：拿俺村来说，以前那个土路，以前那三里五里都知道，一个山里面的。扣个小车儿，这个土路，下雨，哎呀，变化太大，（以前）根本没法儿走。

青男：现在俫那场成了主道了。主要车都不围那边转，都跟俫村这。谭家庄到那边儿，都跟这走了。

老男：以前不行，以前的时候，只要是发大水，以前俺这场（这里）有个古话："孔家庄打落，胡家夼好过。"怎么说好过呢？下雨、坏天的时候，发大水的时候，胡家夼就没强（料到）水都下来了，俺村打落，老百姓都去挡坝，就是去救灾。那时候，那个道，根本那个坝呢，水一冲，哎呀，地不是地，道不是道。

青男：现在（不管）上哪儿，基本上硬化路面整个全覆盖了。

老女：太大的变化了。

老男：现在的环境，你这么说，村村的环境，都有这个脏土箱（垃圾箱）。

青男：嗯，垃圾箱什么的，都有。

老男：老百姓逐步走向正规化，就是说道上有土了，拿去倒到脏土箱里。

老女：都和城里儿没什么区别。

青男：现在村里边，老百姓的素质也都慢慢提高了。以前可能走道上（走路上），有块纸什么的，随手一扔。现在看见垃圾箱，就丢垃圾箱里面。大家伙也是，每个村都得爱护自个的环境。

老女：现在老百姓素质也高了，就是这个政策也好哈。现在就是你跟道上，哪有在早上山拾点草来家，一下丢门口，泥啊土啊都丢？现在就是洋灰道，边上都是绿化。你像俺村吧，老百姓素质也挺高的。你上俺村，进俺村，根本看不见哪场有棵草，哪场稳（放）棒棒秸，哪儿稳个花生蔓，根本儿也看不见。街上都是溜光溜光（干干净净）的，一点草也没有。现在这个条件真是好。

青男：以前，我小时候也是，经常看见棒米秸弄完，都跟房子旁边一剁。有时候过年放鞭，那个烟花都弄着（着火）了，那时候也不安全。反正现在对这个安全也比较重视了，也不往那堆了，确实干净多了。

老男：现在呢，每个村对这个环境，门前门后，没有乱跟脏。你脏了，你完全都弄到脏土箱里去，你门口不允许多那些柴草。

青男：咱现在这边这些村，也都该绿化绿化了，该规整都规整了，弄得整整齐齐的。一样都是希望咱老百姓出门都有个好心情。你乱糟糟的，你出门谁不烦起（烦心），对不对？出来以后，大家也是都得爱护环境，不能随手乱扔。

老男、老女：嗯嗯，对。

风俗习惯

青男：叔啊，姨啊，我是去年刚结的婚哈。现在想问问，俫以前关于结婚是什么样？

老男：以前呐，这个我记事的时候，他们坐山。就是弄两个牲口，骡也好，驴也好。在前边一个，在后边一个，这么坐那个山。

青男：就是板车儿那么个形象吗？

老男：不是板车儿，就是扎得那种，山里那些工具。

老女：扎得和小轿儿一样。

老男：牲口给驮回来。他们那时候说起来，简单，比现在说是简单。但是那个时候的风俗，就是那么个风俗。赶（等）以后，我记得的时候，就是咱开始经办的时候，就是我结婚的时候，大多数是小推车儿。那个时候，没有这个轿车。小推车儿推嫁妆，自行车带媳妇儿。早晨去了，男方这边头天（前一天）晚上吃上轿的水饺儿。一开始，父母亲的忙活，儿和女的结婚，也不知道从多少日儿开始忙活。到这天晚上，嗯，第二天得结婚了，头天晚上吃上轿的饺儿。吃得饺儿呢，先给女婿儿盛出第一碗。

青男：男方从家走的时候，是吧？

老男：对对对。先吃第一碗饺儿。吃上饺儿以后呢？他们这些剩下的，帮忙的，再开始吃，再坐席吃。

青男：姨，那女的准备出门的时候，跟家弄么（干什么）？还化化妆吗？

老女：哎呀，那个年代还化妆？大闺女那时候结婚，就是小推车儿推嫁妆，自行车儿带媳妇儿。俺那时候，结婚就比较晚一点了，差个七八年、八九年啦，结婚晚一点。我结婚的时候，就是拖拉机了，就是十二马力的。

青男：大头车？

老女：哪，那时候还没有。就是十二马力的拖拉机。

老男：这个条件，自然转换就是这样。我那时候怎么啦，我哥结婚的时候，俺嫂子那边儿的父母家庭情况的原因，她叔打发她结婚。就拿个桶和篓儿，蒸个桃儿，红包袱一包，就来了。其他什么也没带，就来了。赶我结婚的时候，那时候，就给俺哥 40 块钱。那时候，当时也就是 40 块钱。

青男：就是统一嫁妆么？

老男：就是。他来了，走的时候给的，就 40 块钱，给俺这边男方，就来了。赶到我那个时候呢，条件就变了，还进化点了，就好一些了。我说那个对象呢，我老婆上我家来的时候，以（给）60 块钱看家（指相看）。以前都兴看家，给 60 块钱。给她来看看家，看好了吃顿饭，吃完饭再给她 60 块钱，这就是同意了。

青男：就是统一钱？

老男：不是统一，是同意了，定亲了。

老女：就是看好了。

青男：就是看完家走（家走，指回家），给她钱。

老女：嗯，看好了，给 60 块钱。

老男：这就是自然而然的，你来我往。到春节啦，来一趟，我上她那边去一趟。

青男：咱这边是老辈人和现在一样，就是说定儿亲了，100 天之内（还）是多少天之内结婚，是不是？

老女：嗯，不能超过 100 天。同意啦，定亲，就是看家，给 60 块钱。

老男：看家跟同意是两个概念，它不是一回事儿。

老女：那是定亲，这是同意。赶同意以后，不能超过百天。

青男：百天之内必须结婚，定日儿哈。

老女：我那时候结婚，那时候都进儿一步啦。十二的拖拉机，拖拉机去拉，那时候有什么东西哈。

青男：那阵儿嫁妆带点什么呢？

老女：那时候还是比较好的啦。那时候，说我那个年代，孩儿都是七八个啊。俺那时候就是孩儿少，就四个，姊妹浑子就四个，那时候条件就比多（指孩子多）那样的好一点。我结婚那时候，就有个小收音机儿啦，一个皂花，一个钟，一个插排。就是弄个笭筐装着，贴上个喜贴。再就是一个箱儿，装两床被儿。再就是给一对椅儿，一对椅儿就是过日儿（当地方言"椅儿"和"日儿"同音）。那时候就拖拉机，连人带东西，一堆拉着。

老男：以前那时候，它没有老些（很多）东西。就是拿一对椅儿去，好过日子。再是弄个桶啦，我那时候，弄个桶就是很少了，旁边是皂花。桌子上弄个玻璃，两边装花，一个钟。那是女方带过来的东西。

青男：带缝纫机是什么时候？

老女：哎，那就是晚啦。

青男：那时候，还比傈晚点哈？

老男：那时候条件还达不到那样。

青男：我想着（记得）俺婶结婚那阵儿就带着。

老女：那时候带个小收音机儿就可了不得啦。30块钱买个收音机儿。

青男：那是家用电器了，那属于。

老女：再晚一晚，就是兴那时候说的"三大件儿"。"三大件儿"是什么？自行车儿、手表、缝纫机。这就是晚啦。俺那时候结婚，还没有这个。就一个小收音机儿，30块钱，这就是可了不得啦。赶来了以后，结婚吃（婚宴）都是跟家（在家里），哪有说请十桌八桌客？根本儿就没有。请就是自个的大妈、婶，三桌两桌的。现在给喜钱就是动千儿、动万儿地给。那时候哪有？就六块钱。

老男：两块钱，最高的四块钱。

老女：舅是最大的。跟咱这边，就是舅是坐上席，舅最大。舅给六块钱。

青男：傈那时候，也有翻箱吗？

老男：有，女方还没进来的时候，先挂门帘。一定金二定银。

老女：三定聚宝盆。

老男：凡间（民间）真有这个套话啦！我那时候还真有意思，还得拿斧儿，不能拿锤儿，意思得有"福"（与"斧"同音，取幸福之义）。

老女：斧，福，定，这不就是过日子好？

老男：女方跟男方，我那时候，我记得到谭家庄的时候，有个老头看，他说你结婚的时候，你先上东炕头坐着。

青男：谁上炕头谁说算了吗？

老男：你先上去坐以后，将来就你说算，这个家庭你就说算。我寻思，这么好使乎（好用）我就照这个法儿做。

青男：看样儿我结婚的时候，用的好多东西，都是从俺家传下来的。

老男：那时候也是这么告诉你的？

青男：我那时候不光是这个，还有一进门的时候是鸳鸯肉，喝那个莲子里面夹杂肉，拿红绳一拦，进门以后，两个（人）咬，大口咬。还有面条，谁吃得快谁当家。

老女：俺那时候条件，咱那个时候都没有。就是喝个交杯酒，弄个小盅，弄点红酒。两个小碟，一个小碟弄那么点菜儿。在地上弄一发糕，说踏（踩）着糕上炕，过日儿一年比一年高。上炕了以后，一般得老家（指新人的亲戚），各人都向着各人的孩儿，特别是儿郎（儿子，这里指新郎）这边，父母都害怕儿子结婚了不当家，怕受气。所以结婚这天，一进门上炕的时候，大妈、婶的，也跟着，向着侄儿，就呼隆一下，把侄儿抓炕头上。

青男：我去年结婚嘛。我结婚也是，就是这些老规矩，小年轻儿对这些不大讲究。我就跟俺妈说，你弄这么多讲究干嘛？哎，这都是上面传下来的。

老女：俺这时候更好啦，赶40来岁那时候，俺这下一辈儿啦，那时候就有面包车啦。大头车就拉嫁妆，面包车拉人。就是上外边，拉媳妇上烟台啦、海边啦去转一圈，拍两个照片儿。

老男：男方去女方家搬嫁妆，找家里比较临近的亲属去。去了以后呢，女方把钥匙，开箱的钥匙，得开箱，搬嫁妆。搬嫁妆来家以后，箱搬到院子里面，开开这个箱。父亲母亲呢，母亲拿个擀杖（擀面杖），得搅一搅、翻一翻。翻一翻，看看女方给多钱（多少钱），那边给100块钱，这边得给200。

老女：得给对上。直到现在，也是媳妇给婆婆公公买鞋稳（放）箱子里头。

青男：不光公公婆婆了吧，新郎新娘都得。

老女：哎，有奶奶爷爷的也都得有。

青男：里边还得、还得放蒸那个桃吗？

老女：四个箱子角，一个箱角一个大馒头。

青男：那阵儿，我结婚那阵儿，俺丈母娘非给我放了六个。我说这个还有讲究吗？俺妈说："没什么讲究，放四个就行。"放六个觉得箱小了嘛！

老男：这阵儿箱儿都小了，不像在早那木头箱。

青男：那木头箱得这么高矮儿吧？

老男：80公分长短。

老女：现在结婚好啊，现在结婚和以前天上差地下了。现在结婚，宝马、奔驰、奥迪。以前还看见个录像吗？现在录像一条龙。

青男：现在舞狮的、敲鼓的、扭秧歌的。俺那时候哪有这些东西？

老女：现在头天上轿就忙忙碌碌的，在早结婚有几桌客？现在，上轿就是十桌八桌客。就像挂灯笼啊，准备第二天迎媳妇的，一切准备。赶第二天，早晨起来，男方迎亲的队（指车队），一般现在就七八个车、六七个车。

老男：一般都是六个，没有五个的。

青男：一般都是双数。

老女：六个、八个。

青男：六个那样的，再加一个录像的，一个嫁妆的，八个。

老男：现在都讲究双双对对。

老女：现在都是早晨，迎亲的队就上女方这儿来啦，叫门，改嘴。吃饭以后，带着新娘上车。

老男：俺以前呐，没有，没有说还叫门"妈呀、爸呀，开门"。

老女：那时候也没有改口的，一直到老，都是（叫）"大叔大婶"的。

青年：俺爸上俺姥那，就是"大妈大婶"的。

老女：就是媳妇过来改口。

青男：我那阵儿还想着问俺妈："怎么俺爸管多（经常）过年就'大婶过年好'？"那时都那样。那时候都不改口，没有改口这一说嘛。

老女：现在赶的结婚那天早晨，领着上女方这吃完饭，礼节完了，上这边，男方这边更热闹啦。现在呢，都说"养个闺女是福气，养个儿郎是名气"。养个闺女有福哈，现在一般都是女人当家。所谓名气，就是结婚这天，当爹当妈的最美。最美就是女方连人带东西一遭（一起）过来了。过来了以后，这边都是锣鼓队啊、秧歌队啊、录像啊。这不，媳妇就迎来家了。

青男：反正当老的（指父母）也是奔着这一天。这一天受累点吧，也就受累点。就奔着这一天，热热闹闹的。到时，打发打发成家立业，传宗接代。结婚是一个美好的事儿。

传统节日

青男：叔啊，姨啊，下面说说咱这边现在过的节日儿什么的？过完年就应该是十五了，是吧？

老男：正月十五，吃元宵。

青男：看花灯。

老女：逛庙会。

青男：你还去看过花灯吗？

老女：一般的都去，正月那时候没有事儿。

青男：儿郎开车拉着去。

老女：一般儿子都拉着全家上烟台。今年没去。

老男：烟台逛庙会的。

老女：看花灯。

青男：庙会是正月十五？

老女：嗯，俺今年都没上烟台去逛。就上那个高老祠，才建儿个庙会，就一个庙。上高老祠去看庙，逛逛庙会。

青男：那有个大人型，1400年历史，还是多少年历史的大人型？你那时候还有庙会吗，你以前？

老男：有。这个庙会产生得早，多少年（指许多年），历代来都有这个庙会。

青男：那阵儿，老一辈儿十五也吃元宵？没有元宵吃？

老女：哪有啊，哪看见个元宵，根本儿那时候还知道？就知道过正月十五，哪知道还是个元宵节。

青男：也没有庙会什么的逛逛？

老女：有庙会，但很少去。哪儿有条件？

老男：过十五，在早那阵儿过十五，就是送灯儿。先上这个茔地，去送灯儿，给老爹老母送完灯儿以后来家。吃了元宵以后，就拿着手电或者拿着灯笼，挨个地方瞅（看）旮旯的墙角的时候照一照，瞅有没有小鬼儿。

青男：送灯儿没有点（指固定时间）是吧？晚上几点送都行？

老男：不是，一般都是傍晚，傍晚上茔地那送灯儿。

青男：送神呢？咱这边送神吗？

老男：送神，是送神。

老女：那是过完年初三（正月初三）送神，十五不是。十五就是去送灯儿。

老男：嗯，送灯儿。送神是什么呢？送神就是说初三这天早晨。

青男：送神是咱这边的一个讲究呢，还是别的场（地方）也有这个东西？

老男：咱这胶东来说，都差不多，请神，送神。

青男：这样就是过十五。

老女：就过二月二，龙抬头。

老男：二月二就是小龙抬头。

青男：这个就是属龙的剪头，是不是？

老女：不，都（剪）。老的、小的，一般得初二这天。

老男：都过初二才能剪头理发，小龙抬头了你才能理发。不然的话你不能理发，对家里一些事不太顺当，有这么个说辞（说法）。

老女：这个龙抬头，主要就是剪剪头啊。龙抬头就是这个龙，过冬冬至以后就休眠啦。赶二月二抬头，就是小龙开始出来了，苏醒了，出来了。睡了一冬，它就有精气神儿啦，人剪剪头，就代表挺精神的。

老男：小龙抬头呢，二月二以前不能理发，在过去就是这样。再就是不能动土，家里不能改造，房前屋后不能说盖房啦、动土，有这个说辞。

老女：二月二洗衣裳，都不让。像在早俺这洗衣裳，在早都没有洗衣粉什么啦，都是使块胰儿（肥皂），使棒槌硬敲硬敲，就二月二这天不让敲棒槌。龙抬头嘛，怕敲坏龙头，这一年的收成不好，怕涝灾，得涝灾。再就是不让理梭线，二月二这天，针线都不让理，不让使唤，要是使唤了，就是说家里会招长虫（蛇）——小龙。

老男：以前呐，我也经历了二月二打灰堆儿。就是每个墙角，在地下烧这个木灰。草灰拿出来，在墙角滤一滤，滤两袋灰。在这个院子当中呢，再打上这个圆的，弄个铁凳、粮箱，五谷丰登，有这么个说辞。从这天开始，这一到春季就开（始）忙活儿，这一年当中风调雨顺。

老女：再就是二月二，老娘们（妇女们）早起（早晨）起来都烙饽饽干儿（馒头干）。过年的枣饽饽，割得榻薄（很薄）的片，烙饽饽干。饽饽干代表什么意思呢？代表今年这一年，烙饽饽干就是烙烙虫，把虫都烙死。在早哪有农药？不招灾，没有虫，这就是二月二儿。

青男：过完二月二，再往下就是？

老女：就是清明。过清明，就是扫墓吧。

青男：上坟。

老男：对，扫墓。清明节这一天，主要是清明都去上坟，换箔纸。清明这一天，天气暖和了，从冬季儿转到春季儿，天气暖和以后呢，老爹老母换衣裳，都弄箔纸，就意思箔纸代替短衣裳，薄小褂，就是以前说那个薄小褂，换换这样（的）衣裳。再就是，清明节拍拍土啦，老爹的这个茔盘呢，有些地方（的）草啊，拔一拔，推推土啦。这一天去，就是去纪念一下老一辈儿。

青男：一年恐怕就这一个节是奠节。

老男：嗯，清明也算是一个大节。

青男：这样是4月5号清明，过完清明？

老女：过完清明，再下一个就是端午节啦，就过端午了。

青男：以前也是自个包那个粽儿（粽子）吗？自个跟家？

老女：对啊。在早没有。

青男：那个叶是什么，是黏米叶？什么叶？

老女：有专门的粽儿叶儿，在早那时候，是专门儿的粽子叶儿，咱现在都是南方那边的。

老男：它不是苞米叶。

老女：咱这都没有，买都嫌乎贵。老百姓挣钱少，都嫌乎贵。就上山去弄那个大叶，那个大叶来家包粽儿。

青男：粽儿必须使黏米包哈？

老男：对，黏米。

老女：黏米包粽儿，又包好几样儿。就是有的使肉的，必须里头有黏米，黏米外皮，里头又包肉。

青男：它是有那个黏米。它弄那，一推吗？还是咋地？

老女：必须有这个黏米，就是有这么个讲究儿。

老男：枣，红枣。

青男：有枣、有黏米，我知道。加上肉，也必须得有。这些东西是吧？

老女：嗯，必须得有。再就是拉端午，在早以前就是拉端午，早晨天不亮，有的就是头天晚上把艾草哈、水草、桃树枝，一般都是早晨不见日

429

儿头的时候儿，早晨起来去薅，薅来家，弄个红绳拉那儿。

青男：它是挂门口上，挂一年吗？

老女：嗯，窗前、窗后、门口，都挂上。

老男：对。这上面说的什么道理？就是辟邪。艾草、桃树枝，是辟邪的东西。压在你这个门上，房前屋后，就是来辟你这个房屋的邪气。以前的时候，我知道我小的时候，都是早晨。在早那河水发得大啊，下雨天儿，咱那个大河里边老深的水。都发河水的时候，哎，去薅的艾来家。去弄点那样草、桃树枝给绞（剪）点来家。天一亮，基本就办来家了，就插上去了。

青男：挂在大门口。

老女：再就是这个艾草还有什么好处呢？在早医疗条件也不那么允许，不像现在医疗条件好啊。

青男：就是肚儿疼，拿这个烧烧吗？

老女：就是烧这么一包灰儿。小孩儿肚儿疼，就稳（放）肚脐眼儿上，烫一烫就好。再就是脚崴了，手促（挫伤）啦，叫蚊子叮毁囊啦，就是端午这天的艾草，好使乎，烧水烫，再就是点个火，弄火烤。

青男：把那个艾草点着它。

老男：就是熏，熏一熏它，防治身体。

老女：再就是割彩绳，给孩儿小的时候。俺小的时候，就说端午，五股，五股绳都是五样颜色，扭起来给孩儿脚上、手上（缠上，拴上）。

青男：这个端午，是不是还烀（煮）鸡蛋得啊？

老女：对呀。割彩绳，就是赶得以后下大雨，6月下大雨，再绞（剪）了，随着大河丢了。也是烀鸡蛋。

青男：烀鸡蛋、鸭蛋、鹅蛋什么的，挨样都烀点。

老男：在早，家养得小孩儿多。

青男：这两年不烀啦？

老女：怎么不烀了？这时候都条件好，都不爱吃。

青男：我从根（从来）也没看见俺妈烀。

老女：都不爱吃是么的。

老男：现在条件不一样啦。

老女：在早，俺那时候孩儿多，还捞个鸡蛋吃嘛？鸡下个蛋，都赶紧得去卖它。一把鸡蛋（指十个鸡蛋）卖一块钱啦、五毛钱啦。添吧这，买个咸盐儿啦。俺小时候都见奔见（盼着），奔见端午好吃鸡蛋。早晨俺妈都是烀这么一盆，一个人一个鸡蛋、两个鸡蛋，或者是一个鸭蛋、一个鹅蛋。

老男：以前呢，孩子都多，分不了那么多。但是为了纪念这个日儿了，不存在给的分量多少这个问题。

青男：就是意思意思。

老男：嗯，特没有，条件达不到。

老女：特没有，分了都不噶惜吃，都稳（放）老长日儿才吃。

青男：端午完了就是？

老女：端午完了就是过六月六了。

老男：嗯，六月六蒸土糕。

老女：六月六，就是咱这场的说法，咱这从老辈儿传（传下来）的。一年咱这是两季，上半年吃小麦为主，就是白面，下半年就是苞米，就是玉米。上半年，这不是过六月六正好是割麦的时候？丰收完啦，就是庆祝上半年的收成好。割完麦了，就赶紧得去淘，淘出来去粉，粉出这个白面来家过六月六。在早，还像现在一样天天儿吃馒头嘛？

老男：过六月六，没有送苞米面去蒸馒头的，前半年和后半年的事，它俩交接。

老女：就是过六月六这天，就奔见着发个面饽饽（白面馒头），也是庆祝。

青男：现在连个麦都没有动的了。

老女：现在条件好了。

青男：现在我看，就朱家那边还时不时还种点麦。往咱这边走，很少。

老女：俺村还有，比在早还是少了。

青男：六月六完了，就七月七，卡巧果（一般都是用木质的模具把面团卡出形状和花纹）。从小那阵儿，卡巧果。

老男：七月七，对。为什么？以前那时候都是穷的。家庭比较困难的，每家每户，头天，你看吧，这孩儿满处窜。你家有什么样的巧果？那个小展儿。

老女：巧果，卡。

老男：我上你家里借，我用完了，你再上我家拿。到那个（时候），都分小鱼、小果。

青男：卡出来，拿绳串。串起来，挂脖儿上。

老男：相当有意思了，那时候。一天得跑，一上午你家、我家，都挨家去借。

青男：我那时候反正是就惦记着卡个巧果，卡完之后拿绳。不用俺妈穿呐，自己拿针穿一串，往脖子上一挂。

老女：现在都一个、两个孩儿，那时候孩儿多，也是得分呐。卡这么一些（指很多），妈给穿一串，这个一串，那个一串。不噶惜吃，都稳到那时候，稳好几个月。

青男：现在条件好了，这个东西不那个（指稀罕）。现在这个，我都是给俺外甥（指外孙）卡点。卡就往那一放，放得咬都咬不动了，放到那时候。反正就是现在生活好了，这些节儿都该过过。反正不是说以前么那个了（不像以前那么隆重了）。

老男：对，以前的时候，它这个条件达不到，孩儿们也多，他们都盼望这个节日儿。每次有个节日儿，他这个生活能提高点。现在这个生活好，他不存在说他想这些东西。天天如此，天天吃白面。

青男：么看，这眼瞅着明天就是清明，是不？明天大家都回个家，一块过个清明。咱们这个就先告一段落。

三　栖霞

传统节日

老女：今天呐，这个，我们三个凑儿一块，咱聊一聊呢，咱栖霞的传统节日。我觉儿咱栖霞这个传统节日呢，就是这一年四季，几乎每个季度都有。也可以说，几乎呢每个月儿都有。咱呢，就先从这个正月十五开始说起吧。这个正月十五啊，在我的印象当中呢，一个是闹元宵，也是看花灯。早上起来，吃的呢是元宵，中午吃的呢是过年时留下来的大饽饽（大馒头）、大枣饽饽（大枣馒头），晚上呢是吃的饺子。这个寓意说这个正月十五吧，也是一个团圆的节日吧。

老男：咱这哈，这个正月十五，还有一个意思是什么？就是祭祀先人。到了正月十五啦，都得去上坟，去送灯，主要就是去送灯。这个意思就（是）给老人们照照亮，照照亮以后就这个。现在好，现在这个灯简单，都用这个电子做的。以前这个灯都是用什么？用这个豆面做的。上完灯以后，拿回去还可以吃。中午，可以说这个插菜啊什么，一块吃一吃，全部就吃了。那时候生活都困难，谁噶惜还把它扔了？哎，就是这么事，反正。

青男：再一个，正月十五小孩呢？我们小青年就向往什么呢？向往就是吃完饭以后，下午就开始上坟放灯。放灯那时间，就是家家都拿着鞭，上坟去放哈。那个，那个放完灯以后，吃完饭就回去放烟火。放烟火，就是家家都把那些礼花啊、礼炮啊，都拿儿门口。一般就是放花（烟花）的多，烟花嘛。正月十五就是烟花节，放烟花。放烟花，小孩呢，就放滴拉筋儿（一种小烟花）。一捆一捆滴拉筋儿搁那儿放，搁那儿摇晃着，有多少热闹的作儿袄（形容很快的样子）上去了，作得要命，欢气（高兴、开心）得要命，就放烟花多。现在这个条件都好了呢，现在我们呢，现在有个太虚宫。晚上呢，太虚宫有个烟花节，晚上那些人都上了长春湖大桥上，搁（在）那儿等着，等着几点放烟花。放好几个小时，都搁那看。现在是大礼炮，都非常漂亮，都去过，哎，老的、小的都过去看放烟花的。

老女：我小时候的印象当中啊，还有一个，就是到了十五的晚上，都放滴拉筋儿。那个时候，过穷日子的时候，就是穷啊，那个滴拉筋，就是一把。捆得一把一把的，有一把二十个的，有一把五十支的。反正有五分钱嘞，有二分钱嘞，还有一毛钱嘞。小时候就盼望到儿黑天（晚上），到黑天，父母就把这个滴拉筋拿出来，给姊妹（指兄弟姊妹们）浑分分（一起分分），一个人是一把还是两把。点上这个滴拉筋以后，这个孩子都在街上，满街跑。反正你往我身上呲，我往你身上呲。应该说也特别地开心，特别地热闹。咱这个二月二，在我的印象当中，就是想着一个二月二"打灰堆儿"，对这一块的寓意我是不太清楚嘞。

老男：二月二是什么意思？就是二月二"打灰堆儿"。咱当地一个风俗，咱这都会哈。咱家做饭那个锅，把它拿下来，用那个小米铲，或者小锹也好，从反面刮下些灰。这个锅是圆的（嘛），正好刮下来以后，这个灰特别的圆，在今年都祝福这个风调雨顺哈，这个大顿儿满、小顿儿流的。反正，就是这么意思。

青男：嗯，二月二那是小人们，就是什么呢？我想着小时候，俺娘早晨就领着俺去理发。龙抬头，去理理发。理发回来呢？理发就是那个穿个龙尾戴儿（戴在）那个头上，我们都是中华民族，都是龙的传人。这个寓意，就是希望小孩都能健儿康康的哈，可能是这个意思吧。穿龙尾穿这么式儿。

老女：怎么说这个二月二？从大的寓意上来说，就是人们盼望着这个风调雨顺、五谷丰登；从小的寓意上来说呢，就是希望人们都健健康康、快快乐乐、平平安安的。那么这个再接下来，就是三月清明节。清明节一般就是三月左右了。反正清明节呢，在我小嘞时候，就盼望着过清明。过清明，一个是，父母呢，特别是俺妈妈做小饽饽鸡儿。这个饽饽鸡就是用面做的，有一个嘞，有两个在一起嘞，还有两个上边儿再驮上一个小的嘞，特别有含义。叫我最开心的事是干什么咪？那时候，过穷日子，日子穷哇，一年难得吃上一两次鸡蛋。在过清明的这一天呢，就要煮上一盆鸡蛋，放儿盆里面。说俺姊妹哄家，都去拿手抓，看谁的手大，一只手能抓着几个就留着几个。哎呀，到那个时候，你不知道，抻着那个手指头，把那个手指头抻过来抻过去，捧着去搂那个鸡蛋，多搂一个是一个。想想那也特别地开心，特别地有意思。

老男：清明节，对咱中国来讲，可以说是一个大节了，大的节日。主要是什么？就是来祭祀这些先烈们。先烈哈，为中国的解放，抛头颅、洒热血，真是牺牲这些哈。再一个呢，就是指着什么哈？在咱当地来讲，就是指的咱这些老的哈，先人们，已故的这些，得给他们去上坟。就是一年一度的清明，都得去。清明，就是上坟，它也有个说法。对这个，那个当时的祭者来讲，就指着什么？就指着应该脱棉袄了。去压纸，不能压双纸，还得压个单纸上边儿，这就证明给老人上坟了，已经换成单衣了，反正是这个意思。

青男：小时候那时候呢，过清明，上午不上课。早晨去到（学校）呢，同学有罕（拿）鸡蛋的，有罕鸭蛋的，有罕鹅蛋的。早晨去到，就从书包拿出来，就滚呲。好一个，这个碰那个，那个碰这个吭。最后谁碰谁要呲

（裂），谁就输了，谁的囫囵（完整），谁就赢了。斗完以后呢，碰碎了以后，这个拿个在那吃，那个拿着在那吃吭。完儿以后，老师来了，以后就开始安排安排，我们就去上我们当地那边有烈士的地方，去扫墓吭。组织好以后，少先队员在前面，有罕旗的。在学校呢，买几个花圈，再其余的，就戴着红领巾，我们就排着队上我们当地的比较近的有烈士的地方去扫墓，去给些先烈、烈士们把花圈放上去。老师，再一个去领着我们去写的稿，去怀念怀念这些烈士们。（扫完墓）以后，回来再排着队回学校。这就是我们小学时候，小时候那时候过清明，都这样过。

老女：这几年的清明节，我看哪，上上下下越来越重视，越来越隆重。上到我们的国家，下到我们的老百姓里边。我们的国家，也是每年都要为我们死去的烈士们去祭奠，去纪念他们。那么我们的老百姓呢，也为了纪念我们已故去的家人，去给他们祭奠。所以越来越形成一个良好的社会风气，人们越来越重视，国家也越来越重视这一个。我们这个端午节，应该说在这个端午节，在我们栖霞，特别是在我们栖霞嘞农村，那么这个传统的风味是特别的浓厚嘞。在这个我想象当中哇，家家户户都要包粽子。而且过端午这一天呢，都要天不亮就上山去拔艾蒿，搉（指折）桃树枝，还有一种这个野生植物，叫山莫了。有这三样呢，把它捆起来，挂在门顶上。这个寓意呢，就是呢，这个艾蒿就是清虫，驱蚊、驱邪的吭，这个桃子就象征着逃离了灾难，这个莫就是有些不愉快的事、不顺心的事、不高兴的事，那么就抹出去了，所以我们这个端午也是很有意义的。这是我印象（中）的端午，侎再说说侎印象（中）的端午。

老男：咱这个端午啊，要包粽子，吃粽子。实际端午节，应该是纪念屈原的时候，可能，我想是这个。清明是那时候，主要是介子推好像，端午哈，主要是屈原的意思，可能是。咱这端午吃粽子，再就是天不亮去拔这三样，特别是这个桃树枝、艾蒿，要天不亮拔过来才好，才有效，反正是这个意思。

青男：我想我小时候，小人儿（指孩子们）哪能起来？俺妈会说："走起来，起来，吃完饭都拔艾蒿去，拔艾蒿去，拉拉儿露水。"那时候，都小孩，哪能起来？赶来都拔回来以后，街上就来了卖粽子的了，买粽了。那个粽子，现在分老和枣。现在条件好了，哎呀，有枣的，又有花生的，还有肉的，所以说各式各样的粽子都有。不光是这些，可能还有多的（更多的品种）。现在条件越来越好，粽子花样越来越多。再就那个什么？我想着就是割彩绳。就是用几根绳，几根不同颜色的绳，搓一块，形成一个彩绳，缠在这个胳膊上或腿上、手上。等着来年（下一年），就是以后水大了以后，发河期（汛期）时间，再掉儿河里面，叫水拖去（冲走）。可能是那个东西寓意我也不太清楚，可能就是说，能把些不好的事，可能是叫水拖去吧。主要意思就是说，小孩啊能健健康康地成长，可能是，就是这么个意思吧。

老女：是。过端午那会儿，我也是想着，到早晨睡觉还没起来的时候，反正是在睡梦当中，老妈妈就把脚上、手上给搁上，就搁上去了。等醒了看看以后，各式各样彩色的线，缠在手上，缠在脚上，有时候还缠在腰上来，就是说平安健康。特别是我也想着，到发河水的时候，拿剪子把它绞（剪）下来，绞下来在河水里边，这个随着这个河水就走了。我那时候就想着，这个东西在水里边就变成长虫（蛇）了，我是听着这么说的。反正我们各个节日，有各个节日的那个（习俗）。这个下边，就是赶着过六月六了。咱这个六月六，我印象里就是老人有这么一句话说："吃了六月六的包，把破棉袄横个高。"这个意思就是说，寒冷的冬天、冷冷的长夜已经过去了，接下来就是暖暖的天气了，所以说都把破棉袄扔了它，把破棉袄扔个高（指把棉袄往上扔，扔得高高的）。

老男：六月六，就是咱这当地这么个习惯，实际好多地方都没有这个节日。六月六，就是咱本地咱栖霞有，它是什么时候？就是指着这个开始过夏天了。再一个就是棉衣什么全部都脱了以后。六月六，实际不算什么节，就是咱当地一个风俗，就是六月六中午吃包子。以前生活困难，他也把这个当作有这么个节日，到时候他就有这么个盼头，所以说那时候吃过包子，就觉得特别地高兴。

青男：对呀，俺这个岁数，那时间吃个包子，高兴得要命。就我那时候，条件就比俺那时候强多了。有时候包的包子不爱吃，俺妈就说："过六月六的包子，不能不吃。不吃也坏了。"就熊（哄骗）我吃个包子。"吃了六月六的包子，棉袄就横个高。"这就是老古语，老人都这么说。大姨，你再看看七月七吧。

第四章 语料

老女：六月六，我们基本上就这样哈。七月七，小伙子哈，现在演变成了七月七就是情人节了。除了传统的卡巧果、煿火烧以外，小伙子，我觉得你多讲讲七月七吧，你和俫媳妇的情人节是怎么过的？

青男：哎呀，七月七现在就是我们中国的情人节。情人节呢，结婚以后没事，过七月七，去给媳妇去买个戒指，回来也不放声（不说）。等到时候，到中午吃饭时间，把它拿出来，给她个惊喜，欢气得要命。再就是那个七月七，听俺老人说，就是牛郎和织女的故事。就是有个小伙，他没有家没有口的，家就有个牛。有个牛以后呢，村些人就叫他牛郎。叫牛郎以后呢，这个小伙子就整天和那个老牛相依为命，耕地为生。结果这个牛，就是天上的金牛星。老牛就看着牛郎这个孩子善良、肯干，所以说就老想给他成个家口。成个家口呢，老牛就知道天上可能来个仙女，得上他村来旁边那个湖去洗澡。以后呢，就告儿牛郎道："明天那个织女，你看见没？那个天上的仙女要下来洗澡，你去到以后，你就上湖边去看看。在那的话，偷一件红色衣裳，你别回头，就跑儿家去（跑回家去）。"结果牛郎去看看，真有么个事。她们是真在那洗澡，他就拿着红色衣裳，头儿也没回，跑儿家去了。跑儿家去以后呢，结果他还这个衣裳，这个仙女就是叫织女。织女那以后查拉（打探，打听）去找儿，是牛郎拿她衣服。晚上就上他家去，打（敲）他的门，打门以后，推开门以后，看牛郎也是挺朴实、挺善良的，所以两个就结为夫妻了。结为夫妻以后呢，金牛星就和那个牛郎说，等他死了以后，他的那个皮别丢，就是好好收拾着（收着），必要的时间能用上。结果呢，他俩结婚以后呢，牛郎和织女就生了一个儿一个闺女，俩过得挺好的。牛郎就整天和老牛去耕地，织女就跟（在）家缝补。一下叫王母娘娘知道了，知道了就得下来把织女领回天上。领回天上以后呢，突然间，天空霹雳，王母娘娘领了织女就得走。结果两个孩儿就挣着（拽着）织女这个衣服不让走，找妈妈。结果织女没办法，叫他去找他爸。这两个孩子去找他爸以后，他爸回来也不知所措。呼啦吧（忽然）想起老牛和他讲的那些话来了，它那个皮有用。他就拿出来了，拿了两个筐，把两个孩子丢里头了，一出门就飞起来了。飞起来，眼看就赶上王母娘娘和织女了，叫王母娘娘看见了。看见以后呢，就拿头上一个簪子，搁身后划了一下。划了一下以后，就成个天河。以后呢，牛郎和织女中间只能隔河相望。所以这个七月七以后，连这个喜鹊都感觉挺同情他们的，到了七月七这一天，都上天河上去，尾巴咬尾巴，做个鹊桥，叫牛郎和织女团聚。七月七，这是我听儿老人说这么个故事。

老女：这个七月七，反正就是非常传统的这么一个节日吧。这个牛郎织女的故事，在我们社会上，可以说是家喻户晓吧，大人孩子都知道这个事。再下边，就是七月十五了。七月十五，这几年，前几年，在印象当中，好像是没有什么那个，这几年好像过得比较多。这是个什么节呢？我也不太清楚。

老男：七月十五，咱这当地来讲，就是一个鬼节。咱这现在一般是不大重视这个节日，现在年轻人知道的都很少，基本是没大有提这个节日的。

青男：七月十五，都不大重视，都没大听说过。

老男：对，都不大提这个节日了。

老女：那么，这几年才兴的有个财神节，是不是也是七月份？小伙子明白，小伙子你是不是知道这一块？

青男：可能是七月份，具体哪天，我也不知道。反正是保留有这么个节，但是具体哪天，我也不清楚。反正你都过，都放鞭。咱也去买两挂鞭放放，咱也不知道具体哪天。

老男：咱这不大重视。好像七月十二，是十几？

青男：具体哪天不大清楚。

老女：对，我想的就是七月十二这一天，是财神节。反是（反正是）大多数是做生意的人，为了生意好做，发财吧，在这一天，就是放鞭放炮的，来祝贺这个节日，也挺热闹来。这个八月十五，是我们传统的节日。节日就是我们吃着月饼，赏着月亮，一家人呢，就团团圆圆的。在这一天，我觉得我们国家不管是出外在哪的，在北京的，在上海的，这一天呢，都奔着往家奔，一家人团团圆圆地住在一起。

老男：对，八月十五主要就是一个团圆节。现在，你看，我们全国来讲，八月十五也是有这个节日，放三天假嘛，都回家团圆。有好多，反正就这个时候，凑一块，特别是自己家的人，难得在。平日一般凑不到一块，就是八月十五的时候凑一块，在一块喝酒、吃月饼、赏月，这是最好的。

青男：对呀。八月十五，一般是"十五的月亮十六圆"。十五这一天，都凑儿着一块，这些小的呢，也借着这个时间，有在外边忙得都回不来。

八月十五，现在一般都放假。放假回来以后，那些姑姑姨姨、父母、老的，身边这些亲近人，都去走哒走哒，探望探望，看一看。搁一段儿（过一段时间），有时间的呢，搁一段儿坐下来吃个饭，把自己的工作情况、什么情况都提一提、说一说，大家都切磋切磋。

老男：重阳节，是不是？重阳节在我们这个地方，这也是个节日。为什么（叫）重阳节？重阳，就是这个九，在这个阳里边，是最大的一个数了，特别是两个九，这不就是重阳吗？重阳节是什么？主要是给老人（过），老人节。现在条件都好了，是不是？和以前是两码事了。现在，特别这些年轻人，都等着孝敬些老人，对重阳节也比较重视。有好多给老人买这个、买那个的，这就是说尊老爱幼这个中华传统的美德，所以说，将来人人都会有老的时候，对这个重阳节，以后能更加重视。

青男：对呀，重阳节，现在条件都好了以后，小人们（孩子们）现在条件好了以后，都孝敬孝敬些老的。你看，都罕（拿）着鸡啊、鱼啊、肉啊，去看看老的。现在生活条件好了以后，不只是自己家的亲人，包括我们村村委，现在对老人也比较重视。过重阳节的时间，一个老人二斤肉，给点大米啊，给点面啊，这都是很正常的事。现在，就是说社会主义发展得挺好，老少爷们都挺和睦的。再一个，条件都好了，都不差这些东西，老人现在过得都非常幸福。

老女：是啊，这个重阳节啊，它是一个社会尊老敬老、提倡这样一个风气的重要节日。我知道我们城关村委，在重阳节这一天，我们城关村委的全体管理人员，包括我们村两委的干部，我们村有个敬老院，都要上敬老院去，带着礼物，有时候带着钱，带了米、面、油，上敬老院去慰问老人。那么这一天呢，敲锣打鼓地在敬老院里边，陪老人过一天。可以说啊，老人们是非常开心、非常快乐的这一天。这个重阳节，我看，在我们国家所有的节日当中，是越来越重视的一个节日。再重阳节完了，下边之后，我们是不是就过腊八了？这个过腊八，在我印象当中，就是喝腊八粥。具体嘞，就是喝腊八粥这个食材呀，好像是大米、小米、糯米、豇豆、绿豆、红小豆、花生，等等。由八种食材把它组成的，就是寓意着这一天喝了腊八粥以后呢，对人的身体健康就有很大的好处。

老男：嗯，对。这个主要咱这边对这个腊八节，对这个腊八粥还不重视。咱这边主要就是什么？在最农闲的一个时候，特别是农民，就是这个一年一度最农闲的时候，可以说是没有事了，也没有什么活干了，在家、在热炕头上打打扑克、下下棋，在一块。长期以来，这么冬闲的时候，都在一块耍耍（玩耍）反正。

老女：小伙子，你的腊八节是怎么过的？

青男：腊八节，我小时候就是听儿说腊八节，过完腊八节，眼看就是好过年了。就是打扫打扫灰，就可以打扫灰了。需要置买，赶集置买年货，就可以慢慢往家置买了。

老女：最后我们聊一聊过年吧。过年这是在我一生当中，特别是小时候，最喜欢过的一个节日。因为什么？到了过年就可以穿新衣服，就可以吃好饭了，还可以开开心心嘞和儿时那些小伙伴打闹玩耍。那你们是怎么过嘞呢？

老男：过年，小时候来讲，就是特别开心的一天。那时候都困难，你比如说，和现在鞭炮那么美，以前呢哪有这个时候？都是买爆仗，都是几个几个的买。哎呀，和我那时候是啊，买几个爆仗，就觉得特别地高兴，特别地知足。再一个就是，主要是什么？能吃好饭。一年当中是最高兴的一天。到儿初一吧，小孩都去问好，要个烟，要个糖，那时候就特别地知足。

青男：是啊。我小时候就是吧，争着过年，去要个压腰钱，穿个新衣裳，再就是拜年的时间要个糖啊，是不是大姨？

老女：嗯，我们以上这些节日说起来以后，这些好处，这个好啊，我们是夸也夸不完，说也说不完咪。它在一年当中呢，给我们的生活，给我们的日子，就是说有了节奏，有了奔头。那么随了国家的形势发展，人民生活水平的提高，我们的节日，特别是我们每年的清明节和我们每年的老人节，我看了呢，从上到下，越来越重视。现在，一个是要教育我们的后代，要缅怀过去的先烈，永远要记住他们——我们今天的好日子是怎么过来的，叫他们一代一代地把它传承下去。

四 龙口

当地情况

青男：哎，大叔还有大姨！咱三个今天代表龙口人坐在这里，咱谈谈

第四章 语料

一个什么话题？我想谈咱以前在生产队的时候，你们所经历的一些工作的情况。我这年龄小、岁数小，不知道恁（你们）那时什么情况，您跟我说说，我听听。

老男：俺那阵干活啊，那阵干活，它不和现在一样。现在是个人忙活个人，个人都在个人家里。那时候是集体的，每天早上，队长打铃的，负责吹号的，大伙都出来了。出来以后，队长得派活，派活上哪去干，上哪去干，去干活。那时候是大呼隆（人很多），一帮一帮的。

老女：要是派你那个活啊，你不当意（满意）啊，也得干。那阵，我记得有遭（一次）叫我去干，也不知道干什么。就咱不能干那个活，你也得上，叫你去干这个活，你就得去干。再是我最打怵干什么？扒麦（指将麦子整根拔起）。那个扒麦吧，这个手又小，你一扒一扒，呼哧呼哧下去啊。都是拉趟，一个人一趟。咱在后面还觉得丢人，使劲扒吧，就遭罪（受罪），那个手，产（总）爱长泡。

老男：哎呀，这也没办法，就得扒。也不会割，有的也不愿割，就得全部连根扒了。扒了一走，那个手胀把胀的，走一气（走一会儿）就握不起手了（手就握不到一起了），这可是。连那个打磨呢，越打磨越得这个晌午（中午）去打。晌午热得要命，那个天热得简直是，晒得浑身都不爱出去那阵。

青男：那阵是不是中午的时候晒得像是打的感觉，是不是那样？

老男：对呀，就那么样。上午把场摊开，摊开场以后晒着，家去吃饭。吃完饭回来，牵着牛，戴上头上（指头上戴帽子），在那打，顶着日头晒，地下拨。

老女：哎呀，打场那个活啊，就得老太太去打。有一遭让我去干那个活，牵着牛，搁那弄着打。可是咱不会啊，就怕它拉，就怕它尿。一拉了尿了，坏了，就找俺下来。不行了，我是最打怵干这个活啦。

老男：那时候打出那个粮来，末了，下午就得直接收进场里，一点也不闲着。晌午那么热，还得扬，扬了以后晒，晒了以后装袋子。还得叫那个粮站来看，看了以后，感觉合适了，给开个单，直接灌进袋子，抬上车上那屋（指车厢）去送。

老女：大小伙就扛袋。

441

青男：那阵劳动量是挺大的吧？

老男：一车两麻袋，一麻袋一百八到二百斤。抬两麻袋到粮所里，搬上那个大仓库顶上，那时候热得浑身难受。

青男：一般看，恁挣钱情况怎么样？

老男：挣钱？那阵没有钱，给你加工分（工分，是指当时农村给干活的人记工作量的一种方式）。

青男：工分怎么挣的？

老男：早晨起来，干一朝活儿，那阵是计时间，计两个钟头。干一上午，计四个钟头。下午再干一下午，再计四个钟头。一天是十个钟头，这十个钟头，挣劳力是十分，你要是八成劳力就八分，六成劳力就六分。有的小孩才评两成五，干一天挣二分五。劳动力拉多少钱，最少的时候拉一毛、二毛，搁后期（到了后来），救助站能拉到七八毛钱。等到拉到一块钱，那就上六八九年到七〇年（指1968、1969年到1970年）。

青男：那个劳动力怎么样？就是一个整劳力一天挣多少钱啊？

老女：挣十分。

老男：就是你一天活（干一天活儿）挣十分，干技工。一开始都是干技工，干技工一天整劳力是十分。八成是八分，十分就是一个劳动日。到年底，把全队里收入，代表全队划的分，一除，看看一个劳动力划多少钱，这就是他们的收入。

老女：一般一家就是几百块钱，不高。俺家里摊140分，140块钱。这是一年我、俺老头（丈夫）加上俺小哥，俺三个人干，一年就开（挣）140块钱。

老男：那阵其实孩儿多的（家庭），分配有那么个就是叫"打干吃"，不是大队关系，叫"打三吃儿"。就是公社给你定，恁村今年吃多少粮。比如说，给你一百，上门让你吃120斤。这120斤，就是拿出来百分之三十，来给全队划的工分。剩这百分之七十，按照全队的人口去分，这就叫"打三吃儿"。这么样，就是照顾孩子多的、工分少的，叫他能吃上饭。但是也得照顾到能干活的，挣分多的，也得有个积极性。

青男：保护积极性。

老男：对，要不干活没人干了，就这么个事。

老女：真是够不容易了。

青男：那大爷一天能挣多少钱？

老男：劳动力拉多少钱（就）挣多少钱。拉一毛二，一天挣一毛二。拉多少钱，挣多少钱。

青男：一毛钱，那阵能买多少东西？

老男：那个时间呢，是计划经济。那个时间，你包括什么东西——买袜子都得发票，买盐也得发票，包括买这个小车棚，都得发票。买自行车更不行，一个疃（村）一年还不知道是分一辆还是两辆，得凭票买。

青男：我听说，咱那阵买个自行车，还得找人走关系啊？

老男：找人，得后期了。一开始，你找人也买不着，那就得凭票供应，那是计划经济。没想到现在，已经能过到现在这么样，东西也多。特别是我说这几年，这个农村变化是真大。你看咱村，咱村多少变化？

青男：我从九五六年，俺村主要道路都已经全村硬化了。

老男：嗯。俺村是这个2000年全部硬化的。这几年，这不上头也号召，底下也积极地响应，看农村这个道路，确实是好了。

青男：我想问你个事，小的时候，没硬化以前那阵，一下雨，街道不值得走啊！有水鞋穿的，就是有钱的，穿水鞋。没有钱的，赤着脚出来，再不穿个破凉鞋，好鞋不敢穿。

老男：夏天下雨，还强一点，不穿着水鞋，赤着脚儿也不要紧。特别是冬天呢，下着大雪，一个是扫得不及时冻了，冻了后来慢慢化，欻泥（指烂泥）里简直是没法走，又不能脱了（鞋）赤着脚儿走。

青男：这个事啊，咱路硬化这块，弄得真的比较好。

老女：可好了，真的。打起米来，晒粮都有地方晒了。

青男：家家都有平台。

老男：家里那个平台哪行？都晒好几天，这个道边、道牙，就够晒得了。

老女：还绿化了嘛！这村里都栽花种草。过去要栽花种草，这都不务正业，现在捯饬花出来看，有个好心情。

青男：咱这个生活条件，比以前强很多，你们是亲身经历的。咱这个教育这块，恁上学那阵，是什么样的条件？

老女：俺上学那阵，就一个旧房儿，一个空房儿。窗又么点（指很小），合都没合。自己拿个板，弄个洋灰（水泥），理（砌）那个墙，跺跺。自带桌儿（桌子）、凳儿（凳子），其实哪是桌儿、凳儿？就是拿个板。那个凳儿也是，就是弄个板凑合着。

老男：俺那时候送的石板，是什么石板？是石头的石板，现在没有了。石头的石板，用石笔写字。石笔好几样，有这个花石的，还有那个骨头儿的石笔。

青男：我知道，我用过。

老男：但是头起（开始）呢，一年好几块石板也送不到头啊。送了，摔碎了，或者是打仗摔碎了，或者是不小心掉地上摔碎了，调皮得呢！俺村有一个（人），他爹给他弄一个铁石板。铁板给他，但是缺点是写起来字太滑溜（光滑），再写不上了，越拉越光滑，特别是那个油石笔，越写越滑溜。现在小孩哪有送石板的，全都是送笔送本。

青男：俺妈说："石板拿出来，他们都不认识。"我就想，我小的时候上一年级的时候，还用过石板。赶到二年级就没有了，就是发本、铅笔了，我也处在变革当中。

老男：俺那个时间用那个本，特别是我是五九年上的初中，俺上初中那时候用那个本，那些纸都是些糙纸，绿色的、黄色的，顶上都带皮儿，老厚，用钢笔写字还真洇。那时候也没有钢笔水，咱弄个钢笔片，弄水泡的钢笔水。再说钢笔簪子，那有自来水给你弄（就）相当不错了，那时候那条件。我上初中，是在那个大吕家。大吕家隔俺村，那是二十五里地，都是走，背着书包走。星期六下午放学以后，背着书包跑来家。

青男：在那住宿吗？

老男：对呀，一个礼拜在那住宿。星期天下午又背着书包回去，就在那跑。

老女：住大板铺，一人一个板子，顶上放着褥子、被子睡就行了。还真咬人，招虱子呢。

老男：那时候那条件，哪和现在一样？现在教室也明亮，我们那时候，哎呀。

老女：我们班有个调皮的学生，上班在那抓虱儿。学生去抓，还在那抓虱儿："我不抓虱儿，得咬死我啊！"这样式儿的。

青男：您那阵条件确实艰苦，到我这时候已经改善了。我上学的时候，应该是村中间有个大庙，庙改的学校。有教室，有课桌。我们村条件，在周围讲是比较好的。那时候，是大队里（负责）谁要课桌板凳。长课桌，两个人一个课桌，一个长凳。不用自己拿，也不用自己弄，大队（农村生产队）掏钱。你看现在，赶到我小学毕业，俺村小学都开始翻建了，盖上楼了。现在小学都是楼房，上下学有车接送，真是幸福啊！

老男：但是，俺那阵读书可不像现在这么累，我看现在学生念书累。

青男：现在知识要求多，学得多。

老男：俺那阵，除了上课的时候上，作业也很少。

老女：那阵作业少，确实是作业少。

老男：现在我看孩子，在托儿所作业都不少。

青男：现在中国人吧，对教育、素质这方面的要求越来越高。按照你们以前那阵，说实话，现在根本就不赶趟（赶不上）。所以现在要求咱们大量掌握知识，我们国家发展也需要知识，让孩子们掌握一定科学知识，才能对我们祖国建设出力，对吧？

老男、老女：对，这是对的。

老男：我看是现在的教育也得改改革，孩子耍（玩）的时间太少，给他自由活动的时间太少。自由自由活动，才能发挥个人的个性和特质。

青男：这个事反正有个争论，你有你的看法，我有我的看法，咱要发表咱的意见。

老男：行，这个话题咱们就说到这。

青男：好，今天咱们就说这么些吧。

个人经历

青男：好，大叔大姨啊，咱今天说个什么？说个恁小时候上学的时候个人的经历，有什么辉煌的成绩？或者玩游戏都做什么玩什么？给我说说。大叔，你说吧？

老男：好，我说。俺那阵那个上学呀，叫上书房儿，背着书包上书房。那时候学校条件也简单呐。先说这个玩吧，学校也没有什么耍的，也没有什么体育教材、什么玩具的,什么也没有啊。做个游戏能做什么啊?就是做这个丢手绢儿。学生转一圈(指围一圈),有个人出来转一圈(指沿着大家围成的圈转着走),给背后的人丢手绢儿,那要发现不了(就)让人抓。

青男:这个游戏,我上幼儿园就玩过。

老男:再一个是那个叼小鸡儿,拔萝卜。

青男:叼小鸡儿怎么叼?

老男:叼小鸡儿,就是一个大一点的在头喽(前头),后面都扯后面手巾,末了(最后面)有个人去抓后面这些人,这是叼小鸡儿。最大的最好的活动,就是学校弄一个,也不是学校,就是谁家拿个大绳拔河儿。这个人还多,这个比赛还能热闹点,老师在中间喊那"一二、一二",这边使劲、那边加油的。其他都是这个学生自己去耍。在学校一般下班是干什么呢?就比如说吧,一个杏核,杏核就是吃杏仁那个杏核,就这个杏核,能耍多少样?一个可以在台阶上崩,把杏核一下崩。再一个是这个踩杏核,把地下挖个窝,把杏核稳(放)里,拿一个大杏核往外踩。还可以杏核烧了稳窝里,哈(爬)地下拿嘴往外吹,谁吹出来就是谁的。

青男:大姨,您说说你那阵玩的么?

老女:也挺有意思的。他们是些小子,干这样活。其实姑娘就是那样的拾骨头、拾蘑菇儿,再就是踢毽儿。就是咱自己做个布缝的(小包),里头放点沙,纱布那样式的。姑娘就是干这样的,小子吧就是干那样做的。

老男:也有那种鸡毛毽儿。

老女:鸡毛毽少。鸡毛毽,就是家里杀个鸡,自己做个。弄两个纸钱,弄个皮儿缝缝。

老男:还有跳绳,在学校集体跳绳。另一个,特别是冬天,你要不活动活动,太冷了,冻得慌。这么跳个绳也好,在院里跑也好,他能暖和一点。我想我那阵,有个干弟兄,他家弟兄三个。这一冬天就是穿那一个小棉袄啊,里面一件衬衣没有啊。这个小子又能作,那个新棉袄,用不上一个礼拜,连个扣(扣子)都没有了。这时候一系,两个袄(指左右两边的棉袄)那么一系,胸坎子全露在外面,这一冬,胸冻得血紫(指冻成很深的紫色）。也不病，也不感冒，一冬（整个冬天）也不感冒。下了班，他就作。上了班，他也不老实。他老是冻得慌，不是和现在这样。

青男：恁那个游戏，和恁这跳绳儿、踢毽儿，我都见过。小孩耍的真不搭。赶到后期，我玩的是什么啊？恁这小姑娘玩的，还有踢沙袋，咱就叫沙布袋。再有一句话是什么呢？打陀螺儿，有的人叫打宝。

老男：俺那阵叫打翻。

青男：这个都有啊！

老男、老女：对。

青男：弹蛋儿。

老男：弹蛋儿就早一点了，弹弹过了那个铁圈，还有那个滑冰。

老女：跳房。

老男：那叫除瓦。

老女：小子不干。

老男：小子也干。还有那个沾沾宝、白趟跑。

老女：沾沾宝他们不明白，你明白沾沾宝啊？沾沾宝就是钉杠锤，包袱、剪子、锤，就叫沾沾宝。

青男：我们钉杠锤是手。

老男、老女：沾沾宝就是手。

青男：沾沾宝是脚。

老女：不不不。

青男：我们用脚。

老男：你那是用脚，你们是跳格，我们是除瓦。

青男：沾沾宝，你们不明白俺那沾沾宝怎么？和钉杠锤是一个道理。

老女：用手出，一样一样。

老男：跑趟也是，不管是手比量，还是脚比量。

青男：咱这就是说，以前小孩玩的游戏，就是锻炼身体，对这个身体素质好。

老男：它只要一冷啊，你没见，我小时候还得烧火炉啦。就是用一个（人），得出去操持，操持那个时候罐头筒。罐头筒儿是铁的，过去的锅都是铁的，能有二十公分高矮，粗细没有十公分。

青男：那住（维持）不多长时间，热吧？

老男：哪能？在家里烧了，放一边。做饭的时候，在地上烧一会棒儿，或者再烧点树枝，弄点炭，套里边，提溜上书房。那几年冬天，雪也大呀，经常道儿（路上）都飘上（雪）了。道都没有道沿啊，去到（指到了学校），扛铁锨，踩一个窟窿蹦一下。那时候上书房（上学），哎呀。

青男：俺赶那大雪，我也经历过几次。就是一道（一路）的大雪，这几年就看不见了。

老男：这几年越来越少，有时候一冬都不下雪。

老女：那个大雪封道，开不开门都。

青男：对，门都能堵上。

老女：嗯，门都堵上了，近几年少了。

老男：我那阵是在初中的时候念书，那个本儿，那阵中国的造纸技术，哪能造出白纸来？绿色的纸，黄色的纸。

青男：那个页上面有皮儿。

老男、老女：对对对。

老男：写字的时候，那阵，那时候也没有自来水笔，也没有这样钢笔水，论瓶的钢笔水。就买点颜色片，来点凉水，泡出来的，再拿出钢笔簪子。再说钢笔，最省事的是什么？就弄一个胡黍（高粱）那个第一个疙瘩，弄个，再使钢笔辗一下，当这个墨水使。那字一写，还真洇。那时候真简单。

青男：那么恁上学，上到恁那旰儿（什么时候）？初中毕业啊？

老男：我初中毕业。

青男：大姨，您呢？

老女：我也是初中毕业。

青男：俺赶初中毕业，相当于知识分子了。很少有初中毕业的。

老女：相当于现在高中吧？

老男：那阵是六年级毕业，就能考小中专（小中专是指初中毕业考的中专，高中毕业考的叫大中专）。小中专也相当于初中，现在都得初中以后才高中的。

青男：对对，小中专就是国家干部。

老男：对呀，考上小中专就能学专业啊。

老女：那阵，小学六年级，初中三年级。

青男：小学上六年？

老男：嗯，小学六年，初中上三年。这阵是小学五年、初中四年。

青男：那么恁上在哪个中学啊？

老女：我在黄县七中。

青男：大叔？

老男：我那阵多了。我一考试，考的黄县五中。黄县五中就是现在下丁家镇政府那个地方。那一年，改到蓬莱十一中，就成蓬莱、长岛、黄县三县合一，合十一中。念到二年级，念半年，又调回黄县一中，在黄县一中上。

青男：你这同学也多呀。

老男：啊，到现在啊，大吕那边一帮同学，这里一帮同学。俺现在还经常凑啦。

青男：恁那学校都什么样的？

老女：学校还凑合吧，就是一排一排的，冬天也不生炉，也没有什么。就是睡觉是睡地铺，地下铺上大板，就那么睡地铺就行了。

老女：铺地板呐，也铺铺板，它不那么返潮。俺那铺木板好像。

老男：俺那阵是睡的板铺，它离地，离地板铺。五中，学校是生建的。我在五中那，我是这个二级。二级它是第二间，生建，管什么设施都不够。得上黄县一中，黄县一中条件好，黄县一中，那是洋楼啊，是德国国家的。那洋楼，现在这不保护起来了吗？成文物了。这边条件，这边师资也好。那边都是师范生才去的教学楼。

老女：那阵卫生条件也不好，人都招虱儿啊，学生都招虱儿了。

老男：那叫管应虫儿。

青男：那么恁毕业了呢？毕业了以后（呢）？

老男：毕业了，俺那阵是，我是六二年毕业。六二年，正好赶上国家这个"巩固、充实、调整、提高"八字方针，赶上这个。末了（最后）俺就都来家（回家）了啊。来家了以后，有一些（人）他找的上的中专。有一些是，当时上哪？上的是供销社、换粮所。这两项要人比较多。我当时主要是家里就俺妈自己，所以我也没出去，就在家，一直在家，一直到现在。

青男：大姨，你呢？

老女：我那阵是那样的。我听（听说）俺疃儿（村）缺民办教师，我待（在）家当几年民办教师，教小学，就在俺村儿教小学。教了几年，再就拉倒（不干）了。

老男：这么说，你还真干些好活了！当教师，当赤脚医生。

老女：赶上俺婆家了，俺也不知道什么，书记看上我了。

老男：还是有文化啊。

老女：那阵穷啊，孩也多。那阵就两个孩儿了，爹爹妈妈都老（年龄大），公公婆婆都老。卖盒饭，我还卖盒饭啦。你当我没事情啊？打盒饭卖的。

青男：那阵不是不让做买卖？

老女：那阵是换，换棒米，不是挣钱。拿棒米换，换给生产队。回来你交多少棒米顶多少公分。

老男：集体啊，给集体卖盒饭，还是个人？

老女：集体。集体肯定团，你看集体给你团。你自己打这盒饭的，比方说十斤盒饭能换一百斤棒米的话，你给大队交一百斤棒米。你要是打得多了，能省十斤，赚十斤，有这么点翘头。我去卖盒饭，卖盒饭那个都寻思，哎呦，这个小媳妇还行喽！我那阵小小儿（小伙子）没有干这个活的。我一大老粗了啊，哎呀，我真是大老粗了啊。俺邻居也说吧，（对）俺家就说："恁媳妇能行啊？去卖盒饭。"这里都有翘头，能挣点。他待（在）家打就盒饭，我走两家三家卖。我这个不甘呐，我说不甘呐。俺二十二岁卖盒饭，俺妈不干，俺爸说："行啊，也不丢人。做买卖也不丢人。"这样说，卖盒饭卖着挣钱了，还觉得挺好的。书记就看，这个媳妇行啊，卫生所要人，给我弄卫生所了，就一气（一直）干到这阵。

老男：你这行啊，这还找这么个好活。我是待家里，应该说，念这几年书，不白念。你就是种地，也行。你说待家里干活，在生产队里推小车、撂粪、扒磨、刨苞米，那时候什么累活都得干。干着干着，你老得这么干呐。干这样活，学着文化，确实是使不上劲儿。后来我就干什么？先干了瓦匠，后来又干了木匠，又干了石匠。

老女：你还在石子厂是干什么？

老男：那是后期了，领我到城里建筑队了。后期这又干石子厂，再后期。

老女：当官儿了。

青男：你也等于经历丰富多彩。和我这种呀，就少了，时间短呐。

老女：现在自己干，也挺好啊！说说你的买卖吧。

老男：我吧，就是上学毕业以后也得分配吧？那干（那时候）还不按本，就分在咱们这个县办造纸厂。从不到二十吧，十九岁多点就去了。去了以后，就在那上班。那干也没有多大想法。就想，哎呀，有个工作，珍惜工作啊，感觉就挺满足。随着时间的推移，干得不到二十年吧，十八九年了，感觉上班这个不适合现代的潮流了，应该看没有什么前途。以前工人光荣，工人大哥有点说法啊，现在不行了。现在我就想，我这人想法比较多，我就想怎么样能改变一下？不得致富，咱得到美国发财，能改变一下咱现在的生活状态。那时候，日子天天得黑上班下班，没有意思了，感觉过得不好。我就想办法，就开始想，想之后，（就）有这么个机会，遇着个机会。是我的亲兄弟，他比我大一岁，他念书念得多，毕业以后就在烟台有个外资企业（工作），在那上班。完了搁（在）烟台上了多少年班以后，他弄得不错。

老男：你选择这个企业不错。一个是应该确实是经济大发展的时候，你们这年轻人和俺这可不一样，你们现在确实是有老些（很多）是胆大，心想事成。俺那时候，是胆大也不行，也不让你上，也不敢上，你上也捞不着班。

老男：我就说待农村，有人也有学木匠吧？也没经师傅，都是自己舞量（衡量）看着的。末了你说装梁吧，实际就是学的勾股定理，那个中间垂直那个梁，拔模（大约）多长短（多长）？就是算那个勾股定理，多长短，这些就是学。

青男：总体来说，还是上学学知识有用。

老女：对。

老男：后来俺队长干上队长，就得种庄稼。你种庄稼，讲吧，过去的老农民，他都是按照节气种庄稼。节气确实很灵，但是他是找农历，这个农历和阳历差得太多了。阳历是每年都待这个时间，上下不差个一两天，但是你农历能差出去它十天二十天都不止。咱呢，按照阳历，这个就简单啦。什么时间扒麦？什么时间刨苞米？都基本上差不多。

青男：行，好了，咱今天就说这么些吧。

老女：好嘞。

五 蓬莱

当地情况

青男：咱先说第一个话题吧。作为土生土长的蓬莱人，咱们谈一谈当地的一些情况，经济啊、交通啊、旅游。大叔，这里你的岁数最大，你先说吧！就是你对大城市建设这一方面的感受，你先说吧。

老男：张老师先说吧。

老女：我先说啊？好。从经济上，咱说，从经济最困难的时间说起，你说现在就变了多少个变？不用说独生子女。

老男：最困难时期，就是改革开放以前。那个时候，其实和你说……

老女：最不好吃的，和你说哈，花生皮。掰开就吃，咽不下去，消化也不好。再难听的咱就不说。

青男：后来还听说，我们村有去吃，上河里去捞青苔吃。也拉不出来，有的都憋死了。

老女：对，对。还有吃臭树苗的，就是那个臭椿。那个中毒就死亡了，死了不少人。那个刺槐叶，都撸光了，刚刚长出来的小芽芽，就撸着吃了，大家都吃的。那个脸啊腿啊都肿了，一按一个窝。

青男：韩老师也经历过那时候？

老男：那个时候的确是饿的，上山走道（路）都没有劲。那个时候，一人二两粮。

青男：二两什么？苞米还是啥？

老男：玉米面和苞米面，还是白面的，反正就给二两。

青男：那还有法上地（去地里）干活呀？！

老女：哪有劲？

第四章 语料

老男：那个时间，整劳力二两。

青男：半劳力（指体力较弱的人）、老娘们（妇女）这样的呢？

老女：老娘们就糠咽菜，就着水喝什么的。

老男：反正就二两，还能怎么少？

青男：这哪能做饭？巧妇难做无米之炊。张老师，你那时候都做的什么饭？

老女：我那时候还小。你知道都做什么饭啊？那时候我父亲是家庭顶梁柱，这顿饭分几个档次：兑菜的饼子，给俺爹吃。咱当地都有个重男轻女，俺那几个兄弟，吃纯菜的那样饼子。我和俺妈，稍微有点菜，喝汤，我说最简单的就是喝汤。再就是吃什么？吃苞米汤。

青男：汤里有没肉？

老女：没有肉。

老男：春天是最好的，秋天也是强的，有玉米棒子，偷着掰一个两个的。

青男：我听说有些家，有些犁地犁不完了，哪么地（怎么办）？在地头挖个沟（人工挖的浅槽），把这些麦子放里面。

老女：是有。

青男：真有啊，生产队又要求，必须给我弄上几百斤。你弄上十斤能产一百斤，弄上一百斤能产一万斤。

老女：等你去收麦子时，哪有麦子？长两个小苍蝇头上面（形容麦子长势不好），麦秆节细节细（很细）。

青男：我比你们俩幸福。

老男：你们这代人是幸福的。

青男：你们刚说的事，我听说过，没亲身经历过。但是我的感觉也是，这电视电影演了。

老女：就这，现在好了。你看现在的生活，就说咱蓬莱，吃、住。从我住这个地方先说，我住这个家，退休以后，我在政府大院住。

青男：你以前是做老师的啊！

老女：对。我老伴是北沟政府的，他走哪，我跟哪。后来，从住房的条件，一开始在于庄时就给了两间房，那是政府给的。后来逐渐又给

· 453 ·

三间房。

青男：一间房几个平方？也就五六个平方吧？

老女：没有那么大。后来到政府大院那个家，给了有七十多个平方，大院子也不小。逐渐就好了啊！后来又调到徐镇。

青男：你那时居住条件，你是公职人员，你居住条件就不如韩老师自己家的。

老男：那时候盖了四间房。

老女：四间房，他收拾得也能好。

青男：那时你爸你妈给你留的？还是分家分的？

老男：留了半栋房，分出去盖的四间房。那时间盖房子，农村挺好的，家家儿都帮忙。

青男：你是什么时间？六十年代末？七十年代初？

老男：不是，是八十年代。家家都去帮忙，帮两天忙，盖了四间房。拉了一千六百多（块）钱的饥荒，一还还了五六年。

青男：那时候一千六七百，现在得加两个零，顶现在的十六七万。

老男：现在的住房，我城里买的楼。又在于家沟买个地方，盖了一个一千多平方米的房子。

青男：你大地主啊，哈哈哈。

老男：经济条件逐年地好。

青男：吃饭咱都不说了，吃饭确实挑样的吃。做饭，做什么菜都害愁（犯愁）。

老女：现在住的条件多么好！我一点点地，从在开发小区买了个旧楼，那也是政府干部的楼，后来，我现在买的海景苑的楼。

青男：送你回家时去看看。

老女：那个小区，风景景致都特别好，不管从各方面设施（说）。嗨呀，我说变化！

青男：我想起件事。俺村也是改革开放以后，八十年代末吧，各家盖房，盖平房。打（从）平房留的门，老大老大（很大）。所以说，"老王你留这么大的门干嘛？""那个好留着给俺儿装拖拉机。"都说"你吹牛皮"。那时刚从生产队到这个村里，农村说谁家有牛车马车都了不起，那时还是小推车推,他说"给俺儿弄拖拉机",都说吹牛。结果不到十年,农用车都开家去了。你看,咱说现在出行这条件!你这个岁数,有个三轮车啊,有个电动车都正常,你俩这岁数。就俺这岁数,一个家里都好个辆轿车。但是也出现问题,城市交通拥挤,这停车场不够用。

老男:一般家里都有个车。

青男:咱这边也说,尤其是过五一、过十一,反正有好就有坏。

老女:但是你总是看到它好的。还有你看这满街,这车的档次,一个比一个档次高。

老男:这就是改革开放,总的来说,还是进步了。还是现在好啊!

老男:下面,咱三个人再说说蓬莱的旅游景点。

老女:名胜古迹。

青男:反正是好玩的地方。

老女:好玩好看的地方。

青男:好哇!小王先说说。

老女:你先说吧,小王。

青男:蓬莱最有名的是蓬莱阁,这管谁(不管是谁)都知道。说在烟台的城市对外宣传的,打第一炮就是蓬莱阁。你上中央电视台都看了,蓬莱阁,应该说是咱烟台地区最标准的一个标志吧。建成接近一千年,现在号称千年古阁,现在唯一的一个建在北方的四大明楼之一。黄鹤楼、岳阳楼、滕王阁都(在)江南,这是一个唯一的(在北方)。围绕它的神话传说很多,那个张老师,你最知道的八仙,你说说八仙的故事吧。

老女:八仙故事,我都了解的不多吧。我就觉着,在蓬莱能看见海市蜃楼,我对这方面真的最有兴趣。我有车,有一次正好上蓬莱阁旅游,就是去玩吧。那会是哪一年?我领着我儿子,我儿子就是七八岁。哎呦,有幸看到,那么些人,有些在拍照片。哎,海市蜃楼,海市蜃楼!哎呦,那个奇观。要想看这个海市蜃楼,还(得)有雾将将(雾蒙蒙)的天,太晴的天,它一般不一定出现。

青男:你都看见啥了?

老女:我看见什么哈?就是有那么一片楼,那楼不一定是蓬莱的楼。好像他们说,不是蓬莱,就是模模糊糊,不怎么太清楚,还有些山,又高又顶。

青男：我说，你看不是海市蜃楼？是海兹（一种气象景观）？

老女：他们说是海兹。海兹现象，咱看见也是幸运的。后来，我儿为什么非得叫买海景院？要买小高楼不要？等着恁俩岁数大了，那可以看海景，经常上楼顶去看。

老男：海兹不一定在蓬莱阁看，别的场儿（地方），在沿海地区，商场都可以看到。

老女：去年10月，有一次看见，不知是不是？

青男：不是，报纸出来辟谣了。那是海上弄了个船，在那搞工程，有点雾儿的拍出来。出去海兹啦、海兹啦，瞎说。

老女：反正不管是什么景，俺跟（在）那个小区里，我说是，我说俺儿郎媳妇（儿媳妇）："叫你们的话就对了，幸亏把这个楼买这儿啦！"俺那一听说，有朋友打电话，一下坐电梯上顶上（指楼顶上）去了，就看清清格格（清清楚楚）的。

青男：海市蜃楼，他们外地旅客雾天去看，就把八仙渡看成出现海市了："你看那边出楼阁了，海市！"八仙渡去玩过吧？

老女：八仙渡去玩了。你忘了每年正月十六免费。正月十六免费，俺拿身份证免费，看过也挺有意思。

老男：你看蓬莱阁，我虽然没看过海市蜃楼，我看过它的拍的那个片啥。这个海市蜃楼拍的什么片呢？就是那个景，就是青岛栈桥，还比较清晰。街道呀高楼林立，车来车往的哈，那个景儿拍得真好。

青男：蓬莱最清晰（的）是1998年，山东电视台一个叫孙正平还是孙志平的，有个记者带着他在蓬莱拍电影，哎哟，叫他赶上了。那晌唯一一个，可以说那是国内第一个完整拍录上海市景观。

老女：太幸运！

青男：长达像是一个半小时，还是俩小时。

老女：有那么长吗？

青男：这是最早的一个。后期有一次出海，是蓬莱电视台现在副台长，一个叫吴鹏飞（的），吴台长。他当时是干部的（指负责某一个部门的）主任，他拍到了。从开始起，到最后落。比那个时间更长的。因为这个，俺那个伙伴（指吴台长），我和吴台长是朋友，俺伙计还得了两万块钱的奖金，市里政府发给他的。

老女：你别看这两万块钱！

青男：这为蓬莱旅游宣传做贡献。

老男：海市蜃楼，是古往今来人们都向往的一个景。

老男：苏东坡来蓬莱做官，五日没看见，第六日他看见了。因为他写的那个《海市》诗："东方云海空复空，群仙出没空明中。"写的名诗呀！的确，这个海市蜃楼哇，也不容易见。

老男：可遇不可求。有的（人）跟（在）蓬莱阁待了一年呀，也没碰上个海市蜃楼。也有的偶尔去了一次，哎呦，碰上了海市蜃楼了。

老女：哎呦，有这么两句名言："蓬莱仕女勤劳动，繁荣生活即神仙。"这是叶剑英元帅（写的）。叶剑英这两句话，我是背下来了。

青男：那是在蓬莱阁大阁顶上，就是八仙喝醉酒的状态，旁边八仙椅儿后面那个匾。

老女：这个人挺有文才，说两句一下把蓬莱反映出来了。"蓬莱仕女勤劳动"这是现实，"繁荣生活即神仙"眼气人（羡慕人）。这蓬莱人简直就是神仙，住在蓬莱这是一大幸运。

青男：那个演天仙配，七仙女下凡，董永。问呐："家住在哪？""我就住在蓬莱村。"那时。

老女：你看看，蓬莱电视台还给我拍这么个镜头。在街上访谈问我："阿姨，你知道不知道蓬莱为什么叫蓬莱？它有个什么典故呀？"

青男：秦始皇东巡那个。

老女：我说："我简单说几句吧。"我说："蓬莱，根据这个词来说，它是一种草名。但是为什么叫蓬莱的呢？那个有块（有一出）戏剧上——《天仙配》上有这么一句：'我本住在蓬莱村，千里迢迢来投亲。'"基本他们给我放出来了（指电视台播出来了）。

老男：蓬莱啊，众说不一。按说"蓬莱"这个词解释的话，是海中一种仙草。

青男：对，这也唯一在地图名能找着的。还有蓬莱、瀛洲、方丈，那俩是没有的，只有蓬莱。

老女：在蓬莱，有那个名的，实实在在的避风亭。你是说滔天那个大浪？那个风能小了？

老男：外面风越大，它越没有风，就没有风。

老女：你进去，就没有风。

青男：导游讲了为什么没有风。海上来的风，这面就是悬崖，风越大，往上拱得越重，拱得越重，这顶上有什么风，叫这风把它顶住了。

老女：导游讲的，咱觉得挺神奇。

青男：再一个那个建筑，三面都是没有窗户没有门的，只有这一面有门。它本身是空气不流通的，所以在里头，外面风比较大，顶着里面一点风没有。

老女：可见蓬莱这古人多聪明！他们真有科学性。哎，你留没留下照片？在蓬莱阁，就在避风亭，或者在那儿照个相。我那张照片，保存得挺好挺好。

青男：咱要照就得下午照，上午照，早上照是逆光，照黑了。

老女：我可能是下午照的，照得挺好挺好。我那张照片，有时候拿出来看看，哎呦，挺好的。

老男：俺有一回，上蓬莱阁去哈。因为我这几年没去，头些年有个花轿。蓬莱阁有抬轿，哎呦，轿一个五颜六色的，里头郎当着（指挂着些装饰品），挺花花儿的。

青男：还有抬轿的。

老男：哎呦，有坐轿的。哎呦，什么人都有。

青男：你什么时候去的？

老男：春天。坐轿的，咱可不知道坐一次轿多少钱？和过去将媳妇（娶媳妇）抬花轿一样，扭哇，抬轿扭哇。不是它在那儿有表演项目？

老女：它那个好像是表演项目。

老男：它就是叫你看。哎呦，这个没看见的，觉得是个稀罕，就是个稀罕东西嘛。来坐轿，主要招人（指吸引人来）和打广告。

老女：为了招人。可那个招旅游的。

老男：俺那天去（了）好几个人。有的说："上去坐坐。"哎呦，我说："咱不去坐那个玩意。""坐着照个相行啊，照个相，留个纪念。"

第四章 语料

主要是照相收费都低，你都（就）给照相，收费低。

青男：好些年啊，蓬莱搞整顿，这些都取消了，不让强制收费。那个话是九四年之前，对，是。那么说现在没有了？

老男：早没有了！

老女：现在那些都没有了。

青男：现在蓬莱阁（有）什么东西？有人穿着古装，就八仙（指八仙的装扮）。你知道八仙有什么感觉？那个。

老女：八仙这个事我都充了。反正这几个我都能叫起来，张果老、倒骑驴、汉钟离、曹国舅、何仙姑、蓝采和、韩湘子，八个够了吧？

青男：六个了吧？

老女：啊，吕洞宾。

青男：可以了。

老男：下面咱们讲一讲蓬莱的美食，好歹（吃）的，好吃的，看看都有什么东西？

青男：很多人上蓬莱去旅游，奔着多种小吃去。我说说其中之一，在蓬莱最火，很多人当做早餐来吃的，就是蓬莱小面。咱烟台，一个是福山大饼，一个是蓬莱小面，可以说它俩都出名。有些党和国家领导人，上蓬莱单独点这个东西。蓬莱小面，在产量上、制作上都有讲究。传说在《蓬莱县志》记载，蓬莱小面起源于一个叫衣福堂的人。衣福堂老家是栖霞的。

老女：不是蓬莱人。

青男：他是生活在蓬莱，居住在蓬莱。他原来就是我和韩老师在这儿说的，挑着担子，就和过去有卖凉粉什么东西，一碗一碗的这样吃。他后期发展到现在，多种卤儿、多种菜来调整的。我先说说蓬莱小面的面，它选优质的这个小麦磨成面。在早，它之前磨出来的面，劲道比较大，磨出来的面劲道大。

老女：就是石磨磨的。

青男：当然，现在都改成面粉了。这个面，它首先不是擀的，也不是压的，它是抻出来的。咱蓬莱话说是抻出来的，拉面，就像兰州拉面那样。是人两只手，不用刀。

老女：我看他们夸滋夸滋（形容摔面的声音）地摔。

青男：摔好（之后）抻。摔好这个面，和（指和面）出来不能稀了，也不能厚了。厚了，这个劲道也不行，也拉不动。稀了，没法弄。到底怎么个软硬？我不是专家，我说不上来，这是个功夫劲儿。和面，现在它有些面里头为了增加劲道，加了少量的蓬灰，但不影响健康，增加劲道。再说说它的卤，就是汤。

老女：哎呦，它这个卤多了！

青男：最早的蓬莱小面的卤，蓬莱咱叫加吉鱼，它的学名就叫真鲷，一个衣字旁（青男这里说错了），一个周恩来的周。就它的那个鱼肉，廓出来（指刮出鱼肉来），把刺、骨头剔出去，熬得汤条白（很白），卤加在里头。当然，现在有加扇贝、海虹、海参的，大骨的，各种卤都有，适合不同人的口味。有些人上蓬莱，吃蓬莱小面呢，弄个桌，一弄，盛一碗面来，他吃够走，流水席。烟台电视台赵琦来拍过，还有他的那个助手，叫什么生？莱州人那个，我叫不上来名。他俩拍了一个（视频）。他出现一个什么情况？他在吃面，别人也在吃面，搛（夹）这个菜，他以为这个菜是他自己的，往他自己跟前拖，那个人不让，他还不乐意。那蓬莱人非常客气地告诉他："这是共用的。"往往吃小面就是最早一锅，很多老人去赶头一锅。"头锅面，二锅饺子。"五点来钟，四点半去吃。后期有很多人上蓬莱，非要尝尝。排队，一排队，多得就像北笙面馆，有时外面都排五六十个人，排到道中间。所以我觉着，蓬莱美食的号召力和影响力是最广的。

老男：蓬莱小面实惠的小面卤儿，就不错。

青男：现在一碗面才两块五、三块。

老女：经济，口味好。

青男：这么一碗面，还不得五块钱？看咱这个便宜！口味也好，各种口味。

老女：但就是在咱蓬莱能兴起来，到别的县市还就不行。

青男：对，对。

老男：这蓬莱的小吃儿，再就是美食。春饼吧，我说的是春饼。春饼，俺家小孩他姨，对这个春饼，确实做得有水平。她是跟她妈妈学的。俺丈母娘，对饭食这块，还是比较有两下的。她打得那个春饼，俺小孩他姨打得那个春饼呀,他们都打不出那个水平!和那个薄纸的(和纸一样薄)。她调面(指和面)有个讲究,先用开水烫七成的面,留三成。然后把这三成面和凉水摅(以手用力压和揉)在里头,软硬适度最难掌握。

青男:这得经验。

老男:唉,你看同样调出来的面,叫你掰,也能铿桴儿(很薄)的。你调的面,叫她掰也掰不桴,她掰的饼薄哇!调出来以后,还得少兑点油,兑点油它不粘板。主要这个面调得要软硬适度。做的时候,大小两个针儿,拿擀杖擀圆了,扁了。两边都得漫油(抹上油),你(只)漫一边,它容易粘一块儿。你不漫边,边一擀粘死了,掰不开。这个东西,漫油也有讲究,边上要漫,中间要漫,还不能漫多了。漫多了,一擀,油满面板都是。

青男:吃春饼就得有季节。

老男:都是春天,这不俺叫春饼。过(了)二月二就开始做春饼。吃春饼就是把葱切成丝儿,切成长丝儿,再一个豆芽、一个鸡蛋、一个粉条儿。油炒豆芽。咱家炒的那个鸡蛋,那个鸡蛋,也得和着水,干湿合适,要不炒得嫌干(很干),都是技术。都是三四样菜,搭配大葱儿、粉条儿、鸡蛋、韭菜,就行了。你看那个东西,没有大葱就勾不出来那个味。擀好了,摞好了,放锅上蒸。还得一张张扒开、摞起来,笼屉盖(上)别凉了。等吃的时候,每一张先抹上面酱,然后把那个葱切(的)那个葱丝儿均匀撒上,再就是你弄什么都行。面酱和葱你必须先放。有的人不会卷,一卷,一吃散了。卷也是个技术。所以这也是蓬莱一个名吃,这就是季节美食。

老女:我说这个鲅鱼水饺,它也分季节,当然可以一年吃。但是就在这个季节,眼看好到(快到)五一啦,大鲅鱼下来了。大鲅鱼包的韭菜馅的水饺,是真好吃。就这个方面,我有点研究,觉着我做得好吃,俺家都爱吃。每年新下来大鲜鲅鱼,买这么一大条。先买给俺婆婆一条,反正是俺这些妯娌,家家都送,都给老的(指长辈)鲅鱼。下来鲅鱼,一定要叫老的吃。咱再买一条大个的来回家,俺家人多,都在一块。我儿媳、孙女都在一块。老伴儿和我俩,把这个大鲅鱼稳在案板上。这面片下一块肉,那面片下一块肉,中间那些刺,先扔那,等以后再焖。这两块肉,把皮那么一揽(指把鱼皮揭下来),送盆里以后,少滴上一点水,就用筷子搅,再刹。用筷子搅,搅得它黏糊糊的,一个方向搅的。

青男：必须一个方向搅。

老女：搅得它黏糊糊的，搅它成鱼蓉了。完了以后，把那个油和那个姜吧、蒜吧，这些佐料都着上去（放进去），（还有）味极鲜吧，酱油。油一定少兑点，大油，猪油。

老男：兑大油它不腥。

老女：它不光是鲅鱼那种的腥味，再搁上点白糖，提味哦。再那么搅起来，再切上小韭菜。把小韭菜切得节细节细（指很细）的，完了再搅。包出来那个鲅鱼饺子，哎呦！但是那鲅鱼饺子，不能和一般水饺（一样），它得大点，稳（放）锅里煮，一家人都爱吃。鲅鱼水饺，你得有两个馉儿（指饺子，鲅鱼水饺相当于两个普通水饺的大小）大，有手掌那么大，差不多，个大越好。

青男：你手没那么大啊！

老女：你丢锅，你煮几个开（指开锅）以后，你觉着用手一按那个水饺皮"噤"一下起来，你就擎吃吧。哎呦，全家人都吃不够。我每年一定要做这个。

青男：你吃还有配套的佐料呢！有喜欢吃忌讳（指醋）的，有吃辣根的，还有什么芥末油。

老女：有时候还兑上点槐树花更好，那个味更好一些。一说起这个吃的，觉着怪饿的。咱就聊到这儿，好不好？

传统节日

老女：我说说蓬莱的民俗文化，真是丰富多彩！你就单纯这个过春节，咱老辈是叫过年，咱不叫过春节，在叫过春节。在我记忆中，哎呦，那个过春节，讲究得多了！特别是俺妈，真讲究。干等着，等着包馉儿，都不让说话了。三十下午就不让随便说了（怕说错话不吉利）。都安排我什么？烧火哈。什么话也不让说，当时我就吓得哈，哪么话（任何话）也不让说。过后我就问俺妈："哪么能管什么话不让说（为什么任何话都不让说）？"俺妈说："不准那么说，你们想没想过年的时候，那个东家问那个打长工（长期雇工）话的？""这个饺，这个锅，煮什么样？挣没挣？"她雇的打长工的姓裴，姓裴那个拍着胸脯说："有我老裴在，保管不能挣。"哎呦，把这个东家气得："你说你光去赔了！"叫手下赶着走了（指把人赶走了），一个饺子也没就他吃，就怕你说那个"破不破"（破，不吉利）。俺妈说等哪个丢碎了（指饺子皮煮裂口了）的，却说"挣了哈"。我那么看，俺妈那个饺子包得挺好的，没挣没破皮，得拿铲跟锅里到底起碎一个（指特意铲碎饺子皮）。晚上盛出来，说："你看，今儿这个馅儿又挣了，又挣了！"我在那偷着笑。我不好揭露你，就是得为（特意）碎它，取那个谐音。饺子（里）还包钱，那个钱挣锅里去了，哎呦，全家人乐得呀，今年挣了把钱，都挣锅里了。一丢（扔）"地拉嘎拉"（形容硬币在锅底的响声），在锅底地拉嘎拉响。哎呦，那个幸福！吃一口是个钱，吃一口是个枣，吃一口是个糖，哎呦，那个心情！多高兴，你说。

青男：都是美好的祝福！对呀，美好的祝福。吃个枣，甜甜嘴，一年这个嘴溜甜（很甜）的，过甜蜜日子。

老男：我说一段春节的习俗。不只是过春节，小王你是不记事，你可能没听说吗？这个头天三十晚上哈，打这个赶头儿。

青男：什么是赶头儿？

老男：就是谷秸儿叫赶头儿，成捆的放开，铺这个院子。铺院子，隔不远放根粗圆木，这叫什么哪？这叫拦马桩，这么意思。铺这个赶凑呀，是为了让马吃饱，就是显得你家大业大，骡马成群，就是这么个意思。再是一个参祖，参祖就是向老祖宗拜年。

青男：上茔啊？

老男：不是。谁是老祖宗？谁是辈大的（就）为祖宗，就他召得起来。第一个，全疃儿（全村儿）得约定个时间，比方说，是5点都到老祖家去。有不齐的，得略等等。跟门口等着，（少）一个半个（人）无所谓了。跟老祖宗讲（话），老祖宗家站得满满，院里也溜满（很满）了。我想当年去参祖来，我那时候都兴穿棉袍、穿大袍，着大襟的棉袍儿。上祖宗那去带着什么呢？带着香、纸，到那把香、纸烧上，把纸点上，然后给祖宗磕头。祖宗在炕上坐着，磕几个头我也忘了，反正是三个头，可能是三个头。

老女：是不是老祖宗搀起来说，来这些就有了。

老男：老祖宗在炕上坐着。他家里的人，出来了，行了（指参祖仪式完成了）。来到有了，就不用磕（磕头）了，不用磕了。老祖宗指光是男的哈，对呀，他家男的死了，光剩老婆儿，就不去了。那就在这辈有没有？

这一辈如果没有，就挨下辈。这辈有，就这辈有年轻的他也是祖宗，他辈最大，论辈不论岁数。这是过去过年的一些习俗。

老女：韩老师讲的赶头节是这么个原因，我也不知道。我从小记忆的去拜年，那赶头在院那，走走都磕上么去，这家人说，不用磕头来就有了，都有了是好口气。

青男：刚才，张老师说过年包馉儿搁钱，我想（起）一件事。我小时候，那时候俺也穷，一年也吃不几次馉儿。有一年，我冻感冒了，重感冒，这个不爱吃东西，俺爸俺妈真愁了。那哪么弄（怎么办）？大过年的。哪么说也不行（指不管家人怎么说，病人都不吃东西）。给糖也不吃，怎么哄也不好。那（时候）吧，不还没上学？还没上小学。俺爹想个法，想个么法（什么法）？便划那个叉，拿个叉给馉儿扒个眼，扒了个眼把钱捅进去："你尝尝这个是不是有钱？"俺不吃。"吃吧。""不吃。""吃吧，应该是有钱。"哎，往外一捅，哎，有！高兴。你要是吃一毛钱一分钱，我给你多少钱。再吃个，是有。哎，还有。一顿饺子，我那会能吃八九个馉儿。那一顿，我吃十个，一顿饭把自己的病撑好了。

老男：俺家有个事哈。我有个姥爷，要是吃不着钱，都噘（骂）呀。他也不管，脾气也不好。后来他们想个法（办法），等着他看不见，谁吃（着）钱啦，把那个钱塞饺子里去，赶紧给他阻（放）他眼前。哎，这吃了，高兴了。哎，乐呵的，拿钱直比划："哎，吃钱了，吃钱了！"

青男：这过年就是图个吉利。刚才说放赶头，放赶头我感觉就后期改革开放，我经历的和农村放鞭的一样。放的花在门口一摞一摞的（形容很多）。放的鞭炮纸，满院不扫，等初三再扫。看看俺家有，和那个是一（个）道理。

老女：咱再说过（了）年都二月二啦。你都说"二月二，龙抬头"。其实有些人真论劲儿，都想俺老爹天不亮都起来了，打灰堆儿。你是没听说过打灰堆儿？打灰堆儿，打灰堆儿一圈一圈地打，粮食囤呢。还弄的梯，梯是步步高升呀！

青男：弄灰弄一圈。

老女：都是说今年那个收成更好，收成更高，更多一些。说好几天都不掏灰了，攒那个灰，留着打灰堆儿。这就是说，今年这个粮食收得更多，那个打灰堆嘛。还有二月二这个那天剪龙头，这些孩儿开始剪头了。剪头主要是小孩，大人也是这么剪。

青男：我想俺那场有个规定，正月里不能剪头，瞎讲究。说正月里剪头死舅舅。说有一个小孩儿，过年之前也没剪，过完年他去剪头了。回头叫他舅好顿揍："你得咒我死吗？你上外面去剪头？"其实现在有些慢慢都淡了。

老女：不过这"二月二，剪龙头"好像现在还保持的。你看正月，管谁都没有去剪头。

老男：大人孩子都等着二月二去剪头。

老女：反正在咱蓬莱的理发馆，可就二月二那天开业。就那天开业，平常日子还是不开。

老男：咱这前前后后这几天，都可以。

老女：再一个是五月端午。我觉着那几年就盼这个端午。赶紧愿意吃粽子，粽子锅里的鸡蛋味特别，又香又鲜。我就想我儿，他从小吃个粽子不太容易，你走哪，（他）都问道问道你说"什么最好吃"。你还没等着说，他就说："我粽子（最好吃）。"那几年生活还是很少吃这个，那几年都盼这一天。俺那个村，我想着，有个苇塘，那个粽子叶，长那么长，那么宽。

老男：都去劈。

老女：谁去劈得多，家包得多。

青男：一般的村，还没有苇塘，现在更没有，都得买。

六　招远

风俗习惯

老男：下面咱先说说招远的风俗吧。风俗里面儿，最吉庆的就是结婚。结婚在男方来说叫"将媳妇"，在女方来说叫"出门子"。

老女：对。结婚的头一天叫"上头"。你说。

青男：恁两个岁数儿的，比较大。恁以前儿那个风俗，说几个例子给我介绍介绍，我再学习学习。

老女：好。结婚的前一天叫"上头"。他叔叔和大哥，带着一袋儿米、一袋儿面，还有钱到女方家，送给女方。女方早晨这一天，来上头的，做一顿饭给他吃。如果有什么不满意的地方，就叫来上头的捎回信儿去。

青男：除了带这个东西之外，还有别的东西，是不是？

老女：得看女方要什么。女方需要要什么？他回去捎信儿，再往这场儿（这边儿）拿。

老男：头一天儿，1958年以前呐，那时候还时兴吹手、轿。所以男方呢，头一天下午呢，就在院儿搭上石篷，安上大锅。本家到户都来帮忙，半晚儿（指接近傍晚的时候）呢，开始摆客。男的呢，就戴上大礼帽儿，穿着大袄马褂。吹手在前面儿吹着，后面呢，就和唱戏的，起锣三扇，各两个，八个人搭着。后面儿女婿儿呢，就跟着走。走到街口，有人铺好红席，他朝南磕三个头，然后围圈作揖，说"同喜同喜"。第二天呢，吃儿朝饭（早饭）以后呢，如果隔着新娘儿家远，就得早些儿走。隔着新娘家近便呢，就可以晚点儿走。也是前面儿有吹手，有起锣三扇，后面有两乘花轿。第一乘是女婿儿坐，第二乘是媳妇儿。去的时候没有媳妇，那就找上一个小厮子（小子），半大小厮子压轿。到了女方村里呢，也是在街口停下，也要摆客，和在头一天晚上一样。赶到女方家呢，吹手用一个最长的个大喇叭，鼓门，这叫。吹八下子，女方家这就开开门了。

老女：这时候女方准备好上轿了。在上轿以前，她的妈妈，拿着一个小饽饽儿，里面夹着一块儿肉，叫这个女的咬一口。半口吐在小兜儿里，这半口在嘴里含着，一直带到女婿家。到家儿以后，掀下炕席，吐在炕头上，这么样儿是婆婆和妈妈家都发。

青男：刚才罗校长说的是，我觉得就是在电视上看的。

老男：对。

青男：也说这儿呢，应该差不多。说着现在这个时候呢，没花轿了，一般就是婚车。婚车现在就说是比较豪华的车，奔驰、宝马啦。现在没抬轿的，没抬轿的。不过现在有压轿的，压轿的他叫什么？就是坐车。

老女：对。

青男：要说这个结婚这一天呢，男方从家儿走，都要喝这个壮行酒，给大伙儿说这个"敬天、敬地、敬父母"。然后呢，这个司仪呢，领着就走了。现在其实也有吹手什么的，有这个舞狮子的。

第四章　语料

老女：对，有舞狮子。

老男：对，有过来演唱的。

青男：还有跑秧歌儿的。

老女：对对对。

青男：其实结婚，现在就是为了图个热闹。

老女：啊，对。

青男：其实之前我还遇上一个，就是那个有个彩礼么，彩礼那个它一般是……恁那场儿（那里）多少钱？

老女：这个彩礼吧，就是定日子时候，他们认亲的时候，彩礼就给啦。过去是一百一，现在这一千一。现在涨到一万一。

青男：家儿里有钱的，反正更多是吧？

老女：对。见面礼，一万一。

青男：那叫什么？叫"万里挑一"，是吧？

老女：对，万里挑一。四床被面儿，一万或者几千块钱割衣服钱（指买布给新娘做衣服的钱）。

青男：罗老师，你那儿时候是多少？

老男：俺那儿时候是四十块钱，两床被面儿，两套衣服。去结婚那天，是别人伯或者叔叔骑着自行车去往家带，女婿儿都不到新娘家儿去。

青男：那阵儿不去？

老男：嗯，都不去。

青男：现在一般情况下，就是从家走到新娘家，到新娘家就放鞭。

老女：对，都放鞭炮。

青男：现在就说娶媳妇儿，这家高兴，放放给人家都听。

老女：对对对。

老男：过去不放鞭炮。过去俺结婚的时候不放鞭炮。

老女：对，那时候不放，都是吹喇叭。

青男：雇吹手。

老女：嗯，吹喇叭。

老男：那时候有个收音机就不错了。

老女：嗯。

老男：那个用收音机放个小戏儿。这赶八十年代，有录音机了，叫录音机放民乐，就是吹翻儿天。

老女：对对对。

青男：那儿时候家里有陪嫁的，陪嫁的还得包彩礼什么的，那时候都挺讲究的。

老女：嗯，现在规矩不一样了。

青男：顶着还有一点儿，就是把媳妇儿将来儿家（娶回家）以后，往常还有些风俗习惯。

老男：接回来以后啊，媳妇儿得叫"坐帐"，在炕上。在俺那，算命的给你算算你朝哪儿坐帐。有朝东南的，也有朝西北的。然后端上下八面来，就擀的大宽面条，里面儿放着枣儿，放着蛎子，叫新郎上来翻。如果是翻出枣儿的，就是生闺宁（女孩）；翻出蛎子的，就生小厮子（男孩）。然后呢，女婿儿先搛一筷子给媳妇儿吃，然后给两个搀媳妇儿的，再喂媳妇儿。

老女：再喂媳妇儿，对。

青男：这个现在都叫什么，叫"早生贵子"吧，一般？

老女：对对，对对。

青年：前一天都参加婚礼嘛，他这个新娘下轿的时候，还有个要求是什么？

老女：新娘下轿的时候是有个札脚高，还有个烤火盆。过去是烤火盆，放这么一盆子木炭。

青男：嗯，木炭。

老女：这媳妇儿从上面跨过去，现在呢都是电熨斗。

青男：嗯，对对对，都是电熨斗。

老女：这时候是她婆婆开开车门，迎她媳妇的。把一块喜糖给她媳妇甜嘴儿，再给她媳妇一个红包儿，再接她媳妇过去这札脚高，再跨过去这电熨斗，就行了。

青男：跨过去之后，还有个讲究，是说媳妇儿这个脚不能着地？

老女：地上铺着红砖，两个搀媳妇儿的，一边一个跟着。

青男：现在就说这个铺红地毯？

老女：对，铺红地毯。

老男：跨火盆，还有个讲法，就说给这媳妇杀杀生儿。就说如果你原来脾气不好，或者对老儿的不那么孝顺，跨火盆的时候就叫你接受这个教训。

青男：嗯，这个去去邪气，这个要求。

老男：对。

老女：对。再还有一折儿，这时候下轿、下车，现在是下车，下了以后，搀媳妇儿的把她搀家去，这时候拜天地。

老男：得拜天地。

老女：在院子里拜天地。拜天地以后，再在家里拜祖宗、拜父母。

青男：拜天地这个，天地之位一般是在哪面儿？

老女：在院子南面儿。

青男：他供养上（指给祖宗上供的东西）一般是供养大枣儿饽饽，是不是？还有肉什么？

老男：摆碗儿。

老女：对。

青男：一般是几碗儿来？

老女：一般是五个。十个大枣儿饽饽，五个碗儿。

青男：这里面儿有什么讲究？

老女：这个没有什么太特殊讲究。

老男：这个供养天地的。

老女：在院子里的时候供养天地，在家里就是供养祖宗。

老男：家挂宗谱。

老女：嗯，挂族谱。

老男：也摆这些。

老女：挂上这些以后，过去是磕头，现在是鞠躬。

青男：对。

老女：司仪都叫它"一鞠躬"。

青男：以前也有司仪，那时候？

老男：那时候也有司仪，赶栏儿（表示轻微转折）不叫司仪，那叫什么？也有主持这个婚礼的。

老女：有。

青男：哦，以前就有啊。

老女：嗯，以前就有。

青男：我以为司仪是现在才有的。

老男：以前也有人喊着："一拜天地，二拜高堂，夫妻对拜，送入洞房。"

老女：对，以前也有这个。

老男：它也有这个。

青男：吃完下八面以后，媳妇上炕了。上炕了是不还有别的要求？

老女：这上炕以后，还有一个铜盆，里面一把梳。搀媳妇这两个给她梳梳头，给她洗洗脸，意思就是上婶儿家来了。

青男：我觉着，这个梳梳头也有这个听话、孝顺这个意思。

老女：对对对。

老男：老辈儿这女的做这个，这一天一直到半晚，人家弄完饭儿，还不能下炕。所以头几天就开始不吃饭，也是对人一种折磨，这实际。

青男：现在这些人都不太讲究了。

老女：对对对，现在不太讲究。

青男：晚上这个闹洞房，这个咱这儿以前有没有风俗什么的？

老女：闹洞房，那时候也是这样。过去，把炕撒上小米儿，盖上被，也叫他唱歌儿。过去的老方法折腾人啦，好几个小伙子把他媳妇抬起来，掇媳妇。

青男：掇媳妇？

老女：把他女婿抓过来，也叫他两个啃苹果，也有这些儿方法。有时候女婿儿怕折磨，干脆跑一边儿趴了。

老男：闹房里呢，就是除了躲避和她的公公、婆婆，在那一天没大小，叔叔都没大躲避，小叔叔儿来闹都行。

青男：也就为了热闹哈。

老女：对。

青男：我看，就像说的，有点儿过了哈？

老男：那时候会闹出人命的。

老女：这时候好啊！这时候唱个歌啊，啃个苹果啊，摸个手啊。

老男：比较文明。

老女：嗯，比较文明了。

青男：那时候，晚上说这个新郎新娘入洞房。

老女：他们闹房的都走了，这时候搀媳妇的这两个，炕上这个小米儿，也不给他收拾，就这样给他铺着，给他把被什么拉上，他们就睡觉了。

青男：第二天就说这个看二日。

老女：二日叫"回门"。

青男：回门也得过来亲戚，那边儿（指新娘家里的亲戚）也得叫。

老女：叔叔、大爷、哥哥都来。

青男：兄弟。其实讲这个结婚的风俗挺不少，咱今天先说这么多。

老女：好。

老男：好。

业余爱好

老男：下面咱再说说个人的业余爱好吧。

青男：就说咱工作之余，一般都有点儿兴趣爱好。大姨，你喜欢什么？

老女：我喜欢唱歌儿，喜欢做老年操。

青男：陆老师呢？

老男：我三个爱好吧。第一个就是唱歌、唱戏，第二个就是打乒乓球，第三个就是游泳。但现在打乒乓球和游泳吧，因为身体原因，不大能动了。主要是爱好唱戏、唱歌，我现在吧。小时候对豫剧最爱好，从六岁就大声儿唱，唱到自己都能慢慢儿识谱，引起了这就爱好京剧。这个改革开放以后呢，就是越剧、评剧、黄梅戏、秦腔等等吧，都愿意听。

青男：哎哟！

老女：总而言之，你多变手儿啊！

青男：对啊，这么多地方戏曲啊！我觉着，在我们年轻人看来，我们年轻人不喜欢这个地方戏曲。就说唱戏的，其实我小时候都爱听。那时候俺妈说，小时候领我去，邻村儿有唱戏的领我去，他们在上面唱，我在底下唱。

老女：也挺喜欢的。

老男：京剧吧，现在都说各个流派吧，一听我就听出来了。不管是四大书生，还是四大名旦，四小名旦。吕剧吧，我也能说上一百多出来。这戏曲吧，它不光说这个唱腔优美动听，而且它这个戏词，也相当的对人有启迪作用。你像这京剧，这荀派那个《金玉奴》，他一出场儿，唱的说："人生在天地间就有追求。"也就说，人从一生下来就不公平，也有俊的，也有丑的，所以富与贫与贱，何必愁烦？也就说你已在这世上，你的工作好点儿，懒点儿，家穷点儿，还是富点儿，不用愁烦。再你说吕剧《莫愁女》有一句话说："明珠暗投，十字长城。"你明珠埋在地里，没被发现，就望（和）一堆沙子一样的。

青男：你能不能给俺唱两句儿啊？

老男：也可以，唱句吕剧吧。吕剧《姊妹易嫁》里面中毛记状元以后："想当初含羞带怒离张家，现如今乔装改扮试素花。"

青男：挺好，的确挺好。杨老师？

老女：我就是也不会唱，就是老了，也没事儿干了，去参加歌唱队，在那儿玩玩儿而已。

青男：偌那合唱队，就说岁数，五六十岁了吧？

老女：最大的七十七八，也有八十岁的，最小的五十来岁。

青男：也就说中老年。中老年当个乐趣。

老女：对，轧和（指结交）跟一块儿（在一起），乐呵乐呵。

青男：恁平常唱的曲目都有什么？

老女：多半是民歌啊！这些老歌儿，红歌，唱这些。

青男：举个例子吧。

老女：举个例子。我们刚才，才几天儿，办了一个大合唱，叫《再见了，大别山》。

青男：这些歌儿，都有气势，我觉着。

老女：对对。

老男：现在时兴这些老歌儿，红歌儿。

青男：其实说这个戏曲，还有老歌儿、红歌儿，其实我们年轻人也爱唱，也爱听。我们待（在）学校，其实每年儿都有个歌咏比赛，都有个文艺会演。老师啦、学生啦都下去唱两句儿，其实包括这个戏曲，我也会唱。

老男、老女：来两句儿吧。

青男：马大宝那个。

老男：马大宝也是吕剧，《借亲》。

青男："马大宝喝醉了酒啊，忙把家还。"觉着有点班门弄斧的感觉。

老女：挺棒挺棒。

老男：其实最有气势还是京剧，都是国粹。比说《智取威虎山》，杨子荣《打虎上山》。

青男：经典片段。

老男：我唱一句哈："穿林海，跨雪原，气冲霄汉。"

老女：真棒！

青男：太厉害了！说到唱歌，其实我们，我在学校的时候，也有个辉煌的时候。记得最深的是上鲁东大学，那时候叫烟台师范学院。我们这个学生军训以后啊，有个内容叫新生文艺会演。我当时呢，和我们班一个女同学合唱了一首，最后那什么，拿了第二名。

老女：挺棒。

青男：哪儿呢！那时候我觉着，做一点爱好。因为在我觉着，歌曲儿啊，其实望（和）戏曲一样。戏曲中一些曲目，它都有一定的人生哲理，反映这个社会现实。歌曲中呢，其实也有这样的。比说《水手》中那一句："他说风雨中，这点痛算什么？擦干泪，不要怕，至少我们还有梦。"也就说，我们人生关键有一种追求就行了。不论就说，望恁两个人啊，老当益壮；望我们年轻人呢，就说这个乘风破浪，说朝着自己的目标儿努力。再就是说，咱自己除了说唱歌之外，阿姨平常还喜欢点儿什么事儿？

老女：喜欢去跳舞啊，做佳木斯操啊。

青男：跳舞，跳广场舞啊？

老女：嗯，广场舞。现在全县流行，全国都号召这些人动起来，提高人的生活水平儿，跳舞能健身嘛！

青男：对，健身，娱乐。

老男：老来乐。

青男：其实这些广场舞，我觉得挺适合老年人的。我们年轻人，刚陆老师也说了，喜欢游泳。我也挺喜欢游泳呢！除这儿之外呢，还买个山地车儿，平常骑骑车子。

老男、老女：锻炼身体。

青男：出去骑行骑行，锻炼锻炼身体。因为其实关键身体最重要。

老男、老女：对。

青男：当然（得）有好身体，也得有好心情，是不是？

老男：现在就说每天有个好心情，这是最主要的。

老女：特别我们老人，心情最主要。

青男：家庭和睦。现在这个儿女基本上都成家立业了。

老男：现在应当说，这歌词啊，里面儿都有些很教育人的东西。其实他不光是说心情好，也能受到很多的启发。

老女：对。

青男：前面儿我听说，平常陆老师自己还编歌儿？

老男：嗯，自己也编。不管说学生聚会，还是俺同学聚会，我都编歌儿，《母校赞歌》《十六州赞歌》。

青男：这歌儿我也看到过，我也听过。

老女：陆老师挺棒的！

老男：他们过生日，有请我去的，结婚叫当证婚人的时候，我都给他们编歌儿，祝福他们。

青男：这些方面，就说自己这个文化底蕴，再就是平常这个生活积累。应该说生活有点儿乐趣，将来继续去寻找咱们的乐趣儿。

老女：对对对。咱人啊，要想健康，心态好了，家庭和睦了，你才能觉得。哎，我有一个好的心情儿，我自己才能感觉我这儿事儿挺高兴的。再一这心情好了，觉得有病也没病，小病儿也没有了。

七　莱州

当地情况

老男：莱州啊，好地方，有六千多年的文明史。咱这个莱州，山清水秀，矿产丰富，是一个宝地呀。粮食有，矿产有，这个海产品也很多，这些海产品吃起来，有很多吃法，非常好吃。

老女：我就跟你说说，我最擅长做咱那里的馉馇汤（指面疙瘩汤）。馉馇汤用什么晃（做）？必须用咱当地出产的，莱州的那份白皮蛤喇，鼓字头蛤喇。二月份正是蛤喇肥的时候，对，春天。煮出蛤喇来，那个雪白的那个汤！晃馉馇汤，然后晃馉馇汤最关键一点，把蛤喇肉吧，咱晃出馉馇汤以后，蛤喇肉打上一个鸡蛋。打上一个鸡蛋后，把蛤喇肉直接倒汤里面，抹上（放上）春天刚发的那个韭菜、香菜，然后一锅香喷喷的馉馇汤，就是会色香味俱全，特别地鲜。

众：鲜，好吃。

青男：说起这个鲜，咱莱州还出产有什么？海肠子。海肠子为什（为什么）没有名气了？就是咱莱州以前，可能出了一个厨师，他在京城里面，就是开饭店。他的买卖一直是最好的，后来发现是什么原因啊？就是他自己从老家带的海肠子，烘干了以后，把海肠子磨成粉。磨成粉吧，做上菜以后，就把海肠子粉洒在这个菜里面。说跟现在这个味精的效果是一样的。

老男：诶，真是好吃！我说，说起海产品，我觉着还有一个——酱的莱州梭子蟹。

青男，老女：嗯，咱莱州特产梭子蟹。

老男：你说这个，我小时候到现在，这个梭子蟹，我最爱吃。咱莱州梭子蟹很多的。到了出山的时候，那个渔民坐船去打上来了，挑那个不大不小的，肥的，咱叫顶盖肥。怎么酱这大蟹子？在水里加这个大料、姜、葱、桂皮和桂圆等等这些佐料，放锅里就煮。煮开了以后，出来味了哈。完了以后，把水装到坛子里或者罐子里，把咱这些大蟹子一块装进去。有条件的，咱加点高度的白酒，倒进以后，一下子封起来。封起来二十来天以后哇，哎呀，揭开缸，香喷喷的。要是就着咱的杠头火烧（当地一种烧饼），太美味了！

老女：咱莱州的海鲜，出的是真不少！像咱平时吃的春天的桃花虾。每年的春天游到咱渤海湾的莱州湾产子，那个时候是最肥的时候，也是最鲜的时候。像这种桃花虾吧，只有咱莱州才能吃到。别的地方，看不到也吃不到。确实桃花虾挺好吃的。

青男：确实，这个味确实很鲜。

老男：确实是个特色。

老女：再大对虾。对虾必须是煮完以后，两个在碗里能对到一起的大对虾，像咱那样的大足蛏子。哎，对，大足蛏子。

青男：长大概能有一拃（食指和拇指张开）这么长，能有手指头这么粗，吃起来是特别有咬头。做成一个汤这种菜来，啊，连汤带肉的吃起来是，哎，真是一个特别好的享受啊！

老女：所以吧，就是说，这种非常鲜的海鲜，根本就不需要加任何的佐料。只要稍微加一点点的盐，清蒸它也好，或者是水煮它也好，鲜味马上就迸发出来了。

老男：哎呀，确实这么样。为什么说咱莱州是个宝地？得天独厚。咱不仅有山，有很好的土地，肥沃的土地。靠着海是一宝啊！

青男、老女：嗯，对。

老男：咱渤海湾里边的海产品，确实相当丰富，蛏子、蛤喇、鱼，什么都好。

老女：咱就这段时间吧，你想咱这里，又出来真亮鱼了。这真亮鱼吧，别的地方还不太认（指不喜欢）这种鱼。

老男：都不如咱这的好吃。

老女：哎，对。

青男：他们不认这个鱼，就是因为这个鱼刺太多了。而且这个鱼刺，是那个什么颜色的？绿色的。有些人就觉得，哎呀，这个绿色的刺，是不是有什么问题？或者怎么回事？

老女：就感觉很奇怪。哎，对，就觉得奇怪。

老女：其实吧，像他们别人不认这种鱼吧，他们看到这种鱼，拿到手觉着没法做。但是我们莱州人，做咱本地的真亮鱼，真是一绝！

青男：怎么你在家肯定是做，经常做吧？

老女：它的诀窍就是，这个鱼卤好了以后，稍微煎焖一下。主要是用当季的春天的小葱，发出来的小葱，用小葱去焖它，这样才体现出那个真亮鱼的鲜美。

老男：多加点醋，加点糖，

老女：对对对，对对！这个是要的，一定要多加醋。

老男：特别鲜。

老女：对。哎呀呀！

青男：而且咱莱州的传统是，到每年的春天，阴历三月份的时候，等鲜鱼上市的时候，女婿必须拿着鱼去丈人家，去送鱼去。

老女：对对对。

青男：小辈吧，还要去长辈家去送鱼。

老男：敬老。对，敬老。

青男：是吧！

老女：嗯嗯，嗯嗯。像我家吧，就是我的公公、婆婆一块，还有我的父母，都一块叫到我家去。买上大鲅鱼，买上这个真亮鱼，咱当地的一些海螺呀、贝壳类的产品啦。一块，叫到一块，大餐一顿海鲜。不但享受了家庭的这种温暖吧，而且这种美味，带给大家的这种愉悦心情，真没法比喻的。在莱州都感觉非常地幸福。

老男：在莱州，山民、渔民，咱这个海产品是个很好的传统。你是个孝顺媳妇，敬老爱幼，那太好了呢。我说，要说起吃的，真的说不完哈。我吃那个什么？红焖大光鱼。我不知道你们吃过没吃过？

青男：大光鱼是什么？

老男：咱那个渤海，算个沟哇。人们不把它（指光鱼）看在眼里，但是做起来非常好吃。怎么做这个光鱼？大一点的光鱼，用醋，用糖，这个醋糖要适量。（鱼）搁在锅里，煎了以后，放在锅里焖。焖的时间要长，骨头也酥了，味确实又鲜又美。

老女：哦，这个沟王是不是就是咱本地说的赤沟鱼？

老男：哎，对，钓鱼能钓上来，用网也能打上来。

青男：这个鱼，就是在这个浅水里面特别多，特别容易捞起来。

老女：哎，而且这个赤沟鱼，它的肉特别地鲜，特别地嫩。嗯嗯，就像蒜瓣一样，很白，蒜瓣肉。

老男：哎，我说咱海产好吃的多。咱其他的也有好吃的，举个例子，我小时候就爱喝这个油粉饭。

老女：我父母也做。

青男：我听说过。

老男：什么是油粉饭哈？就是秋天，收了地瓜，地瓜比较多。除了一家里留着早晨吃以外，那个粉坊就把地瓜收去了。粉坊是干什么的？就是做粉丝的，做粉条的。那个粉丝做出以后，晾干了留着卖。就剩下那些作料，那些糖，就那些淀粉嘛。他们就放到大缸里，放几天，自己发酵，发酵出来，酸了以后，就可以做油粉了。我不知道你们吃过没。我小时候，用小勺，就去挑油粉来家，我的娘做到锅里，加上小米、花生、绿豆这一些，锅里熬熬，熬得好吃的，最后加上粉丝。哎呀，这个真好，甜丝丝的，还有酸味。

青男：你这么一说，我想起来了。有一次在饭店也是，他们上了一份这个饭，当时我没记住。这么一吃，怎么酸味？还以为坏了，发现旁边那些人，还都吃得挺香。

老男：哎，非常有营养。

老女：这种东西，在咱小一辈、年纪小一点的人当中，这不算什么产品了，很少见了。

青男：现在上饭店吃饭，也很少有做这个的了。

老男：对，这个油粉饭，听说能助人消化，酸味的，甜丝儿的。

老女：里面有这个乳酸菌。

青男：就和酸菜那个性质似的。

老男：对。呼噜呼噜喝几碗是真好。

老女：你说你小时候油粉饭，我想起来俺从小，你说吃什么？麻曲大糖，在麻曲村儿。

青男：我是很明白的，我听家里老人说过这个麻曲大糖。它也是一种比较老的工艺，纯手工做出来的。是用这个什么？麦芽。麦芽在这个大的缸里、锅里，大石头做的锅里，用下边火，熬一晚上，不停地熬。上面的人不停地在里面搅，把麦芽熬得都黏了，成糊状了，然后把它从锅里盛出来。趁它完全凉之前，用嘴吹成一个果一个果的，然后解开一个，再一个一个圈起来。还要粘上芝麻，撒上一点面粉，防止它互相之间粘。

老女：对，在家里，小时候在家里，就听到外面有打锣在那杠杠的，就是在那卖大糖的来了。都说"麻曲大糖，馋孩儿哭娘"，一听到有麻曲大糖的敲锣声，就知道麻曲大糖的来了，买麻曲大糖吃。

老男："又香又甜，又香又甜，快来买吧！"

第四章　语料

青男：麻曲大糖，确实，从小确实印象比较深。

老女：儿时的记忆。

青男：而且我想着小时候，家里给买了之后，一买一大串，能有十来块。孩子馋，想都吃了吧！他拿那个绳，挂在梁上，叫人孩子够不着。小孩馋吧，他想方设法弄个木头棍，想方设法把它舛（拽）下来，一般这种情况你是舛不下来，因为大人他想到了你这个馋劲儿。

老女：你像俺小时候吧，做的是七月七那种巧饽饽。红的、绿的，用卡子卡出来。然后用绳串起来，也是放在高地方，放学了就家去掰下一个吃。那时候觉得吃点面食，我是70后的，（还有）80后的，十几岁的时候能吃个面食，就觉得是个奢侈品。那时候的面食还是比较少的，那时候家里就是吃个饼子。

青男：那时候吃个大枣饽饽，都不知道有多香了都！

老女：对对对，嗯嗯。就那个巧饽饽，儿时的记忆，儿时的味道。

青男：现在这个巧饽饽，家里做得少了，一般都是上街上买了。买的吃的那种巧饽饽，没有咱小时候特别香那种味道了就。

老女：对对对，嗯。像咱莱州吧，还有很多东西。我们女的吧，爱吃些水果，像大樱桃。

青男：咱莱州特产大樱桃哈。还有这份黄米，哎呀，真甜。

老男：苹果，再来就是苹果。

青男：对，富士苹果。

老女：嗯嗯。像这个葡萄啊，这些梨啦、杏啦、桃啦，只要是北方的水果，咱们莱州全部出产。

青男：要不说咱们莱州被评为咱们全国的长寿之乡吗？也是一个，是咱什么？山清水秀，空气也好，吃的物产也比较丰富，各种营养都能跟得上。

老男：是的。所以说咱莱州是个好地方，咱生活在莱州，是个莱州人，真是幸福的。

青男：确实是。

老男：经济发达，文化非常好哈，人们精神面貌非常好。

老女：我觉得咱莱州这个长寿之乡吧，随着水土，分不开。跟人士也

479

分不开。像咱们海边出产的这种海产品啦，水果啦，这些都是太丰富了，品种太丰富了，不单一。

老男：不仅物产丰富，（而且）人杰地灵。

青男、老女：对。

老女：希望你们（指其他人）也到莱州来！

传统节日

老男：说到咱莱州，不光物产丰富，人民的生活富裕，就咱莱州人，有很多的生活习俗哇，也值得谈一谈。昂，我举个例子。我小些就爱过年，到现在也是。上了年纪，也觉着爱过年。为什么爱过年？过年有意思！这个我小些过年的形式，和现在不一样。哎，有些老习俗，我觉着这老习俗哇，是一种好传统。你想啊，到了三十那天，老人做上饭以后，晚上就出去叫个请老爹老妈（指逝去的父母）。打着灯，请老爹老妈，就张罗了，就烧烧纸，烧烧香："老爹老妈回来过年啦！"哎，确实，这个逝去的先人请回家来，摆上好吃的，这是我们的一个孝敬。给老人这个拜年、祝寿，穿着新衣裳，大人领着，到街坊邻居给长辈去拜年、祝寿，很有意思。

老女：主要是咱这个过年吧，还能得压岁钱。

青男：小孩就盼过年这一天哈。去给老人磕个头啦，说一声"姥姥，姥爷，过年好"哈。然后这不是，管他是，你想咱小时候是几毛钱几毛钱的。

老女：主要还给糖，小时候爱吃糖，然后早些准备好兜，先给糖，然后再给钱。这个男孩子吧，喜欢放鞭炮仗。

青男：这个是，我是最最有发言权了。小时候就是什么？最喜欢过年的时候，头着过年没几天，爸爸这不是回家以后，就给你捎回来小鞭儿啊有时。大一点的叫爆仗，还有什么骑火，还有什么滴答筋儿，现在不过滴答筋儿不大见了。俺小时候那个滴答筋儿，就是什么？它最安全，它不响。点完以后吧，它光在那慢慢慢慢地转，呲（放）花，转来转去。在晚上，黑夜来转吧，看着特别好看。

老女：俺女生吧，就喜欢穿漂亮衣服，把自己打扮得漂漂亮亮的。早上起来，这个妈妈一叫："早些起来！"俺家都是一般早上四点来钟起来，黑蒙（指天还是黑的）都起来，起来就下饺子。您，邹老师，恁家怎么过？

也这么早起来？

老男：我和你说，这叫过午夜黑家（晚上五更）发纸（一般是祭祀众神之首姜子牙）。这个发纸，这个在家里熬着水，就准备下饺子。下饺子吃那些钱（指包在饺子里的硬币），那些元宝。这个老人吧，领着男孩，拿着纸，拿着香，到天井（庭院）里。再有个饽饽，烧，烧一烧。这怎么的？天地众神，天上百神，这一烧，都知道了。这些神都知道了咱请他过年，都敬敬他，他也非常高兴。哎，这个习俗，一直到现在，仍然是很多人家，哎，这个法子。发完纸以后再给老人拜寿。

老女：哦，其实这就是对咱们前一辈的一种怀念。同时，过春节吧，过年吧，咱一个大家庭都团团聚聚地在一块，这是咱中华的一种美德、一种文化。

青男：一种传统。也是一种体现咱们家庭希望以后日子越过越好，美好的一种祝愿。

老男：祈福，一种祈福。

老女：对对，饺子里面包上糖，甜甜蜜蜜；包上钱，财富越来越多；包上糕，一年比一年长得高。小时候，哎哎。

老男：对，这个习俗吧，是很好。过年不光吃好的，还穿新衣裳。

老女：对。

老男：哈，那个穿新衣裳上街上，去走一走。哎呀，这看见小伙伴们，哎，你穿得好，我穿得好，我才买双球鞋，哎呀，真舒服哈！

老女：哎，再就是亲戚道里的，到姨家、姥娘家、姑姑家，全都串串门，在一块说说话。哎，互相走亲戚。

老男：走亲戚。

青男：尤其有些，这一年各家忙各家的，尤其不在一个村的，平时也不一定能见着面，是吧？就在过年这几天，相互之间，这么走动走动，哈，交流交流感情，加强一下亲情。

老男：对，我是说，不光是能够亲情加强，而且，有一些文艺节目都挺好。到了正月来，咱每个村都要听上几台子戏。特别咱莱州哈，有吕剧，京剧能少一些。吕剧，咱是吕剧之乡。哈，《姊妹一家》《小谷田》《王定保街灯》，哎呀，丰富多彩，人们都愿意去听。

老女：再就是咱村里边，有一些别的村过来以后踩高跷、耍狮子。

青男：这个时候，就是吧，就是过十五的时候了。

老男：哎，过十五的时候。

老女：哎，就是头十五以前也举办。

青男：十三十四的，就头十五以前。哎，我想来，那时候村里就有些年轻人啦，有些中年人啦，他们有些划旱船的，穿着披红挂绿的。还弄些什么？大头娃娃。

老女：对，敲锣打鼓的，很是热闹哈。

青男：对对对。

老男：我说，过了年以后，又盼上哪个节？二月二。二月二，可以，俺小时候都在那个天井（庭院）来打呆（打屯，盛粮食的容器，寓意来年五谷丰登，祈求丰收）。那工夫（时候），都是个体户，都是解放以后分了田地以后，都自己种地。在田地来把那个草木灰打成一个圆圈，就好像那个粮食堆一样。上面搁些粮食，四周铺上护街（结完果实后的玉米秆或高粱秆子），弄上些木头，那是拦马桩子。粮食丰收了，这个生活也养得肥，种地人们生活也好了，这个习俗一直延迟（延续）了很长时间。

青男：是不就是俗称的这个"龙抬头"？二月二，龙抬头。龙抬头就是什么？就是这个年过完了，是吧？大家伙热闹了一个正月，是吧？哎，从二月二开始，这马上春天到了，马上开始打上新一年的劳作了。

老女：哎，祈求吧这一年能够五谷丰收，百事顺利。哎，有这么个吉祥的顺利，"二月二，龙抬头"哈，新的一年又开始喽，又开始劳作了哈。

老男：有了生气，有了生气。春天来到了，春暖花开了。

老女：春暖花开了，赶上又要三月三去爬山了，去踏青喽。

青男：三月三，这不是山上有很多的庙会！

老女：哎，像咱那里大基山庙会，非常热闹。嗯，大基山庙会就是每一年的三月三，早上起来，从凌晨开始，就有好多的村民去祈求，去祈求平安，为家人去祷告平安。或者是家里有子女的，祝他们考上好的学业，男的香火也非常地旺。

青男：我有一年想着咱驿道有崮山，提前不知道，正赶上那一天三月三，当地山上的庙会，在山顶上。哈，就看着那么些老头老太太，大概都是七十来岁八十岁左右,有往山上去的,还有从山上下来的。哎呦,那时候就觉得现在年轻人爬这个山,都不一定说爬得那么有劲,有时候爬爬累着了,歇歇,看这些老人,一个一个地健步如飞。

老男:对,我说,讲到了清明,还有个重要的习俗,那就是给老人去上坟,给老人上坟。哎,过年了,在家里几天,就回到他们原来的天堂了。啊,到了这个清明,就再去祭拜他一下。哎,咱现在,到现在,到清明咱去祭祖,这是一个优秀传统,也是尊老的体现,尊敬先辈,年年不忘。哎,就是这样的。

老女:像咱那里吧,还有一个民俗就是说,到清明这一天吧,不吃热的东西,要吃凉的东西哈。比如说,家来提前煎下煎饼,你一天不吃热的,代表对老一辈的一种哀思,爱念啊,这种心思啊。

青男:咱当地把这个清明称为一个"寒食节",有这么一说哈。

老男:哎,就是传说纪念介子推。寒食,哎,那一天不动烟火,得纪念他。我说,这个三月寒食,打(荡)秋千,哎,这个那功夫!在农村里啊,用那些木头架起来,这个男人爱打秋千,女孩子也爱打秋千,媳妇更爱打秋千。

老女:哦吼,现在打得少喽!现在就是吧,在咱这些娱乐场所、小公园,有自己各种各样的。

老男:现在是现代化的,过去那些就是土造(按土方法制作)的。

青男:我想着以前咱,尤其这个小孩的爸爸,或者爷爷、姥爷这些,手比较巧的这些。给这个在院子里,用木头打(做)个小秋千,用大粗林麻绳给吊上,下面弄个横立的木头板绑结实了还得。

老男:还有比赛,看看谁弄得高。一个人去,两个人去,可以搞比赛,这是一种很好的体育活动,非常健身,健身活动。说起这个打秋千,确实挺有意思,我到现在都想着打。现在这个新秋千,也愿意去,但是不如那个老辈儿(以前的)好。

青男:老辈那个秋千,你看那个秋千,它架得高、荡得高。

老男:我说,说起节日来,说起习俗来,还有什么?七月七。

青男:哎,对,七月七的故事就比较多了。这个什么七月七有这个牛郎和织女。

老女：哎，鹊桥相会，现在都叫中国人的情人节。

青男：哎，对对对。

老女：七月七在咱那里吧，有的就叫"乞巧节"是不是？

老男：哎，有的就叫乞巧节。

青男：邹老师，恁（您）年轻时候，小时候，年轻时候？

老男：你是说，哎，和恁（你们）现在七月七不一样了。我们那个年纪的时候，就是女孩子供养（用供品祭祀）姐姐，男孩子供养圣人。据说这个姐姐就是牛郎织女那个织女。啊，那个织女勤劳善良，不爱在天庭上，跟了个朴实、心眼好的牛郎。心灵手巧，人们都以她为榜样，特别女孩子，哎，所以就供养姐姐。咱男孩子，咱男孩子就供养圣人，当时我家里就供养圣人。在七八岁的时候哈，我记事的时候，就供养圣人。就是个孔子的像，供养孔子。那个孔子，自己的对联是"天下闻关注，人间事表示"。人们都要听孔子的话，尊孔。哎，他的治国之道，他的各方面讲得非常有道理，很经典，所以说都要尊孔。

老女：啊，像咱本地的这些风俗吧，是炸面鱼（油炸面饼，形状多样），炸反背果儿（油炸面食，将面片切几道小口从中间反过来炸），还有那个巧饽饽（巧果，面制小点心）。有各种植物的种子或者果实，把面研成各种颜色。卡的那种小饽饽、小动物，或者花之类的，然后给我们这个小孩吃，特别小孩爱吃。

青男：好像说，在这个七月七那天晚上，要是在这个葡萄架下面坐着，安安静静地听，不传说嘛，还能听见牛郎和织女两个在那里说悄悄话。

老男：哎呀，对了，我小时家，老人就领着我在天井（庭院）里风凉（指乘凉），打着蒲扇，反正着，他就讲牛郎和织女的故事。他指着天上，当时说什么："你看看，那就叫个天河。"

青男：哎，就是银河，叫个银河哈。说星星和鱼蛋一样哈。

老男：哎，说那个星："那就是牛郎。"哎，"你看那个星，那就是织女。你再看那两个小星，是他两个孩子。"

老女：确实，能看到。

青男：哎，很清楚哈，还特别亮。

老男："哎，你别吱声，你好好听听，你看牛郎和织女还在说悄悄话，两个孩子和她妈在那说话。"哎呀，当时是真是信以为真！牛郎织女的故事真是非常动人，是爱情故事。对于牛郎，人们都崇敬，特别是年轻人。

老女：哎，对，善良、勤劳。

老男：织女也是这样。

老女：心灵手巧。嗯，这个勤俭持家，都是我们学习的榜样。

老男：哎，年轻人咱要学纯挚的爱情，纯真的爱情，组成一个美满幸福的家庭。哎，八月十五，也挺有意思。

青男：八月十五，也是个很重要的节日。

老女：团圆之节。

青男：哎，团圆节。

老女：八月十五这个月圆之节，也是赏月亮、吃月饼，哎，每家每户团圆在一块坐。就像咱们莱州吧，到秋天了，有咱们莱州湾的大梭子蟹，哎。

青男：就是葡萄也成熟了，啊，吃葡萄。

老女：哎，对。

老男：团圆节，关键在团圆上。人们走亲戚，找朋友玩一下。这个孩子们回来团聚一下啊，老人享受天伦之乐。你们看到老人健康啊，心理好，也非常高兴，说这个节日也很好。

八　海阳

传统节日

青男：大家好！今天就和大姨大叔说说海阳当地来（的）传统节日。这刚过完八月十五，趁这个新鲜劲儿还没过去，嗯，大叔，咱就从八月十五开始说吧。

老男、老女：行。

青男：这个八月十五，在我这个感觉当中，就是不论你在哪儿工作，在哪儿学习，都是回来之后和父母老来过一个团圆节。吃个月饼，过个团圆节。恁（您，你）那时，大叔恁有没有什么比较特殊来（的）过法，大叔？

老男：八月十五这个节吧，总的来说，就属于一个团圆节。嗯，这个什么，咱平时都在外面工作的儿和女等等吧，啊，这个也没有时间回家，和这个家人团聚一下。咱们来老祖先，对这块是挺聪明来，挺有聪明才智来，创造这么一个节，叫到时候都来家聚一块，团圆团圆。这个八月十五这天，不管怎么上班来或等等了吧，啊，就这样。再就干什么？再就这个八月节吧，也预示着秋天就好（快）到来了，这好开始是秋天了。咱这个农村这块，就是赶过中秋节以后，那二年就叫什么？"三秋"就开始了，你像这个秋收、秋种、秋耕这三块就开始了。这不个赶过完节，有在回来团圆以后，赶到晚上，把饭一吃，把酒一喝，明天开始，个人就奔个人来，那个就干活上班就行了。再等以后，再等以后在那个再等过年，再回来，再聚。八月十五，应该说就这两个例头：啊，一个是团圆，再一个是预示入秋。吃饱饭，就好开始拾掇（收拾、准备）咱三秋工作了，大体就那么个情况。

青男：我想那时咱海阳是不有句话？就是"八月十五晚上黑，吃完晚饭看醉汉"。是吧？哎，对，吃完晚饭看醉汉。也是之后过八月十五，是不是还在俺爸那时候，都领我就把准备好来西瓜啊、月饼拿出来，摆院儿小桌上，敬老天。大姨，恁这有没有这么一说，大姨？

老女：俺也有。

老女：咱说来这一年当中，毕竟过一多半了，嗯。那个大人、孩子、亲朋好友来，都在说来聚聚。咱这场（这里，这地方）就有这么个风俗习惯，你给我点鱼来，我给你点肉来，互相来往来往。就是表示这个亲朋好友，这个来往别断了。家去（回家）看看老家（老人，长辈）来，这就是那个传统节日。团圆么，主要还是敬老天也为点主吧。过大半年了，那个儿女们、父母老来（的），都跟一堆（都在一起），团聚团聚。吃顿好饭，那个敬敬老天，这就是为主来两项事。

青男：那咱这边，八月十五，这边咱也相当重视这个节。最主要目的，是希望它能年年这样，家人团聚在一块。然后希望咱自己种来农地什么东西来，能有个好来收成。过完这八月十五，九月份是不是没有什么很特殊来节日？

老女：九月份基本上没有节日吧。

青男：再往下就十月一啦！我那个感觉十月一就和咱清明差不多，给祖先上上坟，祭拜祭拜一下祖先。那个祖先，叫我说，就是给祖先把坟头

第四章 语料

上些草些荒清理清理，然后再给祖先压压纸（烧纸）。大叔，恁那时候过这个节，有没有什么特殊来过法？

老男：这个特殊场儿（特殊的地方），咱们这个地方，总来说不算太大，没有什么很大来特殊的，总来差不多。但是有些，也有些地方，小气不样来。大体就是咱过十月一这个节吧，和清明，应该说它有点相互相应来。

青男：也是差不多。

老男：无非清明是春天，十月一是秋天。秋天赶到过完十月一以后吧，就预示着冬天就好快来到了，咱一年农活也基本就结束了。但是不能完全结束，基本就结束了。这不，再天也冷清了，咱们这个地方，有这个孝敬老人或者是这种习性吧，也是教育下一代。到老人老了（死了，过世了），冬天好过年了，好冷清了，给老人去上上坟，压压纸，也就名叫"盖盖被"，老人好过冬。大体十月一就是这么些，大体这些情况吧。

青男：是不是还到祖坟上希望咱们辈辈相传、香火不断、学业有成？就是好来寓意，是吧？

老男：凡属于这个在外面来，一般在外面来，能来家就尽量来家。过十月一来家给祖先上坟。

青男：特别是男来。

老男：特别是男来。叫人家这个别人一看吧，啊呀，这个祖坟上来枝丫也不少，来上坟来人也挺多来。香火旺，说明人家这家人枝旺，家业旺。也就是讨这么吉利来场回。

青男：大姨有没有和俺大叔不一样来，大姨？

老女：也基本上一样吧。嗯，那个十月一，就是怎么了？蒸饽饽，擼蛋糕，起祭奠祭奠老人，给老人压压纸来，上上坟来，也就是盖盖被。

青男：这个习俗基本差不多。

老女：也就是过完冬天，这是老人咱说过冬来时候，也怕老人冻儿（冻着，"儿"为轻声音节）。就是十月一这个季节吧，也没上冻。跕（铲）个泥什么，也能跕动了。赶到寒冬腊月了，你就再挂挂那个老弟老妹呢？也置不动了。这不是么？就这个十月一，这个节日，凡是盖盖被来，置置泥来，哎，都能置动了。

487

青男：主要咱就是祭奠老祖宗来。这不过完十月一之后，就是进入冬至月了，哎，就是说来冬至，咱这面（这里）叫这个冬至是"过冬"。大叔，我记得我那时，过冬这天俺妈包饺，必须叫我吃个。海阳不是有个说（说法）嘛："吃过冬来饺，不害怕冷，耳朵冻不掉。"大叔，恁是有这么个说，大叔？

老男：有，有，咱这个地方是有这个说。这个过冬，这个地方吧，咱这从老辈一直延续到现在，一直也没断，甚至还越过越隆重了。老年间（以前）因为条件不允许，过冬吧，有些这个人家，就这个包来地瓜面包（包红薯面的包子），蒸吧蒸吧就行了，这就算过个节。这个好一点来人家吧，就包个水饺，咱们就叫包馉馇儿（水饺）。包个馉馇满哄家（在家里）聚一块。老年间，这个条件不允许，但是一句话说，咱们这个地方这个习性吧，就是期盼冬天。这个过秋天以后，这个三九天就来了。这个过冬吧，就预示着九天（指三九天）来开始。

青男：马上就是冬天最冷来季节就来了。

老男：它类似于过夏至以后，这个三伏天就开始。它俩这个季节就是相反来，所以大体就这样。再有些这个，在这样情况下吧，为了祈祷冬天别挨冻了，别受那个（冻）了，安安全全把冬天过来。老人就预示一些，比如说，又是这个包顿饺吃，熊（哄）小人（小孩子）多吃点，别冻耳朵。主要这一类东西，带点有发热的东西（指吃了让人感到暖和的食物），这么这么弄。大姨，恁那时也是有这么个讲？必须吃饺，也是必须包饺吗？

老女：必须包饺，是包饺。就是恁这个时代，那个条件不一样。俺那时候，就是怎么来？过冬这天，包两个包儿（包子），还是地瓜面来。包两个包（包子），还是萝卜丝来。那个，哎呀，地瓜面来，黑面来，嗯，样样数数包两个（这里的两个是虚指，即每样包几个），包两个这就熊小孩。大人这就觉（觉得）吧，平常日子（平时）孩（孩子）捞不着吃，这过个节呢，就是熊些孩多吃两个。使劲吃吧，吃了说多了，使劲吃，吃饺过冬。过冬这天吃饺，上那个三九寒天从来不冻耳朵，这么个说法。

青男：昂，这个冻不掉耳朵，反正是流传到现在，流传来挺完整来。过完冬之后，这不直接就进入腊月了。进入腊月，我记得在进入腊月第一个节，应该是腊月初八，腊八，咱叫腊八，对不对？腊八节，我记得俺家现在是喝腊八粥。这个腊八粥，我听说是用八种粮食做来。大姨，恁这也是么？是八种粮食做来，做来粥？

老女：八样豆。那个早晨起来，这样抓把（指抓一把），那样抓把来，熬个粥喝喝。这不那个再就晚上吃饺。腊八这天主要是说来这个腊八粥。

青男：嗯，主要是吃腊八粥，然后晚上还再吃饺。

老女：是。

青男：大叔，恁有什么不一样来？

老男：这个有点差异。应该说，她来意思是没有差异，就是有些小细节东西（有差异）。怎么个事？就是腊八吧，应该说进腊月门以后，预示着过年快好到了。

青男：马上就要过年了。

老男：马上就要过年了，这样干什么就说是催吧催吧。原来些做应事不是很快来（指原来有些事做得不快速的），抓紧时间准备好开始过年了。这么样就是说，从现在开始，不能说是一个具体的日子，但就是说过腊八以后，再扫扫灰，又是这个拉拉豆腐渣子，好做做豆腐，赶紧准备准备，好过年了。

青男：一切都是为过年做准备。

老男：一切为过年做准备。应该说为过年敲响警钟了吧？现在可以这样说。但是还有一种，一个含义就是腊八这个时间，应该在这九天（三九天）之内。这属于最冷来时间，就是三九四九。有句古话叫："三九四九，棍打不走。"这个是最冷来时间。所以说也是警示这些后人，不管是上哪儿去，怎么地也好，说，哎呀，今天来腊八了，我们要喝腊八粥，等等等等，大体就这个意思。应该说，就是预示过年快好到了。再一个，就是冬天最冷来时间，不管是大人孩，出门以后注意穿衣，注意防寒。或者说是预备过年这个时间，腊八就起这么个作用。

青男：这不过完腊八之后，一转眼就到腊月二十三了，咱海阳人都叫它是"小年"。咱过来是不是也是挺隆重了？咱就知道，一到小年之后，街上这个鞭（鞭炮声）基本就不断了。大多数都是些小孩，跟街上噼里啪啦放鞭。就开始准备着过小年，还有一个星期就过大年是不是？大姨，恁有没有什么？小年有什么隆重来过法吗？

· 489 ·

老女：小年也就是怎么来？嗯，这个过小年吧，也就是吃饺儿，吃个饺。准备准备，好做豆腐啦，好蒸年糕啦，就准备这些那个。再就是怎么来，过小年这天，有来过腊八扫扫灰（打扫家里），过小年这天就不扫了。有那样来过腊八这天没勾灰（扫灰），必须在小年这天扫。就这么个那个。

青男：大叔，你小年有没有和俺不一样来，大叔？

老男：额，有点不大一样来场。原来这些，应该咱们这个地方都差不多。有点补充场儿，就怎么来，咱们这地方基本都差不多一样大。小年吧，还有一个说法叫什么？叫灶门爷过生日。灶门爷爷管人间香火么，因为这样，所以说过生日这天干什么？有上天上去给这个玉皇大帝汇报这一年来工作。

青男：哎，需要汇报工作。

老男：这不咱们这，我不知你知不知道？咱每到过年，正月，不是正月，腊月集，大集来时间吧，有买这种东西，叫"灶门头"。

青男：昂，对对，俺家也贴过。

老男：贴在锅台后了，灶门上。赶到二十三那天，灶门头上有个小人骑个马，据说呢就是灶门爷爷。这天把这个玩意剪下来以后吧，跟院了（院子里）点个纸烧，祭奠祭奠。好上天了（指灶门爷爷飞到天上去），跟院磕个头，包些饺，供应供应（指上供）。再鼓囔鼓囔（指嘟囔嘟囔），有个锅台呢个："灶门爷，灶门爷，你上天，好话多说。回人间，多带五谷杂粮。"好话多说，和这个皇上么，和这个天老爷爷么、玉皇大帝么，多讨点吉利回来，咱们这面好每年风调雨顺，因为他（指灶门爷）具体就管来人间这个烟火。

青男：反正都是好兆头，希望明年来农家地里边来收成满满，五谷丰登。

老男：对，这个节日大体就这样。再就是年（指春节）马上就到了，叫小年了么！过完小年，眼瞅下个名叫"大年"（春节）了。再有些需要准备东西，就抓紧时间，剩这么两天时间（了）。小年就这么个意图，咱们这面就这个过法，这种习性。

青男：这不过完小年，还有句俗话说，就是："二十三，杀只鸡。二十四，再拾掇拾掇（收拾）卫生。二十五，赶个大集。二十六，咱蒸个饽饽。"大姨，恁就是蒸饽饽。恁有什么和俺蒸来不一样来？我就想俺那时蒸饽饽，现在俺妈蒸饽饽，我就记着，有元宝，还有那个神虫，最主要来就是蒸个过年吃来个大团圆饼。大姨，恁就是还有什么和俺这来不一样了么？

老女：基本上这个蒸饽饽，就是蒸那个比较吉利来。像元宝来，刺猬这就属于个神虫，再就团圆饼来，再就枣饽饽，就是早（与"枣"谐音）发那个意思。就是那个这些样数。再就蒸个大饽饽，跟中间割个口，一笑（开）两半，准备供应那个老前辈来。

青男：留供应来？

老女：对。供应老天爷来，供应老弟老妹来，这些饽饽。

青男：大叔，你这是，恁之前恁家蒸饽饽，恁有什么和俺不一样来？

老男：我对这块事，我不干。但是我看见，因为家干（家里做）这玩意儿，上供都得我去往上拿，往桌上拿。但是我知道这个饽饽的寓意吧，几乎都这样，咱们这个地方都这样。就像蒸枣饽饽，寓意明年发财来，早早发财。像这个团圆饼来，全家团圆来。也就是说从过小年到大年的几天当中吧，所有一切来工作，全是为大年做准备。包括刚才你说这个，又是这个杀猪又是宰羊，等等，又是赶大集来，或者包括蒸饽饽来，都是为了大年，为了过年这天做准备。哎，等等这些事，就这样吧。这个饽饽寓意也好，也是其他寓意也好，都是好来兆头。要个吉利话，好来兆头，大体就这样。像这个元宝神虫，都是明年有个好来兆头，就是这样。

青男：这不过完二十九之后，大年三十就更热闹了。从早晨起来，我就觉这个鞭就更多了，放鞭来人就更多了。大年三十，咱先说白天吧，白天我记得早晨起来，第一件事吃来之后就是包儿。咱不知道恁吃什么？我听说还有吃面条来。俺吃包来（包子），意思就是"包财"。里面包肉，就是寓意着来年美好来生活，又有钱又有肉吃。恁那时候，大叔，和俺有不一样来么？

老男：这个到大年三十那天吧，应该就说，这（是）今年这一年当中最后一天了。这个老少爷们出外也都回来了。这个男人吧，在家了（家里）吧，需要忙忙急急（忙忙碌碌），扫扫院、贴贴对、挂挂灯笼等等这一类这些活。这再剩来家这些家里人，咱就说是些老婆（妇女们），就这个洗洗菜、择择菜、刷刷筷碗，准备准备好开始，过年正式开始了。所以放鞭炮这块等等这些事吧，它不是这个高潮。真正来高潮是黑间儿（晚上）"发纸"（指祭祀神祇）来时间。

青男：哎，对，还有"发纸"这么一说。再就那个，大年三十中午头（正午），咱吃饭吃来比较晚。虽然吃来晚，但是吃来挺丰盛来。大姨，恁中午头吃饭，大约都几点吃饭？

老女：俺一般吧咱这场（一般我们这里），就是吃饭一般来人家就选个点。选个钟点，说是俺都选个"要要发（118谐音）"，就是说一点十八分，俺就开始吃饭。先把请来桌那场多少供应点上去，再就上上炉香去，等这个一点十八分，就开始吃饭。

青男：咱吃完饭，在下午，大叔，咱是不是得擦黑？咱土话说就"请年"，就是请老祖宗回来过年。

老男：中午饭赶吃完了，中午饭吃来比较晚，这个一年当中，这不都凑齐了么？饭又丰盛点，再喝点酒，时间这么一弄，就弄到日头自落不落来时间。实际也就是为这么个时间，往上凑这么个时间。咱就开始到咱们祖坟地了，去"请年"了，好叫老爷家回家过年。这就开始吧，罕鞭（放鞭）也好，这个爆仗，等等，这个没有要求，去茔地（坟地）里去请年。

青男：把老祖宗领回来就是了。

老男：领回来过年。赶领回来以后，进家，这就算是正式年开始了。小孩也好，大人也好，就不准说不吉利来话了。比如说是，做个饺（煮饺子），烂了，还不让说"烂了"，是"挣了"，不让说不好来话。所以说是，赶到老祖宗请回来之后，年就正式开始了。请回年来以后吧，这不，这个再就是干什么？桌上也摆上了，请年回来，再磕个头，今这一天大体就这样吧。这再就开始往下延。

青男：这不到晚上黑，请年回来之后，嘻呼隆（指忙着）把东西都弄完了之后，放完鞭之后，跟炕上坐，到八点看春节晚会，包着那个过年当天晚上吃那个饺。还有初一来饺是不咱都包钱包枣？恁都包几样，大姨？

老女：俺一般吧就是包三样吧，有枣儿，有栗蓬（指板栗仁），还有钱。这个栗蓬吧，都（就）是栗蓬、枣，都是八个。那二年（前几年），就说："八个枣八个钱，八个学生满家串。"这不就有这么个讲（说法）？

赶那个初一这天，一掀锅，就赶紧说个吉利话。哎呀，挣这一些元宝啊！反正这个一年来开始，就不准说不吉利来话。都在说，找好话说，找吉利话说。就这么个风俗习惯不来？

青男：等晚上黑（黑天），大叔，是不是还有特别重要来环节，就是"发纸"是吧？

老男：对。

青男："发纸"是咱这边，最最最来（重要的）。"发纸"来开始，这就鞭炮就响起来了，这就是放鞭炮，来高潮了，这一宿（夜）就不停了。干什么？就是也有嘱记孩（嘱咐孩子），就是熬一宿，明年就是醒醒。大人吧也是这样，今黑间（夜里）不能睡觉。又怎么怎么的。其实我认为，还主要一点就是怎么？就是过去吧，又没有电，又没有什么东西，这是我现在认为。但是这个习性不是这么解释来，我现在分析，反正就是没有电、没有什么东西，都是些火火戚戚来东西，过年又发纸，家又点蜡。外面有什么？又有灯来，场儿草又多，（容易）发生危险。所以说是咱们老祖宗相当聪明，用这么个方式来劝导人，今黑间不能睡觉，明年好身体健康。大体三十就这样，这一宿。

青男：三十那天晚上不睡觉，俺爸说是"守岁"，自己给自己守岁，不允许睡觉。大姨有没有什么？三十那天发完纸以后，再有什么特殊过法来？

老女：也没有什么特殊来过法了。反正咱吧，这个城区吧，都是基本上差不多。就是唯一来一点，就是怎么来，请年来家以后，那么恁都桌上还有供应来东西，那个就是应该供应什么、不应该供应什么啊？

青男：这个就是根据家那个（各家决定）吧，是不，大叔？家那个有供应猪头来，供应个鱼，供应个整鸡，一个整鸡供应上。

老男：也就这样。

青男：还再分讲不讲究。

老女：俺那场，就是怎么了，你必须供应带鱼。带鱼就是有个讲（讲究），就是"代代有余"（"代"与"带"谐音），再就供应苹果。

青男：还有供应苹果这一说？

老女：供应个苹果，保佑咱平平安安（"平"与"苹"谐音）来，就是这个讲。

青男：再过完大年，转过年就是新年来第一天了。新年来开始第一天，初一早晨，咱就吃昨天晚上包来饺子了，大叔。包完饺之后，就开始出去串门问好，是不是？早晨这个饺包钱，是不就是鼓励来大家使劲多吃点，还有什么别的寓意吗，大叔？

老男：嗯，没有什么很大来（寓意）。初一吧，早晨起来，这不头天晚上包来饺么？里面放来钱，放来其他东西，等等等等这些那个。就是小孩吃来时间吧，好说"使劲吃，使劲吃，多吃饺，里面有钱"，又有什么来，这么样鼓励他们多吃饭。吃完饭好干什么？今天上街（给）爷爷奶奶去问好等等。穿新衣裳、新鞋，满街走。有句古话叫："穿新鞋，走满街，一年不得病和灾。"所以说吧，咱海阳这些风俗，过节这些习性，挺多挺多来。要叫咱说吧，一时咱也说不完。我看这样吧，今天咱就说这些吧。好吧？

青男：好，行。

九　牟平

当地情况

青男：今天我们在一起谈谈。咱现在生活水平提高了，说说现在的经济怎么提高了。大叔大姨，你看，从你们那一代开始就是吃糠咽菜的，现在吃大鱼大肉的，生活水平经济是怎个发展上去的？大姨，你先说说你这边的经济，你看你有什么想法儿？

老女：俺那个时候啊，确实是和你们现在没法比。那时候那个生活，俺是50年代的，解放以后的吃饭，倒是能吃上去，但是条件是和现在没法比。那时候基本都是粑粑（玉米饼）、地瓜。下来什么菜？园里种点菜，大白菜、萝卜。都没有现在这些，又是茄子、辣椒呀，那时候基本上都是大白菜。下来芸豆、土豆，都是季节性菜。没有说像现在一年到头都是大棚，什么菜都有。

青男：为了挣两个钱，自己种的菜还要赶集去卖。

老女：对呀，那时候条件不行。

老男：不过我挺寻昏人（疑惑）的，过去那些白面都弄哪里去了？都捞不到白面吃。

老女：对呀，一年一个人分那点麦子，基本上一年都是吃粑粑。麦子都是过节过年的吃。

老男：粑粑也是给上山的劳动力吃。不是劳动力的，就只能吃些地瓜干的，蒸菜豆馍。现在，那样的菜豆馍，都当好饭了。

青男、老女：对呀，可不是呢！

青男：你们那一阵是挣得工分，是不是？

老女：挣工分。人家劳力是一天10分，妇女是一天7分。

老男：七八分。

老女：嗯，七八分。一般的是7分这样式儿的。

老男：劳动力10分的，12分的都有。

老女：那时候的条件，满街看不见一个车。基本上在地里送粪都是小推车。

青男：你们那阵看见的是小推车、小地拱儿。

老女：赶俺这时候，慢慢发展有个拖拉机。现在基本都不用这些东西，农村可能拖拉机还用。

青男：少了，拖拉机也少了。现在上山干么的，都是机械化。割麦子（是）联合收割机。

老女：除草打除草剂，也不用锄地，现在发展的。在早（从前）那时候，不行。

老男：现在发展得够快的了！过去完全是手工作业，小镢刨、大镢刀、锄镰、锨镢。现在这个全是机械化种地，所以这个速度快多了，条件好多了。

老女：城里的地，基本上都盖成楼房了，没有地了。

青男：城里也没有地了。现在城里的人，还得上农村去租块地，上哪块地上开开荒。哎呀，这个经济发展的！现在老百姓都靠么（什么）挣点钱？栽个苹果，种个樱桃，种点菜——大棚烤的菜。这样的去卖两个钱，挣两个钱，提高生活水平。

老女：现在管么（不管什么）都有了。在早那时候，大棚么的（什么的），哪有呢！都是下来什么菜，吃什么菜。

青男：对。那阵工厂也少啊，现在工厂，管干么的（不管生产什么的）都有。所以说，现在劳动力都有厂了。你们那阵还有厂子上班么，大叔？

老男：那时候工厂也少，大部分都是农村，都在种地，上山得干活挣工分。不像现在，慢慢发展还有厂的，小青年到时候上工厂当个工人。过去没有厂子，都在生产队挣工分。挣一个工分，到年底他很少有分钱的。只是到时候下来苞米儿，分苞米儿，下来麦子，分点口粮。到时候大队还得交公粮，还不能全分给你。一般小麦分得少，都是分地瓜。那时候地瓜放在家里，放在炕上，一摞一摞的。

老女：在炕上立个地瓜窖子，用脊胚立。立出来以后垛起来，垛起来以后，有家有地瓜窖子的哈！

青男：俺家到现在还有地瓜窖子。

老女：地瓜窖子是抠在炕底下。

老男：那样不占场儿（地方）。

老女：俺那时候是盖在炕上。赶到地瓜吃了了（吃完了），把这个东西拆了。这个脊胚，等到再下来地瓜，再立下来。

青男：这个我倒是没看过。我光看见俺奶那一阵，是把地瓜摞在炕上，摞起来。用布啊什么的，一蒙，蒙起来。那样怕冻，不是地瓜怕冻么？

老女：对啊。

老男：有些地瓜太多了，打成地瓜片儿，上山晒地瓜干。晒地瓜干，它囫囵个（整个）烀（蒸）着吃也行，加点水在锅里头炖（也行）。有的给它粉成面，到时候吃地瓜面儿，蒸馒头吃。换弄着（换着）吃吧。

青男：这都说现在的经济社会哈。

老女：你看恁现在哈，真是！

青男：俺现在过的生活，比你们当初过的生活就好啦！你看俺一出生，白面馒头捧着，能吃个白面馒头。吃菜，虽然说和现在的小的（小孩子们）没法比，但是比你们，俺还是过得比较不错了，挺好的了。

老男：俺那时候，都巴望过年。小时候巴望过年，为么巴望过年？

青男：吃点好的。

老男：过年穿个新衣裳，吃点好的。尤其是三十日（大年三十），还能包个饺子。那真是到包饺子的时候，哎呀，那个勤快呀！来家什么都干，都为了吃这个饺子。那真是吃个饭，遇上好吃的饭，能把肚子撑得鼓鼓的。遇到不乐意吃的饭，他就少吃。过去那个条件，就是不行。

青男：俺家那个条件，我管多（怎么都）不忘。小时候俺爸那一阵是出去借钱，买个拖拉机，回来弄个拖拉机干个活，挣两个钱。那阵有个拖拉机，我觉得有个拖拉机，那都很少有拖拉机了。

老女：那都晚了。你说的这个事，这都到后一步了。能买上拖拉机，那时候条件都慢慢好了。

老男：条件好多了。

青男：那一阵都分开了，个人的。

老女：他记事的时候，那都是个体的了。

青男：不是说集体那时候弄工分？对呀，那都弄个拖拉机，干个活，出去挣两个钱。那时候弄个拖拉机，挣两个钱，条件都算好的了。

老女：那你们家条件，正儿八经得是好的了。

青男：都借钱，为了挣两个钱。

老女：你看现在这个条件哈。

青男：现在这个车，满大道上（大街上）这个汽车。

老女：每家每户，一家好像一个人一领（辆）。

老男：现在政策放开了。

老女：两口子，有的是一个人一个车的。

老男：这买卖随便做。

青男：现在的老百姓，手里头也宽绰。你看买汽车的哈，上哪。大姨你看你的孩子，应该俺俩的岁数一样，现在哪家不是有自己的汽车！

老女：对啊，都有车。

青男：买个大汽车回来。在早，汽车都是可望而不可即的。你看现在，现在买个车，说买就买了，花个十万八万的。

老女：再是这个交通，也发达啊，现在。

青男：大道修的！

老男：这都不敢想象，能过到现在这个水平！

老女：俺念书那时候，告诉："楼上楼下，电灯电话。"那时候寻思都是胡说八道，那都不敢想象这个事。现在那真是楼上楼下、电灯电话，全部达到了。

青男：你看现在这个，不用说别的吧。现在这个老百姓，是，可能还能遭点罪，但他挣那钱毕竟是多了。现在你看卖个苹果，哪家有几亩果园子，一年卖个苹果，还不得卖个几万块钱吗？在早你们那一阵，万元户可了不得了。

老女：对呀，那时候万元户，哎呀，听谁是万元户，哎呀，歹毒（眼红）呀。现在一个月都有一万了块钱，你们这样式可能一个月还不止，做买卖这样式儿的一个月，对呀。

青男：一万了块钱。俺村有一个炒股票的，哎呀，有钱呢，万元户，俺村首富，第一个万元户。现在可好，一万块钱谁也不当回事。

老男：一个月挣一万也很多。

老女：对啊，一个月挣一万的，确实很多。没有道道（多大意思），一万块钱。

青男：现在一万块钱，随随便便都拿出来了。

老女：很平常，很平常。

青男：买个车十来万，十万八万的。你看现在满大道都是汽车，也就是说生活条件好了哈。

老女：想着上哪里旅个游啦，开个车自个儿走了。

老男：还方便。

青男：你看现在咱这边，这旅游景区，外边的都上咱这边来。养马岛啊，昆嵛山啊，都上咱这场（地方）来旅游，还成好地方了。咱在眼前守着，都不去。还觉得不是什么，天天看，都没当回事。外地这些人，观光旅游的哈，坐着大客来了，上咱这场儿来了。

老男：咱这地方少。不过比起来说，条件也是不错的了。最起码环境好、空气好，比起大城市这场。

青男：大城市的人，现在我觉得，老多大城市里人都乐意来咱这边来买房。虽然说他不跟这里住。

老女：有的是买的房在这边避暑。夏天咱这风凉（凉快），冬暖夏凉。

老男：咱这边挺好的。

青男：环境越来越好了，你看大城市，我觉得咱本地，咱牟平这地方哈，这环境还算不错的了。

老男：在大城市都看么？看车，看人多。

青男：你看那空气，空气都不行。

老女：咱这地方确实是不糙（不错）。

青男：你看现在电视报（播报）的又是雾霾又是什么的，咱这边基本很少有这种情况。

老女：咱这地方确实不错。

青男：山东半岛上来说，这是最好的一个地方儿。

老男：我长这么大，外地还从来没去。

老女：对啊，我也是。都没离（离开）牟平地儿，管哪（不管哪里）（都）没去。

老男：懒得动弹。人家都出去旅游，上这儿去，上那去，自个儿都懒得动弹。

青男：咱这边不用说，养马岛这就是个旅游景点，现在发展得多好。跨海大桥一盖，什么天马广场（的）。

老女：现在昆嵛山弄得也不错啊。

青男：昆嵛山现在好多了！昆嵛山那边的大道，修得溜光溜光的，公交车都在昆嵛山底下等的。来旅游的，给你的车专门找个地方，设个停车场，把车一停。大客棚拉你上山，一直把你拉到山顶上，多好。一到什么放假，五一、十一的，老（很）多人，人山人海的。现在的环境，弄得也不错。跟昆嵛山那场，还有土特产，我还叫不上来。什么灵芝啊，昆嵛山那边那个山里面都有啊。他们上山去弄灵芝出来卖，这也是一种收入啊。

老女：我这两年没去。那是哪一年我上昆嵛山来？那时候还没有现在这么这个。哎呀，爬那个泰礴顶，到底没爬得上去。

老男：现在可是不能爬了。

老女：哎呀，我那一年没爬到顶。反正快了（指快到山顶了），不行了，实在不行了。

青男：你们那一阵太遭罪了，你看现在！今年我去（了）一回儿，公交车都在停车场等着你，人家不让你自己开着车上去。你把车开的在昆嵛山那底下，大客（大客车）一直把你拉到山根底下，然后你再爬。

老男：儿郎（儿子）早就说是："你没有事，就去逛逛昆嵛山。"我说："咱不去，太累了，我这腿、胳膊哪里受得了！"

青男：有时候，大叔你去逛逛，最起码环境空气也好啊。

老男：对啊，他们都说是："你出去散散心，比在家窝着强。"都懒得动弹。

青男：咱在本地想的旅游，上山都上昆嵛山，再不就上养马岛了。

老男：上养马岛，在海边的，我经常去。在海边逛荡逛荡。

老女：对啊，养马岛现在也发展了。

青男：养马岛现在也行啊，旅游旺季的时候。

老女：对，发展得真不错，咱这牟平。

老男：还建些景点。

青男：对，天马广场啊，后海。今年夏天，我上后海去，俺一家领的老的，上后海去看看，去扒拉石头，抓个小蟹儿，那都是挺有乐趣的。大姨大叔，你们没有事的时候，上养马岛去逛荡逛荡。现在天冷了，咱不去。

老女：对啊，现在条件行了，管上哪里逛荡逛荡都行。

老男：夏天去。冬天就是冷。在后海里，北风大，挺冷的。

青男：到旅游旺季的时候，你上养马岛后海看看，那个人（指人非常多），你自己开车不用想，车都塞不动（走不动），那个人！养马岛后海那里，咱弄个小桥，木头搭的小桥，那个有点复古那种风格哈，你去看看。

老女：放假了，更塞不动。

青男：那个人，海了（指太多了）！

老男：那个小道儿也太窄了。

青男：照个相干么的。

老男：他们道边上停个车，再别的车都走不动了。

青男：对啊，外地大客棚，北京上海那边的。你看咱不当回事，人家一线城市、大城市，都上咱这养马岛这里看看。

老男：对，有的是外地的车过来的。

青男：咱养马岛那个海参，那都属于个名牌儿。

老男：挺出名的，那是正儿八经的海参。我觉得咱牟平这个海的东西，比外地的好吃多了。

老女：为么（为什么）去买东西？这都是本地的！

青男：本地东西都是比外地东西贵。

老女：对，都贵。

老男：新鲜，味道也好。

青男：现在买个新鲜的小鱼儿、小虾啊，自己开着车，上养马岛海边。大姨，你从来没去码头上买点东西么？

老女：去，我前些日子还去来。十月一，媳妇拉着去了。那个地方的东西，到底是新鲜。

青男：刚刚在海里出来的，肯定是新鲜。

老男：他那是没吃水（指给海产品泡水），才从船上卸下来的。

老女：那个爬虾活蹦乱跳的。

青男：咱这样的去买，还能比市场上的稍微便宜点。

老女：他就是一样的价，也得买这个。

老男、老女：一样的价，它这个新鲜。

青男：咱牟平这几年，都是靠着这个。也有一方面这个旅游景点啊，你要上泰礴顶或者上昆嵛山，都是现在这个门票，虽然说都是收钱，但是价格也不是很高哈。

老女：还行。

老男：也能接受。

青男：外地来旅游，一便儿（顺便）买个土特产啊，买个灵芝、买个蝎子这些东西，都是山上抓的。

老男：来了吃个农村小吃、山上野味。开个特色的饭店。

青男：所以说现在经济发展也好了，各家各户的生活条件也好了，再也不用为了一些乱七八糟的事儿发愁了。今儿咱这个当地情况，咱就说这些儿？

老男、老女：好。

传统节日

青男：今儿，大姨大叔，咱仨凑一起，说说咱这边过节是怎么过的。咱先从过年开始吧。看各人在家都是怎么过的？按照自己的传统习惯说一说。你先说说，大姨。

◆◇◆ 烟台方言总揽

老女：那就先从过年开始。进腊月儿，咱这边基本上就是开始准备过年了。先给家里人，过年有这么个习惯，过年一个人从头到脚就要穿上新衣裳。赶进腊月以后，基本上就是开始准备了，大人孩子都准备一套新衣裳。腊月初八这天是"腊八日"，腊八日啊，就是打扫灰。打扫灰以后，还有个习惯，就是扒（剥）两个蒜。过年就不叫蒜了，就叫"义和菜"。用醋泡起来，留着过年。过年等蒜泡起来都成绿色了，吃饺子什么的拿出来，蒜变成酸的了，醋变成辣的了，弄这么一些腊八蒜。再就是上（指过了）二十日，过了小年以后，就开始蒸饽饽了。蒸干粮，各种干粮，莲子、饽饽、包子，什么东西都开始准备，准备一些留着正月好吃。具体蒸干粮的事，你说说？

老男：好。那时候蒸干粮，先发两盆面，打上酵子（指酵母或发酵的面团）去。第二天早上面开了，再呛那两盆面。开了以后就开始蒸，先蒸包子，放那里留着大家吃。然后有崽儿卡鱼啊、莲子啊，蒸熟了再点上红点，代表喜庆。家家户户都蒸大饽饽，大饽饽的面都硬着点，在顶上插上枣去。有插九个枣的，有插十三个枣的。有的蒸一锅，有的蒸两锅。一锅六个，两锅就十二个。过去都是双的，不是单的。干粮蒸好了，准备得差不多了，到三十日了都凑一起包饺子。过去包饺子，都是还要往饺子里包钱、包枣。一年十二个月，包十二个红枣、十二个钱。往盖子摆的时候，还要包一个小元宝，摆（放在）盖子中间。

青男：你们干的事也不少啊，我不大懂这些东西啊！我管都（经常）每年过年家去（回家）了，看俺妈俺爸下半夜两三点钟起来弄一大盆面，弄一个大板，捣弄那一盆面。

老女：是啊，两三点钟起来摆弄，早了（指以前）能摆弄一天。

青男：得一天摆弄。蒸完饽饽蒸包子，蒸完包子弄莲子，这一天真忙活。中午吃饭都没工夫吃。是大叔说的那样，提前蒸一锅包子，没饭吃的时候，把包子拿出来吃。吃个包子，垫吧垫吧就行了，再接着干。一锅弄好几个大饽饽，用锅一扣，开始烧火。干这些活啊，俺年轻的不大懂啊！俺也不会干，俺都是看你们干。俺去忙俺的，到时候把东西置办置办，买点肉啊，买点鱼啊。过年咱这边不都喜欢放鞭放炮嘛！出去买点鞭买点炮，这些都是俺的任务。

老女：对，这些事都是你们的事。

青男：都是俺的任务，俺的事，俺出去买。俺回来，其他都不干俺的事。再就是你们老的，在家里蒸饽饽啊，买个衣裳，都没时间。俺就出去置办个衣裳啊，买个么（什么）。家人用的、吃的，瓜子、花生、水果啊这些东西，葡萄干啊，都是俺出去买的。那都是负责跑腿去买东西儿。你们在家干活，那些活俺也不懂。

老女：对啊，是。赶到大年三十日那天，半夜你们那边不起来发纸？

青年：起来发。

老女：起来发。发完纸以后，等到第二天早上起来拜年。拜年的事，就是挨着家，在街上看见人，就是叔叔大爷你好我好一天的过年好，这一天忙活起（来）了。

青男：对啊，这一天忙活的！半夜还得放鞭，你们那边半夜是不放？

老女：放啊，十二点开始放。

老男：起来发纸的时候放鞭。

老女：三十日十二点放鞭。

青男：十二点钟起来，放放鞭，发发纸，是不是大叔？你们那边也是半了夜起来，发发纸，放放鞭？

老男：对，咱牟平有的地方，十二点放鞭以后，天不亮就起来拜年。咱这一般是等到天亮了。

青男：你们那边有没有半夜起来做饭吃的？

老女：没有。

老男：怎么没有？起来包饺子。

青男：我听有的地方，半夜起来做饭，弄个菜，起来吃点喝点。

老女：对，有那样的场儿（地方）。

青男：吃完喝完再接着睡，睡完了再起来拜年。反正过年都这么些事吧。

老男、老女：忙活一头晌（上午），这家跑那家颠。

老女：赶到初二，就开始出门了。你们那不出门？

青男：出啊。初二上舅家，初三拜丈爷（丈人）。这一年实际上就过这么几天。

503

老女：对啊，就过这么几天。然后……

青男：然后就是过元宵节了，是不是，大叔？你看你们那边元宵节，是怎么过的？

老男：过节就忙活孩子，喜孩子了（指孩子高兴了），大人赚忙活了（指大人光忙碌着干活了）。孩子高兴，一个个欢庆（得）要命。元宵节传统节日，就是吃元宵。家家户户要是有条件的，会挂灯笼。不过上级也号召扎灯笼，他们各个单位，各个大队。有的个人他好（喜好）这个，他也扎。扎这些灯笼各式各样的，什么都有，什么走马灯啊、宫灯啊，什么样的都有。

青男：这两年，咱这边什么灯节不太弄了哈？

老女：这两年还行，咱牟平还挺重视这个的，我觉得。看灯年年都看。

青男：以前都在沁水河那一条道儿。我觉得这两年，是不是这个灯不太弄了？

老男：这两年没有了。

青男：他是不让咱弄了，是不是？白日（白天），各个村的大叔大姨出来跳个舞、打个鼓，耍龙灯。

老男、老女：街上有节目。

青男：对啊。我看现在这个灯，晚上的没道道（意思）了，不太弄了，现在都是重视白日了。白日，各个村，一个乡镇上来，打鼓敲锣扭秧歌儿，耍个龙灯，大家伙出去看看，热闹热闹。

老女：不过正月十五这天，比较来说还是挺热闹的。

老男：正月十五挺热闹的。

青男：反正节就是这么回事吧。咱的传统节、风俗习惯就这些了。今儿咱就说到这吧，大叔大姨？

老男：好。

老女：行。

十　莱阳

传统节日

青男：大叔大姨，咱今日说说莱阳了（的）这些传统节日，咱就从过年开始,从大年三十儿开始。我这大年三十儿,一般就是贴春联,贴完那个对联以后,都吃这个隔年菜。大叔,恁(你们)那都过年,都有些什么规矩儿啊?

老男:过年中午准备六菜吧。大人孩子都在那过。

青男:大姨,恁那呢?恁那吃不吃那个隔年菜啊?

老女:俺那也吃。中午啊,还烙大米干饭。

青男:对对对。

老女:昂,烙大米干饭。吃了以后,下午就开始准备第二天早晨的饺子,就开始剁菜什么东西了,都开始忙忙活活了。

青男:俺爸说,就是那时候,俺爸说那时候恁那个年代穷,说中午就吃这个隔年菜啊!说中午吃这个隔年菜,有做上豆腐、做上白菜,就这么一个菜吃。大姨恁那边也就这么一个菜,那时候是不是别的没有啊?

老女:嗯,还做上大白菜,做上粉条、豆腐。都说吃儿豆腐有福啊。

青男:大叔,恁那边包饺子都包些什么?里面还包东西啊?

大爷:就是二十九日晚上,就做弄韭菜,做虾仁儿包包(包包子)。在初一这时间,就加那个钱呐、枣儿、栗子包包。

青男:俺这都放些花生。就说吃花生,好比就说些结婚了吃儿花生,就是说能添个人。吃这个栗子的,来年出大力。吃这个枣,来年就起早。大姨,恁那儿吃这些东西也有什么讲儿(说法)啊?

老女:俺那吃,也是说吃钱说有钱花,吃栗子说你这一年等着出力吧,吃糖说甜甜蜜蜜,说吃长果(花生)就说长生果。

青男:恁那是长生果啊!俺这就是生人(指生孩子),俺这边是。那个,大叔,大叔恁那就是迎不迎神?

老男:迎神。那是三十那天,赶十点多钟迎神。上面弄排位,弄十个大饽饽,一盘儿五个,再供养了再浇点酒,再个瓜瓜梨枣了,再上香什么,等等,反正这种吧。

青男:嗯。大姨,恁家就说过年,这些迎回神来就供养些什么东西?都供养什么?有没有这个?俺家都有天老爷爷,把老母老母供养,都有个讲(讲究)儿。把老母老母这迎回来,恁那都供养些什么东西?

老女:俺那也开始挂老谱(家谱,族谱)。有个烀(炖煮)鸡,还有烀烂猪头（指炖煮得时间长，肉很软）。还供养个猪蹄儿，再弄点心水果，说还弄个地瓜、芋头，还有也是大枣饽饽，一面儿摆弄五个。

青男：大叔，就是那个老谱，俺家这边都是上这个去迎这个老谱。恁那个老谱是往哪？有没有这个老谱啊？

老男：就是那个时候，都拿出来给烧了，到现在俺也没弄老谱。

青男：大姨，恁家那个谱，是恁自己写了，还是就是以前留下来了谱啊？

老女：那些老辈儿留下来的。

青男：上边都写了恁自己家了（家里的），还是写了些村儿了（村子里的）都在上边啊？

老女：就写了自己家了祖祖辈辈。

青男：昂。大叔，恁那边送神，是全村儿一起去送？还是说有，就说恁自己送送行了？

老男：自己送送行了，昂，不是集体。就是初二晚上，一般就是个十点来钟儿吧，就把神送走了。就把那个供养东西拾掇拾掇，初三就出门开始。

青男：俺那边送神吧，就是一块儿送。大姨，恁那边送神，什么规矩啊？

老女：俺那边送神，也是自己家。就是初二那天下黑儿（晚上），包儿饺子吃以后，烧烧纸。烧完纸，就把那些东西全部都拾掇了。

青男：俺现在这儿出个门，就挂挂（想着）出去上他们家吃点好吃儿了，出去找俺这些什么表兄弟、表姊妹耍耍。恁那时候出门，还有些什么特殊规矩？像出门还得拿点什么东西？还有什么规矩啊，大姨？

老女：俺那会就是弄个篓子，装两个饽饽，拿个手绢盖顶上，这么提溜着，这么去出门。那会说初三早起放鞭之后，早早起来抢福。管哪（指各处）卫生打扫打扫，这边儿就开始出门了。出门呢，老辈儿都说"先看姑，后看舅，丈母娘，落腚后"。

青男：大叔，恁看不看丈母娘，出门？

老男：俺丈母娘现在没有了。反（反正）这个就是说，确实先看姑姑，第二看舅，第三就看丈母娘什么了。

第四章　语料

青男：都是先看姑姑，这么就是说。出完门，那么恁过正月十五还有什么特殊规矩，大姨？

老女：正月十五啊，就是弄花灯、吃元宵，老规矩。都（就）老人推（磨）点豆面搋一搋（揉一揉）啊，做两个灯碗儿，就是稳儿（放在）门旁了，有两个门子儿。搓根绳儿，把它那个小碗儿里头倒点长果油（花生油），就搓根绳，这头在里面，那头在外面，就拿个洋火（火柴）点着，就这么样儿。

青男：就这个灯碗儿，大叔，恁那那做不做这个灯碗儿？

老男：哎呀，过去做，现在基本没有做了吧。

老女：对，对。

青男：这个就是说，就是恁那时候。我现在，就是我小时候那时候，过正月十五放个花儿，哎呀，什么花也有。大叔，恁那时候放花儿，有什么花儿都？

老男：花儿多了！反就说咱这放鞭吧，放鞭，二踢脚，再呲了花儿，不少来，挺热闹了。

青男：俺小时候都放这个米果子。那个米果子，看谁呲了高。大姨，恁些女的，那时候都耍什么？也放些花儿啊？

老女：俺女了不放。都老儿了（老人）给买点抖搂筋儿啊，都放抖搂儿啊，都点得出去，都这么抖搂放。

青男：昂。咱过完这个正月十五，就是二月二。大叔，二月二恁那都什么规矩啊？

老男：俺那"二月二，龙抬头"，就那都剃剃头。

青男：这边儿二月二炒糖豆儿。大姨，恁那吃不吃糖豆？

老女：俺那也吃。都说老人说"二月二，炒糖豆儿"，吃了以后这一年牙不疼。

青男：吃了牙不疼啊。俺这都是"二月二，龙抬头"，那天一般都待（得，要）排队。你现在这个糖豆儿也好了，以前就弄面这么切切，切切做些糖豆。你现在样数也多了，就弄些什么糖豆也有，是吧，大叔？

老男：昂，对。枣豆，再那个糖豆，或者面泼个饼儿割块儿（把面饼切成小块儿），就这么样儿。

507

青男：那么就大叔大姨恁那个，大叔你说说吧，为什么都是咱男了出去上坟？那么恁就是清明节，恁清明节还去上坟，还余外（其他）有些特殊规矩？

老男：那个就是清明时间，给咱老人上坟，拿些鸡蛋，拿小鸡儿，再拿苹果、橘子，乱七八糟了，还供养供养。一年反正这么一遭儿（一次），纸啊酒什么，浇点这么东西，磕四个头，就这么样。

青男：大姨，恁那做不做小燕儿？

老女：俺那做小燕儿。家有几口家，一人一个，些小孩儿都欢喜的。那会都是这些孩儿们，都出去上这个家，哎呀，又给小燕儿，回来欢喜了（喜欢得）都不噶惜（舍得）吃，都能稳（放）那稳得刚硬刚硬（指非常硬）了。也是拿小燕儿去上坟，俺那女了（女的）也可以去上坟。

青男：昂，对。现在这个都改变规矩了，些老规矩都去（没有）了。现在些女了也应该去看看，对不对，大叔？

老男：这有些有些没有儿（没有儿子），些闺女就去上坟。现在，都没有这种规矩了。

青男：这说完清明节，咱就说说这个端午节。大姨，恁那个端午节，都做什么好吃的一般？

老女：端午节，包粽子吃。早晨头儿，就是没出太阳了时候，老人儿都说出去拔点儿艾蒿，掐点那个露水草，抹眼上，说眼铮亮。把那个艾蒿掐了以后，就扎起来，就稳儿门口那个门旁了，说辟邪。

青男：嗯，就我小时候，俺妈端午节时候，都弄个五彩绳，给我系手上、脚脖上。就是说俺奶奶那时武亮（手巧），做个小笤帚，小时候都系上。大叔，恁那时候，小时候系不系这个五彩绳？

老男：那个系啊。再那个弄艾蒿，待（得）早早去落露水儿。待日头不出来时儿去弄艾蒿，都绑一绑放到门口，往家不招虫子，这么个规矩。

青男：大姨，就是恁那个五彩绳，什么时候就摘下来了？

老女：那个五彩绳儿说摘啊，下小雨儿不行，待下大雨。就是把这个五彩绳绞（剪）下来，绞下来以后，稳儿阳沟（家里的排水口）了，叫大水冲儿走说。

青男：对，这个五彩绳儿，他们都说，说这个东西是代表五行。说有

第四章　语料

大雨，随大雨就把这些病、什么驱邪什么都冲走了，说个小孩儿好养。那时候俺妈都给。一是大雨够了，给剪下来了撂了（扔了）。有时老长时间碰见不下大雨，稳儿身上都戴老长时间。大叔，你那时候碰没碰见戴老长时间了情况？

老男：俺戴。那时老儿（老人，指长辈）不在，我父亲都弄那个绳儿。"恁弄上吧"，其实他不大懂这个规矩，没有名儿就不大行，这个东西。

青男：大姨，这个七月七咱说都叫中国情人节，说牛郎织女相会。恁这个七夕，这边还有什么规矩？就是什么特殊规矩，还做什么好吃了？

老女：俺那都弄个小木头卡子（木头模具），卡小果子，没点点（一点点，指模具不大）。有卡动物了、喜字了，都卡出来以后，就弄个绳儿，一下把它穿起来。穿起来都给小孩儿挂脖上，欢喜得又蹦又跳。

青男：我那时候，我想不光穿这个小饽饽，有时候中间还穿海棠。那现在海棠也不大看见了，大叔，你还记得有那个海棠？

老男：记得，没点点，焦黄儿（指颜色很黄）了。

青男：嗯。大姨，现在这个，就说现在这个木头卡子，都成古董了，卖了都挺贵了。恁家现在还有这个木头卡子？

老女：嗯，俺家俺婆婆留下来了，还保存着现在。

青男：昂。他们说这个木头卡子，净以前些老木匠用手卡（刻）的，说不是和现在净机器管了。大叔，你那时候有看见什么好卡子来啊？

老男：只有那个小鱼，还有个小锁。那东西，待卡出来，都给孩子挂脖上。

青男：我那时候，晚上挂这个小燕儿，还有这个海棠，晚上激动了都睡不着觉。都硬瞅着挂那个小燕儿，就等第二天好吃。都挂脖上出去，啊呀，俊（好看）了来，说看谁挂了好看。大姨，恁那时候不出去比量比量（比较比较）？

老女：出去。比量完了，都来家摘下来，放自己那儿，自己保存。姊妹们多，你知道，就那个意思，别叫他们给偷去。

青男：那个就是说，过完七月七，咱就说七月十五。七月十五，本就鬼节。大叔，恁那鬼节还有什么规矩？

老男：没有。我不大记得那个鬼节，我一般不大过那东西啊。

509

青男：鬼节，那时候俺妈，都从小时候，都晚上说"都不用出去"昂。今日鬼节，就说出去看着乱东西。大姨，恁那时候老的不说啊？

老女：俺那会儿啊说鬼节。说"不要出去"，出去那个意思就是不吉利。再这个鬼节，不要上人家（别人家里），自己在自己家了，上人家，人觉得说不吉利。鬼节，反正也是晚上包两个水饺，也是交代交代，弄两张纸儿烧烧。

青男：昂，这不咱说，过完阴历七月十五，就待过这个八月十五。大叔，恁那八月十五还做什么特殊了东西？

老男：八月十五，本儿（原本）孩子参加工作在外面，都叫特回来，团圆团圆在一块。做两个菜，做几个菜，八个菜或者六个菜，在一块吃，在一块耍耍。

青男：就说我有时候，好比这不过节吧，就是说，这有男的，这像咱说，有女了回不来。大姨，你看这个男了和女了有什么区别还？

老女：有区别。人家说"嫁出了闺宁（闺女），泼出去了水"，过八月十五团圆节，人家在她婆婆家过。这个儿（儿子）呢，必须跟妈妈这儿过，儿媳妇、孙子、孙女都回来过。欢欢喜喜了炒两个菜，一家吃吃喝喝的，下黑儿包个饺的，再割个月饼。那会月饼也不多，一人割块，一人一小块儿，就是尝尝就是了，吃终了（吃完了）可以出去看看月亮。

青男：其实吧，现在男女都一样。因为我也有三个姐姐，俺姐姐这八月十五不回来，八月十六俺爸就来了，一样过节。权当一样，对不对？都团团圆圆了。八月十五，就是团团圆圆了，对不对，大叔啊？

老男：对。

青男：咱八月十五过完了，就阴历十月一了。十月一那个上坟，大姨，恁那还余外还上坟有点什么特殊的规矩？

老女：十月一上坟，昂，这会儿家去，买个花圈儿，买个纸，说也去上上坟。送两个纸钱儿，就是死去的老的意思，就是在那有钱儿花。

青男：就现在，现在我去上坟，寿衣店了都卖些小衣裳、小被，都去烧，说等衣裳穿、有被盖。他们都说这个十月一，不如这个清明节过了隆重，大叔，你哪么（怎么）看这个？

老男：这个也挺隆重，这个。这个是十月一吧，这个冬天本儿是和房子漏了，去给它上上泥，也挺隆重。买什么？就买小花圈，再买些供养东西，挺好的。

青男：这不就是说，俺那边都是去了以后，上坟了时候，先去把些草都割割，把这个坟子都涨两锨（指添几锨土）。他们都说，有些坟大了，那都是年数大了，孩儿多，才涨了坟大。说哪个小涨了就是新坟的。大叔，恁那也那样啊？

老男：昂，对对，那么样，是坟涨了吧。

青男：往不往上掖两个纸儿啊？

老女：掖。

青男：是不是也就一个掖？恁那边是不是也是有些涨了老大小（很大），有些也没点儿（不大，很小）些坟子？

老女：对啊。那会都说，得分什么东西涨了多。儿女多，就说那个意思给它（坟）盖盖房子，就和不漏了一样，给它往上涨涨泥儿这么个意思。坟子顶上插纸，就是和小纸钱儿一样。

青男：这本儿（这边儿）咱说过儿十月一，就好腊八。腊八这本儿都吃腊八粥。大叔，恁那除腊八粥还有别的？吃别的？

老男：一般就吃腊八粥。

青男：昂。俺这都说"过了腊八就是年"么。俺这都拾掇拾掇（收拾收拾）卫生，都说"过了腊八就是年"，都拾掇拾掇卫生，准备准备过年了。大姨，恁那边就说，过这个腊八还有什么特殊了那个，也拾掇卫生啊？

老女：俺那时过腊八，就说早起熬腊八粥喝。腊八粥，又是八样东西，说豆儿，红豆、小豆、绿豆、枣儿、长果（花生），反正是够儿八样，熬得饭老厚薄（指粥熬得很稠）。说吃这个腊八粥，就开始说哪天也可以打扫卫生。打扫卫生可以说就准备好过年了。

青男：这不还有咱说起这些传统，就说还有个过冬。大叔，恁那过冬是不是也是吃饺子？

老男：吃饺子，吃两口饺子。反正现在来说，生活好了，就是做几个菜那么吃。

青男：嗯，就是。过冬俺家都摆供（供品）。大叔，恁那摆不摆供？

老女：嗯，俺那不摆。

◆◇◆ 烟台方言总揽

青男：嗯，过冬，一般过冬这天晚上，都吃饺子。那个大叔，恁那个小年（指腊月二十三），还有过什么规矩都？

老男：小年？小年就是买点做两个菜，基本就说有些孩子什么，基本就放假了。一个学校，都放假了，反就在一块，吃点饭什么，做点菜。

青男：大姨，恁过小年都预备什么？

老女：俺过小年，一般也是过小年那天孩子们都放假了，就回来了。回来也是做两个菜，下黑儿（晚上）就包两个饺子吃。二十三那天，就是说腊月二十三，就是说迎辞灶，可能是迎灶木爷爷，可能就么个说法。

青男：昂，对。我们那时候说，俺奶奶就给我讲，那个俺家以前那个锅旁边，都挂个灶木爷爷。灶木爷爷说有两个老婆，就挂儿那个灶上。大叔，恁那时候，那个灶木爷爷是不是也就是挂在那个大锅上边？

老男：昂，对对对，就挂旁边，挂锅旁边，对。

青男：嗯。说这个灶木爷爷过完魂，有什么营生（活儿，事情）找这个灶木爷爷，就把那个魂儿给叫回来了，是不是大姨？

老女：嗯，是，就是那么个意思。反正听老辈儿是那么说的。

青男：咱中国这些传统节日，这不咱现在比较流行了。还有这个母亲节、父亲节，大叔，你过父亲节都哪么过？恁儿女都哪么给你过啊？

老男：父亲节都过来了。他们买点菜儿给我，再一个给我买个手机，不（要不）就给我两个钱儿，就这么样儿。

青男：昂，这就买点礼物。大姨，这个母亲节，恁子女都给你哪么过？

老女：母亲节，闺宁也是给买衣裳，不就出去带旅游旅游。儿呢，反正闺宁买什么（儿子）不买重（重复）了。他不就给你两个钱儿，不就买点菜儿来家，跟儿一块儿热热闹闹了，就是这样。

青男：其实就说管（不管）些什么节，就说还是在一块，儿女陪陪老人说说笑笑，这是最重要了。是不是，大叔啊？

老男：昂，对对对，对。

青男：这个儿女，就说不管过什么节，看这个儿女旺旺盛盛了，咱这个都欢喜。是不是，大姨？

老女：嗯，是就这么样。他们来家这么式样，老儿（老人）真高兴，要是他们不回来，就着急儿。

第四章　语料

青男：其实现在生活条件好了，咱都说，不是说过节不过节了事。咱这个营生，就是说过节了时候，就是团团圆圆了。就说这些儿闺宁，都健健康康了，旺旺盛盛了。咱就是说不在这个东西吃了好不好上。是不是，大叔啊？

老男：昂，对对对，是。

青男：大姨，是不是就在一块，就这么热热闹闹了，就是什么也都满足了，不在乎什么吃了好、用了好，是不是？

老女：嗯，其实不在东西上。现在咱生活都提高了，都那个也不望（指望）他们买东西。只要他们来家（回家），这么样儿老儿了就真高兴。要是他们不回来，这么式着急哇了。到星期六、星期天，要是他们不回来，这么就上街上，东望望，西瞧瞧。啊呀，他们来家，就这么真高兴。

青男：就是团团圆圆了就是福，旺旺盛盛了也是福，健健康康了也是福。好，今天这个传统节日，咱就说到这。

风俗习惯

青男：好，下面给大家说说莱阳一些当地习俗，以及一些婚丧嫁娶一类的些习俗。就说我们现在这个条件好了，然后结婚了时候，都要从看人到相亲，然后到定亲到结婚。就说现在条件好了，我们结婚时候，又婚车、又三金、又彩礼钱。当初时候，听俺爸和俺妈说，俺爸当初去娶俺妈了时候，就说就骑个大金木了自行车，然后就把俺妈给接回家了。说那时候特别艰苦，说他们俩在一块生活了好几十年，感情一直都很好。下面就问问这个，大叔，就说当初恁结婚了时候，就是怎么样个条件？怎么样个规矩还有习俗？

老男：我结婚了时间，就是弄个自行车带儿家去了，那时还没有车（指小汽车）。我结婚简单，也没给钱，给儿四百五十块钱，结了婚。

青男：大叔，就说你和俺大姨在一块生活多少年，是不感情也一直很好？

老男：反正这东西，也是有时那么说个话，就说不到一块去，就不大行，这样事很多很多。

青男：昂，吵吵闹闹。

老男：吵吵闹闹。不是那个打仗，那个没有。

青男：昂，吵吵闹闹这都是。

老男：还是就比较不错。

青男：大姨，恁那时候结婚，有些什么特别了习俗？就是俺大叔娶你了时候，有什么些习俗？还有怎么去娶了？你说说你了这些习俗。

老女：我那会啊，是经过媒人介绍了。那个是下黑儿看了人，你知道那会都怕打工，吐息（想）多挣个钱，看看人。当时看，那么一看，这个小伙真是不怎么样。人家俺妈就说："我听这个小伙说，听媒人说这个小伙能顶起事儿来，不一定就是拿你不好。因为你在家了，你是排行老二。"女了我是老大，这不俺妈说："你太老实了，你说（找）个能顶起来（的）。要是两个儿都太老实了，不行。"这不俺嘎啦（谈恋爱）能有一年吧，这不老儿了说定："定亲吧，定定亲，恁就结婚吧，也二十三了。"这不说："好。"那会也没有什么彩礼，这不定亲，就说连"送日子"，那会都说"送日子"，连定亲，就是给了六百六十块钱。这不又给儿两个包袱，昂，还给两套衣裳，就这样。这不就定了腊月二十四结婚。结婚呢，这不，那会哪有车？用自行车，俺小叔子就用自行车，就带儿来了。带儿来这不媳妇，不能下炕，得过三天说，媳妇儿过三日，就这么个意思。

青男：昂。就说我们家结婚了时候，就说还要准备个大旅行包。就说大姨，恁以前就是弄个红包袱，给个红包袱就行了？

老女：昂，俺那就给两个包袱就行了。俺妈陪送就是陪送，那会就是两套衣裳，还不错了。俺妈就是紧凑紧凑，买个箱子，这不把这些衣裳装着。还给块挂钟。这不男方去带媳妇儿的时候，那会老规矩，说搬瓷器，说等给点麦子，这不俺女婿呢就说不用拿，拿什么？这不不用拿。那会老人，你知道，就吐息（想着）用这点麦子。以后就结婚那天，好包饺子吃。俺二妹说说，说快儿给俺大姐吧，这不就这么样。

青男：就说我那时候，结婚了时候，俺爸俺妈还准备了，就说准备了这个米面盒子。去上女方家迎亲了时候，还拿块肉。又是什么上客，又是什么送亲客，又是这个客那个客，反正有这规矩。大叔，恁那时结婚了时候，有没有这些规矩啊？

第四章　语料

老男：这个有。这不就一开始，开始了时间，结婚了时间，我丈母（丈母娘）那，我那时家穷，我丈母那给儿个大柜，给个箱，给个桌子，再给个自行车，给个缝纫机。

青男：昂。那个大姨，当时我们结婚了时间，有那个米面盒子。解开米，还有解开面，它都有什么意思？

老女：昂，对。这个米面盒，说解米以后就是生儿，解面以后就是生闺宁，就有这个讲究。

青男：昂。就说现在，还有，还兴。这不结完婚以后，有个回二和回四（指在第二天和第四天回门的那时候）。这不我是女婿，我上俺丈母娘家以后，俺丈母娘就说："你这当女婿了，回二和回四这天，你是最大了个客。"说就这一天。大叔，你那时候回二和回四了时候，也这么样？说回去以后，是最大了客？

老男：昂，是是是，对。

青男：大叔，你说那时候回去，哪么（怎么）伺候了你？请客吃饭？

老男：啊。那时咱在一客（指第一客人，当地也称大客、头客）上，安排在一客上。那是第一次，必须在一客上，待回二（的时候）。

青男：大姨，恁回四了时间，就是把俺大叔也是安排在一客上？

老女：昂。这一辈子，这女婿儿上丈母娘家，这是最大了客，就这一次能做大客。

青男：昂。这不这个结婚方面，这边儿结婚方面，咱就说到这儿啊。就说我们莱阳这边，这个丧事办了都一般规矩比较多。当初说俺奶奶去世了时候，俺爸俺妈就说给俺奶说一只手握面、一只手握米。说等过这个到时候，好过三了时候，有个蚂蚁山，就把面和米撂上去，这些就去吃面和米去了，就不要咬这个老人了。说这个大叔，恁那就说去世了人以后，有些什么规矩儿都？

老男：这个啊，这个去世以后，在家就待一开始死就待（得）报丧。他没有个电话，我帮过忙来。有个门口叔叔，他叫电过死了，在门口啊。这个你待去骑自行车，跑到石夼，跑到龙旺庄，去报丧。他那个规矩是什么？去不空口，就是给泡个果子，打个鸡蛋吃吃。这个报完丧以后，这就是到家这亲戚道里了去，或者是街坊邻居去送纸儿什么。

青男：这边儿就是说，俺奶奶去世了时候，待找个办孝了。找个就说女了来帮帮忙，办孝了来做做衣裳，来做做饭儿什么了。大姨，恁那边就说去世有没有这么个办孝了？

老女：俺这就有啊！办孝了去割那个白布，就是家里人儿做衣裳，穿着那个白大褂。还弄块大布一下触（系，缠）腰上。把鞋抹抹鞋，就是弄个白布，也是去买双新鞋，就是布鞋，然后把前面就是抹块白布。这个帮忙了办孝了，就是发点面，做一番饼啊。这一番饼，就是殡（出殡）那天割了一块一块了，殡那天然后街上有小孩、有什么（人），给他块吃，吃儿好养。这边儿俺这要是家死人了以后，个大孝子，不过百日不能出去，不能上人家家。上人家家就是人家烦气（讨厌），三年不能出门儿。

青男：说这个，我们这也是。大约在家三年不能出去，不能给人家拜年。过年时候就在家趴着就行了，等人家来拜年，一直过三年以后才能出去拜年。这边儿还有了说，就说我们那边有帮忙了，还有了说人家这个好几个儿吧，人家这个哪个儿孝顺，这些村了来帮忙这些人，刻个孝杖子说，刻个孝杖子说，刻个老长短（很长）的，这么挂着走就行了说。说那会不孝顺了说，刻个老粗还矮还拿不上那了，给他罕着（拿着）。大叔，恁那是不是也这么样儿？

老男：对，叫遭罪不孝顺。

青男：这么样就是说，叫大家伙一看，他这个拿个老粗老大，就肯定是平常拿老儿（指过世的老人）了不太好，对不对？我们那块儿老人死了以后，先还得上那土地庙去，报大庙。就说一方面说是这个土地爷管这个魂儿，去报庙儿。去报庙儿了时候，就说也待叫咱全村了人看看说哪家老人死了，该叫孝了，叫孝。大姨，恁那块也报大庙？

老女：嗯，俺那也是报大庙。就是晌午头（中午）儿出去，都是隔近便（指距离近）了来。挺近便了些女了，就做个大头（指孝帽）带着。这些男了呢？就用个布一下系胳膊上。中午头儿都去吊孝，报大庙。

青男：嗯，这个还有就说，这不第二天说还得给这个老人送盘缠？就是说晚上了时候，叫些老人，亲了些小孩了（指去世老人的晚辈），就过去上这个老人住了些场合儿（住的地方），弄个小旗卷个卷，这么搓。说到时候这个小旗直了，这个魂儿就上这个小旗上去了。然后就是，大叔，

第四章 语料

恁那边有没有搓魂儿这个？

老男：对，有那个小旗儿，是叠了和小扇子那个式样。说快弄了以后，把它搓，均匀了搓，搓就搓直了，把魂儿就搓走了，那就是送盘缠。送盘缠一般是待十点以后，没大有人就行了。

青男：都这个，因为什么？我这边俺送盘缠了时候，送盘缠这边儿说这个女了是牛，男了是马，这个牛马车还待找个小女孩给它开开光。大姨，恁那边也有开光这个说辞？都有什么讲儿？

老女：都说不过十二岁，说他眼能看见，就是叫这个小孩儿给他去开开眼，是那么个意思。

青男：然后就是说，这边去就说晚上送盘缠了时候，去了以后，还得叫他这个孝子，把这个小旗，带魂儿这个小旗，插儿（插在）马车上。大叔，恁那边插儿马车上以后，有没有，就说还得把个马绊子（将马的两只前蹄连在一起的工具）打开？然后再点火烧？

老男：打开。不然待拿针攮（扎）开。他这就看见了么，就这么个规矩。

青男：大叔，就说咱这一般都是守孝三天，三日发殡。就说三日了时候发殡。就是俺奶奶，反正都活到一百多岁，都说叫"喜丧"。都叫吹手了，吹吹打打了出去送。大叔，恁那边也有这个吹手了？

老男：有。这个吹手是什么？这个老人吧，特喜欢这个那个，这边有时候。我父亲死了时间，他就说："你给我弄个吹手。等给我竖个碑。"（我）就给他弄个吹手。这边热热闹闹了，反（反正）家了人是遭罪（受罪）了。

青男：昂，对，就是出殡这天。还有些特别好比那个出殡这天，还得些客（指来吊唁的客人）磕头。大姨，恁那边也有这个规矩？

老女：有。村了这边儿帮忙了，这边还待搬个桌子，到时候还过去都磕个头。说转了哪么，说往左转是往右转？转了不对了，那个意思就不是孝子了。

青男：嗯。大叔，恁那边磕头也有这么些规矩？

老男：昂，三六九，九个头。

青男：就是说这边，咱现在就说发殡以后，火化完了，去下葬时候。

就说下葬时候，现在还待弄个五谷袋儿。五谷袋，就说家了些小孩，都待去给这个老人圆圆坟，还待留这个五谷袋。还有这个老人，就说天天又待拿个镢、拿个掀。大姨，恁那边就是拿个镢、拿个掀，还有什么顺口溜？

老女：昂，都说"一刨金，二刨银，三刨聚宝盆"。就是家了大孝子在前面，在前面拿个镢，这些人，都是近便人（指亲朋好友），去圆坟。圆坟来句话，五谷杂粮都待拿着。拿着以后，都待扬那个坟子上。慢慢就出了，出了以后，就说越出了多，家了小人儿过日子越旺盛。

青男：咱圆完坟以后，就说现在，是不还有"烧七"（指去世第七天烧纸）这个过程？一个星期七天，就待烧个七。咱说里边最复杂了就是碰儿。这个烧七时候，正好碰七、十七、二十七，碰这个七上，咱就叫它"反天七"。大叔，恁那"反天七"有什么规矩啊还？

老男：插小旗，插这个。

青男：嗯。大姨，恁那插这个小旗儿，是插什么？哪么个插法？

老女：俺这个就是说，碰见七就是"反天七"。"反天七"就是闺宁来家。插小旗儿，就是他几岁，（就）可能粘几个，还得做两个小燕儿。做两个小燕儿。就是割块棘荆，一起去把它插坟顶上，就做两个小燕儿。七个小燕儿，把它插那个棘荆，再插上旗儿。

青男：就说去插旗了时候，说是那个人多大岁数，就插多少旗。然后顶上还得有个小伞儿。俺听老人说，就是为了躲这个，爷爷说有危险了时候，就跑这个小伞儿下面躲着。大叔，恁那也有这么个说法？

老男：有。

青男：大姨，恁那呢？

老女：也有。

青男：昂。然后这边儿，大叔，烧完这个"反天七"，咱一般就是说还有个回客了时候。就说五七回客和百日回客。就说有些乱七八糟送钱了、送礼金了，这些就得宴请宴请人家。大叔，恁那边是五七回客还是百日回客？

老男：五七，五七回客。百日也回客。

青男：大姨，恁那边百日回客还有些什么规矩？

第四章　语料

老女：俺那是百日回客。就是说亲戚道里（指亲戚和乡亲）了都来，百日都来。去那个中午头都去吃饭，他们就走了。

青男：昂。这不儿俺奶奶去世了时候，百日那天，还扎些房子，扎些什么。大叔，恁那边都扎东西？也扎些乱七八糟了？

老男：昂。车、电视、房子。三层楼还是二层楼，这样样数数了都有，轿车什么都有。那还得给他开开光，那东西不开光不行，不开光他不看见。

青男：昂。这本儿就说这个百日这个烧纸。那时候，俺奶奶那时候，都是叫纸匠扎，就说还专门有纸匠扎。俺家还有来弄这个杆儿，扎么个纸。大姨，恁这本儿现在还留这个纸匠扎纸这个？

老女：现在没有，都是出去，专门有纸匠扎。闺宁还得叠些元宝，装那个纸箱了，就这样。

青男：然后，咱说现在开始还有这个烧一周、二周、三周。大叔，恁那边烧周年，还有什么讲？

老男：昂，这本儿是百日、周年、五七，再就是三周。赶（等着）过完儿三周，就完了。这都得烧，亲戚道里了，反烧什么都得扎纸。

青男：大姨，恁那边烧周年，也都待扎纸？

老女：俺那边那个就是头周扎，再就是三周扎。三周就是说全部扎齐它。

青男：就说现在，一般咱这个去世老人以后，烧完三周以后，基本上就说在这个古代，过守孝三年，基本上就是对起来了。守完孝以后，就是说咱平常什么时候？就是阴历四月五、清明节，还有十月一再去。每年去祭奠祭奠这些去世了老人。咱这边这个丧事，就这么些规矩，是不是，大叔？

老男：对对对。

青男：大姨，恁那还有什么特殊了规矩？

老女：也没有。基本赶儿你话（指就是你说的），烧完三周就可以。正月可以出去串个门什么了了，可以上人家家了，就这么个规矩。

青男：好了，今天当地了这个风俗习惯，还有这个婚丧嫁娶，这些习俗，就给大家说到这。

519

十一　长岛

当地情况

青男：大家好！俺们三个是来自长岛的，下面儿给大家讲一下长岛的当地情况吧。长岛陆地上应该一共是六大景区，下面给大家讲一下望夫礁吧。每个海岛上，一般都有望夫礁了，望夫崖。因为海岛吧，都是有渔民出去打鱼。望夫礁，为什么叫作望夫礁？就是说家里男人出去打鱼，然后那个女人看男人好久不回来，就是天天在那儿守着。因为那会儿吧，男的出去打鱼，一出去吧，有时候一天两天，有时候三天四天，女的就是担心丈夫那个在海上有危险，所以说每天傍晚就老在那儿等着。有的就是吧一去不回了，就是出危险了。所以说女人就天天等，夜夜等，然后一直在那儿等，就等成化石了。现在在那个岛里看望夫礁，都有一个和女人一样的，抱个孩子的礁石，在那儿立着，它现在就叫望夫礁。

老女：长岛吧，现在就是一个旅游胜地。咱长岛现在已经不叫那个长岛，现在已经改成叫那个长岛海洋生态自然保护区了。就是说，长岛是由三十二个岛屿组成，四面环海，不靠大陆。长岛，刚才也说了好多的旅游景点儿，比方儿长岛还有一个（地方）叫作黄渤海分界线，那个地方特别特别好。两面儿分得特别特别清，黄渤海分界线，这面儿是黄海，这面儿是渤海，这面儿的水和这面儿的水都是不一样的。有好多的旅客，就是特别欣赏这一种天然的那种自然景观。前面儿是经营渔家乐的，游客去得特别多。

老男：说起渔家乐，长岛从八几年就开始了。那时候儿这个条件儿特别差，咱说有一张床，有一床被子，有个枕头。这个床很窄，有时候这个人呐，一翻身就掉地下了。那时候条件特别差，后期呢，人的这个生活条件好了，游客要求的也就比较奢侈了。现在由小床改为大床，现在呢，就改成了标准间。自己在房间，就不用出去，就可以随便吃住，可以在房间里面方便（指上厕所）。这个条件呢，来自每个人的生活儿水平提高了。再渔家乐呢，价钱也不等，有这个几百的到几十的。因为条件儿差，吃的要求也不一样。长岛的渔家乐多，现在的应该说是比较早的。

青男：现在就是北面儿那边儿，长岛一共分南长山和北长山，然后就是北面儿还有一个景点儿——月牙湾。为什么叫月牙湾呢？因为它整个海滩,从天上看就是一个月牙儿形状的,所以说叫月牙湾。它那个月牙湾吧,海边儿不是沙滩,而是鹅卵石,全部都是那个石头的沙滩。在上面儿走吧,就特别舒服。那边儿就是现在吧,都有那个海豹表演什么的,每天游客去的也特别多。夏天的时候儿,你在那边儿游泳,那水特别干净,特别清,水也不深。夏天的时候,在那儿游泳特别好,那个那会儿形成了。

老女:你刚才说的那个月牙湾吧,还有一种特色是球石。它特别特别不一样,长得特别特别好看,那里面有图案呐,大小都特别特别圆,它常年受到保护。常年吧它就是受那个海浪的冲蚀,那个球石吧,就是长得特别一样。长岛吧,还有一个是叫万鸟岛。万鸟岛那个地方吧,特别好,就是游客每年特别多。每年就是五月份儿吧,上那个地方去看,游客还特别爱上那场儿。为什么叫作万鸟岛呢?因为那个鸟,就是那个海鸥,都是成片成片的,看起来特别地壮观。我也去过那个地方,游客吧就是特别特别地高兴。那个鸟都在你的头上、在你手上盘旋,那个景色在别的地方肯定是看不到的。长岛确实是一个旅游胜地,你说对吧,哈?

老男:对。长岛,这么说吧,四面环海,这个空气特别好。为什么好?它这个长岛没有工厂,没有锅炉,没有烟囱。所以说,再加上四面环海,这个空气很清爽的。冬天呢,它不冷。你看冬天,这个大陆上都是零下十几度、二十几度,在我记忆中,长岛过了十度,零下十度的遭数(次数),都是很少很少的。夏天呢,这个大陆上高温呐,三十五到四十(度)这个高温。到长岛,很少能达到三十五这个高温的。所以说长岛这个气候,就非常适合这个游客的度假游玩儿的。

青男:我想就是我小时候儿,应该是零下十度都没有的,就是零下二三度。热的话,也没超过三十度,热的时候。要是说长岛的九丈崖,也是在北面儿的景区,那边儿也是。它为什么叫九丈崖呢?它山崖吧,有九丈高。山崖全部都是自然形成的,并非人工形成的。里面儿应该还(有)一个开过光的观音,也是特别灵。好多人来长岛,必选的就是九丈崖,因为要去拜一下里面的那个观音。里面儿还有一个洞,夏天过来的游客进去呢,里面儿还有一些东西可以看。里面儿就是特别特别风凉,在山崖那边儿照照片儿也特别好看。恁(你)们那时候去过吗?

老女：长岛确实是一个旅游胜地，确实像刚才说的，那是一个冬暖夏凉的地方。就是夏天再热吧，不管傍晚还是早上，都是特别特别地凉快，用空调的都是特别特别地少。长岛吧，它还有一个就是物产特别丰富。长岛最有名的，像鲍鱼、海参，扇贝，还有海胆。扇贝那就是游客来，必须吃到的。这就是你做渔家乐，你给他们都吃上过吧？

老男：对。怎么说，有的游客就是想品味这个长岛的这个风景，长岛的这个吃货。有许多客人，就是来了一次还不乐意走。最起码来品尝海货，每个海货都要品尝到了吧？来也不容易。

老女：他们还就是来长岛，来吧还是可以钓到鱼。自己去赶海，赶得到很多的螃蟹，咱这叫螃蟹。还有蛤，就是海螺，还有钓的那个鱼，都是这样式儿的哈。

老男：有许多。特别是放了暑假以后。这个孩子放假了，就都来游玩儿。一家三口，带着这个老人孩子来玩儿吧。它主要一个是来吃货，还有的就是这个气候让他们适宜。比如说在济南，在北京，在南方各个城市，它都是比较热吧？到了长岛他才舒服一些。

青男：由于时间问题，就说到这儿吧。今天就到此结束吧，谢谢大家。

传统节日

青男：大家好！俺三个是来自长岛的，下面给大家讲一下长岛的传统节日是怎么过的。先讲一下春节吧。在我的印象里，小的时候，就是从过小年（腊月二十三）那会儿，学生一般都放假了。那时候儿就是家里的老儿的，都带上俺们去买过年衣服吧，买鞭。因为男孩儿吧喜欢放鞭什么的，就买鞭什么的。然后就是家里的老儿的，就开始跟家里收拾卫生，擦玻璃什么的，准备好过年的。那会儿我想着，俺妈那会儿就是叫我帮家里干点儿活儿。那会儿小，不懂事，根本就没想着（干活），反正帮着帮着，就跑出去和他们一块儿出去玩儿了。然后想着三十嘛，一般下午就是家里包饺子，一般就是一包包两份儿。因为大年三十晚上吃一份儿，大年初一还吃。大年初一早晨就没有时间包了，所以三十提前包出来两份儿。一般三十晚上吃完饺子，一家人看那个电视，看那个小品什么的。一般吧，小孩儿也不睡觉，都是非要等到十二点以后，过了十二点就穿新衣服了。穿新衣服了，才能高高兴兴地睡觉。然后早晨起来吧，家里老的领着俺出去拜年。拜年那会儿都有压岁钱。我想着那会儿,没有说一百两百那路式儿的,一般都是给十块、二十。好的吧(指关系好,关系近)就是磕头,那会儿还兴磕头,磕头的话就给五十块钱左右。回来再就是吃饺子。像那会儿饺子吧,大年初一包的饺子,还和大年三十不太一样。那会儿大年初一包的里面有钱嘞,有枣儿嘞,还有花生嘞,还有糖嘞。都喜欢吃着钱,吃着钱都好像说是今年一年都发财吧。大姨大叔,大姨,俺那会儿不是这样式儿?

老女:我小时候就和你们现在不一样。比方现在说买新衣服吧,过春节,你们现在都可以去超市、商场、网上呢买。我们过去呢,小孩儿过春节,那会儿就拿着布票上商店里割布。割布完了呢由裁缝做,每年做那套衣服都特别特别高兴。我想我那会儿,去割那个条绒吧,穿上那样的衣服,用现在的话说吧,就特别特别时兴。做上衣服,好到春节那几天(穿),就特别特别高兴。因为什么呢?一年到头就是天天干活,到春节吧那几天就能休息。家家户户爸爸妈妈就在家里,家家户户发馒头,邻居就凑在一起,家家户户就凑在一起来帮忙儿。今天给这家做,明天给那家做。春节吧,过去春节吧有春晚,然后就凑一起吧,晚上一宿不睡觉。等着第二天吧,小孩儿穿上新衣服,浪掰掰儿(指很神气,有点炫耀)地把新衣服穿上去。初一早上起来吧,姊妹儿几个都去给老儿的拜年,拜年都是为了得这个压岁钱。过去这个压岁钱呐,不像现在一百二百那样给,过去就是一块两块。那会儿我家里我是老大,那时候俺姥娘都是给我五块钱,就特别特别高兴。那五块钱顶现在多少钱?那会儿买糖都是几毛钱、一分钱儿地去买糖,五块钱就顶现在的好几百吧。你过春节是不是就这样式儿的?

老男:那时候儿小男孩儿吧,特别热闹。一到春节吧,能得压岁钱。压岁钱呐,小男孩儿就是想买个鞭放。那会儿这个鞭呐,也不能像现在这个一挂一挂的。现在有的还成串成串地买,那会儿拿了长岁钱,上这个商店,就是买十个、买二十个、买三十个,这样买。买了搁起来,一个个放。然后我家的小孩儿,挺热闹的。除了热闹,孩子盼着过年,主要就是吃好饭。因为一年到头,农村那会儿穷,过年哪还能吃着白面、白馒头,除了过年吃的,就是粗粮了。

老女： 对，那会儿就是没法像现在这样。就说我小时候割肉吧，不像现在吧随便割，爱割多少是多少，还专门儿挑那个瘦肉，又是羊肉、牛肉，什么肉都有。过去春节就是一种猪肉，一共就是七毛一斤。大家去割呢，还要抢肥肉，中间带白肉的那一方儿，因为过去都没有油。我现在去市（市场）随便买，一桶一桶买（油）。以前呢，都是每个人供应，按票供应。一户呢，一个月好像一个人就二两油。老百姓那会儿都是割的肥肉，家去（回家）熬的油，就是这样。你说俺那会儿是不是和现在不一样？

青男： 俺那会儿好像是没经历过这样式儿的。好像就是，反正也不能说天天都包饺子吃，反正也是少吧。就是家里基本都是一个，想吃什么也能吃上。不过不能像现在这样，想吃饺子吧，天天就能吃上。反正条件儿也不好，但是比俺俩那会儿能强一些吧。再就是，我想着吃完饺子然后就是上南门儿菜市场去看耍龙的。我想那会儿，每个村都好像有耍龙的，还有那个扭秧歌，戴着大头娃娃在那儿摇。每年初一都去看，一般能看到九点半到十点那快儿，反正就是特别好看。大姨，俺那会儿去看了么？

老女： 俺那会儿，不是说像现在有春晚。就是每到春节吧，就拉（聚）一块儿，那时候村儿里都是搞文艺活动。比方现在说，就是春晚吧，和部队搞个联欢，搞个什么东西就是春节。那时候长岛的部队特别多，春节就是跑部队那里去慰问呐，上部队联欢，演节目。你去过吗？

老男： 那会儿经常去。主要是那会儿农村文化单薄，一到春晚，居民联欢，演电影。小时候一到看电影的时候，拿个小板凳，上放电影的地方画个圈儿。画圈儿的意思是什么？给家人占个地方吧。早早地家去，吃完饭就去了。

青男： 俺那会儿也行吧，反正那会儿就是比较艰苦。就是过正月十五，我想着正月十五，一般就是去妈祖嘛，去拜那个妈祖庙。那会儿我想着，长岛一般家家户户基本都有一个小牌子。小渔船儿干活，一般那个家里有船就开船去。俺家小孩儿吧，一般都不愿意坐那个小牌子，一般都是坐那个大船。大船也是免费的嘛，长岛那会儿。就是跟着第一班船，跟着那帮儿耍龙的、扭秧歌的一块儿去，第一班船去。一般去了吧，那会儿人少，大家就是放鞭、烧香、烧纸儿。然后俺家这几个，反正也有好多人在那儿，反正就是一班船嘛，就是排队给妈祖娘娘磕头。磕完头，然后再去排队敲钟，玩儿就能玩儿一上午。到这个上午十点、十一点最后一班船，俺就回来了。那会儿，那个大姨，俫也这样式儿去嘛？

老女：在长岛，妈祖是有名的。就是长岛不是有个传说么？八仙过海就是经过咱长岛。从以前吧，一直延续到现在，正月十五，已经是长岛的一个传统节日。每年都是正月十五吧，大伙儿都去庙岛，去看这个庙会，阿姨还去敲过鼓。以前俫都没有现在这么多的客船，以前就是坐那个舢板子，家家户户，各个岛都去那个地方，去拜妈祖娘娘，就是祈求妈祖娘娘保佑。长岛就是一个渔业吧，养殖、打鱼的，几乎家家都是这样式儿。祈求吧，还是娘娘保佑大家风调雨顺平安，就是这样式儿的。你去过么，那地方儿？

老男：我每年都去。因为什么？就是祈求娘娘保佑。这个长岛人，特别是男同志，有的时候正月十五，这个老娘们儿（妇女们）跟家里坐着，因为炒菜吧、忙活家里。老娘们儿去，就是想祈求娘娘保佑海上生产能风调雨顺，别有大的这个风浪，这个家里都没病没灾儿的，都是祈求这个。

青男：那会儿我想着早上起来，俺去的时候，家里老儿的都非得叫吃汤圆儿。那会儿俺吃汤圆儿好像有炸的，还有煮的。大姨，俫那会儿吃过么？

老女：没有。不像现在超市吧，能吃到全国各地的汤圆儿吧。以前吧，小时候儿根本吃不到汤圆儿，根本不知道什么是汤圆儿。就是正月十五吧，吃点儿饺子。那个饺子也不是说像现在什么馅儿，那时候吃顿饺子就不错了。就是兑点儿油，不像说现在（有）三鲜什么饺子，那时候儿和现在是没法儿比的。

青男：大叔吃过吗？

老男：那会儿汤圆儿，就是说老辈儿弄的。怎么说呢？老太太岁数大的，手巧的，可以自己做点儿。自己做点儿芝麻啦，这个枣儿、枣泥啦做的汤圆儿。根本没有市场，没有超市，就是说商店也没有卖这个汤圆儿的。

青男：那就这样，然是咱长岛的八月十五啦。八月十五，一般是我想着就是吃月饼，然后晚上就是供月亮婆婆。大姨俫也是这样式儿的么？

老女：那会儿月饼不像现在这边买的有的是。家家户户那会儿都少，一家孩子也多，买个三块儿四块儿的，就是大伙儿一起再分，就是这样的。一起分，就是一块儿分月饼吧，咱们四个五个才能分这一块儿月饼。不过现在的孩子都不想吃了，你说对吧？

　　老男：那会儿我家过八月十五，是大家伙儿坐一块儿吃团圆饭。小时候儿也是想有好东西吃吧！

　　青男：好。

附录　发音合作人简介

一　芝罘

徐永庆，老男，汉族，生于1952年7月，山东省烟台市芝罘区光华巷社区人。1959—1965年，就读于烟台市搬运工人小学；1965—1968年，就读于烟台三中；1974年至今，于烟台拖拉机配件厂工作。初中文化水平，父母及配偶均为芝罘人，说芝罘话。

刘杰，青男，汉族，生于1981年1月，山东省烟台市芝罘区奇山街道办事处四眼桥居委会社区人。1988—1992年，在新石路小学读书；1992—1996年，在烟台一中读书；1996—1998年，在烟台师范学院读书。现于芝罘区青岛宏运康龙商贸有限公司工作。专科文化水平，父母和配偶均为芝罘人，说芝罘话。

李玉华，老女，汉族，生于1950年12月，山东省烟台市芝罘区向阳街道办事处兴隆街居委会社区人。1958—1964年，就读于烟台平安巷小学；1964—1967年，就读于烟台一中；1968年4月至1995年12月，在烟台蓝星压缩机有限公司工作。大专文化水平，父母和配偶均为芝罘人，说芝罘话。

张凯，青女，汉族，生于1988年8月，山东省烟台市芝罘区平安街社区人。1995—2000年，在芝罘区市府街上小学；2000—2008年在烟台二中读书；2008—2012年，在山东工商学院读书；2012年至今，在交通银行烟台分行工作。本科文化水平，父母和配偶均为芝罘人，说芝罘话。

二　福山

周洪良，老男，汉族，生于1951年4月，山东省烟台市福山区回里镇东孔家庄村人。1959—1966 年，在小学念书；1966—1967 年，在初中念书；1967 年至今，务农。初中文化水平，父母和配偶均为福山人，说福山方言。

姜晓林，青男，汉族，生于 1987 年 1 月，山东省烟台市福山区回里镇西回里村人。1994—1999 年，在回里完小读书；1999—2003 年，在回里中学读书；2003—2006 年，在福山格迈纳尔中学读书；2006 年至今，在烟台益生源乳业有限公司工作。高中文化水平，父母和配偶均为福山人，说福山方言。

姜爱波，老女，汉族，生于 1960 年 10 月，山东省烟台市福山区回里镇张格堡村人。1969—1974 年，上小学；1974—1976 年，上初中；1976—1978 年，上高中；1978 年至今，务农。高中文化水平，父母和配偶均为福山人，说福山方言。

邹红宁，青女，汉族，生于 1982 年 7 月，山东省烟台市福山区回里镇东黄村人。1990—1994 年，在回里小学读书；1995—1998 年，在回里中学读书；1998 年至今，务农。初中文化水平，父母和配偶均为福山人，说福山方言。

三　栖霞

林庆德，老男，汉族，生于 1956 年 10 月，山东省烟台市栖霞市翠屏街道城关解放村人。1956—1964 年，生活在解放村；1964—1973 年，生活于栖霞县城，并于城镇小学、中学就读；1973 年至今，参加集体劳动。初中文化水平，父母和配偶均为栖霞人，说栖霞话。

吴鹏飞，青男，汉族，生于 1985 年 2 月，山东省烟台市栖霞市庄园街道古镇都村人。1991—1996 年，就读于古镇都完小；1996—2000 年，就读于古镇都中学；2000—2003 年，就读于大柳家职高；2003 至今，从事个体经营。中专文化水平，父母和配偶均为栖霞人，说栖霞话。

孙月玲，老女，汉族，生于 1956 年 5 月，山东省烟台市栖霞市翠屏街道城关解放村人。1956—1962 年，生活在解放村；1962—1970 年，在栖霞城镇小学、初中就读；1970—1972 年，在栖霞一中上学；1973—1981 年，在城关村印染厂上班；1981 年至今，在城关村委上班。高中文化水平，父母和配偶均为栖霞人，说栖霞话。

马秀红，青女，汉族，生于 1986 年 8 月，山东省烟台市栖霞市松山镇下马家村人。1989—1992 年，在松山下马家村育红班就读；1992—1997 年，就读于回兵崖小学；1997—2001 年，就读于大庙后中学；2001 年至今，从事个体经营。初中文化水平，父母和配偶均为栖霞人，说栖霞话。

四 龙口

齐良桥，老男，汉族，生于 1946 年 10 月，山东省烟台市龙口市东江街道毡王村人。1953—1959 年，在小学念书；1959—1962 年，在黄县一中初中念书；1962 年至今，在毡王村务农；初中文化水平，父母和配偶均为龙口人，说龙口话。

栾志贤，青男，汉族，生于 1978 年 12 月，山东省烟台市龙口市黄城开元小区人。1986—1991 年，在唐家泊村上小学；1991—1994 年，在北马镇曲阜中学读书；1994—1996 年，在黄城龙泵职校读书；1996 年进入龙口市造纸总厂；2015 年开始个体户经营。职专文化水平，父母和配偶均为龙口人，说龙口话。

于惠洁，老女，汉族，生于 1946 年 7 月，山东省烟台市龙口市徐福街道后田村人。1954—1960 年，在草泊小学读书；1961—1963 年，在黄县七中读书；1963—1967 年，在草泊小学任民办教师；1967 年嫁到后田村，1971 年至今，在后田村卫生所任乡村医生。初中文化水平，父母和配偶均为龙口人，说龙口方言。

刁丽娟，青女，汉族，生于 1978 年 11 月，山东省烟台市龙口市新嘉街道徐家店村人。1986—1989 年，在土口小学读书；1989—1991 年，在枣林完小读书；1991—1994 年，在丰仪中学读书；1994—1997 年，在龙口一职读书；1997 年至今，在新嘉街道徐家庄生活。中专文化水平，父母和配偶均为龙口人，说龙口话。

五 蓬莱

韩明超，老男，汉族，生于 1941 年 10 月，山东省烟台市蓬莱市南王镇姜沟村人。8—18 岁读小学和初中；1961 年 3 月至 1997 年从事教学工作，

2001年退休。中师文化水平，父母和配偶均为蓬莱人，说蓬莱话。

王光禄，青男，汉族，生于1971年4月，山东省烟台市蓬莱市潮水镇富阳耿家村人。1978年8月至1990年7月，上学；1990年7月至1991年4月，在本村务农；1991年4月至2000年5月，在蓬莱市公安局工作；2000年5月至2011年3月，在蓬莱市住建局工作；2011年3月至今，在蓬莱市爱卫办工作。本科文化水平，父母和配偶蓬莱人，说蓬莱话。

张文英，老女，汉族，生于1950年3月，山东省烟台市蓬莱市南王镇姜沟村人。1960年开始小门家小学读书，1965年开始蓬莱二中读书，1968年开始小门家教学，1975年开始小路家教学，1990年开始于庄中心小学教学，2005年退休。中师文化水平，父母和配偶均为蓬莱人，说蓬莱话。

张晓，青女，汉族，生于1978年6月，山东省蓬莱市紫荆山办事处三里桥村人。上完初中后一直从事个体经营，从未离开过蓬莱。初中文化水平，父母和配偶均为蓬莱人，说蓬莱话。

六　招远

路圭卿，老男，汉族，生于1947年12月，山东省烟台市招远罗峰街道办事处北关西村人。1956—1961年，在招远市北关小学读书；1961—1968年，在招远一中读初中、高中；1968—1994年，在招远市十六中教学；1994—2007年，在招远市泉山学校工作。2007年12月，退休。中师文化水平，父母和配偶均为北关西人，说招远话。

李政坤，青男，汉族，生于1976年10月，山东省烟市招远市齐山镇胡家埠人。1983年8月至1987年7月，在胡家埠小学学习；1987年8月至1989年7月，在大原家完小学习；1989年8月至1992年7月，在道头第二初中学习；1992年8月至1995年7月，在招远市第四中学学习；1995年8月至1997年7月，在烟台师范学院学习；1997年7月至2001年7月，在招远三职专工作；2001年7月至今，在烟台机械工程学校工作。本科文化水平，父母和配偶均为招远人，说招远话。

杨淑芬，老女，汉族，山东省烟台市招远市罗峰街道办事处北关西村人。1956—1960年，在招远市齐山镇东道家沟村小读书；1960—1962年，在招远齐山镇东道家沟完小就读；1962—1965年，在招远市齐山镇初中就读；1965年至今，在招远市罗峰街道办事处北关西村。初中文化水平，父母和配偶均为招远人，说招远话。

吕秀翠，青女，汉族，山东省烟台市招远市罗峰街道办事处北关西村人。1984—1990年，在招远市北关完小读书；1990—1993年，在招远市北关中学读书；1993年至今，在招远市罗峰街道办事处北关西村经商。初中文化水平，父母和配偶均为招远人，说招远话。

七 莱州

邹希满，老男，汉族，生于1941年9月，山东省烟台市莱州市虎头崖镇邹家村人。1956—1962年，在掖县三中读初中、高中；1962—1975年在东宋中学当教师；1975—1986年，担任掖县十三中学教导主任；1987—1990年，在莱州市教研室工作；1990—2001年，在莱州一中担任办公室主任；2001年9月至今退休在家。中师文化水平，父母和配偶均为莱州人，说莱州话。

所冰，青男，汉族，生于1976年11月，山东省烟台市莱州市平里店镇淳于村人。1984年9月至1989年7月，在莱州市实验小学学习；1989年9月至1992年7月，在莱州市实验中学学习；1992年9月至1995年7月，在莱州市成人中专学习；1997年8月至今，在山东省莱州市交通学校工作。大本文化水平，父母和配偶均为莱州人，说莱州话。

任秀英，老女，汉族，生于1942年12月，山东省烟台市莱州市虎头崖镇西原村人。1959年3月至1981年7月，在虎头崖镇西原村担任民办教师和幼儿教师；1990年2月至2001年10月，在莱州市东宋小学任代课教师；2001年11月至今，在莱州市教育路居住。初中文化水平，父母和配偶均为莱州人，说莱州话。

刘伟，青女，汉族，生于1976年1月，山东省烟台市莱州市文昌区西岭子村人。先后在莱州市文昌区西岭子小学与南五里中学就读，后考入莱州市成人中专。毕业后一直在文昌区西岭子村务农。中专文化水平，父母和配偶均为莱州人，说莱州话。

八 海阳

王培南，老男，汉族，生于1956年9月，山东省烟台市海阳市方圆街道它山泊村人。1956—1963年，在它山泊村生活；1963—1969年，在东村上小学；1969—1972年，在秋林头联中上学；1973年至今，在东村务农。初中文化水平，父母和配偶均为海阳人，说海阳话。

丛晓林，青男，汉族，生于1987年9月，山东省烟台市海阳市东村街道黑石埠河村人。1987—1996年，在黑石埠河村生活；1996—2001年，就读于黑石小学；2001—2004年，就读于东村一中；2004—2006年，就读于烟台二轻工业学校；2006年至今，在海阳个体经营。中专文化水平，父母和配偶均为海阳人，说海阳话。

王辉芹，老女，汉族，生于1960年6月，山东省烟台市海阳市东村街道窑上疃村人。1960—1968年，生活在南城阳村；1968—1978年，在南城阳村读小学、初中、高中；1979—1985年，在海阳师范印刷厂工作；1986年至今，在海阳务农。高中文化水平，父母和配偶均为海阳人，说海阳话。

修海燕，青女，汉族，生于1986年7月，山东省烟台市海阳市东村街道西哲阳村人。1986—1992年，在海阳生活；1992—2001年，在海阳市榆山街读小学初中；2002—2005年，在海阳二轻读高职；2006—2009年，在海阳商场上班；2009年至今，在海阳个体经营。大专文化水平，父母和配偶均为海阳人，说海阳话。

九　牟平

于新航，老男，汉族，生于1954年9月，山东省烟台市牟平区文化街道办事处正阳里社区人。1962—1969年，在牟平东关联中上学；1970—1973年，在城关中学读书；1975—2000年，在鞋厂工作；2000年至今，退休在家。初中文化水平，父母和配偶均为牟平人，说牟平话。

孙明，青男，汉族，生于1982年1月，山东省烟台市牟平区大窑镇羊角埠村人。1990—1995年，在羊角埠完小上学；1996—2000年，在大窑十五中上学；2000—2003年，在牟平职业中专上学；2003年至今，创业。中专文化水平，父母和配偶均为牟平人，说牟平话。

孙继梅，老女，汉族，生于1957年3月，山东省烟台市牟平区宁海街道办事处永安里村人。1966—1974年，在牟平东关联中上学；1974年至今，务农。初中文化水平，父母和配偶均为牟平人，说牟平话。

刘德芳，青女，汉族，生于1982年1月，山东省烟台市牟平区宁海街道西北坝村人。1988—1993年，就读于牟平区新牟小学；1993—1997年，就读于宁海一中；1997—2000年，就读于烟台农校；2000年至今，从事个体经营。中专文化水平，父母和配偶均为牟平人，说牟平话。

十　莱阳

李安亭，老男，汉族，生于1961年1月，山东省烟台市莱阳市城厢街道东柳行村人。1961—1967年在东柳行村生活；1968—1973年，在东柳行村上小学；1973—1976年，在柳行联中上学；1976—1979年，在龙旺庄高中读书；1981年至今，在莱阳工作。高中文化水平，父母和配偶均为莱阳人，说莱阳话。

贺阳，青男，汉族，生于1987年6月，山东省烟台市莱阳市城厢街道郝格庄村人。1994—1999年，在郝格庄小学读书；1999—2001年，在冯格庄初中读书；2001—2003年，在莱阳高职读书；2003—2006年在莱阳电大读书；2006年至今，在莱阳民政局工作。大专文化水平，父母和配偶均为莱阳人，说莱阳话。

刘红梅，老女，汉族，生于1958年11月，山东省烟台市莱阳市城厢街道办事处城南村人。1958—1966年，在城南村生活；1966—1971年在城南村小学上学；1971—1974年，在城厢联中上学；1974年至今，在莱阳生活。初中文化水平，父母和配偶均为莱阳人，说莱阳话。

李万宇，青女，汉族，生于1985年10月，山东省烟台市莱阳市大野头村人。1993—1998年，在大野头中心小学上学；1998—2002年，在吕格庄初级中学上学；2002—2008年，在莱阳高职上学；2008年至今，工作于莱阳。大专文化水平，父母和配偶均为莱阳人，说莱阳话。

十一　长岛

石其明，老男，汉族，生于1960年10月，山东省烟台市长岛县南长山镇南城村人。1968—1976年，在长岛读小学；1976—1979年，在长岛读中学；1979年至今，在长岛工作。初中文化水平，父母和配偶均为长岛人，说长岛话。

袁式庆，青男，汉族，生于 1986 年 9 月，山东省烟台市长岛县南长山镇南城村人。1986—1994 年，生活在南城村；1994—1999 年，在长岛读小学；1999—2003 年，在长岛读中学；2004 年至今，在长岛工作。初中文化水平，父母均为长岛人，说长岛话。

石爱琴，老女，汉族，生于 1957 年 5 月，山东省烟台市长岛县南长山镇南城村人。1965—1971 年，在长岛读小学；1971—1974 年，在长岛读初中；1975 年至今，在长岛工作。初中文化水平，父母和配偶均为长岛人，说长岛话。

胡金钊，青女，汉族，生于 1985 年 7 月，山东省烟台市长岛县南长山镇南城村人。1990 年 9 月至 1992 年 7 月，在长岛县南长山镇南城村上幼儿园；1992 年 9 月至 1997 年 7 月，在长岛县南长山镇南城村第一实验小学读书；1997 年 9 月至 2001 年 7 月，在长岛县中学读书；2001 年 9 月至 2004 年 7 月，在长岛县高级职业学院就读；2004 年 10 月至 2009 年 10 月，在长岛县移动公司工作；2009 年 10 月至今，在中国人民财产保险股份有限公司长岛支公司工作。本科文化水平，父母和配偶均为长岛人，说长岛话。

主要参考文献

曹志耘：《关于濒危汉语方言文题》，《语言教学与研究》2001年第1期。

曹志耘：《汉语方言的调值分韵现象》，《中国语文》2009年第2期。

曹志耘：《汉语方言地图集·语音卷》，商务印书馆2008年版。

曹志耘：《汉语方言平去声的全次浊分调现象》，《中国语文》2014年第6期。

曹志耘：《济南方言若干声母的分布和演变——济南方言定量研究之一》，《语言研究》1991年第2期。

曹志耘：《论语言保存》，《语言教学与研究》2009年第1期。

曹志耘：《谈谈方言与地域文化的研究》，《语言教学与研究》1997年第3期。

曹志耘、钱曾怡：《山东方言与社会文化二题》，《山东大学学报》（哲学社会科学版）1990年第1期。

曹志耘等：《汉语方言中的韵母分调现象》，《语言科学》2009年第5期。

陈洪晰：《烟台方言音系上（上）——烟台方言调查研究之一》，《烟台师范学院学报》（哲学社会科学版）1988年第4期。

陈洪晰：《烟台方言音系上（下）——烟台方言调查研究之一》，《烟台师范学院学报》（哲学社会科学版）1988年第7期。

陈洪昕、陈甲善：《烟台言言音系（上）（下）——烟台方言调查研究之一》，《烟台师范学院学报》（哲学社会科学版）1998年第1、2期。

陈培兰：《广韵入声在胶东语中的演变》，《国语周刊》1932年。

邓晓华、王士元：《中国的语言及方言的分类》，中华书局2009年版。

丁邦新：《汉语方言中的历史层次》，《中国语文》2012年第5期。
董绍克、张家芝：《山东方言词典》，语文出版社1997年版。
傅懋勣：《论民族语言调查研究》，语文出版社1998年版。
耿振生：《近代官话语音研究》，语文出版社2007年版。
宫钦第：《从知系跟精组的层次看胶东方言与中原音韵》，《语言研究》2007年第3期。
宫钦第：《胶东方言的历史演变》，博士学位论文，浙江大学，2008年。
宫钦第：《胶东方言声调调形的演变》，《辽东学院学报》（社会科学版）2010年第4期。
洪晓熙：《蓬莱方言语音研究》，硕士学位论文，山东大学，2005年。
洪晓熙：《山东东区东莱片方言的再分区》，《方言》2008年第3期。
黄伯荣、廖序东：《现代汉语》（增订五版），高等教育出版社2012年版。
姜宝昌：《青岛音系概说》，《语言学通讯》1982年。
姜岚：《威海方言总揽》，中央编译出版社2019年版。
教育部语言文字信息管理司、中国语言资源保护研究中心：《中国语言资源调查手册·汉语方言》，商务印书馆2015年版。
李红梅：《汉语方言词汇语义比较研究》，博士学位论文，山东大学，2006年。
李荣：《方言存稿》，商务印书馆2012年版。
李荣：《汉语方言分区的几个问题》，《方言》1985年第2期。
李兴杰等：《青岛市方言志》，新华出版社1997年版。
李行杰：《中古知庄章精见组声母在青岛地区的分合》，《首届晋方言国际学术研讨会论文集》，1996年。
连疆：《文登话》，国际炎黄文化出版社2005年版。
刘俊一：《胶东话四声变三调的现状和趋势》，《首届官话方言国际学术讨论会论文集》，青岛出版社2000年版。
刘中平：《谈胶东方言的几个发音问题》，《现代家教》2003年第6期。
吕长仲：《蓬莱方言音系》，《语言学通讯》1982年。
罗常培：《语言与文化》，语文出版社1989年版。
罗福腾：《胶辽官话研究》，博士学位论文，山东大学，1998年。

罗福腾：《牟平方言词典》，江苏教育出版社1997年版。

罗福腾：《牟平方言词典引论》，《方言》1995年第1期。

罗福腾：《牟平方言的比较句和反复问句》，《方言》1981年第4期。

罗福腾：《牟平方言志》，语文出版社1992年版。

罗福腾：《山东方言比较句的类型及其分布》，《中国语文》1992年第3期。

马静、吴永焕：《临沂方言志》，齐鲁书社2003年版。

蓬莱市地方史志编纂委员会：《蓬莱市志》，方志出版社2013年版。

钱曾怡：《方言研究中的几种辩证关系》，《文史哲》2004年第5期。

钱曾怡：《汉语方言研究中的几个问题——从山东方言调查所想到的》，北京语言学院出版社1993年版。

钱曾怡：《汉语官话方言研究》，齐鲁书社2010年版。

钱曾怡：《济南话的变调和轻声》，《山东大学学报》（语文版）1963年第1期。

钱曾怡：《山东方言研究》，齐鲁书社2001年版。

钱曾怡：《山东方言研究方法新探》，《山东大学学报》（人文社会科学版）2002年第2期。

钱曾怡：《山东人学习普通话指南》，山东大学出版社1988年版。

钱曾怡：《世纪之交汉语方言的回顾与展望》，《方言》1998年第4期。

钱曾怡：《谈谈音类和音值得问题》，《语言教学与研究》2007年第1期。

钱曾怡：《文登、荣成方言中古全浊平声字的读音》，《中国语文》1981年。

钱曾怡：《烟台方言报告》，齐鲁书社1982年版。

钱曾怡、太田斋、陈洪昕、杨秋泽：《莱州方言志》，齐鲁书社2005年版。

钱曾怡主编：《山东方言志丛书》，齐鲁书社1990年版。

青岛史志办公室编：《青岛市志·方言志》，新华出版社1997年版。

山东省博物馆：《山东蓬莱紫荆山遗址试掘简报》，《考古》1973年第1期。

山东省长岛县志编纂委员会编：《长岛县志》，山东人民出版社1990年版。

山东省海阳县志编纂委员会编：《海阳县志》，山东省新闻出版管理局，内部资料，2007年。

山东省莱阳市志编纂委员会编：《莱阳市志》，齐鲁书社2012年版。

山东省莱州市史志编纂委员会编：《莱州市志》，齐鲁书社1996年版。

山东省龙口市史志编纂委员会编：《龙口市志》，齐鲁书社1995年版。

山东省栖霞市地方史志编纂委员会编：《栖霞市志》，齐鲁书社1998年版。

山东省烟台市福山区史志编纂委员会编：《福山区志》，齐鲁书社1990年版。

宋桂俊：《招远县志》，中国国际广播出版社2008年版。

宋耀武：《蓬莱话》，山东大学出版社2010年版。

孙夫荣：《山东莒县方言语音研究》，硕士学位论文，山东师范大学，2010年。

孙红艳：《〈广韵〉日母字在东北方言中的语音演变及成因探析——山东移民"闯关东"对东北方言的影响》，《湖南医科大学学报》（社会科学版）2008年第1期。

孙苹：《山东招远方言音系》，《现代语文》（语言研究版）2007年第18期。

王志民、范庆梅、刘凤鸣：《山东区域文化通览·烟台文化通览》，山东人民出版社2012年版。

吴永焕：《从方言所记地名看山东方言的分区》，《文史哲》2000年第6期。

吴永焕：《山东方言儿变韵的衰变》，《语言科学》2009年第5期。

吴永焕：《山东三调方言类型考察》，《语言论集》第5辑，2008年。

吴永焕等：《山东方言语音研究》，新星出版社2006年版。

许卫东：《招远话中的AA式和AAB式正反文句》，《中国语文》2005年第5期。

烟台市地方史志编纂委员会办公室：《烟台市志》，科学普及出版社1994年版。

于克仁：《平度方言志》，语文出版社1992年版。

于萍：《青州方言内部差异研究》，硕士学位论文，山东大学，2005年。

曾范国：《山东临朐方言调查研究》，硕士学位论文，四川师范大学，2010年。

张呈柱：《山东方言语音中的双重同化》，《常州师范专科学校学报》2003年第1期。

张树铮：《180年前的山东桓台方言的声调》，《首届官话方言国际学术讨论会论文集》，青岛出版社2000年版。

张树铮：《反切、破读与方言音韵——殷焕先先生在音韵学领域的贡献》，《文史哲》2011年第5期。

张树铮：《关于方言沟通度和方音理解的几个问题》，《中国语文》1998年第3期。

张树铮：《胶辽官话的分区》，《方言》2007 年第 4 期。

张树铮：《论音长不是上古汉语声调的区别性特征》，《文史哲》1985 年第 6 期。

张树铮：《清代山东方言语音研究》，山东大学出版社 2005 年版。

张树铮：《山东方言"日"母字研究》，《语言研究》1994 年。

张树铮：《山东方言历史鸟瞰（上）》，《古汉语研究》1996 年第 6 期。

张树铮：《山东方言历史鸟瞰（下）》，《古汉语研究》1996 年第 9 期。

张树铮：《山东方言语音扩散方向和历史层次》，《山东大学学报》2007 年。

张树铮：《山东桓台方言 180 年来的演变》，《语言研究》1998 年。

张宗正等：《牟平方言词典的特点》，《方言》1998 年第 4 期。

中共海阳市委党史研究中心、海阳市地方史志研究中心编：《海阳年鉴 2021》，黄海数字出版社 2021 年第 1 版。

中共烟台市芝罘区委党史研究中心、烟台市芝罘区地方史志研究中心编：《芝罘年鉴 2020》，黄海数字出版社 2020 年第 1 版。

中国社会科学院语言研究所：《方言调查字表》（修订本），商务印书馆 1981 年版。

中国语言资源有声数据库建设领导小组办公室：《中国语言资源有声数据库调查手册·汉语方言》，商务印书馆 2015 年版。

中文系社会实践方言调查小组：《烟台方言报告》，《山东大学学报》（语文版）1963 年第 S7 期。

周翠英：《胶东方言的强程度表示法》，《青岛大学师范学院学报》2008 年第 25 卷第 2 期。

邹新：《从莱州方言看山东方言的分区》，《山东省经济管理干部学院学报》2004 年第 6 期。

［日］平山久雄：《从声调调值演变史的观点论山东方言的轻声前变调》，《方言》1998 年第 1 期。

后　　记

　　烟台市作为山东省 16 个地级市之一，现辖 5 个区、6 个县级市，以及国家级经济技术开发区、高新技术产业开发区、招远经济技术开发区、综合保税区、昆嵛山自然保护区和长岛海洋生态文明综合试验区，共 17 个县市区。[①]其中，烟台市政府驻地莱山区，是 1994 年从当时的芝罘和牟平两县区划出成立；国家级经济技术开发区、高新技术产业开发区、综合保税区、昆嵛山自然保护区，是 1984—2020 年分别从福山、芝罘、牟平、蓬莱县市区划出成立；招远经济技术开发区，是 1992 年从招远县划出成立。这 6 个区的方言均为原属地方言。因此，烟台市所辖方言为芝罘、福山、牟平、蓬莱、招远、龙口、长岛、莱州、莱阳、海阳、栖霞 11 个点。

　　烟台方言属于汉语官话方言中的胶东方言，是胶东方言主要发生地和重要组成部分。本书主要依据 2012—2021 年我主持和参与完成的"中国语言资源保护工程山东汉语方言调查"烟台、海阳、栖霞、长岛四个项目以及"中国语言资源有声数据库山东库"福山、牟平、莱阳、招远、蓬莱、莱州、龙口等烟台方言实态数据，展现了烟台市 11 个方言点的概况、音系、词汇、语法、语料等内容，详尽、全面地记录了烟台方言当前情况。

　　本书在调查和撰写过程中，得到烟台市各级语委、史志办、各学校领导和同志们的大力支持，衷心感谢。尤其感谢中国语言资源保护工程山东库首席专家钱曾怡教授以及张树铮、岳立静、王淑霞、盛玉麒、刘娟、张燕芬、王红娟、邢军、邵艳梅、刘倩、李宪武、赵俊霞等老师的支持和帮助。感谢

---

① 根据烟台市芝罘网站资料整理。

后 记

各位方言发音人的积极配合和奉献，使我们整个调查工作进展顺利，获得了比较丰富的第一手资料。感谢亢世勇、张慧丽、戴宗杰、段海凤等鲁东大学领导、老师对项目研究和本书出版的大力支持。感谢孙鹏博士、张文峰老师以及他们带领的技术团队给予调查和数据库建设工作的支持。感谢王秋雨、齐静、周琳、李兰兰、杨兰、孙庆玉、毕越、李莲、刘莹、厉倩倩、张连浩、吴娴、李颖、孙玮敏、姜圣雪、郑艳蕊、李润瑶等硕士研究生以及朱利民、邹青青、吴晓静、张鹏超、李泓纲、李兴晨、尚帅杨、韩小飞、徐浩田、娄凯、陈淑湘、王之超、赵行、张志浩、王子琦、穆礼伟、陈祥梅、陈志超、于越、张鑫、张琳童、林丹丹、隋明晏、修瑛苹、王媛、张涵、吕成芮、董佩蓉、栾晓慧等本科生的支持协助。同时感谢我的爱人、父亲以及各位亲朋好友，他们作为当地人，给予我很多细节上的交流和支持。特别感谢中国社会科学院语言所词典室退休的李志江老师，为本书的出版付出了诸多心力。衷心感谢中国社会科学出版社的出版支持。

因我水平有限，本书难免挂一漏万，存在很多不足之处，敬请各位专家学者和广大读者批评指正。

作者

2022 年 8 月于烟台